शब्दों के आलोक में

(इत्यादिक)

शब्दों के आलोक में

कृष्णा सोबती

राजकमल प्रकाशन

ISBN : 978-81-267-1067-6

मूल्य : ₹ 1595

पहला संस्करण : 2005
चौथा संस्करण : 2024

प्रकाशक : राजकमल प्रकाशन प्रा.लि.
1-बी, नेताजी सुभाष मार्ग, दरियागंज
नई दिल्ली-110 002
शाखाएँ : अशोक राजपथ, साइंस कॉलेज के सामने, पटना-800 006
पहली मंजिल, दरबारी बिल्डिंग, महात्मा गांधी मार्ग, प्रयागराज-211 001
1, अनमोल सोराबजी संतुक लेन, धोबी तलाव, मरीन लाइंस, मुम्बई-400 002
वेबसाइट : www.rajkamalprakashan.com
ई-मेल : info@rajkamalprakashan.com

मुद्रक : बी.के. ऑफसेट
नवीन शाहदरा दिल्ली-110 032

SHABDON KE AALOK MEIN
Miscellany by Krishna Sobti

साहित्य अपनी बेजोड़ सम्पदा, सम्पन्नता और समग्रता में सनातन पौरुषेय को स्तम्भित कर देनेवाली सफलताओं का प्रदाय नहीं है। साहित्य संस्थानों का वह संस्थान है जहाँ कमतर सफलता या विफलता किसी का सिर नीचा नहीं करती और अपूर्व सफलता गर्व से मस्तक ऊँचा नहीं करती। साहित्य की यही वैचारिक, नैतिक और व्यावहारिक मर्यादा है।

शब्दों के आलोक में समय के रंग

रचनात्मक स्तर पर किसी भी पाठ की भाषिक संरचना जितनी सीधी-सादी और सरल होने का आभास देती है, उतनी ही संश्लिष्ट गूँथ उसकी बुनावट और बनावट में होती है। शब्दों के गम्भीर और विशिष्ट गतिशील रंग एक साथ पाठ के वजूद को, उसके अस्तित्व और पहरन को एक धड़कती लिखत के रूप में प्रस्तुत कर रहे होते हैं। शब्दों के संयोजन से पाठ वृत्तांत अथवा संवाद के प्रत्याशित और अप्रत्याशित तक पहुँच पाना, शब्दों को, ध्वनि को स्फूर्त रंग-रूप में ढालकर उनके अर्थों का आलोक ब्रश द्वारा अंकन के समान ही उभरता चला आता है।

एक साथ पन्ने से पाठक के अन्तर तक भाषायी दृश्य-श्रव्य के सहारे पाठ का मुखड़ा सजगता और सुगमता से अपनी बुनत में पढ़नेवाले की आत्मा को खटखटाता है और अन्तर्मन के कपाट खुलते ही मैत्री भाव से उसके संवेदन में पसर जाता है।

लेखक, पाठ और पाठक के सम्बन्ध एक साथ गहरे उलझे हुए और सरलता की ओर बढ़ते हुए होते हैं। ब्रश से कुछ रेखांकित करनेवाले कलाकार की तरह ही। जो उलझन फाँस, रड़क, विरोध, सहमति के साथ-साथ विचार और दृश्य की रहस्यमयता सूत से उभरती हुई तागों के तन्तुजाल की तरह बाहर की ओर बढ़ती है। सरल हो जाने के बिन्दु को उलाँघ उस आकार की ओर बढ़ती है जो जन्म के रूप में उसे लेखक, कलाकार या मूर्तिकार के हाथों से मिलनेवाला है।

अपने मूल रंग और स्वरूप में यह कुछ भी बन सकता है। छोटे और बड़े आत्मतत्त्व के सहारे शब्द और अर्थ की भंगिमाएँ कोई भी अंश साकार हो देह और आत्मा ग्रहण कर सकते हैं। शब्दों की विचार-क्रियाएँ अपनी भाषायी

सत्ता में मानवीय अभिव्यक्ति की ओर अग्रसर होती हैं। उनकी अर्थ-संगति मन के आन्तरिक भावों-अनुभावों और देह धर्म की अस्मिता को प्रस्तुत करती है। वह जान लेना चाहती है उसे, जो दीखता है और उसे भी, जो दीखता नहीं। गोचर और अगोचर दोनों। भाषा का यह स्वाभाविक गुण-धर्म है जो लेखक की वैयक्तिक भूमि में जमा होता रहता है। इसी के सहारे लेखक परम्परा, सिद्धान्त और मानवीय मूल्यों को अपनी क़लम से नया करता चला जाता है। वह उतनी ही पुरानी है, जितना पुराना वह है। वह उतनी ही नई है, जितना नया समय है।

समय ही वह रंग है जो अनेक-अनेक रंगों में विभाजित होता है और पठन-पाठन प्रक्रिया द्वारा फिर एक हो जाता है भिन्न-भिन्न ख़ेमों में। गहरे, हलके और चमकीले रंगों में। स्वयं शब्द उन्हें अपने आलोक में स्थित करते हैं। बरखा में, धूप की गरमाहट में, देह की आहट में और आत्मा के विराट में। शब्द भी अपने मुखड़ों में से अपने अर्थ पहचानते हैं। वह उन्हें चित्रित करते हैं जो उनके चितेरे हैं। चित्र-अंकन की तरह ही शब्द भाषा द्वारा वैचारिक व्यक्तित्व ग्रहण करते हैं। जैसे चित्र में आकार स्वरूप लेते हैं, वैसे ही शब्दों की विशेष ध्वनि गूँज-गूँथ पाठ अथवा वृत्तांत के सन्दर्भ में अर्थ प्रदान करती चली जाती है।

लेखक की अन्तरभेदी दृष्टि मानवीय मन-भावों में मूल्यों के साथ-साथ जाने-अनजाने परिचित-अपरिचित को पंक्तिबद्ध करती है। कुछ ऐसी सहज गहराई से कि शब्दों के ज़रिए एक सर्वव्यापी चैतन्य संप्रेषित होकर साकार हो उठे।

आकारिक बनावट एक चित्र दृष्टि सँजोए रहती है। उसी के लचकीले अर्थ में से रचना और पाठ का उदात्त उदय होता है। उसी में से दुख-दर्द, आशा-निराशा, द्वन्द्व, प्रेम, मैत्री, वैर, लगाव, ममता, प्यार—असंख्य मानवीय अनुभूतियाँ प्रवाहित होती हैं।

भाषा का सहजसिद्ध स्वाभाविक स्वरूप 'लोक' के सांस्कृतिक संस्कार में निहित होता है। लेखक जितनी गहराई में उसे समझता-देखता है, वह उतना ही पारदर्शी पाठ प्रस्तुत करने की सामर्थ्य रखता है।

किसी एक क्षण को, व्यक्ति, द्रष्टा और घटना को जैसे ही शब्द छूते हैं, उनमें वे रंग प्रकट होते हैं, जिन्हें वह संवेदन विशेष से अपने में सँजोए रहते हैं। वह शब्दों के माध्यम से कैसे-कैसे पुनर्जीवित होते हैं, नए अस्तित्व में आते हैं, यह विलक्षण जादू मानवीय स्मृति और समझ का विशिष्ट आलेखन है। समय,

स्थान और मानवीय ऊर्जा—गति का ऐन्द्रजालिक समन्वय कुछ ऐसी रंग-संगति में रेखांकित हो उठता है कि लेखक बाहर की दुनिया के तालमेल में शब्दों के रंग देखने लगता है और अपनी रचना-प्रक्रिया में अन्तरकोणों को उजागर कर देता है।

भाषा की शैली विन्यास लेखक की अवचेतन विचार क्रिया से जुड़े हैं। यह जुड़ाव जितना आसान और स्वाभाविक दीखता है, वह उतना ही उलझा हुआ और जटिल भी है। कल्पना और सहज ज्ञान का सम्मिश्रण क्या तथ्य और सत्य की भिन्नता को, दूरी और निकटता को देख सकने में सक्षम है ? क्या विविध मनोभावों और स्वभाव-मुद्राओं को शाब्दिक रंगों में लिपिबद्ध कर सकने में समर्थ है ? कौशल से अलग हर लेखक की भाषा अपनी अंकन-पद्धति का आविष्कार करने की चेष्टा करती है। रंगों की तरह ही शब्दों के सजीव मुखड़े और रंग हैं। किसी भी पाठ संवाद या वृत्तांत का समतल पृष्ठभूमि पर वास्तविक या प्रतीकात्मक आकारों में शब्द अपनी लय-ताल में अर्थ प्रकट करते हैं और यथार्थ के स्थूल को सूक्ष्म कर गहनता में बदल देते हैं। पंक्तियों के समूह को तरंगित करते हैं और तरंगित होते हैं, ध्वनि की गूँज में और सुनने, पढ़नेवालों को खटखटाते हैं। उनके अन्तरंग तक पहुँचते हैं।

शब्द शोर नहीं, भाषा के स्पंदन अर्थ को साधे रहता है। लेखकीय मनःस्थिति पाठ की रचना को प्रभावित करती है। आनन्द, अत्यानन्द, उत्साह, उदासी, उदासीनता, अतिरेक, आवेश—सभी भाषायी विधान को प्रभावित करते हैं। भाषा की उदासीनता और प्रखरता चमकीले या सौम्य रंगों को मर्यादित करती है। अतिरंजित अथवा अतिरिक्त शब्दावली अर्थ के उद्गम स्रोत तक पहुँचने में बाधक होती है। पारदर्शिता के स्तर पर ध्वनि-विरोधी भी। भाषा की संयमित सहृदयता चुनौती, स्पष्टता और घुलनशीलता लेखकीय उत्कर्ष को चरितार्थ करने की सम्भावनाएँ रखती हैं। यह आन्तरिक गूढ़ता और सहजपन लेखक के बौद्धिक, मानसिक पर्यावरण पर निर्भर है। कभी-कभार रचना का कोई पात्र सहजसिद्ध होता है जो अपनी भाषा स्वयं गढ़ता है। लेखक मैत्रीपूर्ण दबाव से मात्र उसे संयमित करता है। लेखक के अन्तर्मन और उसके आसपास फैले संसार की विलक्षणता, एकरसता, कठोरता, कोमलता, भय, आतंक, मैत्री, वैर—सब अपने-अपने स्वभाव का व्याकरण चुनते हैं और शब्दों को रंग-विशेष में प्रस्तुत करते हैं।

दिलचस्प है यह जाँच भी कि भाषा की लचक या ऐंठन किस तरह पाठ संवाद की तरलता से तिरोहित करती है या उसे कलफ़ की तरह अकड़ा देती है।

किसी भी पाठ का सूक्ष्म तत्त्व लेखक के भाषायी हथियार में नहीं, रचना के कथ्य और कथन में से ध्वनित और प्रवाहित होता है, जिसको लिखने का जोखि़म लेखक ने उठाया है। सर्जन तत्त्वों के रूप में विषयानुसार भाषा अपने प्राकृतिक लय, रंग, रूप, रस और सामंजस्य में पाठ को प्रेरित करते हैं और उसे मानवीय स्निग्धता से प्रसारित भी।

चित्र अंकन की तरह ही लेखन में भी रंग-सम्मिश्रण की कार्य-शैली जितनी एक-दूसरे से अलग दीखती है, उतनी विलग होती नहीं। भाषिक कला माध्यम शब्द और विचार से उद्भासित और अनुप्राणित होता है। तूलिका द्वारा रंग-सम्मिश्रण की जो चेष्टाएँ कलात्मक क्षमताएँ प्रस्तुत और प्रदर्शित की जाती हैं, उनके समानान्तर पाठ-संयोजन को चीन्हने और पढ़ने के लिए भाषा के मौन का विस्तार होता है।

लिखित पाठ में भाषा की मुखरता उसके अर्थ में ख़ामोशी से ही स्फूर्त और सक्रिय हो उठती है। कई बार पाठ के पिछवाड़े से भावों के सौम्य, निर्मल गुण ध्वनित होते हैं, वही चितकबरे पाठ की आंतरिक भूमिका निभाते हैं। विचार की स्पष्टता को संयम से विस्तार देते हैं—विषयवस्तु के व्याकरण पर आँख रखते हुए।

कथ्य में से उभरता और अर्जित होता आत्मविश्वास लेखक के कौशल से कहीं ज़्यादा महत्त्वपूर्ण होता है। रचनात्मक लेखन के सन्दर्भ में यही वह मूल और मौलिक रंग है, जिससे रचना का लौकिक और अलौकिक गठित होता है।

विचार की सर्जनात्मक प्रक्रिया शब्दों के सतही हवालों से नहीं, संस्कार और सहज की टकराहट, मुठभेड़ में से गुज़रकर सुस्पष्ट होती है। पाठ और पाठक की मुखामुखी पाठ और पाठक के सम्बन्धों को घनिष्ठ करती है। सर्जन-तत्त्वों को उजागर करती है। इन दोनों के बीच में से लेखक का ग़ैरहाज़िर हो जाना एक कठिन मगर सुखद स्थिति है। इस अनुपस्थिति का एक संज्ञा के रूप में प्रकट होना और रचना के पाठ में स्थित हो जाना ही लेखक की मूल नियति है। यह लेखकीय अभिव्यक्ति के ही विलक्षण रंग हैं। शाब्दिक रंगों की उन्मुक्त प्राप्ति है। हम उम्मीद करें कि लेखकीय संस्कृति का जो यह प्राचीन विधि-विधान है, उसे विज्ञापनी आतंकवाद पराजित न कर सके। शब्दों के आर्थिक रंग-परिवर्तन से भाषा जो भी ग्रहण करे, अर्थ के मुलायम, खुरदरे, गहरे और आत्मिक रंगों को बरकरार रखने की शक्ति बनाए रखे। इसी लेखकीय कामना के साथ।

उस दिन शिमला का आसमान घने कजरारे बादलों से घिरा था।

माल से समरहिल लौटते - लौटते धारोधार मूसलाधार पानी बरसने लगा। बरसाती मौसम से खूब गहरा भाव हुआ।

घर पहुँची। बरसाती और छाता बरामदे में रखे। कपड़े बदले। थकन उतारने को गर्म पानी में पाँव रखे। पोंछे। चाय ली।

बादलों का रोबीला-रोषीला खेल देखने को खिड़कियों के परदे उठा दिए। बिस्तर में लेटी ही थी कि बादलों की घोर गर्जन में बिजली चमकी-कड़की और घर की बत्तियाँ गुल हो गईं।

ऐसे में बज उठी फ़ोन की घंटी। अँधेरे में ही फ़ोन तक पहुँची।

हैलो-हैलो—

हैलो, जीजी मौसी, मैं सरवर बोल रही हूँ।

हैलो, सरवर—

कुछ कहने-सुनने से पहले ही लाइन कट गई !

लगा, आवाज़ बादलों के गर्जन-तर्जन में गुम हो गई है !

दुबारा कम्बल ओढ़ लिया। लेटे-लेटे चुपचाप ही तुमसे बात करने लगी।

बस, यहीं से मिल गया संकेत और बनने-गुँथने लगा एक लम्बा वृत्तान्त। इसके लिए नए-पुराने काग़ज़ों की अहसानमन्द हूँ।

अपनी स्टडी की ओर लिए चलती हूँ।

बिलकुल कबाड़िस्तान है। कोई तरतीब नहीं। ऊपर-नीचे कागज़ पर कागज़। किताबें। कोई साल-भर से अटकी पड़ी है। कोई छः महीने से और कोई सटकी पड़ी है ढेर के नीचे।

रहने दें इसे। हम सबके स्मृति-बैंक तोशाखाने हैं। अम्बार हैं चीज़ों के, आवाज़ों के, यादों के, विचारों के।

खामोश !

यह किसे कहा जा रहा है ?

अपने को।

आप कौन ? कोई एक हिस्सा है तुम्हारा जो तुम्हें इस वक़्त अपने से पराया लग रहा है। क्या कहा ? टुकड़ों-टुकड़ों से बनी एक अदद शख़्सियत। कभी पात्र, कभी लेखक और कभी दोनों !

खामोशी।

मेज़ पर कुछ सरसराता है।

हवा है। कागज़ उड़ रहे हैं।

नहीं, नहीं।

कोलाहल है दूर का। किसे भेद रहा है ?

तुम्हें ! दिलो-दिमाग को कि कागज़ को !

कागज़—पन्ना।

क्या कुछ कौंधा ! कुछ रोशनी हुई ! कहीं कोई आलोक :

नहीं, दबे पाँव एक आहट। एक छुअन।

कौन ?

मैं।

मैं वही, जो आप—

नहीं, मैं वह नहीं, जो आप हैं और आप भी वह नहीं, जो मैं हूँ।

यह संवाद हर रचना और रचनाकार के बीच निरन्तर होता रहता है।

अपने को आइने में देखें तो रचना का मुखड़ा दिख जाए। रचना को शीशा दिखाएँ तो लेखक को अपनी सीमाएँ दिख जाएँ। बौद्धिक मुग़ालतों की जगह अपनी लेखकीय शख़्सियत की कमियाँ नज़र आने लगें। सच तो यह है कि रचना और रचनाकार के सम्बन्ध बाक़ायदा प्रतिद्वन्द्वी के तेवरों की तरह तीते होते हैं। वह रागात्मक द्वन्द्वों की हद तक गहरे भी होते हैं। और, अनजाने

ही दूर-दूर तक—आपके व्यक्तित्व की जड़ों तक—फैले रहते हैं। इसके बावजूद ऊपरी सतह पर किसी भी अच्छे लेखक की तरह तटस्थ होते हैं।

इन दोनों की टकराहट और सगेपन से ही रचना और रचनाकार एक-दूसरे को चुनौती देते हैं—परिभाषित होते हैं और परिभाषित कर लिए जाते हैं।

कोई भी रचना मात्र ऊपर का खोल नहीं जिसे शिल्प और शैली में बुन लिया जाता है। यह सिर्फ कौशलपूर्ण अभिव्यक्ति भी नहीं। शब्द और विचार के संयोजन से गुँथी हुई वैचारिक कलात्मक प्रस्तुति है जो अपने होने में स्वयं अपनी सत्ता है। परम सत्ता। लेखक के हाथ से लिखे जाने के बावजूद लेखक इसके सामने गौण लगने लगता है।

रचना की रचनात्मकता रचनाकार के समानान्तर बहती है। और दोनों की साँझी ज़मीन में उगती है वह पंक्तियों की लहराती पौध।

दिलचस्प यह भी कि दोनों अपने-अपने हिस्से की ज़मीन एक-दूसरे की विशेषताओं के लिए छोड़ देते हैं। इसलिए कि रचना के 'बाहर' और 'अन्दर' की दूरी बनी रहे।

हम सभी लेखक इस नज़दीकी के घातक नतीजों से वाक़िफ़ हैं। महत्त्वपूर्ण है कि दोनों में से कोई भी एक-दूसरे पर हावी न हो। इसके बावजूद रचनाकार को रचना की और रचना को रचनाकार की जिज्ञासा, खोजने और पाने की अभिलाषा बनी रहे। सच तो यह है कि रचना और रचनाकार, दोनों में से कोई भी एक, किसी भी अधिकार से रचना का सर्जक होने का दावा नहीं कर सकता।

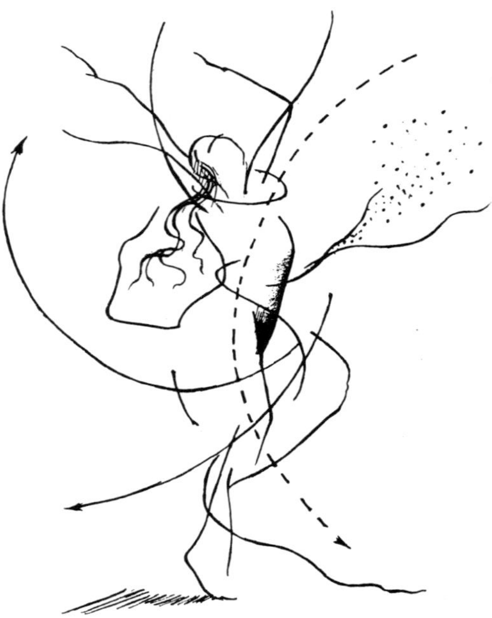

यह भी पहुँचाना ज़रूरी है कि अगर कोई अधिकार है तो वह विरोधी दिशाओं से एक-दूसरे की ओर बहता है। वही रचना को ऊष्मा देता है, ऊर्जा देता है और सृजनात्मक केन्द्र में दो मुखड़ों को एक करता है।

रचना की प्रतीति

रचनाकार को उस क्रियाहीन, अनजाने एकान्त में होती है जहाँ कोई-से भी बेमेल टुकड़ों की फंतासी अपने रहस्य को विस्मयकारी ढंग से अपने को दूसरे के बहाने उद्घाटित कर जाती है। कहना होगा कि हर लेखक के निकट उसकी रचनात्मक प्रक्रिया नितान्त उसकी अपनी होती है। हम हर उस प्रभाव को अलग करके देखते हैं जो हर नई किताब, हर नए व्यक्तित्व के साथ हमें, हमारे अन्तरिक को बदलता है—बदल देता है, इतना ही कि हमें पता तक न लगे और हमारी निगाह पहले से कहीं ज़्यादा साफ़-शफ़्फ़ाफ़ और तेज़ हो उठे।

ये तरंगें एक ओर गूढ़ और उलझी हुई, दूसरी ओर काफी हद तक सपाट और सख़्त। ऐसे में मैं अपनी लेखकीय सजगता से, एक नई मैत्री के कोण से रचना को हलकी-सी आवाज़-भर देती हूँ—आवाज़। मानो कोई दरवाज़ा है—रचना उसके अन्दर है तो एक आहट-भर। इतनी हलकी कि अगर वह सुनना न चाहे, तो न सुने। न लिखी जाने पर भी लेखक के मन में कोई मलाल न रहे। रचना की सुरक्षा की यही 'पहल' है।

ठीक इसी तरह उसके मौन के संकेत को, कोलाहल को मैं न चाहूँ तो न सुनूँ। मजबूरी कोई नहीं। साहित्य पर मजबूरी का गणित कारगर नहीं होता। हर लेखक अपनी हथेली की तरह इसी हक़ीक़त को पहचानता है कि यह रिश्ता बहुत नाज़ुक है। अगर कुछ जाग्रत् हो गया तो इन दोनों के बीच के संवाद की अवधि बहुत लम्बी होगी। इतनी ही लम्बी जितनी रचना। इतना ही तनाव जितना रचनाकार का स्वभाव।

अपनी बात कहूँ तो मान लेना चाहूँगी कि रचना की संचित मुखरता मुझे अपने से बहुत दूर ले जाती है। मैं इसमें इसके कलेवर के पार बहुत कुछ ढूँढ़ती हूँ। कुछ ऐसा जो सत्य की झलक मात्र ही न देता हो, अपने होने में सिर्फ मेरे निज के सत्य के आसपास ही न मौजूद हो—वह भी जो मेरे बाहर के हर वजूद से होकर मुझ तक पहुँचता है और मुझे उनके 'सत्य' को जानने की तालीम देता है।

अन्तर के अति सूक्ष्म और नानवीय जीवन के रंग-रूप, प्यार, ममता, मोह, शोक, हिंसा, भय, उल्लास-हास-त्रास, लड़ाई-झगड़े, शोषण-संघर्ष—सब स्मृति

पटल पर अंकित होते चले जाते हैं और पन्नों पर झिलमिलाते हैं। यह इन्सान के दिलो-दिमाग़ की खूबी है।

एक बार रचना के अन्तरंग में पहुँच जाने पर, रचनाकार द्वारा उस 'विशेष क्षेत्र' में प्रवेश पा लेने पर लेखक पर एक ख़तरनाक दफ़ा लागू हो जाती है। एक ओर इसके आतंक से छुटकारा पा लेने पर लेखक और दूसरी ओर गहरे अनुशासन में अव्यक्त को व्यक्त करने की कोशिश में पात्र सुगबुगाने लगते हैं।

विरोधी दिशाओं से अब लेखक को अपने निकटतम और अपने से दूर होना होता है।

नया कुछ नहीं कह रही। अच्छे से जानती हूँ, हम सभी कलमवाले अपने-अपने स्वभाव के मुताबिक अपनी विधा को साधते हैं। रचना तब ही लिखी नहीं जा रही होती जब आप उसे कागज़ पर उतार रहे हों। रचना का पिछवाड़ा जाने कहाँ-कहाँ से उभरता है, फैलता है और पन्ने तक पहुँचता है। रचना की अदेखी-अनजानी प्रतीति ज़रूर लेखक के क्रियाहीन एकान्त में होती होगी। लेखक जान-बूझकर अनजान बना रहता है। फिर किसी विलक्षण संयोग से अपनी आन्तरिक समग्रता को आत्मचेतन की शक्ति से समेटता है और अपने को सहज कर लेता है।

हर नई रचना मेरी कमियों का कड़ा इम्तहान लेकर मुझे लिखने के लिए नया व्याकरण देती है। नई भाषा और शैली भी। समूचे रूप में अन्तर्दृष्टि का स्वामी मुझ जैसा लेखक नहीं होता—उसके साथ आ जुटती हैं रचना की अपनी सम्भावनाएँ। प्रत्याशित को अव्यक्त और अमूर्त को व्यक्त करने के लिए रचनाकार और रचना बराबर के भागीदार बन जाते हैं।

मन में, मेज़ पर, कमरे में, पन्नों पर रचना और लेखक का सन्तुलन बनाते बाहर, मौसम, धरती, आकाश, हवा, पहाड़, नदियाँ, झरने, ताल-तलैया, चिड़िया, मैना, पेड़-पौधे, फूल-पत्ते—लोग छोटे-बड़े—साधारण-विशेष—बच्चे खिलते-कुम्हलाते—बचपन में मज़दूरी करते, बरकतों से बाहर—बूढ़े—जीते-मरते हँसते-रोते। इस लोक का क्या है जो लेखक के सामाजिक अध्यात्म या उसकी राजनीति के बाहर है ? वह सीमान्त पर खड़ा अन्दर देख रहा है तो बाहर है—बाहर देख रहा है तो अन्दर है—इसीलिए वह द्रष्टा है। जो अपनी क्षमता, सामर्थ्य जानने के लिए लेखक की तरह अपने खिलाफ़ खड़ा नहीं होता—वह किसी के खिलाफ़ खड़े होकर प्रतिरोध नहीं कर सकता।

लेखक ऐसा कर सकता है, सरवर, मुझे लेखक की कलम होने का फ़ख्र है।

सरवर, खिड़की में से नीले पहाड़ों की कोर दीख रही है। मैं टहलने निकलूँगी। कल फिर मुलाक़ात होगी।

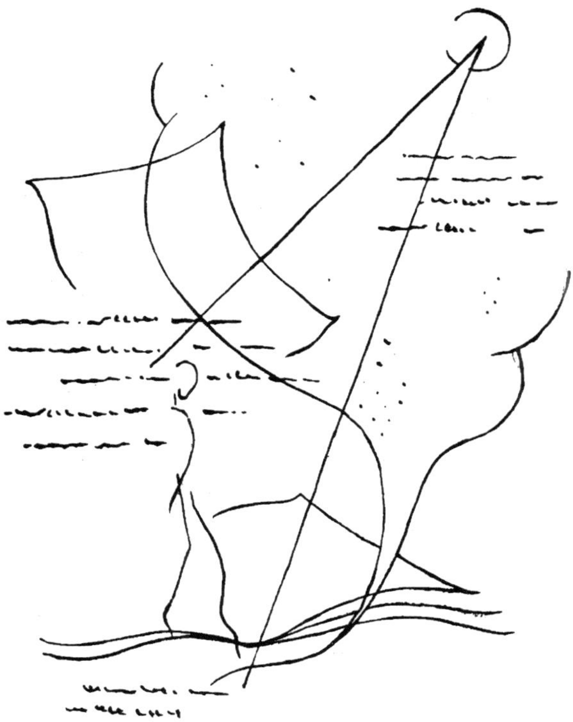

मैं हरी-भरी मखमली घास और चपटे गोल पथरीले रोड़ों का स्तुतिगान और वन्दन करना चाहती हूँ। कई महीने तो घास पर ही घूमती रही। एक दिन सूर्यास्त देखते हुए ख़याल आया, मैं ऐसा क्यों कर रही हूँ ? यह घास पाँव से रौंदने के लिए नहीं ! सच यह भी, इस करीने में कटी-छँटी तराशी घास पर से कोई मुलायम सुख पाँव से सिर तक लहरा जाता है। पाँव हालाँकि जूतों में होते हैं, फिर भी वह घास की छुअन को महसूस करते हैं। जैसे कोई अच्छे, गुँथे और गहरे गुदगुदे कालीन पर चहलकदमी कर रहा हो। नहीं, नहीं, इस सब्ज़े की तुलना गलीचे से कैसे ! इतनी मोहक हरियाली दूब पर पाँव रखना ज़रूरी क्यों है ?

हाँ, सरवर, मैं अब पथरीली रोड़ी पर तैरती हूँ। पहले सोचती थी कि

मेरे जूते जल्दी घिस जाएँगे। अब इस पर चलने के खुरदरे शोर को मैं अपने में महसूस करती हूँ। यह शोर मुझे किसी अगम्य पहाड़ी नदी तक ले जाता है।

याद आता है, पहलगाँव में लिद्धर का छलछलाता शोर। सुबह-शाम-रात जाने वह अपने ही तरन्नुम में क्या से क्या गाता था ! मैंने उसका अनुवाद करने की कभी कोशिश न की। मेरे अन्दर और बाहर के दरमियान दूरी थी। और मैं बिना किसी अहसास के इन दोनों के बीच न अपने को सुनती थी और न लिद्धर को। मैं सिर्फ रह रही थी। उस वक़्त रहना और जीना मेरे नज़दीक एक नहीं थे—दो थे।

खिड़की के सामने खड़े-खड़े मैं कुछ भी नहीं सोचती थी। एकालाप और संवाद दोनों एक न होकर मेरे ऊपर से निकल जाते। पहलगाँव के टूरिस्ट-कॉम्प्लैक्स की सबसे ऊँची कॉटेज में रहते हुए मैं अपने निज के एकान्त में भी पथरीले पत्थरों पर लिद्धर की कुदानों और छलाँगों का शोर पहचान नहीं रही थी कि—एक दुपहर अचानक कुछ घटा। घास पर कपड़े सुखाने को बाहर आई थी। दूर-दूर तक सब्ज़े की ढलानों पर धूप थी—दो-चार टुकड़े बादल के भी। अचानक धूप इतनी तेज़ हुई कि मैं बरामदे में जा खड़ी हुई। देर तक एक ही मुद्रा में खड़ी रही। जँगले पर हाथ दिए-दिए मैं जैसे लिद्धर का सामना करने लगी। एक क्षण में दृश्य अँका आँखों के सामने कि संगीत सुनने को बैठी है एक बड़ी भीड़। मेरे सारे दोस्त मौजूद हैं और सब्ज़े की ढलानों पर बैठे हैं और मेरे बरामदे से सितार के तार झंकृत होते हैं। कुछ विशेष चेहरे मुझे गहरे तक उत्साहित करते हैं। वह कुछ कहते नहीं और न ही मैं कुछ सुनती हूँ—सिर्फ़ ख़यालों में यह सब हो रहा था।

सरवर, इसी के साथ कुछ और भी घटा। अम्मी के जाने के बाद जो मरण को लेकर एक घटाटोप मेरे अन्दर-बाहर छाया था, वह कट गया, छिन्न-भिन्न हो गया। अन्दर गई तो मैं हलके मन से नीचे उतरने को तैयार हो रही थी। मैंने दरवाज़ा बन्द किया—ताला लगाया। कन्धे पर पर्स डाला और हाथ में जूते पकड़कर ढलानों पर दौड़ने लगी। अद्‌भुत लगा था—पहलगाँव का बाज़ार मुझे उस दिन।

सरवर, जहाँ तक याद कर सकती हूँ, मैं अपने मुश्किल स्वभाव को इसी तरह अदलती-बदलती हूँ। लगती हूँ, आसान हूँ पर इतनी हूँ नहीं। कोई भी नहीं होता ! हम सबको अपने में जमा पूँजी से ही अपना इलाज करना पड़ता है। बहुत बार हम सब समझते-बूझते भी ठस हो जाते हैं।

लगता है, आगे रास्ता रुक गया है। पगडंडी तक नहीं दीख रही, फिर भी कदम को रास्ता चाहिए ही। पाँव को रास्ता हमेशा चाहिए होता है ! होना पड़ता है अपनी सीमाओं के प्रति सजग और चैतन्य ! हमसे हमारी एक क्षमता रूठ गई है तो भी क्यों हम दूसरी न जगाएँगे ? पिछली को छोड़कर अगली को उकसाएँगे। हम अपने में ही संचित गरमाहट और ठंडेपन को अपनी मदद के लिए जगाएँगे—और अपनी उलझनें सुलझाएँगे। समतल और कँकरीले का फ़र्क तो हमें स्वयं अपने को समझाना है। अन्धाधुन्ध अँधेरों में से अपने को निकालना है। सामने सुबह खड़ी मिलेगी। एक पोलिश कविता तुम्हारे लिए। बहुत पहले पढ़ी थी। कवि का नाम याद नहीं। कहीं से ढूँढ़ सकी तो लिखूँगी।

पिंजरा इतने दिन बन्द रहा
कि एक चिड़िया पैदा हो
गई उसमें
इतने दिन ख़ामोश रही चिड़िया
पिंजरा खुला
ख़ामोशी की जंग लगा
ख़ामोशी इतनी देर तक रही
कि
काले सींखंचों के पीछे से फूट
पड़ी हँसी।

सरवर, कविता के साथ-साथ हम दोनों भी क्यों न हँसें ! हँसना अच्छा है। अनचाही पुरानी बातें एक बार खिसक जाएँगी तो याद भी नहीं आएँगी। आएँगी तो हम उन्हें कहीं और सरका देंगे।

आज अन्दरसे खाए, मिठाई स्वादिष्ट है मगर ख़तरे से खाली नहीं। चावल के आटे से बने हुए। हाँ, नज़ीर के 'तिल के लड्डू' की सतरें याद हो आई हैं—

जाड़ों में फिर .खुदा ने खिलवाए
तिल के लड्डू
हर इक खोंचे में दिखलाए
तिल के लड्डू

कल यार से जो अपने मिलने
तईं गए हम
कुछ पेड़े उनकी खातिर खाने
को ले गए हम
महबूब हँस के बोला हैरत
में हो रहे हम
पेड़ों को देख दिल में ऐसे
खुश हुए हम
गोया हमारी खातिर तुम लाए
तिल के लड्डू !

हमारे साथ लाहौर में एक बड़ी शोख़ लड़की थी—इस्मत। होस्टल की छत पर चाँदनी रात में बैठकर हम उससे नज़ीर की यह नज़्म सुना करते थे—

रुखपरी चश्मपरी ज़ुल्फ़परी आनपरी
क्यों न अब नामे-ख़ुदा हो तेरे कुरबान परी
झुमके-झुमके वो सुरैया के करन-फूल
वो फूल
बुन्देवाली परी मोतीपरी और कानपरी
मुस्कुराने की अदा जैसे चमक
बिजली की
आन हँसने की कयामत लबो-दंदानपरी
क्या कहूँ उसके सरापा की मैं
तारीफ़ 'नज़ीर'
कदपरी धजपरी आलमपरी
और शानपरी...

इसकी तुलना में कात्यायनी की ये पंक्तियाँ—

यहाँ खुले में
जो थोड़ा-सा उजाला है
उसमें अलग-अलग उम्र की
किरणें हैं।
अलग-अलग दूरियाँ तय

करके आई हुई
वह जो थोड़ा-सा उजाला है
उसमें अलग-अलग उम्र की
किरणों का
किस्सा अलगाना मुश्किल है।
जिस चुप्पी के साथ
ओस घास को नम करती है
धूप जिस दत्तचित्तता से
उसे सुखाती है
एक बेहद अशान्त दुनिया में
हमने सोचा
ऐसे ही प्यार करने के
बारे में
और बूढ़े हो गए।
(अपनी तरफ से जोड़ रही हूँ—और जवान हो गए।)
अभिव्यक्ति की आज़ादी
यदि वह
अनिश्चित भविष्य
अपने अकेलेपन
देश की प्रगति
और आध्यात्मिक समृद्धि
के बारे में हो
या फिर
किसी चीज़ के बारे में नहीं
तो रुदन गायन और चिन्तन
की पूरी आज़ादी है।
ईसा पूर्व काल से लेकर
मध्यकाल तक के बारे में
गवेषणा की
इक्कीसवीं सदी से लेकर
उससे आगे की तमाम सदियों
तक पर

शोध की पूरी छूट है
उससे अलग कुछ भी ठीक नहीं।
हमारी सेहत के लिए
फिक्रमन्द रहते हैं
वे
हमारी सेहत को लेकर।

सरवर,

इस दलदली संस्कारी समय में ये पंक्तियाँ सिर्फ स्त्री लेखन-भर नहीं हैं।

कृपया अपने को खबरदार करें पौरुषपूर्ण शैली में। उन्हें सहलाइए नहीं—गम्भीरता से लें—निराशा नहीं होगी।

वक़्त की आहट को पहचानना कभी बुरा नहीं।

यह नागरिक संस्कृति की अभिव्यक्ति है। यहाँ न स्त्री सिर्फ स्त्री है, न स्त्री सिर्फ भक्ति है, न मात्र शक्ति है। उसमें अब 'जन' का प्रवेश है।

मूल अधिकारों को लेकर किसी पर मनचाहा बट्टा लगाने का क़ानूनी निषेध है। लोकतन्त्र में स्त्री पुरुष की विपक्षी नहीं। वह सिर्फ अपने पक्ष में है।

आज के इस अपौरुषपूर्ण समय में कात्यायनी की ओजस्वी नज़र जहाँ देख रही है—हम सबकी आँखें उधर हैं। यह उस समाज और उन मूल्यों के लिए चुनौती है जो स्त्री नागरिकों की हत्या कर रहे हैं। क़ानून को जातिवाद में बदल रहे हैं।

रात लाउंज में बैठकर टी.वी. देखती रही। यार, अपनी क्रिकेट टीम ने दिल उदास कर दिया। यूँ तो करते ही रहते हैं, फिर भी ढीठ बनकर हम उन्हें शुभकामनाएँ भेजते ही रहते हैं। प्यारो, निधड़क हो खेलो—चौके-छक्के लगाओ— झिझको मत ! खेलते नज़र आओ। पैवेलियन में न जा बैठो। कीमती खिलाड़ियो, तुम पर सारे मुल्क की नज़रें हैं। अगली बार तो अच्छा खेलोगे ! पाकिस्तान को पछाड़ोगे। श्रीलंका को ? इसका ज़िक्र पसन्द नहीं। चलो, छोड़ देते हैं। इन्तज़ार करेंगे—क़यामत से क़यामत तक ! बेशक़ हमारी टीम खुश करेगी। जीतकर दिखाएगी। वर्ल्ड कप तक पहुँचेगी। सरवर, वे भी क्या दिन थे ! हम अपने-अपने पसन्दीदा खिलाड़ी पर शर्तें लगाया करते थे ! उन दिनों हमारी क्रिकेट टीम दिल्ली के ओबेराय मेडन्स में ठहरा करती थी। उन्हें देखने भर के लिए हम लोग कॉफी-शॉप में जमे रहते थे।

एक सुबह कप्तान पटौदी को मेडन्स होटल में नाश्ता लेते देखा तो लगा, अपने लिए ख़ास दिन है और आँखों के लिए खासुल-खास नज़ारा।

क्या खेल है क्रिकेट ! प्रतीक है युवशक्ति का। युवस्फूर्ति, अभ्यास, अनुशासन, प्रयास और अदम्य विश्वास का। टीम की एकजुट साँझी क्षमताएँ एक-एक खिलाड़ी के कौशल से उभरती हैं और रनों की निधि के रूप में गुणा बनती जाती हैं। हर मुल्क, हर राष्ट्र अपनी-अपनी टीम से उस महान क्षण की उम्मीद करता है जो सिर्फ स्टेडियम में बैठी अपार भीड़ को, जनसमूह को ही तरंगित नहीं करता—जातीय स्पर्द्धा को भी मुखरित करता है। विश्वास के स्तर

पर नई मुद्रा, नया मुखड़ा देता है। क्रिकेटर की दिमागी सजगता, मानसिक सन्तुलन, आँख की पकड़ और भेदक सामर्थ्य। कुल मिलाकर एक ऐसा अनुशासित खेल है क्रिकेट जो दर्शकों में इसके खिलाड़ियों के लिए प्यार और आदर जगाता है। क्रिकेट खिलाड़ी के व्यक्तित्व को सामाजिक-सामूहिक-सांस्कृतिक रूप से संचारित और तरंगित करनेवाला है। खेल की बंदिश में बँधे रहते हैं सभी कैप्टन, एम्पायर, गेंदबाज़, बल्लेबाज़ और असंख्य-असंख्य दर्शक—हज़ारों लाखों-करोड़ों की संख्या तक। उत्साह और क्रिकेटीय ऊष्मा की अपनी ही रौनक है।

वह मारा—वह चौका—बाउंडरी—आउट—विश्व-भर इस खेल पर न्यौछावर है। दिलचस्प यह भी कि क्रिकेट सिर्फ मैदान में खेलनेवाला खेल ही नहीं, वह राष्ट्रीय नीतियों की भूमंडलीय राजनीतिक और सामाजिक सम्भावनाओं का भी स्रोत है।

सरवर, राउंडर खेल सिखाते-सिखाते जिन साहिब ने मुझे क्रिकेट देखने और समझने की तालीम दी, मैं तहेदिल से उनकी शुक्रगुज़ार हूँ !

वह थे जयसिंह साहिब !

सरवर, याद आ गए देवराज पुरी। जिन दिनों हम दिल्ली गेट के फिरोजशाह कोटला स्टेडियम में क्रिकेट मैच देखा करते—उन दिनों दिल्ली भर की स्मार्ट लड़कियाँ खिलाड़ियों के साथ-साथ कौमेंट्रेटरों पर भी फिदा थीं।

महाराज विजयानगरम् विजी और देवराज पुरी। देवराज पुरी की भारी घनीली आवाज़ और सुथरे उच्चारण के प्रशंसक देश भर में फैले थे। उन दिनों विज़ी और पुरी दोनों नाम क्रिकेट कौमेंट्री के पर्याय थे।

बरसों बाद देवराज पुरी दिल्ली के स्पोर्ट एडवाइज़र बने तो इत्तफाक से उन्हें कमरा मिला ओल्ड सैक्रेटेरिएट की बैरक्स में। उसी गलियारे में जहाँ मेरा कमरा था। मैं और मेरे साथी कभी-कभी लंच या चाय में मिल बैठते। देवराज पुरी की आवाज़ में कोई भी बातचीत का टुकड़ा—लम्बा संवाद, चर्चा, घटना या वृत्तान्त ऐसे मुखर हो उठता ज्यों रेडियो से प्रसारित किए जा रहे हों। वक़्त के साथ आवाज़ का कसाव तनिक ढीला था लेकिन अंदाज वही पुराना।

शाम घूमने निकल गई। सड़क पर घनीली छाँह और नीचे की ओर पसरा हुआ जंगल। जंगल की गन्ध ने तन-मन में उत्साह भर दिया। देवता आकाश से उतरकर जंगल की पावस रहस्यमयी धरती पर ही निवास करते हैं। जंगलों के गहन सान्निध्य में निर्भय विचरण करते हैं। पेड़ों, लतरों और वनस्पतियों के झुरमुटों को अपनी छाँह देते हैं। जंगल के हरियाते विस्तार में फैले फूल-पत्ते, पेड़-लताएँ, झरने, झीलें, ताल-नाले एकान्त-गन्ध-उजास और ऊर्जा का संचार करते चले जाते हैं। यही सम्पदा जंगलों को गहन की ओट किए रहती है। जंगल की तमाम प्रजा अपने-अपने स्वभाव में बँधी-गुँथी इसके साम्राज्य में रसी-बसी रहती है। हमें इसी सम्मान और संरक्षण को सहेजकर रखना है। जंगल के रहस्य का जादू जो उसके गहरे एकान्त और सन्नाटों को मनुष्य की आत्मा से जोड़ता है, वही हमारी महिमामयी धरती के पवित्र धन-धान्य को संचित भी रखता है। पर्यावरण हमारे जीने के लिए, इन्सान के अस्तित्व के लिए कोष है। निधि है। हम इसे तहस-नहस करेंगे—खंडित करेंगे तो नतीजा हमारे लिए ही बुरा होगा। काफ़ी हद तक हो चुका है।

सरवर,

ये शब्द भी कुछ कहते हैं—

वे पेड़ों को काटना नहीं चाहते
इनका हरापन चूस लेना चाहते हैं।
वे पहाड़ों को रौंदना नहीं चाहते
उनकी दृढ़ता निचोड़ लेना चाहते हैं।
वे नदियों को पाटना नहीं चाहते
उनके प्रवाह सोख लेना चाहते हैं।

—मदन कश्यप

सर्जक की आँख

हम जितनी बार जीवन को रचना में गूँथ लेने के लिए शब्द के पुण्य को सुरक्षित करते हैं—उतनी बार नमन होते हैं। नमन करते हैं। अपने पुरानों को। प्राचीनों को। अपने नयों को। रचनाकारों की यह अटूट कड़ी है। छू पाते हैं, क्योंकि शब्द की लिखत है। दोहराने की स्मृति है। और स्मृति अनश्वर है। हर बार रचना की संज्ञा में जन्म लेती है, दुबारा प्रवाहित होने को।

आदि और अन्त जन्म और मरण के बीच की अनुभूति का स्पर्श करते हैं। हमारा प्राणवान अन्तःकरण स्वयं अपना साक्ष्य चुनता है और पाठ को प्रामाणिकता की धार पर चढ़ाकर भाषा की मदद से प्रकाशित करता है जीवन के सघन और सजग को प्रतिभा से उजागर करता है। अपनी-अपनी निजता में अन्दर से बाहर और बाहर से अन्दर के कोनों से झाँक उन अँधेरों को उजागर करता है—जहाँ देह और आत्मा का मौन पन्नों पर सुरों को प्रवाहित करता है। इस पार से उस पार—फिर मनुष्य की यही परिक्रमा इस लोक में बार-बार। बारम्बार। मृत्यु से यही है जीवन की मुखामुखी। इसके चलते न आरम्भ मात्र आरम्भ है, न अन्त मात्र अन्त है। बस, उदार का उदात्त है जो साहित्य में संचित है।

रचनाकार स्वयं रचना नहीं। रचना भी अपने होने में रचनाकार नहीं। फिर भी इन दोनों को एक-दूसरे से अलग करना सम्भव नहीं।

जिया हुआ, अनुभव किया हुआ। मोल लिया हुआ नहीं। पहले हाथ का माल मोल लिया है। महज़ जानकारी और सूचनाएँ लेखकीय अनुभव नहीं। अनुभव अतिरिक्त है और विशिष्ट है। इसी से उपजता है रचना को आलोकित करनेवाला आलोक। आप बाट जोहते हैं, आहट सुनते हैं उस पाहुने की जो अपने घर से चल चुका है।

रचना की प्रतीति उस एकान्त में होती है, जहाँ बेमेल टुकड़ों की फंतासी

अपने को उद्‌घाटित करती है। यह हर लेखक के स्वभाव के अनुरूप प्रक्रिया है। लेखक अपने में रचना के लिए गर्भ-गृह समादृत करता है। रचना से जुड़ी उसकी आन्तरिकता को, आत्मीयता को शक्ति से एकत्र करता है। सहेजता-समेटता है। उसे ही प्रत्याशित को अव्यक्त और अमूर्त को व्यक्त करना होता है। रचना की अपनी धूपघड़ी होती है जो किसी भी संयोजित समय से अलग होती है।

रचना की पहली पंक्ति दूरगामी परिणाम सँजोए रहती है। उसमें निहित होता है वह संवाद भी जिसका शुरुआती आभास लेखक अपनी ही पंक्तियों से लेता है। ऐसे में पन्ने पर पंक्तियों का अस्तित्व लेखक से अलग हो उठता है। इन दोनों के बीच फैली क्रमबद्ध शुचिता रचना की जन्मजात दीप्ति है। उसका ताप है। उसकी गरमाहट है।

भाषा की संयमित चुनौती स्पष्ट और घुलनशील होकर ही विचार की सघनता को बरकरार रखती है। विचार, संवेदना, द्वन्द्व जो भी रचना में घट रहा है, वह किसी स्वप्न स्क्रीन की तरह चेतना और चित्त शक्ति से आँखों के आगे दृश्य द्रष्टा को प्रस्तुत करता चला जाता है। ठीक इसके विपरीत सीमित अल्पदृष्टि, अनुभव की न्यूनता या दुर्बल दक्षता की नाटकीयता भी इसे ओझल नहीं कर सकती। लेखक की यह सबसे कड़ी परीक्षा है।

ऐसा नहीं कि फिक्र और चिन्ताएँ मेरे आसपास न हों, मैं अकसर उनसे घिरी रहती हूँ, पर तुमसे बात करते हुए मैंने उन्हें अपनी कुर्सी के पीछे सरका दिया है। मैं उनके बारे में अब सोचूँगी नहीं। जब तक बहुत ही ज़रूरी न हो।

सरवर, थोड़ी देर पहले धुंध थी। खिड़कियाँ ऊँची हैं सो उनसे छनकर मेरी मेज़ पर फैली अब धूप। किताबें, कागज़ और लिखने के यह पेन सभी कुछ उजले-उजले लगने लगे। जानती हो, ऐसा होने से ही मैं खुश-सी हो गई। किताब खोली और तुम याद आ गईं। इस इमारत की शताब्दी से भी पुरानी खिड़कियाँ खोलीं कि सूरज पर बादलों की घटा छा गई ! बाहर देखा तो घाटी गुम हो गई लगी। सिर्फ नज़दीक के पेड़ दीख रहे हैं। अँधेरा और धुंध एक साथ—सामने की खिड़की से पेड़ों का एक जोड़ा अपनी जगह इतमीनान से खड़ा है !

मुझे मालूम है कि तुम इस पूरे लैंडस्केप से परिचित हो, शायद इसीलिए तुम्हारी मीठी-सी याद मुझे आई !

मैंने अब टेबल लैम्प जला लिया है। इसका रंग सफ़ेद है और मैं हमेशा अपनी मेज़ पर लाल रंग का शेड चाहती हूँ। मैंने अपनी दिल्लीवाली स्टडी से गोलाईवाला अनोखा लैम्प मँगवा तो लिया है, पर उसे घर की मेज़ पर ही इस्तेमाल कर रही हूँ। इत्तेफ़ाक़ से मैं आज काफतान भी लाल ही पहने हुए हूँ।

रंग भी आपके मन पर क्या-क्या नहीं करते ! कभी मुझे काला रंग ही पसन्द था। अब मैं तरह-तरह के रंगों को मिलाती हूँ। जानती हो, क्यों ? मैं बड़ी हो रही हूँ। अब बड़े होने की रफ़्तार बरस नहीं, घंटे हैं। जो आज सुबह थी—उससे कहीं बड़ी हूँ आज शाम ! ये खिड़कियाँ इन चौखटों में जड़ी गई होंगी एक सौ साल से भी पहले ! खोलने और बन्द करने को जब स्टील के पुराने स्टापर छूती हूँ तो एक झुरझुरी-सी उँगलियों की पोरों में फैल जाती है।

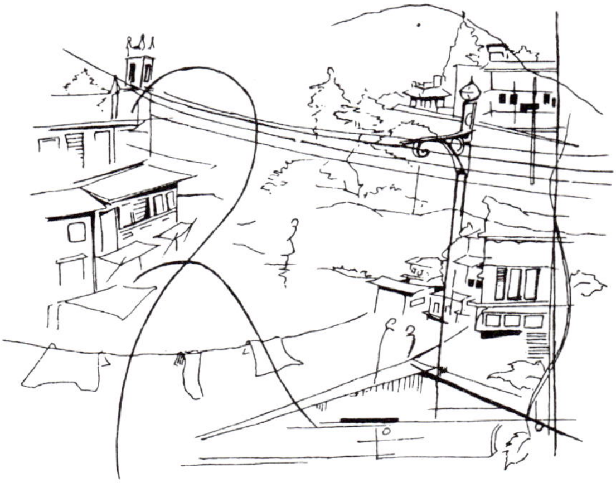

इसे वक़्त कहते हैं।

सरवर, मेरे पास बहुत वक़्त था, पर मैंने अपने समय को खूब लुटाया भी है। जैसे पतंगों के पेंच लड़ाते हैं—उसी तरह।

पर अगर वह न करती तो वक़्त की कीमत पता न लगती। लो, अब बूँदें पड़ने लगीं। हवा के तेज़ झोंके। मैं इस वक़्त तुम्हारे साथ न होती तो एकदम जूते बदलकर नीचे घूमने निकल जाती। यह छोटी-छोटी खुशियाँ, चाहतें मेरे निकट बहुत क़ीमती हो उठती हैं।

कुछ दिन से मैं सुबह का नाश्ता घर पर मँगवाती हूँ। कल जाने क्या हुआ कि जल्दी तैयार हो गई। अभी 'हेज़लनट' के पेड़ तक पहुँची ही थी कि केसर

साहिब ट्रे लिए आ गए। मैं वहीं बैठ गई और घास पर नाश्ता किया। ऊपर बादल थे और सामने टोस्ट, बटर और आमलेट ! सरवर, खूब मज़ा आया। बीच-बीच में मैंने इधर-उधर नज़र रखी कि कहीं बन्दर न छीना-झपटी पर उतर आए ! नहीं आया, मगर मेरे मन में कोई पुराना डर था। बहुत छोटी थी। रात को एकाएक आँख खुली तो देखा, सिरहाने बन्दर बैठा हुआ है। मैं और बड़ी जीजी एक कमरे में सोई थीं। मैंने उन्हें आवाज़ दी। पलँग क्योंकि साथ-साथ थे, जीजी ने मुझे अपनी ओर खींचकर रज़ाई में छिपा दिया और अम्मीजी को आवाज़ दी—अम्मीजी, कमरे में बन्दर ! अम्मीजी तो उठ नहीं सकती थीं। छोटे भाई जगदीश कुछ ही दिन पहले जन्मे थे सो अन्दर से मम्मी की बुआजी आईं और छड़ी से बन्दर को डराकर भगाया। उस शाम एक खिड़की खुली रह गई थी। इसी से बन्दर महाराज को मौका मिल गया।

इन दिनों भी बन्दर यहाँ मेरी छत पर खूब धमा-चौकड़ी मचाते हैं। एक दिन दरवाज़ा खुला रह गया था। साइड-बोर्ड से हॉर्लिक्स की बड़ी बोतल उठाई और सड़क पर जाकर खोल ली। मुझे कुछ मज़ा तो आया पर इतने बड़े साइज़ के पैसे बेकार गए—इससे मन में रोष हुआ। अगली बार मैं सबसे छोटा पैक लाई।

हाँ, फैलो दोस्त दय्या साहिब ने बताया कि जब वह जाखू के हनुमान मन्दिर की ओर जा रहे थे तो बन्दर ताक में रहे। उन्होंने प्रसाद का लिफाफा अपने हिप-पॉकेट में रखा था। बन्दर ने पीछे से आकर धीरे से निकाल लिया ! मुझे यह शरारती हरकत बेहद दिलचस्प लगी।

सरवर, मालूम नहीं—तुम इस वक़्त क्या कर रही होगी। इस बीच पम्मी जो सुबह-शाम मेरी मदद करती है, मेरे लिए चाय ले आई थी। इतमीनान से पी और अपनी छोटी-छोटी आँखों से दिन की नाटकीयता का भव्य सूर्यास्त देखा। इतने बड़े आकाश पर, दुनिया के मंच पर हम बहुत छोटे हैं। खासतौर से मैं—स्वयं ! ऐसा मात्र कहने के लिए नहीं कह रही। मुझमें अपनी सीमाओं को देखने की सचेत क्षमता है। मैं कल्पना में भी अपने को विशेष नहीं समझती। मेरे सामने साधारण की संज्ञा हमेशा उजागर रहती है। कभी-कभी हम झूठे, मिथ्या प्रकाश में भी अपने को देखने के आदी हो जाते हैं। खतरनाक है यह ! जो आप हैं नहीं—उसकी प्रतिच्छाया—'इमेज' को आप ओढ़े रहें। यह भी एक झूठ का ही विस्तार है।

यहाँ भी देखती हूँ, कुछ लोग, वह नहीं जो वे हैं—जो दूसरों द्वारा देखा जाना चाहते हैं—वे वही होने लगते हैं। कभी-कभी तो इन दोनों में खासा फर्क रहता है और आप इस दूरी को देख भी सकते हैं। वैसे यह भी सही है कि कौन किसको कैसे देख रहा है, यह उसकी अन्तर-भाषा पर निर्भर है ! कुछ लोग दूसरों की कमियों और कमज़ोरियों को चुनने के विशेषज्ञ होते हैं। खुद ही नतीजों पर पहुँचते हैं और निचोड़ निकाल लेते हैं, जो ज़्यादातर सही नहीं होते।

मैंने अपने बारे में बहुत लोगों को बहुत कुछ कहते सुना है, पर मेरा एक ही वायदा अपने साथ है कि मैं एक गैर की तरह—कहानी के पात्र की तरह अभी सुनूँगी और अपने से दूर फेंक दूँगी। इससे ज़्यादा कुछ नहीं।

सरवर, मुझे ज़िन्दगी में कई बार नहीं, बहुत बार यह करना पड़ा है। शुरू में कुछ मुश्किल लगा था, पर मैंने इसे अपने पर हावी नहीं होने दिया। मुझे उकताहट हो जाती है, ऐसी बेकार बातों से।

अब पानी तेज़ बरसने लगा है। मैंने एक छाता स्टडी में भी रखा हुआ है। इन दिनों ज़रा जूतों की उलझन है। भीग जाते हैं पानी में। माल से एक चाइनीज़ शू लेने का मन बना रही हूँ। याद आया, कल त्रिशूल से प्लेन केक मँगवाऊँगी। वैसे यहाँ जलेबी, समोसा चलते हैं। कभी-कभी खा लेती हूँ पर भारी लगता है। हाँ; पहाड़ी पकौड़ों का अपना ही मज़ा है। मैं टॉर्च भूल आई थी सो पम्मी अभी देकर गई है। ऊपर आने को लिफ्ट है मगर मैं सीढ़ियों से ही नीचे उतरना पसन्द करती हूँ। छोटी-छोटी सीढ़ियाँ हैं। उन पर से उतरते हुए मुझे अपने रंग-बिरंगे गरारे याद आते हैं। इस इमारत की सादगी बहुत मनभावनी है ! जिन्होंने रियासतों-रजवाड़ों का स्थापत्य देखा है, उन्हें इस पर ज़रूर आश्चर्य होता होगा कि अंग्रेज़ी सत्ता की प्रतीक यह इमारत इतनी सादा क्यों !

तुम ज़रूर हँसोगी यह जानकर कि मैं दिन में कई-कई बार तो जूते बदलती हूँ—कपड़े भी। हवा नहीं होती, गर्मी लगने लगती है। हवा होती है तो सर्दी। जब सर्दी होती है तो कपड़े भारी लगने लगते हैं। खालिस ऊन के दो ट्रैकसूट खरीदे हैं। क्योंकि अभी नए हैं इसलिए मुझे काफी सताते हैं। घिस जाएँगे तो बदन को आराम देंगे ! एक बात कान में बताऊँगी—जब भी इन्हें उतारती या पहनती हूँ तो अपने से पूछती हूँ, कब घिसेंगे ? इसके आगे की बात तुम ज़रूर समझ जाओगी, प्यारी लड़की कि मैं उस वक़्त क्या सोच रही होती हूँ।

मैं हूँ अन्ततः एक निरन्तर होता वार्तालाप
रात की गहनता में मीनार की
चोटी से आती आवाज़
जब अनछुई घाटियों से उत्पन्न
हो एक अस्पष्ट शब्द
इस बोध से कि अभी कल
और जीना है
मैं सत्यनिष्ठ, अन्वेषक
निरर्थक चीज़ों का

मैंने देखा है दुनिया को हमेशा
अपने से दूर हटाकर
मुझे सबसे प्यार है, मैं
सब में रमता हूँ
देता हूँ मानवता प्रत्येक को
आदमी पत्थर आत्मा मशीन
करते हुए विस्तार अपने व्यक्तित्व
का, यों करने में
हो जाता हूँ मैं फिर, कुछ पीड़ा-
सा ज़्यादा अपना
चाह है मेरी उठा लूँ जगत को
बाँहों में ऊपर
परिचारिका जैसे एक चूम
रही हो एक बालक को।*

---

* फर्नान्दो पैसोआ, *अल्वारो द कम्पुश,* अनु. : शरद चन्द्रा

सरवर, नौ बजने को हैं, इस समय सब ओर खामोशी है। अभी उठकर देखने गई थी कि कॉरीडोर में रोशनी तो है ! मैं करीब दस बजे ही घर जाऊँगी।

हवा से किताब के पन्ने उड़े तो कुछ पंक्तियाँ आँखों में लहराईं ! तुम्हारे लिए लिख रही हूँ।

अगर पहाड़ और सूरज और
चाँदनी–
सब ईश्वर हैं तो करता हूँ
मैं उसमें विश्वास
प्रत्येक क्षण उसमें
और पूरा जीवन मेरा एक पूजा
और प्रार्थना
और मेरी खुली भागीदारी
आँखों और कानों के द्वारा।
लेकिन है ईश्वर अगर पेड़
और फूल
और पहाड़ और चाँदनी और
सूरज
तो क्यों बुलाता हूँ मैं ईश्वर
उसे ?
बुलाऊँगा मैं तो फूल और पेड़
और पहाड़ और सूरज और
चाँदनी
इसलिए कि मैं
देख सकूँ कि उसे बनाया है
उसने।

प्यारी सरवर,

फर्नान्दो पैसोआ की पुर्तगाली कविताएँ ज्यों ही पढ़नी शुरू कीं, मुझे तुम्हारी याद हो आई। मानोगी–मैं तुम्हें बहुत नज़दीक से देख रही हूँ। कविता की पंक्तियाँ भी इसका कारण हो सकती हैं। मेरी स्टडी की खिड़कियों से दीखता पहाड़ों का फैलाव और आकाश का विस्तार भी इसका कारण हो सकता है।

मैं तुमसे चुपके से बाँटना चाहती हूँ यह क्षण। यह लम्हा वह है जब मेरे मन पर चिन्ता की कोई परछाईं नहीं !

अपने आपको सूरज और चाँदनी
और फूल और पेड़ और
पहाड़
आता है वह अगर मेरे
सामने
पेड़ और पहाड़ और चाँदनी
और सूरज
और फूलों के रूप में
तो मतलब है इसका कि
चाहता है वह कि देखूँ मैं उसे
पेड़ और पहाड़ और फूल
और
चाँदनी और सूरज में !*

मैंने ईश्वर से सिर्फ चाहा है भुला
दे मुझे
न उदास न तुष्ट मैं हो जाऊँगा
मुक्त
इतना होता है जितना पवन
देता हुआ जीवन
वायु को जो होती नहीं कुछ
भी
प्यार और घृणा करते हैं
हम
प्रहार दोनों क्रूरता से—पर
अलग-अलग
मुक्त सिर्फ वह होता है नहीं करता
प्रदान
जिसे ईश्वर कुछ।**

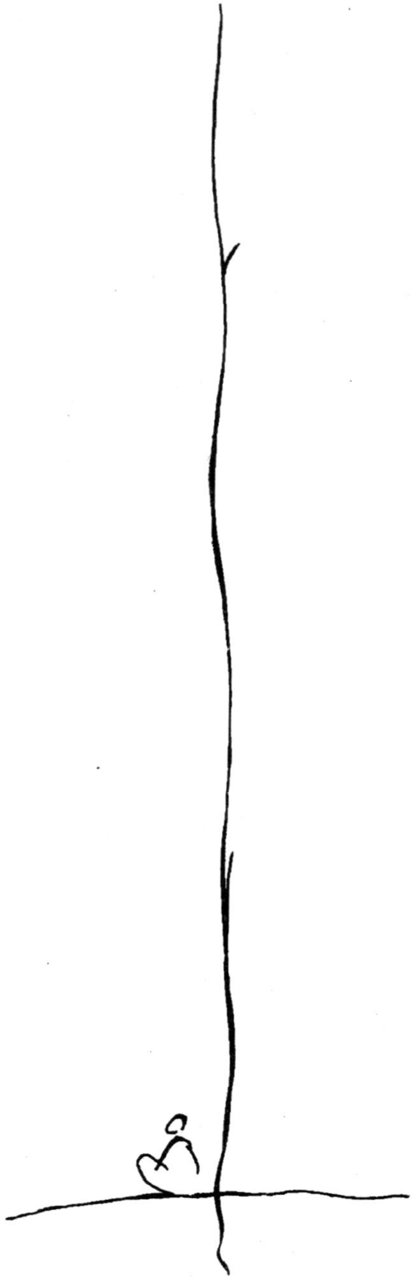

* फर्नान्दो पैसोआ।

** रिकार्दो रईश, (पुर्तगाली कवि), अनु. : शरद चन्द्रा

ज़रूरी टिप्पणी

मैं तो कहूँगा कविता विचारों से और इसलिए शब्दों से बना संगीत है। सोचकर देखो, भावों के विपरीत विचारों से संगीत बनाना कैसे होगा। भावों से सिर्फ संगीत बन सकता है। उन भावों से जो विचारों की तरफ मुड़ जाएँ, उन्हें इकट्ठा करके परिभाषित करने के प्रयास से गीत बनाए जाते हैं। खालिस विचारों से जिनमें न्यूनतम भाव हों—कविताएँ बनती हैं। कविता जितनी भावहीन होती है, उतनी ही सच्ची होती है। ईश्वर इसलिए एक ही समय में वास्तविक और अवास्तविक, दोनों होता है। वह अवास्तविक इसलिए होता है, क्योंकि वास्तविक नहीं होता। फिर भी वास्तविक इसलिए, क्योंकि वह निराकार को, अमूर्तता को आकार देता है।

—रिकार्दो रईश

सरवर, चमत्कार लगता है कि दूर कहीं—एक-दूसरे से बेखबर कोई दो आत्माएँ एक-सा सोच रही हों। एक-सा देख रही हों। सहज रूप से पंक्तियों में समेट रही हों। हज़ारों-हज़ारों मील दूर, ज़मानों पहले कोई एक अनजान पाठक उन पंक्तियों को दोहरा रहा हो—कुछ ऐसे जैसे स्वयं उसी ने लिखी हों।

सरवर, इन दिनों तुम क्या कर रही हो—क्या लिख रही हो—मैं जानना चाहती हूँ। मौसी होने के नाते नहीं—एक लेखक होने के नाते दूसरे उभरते लेखक से यह पूछ रही हूँ ! तुम इसे गलत नहीं समझोगी, इतना तो जानती हूँ। मैं कॉलिज पत्रिका में तुम्हारी प्रकाशित रचनाओं को पढ़ चुकी हूँ। मैं तुम्हें यह कभी न कहती—जो कहने जा रही हूँ। कह ही न सकती पर आज की शाम मुझे कुछ खास लग रही है। इसलिए जो मेरे मन में है, उसे तुम तक ज़रूर पहुँचाऊँगी !

पहाड़ आतंकित नहीं करते। समुद्र की तरह आपको अपने से अलग भी नहीं करते। पहाड़ों की ऊँचाइयों में आप न जाने कितना कुछ देखते हैं।

सरवर, 'बादलों के घेरे' की मौन आहट मैंने कैसे सुनी, तुम्हें बताने जा रही हूँ।

काठगोदाम से रानीखेत वाली बस भुवाली रुकी तो मैं बस से नीचे भी नहीं उतरी। अचानक बाहर देखा। नीले आकाश पर बादलों के रुपहले झुंड मज़े-मज़े कभी इधर, कभी उधर। कुछ था जिसने मुझे खींचा।

कण्डक्टर ने सीटी दी—नीचे उतरे मुसाफिरों को बस में लौटने के लिए कि मैंने अचानक फैसला किया भुवाली पर उतरने का। सामान उठवा सबसे पहले कुली के साथ पोस्ट ऑफिस पहुँची। घर सूचना दी कि मैं भुवाली पर उतर गई हूँ, सात ताल नौकुचिया होती हुई रानीखेत पहुँचूँगी। चर्च के सामने से होती हुई डाकबँगले पर पहुँच गई। चौकीदार ने कमरा खोला—सामान अन्दर रखा। अजीब अमैत्री की निगाह से देखा। मैंने चाय की फरमाइश की। कुछ ऐसे कि सावधानी बरतने का आदेश हो—चाय ले आइए—

प्याले में मिक्स ?

नहीं, केतली में। दूध, चीनी सब अलग।

मैंने सामान के लिए नकद दिया। चौकीदार साहिब बाज़ार की ओर उतर गए।

उनके लौटने का अन्दाज़ा लगाया—लौटने में कम से कम आधा घंटा। चाय आने में आधा घंटा और।

दरवाज़ा बन्द कर घूमने निकल गई।

लौटी तो बाहर कुर्सी और मेज़ रखे थे। बैठ गई। सामने देखा, चाय की ट्रे उठाए चौकीदार साहिब।

धन्यवाद।

आँखें गड़ाकर पूछा—

क्या रात को खाना होगा ?

चौकीदार की आँखों में ऊब अमैत्री की जगह दुश्मनी।

आप क्या दे सकते हैं ?

मरीज़ लोग तो बाज़ार से ही खाना मँगवा लेते हैं।

मैं कुछ समझी नहीं—सिर्फ देखती रही। चौकीदार साहिब ने सख़्ती से पूछा—

सैनीटोरियम में आपका दाखिला तो हो गया न। वहाँ कब जाइएगा ?

मैंने रुखाई से कहा, मैं बीमार नहीं हूँ।

तो साहिब, फिर यहाँ कैसे ?

मैं घूमने निकली हूँ।

अजीब छोटी-सी कम्पाउंडरी हँसी।

साहिब, वहाँ सैनीटोरियम में जाने से पहले सब यही कहते हैं।

ट्रे उठा ली गई तो मेरे अन्दर अजीब-सी बीमार घबराहट हुई। टी.बी. सैनीटोरियम। रात को यहाँ ठहरना भी ठीक नहीं।

शाम ढल चुकी है, इस वक्त कहीं और के लिए निकलना भी मुश्किल होगा।

कमरे को देखा, खूँटियों के नीचे दीवार पर सफेद गिलाफ़ से लटके थे। दहशत।

जैसे ही अँधेरे उतरे, सामने की ढलानों के पार भीम ताल चमकने लगा। जान गई कि मुझे क्या करना है।

चौकीदार साहिब को बुलाकर पूछा—खाने में पराँठा और अंडे की भुर्जी दे सकते हैं ?

दुबारा फिर बाजार जाना पड़ेगा।

अंडे तो नीचे से ही मिलेंगे।

हाँ—नीचे से ही मिलेंगे।

अब एक और काम करें। मैं सुबह पाँच बजे भीमताल के लिए निकलूँगी। आप कुली के हाथ मेरा सामान भिजवा दें। हाँ, कुली को कितना देना होगा ?

चौकीदार साहिब मेरी जेब का लिहाज़ करने लगे।

आपको तो यहीं लौटना है न, तो सामान यहीं रहने दीजिए।

नहीं, मुझे यहाँ नहीं लौटना।

मैं भीमताल डाकबँगले में रुकूँगी। सामान उठाने को कितना दूँ कुली को ?

मुझे ही दे दीजिए। दस।

मैंने मन ही मन सोचा—बिचारे कुली को तो आधे ही मिलेंगे।

डाकबँगलों के चौकीदार अपने में एक संस्था हैं। कामचोरी और काइयाँपन

कुछ ऐसा कि खलता नहीं। फिर कभी बताऊँगी।

मैं सुबह ठीक पाँच बजे निकली। सामान पीछे आता रहेगा। उतराई। स्टैनले जोन्स का आश्रम, फिर सातताल—लकड़ी का टाल और फिर भीमताल। वहाँ से नौकुचिया।

भीमताल पर एक बिकाऊ कोठी देखी। नौकुचिया के तो कहने ही क्या ! गहरा नीला पानी और सातताल भीमताल से बड़ा ताल नौकुचिया ताल।

दिल्ली लौटी तो खाने की मेज पर हौजखास के प्लाट बेच देने की बातें हो रही थीं। पिताजी का कहना था कि महरौली वाला टी.बी. सैनीटोरियम बहुत पास होगा।

मैं चौकन्नी होकर सुनती रही। वहाँ चौकीदार की नज़र ने मुझे लगभग डरा दिया था। बीमार बना दिया था।

यहाँ बिना किसी प्रसंग के पिताजी उसी भय से क्यों आतंकित हैं ? हमारे परिवार में दूर-दूर तक इसकी परछाईं नहीं। क्या सचमुच इस रोग का निदान नहीं है ?

उन दिनों नहीं था मगर अब है। लेखक की अभिव्यक्ति क्या से क्या रूप लेती है, कैसे व्यक्त होती है—यह कहना मुश्किल है।

एक बात भूल रही हूँ तुम्हें बताना। कुली ने मेरा सामान मेरे वहाँ पहुँचने से पहले ही भीमताल पहुँचा दिया था। मैंने धन्यवाद किया। वह संकोच से बोले, बख्शीश साहिब !

क्या चौकीदार साहिब ने आपको पैसे नहीं दिए ?

दिए हैं साहिब—तीन रुपए।

मैंने सोचा था, घिसे हुए चौकीदार साहिब कुली को पाँच तो देंगे ही। यहाँ उसमें से भी काट लिए। मैंने कुली को दस दिए तो वह चिन्ता में पड़ गया।

साहिब, मेरे पास तो छुट्टा नहीं है।

कोई बात नहीं—इसे रखो। तुम्हारे लिए ही है।

कुली साहिब ने फिर भी कदम नहीं उठाया। लगा, कुछ कहना चाहते हैं।

पैदल लौटना है न, तो देर क्यों कर रहे हो ?

सोचो, ज़रा इस बार क्या बोले होंगे कुली साहिब ?

बड़े संकोच से, रुक-रुककर कहा—बीड़ी के लिए छुट्टा चाहिए था !

मैंने तपाक से छुट्टा दे दिया। और वह सलाम कर तेज़ चाल से डाक-बँगले की उतराई उतरने लगा।

ऐसे, जैसे कुछ अप्रत्याशित घटा है !

दरवाजे पर आहट है।

मेरा खाना।

खत्म करके फिर से लौटी हूँ मेज़ पर। क्या था भला ? दाल-चावल—बीन्स, चपाती और कस्टर्ड ! कल फिरनी थी—मज़ा आ गया। मैंने दो बार ली। तुम्हारे यहाँ आमों की कौन-सी किस्में हैं इन दिनों ? मैं चौंसे के इन्तज़ार में हूँ। कभी ओल्ड सैक्रेटेरिएट की कैन्टीन में बर्फ लगा चौंसा एक रुपए का मिलता था ! ममा से पूछना, उन्हें ज़रूर याद होगा। फ्रिज़ में लगे चौंसे में वह बात नहीं !

रात दस बजे फ़ोन पर पता लगा कि घर पर गर्म-गर्म हलवा मेरा इन्तज़ार कर रहा है। सबकुछ मेज़ पर छोड़कर मैं भागी ! वैसे नहीं भागी जैसे सचमुच में भागा जाता है। लिफ्ट ऊपर नहीं थी सो सावधानी से सीढ़ियाँ उतरी। सीढ़ियों पर का कारपेट ज़रा बेरंग-सा। ऊपर और नीचे की सीढ़ी एक-दूसरे में मिलती हुई-सी दीख पड़ती है। हाँ, नीचे की फैलावदार सीढ़ियाँ नीले कारपेट से बँधी हैं। सजीली। वहाँ मैं अकसर एक-न-एक वायसराय और वायसरीन को खड़े देखती हूँ ! हाँ, नीचे दो-तीन चौकीदार साहबान मौजूद रहते हैं। नमस्कार हुए और मैं अपनी सबसे तेज़ रफ्तार से घर पहुँच गई। हलवा अभी गर्म था। मुझे अम्मीजी याद आ गईं। इतने में देखती क्या हूँ कि मेज़ पर एक खूबसूरत गुलदान लगा पड़ा है। दिल-ही-दिल माली साहिब का धन्यवाद किया। फिर नहाई। पम्मी ने बिस्तर पर रात के कपड़े—शॉल, मोज़े और कैप रखी थी। मैंने इसके लिए मन-ही-मन उसका धन्यवाद किया।

सुबह उठकर मैसवाले लॉन में घूमी। एक मुनिया-सी चिड़िया गीले घास में फुदक रही थी। बहुत प्यारी लगी। मैंने उसी की सी आवाज़ निकाली। उड़ गई। फुर्र से। फिर लौट आई। मैंने पूछा—अरी चिड़िया, गुड़िया तुम्हारी बहनेलियाँ,

सहेलियाँ कहाँ हैं ? तुम क्यों अकेली हो ? क्या लड़ाई करके आई हो ? क्या उनसे रूठी हो ? उसने चोंच हिला दी, जैसे कहती हो, मेरी बला से ! मैं क्या किसी की परवाह करती हूँ ! मेरे पास मेरे अपने पंख हैं। मैं उनसे उड़ती हूँ। कभी यहाँ, कभी वहाँ। कभी कहाँ !

और अब ?

अब तो मैं तुम्हें छेड़ रही हूँ।

क्यों भला ?

इसलिए कि तुमने लॉन की इतनी जगह घेर रखी है !

मैं बहुत सकपकाई। वैसे मेरा डील-डौल ही ऐसा है। इसका क्या करूँ ! सैर करूँ, पतली हो जाऊँगी। फिर वज़न करवाऊँगी डॉक्टर के यहाँ।

इतने में देखती क्या हूँ, एक और चिड़िया उससे आ मिली। दो। लगता है, खूब छनेगी इनकी, एक तो मुनिया और दूसरी गुनिया।

चूँ-चूँ-चीं-चीं।

दोनों हँसीं।

अरी सयानी, हमारी नकल तो मति कर। हमने परिन्दों के झुंड बनाए-उड़ाए हैं। पेड़ों पर घर-घोंसले सजाए हैं। तुम्हें पता भी है, एक-एक तिनका इकट्ठा करना पड़ता है। तब जाकर कुनबा चलता है। बीबी, तुम्हारा क्या—यहाँ बैठे तो यहाँ के—वहाँ बैठे तो वहाँ के। बिना पैंदी के लोटे हो।

मैं खीज गई। मैं लोटा हूँ कि गागर, यह मुझ पर छोड़ दो। मैं अपनी पहचान खुद हूँ। अरी चिड़ियालियो, मैं बेमतलब खुसर-पुसर—इसकी-उसकी-जिसकी-तिसकी, सबकी ऐसी की तैसी नहीं करती फिरती।

वह बोली—

क्या तुम्हारे पंख हैं ?

मैं दूसरों के पंखों पर नहीं उड़ती—मैं अपने कदमों से चलती हूँ। अपनी खरीद के जूते पहनती हूँ ! क्या समझीं चिड़िया रानी ! कुछ बात समझ में आई !

नहीं। तुम अपने खूँटे से बँधी हो। हमसे अलग-थलग हो। भला यह हम कैसे भूलें !

मैंने कन्धे बिचकाए और अपनी रौ में लॉन का चक्कर लगाने लगी।

अपने से पूछा—क्या कुछ परेशानी हुई ?

नहीं। वह वह है, मैं मैं हूँ। इतराती रहे चिड़ियों की गोट्ठ, उड़ती रहे अपनी उड़ानों पर। मैं तो धरती पर चलूँगी।

वह भी अपने पैरों से ! पहनूँगी भी वह जिस पर मन आएगा। मुझे वह भाएगा जो तन को सुखकर हो। दिखने में सुथरा हो।

सरवर, चिड़ियों की नन्ही हरी-भरी दुनिया आबाद रहे। इन दिनों तो हम पहाड़ों-पठारों के बाशिन्दे हैं !

लद्दाख की चट्टानें घूमने लगी हैं आँखों में ! पथरीले-पथरीले पत्थरों के टीले ! सरवर, जब लेह पर विमान उतरा तो मैं उमंग और जोश से एक छोटी-सी लड़की बन गई। अगर हवाई-जहाज से पैराशूट के सहारे उतरने को कहा जाता तो मैं उतर जाती !

यहाँ बौद्ध मठों की हलकी रोशनी जाने कैसा एक रहस्य-सा तरंगित करती है। प्रतिमाएँ—दीवारों पर अंकन, तंखा और मोमबत्तियों और चिरागों की लौ !

लौ और लामा। अलौकिक ! लामायूरी में खड़े-खड़े मैं न जाने क्या-क्या सोचने लगी थी। लगा, मैं वह नहीं हूँ जो हूँ। अपनी पहचान में ही खलल हो गया। एक तो वह हूँ जो इस क्षण हूँ। एक वह भी जो इस मद्धिम आलोक के बाहर हूँ। एक वह जो इन सबके अतिरिक्त हूँ। पोशाक है। पहरन है। सोच है। सोच अन्दर है। बाहर भी। सच कहूँ सरवर, उस समय तो लगा कि मेरे अन्दर पूरा लद्दाख फैला है। पथरीला रेगिस्तान। रेत है। चट्टानें हैं। बर्फ है। वीराना है। झाड़ियाँ और पत्थरों के झुंड। कबीले। जैसे हरे, ग्रे, ताम्बई-जैसे निर्भीक चट्टानों ने अपने रंग-संगीत को आप ही तरतीब दी हो। अनूठा चयन। और तो और, बैंजनी और हलका पीला भी। मैं कल्पना में देखती रही, हर चट्टान पर लगी दो आँखें। ग्रे और दालचीनी चट्टानों के साथ बहती नीले पानी की नदी ज़ंस्कार। धूप की आँख

मिचौनी और दूर दीखते हैं धरती और आकाश मिलते हुए, अलग होते हुए। और फिर अचानक शिखरों की शृंखलाओं पर लटका आकाश का परदा। मंचन के लिए कोई रंगमंच बना हो जैसे।

क्या तुमने राहुल सांकृत्यायन को पढ़ा है ? पढ़ते-पढ़ते आप जाने कैसी गहराइयों में बढ़ जाते हैं। मैं तिब्बत क्यों न जा सकी ! क्या वहाँ पहुँचना इतना ही मुश्किल था ? चलो, चलते-फिरते तिब्बत को दलाईलामा में देख लिया ! उन्हें देखकर अपने अन्दर का एकान्त सघन और आत्मिक हो उठता है। कोई झरोखा-सा खुलता है अपने अन्तरंग का।

शिकसे विहार में चार लामा-चित्रकारों को एक चौकोर पट्टी के आसपास देखा। वे कपड़े पर कुछ अंकन करने को थे। छोटी-बड़ी प्यालियों में कीमती पत्थरों के पिसे रंग ! ब्रश ! ज़रा सोचो सरवर, मठ के प्रांगण में आकाश तले धूप के निर्मल प्रकाश में इस अंकन में जाने क्या सँजोया जा रहा होगा ! चौकड़ी मारे वह चार लामा अपनी मुद्रा में मुझे प्राचीन लगे। भारतीय अंकन की गहनता, गरिमा—भूरे चमकीले रंगों में झिलमिलाने लगी। अन्दर के भित्तिचित्र जैसे स्पष्ट हो उन चार जोड़ी आँखों में तैरने लगे ! सुख होता है यह सोचकर कि मैं इस दृश्य को देख सकी।

भारत का सबसे ऊँचा प्रदेश लद्दाख ! हिमालय और कराकोरम की शृंखलाओं से घिरी गहरी सपाट घाटियाँ। चट्टानों के पथरीले डील-डौल कुछ ऐसे पसरे पड़े हैं, ज्यों इस धरती के भूगोल न हों। कुछ ऐसे लगे कि चाँद की सतह पर पठार हों। रंग-बिरंगी भूरी ग्रे काली चट्टानों से अटा पड़ा है भूखंड का यह प्रदेश ! इन पर दौड़ना चाहें तो इन ढलवाँ दूर-दूर तक फैली चट्टानों पर पाँव क्या टिकेंगे। नहीं। नंगे पठारों ने अपनी खुरदरी सतह को अपने ही कब्ज़े में रखा हुआ है। अगले पथरीले मोड़ पर पत्थर कुछ ऐसे पड़े हुए हैं ज्यों विशाल हाथियों का झुंड एक-दूसरे से सटकर ठस्से से सुस्ता रहा हो !

ग्रे हाथी रँगी चोटियाँ। क्या कहीं छिपी हैं गुफाएँ ! ना, सिर्फ चट्टानों को एक-दूसरे के कुनबे से अलग करतीं उभरी गिरी तिड़कनें। बीच-बीच में गोल-गोल बड़े चपटे पत्थरों के अम्बार और आसपास फैली रेत की सूखी किंगरी। पथरीला रेगिस्तान। हरियाली—पेड़, घास, कँटीली झाड़ियाँ कहीं भी अभी दीखी

नहीं। सिर्फ पत्थरों के खेत फैले पड़े हैं। कोयला ग्रे पर दूधिया सफ़ेद और बीच में उठँगू पड़ा काला धड़। और नीचे डूँगरी सतह पर टिके पाँवों पर चमकता चॉकलेटी रंग।

तपिश-तपिश और विस्मयकारी यह कि दूर की चोटियों पर बर्फ इतरा रही है। धूप में चमकीली। आसमान के परदे पर इठलाती। जैसे मन-ही-मन पहाड़ों के वीरानों पर मुस्कुराती हो !

लम्बी-चौड़ी घाटी को पार कर हलके हरे रंगी पत्थरों की क़तारें, चट्टानें—ताम्बई, दूधिया, ग्रे और काली। पत्थरों के ढेर एक दूसरे पर आतंक जमाए हुए। निर्जन-बेशोर। आकाश की नीलाहट को चुनौती देते पेड़ों का झुंड—क्या कोई गाँव ? हाँ, बह रहा है समुद्र से सिन्ध दरिया का पानी एक नहर में। पानी-पानी, इस पथरीली पृथ्वी पर पानी। धूप में चमकता रुपहला पानी। किन बर्फीली चोटियों से उतरकर बह रहा है ? पत्थरों से चुने खेतों पर छोटी-छोटी हदबन्दियाँ !

यह लद्दाख है। खेती और छोटी-सी बस्तीवाले गाँव के अलावा और सबकुछ बड़ा-बड़ा दूर-दूर तक फैला हुआ। न पहाड़ों की दूरियाँ सीमित, न पहाड़ों के आकार विस्तार। और न ही चट्टानों के लम्बे सिलसिलों के बीच पसरी निर्जन घाटियाँ।

वह सामने सिन्ध के कटावी मोड़ पर खड़ा एक दीवार-सा पहाड़। किसी अनजान अदीखते ब्रश ने जाने कैसे शेड इस्तेमाल कर डाले हैं ! धारियाँ चौकोर, चारखाने चौरस हलके गहरे और गहरों से भी गहरे। यह पत्थरों की जड़त है। वह क्या ! सहसा उचक के देखा—रूखे पहाड़ की ढलान पर तीन शेर ठाठ से इधर देख रहे हैं।

क्या सचमुच के ?

हाँ, आकार में सचमुच के ही। पीले धारीदार पत्थरों में से उभरे हुए। इसके और आगे भूरे-भूरे पहाड़ों की शृंखला !

यह क्या—देखते ही देखते रंग बदलते हैं। दालचीनी ग्रे और जाम्नी, भूरा बादामी। जीप दौड़ती है सपाट सीधे मैदान के बीचोबीच। फिर नीचे की ओर ढलान। और मँझोली चट्टानों से दीखने लगता है पन्ने का सा हरियाला पानी। ज़ंस्कार ! ऊपर आसमान, कुछ फेन के बादल और नीचे बहता ज़ंस्कार जैसे दुनिया का प्राचीनतम दरिया हो ! बिलकुल एकान्त। कहीं कोई आवाज़ नहीं। पखेरू नहीं। सदियों से जैसे कोई आहट न हुई हो।

ड्राइवर साहिब, ज़रा गाड़ी रोकें, मैं कुछ देर यहाँ बैठना चाहती हूँ।

मैं इधर-उधर, यहाँ-वहाँ सब ओर देखती हूँ और जूते हाथ में ले एक ऊँची चट्टान पर जा बैठती हूँ। पिघले बहते पानी पर कोई धूप का छिड़काव कर रहा है।

ड्राइवर साहिब, नीचे जाने का रास्ता कहीं होगा ?

नीचे क्या करिएगा—ऊपर से देखिए।

गर्मी। मैं मखमल की पोशाक में थी। चाहती थी, नीचे जाकर नहाऊँ ! वाह, क्या तो जगह और क्या इस सूखे में पानी की धार !

ड्राइवर साहिब, पैदल उतरने में कितनी दूर होगी यह नदी ?

घंटों चलते रहें तो भी वहाँ नहीं पहुँच सकते। चलिए—गाड़ी में बैठिए। लामायूरी पहुँचने में दो घंटे लगेंगे। वहाँ से लौटना होगा। रात से पहले।

मैं सड़क पर दौड़ने लगती हूँ, जैसे नदी किनारे पर हूँ !

सरवर, किसी पुरानी फ़ाइल में से मिल गया यह टुकड़ा। कुछ पन्ने लिखे थे लद्दाख पर। शायद दिल्ली में पड़े होंगे। मिल गए तो कुछ बात बनेगी, नहीं तो इतना ही। मालूम नहीं, मैंने चीज़ों को तरतीब से रखना क्यों नहीं सीखा !

लेह में मेरा यह अन्तिम दिन था।

चौंक के नींद से उठी। वक़्त देखा।

पौने चार।

सामने खिड़की पर चाँद ठिठका हुआ था। सर्किट हाउस का कम्बल चाँदनी में चमक रहा था। जल्दी से कपड़े बदले। दरवाज़े पर ताला दिया और नीचे उतर गई।

सर्किट हाउस की बाउंड्रीवाल पर बैठकर चार बजने का इन्तज़ार किया।

एक अजीब ख़ामोशी। आकाश निथरा हुआ। तारे और चाँद दोनों चमकते हुए।

लगा, आसमान क़रीब है। दूर-दूर तक ख़ामोशी—गहरी से भी गहरी। सारा लैंडस्केप कुछ ऐसा, जैसे इस दुनिया और अन्तरिक्ष के बीच हो !

मैं उसे ऐसे देखती रही, जैसे पहली बार देख रही हूँ।

ऐसे भी देखती रही, जैसे मैं उसे अन्तिम बार देख रही हूँ।

क्या दुबारा लद्दाख आ पाऊँगी ?

चार बजे। सर्किट हाउस का फाटक खोल बाहर सड़क पर आ गई।

मौरनिंग स्टार अदा में चमक रहा है।

तारकोल की सड़क कुछ ऐसी कि आकाश पर पहुँचने के लिए बनी हो।

मटियाले पहाड़ों के पीछे से मद्धिम-सा आलोक।

एकाएक पहाड़ों के सिलहट पीले दीखने लगते हैं। मैं उत्तर की ओर खड़े पहाड़ों के विस्तार की ओर बढ़ती हूँ। वह इतनी दूर तो नहीं लगते।

चलते-चलते-चलते—पहाड़ और दूर सरक रहे हैं।

जैसे मैं शहर की ओर जाती सड़क पर हो लेती हूँ।

सारे लैंडस्केप को सुबह ने घेर लिया है।

बुक-शॉप्सवाले मोड़ से आगे बढ़ते-बढ़ते नज़र पड़ती है चर्च पर।

खुले आँगन में दो बेंच और बीच में एक लम्बा मेज़।

मेज़ पर चाय का प्याला रखते एक मुखड़े ने बाहर देखा।

मैंने हाथ हिलाया।

आइए—मेरे साथ चाय लीजिए।

शुक्रिया !

मैं उनके सामनेवाले बेंच पर बैठ गई।

अभी आई हैं लेह में ?

नहीं—अब तो बिदा ले रही हूँ। कल सुबह की फ्लाइट से लौट रही हूँ।

बौद्ध विहार देखे ?

हाँ, सभी। कल शाम लामायूरी से लौटी।

खारदूलांग ?

नहीं। परमिट नहीं मिला।

हम दोनों ने चाय ख़त्म की।

मैंने धन्यवाद किया—अब आज्ञा दें।

सुबह-सुबह आपसे मिलना मुझे हमेशा याद रहेगा और यह चाय का प्याला भी !

हमने हाथ मिलाया। फिर आइएगा !

गुडबाई !

शहर की पिछवाड़े की वीथियाँ भी देख लेनी ज़रूरी है।

नीचे की ओर बढ़ गई। कोने पर देखा। दो बड़े-बड़े तन्दूर गर्म किए जा रहे हैं। और तन्दूरी रोटी के लिए मैदा गूँथा जा रहा है।

दिलचस्प लगा। कब लगा होगा पहली बार तन्दूर यहाँ ? सीढ़ियाँ।

छोटी-छोटी पगडंडियाँ और लेह के चारों ओर घेरा डाले पहाड़।

प्यास लग आई थी। मैंने ड्रीमलैंड रेस्तराँ की ओर कदम बढ़ाया। कन्धे पर थरमस थी, मगर ख़ाली थी। नाश्ते के लिए ड्रीमलैंड। देश-विदेश के सैलानी। कुछ इन्तज़ार के बाद सीट मिल जाती है। ऑर्डर दे आसपास के लोगों से टूरिस्ट सेंटर की सूचनाएँ एक-दूसरे से एक्सचेंज करते हैं।

ब्रेकफास्ट शुरू ही किया था कि टूरिस्ट डिपार्टमेंट की ओर से एक साहिब खारदूलांग का परमिट ले आए।

मैम, बाहर गाड़ी खड़ी है। आप कितना वक़्त लेंगी ?

सिर्फ दस मिनट। हाँ, हम लोग कितने होंगे ?

आप, मैं और ड्राइवर। मैम, बाहर इन्तज़ार करता हूँ।

तीन पराँठे और तीन आमलेट का पैकेट और थरमस में पानी लेकर हम चल पड़ते हैं। शहर से बाहर निकलते-निकलते जैसे पहाड़ों की शृंखलाएँ दूर-दूर होती जाती हैं।

चढ़ाई। कहीं कोई थोड़ी-सी हरियाली। झाड़ियाँ।

हम ऊपर चढ़ रहे हैं। वीराना ! चट्टानें ग्रे। काली। भूरी। एकाएक जीप रुक गई। सामने एक तम्बू से एक गार्ड ने हाथ बढ़ाया—ऊपर जाने के परमिट देखे—मीलों तक कोई आदमी नहीं। काश, इस वीराने में मेरे पास यह नौकरी होती ! आसपास पथरीली ऊँचाइयाँ, और कुछ नहीं। जीप चढ़ाई पर—पहले बिछी चढ़ाई, फिर खड़ी चढ़ाई। चढ़ाई जैसे आकाश को छूने जा रही हो। आँखें वीराना देख-देखकर परेशान हो गईं। गला सूखने लगा। दो-चार बार पानी के घूँट लिए। पानी है बेशक़ीमती। एक लम्बी चढ़ाई के बाद अचानक एक लाल टीन की छतवाला शेड नज़र आया। मुझे निर्मल वर्मा याद आए। अद्‌भुत पहाड़ों के हरित में चमकती लाल छत को शीर्षक में जड़ लिया। काश, यहाँ कोई रिहाइश होती ! शायद कोई सरकारी गोदाम।

मैम, यह स्टोर है।

कहीं घुमाव और मोड़ों के बाद दीखने लगता है बर्फ का पहाड़।

मैम, इस ढलान के बाद फिर ऊँचाई और उसके बाद शुरू होगा खारदूलांग का बर्फीला पहाड़।

इस बीच दीखते हैं सेना की ट्रकें। उनमें से झाँकते हैं हमारे जवान। अपने परिवारों से कितनी दूर !

मैम, यहाँ से यह रास्ता नीब्रो वैली को जाता है। बर्फ के पहाड़ पर जीप फिसलती हुई एक बर्फीली समतल जगह पर रोक ली जाती है। बर्फ-बर्फ-बर्फ—मीलों

तक फैला है ग्लेशियर। धूप चमक रही है। ऊपर हैलीकॉप्टर मँडरा रहे हैं और वायरलेस के खम्भों पर लहरा रही हैं बौद्ध पताकाएँ।

मैम, चाहें तो जूते उतार लें। मोजे पहने रखें। इधर एक चट्टान है यहाँ से गुज़रनेवाले जवान यहाँ माथा ज़रूर टेकते हैं।

पाँव तले चट्टान बर्फ जितनी ही सर्द। पास जाकर देखती क्या हूँ—दो कैलेंडर बर्फ में खोंसे हुए हैं। मैं पहले मोजों के साथ बर्फ पर दौड़ती हूँ। फिर फिसलने के डर से बर्फ पर बैठ जाती हूँ।

टूरिस्ट गाइड से पूछा—यह पताकाएँ कैसी ?

इधर से आते-जाते लोग इन्हें खम्बों पर चढ़ा देते हैं। हवा में लहराती हैं।

आपको मुझे भी बताना चाहिए था। मैं भी एक पताका लाती।

जीप में बैठकर मैंने ड्रीमलैंडवाला पैकेट खोला। तीन पराँठे और तीन आमलेट। ड्राइवर साहिब और टूरिस्ट साहिब ने भी पैकेट खोला—तीन पराँठे और तीन आमलेट।

हम तीनों जी-भर के हँसे।

यही लद्दाख है ! आप पराँठा और आमलेट लाए मेरे लिए और मैं आपके लिए।

लगा ऐसा कि उस निर्जन में हम तीनों निकटतम साथी हैं।

खारदूलांग ग्लेशियर की बर्फ को एक बार फिर छुआ और लौटने के लिए जीप की ओर बढ़े।

पताकाएँ लहरा रही थीं। मैं रुकी। मैंने अपना शॉल उतारा।

मैं इसे यहाँ लहराकर जाऊँगी। नहीं तो मुझे फिर यहाँ आना पड़ेगा। और मेरे पास सिर्फ आज का दिन है।

ड्राइवर साहिब, इसे किसी भी तरह खम्भे पर लटका दें।

मैम, यह भारी है—रुकेगा नहीं, उड़ जाएगा।

कोई हर्ज नहीं। गिरेगा भी तो ग्लेशियर पर। सफ़ेद उजली बर्फ पर।

दोनों हँसे।

मैम, आप ऐसा करेंगी तो हमें यह क़ीमती शॉल उठाने के लिए यहाँ आना पड़ेगा।

मैं पताका को लेकर गम्भीर थी।

मैंने हलकी-फुलकी ओढ़नी उतार आगे बढ़ा दी और शॉल कन्धों पर डाल लिया। ओढ़नी हवा में लहराने लगी थी।

मैंने गहरे भाव से खारदूलांग को सलाम किया।

मुमकिन हुआ तो फिर आऊँगी।

सरवर, लद्दाख़ का एक और सुन्दर नाम है। बुद्ध का कमण्डल !

मारयुल। लेह को मारयुल भी कहा जाता है। मारयुल का मतलब है—बहुत-से लोगों का घर। दिलचस्प कितनी कम आबादी और बहुत-से लोग ! गोम्फा, मठ विहार यहाँ के जनजीवन से गहरे तक जुड़े बँधे हैं। हर गाँव में एक गोम्फा होता है जो बड़े मठ विहार से संलग्न होता है।

हैमिस, थिकसे, शेय, फोग, आलची, मुलबेक, स्पीतुक, रीजोग्ग, लामायूरु—लद्दाख़ के बड़े विहार हैं।

लद्दाख में शायद 67 बौद्ध विहार हैं और उनमें लगभग तीन हज़ार लामा निवास करते हैं। इन विहारों में अपने भित्तिचित्र मूर्तियाँ और हस्तलिखित ग्रन्थ भारत की सांस्कृतिक धरोहर के रूप में सुरक्षित हैं।

लद्दाखी बौद्ध देवी शक्तियों में विश्वास रखते हैं। मान्यता के अनुसार हर देवता अपने आकार में विशेष गुण और रंग का प्रतीक है।

तीन लोकों की कल्पना और भी सुन्दर। देवताओं का लोक श्वेत शुभ्र रंग का है। पृथ्वी पर मनुष्य का लोक लाल रंग का है।

पाताल पानी का लोक नीले रंग का। विहारों के हलके उजाले के अन्तरंगी एकान्त जिस लोक आलोक की छाया प्रस्तुत करते हैं, वह इतना सघन और आत्मिक हो उठता है कि हम आत्मा में झाँकने लगते हैं।

पहाड़ों के साथ लगे चमकीले पानी के स्रोत हमारे दरिया और नदियाँ—कहते हैं, सिन्ध दरिया सिंह मुख से निकला है। सिन्ध की छोटी बहन कहलाती है ज़ंस्कार।

सतलुज हाथी के मुख से निकला। गोगरा मोर की चोंच से। ब्रह्मपुत्र पवित्र घोड़े के मुख से—सिन्ध दरिया का मुकाबला सिर्फ ब्रह्मपुत्र ही कर सकता है।

सिन्ध और ब्रह्मपुत्र ने अपनी बाँहों में लद्दाख से इम्फाल तक की दूरियाँ समेट रखी हैं। याद आया वैरीनाग। दरिया के मुहाने पर बने षष्ठकोण पर मैं खूब घूमी। बार-बार। ज़रूर कुछ अनोखा ही लग रहा होगा क्योंकि शाम को वर्दीवाले अफसर ने चाय पर बुलाकर कुछ पूछताछ करने की कोशिश की कि मैं कश्मीर अकेले क्यों घूमने आई हूँ।

हिमालय शिखरों की शृंखलाओं की तीन श्रेणियाँ—नाम तो देखो, कितने

सुन्दर—

हिमाद्रि
हिमाचल
और
शैवालिक।

सरवर, किसी प्राचीन पाठ में ये पंक्तियाँ जरूर तुमने भी पढ़ी होंगी। अगर नहीं तो अब देखो—

'सैकड़ों-हज़ारों जन्मों में भी हिमालय का शंसा गान न कर सकूँगा, हिमालय का प्रशस्ति गान एक जन्म में भला कहाँ सम्भव है !'

'शेह' में बुद्ध की ऊँची प्रतिमा के दर्शन। ऊपर से एक स्वर, एकलय में सदियों से गूँजता आ रहा मन्त्रोच्चारण। मैं सैलानियों के साथ ऊँची पथरीली सीढ़ियाँ चढ़ परकोटे पर पहुँचती हूँ। लामा वस्त्रों में छोटे-छोटे बच्चों की आमने-सामने बैठी दो कतारें। बच्चे एकाग्रता से बोले जा रहे को कंठस्थ कर रहे हैं।

कुछ देर बाद हाथों में तख्तियाँ ले ली गईं। पास जा लिखाई देखी तो बच्चे हिन्दी सुलेख का अभ्यास कर रहे थे। अक्षरों की बनावट साफ-सुथरी मगर तिब्बती से मिलती-जुलती। सहसा देखा, चुपचाप ही छोटे बच्चों का झुंड कोने में बैठे छुटके से बच्चे की आँखों को घेरे है। सभी गम्भीर रूप से ख़ामोश हैं। पर आँखें सभी एक दिशा में—क्या बात है—बच्चे एकाएक ख़ामोश क्यों हो गए ?

बनारस में पढ़े श्री छेवांग नोबू मौन रहकर ही कोने में बैठे बच्चे को आज्ञा देते हैं—

छोटी-छोटी तेज़ आँखों वाले बच्चे ने अपने झोले में से रेलगाड़ी निकालकर बच्चों को दिखाई—एक-दो पल के लिए रखी और फिर जल्दी से छिपा ली।

बच्चों ने पहले मुँह बिचकाए फिर जाने क्यों हँसने लगे, शिक्षक मुस्कुरा दिए और हम भी खिलखिलाकर हँस दिए। दूर नीब्रो घाटी से आए इस बच्चे का यहाँ पहला दिन था। इसके माता-पिता इसे सुबह ही यहाँ छोड़कर गए थे।

वह पहले चुपचाप देखता रहा फिर रोने लगा।

बड़े बच्चों ने हाथ हिला-हिला दिलासा दिया और पुचकार कर कहा—

नहीं, नहीं, अब हम रेलगाड़ी दिखाने को नहीं कहेंगे।

रोते बच्चे ने आँखें पोंछीं और गाड़ी दिखाने को सबके सामने रख दी। क्लास में बैठे बच्चों की तरह ही गाड़ी को देखने लगा, जैसे पहली बार नई आँखों से देख रहा हो !

फिर उठकर शिक्षक के पास जा खड़ा हुआ। जान गया कि अब वह माता-पिता के साथ घर में नहीं विहार में है।

बाहर घूमने निकल गई थी। क्यारियों में फूल इतने बड़े-बड़े कि लगे, बच्चों के मुखड़े हैं। हाँ, शाम को स्टाफ के बच्चे यहाँ खेलते हैं। सुन्दर हिमाचली मुखड़े। फूलों से। हाइड्रन्जिया। दूधिया—हलके गुलाबी—मोतिया और काशनी। क्यारी की ओर देखें तो लगे बच्चे उगे हुए हैं। याद आ गया करसियोंग। जाने पहाड़ की उस ज़मीन में क्या है कि फूलों का उभार और निखार देखते ही बनता है। मन्त्रमुग्ध-से खड़े रहते हैं आप। दार्जिलिंग का बॉटनिकल-गार्डन आँखों के आगे घूमने लगा ! ढलानों पर क्या तो सब्ज़े, क्या धूप, क्या हवा और क्या फूल ! चौरस्ते पर फहराती-लहराती पताकाएँ जैसे आसमान को लुभाती हों कि हमें छूकर तो देखो। विण्डमीर होटल की ओर जाती चढ़ाई याद हो आई है। वहाँ एक छोटी-सी कॉटेज है—'हनीमून'। रोमांटिक जगह है। आसमान साफ हो तो लगता है, ऊपर धूप की फसलें उगी हुई हैं, और नीचे हम हलकी-हलकी गर्मी में लहरा रहे हैं। पहाड़ आपको जाने क्या से क्या बना देते हैं। आप खुश होते हैं। खुशी देते हैं। खुशी लेते हैं और मस्त होते हैं। कंचनजंघा को देखकर भला कोई उदास भी हो सकता होगा ! बर्फ़ीली शृंखला, जैसे अपनी सम्पदा और सम्पन्नता को समेटकर आराम से पसरी हुई हो। जानती हो, मैं और सुषी वहाँ खूब घूमे थे ! वहीं माल पर प्लान्टर्स-क्लब के पास माउण्ट एवरेस्ट पर पहुँचनेवाले तेनसिंग को भी दो छुटके कुत्तों के साथ घूमते देखा। तेनसिंग की हँसी बहुत ही दिलकश ! 'स्टेट्समैन' अखबार ने उन्हें रहने के लिए एक बँगला भेंट किया था ! एक सुबह हम उनसे वहीं मिले। उनकी बीवी और दो सुन्दर-सी बेटियाँ—पैम्पैम्प-शैम्पा। सरवर, नामों पर नाम जुड़ते रहते हैं, कभी-कभी भूल भी जाते हैं पर चेहरे कभी नहीं भूलते। याद रहते हैं। उनकी छाप मन पर अमिट रहती है।

पुरानी बात है। ननिहाल से मौसी के यहाँ जाते हुए घोड़े से गिरी थी। कुछ दिन के लिए हॉस्पिटल में थी। वहाँ चिल्ड्रन-वार्ड में एक बच्ची को देखा था।

नाम था नफीसा। बड़ी-बड़ी आँखें और पलकें ! वह इतनी बीमार थी कि कभी भी बिस्तर से, बच्चों के वार्ड के रजिस्टर से गायब हो सकती थी। मैं जब भी उसको मिलने जाती तो पहले ड्यूटी रूम से पता करती। मुझे गैरज़रूरी लगता था कि मैं वहाँ पहुँचूँ और वह अपने बिस्तर पर न हो ! मैं उसके पूरे चार्ट को नर्स की आँखों में पढ़ने की कोशिश करती। एक शाम नर्स की निगाह से एक मुख्तसर-सा इशारा मिला और मैं पलटने को हुई ! नर्स ने बिना कुछ कहे मेरे हाथ से रंग-बिरंगी बेलें ले लीं और कहा—मैं उस वार्ड में लगा दूँगी। वह दिसम्बर का महीना था। क्रिसमस नज़दीक था। मैं घोड़े से गिरी थी और मेरी कमर में चोट थी। टहलने को जब कहा गया तो यही वार्ड सबसे नज़दीक था। एक नफीसा से मुलाक़ात हुई और दूसरे दो जुड़वाँ भाई राम-श्याम, चूड़ीवालान दिल्ली के, पीलिया से पड़े थे ! उनकी आँखें चमकती रहतीं और हाथों से कोई न कोई शरारत करते ही रहते। सुतली का जाल बुनते—कभी तागे में कंचा बाँध लेते ! मैंने उन दोनों को जू-जू मँगवाकर दिए। पड़े-पड़े घुमाते रहते। देखा, दूर से नफीसा इधर देख रही थी। मैं जानती थी, वह हाथ नहीं हिला सकती। मैंने कुछ ही दिन पहले क्रेप-पेपर के फूल बनाने सीखे थे। मैं हर रोज़ नया फूल बनाती और उसके कम्बल पर रख देती। सरवर, इसके बाद मैंने कभी कागज़ के फूल नहीं बनाए। मुझे भूल गए। नफीसा के साथ ही। याद रहीं उसकी पलकें और उसकी जानलेवा बीमारी !

एक दिलचस्प बात तुम्हें बताने जा रही हूँ। जब हम भाई-बहन छोटे थे, कुछ-न-कुछ होता ही रहता—कभी जुकाम, छींकें, बुखार-सिरदर्द तो सुझाव दिया जाता कि अच्छी तरह सोचो और लिखकर लाओ, तुम कैसा महसूस कर रहे हो। बीमारी की बाबत ऐसे लिखो कि जो न ज़्यादा हो और न कम। यह ब्यौरा इसलिए ज़रूरी है कि डॉक्टर तुम्हें ठीक दवा दे सकें। न तेज़ और न हलकी। तुम्हें कहानी नहीं कहनी है—सही दवा देने के लिए डॉक्टर की मदद करनी है।

हाँ, इस बीच उठ गई। कुछ कागज़ ढूँढ़ने ज़रूरी थे। कागज़ हमेशा खोए रहते हैं। फाइल-कवर की कमी नहीं, पर यहाँ का कागज़ इसमें और वहाँ का उसमें। सो ढूँढ़ते रहिए !

सरवर,

सुबह के चार बजा रही थी घड़ी। मेज पर से उठकर सीधे किचन में गई। चाय बनाई और ट्रे उठाकर बैडरूम में। खिड़की के पर्दे सरकाए। बाहर चाँदनी बिखरी थी। मज़ा लेकर दो चाय के प्याले और बिस्कुट ! रात को जागने से भूख लग आती है। आराम से सोने को थी कि उठ गई। भारी कपड़े पहने—टॉर्च ली, दरवाज़े पर ताला दिया और लॉन की ओर बढ़ गई। राष्ट्रपति निवास सदा की तरह अपने ही सन्नाटों में स्तब्ध। चाँदनी से धुले आकाश पर ठिठका हुआ चाँद।

कुछ देर लॉन में चक्कर लगाती रही कि सामने से सूरज देवता प्रकट हुए। लालिमा। दिशाएँ उघड़ीं और दूर शिखरों की चोटियाँ धवल शुभ्र बर्फ में गुलाबी हो उठीं। सरवर, जो दिखा और जो देखा—मैं दिन भर उसके उजास में रही। कभी तुम्हें दार्जिलिंग के टाइगर-हिल पर सूर्योदय की छवि की बाबत बताऊँगी। अकारण नहीं कि हम सभी हिमालय के नाम से विभोर हो उठते हैं।

ये पंक्तियाँ तो पढ़ो–

हिमालय
हमारे देश का माथा है
हमारे देश का मस्तक है
इसके ऊँचे बर्फीले शिखर
अपनी ऊँचाइयों पर गर्व नहीं करते
ख़ामोशी से अपनी महत्ता को
सहेजे रहते हैं
अपनी सामर्थ्य से
एक-से-एक ऊँचे अपने चालीस
शिखरों को ओढ़े हुए–
सूरज के गर्मीले
प्रताप को
गम्भीरता से निहारते रहते हैं और
ख़ामोशी से चुपचाप हमारी धरती को
अपनी सम्पदाओं से भर देते हैं।
क्या कभी और भी देखा है कहीं
दुनिया का सबसे ऊँचा पर्वत
जो अपने बारे में स्वयं कुछ भी कहता नहीं
और देश की धरती को निरन्तर सींचता रहता है ?
हिमालय हमारी संस्कृति और इतिहास की
महागाथा है। हिमालय ने अपने बड़प्पन को
अपनी गम्भीरता से साधा है और गरिमा से जाना है
हिमालय हमारे भूगोल और इतिहास का नायक है

इसके शिखरों पर चमकते सुनहले-रुपहले कलश
इसकी गहराइयों से उमड़ती हैं
हज़ारों मील लम्बी नदियाँ
इसके मोड़ों पर चमकते हैं
दर्रों के कुंडल
युगों का यह अमर स्वामी

समय और काल को साधता है
अपने ठंडेपन से, धूप-सनी ऊर्जा से
हममें से कोई एक नहीं—हर कोई
अपने होने की सौगन्ध खाकर इतना तो कहे
कि जो असंख्य-असंख्य पीढ़ियों से हमारे पितामह हैं
वह हमारे कुल देवताओं के महामहिम हिमालय हैं
हम सब उन्हीं की ऊँचाई से बँधे हैं
उन्हीं की धवल चौंध में जीते हैं
हम उन्हीं के आगे नमन हैं
हम इस भारत देश के वासी सिर उठाकर खड़े हों
तो देखें
हिमालय की ओर
या सूरज की ओर
पूरे ब्रह्मांड का मुख सूरज है
हमारे देश का मुखड़ा हिमालय है
हम भारत के बच्चे इन गहरी जड़ों के
स्रोत से बँधे हैं जिन्हें
हिमालय अपनी विराट छाँह देता है—
अपने पुण्य प्रताप से
राष्ट्र की चेतना और चैतन्य का
पथ प्रशस्त करता है
इसे ही विश्व-भर में भारतीयता के नाम से जाना जाता है।

इधर एक आलेख तैयार करने में रही ! वक़्त कम था पर 'स्वतन्त्रता-प्राप्ति के पचास वर्ष' पर संगोष्ठी में इसे प्रस्तुत करना भी ज़रूरी था। दिलचस्प बात यह भी कि जिस ऐतिहासिक इमारत में यह संगोष्ठी हुई, मैंने उसका ज़िक्र तक बाहर रखने का निर्णय लिया। इस संगोष्ठी में इतिहासकारों, विद्वानों की कमी नहीं थी। उनके आलेख विश्लेषण में खासे रहे। मैं अपने से ऐसी उम्मीद नहीं कर रही थी। एक साधारण नागरिक की हैसियत से अपने देश का लेखा-जोखा प्रस्तुत किया। जानती हूँ, बारीकियों की कमी थी। बोल्ड-ब्रश का ही काम था।

स्वतन्त्रता के पचास साल

आधी सदी के पचास बरस अपने होने में एक खासा लम्बा सफर है।

ऐसे में भारत जैसे विशाल लोकतन्त्र के भूगोल और इतिहास का जायज़ा लेना, मुझ जैसे 'अविशेषज्ञ' के लिए एक चुनौती से कम नहीं।

जानती हूँ, एक अदद पुरानी जन्म-तारीख की मालिक हूँ—महज़ यह हक़ीक़त मुझमें एक भविष्यद्रष्टा की क़ाबिलियत पैदा नहीं कर सकती।

एक लेखक हूँ और वह भी देशज। लेखक बिचारा न इतिहासकार, न समाजशास्त्री और न ही दार्शनिक। उसके कार्यकारी अस्तित्व में टुकड़ों-टुकड़ों में बने रचनात्मक व्यक्तित्व में जाने कितने हालात, तजुरबे और जानी-अनजानी शख्सियतें आँखों के आगे बाक़ायदा भीड़ लगाए रहती हैं।

अकसर तो आप खुद ही नहीं जानते कि आप क्या देख रहे हैं—कहाँ हैं, क्या जज़्ब कर रहे हैं, क्या छान रहे हैं—और अपने में से क्या ख़ारिज कर रहे हैं। नए वक़्त की आमद पर अपने में क्या जोड़ रहे हैं।

दोस्तो, स्वतन्त्रता-प्राप्ति के पचास साल-जैसे विस्तृत और गम्भीर विषय पर अपने को एकाग्र कर सकना मेरे लिए आसान नहीं था। वक़्त

की कमी एक और बहाना था। ख़ैर, साहिब, यह भूमिका सिर्फ इसलिए कि आप प्रबुद्धजन आलेख की कमियों को नज़रअन्दाज़ करें।

आप तक पहले ही पहुँचा दूँ कि मेरे पास कोई दस्तावेजी रौबीली राजनीतिक दबदबेवाली गहन और प्रखर सामग्री उपलब्ध नहीं। हाँ, अपने लम्बे सफर में एक साधारण नागरिक की हैसियत से जो व्यक्तिगत सामूहिक सम्मिलित रूप से देखा-जाना, उसी के आधार से आगे बढ़ूँगी।

लोकतन्त्र का साधारण मगर चौकस नागरिक अपने अन्दर की भाषा से अपने बाहर के परिदृश्य को कैसे और किस कोण से देखता है, देश की राजनीतिक, सामाजिक और सांस्कृतिक समग्रता को कैसे अंकित और परिभाषित करता है; विसंगतियों और विरोधाभासों से कैसे जूझता है—इस समूची क्रिया और प्रतिक्रिया को 'आज' और गुज़रे हुए 'कल' की स्मृति के सहारे ही खुरदरे ढंग से प्रस्तुत करूँगी। शताब्दी की पहली चौथ में जन्मी मेरी पीढ़ी कल के बरक्स 'आज' को देखती है तो ईमानदारी से पहचानती है कि कलवाली ज़िन्दगी अब पुराने खाँचे के चौखटे से सरककर पहले से कहीं पेचीदा हो चुकी है। पुरानी सामाजिक नैतिकता और उससे जुड़े मूल्य परिवर्तन की चपेट में हैं।

प्रबुद्ध भारतीय नागरिक नए दबावों और तनावों तले नए लोकतान्त्रिक तत्त्वों को आत्मसात् कर रहा है। उत्पादक संस्कृति के इस दौर में इन्सानी अस्मिता अब व्यक्ति और समूह में नहीं; संगठनों, संस्थानों और संस्थाओं में स्थित हो रही है।

साहित्य की तथाकथित तेजस्विता को समग्रता में ढूँढ़ें तो पाएँगे कि हमारी भाषा के वैचारिक अर्थ एक खास तर्ज़ और मुलायम अन्दाज़ में अन्तर्राष्ट्रीय मुखड़ों में तैरने लगे हैं। अब साहित्य और संस्कृति का उपभोक्ता बाज़ार भी एक बौद्धिक यथार्थ है। मीडिया का तीव्र गतिवाला सम्प्रेषणीय व्याकरण साहित्य और कलाओं की तात्त्विकता को दूर तक प्रभावित कर रहा है। जिसे हम वैचारिक सम्भावनाओं के स्तर पर मात्र एक सामाजिक प्रावधान मानते रहे हैं, वह अब एक पेचीदा तन्त्र बनकर साहित्य की सीमाओं को घेर रहा है। बाज़ार की लुकी-छिपी शक्तियाँ अब जगज़ाहिर हैं, प्रकट हैं और लेखक के 'अन्दर'-'बाहर' को भी तय करने लगी हैं।

राजनीतिक गुट और खेमे व्यावहारिक रिश्तों के नाम पर रचनात्मक अन्तर्विरोधों के बदले अपने-अपने मैत्री समूह प्रस्तुत करने लगे हैं।

दिलचस्प यह भी कि भारतीय लोकतन्त्र ने लेखकों पर अंकुश लगाने के मुद्दे ज़्यादा करके संजीदगी से ही उलझाए-सुलझाए हैं। ग़लत यह भी नहीं कि पुलिस और खुफिया विभाग के दरमियान दूरी रहते भी व्यवस्था की अदीखती गुप्त शक्तियाँ एक खास तरह के मौन संवेदन से सांस्कृतिक इकाइयों पर एक साथ गहरी और मुलायम निगाह रखती हैं। यह शिष्ट गोलबन्दी लेखक के आड़े आती है कि नहीं, यह उसके व्यक्तिगत और बौद्धिक चुनावों पर निर्भर है। वैचारिक स्तर पर लोकतन्त्रीय सिद्धान्त और मूल्य उसकी अभिव्यक्ति को गतिशील करते हैं, उसे आत्मविश्वास देते हैं तो दूसरी ओर लेखकीय क्षमताओं को उद्घाटित भी करते हैं।

सत्ता और लेखक समुदाय के सम्बन्ध परस्पर के नहीं होते। राजनीतिक रुझानों के चलते राजनीतिक दल सुघड़ भोलेपन से समूचे बौद्धिक वर्ग को मनचाहा मनमाना क्रम और क्रमांक देते हैं।

विचारयोग्य बात इतनी ही—क्या लेखक लेखकीय निधि से किसी को उपकृत करता है ? क्या कृतिकार होने के नाते अपने रचनात्मक क्रियाकलापों से वह समाज को समृद्ध करता है ? दिलचस्प होगी यह छानबीन कि क्या इन व्यावहारिक मगर बौद्धिक परिस्थितियों से उभरते हमारे रचनात्मक मिथक भी आदान-प्रदान के दायरे में संचारित होते जाएँगे ? हमारे अन्दर के विश्वास और बाहरी खोल के विन्यास अगर बदलते हैं तो हमारी भाषा बदलती है। अगर भाषा विचार को तरंगित नहीं करती तो रचनात्मक छलावा-भर ओढ़ लेती है।

मीडिया के दृश्य-श्रव्य में गुँथा आज का वाचक-पाठक कृति और कृतिकार के बीच की अन्तरंगता को फलाँग जाने को विवश है।

ऐसे चाहे-अनचाहे पलायन का एक पूरा शास्त्र है। साहित्यकार आज की तारीख में इतना तो जानता ही है कि साहित्य के बाहर भी एक बहुत बड़ी दुनिया है। विज्ञान-तकनोलॉजी, नए साक्षरों की पाठ्य-सामग्री और बेहतर धन्धों की ओर धकेलनेवाली लिखित जानकारी। कहीं कुछ ऐसा है जो हमें हमारे 'लोक' में विभाजित करने को है। अन्तर्राष्ट्रीय संस्कृति संचार साधन-सम्पन्नता की भूमिका में जो अब इतमीनान से स्थित हो चुका है, उसके सामने छद्म अध्यात्म भी वही रूप ओढ़ लेने की क्षमता रखेगा, क्योंकि तरंगित होनेवाली मीडिया की वही पहली शर्त है।

इस पूरे शक्तिशाली ताम-झाम में से बचती हमारी आत्मिक

निधि ही हमारी है। लेखक की छोटी दिखनेवाली हस्ती ने हमारे लोकतन्त्र का वृत्तान्त-आख्यान और संवाद बुनने में न कंजूसी और न ही भड़कीले संयम का सहारा लिया है। इशारा टी.वी. की भाषा की ओर है। हमारे पास कारण मौजूद हैं यह सही करने के कि अपने उपन्यासों, कहानियों और अन्य विधाओं में हिन्दी लेखन ने एक दूर तक भेदती नज़र से स्वाधीनता-प्राप्ति के बाद के सामाजिक और राजनीतिक परिदृश्य को देखा है। उसका विश्लेषण किया है। उसे अंकित किया है। सामाजिक परिवर्तनों के विविध आयामों को प्रस्तुत किया है। उसने कस्बों, महानगरों से लेकर दूर-दराज़ के देहात को, देहात की हलचल को, अपनी खोज की सम्भावनाओं से सक्रिय रखा है। लोकतन्त्र की खूबियों और कमज़ोरियों को, जन की मनोदैहिक और मनोवैज्ञानिक संवेदना को उनकी महत्त्वाकांक्षाओं के समानान्तर एक लम्बे कालखंड का आकलन किया है। भाषाओं की रचनात्मक परिकल्पनाएँ सिर्फ प्रबुद्ध वर्ग की ही ओर प्रवाहित नहीं—उन्होंने राष्ट्र के पिछड़े अशिक्षित को उसके निचले जीवन-स्तर की मजबूरियों, विवशताओं के साथ, लेखन में केन्द्रित किया है। राष्ट्र के पढ़े-लिखे प्रतिस्पर्धी समूहों और उनके बीच की दूरी को, स्थानीय क्रियाओं को कलमबद्ध किया है। उसमें उस वर्ग के संघर्ष की स्फूर्ति है, कहीं पहुँचने की आकांक्षाएँ हैं और ज़रूरी तौर पर जनतान्त्रिक व्यवस्था से तनातनी की मुद्राएँ हैं। जनसाधारण के 'सन्तोष' को सुख-सुविधाओं के व्यावसायिक ढाँचे में साझेदारी के लिए भी उकसाया है। उसमें आत्मविश्वास जगाया है।

मैं कहना पसन्द करूँगी कि तमाम क्षेत्रीय भाषाओं की तरह ही हिन्दी ने भी राष्ट्र के लोकतन्त्रीय मिज़ाज के अनुरूप देश के देसी, देशज जनमानस को राष्ट्रीय स्तर पर तरंगित किया है। देश के 'ईलीट' और औसत नागरिक के बीच बाक़ायदा एक पुल का काम किया है।

हमारा वर्तमान सामाजिक वातावरण और बौद्धिक पर्यावरण विरोधी दिशाओं से एक-दूसरे के करीब आने की चेष्टाओं में क्रियाशील दिख रहा है।

राजनीतिक कृपा-सुविधाओं के अन्तर्गत जो विशेष वर्ग अपनी सादगी और खुशहाली में सुरक्षित और साधनसम्पन्न है, हम उसकी बात नहीं कर रहे—हम नई पीढ़ी की उस उभरती पौध के क्रियात्मक विवेक की भी सराहना करना चाहते हैं जो सुविधाओं की नियन्त्रण-सीमा से परे

गाँवों-बस्तियों, जनजातियों और अनुसूचित जातियों के बीच विकास कार्य कर रहे हैं।

राजनीतिक दलों द्वारा संचारित एक खास तरह की काइयाँ दाँवपेंची व्यावहारिकता के चलते वह उन निरक्षर अशिक्षितों को अपनी कार्यशील सकारात्मकता से आधार दे रहे हैं।

पिछले कई दशकों में राष्ट्र की केन्द्रीय सत्ता लगभग पारम्परिक पितृसत्ता की मुद्रा में अपने शक्ति-प्रसारण और संसदीय प्रणाली के बल पर क्षेत्रीय हल्कों में छोटे-बड़े गढ़ बनाती रही है। वहीं क्षेत्रीय व्यवस्था मातृ संस्कृति की भंगिमा में स्थानीय पारिवारिक द्वन्द्व जुटाती और निपटाती रही है। इन दोनों छोरों पर स्थित राजनीतिक शक्ति घटक अपनी-अपनी पहचान में एक-दूसरे से संवाद करते-करते, एक-दूसरे में अपने-अपने प्रतिद्वन्द्वी को देखने लगे हैं।

इसकी जटिल बारीकियों को राजनीतिक पंडितों के लिए छोड़—इतना-भर जोड़ूँगी कि राष्ट्र की क्षेत्रीय राजनीतिक पार्टियों ने केन्द्र तक पहुँचने की जो क्षमता जुटाई है, वह अपने-आपमें राष्ट्र के लोकतान्त्रिक मूल्यों के स्पष्टीकरण का प्रतीक है। जिन स्थितियों में से और जिस कारण यह असाधारण समीकरण उभरा है, वह व्यावहारिक राजनीतिक पद्धति से भिन्न है। यूँ कहा जाए कि राजनीतिक सवर्णों से सत्ता की सुविधा असवर्णों की ओर मुड़ी है तो गलत न होगा।

हम चाहें या न चाहें, अब यह तथ्य हक़ीक़त है कि राष्ट्र की कमान खेतिहर किसान के पास है। दिलचस्प थीं 15 अगस्त पर प्रबुद्ध वर्ग की टिप्पणियाँ लालकिले से प्रस्तुत दक्षिणी हिन्दी के बारे में। बहाना और भी था और देसी अंग्रेज़ी का भी।

हम याद दिलाना चाहते हैं अपने 'विशेष' को कि हमारा वाचन विरोधी दिशा से हमारी भाषा में तेजी से घुल रहा है। गम्भीर साहित्य के भी कई मुखड़े हैं। माफ़ कीजिए, विचारधाराओं का ज़िक्र कुछ अटपटा-सा हो गया है। ग़ायब नहीं हुआ। न ही होगा।

एक वह तर्ज़ और अन्दाज़ जो भारतीय चिन्तन के पुनर्जागरण काल में पारम्परिक, आध्यात्मिक 'असल' की 'नकल' प्रस्तुत करने में लगा है और दूसरा अपने वर्तमान के द्विभाषी 'नकल' के 'असल' में।

द्विभाषी शब्द इसलिए इस्तेमाल कर रही हूँ कि एक सामाजिक

परिवर्तनों के बदलाव को समझने में और दूसरा बड़े परिवेश को 'लोक' के सन्दर्भ में जनतान्त्रिक मूल्यों को पकड़ने में लगा है। इस विचार-विमर्श को राजनीतिक दलों के बाहर भी रखें तो अब यह घुंडी विचार और अर्थ के दोतरफा, दोमुँहे, प्रचार और प्रसार के शिकंजे में है। हमारे संवाद, पाठ और वृत्तान्त इतने तराशे जा रहे हैं कि रचनात्मक घनत्व की कमी महसूस होती है। यह भी स्वीकार करना होगा कि कलात्मक सुथरेपन की कमी नहीं। तकनोलॉजी अपनी उपस्थिति से भारतीय मानस को एक ओर बेहतर सुविधाओं के प्रति आश्वस्त करती है और दूसरी ओर उसके व्यापक प्रभावों की ओर शंकालु होने का विभ्रम भी पैदा करती है। हमारी आज की कार्य संस्कृति और उसका कार्यकारी स्वरूप नागरिक की सम्भावनाओं के आड़े आता है।

निरक्षर, मात्र साक्षर, अर्द्धशिक्षित के होने मात्र से हमारी राजनीतिक पार्टियों ने बेहिसाब ताकत और उसे मनमाने ढंग से इस्तेमाल करने की जुर्रत हथिया ली है। किसी भी लोकतन्त्र के नागरिकों को इस चुनौती का सामना करने के लिए एकजुट होना होगा।

राजनीतिक दलों के गुप्त और ज़ाहिरा लेन-देन, राष्ट्रीय नियमों के उल्लंघन, देश की नैतिक संहिता के हनन—सच तो यह है कि आज़ादी की मूल्यवान निधि के समक्ष राष्ट्र के राजनीतिक घटकों ने लोकतान्त्रिक अनुशासन को पनपने नहीं दिया। जंगलों की धाँधली जिसके पीछे एक पूरा जंगल-माफिया जैसे अपनी गुप्त हरकतों से ऑपरेट करता है—वह दलों की जानकारी के बाहर नहीं। शिक्षित और अतिरिक्त शिक्षित किन दूरियों और नज़दीकियों से अपने-अपने गन्तव्य तक पहुँचेंगे—यह विशेषज्ञों का क्षेत्र है—हम सिर्फ इतना कह सकते हैं कि साहित्य के गम्भीर और पुनीत विषयों तक उनमें से किनकी दौड़ होगी—यह लौटकर—अपने-आपमें एक बार फिर राजनीतिक विषय है।

दोस्तो, राजनीति से हम घेर लिए गए हैं। इसी घेराव ने भारतीय जीवन में 'सम्पर्क गलियारों' का महत्त्व और शिष्टता इतनी दूर तक बिठा दी है कि जो काम खुद-ब-खुद होने हैं—उसके लिए भी सम्पर्क सूत्र तलाशे जाते हैं, गोटें बिछाई जाती हैं, जैसे कोई षड्यन्त्र की भूमिका हो। और बीच में से फ़कत एक कागज़ को यहाँ से वहाँ जाना है। इस कागज़ के फर्रे ने हमारी प्रतिबद्ध प्रशासनीय व्यवस्था को इतना परेशान कर दिया कि चौकस समर्थों को भी घपलों और घोटालों की खबर न हो पाई। दलों

का कहना है कि हम क्या करें—भ्रष्टाचार के तात्कालिक तन्तु और तत्त्व अन्तर्राष्ट्रीय समाज के हाथ में हैं। हम विवश हैं। खासतौर पर अपने पूज्य धर्मपिताओं की मानवतावादी मुद्राओं के समक्ष।

दोस्तो, हमारे लोकतन्त्र के इस संक्रमण काल में हमारी न्यायपालिका का हस्तक्षेप और उससे जुड़े गम्भीर निर्णयों ने एक आम भारतीय में विश्वास पैदा किया है। अकारण नहीं कि 'जनहित याचिकाओं' की प्रवृत्ति ने लोकतान्त्रिक मूल्यों को प्रामाणिकता दी है जिनकी हमें आज बेहद ज़रूरत है। समृद्धि, सम्पर्क और सम्पन्नता ही इसकी हद तक पहुँचने की शर्त नहीं। फ़िलहाल आरक्षण के विवादी प्रसंग को कुछ देर के लिए छोड़ देते हैं और इतना जोड़ लेते हैं कि देश के सुखराम और दुखराम चुनौती में आमने-सामने खड़े हैं। गिनती ज़्यादा दुखरामियों की है। अब वह प्राचीन सुदामा नहीं हैं। उन शोषित बहुसंख्यकों की पुरानी ठंडी हिंसा जो तप गई है उन अधिकारों से, जो उन्हें देश के विधान से मिले हुए हैं, अपने पक्ष में वह कोई भी अतिक्रमण करने को तैयार हैं।

अगर थोड़ी-सी राजनीतिक समझदारी से हम अपने देशज भारतीयों को देखें तो पाएँगे कि लम्बी ऐतिहासिक अवधि में बहुत कुछ सहा है और बहुत कुछ नहीं पाया, वह सिर्फ इसलिए कि अशिक्षा की चौखट में कसे थे। पिछड़ेपन की खूँटी से बँधे थे। दोस्तो, उठ गए हैं वह सब, जो अपने में अपने को नहीं देखते थे। अगर आज 'मैं' मैं हूँ तो क्या वजह है कि 'आप' आप नहीं हो सकते ? यकीन दिलाती हूँ आपको कि यह किसी विचारधारा का नुक़्ता नहीं है। यह आज का सत्य है।

इस लोक के सबसे मूल्यवान शब्द की ओर लौटते हैं। दार्शनिकों से क्षमा माँगते हुए। मतदाता का अधिकार अर्जित किए हुए 'सत्यमेव जयते' के पुनीत सत्य को भी अपनी टिप्पणी के बाहर ही रखेंगे।

जिस 'सत्य' का ज़िक्र करने जा रहे हैं, वह प्रेस का सत्य है। वह 'अन्तर्राष्ट्रीय सत्य' है जिसकी परिभाषाएँ जो भी हों, हम जान चुके हैं कि 'सत्य' की अपनी राजनीति है। यह जिस उच्च स्तर पर पारित और परिभाषित होता है, उसका सम्बन्ध हमारे राजनायकों से है। ऐसा नहीं कि वह हमें प्रभावित नहीं करता—वह अपने 'टैग' से विश्व-भर का सत्य-पथ निर्धारित करता है। सामाजिक परिवर्तनों की सूची और उनकी

छलाँग से जुड़ी हमारे देश की नई भावनात्मक भूमि जिस तेजी से नई स्थितियों को सुलझा-समेट रही है, वहाँ निराशा का कोई कारण नहीं है। नई पौध की भारतीयता ने अपने लिए विश्वसनीयता अर्जित की है। यहाँ यह कहना ज़रूरी है कि तथाकथित 'जातीय स्मृति' के तर्कों के बावजूद इस उपलब्धि में एक क्षेत्र, धर्म समूह, स्त्री-पुरुष की सफलता के सन्दर्भ नहीं जुड़ते—यह नए भारतीय नागरिकों की वह पंक्ति है जो अपने-अपने धन्धों को गम्भीरता से लेते हैं।

भारत की कामकाजी स्त्री अपनी पारम्परिक लीक को फलाँगकर एक व्यक्ति बनने की कोशिश में है। स्त्रीत्व की भूमिका में मात्र बच्चे बनाना, परिवार का पालन-पोषण ही अब महिमामय आदर्श नहीं। भारतीय स्त्री की आर्थिक स्वतन्त्रता एक बड़े पैमाने पर लोकतान्त्रिक राष्ट्र के लिए गुणा है। जीवन-स्तर ऊँचा करने में और वैचारिक तथा उत्पाद इकाई के स्वरूप में उभरने की स्त्री की क्षमता सन्देह से परे है। आर्थिक ऊर्जा ने भारतीय नारी को एक नई भंगिमा दी है। उसके मर्म का रहस्य और प्रजनन की शक्ति अब उसके लिए अलौकिक की लौकिक शक्ति को परिभाषित करते हैं। भारतीय मानस ने प्राचीन काल से स्त्री-पुरुष के भावनात्मक और दैहिक सम्बन्धों पर इतना कुछ देखा और कहा है कि उसकी जिज्ञासा और प्रसंग अपने यहाँ से हटकर अन्तर्राष्ट्रीय नेटवर्क पर ही केन्द्रित हैं। हमारे यहाँ की लोकप्रिय औसत फिल्मों ने इस रेंज को इतना उघाड़ा है कि मात्र 'क्लीनिकल' बना दिया है। अकारण नहीं कि राष्ट्र की बढ़ती जनसंख्या का ग्राफ दनादन बढ़ता जा रहा है। मानवीय सम्बन्धों में रोमान और रोमांस की कल्पना 'निरोधकों' में खो गई है। जनसंख्या-विस्फोट हमारे लोकतन्त्र के लिए शायद सबसे बड़ा खतरा है।

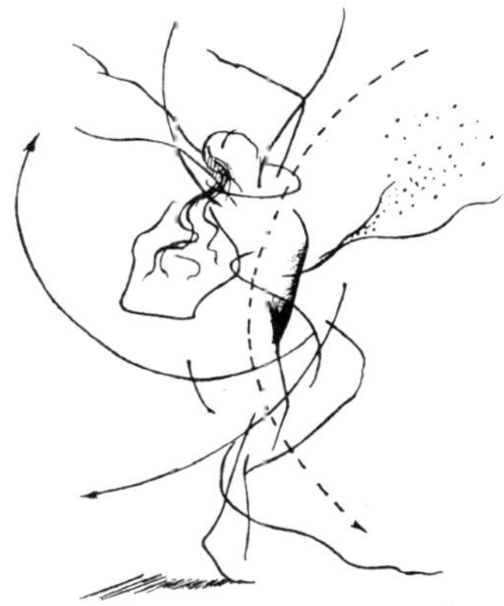

ग्रामीण जीवन के खेतिहर संस्कार, कृषि उत्पाद और उनके सामान्य जीवन की ओर बढ़ें तो पाएँगे कि भारत की विशाल भूमि पर छितरे देशज भारतीय नागरिक स्तर पर नम्बर दो के शहरी मान लिए जा सकते हैं। बिजली, पानी, आवास, शिक्षा, आर्थिक विकास कल्याणकारी व्यवस्था की प्रणालियों में से होकर उन तक जब पहुँचता है तो मूल में से लगभग

आधा माल ज़रूरी हाथों में पहुँच चुका होता है। दिलचस्प लगेगा यह जानना कि राजस्थान की पंचायतों ने सरकार से माँग की कि जो राशि प्रावधान में देहातों की पंचायत और कल्याण योजनाओं के लिए दी गई हो—उसका ब्यौरा सरकार पंचायतों को दे ताकि पंचायतें नज़र रख सकें।

मैं कोई निष्कर्ष निकालने की स्थिति में नहीं हूँ पर आबोहवा को देखकर इतना तो कहा ही जा सकता है कि भारत के सबसे प्रमुख और पुराने धन्धेवाले खेतिहर अब अपनी भूमिका निभाने की तैयारी में हैं।

जहाँ जातिभेद, ऊँच-नीच, अभिमान-अहंकार के मसले बलात्कार से सुलझाए जा रहे हों, वहाँ महिला पंच और सरपंच की स्थिति सुखद न होते हुए भी किसी भविष्य का संकेत देती है।

गरिमा-श्रद्धा-नेता—महान धार्मिक विश्वास, आस्था, परम्परा जैसे शब्दों का अवमूल्यन हुआ है। इनमें संचित संस्कार और अर्थ को ज़रूरी तौर पर दुबारा प्रतिष्ठित करना होगा। बाबरी मस्जिद जैसे कांड ने सामूहिक धार्मिकता को राजनीतिक स्वरूप के सहारे गम्भीर रूप से जख़्मी किया है।

धर्मनिरपेक्ष शब्द विधान में कब और कैसे प्रयोग हुआ, इसकी व्याख्या विशेषज्ञ करें। हम इतना कह सकते हैं कि यह शब्द और इसमें निहित भारतीय संस्कार पूरी व्यापक नैतिक संहिता के साथ आज भी भारतीय जीवन के ताने-बाने और लोकतन्त्र में मौजूद हैं। और रहेगा। इस शताब्दी का कालखंड खत्म होने को है। हम तमाम राजनीतिक हथकंडों के बावजूद अपने लोकतन्त्र के भविष्य में साम्प्रदायिक, कर्मकांडी, तानाशाही व्यवस्था नहीं देख रहे।

हम देख रहे हैं भविष्य के भारतीय समाज के विद्यार्थी, इंजीनियर, डॉक्टर, अन्तरिक्ष वैज्ञानिक—ये सब हमारे राष्ट्रकुल की मूल्यवान निधि हैं जिनके हाथों में हम नई शताब्दी को सौंपेंगे। कहाँ भूल सकते हैं हम अपने कार्य-कलापों को, कार्य-कर्मियों को जो महानगरों को छोड़ अपने देहात को, पर्यावरण को एक बेहतर दिशा देना चाहते हैं। वे संस्थान जो जनकल्याण की भावना से—पिछड़ों को विकास पट्टी में लाना चाहते हैं, राजनीतिक खेमों के स्वार्थों से अलग हैं।

एक औसत भारतीय का आत्मविश्वास बढ़ा है। लेकिन कहना होगा कि राष्ट्रीय जीवन के पचास सालों में सतह के नीचे और सतह के ऊपर द्वन्द्वात्मक झगड़े-मसले को सुलझाने के लिए अब उच्च न्यायालय की ओर

देखा जा सकता है।

चुनाव आयोग ने जिस सख्ती से दलों के गुप्त खर्चों को घेरा है, चुनाव नियम लागू किए हैं, वह हमारे लोकतन्त्र के पचास बरसों के महत्त्वपूर्ण कदमों में से एक है। यह इस बात को भी पुख्ता करता है कि नौकरशाही चाहे तो दलों के भ्रष्टाचार-खातों में कटौती कर सकती है। राजनीतिक दलों और उनकी व्यावहारिक शक्तियों की प्रतिबद्ध नौकरशाही ने जिस प्रवीणता से राष्ट्र की जड़ों में भ्रष्टाचार की दीमक को पसरने दिया है—वह इन दशकों का सबसे दुःखद प्रसंग है। हम यह भी जानते हैं कि जो इस रुपहली अन्धी गली का रास्ता रोकेगा, वह इस कुर्सी-खाने से बाहर कर दिया जाता है। दिलचस्प यह है कि हमारी पचास साल पुरानी राजनीतिक संस्कृति के तहत सभी राजनीतिक दलों ने एक अनाम मतदाता की छवि को बनाए रखा है। बरकरार रखा है। इसके अनुसार अभी मतदाता का वजूद नागरिक में नहीं बदला। हम जानते हैं कि उनकी नज़र मतदाता और नागरिक के अलग-अलग चेहरों को पहचानती है, मगर अभी इन दोनों की शिनाख्त करने का उनका प्रोग्राम नहीं है।

दोस्तो, वह पीढ़ी जो अगली सदी की पहली चौथ में बालिग होगी, वह लोकतन्त्र की संस्थाओं की चौकन्ना होकर रक्षा करेगी—हम ऐसी उम्मीद करते हैं। हमारे इस 'आज' में पकते नागरिक की चेतना और चैतन्य का मुलाहिज़ा हो—

वह कहते हैं कि धर्म के सम्बन्ध
व्यक्ति से नहीं
समुदाय से हैं
अगर व्यक्तिगत सम्बन्ध मुझे
धर्म तक पहुँचाता है
और धर्म समुदाय तक
तो भी मुझे अपने व्यक्ति
से ही पहला सम्बन्ध रखना है—
क्योंकि यह सम्बन्ध मुझे
समुदाय से पहले
खुद एक व्यक्ति होने की

हैसियत देता है।
इसकी ज़रूरत सब समुदायों
और सब धर्मों को है–
अगर मैं व्यक्ति हूँ तो
मैं समुदाय भी हो सकता हूँ।

लीलाधर जगूड़ी की इस कविता में मैं अपनी ओर से एक और पंक्ति जोड़ना चाहती हूँ–

मैं व्यक्ति हो सकता हूँ
समुदाय हो सकता हूँ
राष्ट्र हो सकता हूँ।

दोस्तो, राजनीतिक दल कोई भी हो, हम हिंसा के अध्यात्म के तहत धर्म-वर्ग और जाति के नाम पर सामाजिक दूरियों को ऐतिहासिक प्रमाणों से सिद्ध करने की चेष्टा को गलत समझते हैं। मानवीय अस्मिता में यह सीधा-सादा हस्तक्षेप है। इतिहास को पलटकर लिखने की कोशिश। अपने लोकतन्त्र से हमारी सादा-सी उम्मीद इतनी ही कि सिर्फ बौद्धिक वर्ग की ही नहीं, असहमति का अधिकार हर व्यक्ति की स्वायत्तता में निहित है। अब आज्ञा चाहती हूँ। शुक्रिया।

सरवर,

पिछले इतवार साहित्य और साहित्यकारों पर हो रही बहस में एक पहुँचे हुए पवित्र शातिर काँच के गिलास में अपना चेहरा देखते हुए बोले—पुरानी नैतिकता और पुराने मानदंड अब बेमानी हो चुके हैं। बौद्धिक तस्करी के इस युग में हम लोगों की वफ़ा भी उनके साथ होनी चाहिए जो किसी न किसी जुर्म में अन्दर जा चुके हैं। नकद नारायणी रसूख़ के बल पर पहले से ज़्यादा तगड़े होकर अब बाहर विराजमान हैं। यह जान रखिए, अब नोचा-नाची और खोसा-खासी को ईमानदारी ही समझा जाता है। पुरानी पीढ़ी और पुरानी तर्ज के लेखक बोले—कैसी बातें कर रहे हो ! क्या हम लेखकों के पास अब नैतिक प्रतिरोधक क्षमता नहीं के बराबर रह गई है ?

अनुभवी गलियारों के कविवर बोले—एक बार अपनी बागडोर सौतेले बाप के हाथ में दे दो—तुम्हारे सगे बाप से भी ज़्यादा काम आएगा। तुम्हें सिर्फ उसकी तारीफ़ में कसीदे पढ़ने होंगे। बस, तुम्हारे सारे अधिकार सुरक्षित ! ऊँची छलाँग का जुगाड़ करते एक प्राचीन बोले—यह सिलसिला आज का नहीं, पुराना है।

'अज्ञेय' के कथन पर निगाह डालें।

''संविधान ने हमें अधिकार तो दिए हैं पर संविधान अपने लिए नहीं लड़ता। उसकी रक्षा का कर्म हमारी जिम्मेदारी है।

''अपने अधिकारों के लिए हम लड़ते हैं तो यह आशा हमें छोड़ देनी चाहिए कि हर कोई हमें प्यार करेगा। और हमारे कर्म का अनुमोदन करेगा। अगर यही अभीष्ट है कि हर कोई हमारी पीठ ठोंके तो उसके लिए दूसरे रास्ते हैं—अपने अधिकारों की लड़ाई नहीं।''

—अज्ञेय

साहित्यिक कलह और साहित्य की राजनीति को अलग रखकर शब्द-संस्कृति की ओर मुड़ें तो कहना होगा कि संस्कृति का प्रतीक न कोई एक ग्रन्थ है,

न कोई एक मत-सम्प्रदाय या धर्म, न कोई एक विद्वान, न लेखक, न कोई जाति, धर्म, मज़हब—यह विश्व-भर लोक और व्यक्ति की साँझी शक्ति का पर्याय हैं। सैकड़ों-हज़ारों-लाखों रचनात्मक कलमों की विरासत एक साथ इसमें संचित हैं। आज इसका विश्वव्यापी प्रकाशनीय संचार तन्त्र इतना शक्तिशाली है कि जिसको चाहे घेर ले। हम लेखक शब्द की अभिव्यक्ति के साथ क्या कहें, क्या लिखें, इसका निर्देश किसी भी सत्ता से नहीं लिया जा सकता।

विचारक तानाशाही का यह अंकुश लेखकीय बिरादरी को कभी स्वीकार नहीं होगा। हम उन व्यक्तियों और गुटों की बात नहीं कर रहे जो राजनीतिक खेमों द्वारा पहरेदारी के लिए तैयार किए जाते हैं। साहित्य में प्रवाहित विचार को खंगालने की मुद्रा और उसे विचारधारा में ढालने के प्रपंच सिर्फ विचारशक्ति को नहीं—व्यक्ति नागरिक की गरिमा को भी नष्ट करते हैं। सोचें तो साहित्य ने धर्म, दर्शन और नैतिकता को कभी अपने से बाहर नहीं किया। साहित्य की अपनी मर्यादाएँ हैं जो गहरे तक मानवीय परिवार और संस्कार से जुड़ी हैं। ऐसे में तन्त्र के बल उससे ठोंकापीटी करना और सांस्कृतिक साम्राज्यवाद का सपना देखना विसंगतियों को ही उपजाना होगा।

सरवर, शाम के बाद मेज़ पर बैठी तो कुछ पन्ने लिखे। पढ़कर देखो।

जिन जोखिम, खतरों और चुनौतियों से आज का लेखक और लेखन दोनों घिरे हैं, उनमें हर कलम को अपने को याद दिलाते चले जाना बहुत ज़रूरी है कि लेखक से बड़ा लेखन है और लेखन से भी बड़े वे मूल्य हैं, जिन्हें ज़िन्दा रखने के लिए इन्सान बराबर संघर्ष करता आया है, बड़ी-से-बड़ी क़ीमंत चुकाता आया है।

लेखक व्यक्ति की, समाज की, देश और काल की आहटों को, टकराहटों को सुनता है, उनकी तलाश करता है, जायज़ा लेता है और सृजन के स्तर पर उन्हें अपनी रचना में अंकित करता है, परिभाषित करता है। देश-काल की स्थितियों को, तल्ख़ियों को अपने में जज़्ब करके पन्नों पर उतारने में सफल भी होता है।

लेखक सिर्फ़ अपनी निज की लड़ाई नहीं लड़ता, न केवल अपने दुख-दर्द, हर्ष-विषाद का ही लेखा-जोखा पेश करता है, वह उन सबको खोजता है, जो संघर्ष करते हैं, झेलते हैं और अनाम ही बीत जाते हैं।

लेखन मात्र लिखना ही नहीं; लेखन जीना है, भिड़ना है, सामना करना

है, उगना है, उगते चले जाना है। लेखक को उगना होता है हर समय, हर मौसम और हर स्थिति में; अलग-अलग पीढ़ियों के साथ। नज़दीक और दूर होते रिश्तों के साथ। इतिहास के फैसलों और फासलों के साथ, ज़िन्दगी के व्यापक सरोकार के साथ।

लेखक का रचना-धर्म और कर्म, दोनों अन्दर और बाहर के, व्यक्ति और समाज के, सत्ता और व्यवस्था के तनावों, दबावों से ही समय के संकेत लेते हैं, समय को संकेत देते हैं।

चिन्तन साहित्य की आत्मा है, तो भाषा उसकी देह। भाषा की जड़ों को हरा करनेवाला रसायन, जो किसी भी भाषा को ज़िन्दा रखता है, ज़िन्दा करता चला जाता है, उसका स्रोत हमारा लोकमानस ही है। लोकभाषाएँ, बोलियाँ अपनी ताकत धरती से खींचती हैं। इतिहास भी इसी लोकमानस की भागीरथी के साथ-साथ बहता है और अपने सांस्कृतिक पुख्तापन में समय को अर्पित होता चला जाता है।

रचनाकार का एकान्त उसका चिन्तन है। उसका चिन्तन उसकी सोच है, जो गहरे में उसकी मानसिकता से जुड़ी है। उसमें ख़ूबी है। उसकी मानसिकता, उसके परिवेश, वर्ग और मूल्यों में भी रची-बसी है। वही लगातार उसकी कलात्मक रुचि और आन्तरिक संवरण को सींचती चली जाती है।

रचना आँखों के सामने, अपने आसपास घट रहे का मात्र ब्यौरा नहीं। रचना घुली-मिली अभिव्यक्ति है मानवीय अन्तर्मन की और बाहर फैले यथार्थ की; लोकतत्त्वों की।

लेखन में सोच और निष्पक्षता

किसी भी सृजनात्मक रचना में अगर सोच नहीं, ज़िन्दगी को समझने-महसूस करने के आग्रह नहीं, तो मात्र शिल्प के बल पर कोई जीवन्त रचना नहीं उभारी जा सकती। सत्य की खोज और मूल्यों की शिनाख्त कर उन्हें साहित्य में स्थापित करना जीवन और कला के सन्दर्भ में दो हिस्सों में नहीं बँटा है। एक होकर

ही वह व्यक्ति के, समाज के व्यापक सत्य को प्रस्तुत करता है। जीवन के किसी छोटे-बड़े टुकड़े को, स्थिति को, घटना को सिर्फ कलात्मक क्षमता से, शिल्प से प्रस्तुत-भर कर देने से कालजयी साहित्य नहीं गढ़ा जा सकता। साहित्य को तो उगना होता है रचनाकार की आत्मा में।

लेखक रचना के माध्यम से मानवीय मन की गहनतम भावनाओं का अंकन करता है। मन, तन की निगूढ़तम पहेलियों का विश्लेषण करता है। उसका काम शब्दों को पहचानना है। उनके मुखड़ों को, घरानों को जानना है। उनकी थाह मापनी है। उनके अर्थों की साख जाँचनी है।

हर शब्द का एक जिस्म, एक रूह, एक पोशाक होती है। ये सब मिलकर ही एक जीते-जागते ज़िन्दा विचार को वहन करते हैं। किसी भी खरे लेखक के सम्बन्ध भाषा और शब्दों से केवल सरसरे नहीं होते। उनका सगापन, टिकाऊपन, उनके अर्थों की गूँज, लय और सम्प्रेषण उनके संयोजन में जज़्ब होता चला जाता है। लेखक शब्दों के बाहरी आवरण, देह और आत्मा के अलग-अलग स्वरूपों को समान भाव से चाहता है। प्यार करता है।

रचनाकार के निकट कोई भी अनुभव या तो उसके परिवेश से उभरकर उसके अन्तर की ओर सरकता है या उसके संवेदन में दुबकी हुई कोई अनुभूति अचानक बाहर की ओर लपकती है। कुलाँच भरती है। इसी प्रक्रिया में अन्तर्मन और बाहर के यथार्थ से एक रिश्ता जुड़ता-उभरता है और समूचा अनुभव एकबारगी नया होकर स्वतन्त्र रूप धारण कर लेता है।

लेखक की तटस्थ निःसंगता या उसके अवचेतन का गहरा रसाव जब अनुभूति को अंकन के, करीब लाता है, तो जिया हुआ अनुभव मथकर उसकी दृष्टि को एक साथ निखार और तराश देता है। अगर ऐसा नहीं होता, तो लेखक के अपने आग्रह, मूल्य और सत्य बन जाने की उतावली में आधा सच और आधा झूठ बनकर रह जाते हैं। लेखक अपनी धारणाओं के अनुरूप ही रचना की बनावट और बुनावट बुनने लगता है। एक खास दृष्टिकोण से चीज़ों को देखने या ज़िन्दगी को पढ़ते रहने से लेखक की ईमानदारी में हेर-फेर होने लगते हैं। ये रद्दोबदल जब बुनियादी सोच पर हावी हो जाते हैं, तो कम खतरनाक साबित नहीं होते।

सत्य, तथ्य और कलात्मक मूल्यों पर शिल्प का मनमाना दम्भी दबाव किसी भी सजग कलम को महँगा पड़ता है। लेखक को माप डालता है। यहीं पर अच्छे लेखक के लिए निर्वैयक्तिक और निरपेक्ष दृष्टिकोण उसके लेखन-कर्म से भी ज़्यादा अहम् हो उठते हैं।

किसी भी तरह की पक्षधरता जहाँ लेखक की वयस्क टटोल को निष्क्रिय करती है, वहीं वह जीवन से जुड़े-घिरे लोकतत्त्वों के स्वीकार के आड़े भी आती है। भिड़ंत, बहिष्कार और समझौतों के राजनीतिक आशय एक हैं और इन्हीं से अटे पड़े जीवन के परिचित पक्ष के उत्तेजनाहीन सन्दर्भ कुछ दूसरे। सच तो यह है कि लेखक को इन दोनों में शरीक होना है। शरीक रहना है, महज़ तमाशबीनी के लिए नहीं—इसलिए कि लेखक पूरा वक़्त अपने होने की हैसियत से अपने से जुड़ा है। समाज से जुड़ा है। उसकी अभिव्यक्ति का स्रोत वही है। उसकी तलाश की मंज़िल भी। लेखक के पास अगर देने के लिए कोई वक्तव्य है, तो वह वक्तव्य केवल मात्र उसका नहीं, उसकी रचना से जुड़े दूसरे साझीदारों का भी है। दूसरों की ओर से दूसरों के निमित्त। लेखक अपने-आपमें किसी विशिष्ट इकाई का प्रतीक नहीं। वह दूसरों के होने से लेखक है। वह स्वयं रचनाकार है, तो रचना का पात्र भी। शिल्पी भी और पाठक भी। वह सभी को अपनी आत्मा की विभिन्न दिशाएँ मानकर जीता है।

सच तो यह है कि कलाकार को, लेखक को, हर यात्रा में, टुकड़ों और समग्रता में, अन्दर और बाहर के अधूरेपन और समूचेपन में बार-बार लौटकर जाना होता है। शायद इसी इम्तिहान के लिए लेखक लेखक है। नश्वरता का गहरा दर्द जो इन्सान की धमनियों में बराबर बहता आया है, और एक दूसरा जो हमारे बाहर यहाँ-वहाँ—सब कहीं बिखरा है—लेखक इन दोनों में से किसी एक से परिचय घटा-बढ़ा सकता है, पर यक़ीनन किसी एक पर आँखें मींचकर उसे अपनी चेतना से ग़ायब नहीं कर सकता।

अगर ऐसा करे तो उसका समूचापन विभाजित होगा और उसकी आत्मा के साथ-साथ उसकी आँख बँट जाएगी और यह स्थिति अंग-भंग से कम गम्भीर नहीं। अन्दर से बाहर और बाहर से अन्दर तक का संवाद किसी भी मूल्य पर लेखक को जारी रखना है। यही लेखक के ज़िन्दा रहने की एकमात्र शर्त है।

सोच के स्तर पर परम्परा, घिसी-पिटी नैतिकता और धर्म, अनुष्ठान के खूँटों से बँधी आस्थाएँ भी जीवन को पहचानने में असमर्थ रहती हैं। क़ानून की सचेत दृष्टि भी इससे बाहर नहीं। व्यक्ति और व्यक्ति, व्यक्ति और समाज, समाज और सत्ता के सन्दर्भ में क़ानून की बारीक-से-बारीक परिभाषा अपने तीखे पैनेपन और विस्तार में निरपेक्ष होते हुए भी एकतरफा होकर जाती है। क़ानून का अपना व्याकरण है, जो सख़्ती और मज़बूती से अपनी ही चौखट में कसा-बँधा है।

साहित्य की सीमाएँ क़ानून की हदों से कहीं बड़ी और विस्तृत हैं। तासीर में कहीं ज़्यादा लचीली और संवेदनशील भी। इन्सान की अस्मिता और गरिमा के पक्ष में साहित्य समय और काल से भी बड़ा हो उठता है। इतिहास के प्रभुत्व से भी। साहित्य ही इन्सान की नियति को उसके संघर्ष और सपनों को सँजोने की सामर्थ्य रखता है। उसका आकलन इतिहास के सम्पन्न ब्यौरों से कहीं ज़्यादा गहरा और मुकम्मल है।

साहित्य की सीमाएँ देश-काल के परिवर्तनों को अपने में समेटती चली जाती हैं और रेखांकित करती रहती हैं सुख-दुख, हर्ष-विषाद को, जो मानवीय अस्तित्व में गुँथे-बुने हैं। वे बराबर व्यक्ति-समाज और वर्ग-व्यवस्था की टकराहटों में से उभरकर समय को चुनौती देते हैं और जीने के लिए उकसाते रहते हैं। यही वह तार है, जो हमारे अतीत और भविष्य को हमारे वर्तमान से जोड़े रखता है। उस बोध को भी जो निरन्तर नश्वरता के आतंक तले अपने को क़ायम रख सकने की कोशिश और कशमकश में मौत के हाथों भी जी जाता है, ज़िन्दा रहता है।

लेखक केवल जिज्ञासावश अपने ही अन्दर और बाहर नहीं झाँकता। वह संवेदन और तनाव की हालत में सक्रिय रहकर महसूस करता है। आतंकित होता है और रचना द्वारा अंकित करता है। इन सभी सरोकारों और सम्भावनाओं की शर्त उसकी जीवन-दृष्टि है—चीज़ों को अरखने-परखने का संयम है।

परिवर्तन जब भी होते हैं, अचानक नहीं होते। वह इतनी ख़ामोशी से भी नहीं होते कि उनके बदलाव-टकराव सतह पर महसूस न किए जा सकें। सामाजिक क्षोभ, राजनीतिक हलचलें, छोटी-बड़ी खलबलियाँ कहीं भी उठती हैं, मचती हैं, तो वे विपरीत विचारधाराओं के अलगाव से नहीं, एक-दूसरे से जुड़ने, भिड़ने और टकराने से ही उभरती हैं। लेखक इन सम्बन्धों और सरोकारों के तारतम्य और विपरीत धाराओं के रचावों और अलगावों को क़लमबद्ध करने को प्रतिबद्ध है। उसका चिन्तन और चिन्ताएँ इन सबसे दूर रहकर फैलती नहीं, सिकुड़ती हैं। लेखक उस लय को भी बाँधे जो किसी भी ज़िन्दा साँस से, उसके जीवन की अहमियत से उठती है और रोज़मर्रा के दोहराव में भी छोटे-छोटे संकेतों द्वारा अर्थवान हो उठती है, जीने की साधारण आवृत्ति में कुछ हरे-भरे लमहों की तरह !

ज़रूरी है मामूलीपन की पहचान

रचना के गर्भ-बिन्दु से लेकर पन्नों पर लिखने तक लेखक पूरा वक़्त अपने होने के संस्कार द्वारा खोज के जोखिम और संयम से बँधा रहता है। इस अनिवार्य धर्म के अनुशासन से बँधा जब वह रचना से साक्षात्कार करता है, तो विपरीत दिशा से स्वयं को स्वयं से जोड़ता है। यह दोहरी स्थिति पूरा वक़्त सख़्ती से उस पर लागू रहती है।

एक लौ, एक कौंध, एक लपक—ऐसी प्रस्तुति का वरदान मात्र कवि को है, उपन्यासकार को नहीं। उपन्यास, कहानी, नाटक की संरचना लेखक के रूमान में घट रहा कोई एकान्त कर्म नहीं, वह तो एकसाथ व्यक्ति और सनाज के अटूट रिश्तों की अनिवार्य चुनौती है।

जीवन का व्यापक सत्य किसी भी एक व्यक्ति में निहित नहीं। एक जब दूसरे से और दूसरा जब समूह से जुड़ता है, तभी अपने से परे और आगे देखने की स्थिति में होता है। तभी वह उन सीमाओं को भी उलाँघता है, जो समय और समाज की धारा से कटे हुए व्यक्ति पर ख़ुद-ब-ख़ुद लागू हो जाती हैं।

ऊब से झुँझलाए हुए व्यक्ति में और अन्याय की चोट से बौखलाए हुए व्यक्ति में बहुत बड़ा फासला है। जो समाज की ऊँची सीढ़ी पर खड़ा है और कहीं 'पहुँच' चुका है, वह बेगानेपन, ख़ालीपन और अकेलेपन को शिद्दत से महसूस कर उसे ही अपनी 'आइडेंटिटी का क्राइसिस' बना डालता है। दूसरा जो पिछड़ा हुआ है नीचे की सीढ़ी पर, पहले रोज़ी-रोटी के लिए संघर्ष करेगा, मीलों चलेगा, फिर भी एक छलाँग, एक फलाँग में उस सीढ़ी तक नहीं पहुँच पाएगा, जहाँ अभावों को ढकने के लिए कुछ कौशल कारगर हो जाया करते हैं।

एक ज़िन्दगी में कुछ पाने के लिए हिम्मत जुटाता है। साहस कर जुर्रत बटोरता है, सामना करने के लिए, दूसरा 'पहुँच चुके' के सन्तोष से उभरी निरर्थकता को व्यक्त करता है। एक ही इंचीटेप से दोनों का 'इंटेलेक्चुअल' माप लेना मुनासिब नहीं। इनके फासलों की दूरी पाटने में दो-चार पीढ़ियाँ गर्क हो जानेवाली हैं। लेखक अगर एक ही खाते में दोनों के एक जैसे हिसाब खोलेगा, तो लेखक का अपना ही कुल जमा-जोड़ गड़बड़ा जाएगा।

लेखक कितना भी प्रबुद्ध क्यों न हो, कलाकार बुद्धिजीवी के आन्तरिक दबाव, व्यक्ति के संत्रास, सन्ताप और सामूहिक आक्रोश के साथ-साथ उसे अपने चारों तरफ फैले मामूलीपन की पहचान भी बनाए रखनी है। ज़िन्दगी इतनी मामूली नहीं होती, जितनी वह रोज़मर्रा के ढर्रे पर दीखती है। सोच और ज़िन्दगी दोनों मिलकर ही साझी यात्रा में भागीदार बनते हैं और साहित्य-रचना करते हैं, साथ-साथ चलते हैं, एक-दूसरे की बन्दिश में घुल-मिल जाते हैं, तभी उस चिरन्तन राग की लय स्वर-ताल में मुखरित होती है, जिसे हम 'साहित्य' के नाम से पुकारते आए हैं।

सच तो यह है कि समाज, व्यवस्था और सत्ता के इनकार-स्वीकार, व्यक्ति की अस्मिता, उसका संघर्ष, उसकी उम्मीदें—कुछ भी यथार्थ और चिन्तन के दायरे से बाहर नहीं—इनके साझेपन में ही मौजूद हैं, साझेपन में ही।

इन साझे ब्यौरों का नाम ही साहित्य है।

साहित्य और साहित्यकार को आतंकित करती शक्तियाँ जब लेखक की सफलता और विफलता की सीमाएँ नियोजित और निर्धारित करना चाहती हैं तो उसके मूल्यों और मानदंडों में ही परिवर्तन नहीं होते, साहित्यकारों के जीवन में भी व्यावहारिक और नैतिक उलट-फेर होते हैं।

बाज़ार की सम्भावनाओं से हम आक्रान्त हो उठे हैं। विफलता और सफलताओं के दरमियान की टक्कर के अर्थ जानते हैं। साधन और सम्पन्नता की ऐन्द्रियता इतनी गहरी कि अच्छा-भला समझदार और सिरफिरा दोनों इस होड़ में जुट जाएँ। एक साथ कल्पना और यथार्थ की फंतासी घोर मुलायम रेशमी जीने की विधा सीखने में कोई कोर कसर न रखें।

तेज़ बारिश के बाद आज आसमान साफ़ है। पहाड़ों की चोटियाँ धूप में अपनी-अपनी फबन से चमक रही हैं। दूर स्थित शिखरों के रंग कभी नीले, कभी हरे, कभी ग्रे दीखने लगते हैं। देवदार के वृक्षों के झुंड निःसंग भाव से खड़े रहते हैं। कितना बड़ा देवताओं का मंच। लगता है, जैसे मैत्रीभाव से हम सबको यहाँ आमन्त्रित किया गया है—दर्शक के रूप में इसे निरखने को। बादल धुपैले, कजरारे—बूँदें टिमक बौछार, गर्जन। मूसलाधार। धुंध-पहाड़ों के स्पर्श में से उफनते बादलों के पनीले टुकड़े। रात की बारिश के बाद दिन उघड़ा तो शिखरों के मस्तक बर्फों से चमकने लगे !

सरवर, इस बीच तुम्हें दो बार फ़ोन करने की कोशिश में रही। संस्थान में क्योंकि एस.टी.डी. नहीं है सो बाउलूगंज के पी.सी.ओ. से नम्बर माँगते हैं। पी.सी.ओ. पर फ़ोन करनेवालों का लम्बा क्यू हो तो लम्बे इन्तज़ार के बाद इरादा बदल लेते हैं ! फिर कभी सही।

पिछले दस-पन्द्रह दिन से एक लम्बे टुकड़े का पहला ड्राफ्ट करने में लगी थी। मंज़िल पर पहुँचने के लिए अभी हफ्ता-भर और लगना था। अन्तिम प्रारूप से बचने की कोई सूरत नहीं होती। टाइप के बाद आज कम्प्यूटर पर साफ-सुथरा होकर आ गया है। प्रकाशित होने के बाद तुम्हें भेजूँगी।

सरवर, देर से उठती हूँ क्योंकि देर से सोती हूँ। आज और भी देर से। उठते ही हँसी। कुछ याद आ गया—'तेजस्वी सूर्य शुभारम्भ करता है नए दिन का। श्रेष्ठ लोगो, देर से उठनेवालों को इतना निम्न न समझो !' देर से उठने का भी एक अपना ही सुख है।

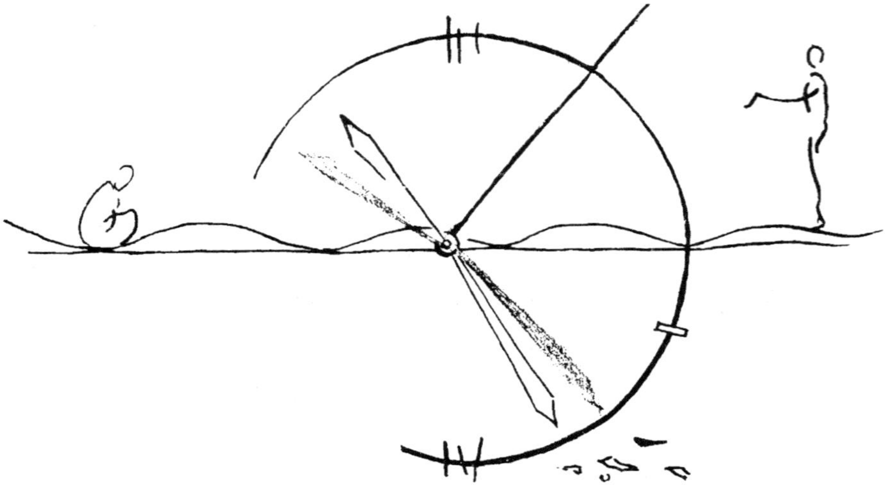

माँ समयक्रम के हिसाब में से अगर मेरे वक़्त की या मेरी पीढ़ी की बेटी होतीं तो नारी के देह-परिधान में भी वह एक ऐसा विशिष्ट व्यक्तित्व होतीं जिसमें नारी-पुरुष दोनों के मिले-जुले गुण-गरिमा, कौशल-पुरुषार्थ समान रूप से, समान भाव से देखे जा सकते।

जितना जी सके—जी लिए, जितना मुमकिन था और जो कर सके—कर लिए और जो बाकी बचे—अपने से वायदे—नहीं हुए—न सही। कोई उदासी नहीं—उदासी नहीं, क्योंकि अन्तर्मन में फैला है वैराग्य भाव। वही मेरे लेखन की कुंजी है। वही। अपनी रूह और आत्मा की ओर झाँकूँ तो साफ़-शफ्फ़ाफ़ निर्मल ताल पर वे सब छवियाँ जो पात्रों के रूप में कृतियों में भरी पड़ी हैं, दीखती हैं—कुछ ऐसे कि इतनी पास हों कि दूर लगें। न दूर हों, न पास हों—न अपनी हों, न परायी हों। हों आपके आस-पास, उमगती रहें।

पिताजी स्वभाव से गहरे तक सौम्य, सुसंस्कृत, नर्म और कल्पनाशील व्यक्ति थे। मनन में गहरी रुचि रखनेवाले। श्रीरामकृष्ण परमहंस और विवेकानन्द के

प्रशंसक। घर में किताबें सबसे क़ीमती मानी जाती थीं। दरअसल पिताजी ने ही मुझे भाषा के प्रति सजग किया।

सरवर, यह देखो। पन्ने पर कविता की पंक्तियाँ—

जरा-सी फुर्सत थी
लेटे-लेटे सोचा
अपने अन्दर ही झाँकूँ
जो देखा वह अनोखा था
वीरान घाटी में रेत थी, बर्फ थी
चट्टानें थीं
पूरा लद्दाख फैला पड़ा था
मैंने आँखें चुरा लीं
और पंखे पर जमा लीं—
जो छत से लटक रहा था—
और लगातार झूम रहा था।

हम सब, ऋतुओं, मौसमों के पंखों पर उड़ते-उड़ते जाने क्या से क्या आख्यान बुनते हैं—जीते हैं ! दुबारा लौटाकर शब्दों की सोहबत में नया रंग-रूप देते हैं। कभी उन्हें याद करते हैं, कभी यादों से कतराकर उन्हें भुला देते हैं। कभी उन्हें आँखों के आगे से सरका देने को, उनके अस्तित्व को छोटा-सा कर लेते हैं। कभी चौंककर उन्हें विस्तार देते हैं। कभी स्मृतियों से उन्हें उबार लेते हैं। कभी उनकी अनेकरूपता से अपने को हावी पाकर उन्हें पछाड़ देते हैं और आगे बढ़ जाते हैं। कभी हलका महसूस करने को, मन-ही-मन उन्हें छोटा कर लेते हैं। कभी सजग हो उन्हें विस्तार देते हैं। कभी स्मृतियों से उबारकर उन्हें अपने में स्थित कर लेते हैं और पत्रों और पंक्तियों में प्रवाहित कर देते हैं। अव्यक्त को व्यक्त करते हैं—कभी सूक्ष्म से सूक्ष्म को एक शब्द-भर में गूँथ लेते हैं। इसके साथ-साथ ही लगा रहता है परिवर्तनशील तरंगोंवाला समय जो हमारे जीने के असंख्य-असंख्य रंग-रूप, सुर-ताल अलग-अलग स्वरलिपियों में, अलग-अलग मुखड़ों में प्रकट होता है। लोक के 'लोक' को 'लोक' में तरंगित करता है। यह 'शब्द' के अर्थ और मनुष्य के मर्म की महिमा है।

हम जन्म के सूर्योदय के साथ शुरू होते हैं, अपने को आरम्भ करते हैं। अनोखे अपूर्व रंगों के सपने देखते हैं—क्षितिजों को चुनौती देते हैं। अपनी आस्था और विश्वासों को सार्थकता देते हैं—छोटे-बड़े और बड़े संघर्षों को धीरज और जीवट से झेल लेते हैं। नियम और जीने की मर्यादा के अनुसार अपनी संचित निधि को जीवन की निरन्तरता के सम्मुख समर्पित कर देते हैं। यह मेरा, आपका, हर लेखक के कलाकार का आख्यान है। यह बार-बार दोहराया जाता है। आरम्भ और अन्त में एक-सा होता है और एक-सा नहीं होता। लिखनेवाले का भूगोल और इतिहास इसे एक-दूसरे से भिन्न कर देते हैं और वही उसके आख्यान को एक-दूसरे से अलग और अनोखा कर देता है। समूह, समुदाय और समाज उसे स्थित करता है। अपनी-अपनी दिशाओं की खोज-पड़ताल करने की औक़ात ही लेखक का सरमाया है। हर इन्सान का बच्चा पिछवाड़े से चले आते आख्यान का ही जन्म है। बड़ा होता है, उच्चान और उठान छूता है। फिर ढलता है और स्वयं ही अपनी सीमा और असीम का आख्यान बन जाता है। बस, इतनी-सी कहानी है दोस्तो, जिसे हम बार-बार—जितनी बार कलम उठाते हैं, दोहराते हैं—मानवीय आख्यान का ताना-बाना बुनते हुए।

लिखी पंक्तियों में व्यक्तिगत हैसियत में सिर्फ हम नहीं—हमारा परिवेश गुँथा हुआ है। जाना हुआ वक़्त—जो सिर्फ हमारा खुद का नहीं—अनाम और असंख्य लोगों का भी है जिन्हें पात्रों का नाम देकर हम आपके सामने प्रस्तुत करते हैं। इस साक्षी में कि सिर्फ हम ही नहीं, वह भी हमारे साथ जिए हैं। दोस्तो, ऐसे वृत्तान्त का दिल हमेशा धड़कता रहता है साहित्य में—छोटी-बड़ी और बड़ी लेखनी से स्पर्श पाता है और बार-बार ज़िन्दा हो जाता है दूसरों के बहाने और उस वक़्त को परिभाषित करता है जो सिर्फ अतीत और वर्तमान से नहीं—भविष्य से भी जुड़ा है। ये तीनों एक-दूसरे से गुँथे-बँधे निरन्तर अपनी परम सत्ता में—बहते रहते हैं। हम जीते रहते हैं—कभी अपने में, कभी दूसरों में। हम मरते रहते हैं—कभी अपने लिए, कभी दूसरों के लिए। जीने-मरने के बावजूद समय और साहित्य के विधि-वैभव में लेखकगण ज़िन्दा होते चले जाते हैं—और पाठकों द्वारा पढ़े जाते हैं।

आपके साथ-साथ अपने भावी लेखकों को भी आश्वस्त करती हूँ कि लिखित में प्रस्तुत करने की खूबी सिर्फ लेखक की नहीं—मुख्य रूप से उनकी भी, जो अपनी बात लिखते नहीं—कहते हैं—कभी कहते भी नहीं, सिर्फ जी लेते हैं और महसूस करते हैं—ज़िन्दगी में अपने-अपने अँधियारों और उजालों को चुपचाप ही जी लेते हैं।

साहित्य अपने ब्यौरों में सक्रिय है।

साहित्य में व्यक्ति की निजता की धरोहर सुरक्षित है।

साहित्य संस्कार, संस्कृति और भाषा का आत्मविस्तार है।

सरवर, वात्स्यायन उन दिनों फिरोजशाह रोड पर रह रहे थे। उनके साथ ही प्रगति प्रकाशन के प्राण नागपाल और बलवन्त सहगल। वात्स्यायन उन दिनों जनपथ के एल्प्स रेस्तराँ में देखे जाते। लेखकों की लाहौरी फसल कॉफी हाउस में बैठती। भगवतीचरण वर्मा कांस्टीट्यूशन क्लब में, बालकृष्ण शर्मा 'नवीन' 5, विंडसर प्लेस में। दिल्ली की आबोहवा में बहुत-से नाम उभरते रहे। सत्यवती मलिक कनॉट सर्कस में। जैनेन्द्रजी दरियागंज में। राजकमल प्रकाशन उन दिनों कनॉट प्लेस की हिन्दुस्तान टाइम्स बिल्डिंग में था। शाम वहाँ किताबों पर नज़र मारते-मारते किसी-न-किसी लेखक से पहचान हो जाती। पाठकों की नज़र में अन्दर झाँकना सफल होता। वात्स्यायन 'प्रतीक' निकाल रहे थे। सेंट्रल होटल के नीचे अमृत बुक डिपो से अकसर हिन्दी पत्रिकाएँ मिल जातीं।

राजधानी की हलचलों और शरणार्थियों की आपाधापी और शोर-शराबों में तैरती रेडियो की ख़बरें, अखबारों और पत्र-पत्रिकाओं के मुखड़े।

सुनो–

मैं अब उम्र में इतनी बड़ी हो चुकी हूँ कि अपने बचपन को पारदर्शी आँखों से देख सकती हूँ। धारीदार गुलाबी फ्रॉक पहने घर के बरामदे में खड़ी हूँ। कफ और कालर पर सुहावनी लेस लगी है।

दीख रहा है तारादेवी का पहाड़, जैसे कोई हाथी खड़ा हो ! ऊपर छाया है सुनहरी बादल ! दूर-दूर तक फैली हैं पहाड़ों की नीलाहटें। रोशनी के टुकड़े-जैसी लम्बी कतरनें–पीली-चमकीली और सुनहली। अम्मी जी ने आवाज़ दी–मैं अन्दर जाकर उनका हाथ बँटाकर जल्दी से लौट आती हूँ। फिर उसी पुरानी मुद्रा में जँगले पर हाथ टिका लेती हूँ। देखते-देखते पहाड़ अँधेरों में गुम हो जाते हैं। बत्तियाँ सरकने लगती हैं ! आकाश इतना निर्मल ! सोच लिया, सोने से पहले सप्त-ऋषि ज़रूर देखूँगी ! देखा।

फिर सुबह हलका-सा शोर। काँच के पतले परदों में से पहाड़ी धूप का लिशकारा। किचन की ओर से चाय के प्यालों की खनक और दूर से कोई मीठी-सी धुन। कौन गा रहा है ! क्या मास्टर मदन ? शिमला में हो तो उसी की आवाज़ सुन रही हो !

सरवर, मास्टर मदन के शायद दो ही रिकॉर्ड हैं ! उसके बोल नगीनों की तरह–गुलाबों की तरह, पानी पर थिरकती लहरों की तरह ! उसके पास काली शेरवानी थी ! सफ़ेद चूड़ीदार और सिर पर बनारसी पाग ! उसके कानों में हीरे चमकते थे। रजवाड़ों, दरबारों में गानेवाले मास्टर मदन का पहरावा बिलकुल रियासती लगता। मदन के बड़े भाई मास्टर मोहन वायलिन बजाते थे। दोनों भाइयों की जोड़ी शिमला के मंच को खूब सजाती थी। 'यूँ न रह-रहकर हमें तड़पाइए, आइए, आ जाइए-आ जाइए'–इसरार करते-करते खुद ही वह चल दिए। मास्टर मदन की आवाज़ को रिकॉर्ड करनेवाली कम्पनी को हज़ार बार,

बार-बार शुक्रिया। सरवर, तुम्हारे पास तो बहुत अच्छा संगीत है। मुझे पाश्चात्य संगीत में दखल नहीं। सुनती हूँ सिर्फ शास्त्रीय संगीत ही नहीं, ग़ज़लें भी। रणजीत मूवीटोन के मास्टर मूलराज से तीन बरस संगीत सीखा। जाने क्यों गम्भीरता से अपने साथ बनाए नहीं रखा। दिल्ली, कलकत्ता और भोपाल में अच्छे-अच्छे संगीतज्ञों को सुना। मालिनी राजुलकर का कैसेट मुझे गगन गिल ने दिया था। हाँ, भोपाल वाले फ्लैट को ठीकठाक करने का कुछ तो इरादा रखती हूँ। शायद सर्दियों में नीचे उतरूँगी तो वहाँ जाऊँगी। बरसात में भोपाल की झील बहुत खूबसूरत लगती है। चाहती हूँ, कुछ देर वहाँ रह सकूँ। वैसे तो आपका शहर भी आपके अन्दर ही उगने लगता है। यही वजह है, भोपाल जैसे शहर भी आपको पराये लगते हैं। अगर मैं पहले शिमला न रही होती तो मुझे यहाँ तालमेल बिठाने में दिक्कत होती।

मुझे मालूम है, इस बात पर तुम जरूर हँसोगी—पुरानी पीढ़ी—

एक तो मैं ढीठ हूँ, दूसरे मुझमें लचक है। सो दोनों मिलकर कुछ-न-कुछ करतब कर ही लेते हैं। मेरे लिए सुबह के नाश्ते के लिए मैस में जाने के लिए तैयार होना कुछ आसान न था, पर मैं भी अपने ऊपर तैनात हो गई—कि देख बीबी, यह तो तुम्हें करना होगा, नहीं तो यहाँ से लौटना पड़ेगा।

सरवर, एक लम्बी कहानी का अंश लिखकर मैं उसे पढ़ने बैठ गई। लिख लेने के बाद मेरे लिए पढ़ना बहुत ज़रूरी है। लिखने के तनाव से बरी होकर लेखक उसे पढ़ते हुए स्वयं अपना पहला पाठक और आलोचक बनता है। आप जिस नेपथ्य से उठाकर 'विचार' को शब्दों से घड़ रहे थे—मौन के रहस्य को व्यक्त कर रहे थे, उसे भाषा दे रहे थे—उस 'टैक्स्ट' को पढ़कर उसमें रह गए झोल और सिलवटें आपकी आँखों में तैरने लगती हैं। संवाद से भी झाँकने लगती हैं छोटी-बड़ी भाषायी ज़्यादतियाँ। एक बार संवाद ही संवाद में इस पर विवाद हो गया। जे.एन.यू. में स्वामीनाथन की स्मृति-सभा के बाद हम लोग हरजीत गिल के यहाँ शाम के लिए इकट्ठा थे।

बहस तब शुरू हुई जब निर्मल वर्मा ने कहा कि कुछ लोग मंच पर 'परफॉर्म' करते हैं। मेरा कहना था कि हम सभी मंच पर परफॉर्म करते हैं।

अभिनेता और लेखक में फर्क है।

ज़रूर होगा। लेकिन जब हम लिखने बैठते हैं तब भी अपनी चेतना में पात्रों को अभिनीत करते हैं। कम-से-कम मैं तो ऐसा ही करती हूँ।

प्रयाग शुक्ल हम दोनों के बीच में थे। कहा, लिखना चिन्तन की प्रक्रिया है। क्या इसे प्रस्तुति समझना ठीक होगा ? डॉ. हरजीत गिल का कहना था कि लेखक सिर्फ दूसरों के लिए ही नहीं, लिखते हुए वह स्मृति, विचार, अनुभूति और भाषा की मदद से अपने लिए भी कुछ अभिनीत करता है। पाठ को प्रस्तुत करता है। लेखक अपने लिखे की प्रस्तुति अपने लिए भी करता है। जो बात निर्मल कह रहे थे, उसका सन्दर्भ उस प्रस्तुति का था, जिससे उन्हें चिन्तन और विचार की गहराई कमतर लगी थी। वह प्रस्तुति मेरी थी।

ब्रेख्त की कुछ पंक्तियाँ पढ़कर देखो।

अनुवाद किया है—मंगलेश डबराल ने।

दिखाओ कि तुम दिखा रहे हो—उन तमाम विचित्र अन्दाज़ों में जिन्हें तुम तब दिखाते हो जब वह दिखाना होता है, कि लोग कैसे अपनी भूमिकाएँ अदा करते हैं।

दिखाने का अन्दाज़ कभी-कभी नहीं भूलना चाहिए।

यह इस तरह होगा—

यह दिखाने से पहले कि कैसे कोई आदमी किसी को धोखा देता है या इस ईर्ष्या से भरकर उठता है या कोई सौदा पक्का करता है, पहले दर्शकों की तरफ देखो, गोया तुम कहना चाहते हो। अब ज़रा गौर करें, यह आदमी किसी को धोखा दे रहा है और इस तरह से दे रहा है। जब वह ईर्ष्या से भर उठता है तब ऐसा दिखता है और जब सौदा तय करता है तो ऐसे करता है।

इस तरह तुम्हारे दिखाने का अन्दाज़ आएगा। जो भी बनाकर तैयार किया गया है उसे पेश करने का, पूरा करने का और लगातार आगे बढ़ने का अन्दाज़। सो दिखाओ कि जो तुम दिखाते हो, वह ऐसा है जिसे रोज़ ही दिखाते हो और पहले भी अकसर दिखा चुके हो, और तुम्हारा नाटक किसी बुनकर के बुनाई करने सरीखा, किसी शिल्पकार की कृति सरीखा होगा। और जो चीज़ दिखाने से जुड़ी है—

जैसे कि देखने को ज़्यादा आसान बनाने में तुम्हारी लगातार दिलचस्पी हर प्रसंग को हमेशा बेहतरीन ढंग से दिखाने की पूरी कोशिश। उसे भी तुम्हें प्रकट करना चाहिए।

तब यह सब धोखा देना और सौदा करना और ईर्ष्या से भर उठना रोज़मर्रा के कार्य-व्यापार का स्वभाव लिए हुए होगा। मसलन खाना खाने, सुबह नमस्कार

करने और अपने काम सरीखा आखिर तुम काम ही तो कर रहे हो न !

और मंच पर अपनी भूमिकाओं के पीछे तुम्हें खुद भी उन्हें अदा करनेवालों के रूप में दिखते रहना होगा।

आज सुबह भी एक कविता-अंश दोहराया। तुम्हारे लिए ये पंक्तियाँ—

अपने हाथों का तकिया बना लो
आकाश अपने बादलों का
धरती अपने ढेलों की
और गिरता हुआ पेड़
अपने ही पत्तों का
तकिया बना लेता है।
यही एकमात्र उपाय है
गीत को ग्रहण करने का
निकट से
उस गीत को जो
पड़ता नहीं कान में
जो रहता है कान में
एकमात्र गीत जो
दोहराया नहीं जाता।
हर व्यक्ति को चाहिए
एक ऐसा गीत जिसका
अनुवाद असम्भव हो !

सरवर, अर्जेंटीना के कवि राबर्तो हुआरोज की यह कविता मैंने उन्हीं के मुख से सुनी थी 'भारत भवन' में वागर्थ विश्व-कविता समारोह के अवसर पर। उनकी एक कविता का पाठ मैंने भी किया था। हुआरोज की कविताओं का अनुवाद हमारे दोस्त कृष्ण बलदेव वैद ने किया था। तुम उनसे मिल चुको हो। मैं कृष्ण बलदेव के उपन्यास 'उसका बचपन' और उनके पहनावे की प्रशंसक हूँ। शक्ल पर फबा हुआ। उसके पास काफी कार्डरॉय के शेड्स हैं। काली कार्डरॉय की कमीज मुझे काफी पसन्द आई। हालाँकि यह मर्दानी कमीज के लिए मुश्किल रंग है, पर कृष्ण के ग्रे बालों के साथ खासा जँचता है।

रंगों के खेल से जुड़ी एक याद।

अरुण उन दिनों लखनऊ क्रिश्चियन कॉलेज में पढ़ते थे। मैं भी बड़ी जीजी के यहाँ शाहजहानपुर थी। अरुण छुट्टियों में आए तो मैंने उनकी कमीजें डिजाइन कीं। सबसे पहली थी, काली गफ्फ पौपलीन। बुझी-सी चमक। अजीब काला था। पीठ पर एक डिजाइन दिया—सफ़ेद चाक से ट्रेस किया। बहुत शरारती और चौंकानेवाले शब्द दिए। दो कंकालों के बीच लिखा गया 'खतरा' और नीचे—खबरदार, वॉल्ट एक हज़ार। बस—कमीज की सिलाई की दर्ज़ी ने। ऊपर कढ़ाई कर दी गई और एक शाम अरुण पहनकर एक शहज़ादे की अदा में दोस्तों के साथ शहर में घूमने निकल गए।

सुनो सरवर, इसके बाद होता है क्या ! इसके पहले कि अरुण घर पहुँचें, पुलिस इंस्पेक्टर बँगले पर नमूदार हुए !

कहिए, कैसे तकलीफ की ?

आपके साहिबज़ादे कहाँ हैं ?

बाज़ार तक गए होंगे—दोस्तों के साथ घूम रहे होंगे ! चोपड़ा साहब ने कहा।

करते क्या हैं ?

क्रिश्चियन कॉलेज लखनऊ में पढ़ रहे हैं। बी.ए. फर्स्ट-ईयर, लीजिए—यह आ गए ! इन्हीं से पूछें—

अरुण अपनी अदा में मस्त खड़े रहे।

इस गुस्ताखी पर इंस्पेक्टर साहिब बोले—

साहिबज़ादे, जरा इधर पीठ कीजिए। आपके वालिद साहिब भी यह देखें कि हमें पूछताछ क्यों करनी पड़ रही है।

यह संवाद सुनकर मैं भी ड्राइंगरूम में चली आई।

हमारे बहनोई साहिब न जाने क्यों खामोश-से हो गए थे, जैसे सचमुच ही कुछ ग़लत हुआ है।

मुझे ठीक नहीं लगा।

बड़े रौब से इंस्पेक्टर साहिब से पूछा—क्यों साहिब, इस पर आपको क्या एतराज़ है ? यह मैंने डिजाइन किया है।

कोई फूल-पत्ता नहीं—बेल नहीं—आखिर इसकी कढ़ाई में कुछ बात तो होगी !

साहिब, बात-वात कुछ नहीं—खयाल में यही आ गया। सोचा, यही सही ! यूँ अगर आप देखें तो काले पर जँच रहा है ! इसे देखने को आपकी भी आँखें उठीं ! आपने कुछ तो देखा जो यहाँ आने की ज़हमत उठाई।

इंस्पेक्टर साहिब ज़रा-सा ढीला पड़े कि चाय आ गई। ज़ाहिरा तो लगा, बात आई-गई हो गई लेकिन जाते-जाते इंस्पेक्टर साहिब जीजा साहिब को कुछ कान में कह गए।

सुबह की गाड़ी से अरुण को लखनऊ के लिए रवाना होना था। वह पापा को सुनाकर बड़ी शोखी से बोले—जीजी, एक और शर्ट डिज़ाइन कर दें। इससे भी बढ़कर। उसे शाहजहानपुर नहीं, लखनऊ सराहेगा।

सरवर, उस दिन लगा था कि अरुण बाप साहिब के साथ ज़्यादती कर रहे हैं। अरुण के चले जाने के बाद मुझे तरीके-तरीके से काफी हिदायतें मिली थीं। मैं कभी खामोशी से सुनती रही, कभी हलके से हँसती रही। हाँ, अरुण ज़्यादा बदले नहीं। कमाल का यक़ीन है अपने में। कुछ भी कहते रहो। करेंगे वही जो उन्हें करना है। कोई भी दखलअन्दाज़ी बाहर ही खड़ी रह जाती है। हज़रत टस-से-मस नहीं होते।

कोई वक़्त था जब यह भी समझा जाता था कि वह मेरे असर में हैं और मुझ-जैसी आदतों के शिकार हैं। मतलब कि अपने मन की करेंगे। सबकी सुनेंगे और वही करेंगे, जो करने की कसम खाई है।

यूँ तो इस मामले में मैं भी कुछ कम नहीं, पर मैं दूसरों की बात पर बहुत ध्यान देती हूँ। अकसर जो करना चाहती हूँ, वह भी कर गुज़रती हूँ। इस पर भी अपना मामला खासा उबाऊ और टिकाऊ है। हालात भी ऐसे बनते रहे कि सरकने का नाम न लें। वैसे दिल में इसका कोई मलाल नहीं यह अपने होने की आबोहवा है। मौसमों को जल्दी-जल्दी बदलने की न अपनी कोई औकात थी और न ही कोई मंशा। जो सामने आए, उसका इस्तक़बाल करो। खुशी-खुशी राह पर कोई पंगा ले ले तो उसे भी मंज़ूर करो। चीज़ें उठा-पटक से खुद-ब-खुद साफ होंगी। न होंगी तो झाड़ू से बाहर। झाड़ू उठाना नहीं पड़ता, कचरे को खयालों से ही बाहर कर दिया जाता है !

सरवर, यह न सोचना कि मैं ऐसी ही कारस्तानियों में लगी रहती हूँ। इनको झटककर इस लोक में रहनेवाले हर इन्सान की तरह मैं गहरे चाव से इस धरती को जीती हूँ। आकाश को। सूरज और चाँद को। अपने शहर की सड़कों को। चौराहों और पेड़ों को। पेड़ों की कतारों को। पैदल

चलनेवाली पटरियों को। पारपथों को। पुलों को। इमारतों को। बस्तियों को। रेस्तराँ के प्रवेश-द्वारों को। मेज़ों को। करीने से लगे गुलदानों को। फूलों को। ढाबों पर लहकते चूल्हों को। चूल्हों पर रखे पीतल के पतीलों को। मैं अपने आसपास से उभरते अपने वक़्त को जीती हूँ। अपने बहाने दूसरों को और दूसरों के बहाने अपने को। मेरे पास एक अपना बनाया हुआ पुल है, वही मुझे दूसरों से जोड़ता है।

यही वजह है कि मैं अपनी सोहबत में कभी ऊबती नहीं और न ही कभी उदास होती हूँ। हाँ, मैं कभी-कभार झुँझलाती ज़रूर हूँ। वजह मामूली-सी कि ऐसा कुछ क्यों नहीं हो रहा जो मुझे उकसा सके ? मुझसे कुछ काम करवा सके ? सच कहूँ तो मैं काफी आलसी हूँ। निठल्ली भी। लेटी हुई हूँ, खाली उठ ही नहीं रही। यार, कुछ करो। तुम्हारी स्टडी क्या है, पूरा कबाड़िस्तान है। मेज़ की बेतरतीबी भी देखी है क्या ?

बहुत बार, बरस के जितने दिन होते हैं—हर बरस उतनी बार ! अरे उसमें नया क्या रखा है ! इससे अच्छा तो मैं जूते पॉलिश करूँ अपने !

सरवर, मैं जूते ऐसे चमकाती हूँ कि पहनते ही हस्ती नई हो उठे !

सरवर, कल मैं कुछ परेशान-सी थी। कुछ किया नहीं और वक़्त को यूँ ही इधर-उधर कर दिया ! यहाँ हर दिन कीमती है। जो हाथ से निकला सो गया !

आज फिरोज़ी पहने हुए हूँ। कुछ मुलायम-सा। इतना चटक नहीं। बोझ कितना भी हो, यह रंग मुझे उबार लेता है। कभी काला रंग मुझे शान्त करता था ! धीरे-धीरे मेरी वार्डरोब में सफेद अपनी जगह बना रहा है। अब मैं उसे अपने अन्दर और बाहर महसूस करती हूँ। कपड़ों और उनके टैक्स्चर में मेरी ख़ासी दिलचस्पी रही है। ठीक वक़्त पर सही रंग और फबन वही जो अपने व्यक्तित्व को रूपायित करे। जानती हो, यह हम कब कर सकते हैं ? जब हमारी अलमारी बेशुमार कपड़ों से न भरी हो ! रंग-बिरंगी कीमती खिचड़ी ! कभी यह खींचा, कभी वह ! फिर आपकी शख्सियत कभी पल्लू में गायब, कभी प्रिंट में और कभी तीखे रंग में ! ऐसी पोशाक क्यों पहनें जो हमारी शक्ल-सूरत और सीरत से भी ज़्यादा कीमती लगे ! दूसरों की रुचियों और पसन्द को भला हम अपनी वार्डरोब में क्यों ठूँसें ? हाँ, ज़रा बड़ी हुई—चौथी में रही होऊँगी कि फ्रॉक के साथ सलवार पहनने की बात शुरू हुई। सुझाव था फ्रॉक के साथ स्टोकिंग और साक्स की जगह अब सलवार पहननी होगी।

मैंने साफ इनकार किया।

फ्रॉक के साथ स्टोकिंग, स्कर्ट के साथ ब्लाउज़ और सलवार के साथ कमीज़—यही पहनूँगी। सलवार के साथ फ्रॉक कभी नहीं।

ओढ़नी लेने का वक़्त आया तो मैंने स्कर्ट की तर्ज़ पर लहँगे सिलवाए और ऊपर के लिए बनवाए ब्लाउज़। उन दिनों रेबदार पूरी आस्तीन का चलन था। वही बनवाई। यह पोशाक बहुत आरामदेह थी। ओढ़नी का एक पल्लू खोंसकर लहँगे में और चुन्नट तिहाकर कन्धे पर !

मुझे चुन्नट और घेर अच्छे लगते रहे हैं। राजस्थान पहुँची तो गोटवाले दो लहँगे, चोलियाँ और ओढ़नियाँ बनवाईं, हालाँकि उन दिनों मैं गरारे पहनती थी। गरारों ने मेरी पंजाबी चाल को बदल दिया था। पहरन में गरारे एकरस हो गए

तो चाल सचमुच में अनुशासित हो गई। गरारा एक नाज़ुक नखरीली पोशाक है। गरारे का गोट लगा घेर कदमों को पिछली सदी का सलीका देता है !

सरवर, कालीनों और फर्शों पर चलनेवाले मौसम ही ओझल हो चुके। अब इस पतझरी मौसम में मैं चूड़ीदार पाजामा और घेरदार कुर्ते पर हूँ।

लाहौर याद आ गया है सरवर। क्या-क्या रंग थे उन दिनों मेरे पास ! चटक नहीं—दबे हुए शोख-सादा लगनेवाले क़ीमती फबन के। डिज़ाइन भी ऐसे जो बाज़ार में नहीं थे।

भला कैसे ?

रोहित मिल के ख़ास कपड़े थोड़ी मात्रा में बनवाते, वह मेरी मौसी प्रकाश मुकुल के ज़रिए हम तक पहुँचते। कपड़ों में मेरी दिलचस्पियाँ मेरी मौसी जानती थीं। बहुत ही मुलायम सूती। इतना कि रेशम लगे।

डिज़ाइन एकदम आँखों को उकसानेवाले। मिल डिज़ाइनरों की डिज़ाइन बहुत ही सिद्धहस्त और प्रयोगशील। ऐसे ही कपड़ों से बना मेरा एक गरारा खो गया। बहुत ढूँढ़ा। धोबन से बार-बार पूछा। एक ही जवाब—भूल रही हो बीबी—.धुलाई में तुमने वह दिया ही नहीं।

अपना दिमाग़ भी ऐसा कि उसी पर अटक गया। बार-बार उसी का ज़िक्र। होस्टल की लड़कियाँ मज़ाक उड़ाने लगीं।

एक दिन रात को सोए-सोए देखा, गरारा धोबन की रस्सी पर सूख रहा है।

मन-ही-मन तय किया कि शाम को धोबन के यहाँ। लड़कियों के बाहर जाने का दिन था। लगभग सभी अनारकली की ओर। अपनी रूममेट को साथ चलने के लिए तैयार किया और हम दोनों धोबन के घर की ओर निकल गईं।

कोठी के पिछवाड़े की कोठियों में धोबन अम्मा का डेरा था। लड़कियों के पूरे होस्टल के कपड़े। माटी के बड़े-बड़े कूँडे—एक ओर भट्ठी।

चारपाई पर बैठी अम्मा ने गर्दन घुमाई।

अरी बिटिया, तुम ! यहाँ कैसे ?

बाँसों के सहारे लम्बी रस्सी पर कपड़े सूख रहे हैं। सलवार, कमीज़, दुपट्टे। मेरी नज़र उन्हीं को छूती हुई। नहीं। कहीं नहीं।

अब तक अम्मा ने निक्का-सा लकड़ी का हुक्का हाथ में पकड़ लिया था और गुड़गुड़ाने लगी थी।

अम्मा, तुम तो मेरा गरारा पहने हो...

अरी बिटिया, यह क्या तुम्हारा है ?

और क्या तुम्हारा है ? कब बनवाया भला ?

चल बेटी, ले आऊँगी न धोकर !

धोबन अम्मा इतमीनान से तम्बाकू अन्दर खींचती रही। न संकोच, न सफ़ाई।

मैं खीझकर—

अम्मा, भला तुमने मेरा गरारा पहना ही क्यों ?

धोबिन अम्मा के गले में लम्बी खाँसी उठी। फिर गला साफ़ करके कहा—

अरे वही हाथ में आ गया। पहन लिया। धुलाई में ले आऊँगी। कपड़ा ही तो है।

मैंने सफाई दी—

अम्मा, एक नग भी खो जाए तो जोड़ा बेकार हो जाता है।

अम्मा बड़े लाड़ से हँसने लगी—इतनी चिन्ता नहीं करते कपड़ों की। कभी खो जाय तो ठीक है। फिर तुम्हारी अम्मा ने पहन ही लिया तो भी क्या !

हम दोनों लड़कियाँ हँसने लगीं। भला इसका भी कुछ जवाब दिया जा सकता था !

अम्मा बोली—जा रही हो ! शहतूत दूँ ? इस अहाते का सबसे मीठा पेड़ है मेरे घर...

अम्मा ने हमें ढेर-से शहतूत पकड़ा दिए।

हमने लौटने को कदम उठा लिया।

अच्छा, अम्मा...

धोबन अम्मा समझाकर बोलीं—

तुम्हारा पहनना और धोबी का ओढ़ना।

अगली धुलाई लेकर अम्मा आई तो वह गरारा फिर गायब था। मैंने अपने कपड़ों में से गरारे के साथ का कुरता और दुपट्टा निकाल अम्मा की ओर बढ़ाया—

अम्मा, यह आप रख लो।

अम्मा ने ठंडे हाथ से लेकर उसे एक ओर रखा और धुलाई के कपड़े गिनने लगी। उठते हुए कहा—बेटी, यह कपड़ा तो जान का सुख है। हलका नर्म...

उस शाम हमने लायब्रेरी की छत पर लड़कियों को इकट्ठा किया और हरे गरारे का नाटक पेश कर दिया।

फरवरी में मेरा जन्मदिन था। घर में सब बहन-भाइयों की सालगिरह ख़ूब गर्मजोशी से मनाई जाती। नए-नए जोड़े बनते। नए जूते और जो कुछ भी बच्चे को चाहिए होता, वह सब तभी दिलवा दिया जाता। फिर बरस-भर इतमीनान। यहाँ होस्टल में रहकर मन-ही-मन ख़याली पुलाव पकने लगे। एक दिन को माँ की बुआजी के घर जा सकती हूँ। उनके घर से शमशाद बेगम का घर दूर नहीं। गाना सुना जा सकता है।

नहीं, नहीं, बुआजी के यहाँ पहुँचते ही सफाई करने लगूँगी। खासा बड़ा दोमंज़िला घर साज-सामान और सुविधाओं से भरा, मगर रहन-सहन में न कोई सलीका और न क़ायदा।

सुनहरी टैपेस्टरी का सोफा, मगर क्या हालत ! किसी परदे की सलवट नीचे खिसक रही है। कालीन के हलके रंगों ने गहराई पकड़ ली है। किसी खिड़की में डलिया पड़ी है। कहीं गुलदान, कहीं तश्तरी में नमकीन, मठरी और अचार। डाइनिंग टेबल पर पड़ा है—साबुत धनिए का थाल। काम करनेवालों की कमी नहीं, मगर घर का रख-रखाव देख-देखकर मैं परेशान होती हूँ और ठीक-ठाक करने में जुट जाती हूँ। इसी में शाम गुज़र जाती और मच्छरों की भनभनाहट शुरू हो जाती। मोहनी रोड, नई कॉलोनी। सर्द-गर्द हवाओं के साथ खुली नालियों की दुर्गन्ध। एक 'टर्म' में दो-एक बार ही ऐसा मौक़ा आता।

"फिर जन्मदिन पर क्यों ?"

"नहीं, नहीं, वहाँ नहीं।"

"दादी माँ के पास, 'फार्म' पर।"

एमनाबाद के लिए एक छुट्टी चाहिए होगी। छोड़ो, छोटी अनारकली में ही मज़ा रहेगा। दही के भल्ले नहीं। कुल्फी-फलूदा। बिलकुल नहीं। बीमारी का घर। हज़म ही नहीं हो सकता।

अभी यह मंसूबे बनाए ही जा रहे थे कि अगले महीने के खर्च का 'मनीऑर्डर' आन पहुँचा। पचास रुपए ज़्यादा थे। हिदायत थी, हमारी ओर से

जन्मदिन के लिए एक कमीज़ और ओढ़नी ख़रीद लेना। अब ध्यान कपड़ों की ओर दौड़ाया। एक बोस्की की शर्ट और बनवासी की दुकान से सुनहरी कोर की बनारसी ओढ़नी।

एक रात कपड़े बदलकर अपने जोड़ों पर नज़र मारी तो नई ख़रीद का प्रोग्राम भी रद्द हो गया। बहुत कपड़े हैं। मैं यह पैसे ख़रीद में बेकार नहीं करूँगी। शाम 'बैडमिंटन कोर्ट' से लौटी तो होस्टल की लड़कियाँ शनिवार शाम के लिए बाहर की तैयारी में। महीने में सिर्फ एक दिन। फुर्ती से तैयार हुई। रजिस्टर में दस्तखत किए और बाहर। "किधर ? क्या अनारकली की ओर चल रही हो ?" हरशरण ने पूछा।

"आप लोग चलें। दो-एक काम हैं रास्ते में, करते हुए पहुँचती हूँ।"

"हम लोग केसरी की दुकान में होंगी।" मैं पहुँच गई स्टैंडर्ड में। जाकर चाय का ऑर्डर किया। हर घूँट में इतमीनान था। कुछ देर को कैन्टीन की चाय-मठरी भूल गई। 'काउंटर' से एक-दो बार मेज़ की ओर झाँका गया कि शायद मैं किसी के इन्तज़ार में हूँ। वहाँ बैठे-बैठे ही जैसे कोई इलहाम हुआ।

बिल 'पे' किया और 'काउंटर' पर जाकर पार्टी को ध्यान में रख पूछताछ करने लगी। अगर बहुत महँगा नहीं तो पार्टी यहीं क्यों नहीं ? साथ खड़े एक साहिब 'काउंटर' पर 'एडवांस' दे रहे थे। 'मीनू' था—सैंडविच, पेस्ट्री, चिकन पकौड़े, पनीर पकौड़े, ठंडा पेय और चाय।

"पार्टी घर पर कि कहीं और ?"

"घर पर !"

"कितने लोग ?"

"एक सौ बीस !"

"वक्त ?"

"साढ़े पाँच बजे !"

"तारीख ?"

"12 फरवरी !"

मैं उत्साहित हुई। 12 फरवरी पिताजी का जन्मदिन।

स्मार्ट 'ऐंग्लो-इंडियन' लड़की अब मेरी ओर मुड़ी और पूछा, "मिस, अब बताइए, क्या कर सकती हूँ ?"

"अपने जन्मदिन की पार्टी करना चाहती हूँ।"

"कॉलेज में कि कहीं और ?"

मैं एकदम चौकन्नी हुई—

"कहीं और का मतलब ?"

"जहाँ भी आप चाहें। हमारे पास 'मोबाइल वैन' है। कहीं भी पहुँच सकती है।"

"क्या रावी पर पहुँचना मुमकिन होगा ?"

"क्यों नहीं ? कितने मेहमान होंगे ?"

"मैं पाँच मिनट लूँगी 'लिस्ट' बनाने में।"

मैंने बीस लड़कियों के नाम लिखे और सबसे ऊपर प्रिंसिपल साहिबा का नाम जोड़ दिया। इक्कीस।

उसी कागज़ पर 'मीनू' लिखा।

पेस्ट्री, कीमा समोसा, सैंडविच, चाय। फिर इसमें बदलाव किया। पेस्ट्री, वैजीटेबल समोसा, रसगुल्ला, चाय।

कागज़ मैम के सामने किया।

"आप एक आइटम और रख सकती हैं।"

"क्या, बिस्कुट ?" पकौड़ा या आलू की टिकिया ?

"मैम, मेरा बजट कम है।"

"कितना ?"

मन-ही-मन दादी माँ, नानी माँ, बड़ी बुआजी से मिले रुपयों की गिनती की। सोचा, लगा सकती हूँ।

"मैम, डेढ़ सौ।"

दिलचस्पी से देखकर कहा, "ठीक है। हो जाएगा।"

"आपको कितना 'एडवांस' दूँ ?"

"एक सौ।"

मैंने पर्स में से दस-दस के नोट ऐसे निकाले, जैसे एक हज़ार हों !

"तारीख़, वक़्त, और कुल अतिथि ?"

"इक्कीस।"

"आप मेहमानों की गिनती बढ़ा दीजिए। पच्चीस कर दीजिए। और अगर दो सौ से ज़्यादा हो जाएँ तो एक 'आइटम' कम कर दीजिए।

"हम एडजस्ट करेंगे। हम पर छोड़ दीजिए। मुझे 'कंसेशन' मिलता है। मैं तुम्हें खुश देखना चाहती हूँ।"

"थैंक्यू मैम !"

जन्मदिन के दो दिन पहले लड़कियों को निमन्त्रण दिया। और कुछ गुप्त मन्त्रणा भी कर ली गई।

अगले दिन सुबह प्रिंसिपल के ऑफिस के बाहर खड़ी थी। बुला लिया गया।

''कैसे ?''

''मैम, परसों मेरा जन्मदिन है। हम सभी चाहते हैं कि आप पार्टी में आएँ। प्लीज़ मैम !''

प्रिंसिपल साहिबा मुझमें दिलचस्पी लेती हैं।

''कहाँ, कैंटीन में कि लॉन में ?''

''मैम, रावी के किनारे।''

''पिकनिक है कि जन्मदिन की पार्टी ? वहाँ कैसे पहुँचोगी ?''

''मैंने कॉलेज बस ड्राइवर से पूछा है। कहा, वह गाड़ी निकालेंगे लेकिन प्रिंसिपल साहिबा की आज्ञा से।''

मैम के माथे पर तेवर नज़र आए।

''नहीं, कॉलेज 'ट्रिप' की 'पेमेंट' नहीं कर सकता।''

''मैम, 'पर्मिशन' तो मिल सकती है आपसे ?''

'' 'ट्रिप' के पैसे कौन भरेगा ? क्या तुम ?''

''नहीं मैम ! इसे 'सरप्राइज़' ही रहने देते हैं। इसका बोझ कॉलेज पर नहीं पड़ेगा।''

मैम के चेहरे की सख़्ती बता रही थी कि सब कुछ 'ऑफ।'

''तो कहो, किस पर पड़ेगा ?''

''मैम, लड़कियाँ अपने-अपने पैसे देंगी। 'बर्थडे' उपहार की जगह इसी में 'कंट्रीब्यूट' करेंगी।''

मैम मुस्कुराईं, ''वहाँ पहुँचने का अच्छा ढंग है। ठीक है—मैं चलूँगी।

''हाँ, क्या मिसेज़ पंडित से पूछ लिया है ? उन्हें निमन्त्रण दिया है ?''

''मैम, असिस्टेंट वार्डन साहिबा छुट्टी पर हैं, इसलिए वह नहीं आ रहीं।''

''हूँ। अच्छा।''

''थैंक्यू मैम !''

रावी किनारे की दोपहर लड़कियों की चुलबुली सजधज से दमकने लगी। रंग-बिरंगी ओढ़नियाँ और नदी किनारे की हवाएँ। गले से लगी लाल-पीली-नीली धारीदारी छपीली पोशाकें और कन्धों पर से झूलती परांदों में गुँथी बालों के लम्बे-लम्बे चुटीले।

प्रिंसिपल साहिबा की रौबीली क़द-काठी। चेहरे पर अनोखी दमक। कसकर बाँधे हुए बाल जूड़े में जकड़े-से हुए। चौड़े पाट की सफ़ेद साड़ी। कंचनलता

सब्बरवाल। अनोखा व्यक्तित्व। जन्मजात प्रिंसिपल। कसावभरी प्रभावशाली आवाज़।

रावी के किनारे।

कॉलेज बस से उतरते ही जूते उतार दिए गए और किनारे बैठ पानी से हाथ-मुँह पर छींटे दिए जाने लगे। कितना भला, कितना मज़ा ! कितना सुख देनेवाला पानी का स्पर्श !

लड़कियाँ ओट-भर एक-दूसरे पर छींटे फुहारने लगीं।

प्रिंसिपल साहिबा ने ख़बरदार किया, "बहुत आगे जाने का नहीं। बीच में धार तेज़ है।"

रावी के चौड़े पाट के उस पार नूरजहाँ का मकबरा सिर उठाए ख़ामोशी से खड़ा है।

किसी ने कहा, "मैम, कितना अच्छा होता अगर हमारे कॉलेज की भी बोट क्लब होती !"

मिस सब्बरवाल ने सिर हिलाया, "हाँ, इस पर सोचा जा सकता है।"

सीनियर फिज़िकल इंस्ट्रक्टर सतवन्ती ने कहा, "मैम, 'मैनेजिंग कमेटी' की मीटिंग कब है ?"

प्रिंसिपल साहिबा ने आँख से घुड़क दिया, "उसे मेरे ऊपर छोड़ दो। यहाँ का लुत्फ उठाओ।"

कोहाटवाली लाजी और स्वर्ण सेठ—जो कभी रूममेट रही थीं, धीरे-धीरे टहलने लगीं और रेत में कदम उठाते-उठाते आगे निकल गईं।

लौटीं तो मेडिकल कॉलेज की 'बोट' में बैठी पानी में इधर को सरक रही थीं। पीछे एक और खाली 'बोट' थी।

"वाह ! जो माँगो, वही यहाँ मौजूद है।"

बोट किनारे लगी। लाजी और स्वर्ण सेठ दोनों हँसते-हँसते उतरीं। लड़कियों ने घेर लिया, "कैसे मिल गईं ?"

"स्वर्ण सेठ की नाक का जादू।"

"नहीं, लाजी के बेबाक अन्दाज़ का काम है यह।"

सतवन्ती मैम ने अपनी फिज़िकल इंस्ट्रक्टर के तपाकवाले अन्दाज़ में पूछा, "ठीक-ठीक बताओ, एक साथ दो बोट कैसे मिलीं और इन दो 'बोटमैन' को क्या देना होगा ?"

"कुछ नहीं मैम, कुछ भी नहीं। जो लड़के तैर रहे हैं, उन्होंने ख़ुद ऑफर किया कि ये दोनों ख़ाली बैठे हैं। इन्हें पाँच बजे छोड़ दीजिएगा। मैम, हमें क्या

चाहिए था, इतना ही तो !''

हँसी की, खुशी की, खिलखिलाहटें।

दो-दो नावें, दो-दो बार।

सबसे आख़िरी पारी में सावित्री सूद, गोविन्दी इस्सर, कल्पना और अफ्रीका से आई सुदर्शन सैनी।

नाव किनारे से कुछ दूर हुई। पहले से छोटी दिखने लगी थी। एकाएक कुछ हुआ। किसी उत्साह में सुदर्शन नाव में खड़ी हुई और नाव डगमगाकर पानी में।

''बचाओ-बचाओ !''

पानी डूबती-उतराती लड़कियों को आगे खींचने लगा।

बचानेवाले दूर नहीं थे। तैर रहे थे। बोटमैन ने खींचा दो को और तैरते हुए तैराकों ने बाकी को समेटा। जिस कॉलेज की नावें थीं, उसी कॉलेज के लड़के बचाकर किनारे ले आए। गीले बदन, उलटा किया और पीठ थपथपाने लगे।

पानी कम ही था अन्दर, लड़कियों ने आँखें खोल दीं।

मैम पास आईं। दोनों लड़कों और 'बोटमैन' को शाबाशी दी।

''थैंक्यू सो मच ! हम आपके शुक्रगुज़ार हैं। अब हम इनकी देखभाल कर लेंगे।'' लड़कियाँ एक-दूसरे को देखकर मुस्कुराने लगीं।

जैसे ही दोनों तैराकों की ओर देखा, मैंने उन्हें अपनी पार्टी में शामिल होने को कहा, ''मेरे जन्मदिन की पार्टी है, ज़रूर आएँ। हम सब ख़ुश होंगे। हमें इंतज़ार रहेगा।'' उन्होंने सिर हिलाया और हाथ से इशारा किया, अच्छा।

गीली ओढ़नियाँ सूखने लगीं और पानी से बची लड़कियाँ शोख़ी से एक दूसरे को कोसने लगीं, ''सुदर्शन सैनी, तुम्हें नाव में खड़े होने की क्या सूझी थी ? क्या देखने को उठी थी ? नूरजहाँ का मकबरा तो बैठे-बैठे भी दिखता है !''

सूखे-गीले की हलचल में एकाएक स्टैंडर्ड की 'मोबाइल वैन' आ खड़ी हुई। चुस्ती से मेज निकाल लिए गए। चारखाने मेजपोश बिछ गए। बढ़िया क्रॉकरी।

वेटर ने पास आकर एक चिट आगे की—जन्मदिन पार्टी, नाम, पता और कॉलेज का नाम पूछा।

''मिस साहिबा, चाय कितनी देर में लेंगे ?''

''आधे घंटे में।''

लड़कियों के पानी में गिरने के बावजूद कविताप्रिय मिस सब्बरवाल के मुख पर बयार बहने लगी थी। जगह ही कुछ ऐसी है।

"मैम, हम आपसे कविता सुनेंगे।"

"पहले तुम लोग शुरू करो।"

मुझ पर नज़र पड़ते ही प्रिंसिपल साहिबा ने अचानक अनुशासनीय अन्दाज़ में पूछा, "कितने लोगों का ऑर्डर दिया था !"

"मैम, पच्चीस।"

"पच्चीस क्यों, हम तो इक्कीस हैं न !"

"मैम, 'ड्राइवर' और 'क्लीनर' भी हैं।"

"दो बाकी रहे !"

"मैम, इसीलिए उन दोनों को भी हमने आमन्त्रित कर लिया।"

लड़कियाँ छेड़-छाड़ करने लगीं, "मैम, या तो सोबती इन दोनों को जानती होगी या जो पानी में डूबीं, वह जानती होंगी। क्यों सुदर्शन सैनी, क्या पता, वे दोनों भी अफ्रीका से हों !"

लड़कियों की चूड़ियाँ छनकने लगीं।

चाय लग चुकी थी। ऐन बीच में बिस्कुट भरी 'ट्रे' थी और कार्ड पर चमक रहे थे शब्द—'जन्मदिन की शुभकामनाएँ—स्टैंडर्ड की ओर से।'

समोसे तलने की ताज़ी गन्ध मेज़ के आसपास तैरने लगी थी।

दोनों लड़कों के ब्लेज़र देख लड़कियाँ उछलने लगीं। उनके शामिल होते ही लड़कियों का गुच्छा कुछ ऐसे झूमने लगा, जैसे प्रिंसिपल साहिबा साथ न हों।

चाय के साथ महफ़िल ख़ूब जमी। टप्पे, ग़ज़ल, शेरो-शायरी, कविता और हीर ! सबसे आखीर में मुझसे फरमाइश की गई। नरेन्द्र शर्मा प्रवासी के गीत से—

आज के बिछुड़े न जाने कब मिलेंगे !
आज से हम तुम गिनेंगे
एक ही नभ के सितारे
दूर होंगे हम सदा को
ज्यों नदी के दो किनारे
सिन्धु तट पर भी न जो
दो मिल सकेंगे
आज के बिछुड़े न जाने कब मिलेंगे !

लड़कियाँ नटखट हो अब एक दूसरे को पुचकारने लगीं, ''उदासी क्यों ?''

''फिर मिलेंगे,

यहीं मिलेंगे,

ज़रूर मिलेंगे।''

डूबता सूरज हरियाली के पीछे आ ठिठका। नदी किनारे के सन्नाटों ने संकेत किया, 'देर हुई, अब चलो।'

वह शाम भी क्या शाम थी ! मैं इतना सोचती तो वहाँ कैसे पहुँचती ? रावी का किनारा !

बोटिंग।

लड़कियों का पानी में गिरना, फिर किनारे पर आना।

स्टैंडर्ड की चाय।

कठोर दिखनेवाली प्रिंसिपल साहिबा की सहज उपस्थिति और फिर वे दो लड़के...

वाह ! क्या इत्तफ़ाक़ !

स्टैंडर्ड के काउंटर पर का मुखड़ा झिलमिलाने लगा। उसका शुक्रिया करने जाऊँगी। सब कुछ अच्छा-अच्छा है। एक शर्ट और ओढ़नी से तो बहुत ही अच्छा।

मेरे जन्मदिन की वह शाम थी कितनी सुहानी !

इतनी जल्दी अँधेरा क्यों हो गया ? सन्नाटों में उतरता सूरज जैसे ही ढलकर हरियाली पर झुका, मिस सब्बरवाल की एक आवाज़ पर सब कुछ समेट लिया गया और रावी का किनारा दूर होता चला गया। बस गूँजने लगी थी गानों की आवाज़ों से। मैं खुश थी कि जन्मदिन की पार्टी वहाँ कर सकी, जहाँ मैं चाहती थी। उदास भी कि क्या पता फिर कभी इसी तरह यहाँ आना हो, न हो !

अपने जन्मदिन पर फिर कभी मैं रावी किनारे न हुई।

सरवर,

भाग्यवान हूँ कि मैंने महाकवि निराला को शिमला ही में साहित्य सम्मेलन के अधिवेशन में पहली बार अपनी आँखों से देखा। यही पहली बार अन्तिम बार भी थी। तुम सोच सकती हो, मेरे निकट यह कितना मूल्यवान है ! रघुपति सहाय फ़िराक को मैं मिली दिल्ली में उनके ज्ञानपीठ सम्मान समारोह में।

फ़िराक और निराला उर्दू और हिन्दी की प्रखर काव्य प्रतिभाएँ हैं। संस्थान में हो रही संगोष्ठी में फिराक और निराला के विशेषज्ञ विद्वान सम्मिलित हुए। संस्थान में होने के नाते मुझे भी कुछ कहना था। जो लिखा, उसे भिजवा सकी तो देखना। तुम्हें याद होगा, मैं कुछ देर के लिए भोपाल में निराला-सृजन पीठ पर थी। प्रसिद्ध चित्रकार जे. स्वामीनाथन ने निराला का एक अनुपम चित्र अंकित किया था। वह अब भी सृजन पीठ में शोभायमान है। अगर ऐसे कहें कि निराला अपने अखिल भारतीय स्वरूप में हिन्दी की भाषायी संस्कृति पर अंकित हैं तो अतिशयोक्ति न होगी। जिसने भी उन्हें देखा, वह उनके प्रभावशाली फक्कड़ व्यक्तित्व को भूल नहीं सकता।

फिराक और निराला

दोस्तो,

आप सबके सान्निध्य में आज की सुबह हमारे निकट विशेष है। इसलिए और भी सुखद कि आप हमारे साथ हैं। भारतीय साहित्य के दो प्रखर और प्रमुख काव्यस्वर फ़िराक़ और निराला की काव्यनिधि, उनकी गहनतर गूँजों को ताज़ा करने और उन्हें दुबारा सुनने के अनुभव के बीच में से गुज़रना हम जैसों के लिए एक सघन भावात्मक और बौद्धिक घटना होगी।

आप फ़िराक़ और निराला के विशेषज्ञ हैं। आलोचकीय अन्तर्दृष्टि से आप उनकी रचनात्मक क्षमताओं का जायजा लेंगे—संवेदनात्मक सृष्टि की खोज-पड़ताल करेंगे—उन तत्त्वों की शिनाख्त करेंगे जो कविता के अध्यात्म से जुड़े होते हैं।

फ़िराक़ और निराला को फिर से पढ़ने के लिए—दुबारा उनके साथ होने के लिए आप द्वारा किया गया विमर्श हमें उन प्रतिभाओं को आज के परिप्रेक्ष्य में समझने की नई और प्रासंगिक दृष्टि देगा।

विशाल भारतीय परिवार की दो मुख्य भाषाओं हिन्दी और उर्दू के बीच की दूरी और पिछले कुछ दशकों में पसरा परायापन अब एक निकटता का संकेत दे रहा है। यह अकारण नहीं। इस भावनात्मक वृत्ति की सहज पेशकश—आज की संगोष्ठी भी है। एक साथ दो भाषायी परिवारों का एक मंच पर सहयोग और संवाद। एकालाप भाषा की ऊर्जा को मंद करता है, इसीलिए साहित्य के सन्दर्भ में आदान-प्रदान बहते पानी की तरह भाषा की पारदर्शी क्षमता को बढ़ाता है।

भाषायी निजता में अपनी-अपनी लिपि को सुरक्षित रखते हुए हिन्दी और

उर्दू काव्य-संस्कार अपने भाव, शैली और आध्यात्मिक प्रतीकों में अलग हैं और इस अलग से अलग इन दोनों में ऐसा भी बहुत कुछ है जो एक-सा है। राजनीतिक पेचीदगियों और विरोधाभासों में से निकलकर किसी एक बिन्दु पर दोनों भाषाएँ एक दूसरे की पहचान करने को उत्सुक हैं। महत्त्वपूर्ण कुछ है तो यह कि यह उत्साह किसी राजनीतिक दल द्वारा फैलाया-बढ़ाया नहीं गया। भारतीय जनमानस इसके केन्द्र में है। इसका क्या कारण हो सकता है ? मात्र राजनीतिक नहीं। राजनीतिक गुबार बाबरी मस्जिद की दुर्घटना में उठी धूल में मिल चुका है।

दोस्तो, मैं राजनीति की निरीक्षक नहीं हूँ लेकिन देश के परिदृश्य को सहज संयमित ढंग से समझने-बूझने की 'चेष्टा' ज़रूर करती हूँ। यह 'चेष्टा' किसी भी असली या नकली प्रतिबद्धता के बाहर है। हालाँकि 'नकली' और 'असली' का भेद करना आज की तारीख में मुश्किल है, क्योंकि बौद्धिक बाज़ार में भी बहुत-सा माल असल की नकल है और नकल की असल है। यह बात ख़ासतौर पर हमारी सोच से खुल जाती है।

हिन्दी-उर्दू के भाषायी यथार्थ और दोनों ओर छिपी एक दूसरे के लिए कशिश और नज़दीकी बहुत-सी विधाओं में तरंगित हो रही है। हम वह पुराने प्रसंग भूले नहीं हैं जब राजनीतिक कारणों से—अलग-अलग भाषायी ख़ेमों ने इन दोनों के बीच बाक़ायदा वैर-भाव और अन्तर उपजाया। इसे साम्प्रदायिकता के प्रतिकूल से परितुष्ट किया। वैमनस्य उभारा। इन दोनों भाषायी मुखड़ों की मिल्कियतों पर अलग-अलग पताकाएँ फहराईं। जैसे आमने-सामने की टक्कर के सिवा इन्हें एक-दूसरे से कुछ लेना-देना न हो ! असंगत नहीं यह याद कर लेना कि दोनों भाषाओं के रसायन अपने-अपने रंग और ढंग में यहीं—इसी देश की ज़मीन में पनपे हैं। यह सिर्फ नारा नहीं कि इन दोनों भाषाओं ने एक-दूसरे से बहुत कुछ खींचा और अपनी-अपनी तर्ज़ से उसे अपनाकर अपनी भाषायी जड़ों को गहरे तक सींचा। आज हम अविश्वास और शक-शुबह के बिन्दु से हट चुके हैं। दोस्ती और मैत्री-भाव से एक-दूसरे के शोर को सुन रहे हैं।

'शोर' शब्द के लिए साधारण श्रोता और पाठक को प्रबुद्ध वर्ग से अलग करके देखना होगा। यह वर्ग बिना भाषायी रंजिशें पालते हुए एक-दूसरे को सुनने-समझने और क़रीब आने की पुरज़ोर कोशिश में है। इसमें टी.वी., फ़िल्मों और संगीत का योगदान प्रत्यक्ष है।

राष्ट्र की साक्षरता-प्रतिशत को देखते हुए यह समझना मुश्किल नहीं कि

मात्र सुनकर जीने और मनोरंजन करनेवालों की देश में कमी नहीं। एक पूरी पीढ़ी विश्वविद्यालयों के बाहर बड़ी हुई है—और प्रबुद्ध वर्ग के मुक़ाबले छोटे और अर्द्धज्ञान-अर्द्धशिक्षा के सहारे ज़िन्दगी का सामना कर रही है। यह वह निम्न अस्तित्व की सामाजिक पट्टी है जिसके पास महत्त्वाकांक्षाएँ हैं, साधनों का जुगाड़ नहीं। मानसिक स्तर पर मीडिया भी उनके लिए बहुत कुछ तय कर रहा है। उन तक एक ऐसा अनुभव तरंगित कर रहा है जो उनमें तल्खियाँ और हड़बड़ाहट पैदा कर रहा है। एक ऐसे परिवेश के लिए जिसे वह दिन-रात टी.वी. प्रसारण में देखते हैं, अलग-अलग क्षेत्रीय भाषाओं और बोलियों का 'लोकप्रिय' उनके श्रव्य और दृश्य का अंग है।

भारतीयता देश का सांस्कृतिक संस्कार है जो समग्रता में इस देश की विभिन्नता को प्रसारित और परिभाषित करता है।

जो अहसास मीडिया साधारण जन में जगा रहा है, उसके चलते दो समानान्तर संवेदन उभर रहे हैं। क्षेत्रीयता की अस्मिता और मुख्यधारा की संचेतना। राजनीति के वैचारिक गोलमाल के बाद भी ऐसी बड़ी राशि उपलब्ध है, जिसे हम भारतीयता के नाम से पुकारते हैं।

साहित्य की आधारभूत जिज्ञासाएँ, रचनात्मक क्षमताएँ और 'लिखित' की सम्भावनाएँ इतने गहरे से एक-दूसरे से जुड़ी हैं कि इन्हें एक-दूसरे से विलग कर सकना लगभग असम्भव है। यहाँ यह याद कर लेना ज़रूरी है कि हमारे देश का वाचन और श्रुति सदियों से शब्द-संस्कृति की सीमाओं के बाहर भी संचारित होते रहे हैं।

वर्ण-व्यवस्था पर अटकना उचित न होगा। समाजशास्त्री इस पर ग़ौर करें।

अकारण नहीं कि सूर, तुलसी, मीरा, रसखान, कबीर पीढ़ियों-दर-पीढ़ियों निरक्षरों द्वारा भी गाए जाते रहे हैं। दोहराए जाते रहे हैं। रामचरितमानस जैसे भक्तिकाव्य को ग्रहण करने और सुनने की औक़ात भी इस वर्ग ने अपने में जगाए रखी।

अपने प्रबुद्ध कवियों—फ़िराक़ और निराला—तक पहुँचने के लिए भारतीय लोकमानस की लचक और कविता में उसकी आस्था का ज़िक्र स्वाभाविक ही समझें। एक पंक्ति का उल्लेख करके अपनी बात साफ करूँगी। 'लोक' में संगीत से भरपूर गाई जानेवाली यह पंक्ति भारतीय मन को मनभावन लगती रही है—

प्यारे पिया जरा खोलो किवड़िया—

इस भाव को, रस को, भारतीय छवि के सलोनेपन को लोकमानस ने प्यार

दिया है—इसे स्वीकार किया है। इसके श्रवण के लिए आकर्षण रहा है। मतदान पेटी के पोल में धर्म, समुदाय, लिंग, जाति, वर्ण—इन सबको फलाँग गई है यह पंक्ति। इसे आप कहीं भी सुन सकते हैं—मथुरा, इलाहाबाद, बनारस, ख्वाज़ा की ड्योढ़ी पर—संगीत-सम्मेलन में—पनघट पर, खेत में, शादी-ब्याह पर।

यह कविता का निरा बन्द नहीं—यह कविता की शक्ति है—ताक़त है जो अपनी सम्प्रेषणीयता के बल पर सीमाओं का अतिक्रमण करती है। जो जैसा चाहे, उसे समझे। भक्ति है कि सूफियाना कलाम है कि लोकमानस में भारतीय युगल की पहचान है। न यह हिन्दू पंक्ति है, न मुसलमान पंक्ति। शुक्रगुज़ार हैं हम अमीर खुसरो के जिन्होंने गंगा-जमुनी भाषा का रस, अर्क हमारे लिए सदियों पहले जोड़ दिया था। जोड़। विलगाव नहीं।

विभाजन का नाम नहीं लूँगी। दोस्तो, आप भारतीय मनीषा की नुमाइंदगी करते हैं। निराला और फ़िराक़ की तार्किक सूक्ष्मताओं का लेखा-जोखा करते जनमानस में हो रहे परिवर्तनों की पड़ताल ज़रूर करें। वह हम सबके लिए एक गम्भीर सूत्र है जिससे हमारा नया-पुराना, वर्तमान और भविष्य जुड़े हैं। और जुड़ी है उस कालखंड की बौखलाहट भी जो निराला और फ़िराक़ की कविता में उद्‌भासित हुई। एक समय और समाज को कविता में उद्‌घाटित करते हुए दोनों कविगण अपने-अपने अधिकार में परस्पर विरोधी तत्त्वों का समन्वय करते हैं—सामाजिक विसंगतियों को छिटक देते हैं, पुरानी परम्पराओं से अपने को मुक्त करते हैं—इसका लेखा-जोखा कविता के चाहनेवालों के लिए कितना कुछ संयोजित करेगा—यह हम लोगों की आशंका नहीं, आश्वस्ति है।

निराला के कवि स्वभाव की सुसंगत और उनके आवेगों की प्रतीति और प्रतीकात्मकता अपने में कैसे उलझे हुए थे और साफ़ थे, इसका कारण मात्र उनका पांडित्य नहीं, उनके मानसिक अतिरेक से दिखनेवाले कवि के शुद्ध आवेग थे।

निराला ने कविता के पारम्परिक दर्शन को चुनौती दी थी, सिर्फ अलंकार और छन्दों के चौखटे को ही नहीं। वह इन्हें बराबर प्रयोग में लाते रहे—अपनी ही शर्तों पर। दोस्तो, लालच हो आया है और मैं ले रही हूँ उधार फ़ैज़ की चन्द सतरें—

आइए—हाथ उठाएँ याद नहीं
हम जिन्हें रस्मे-दुआ याद नहीं
हम जिन्हें सोज़े-मुहब्बत के सिवा
कोई बुत कोई खुदा याद नहीं।

ऐसे अनाम असंख्य-असंख्य लोगों के सामने खड़ी है कविता कि उलझनों से एकान्त मिले—कड़कती गर्मी में एक बूँद मिले और बरसते पानी में इक ठौर मिले। क्या है कविता ? ग़म के अँधेरे या खुद अपने उजाले ! वह भय है कि विभ्रम—प्रत्यक्ष है कि रहस्य ! उसे आत्मा का नाम दें कि परमात्मा का—कुछ भी—कितना ही कुछ—कविता वहाँ धड़कती है, जहाँ रूह फड़कती है। कविता आत्मा और देह दोनों का स्वरूप है। वह इस लोक का आकाश है, वह इस धरती की दूब है। दोस्तो, कविता हरियाली है। कविता ही हरियाली है। इस हरियाली को चुनौती देती एक दूसरी हरीतिमा भी है जो सुविधाओं और लालसाओं के जमघट को साधे हुए है। समाज के इस अलगावी कगार पर एक छोटी मगर बड़ी दुनिया जीने को छटपटा रही है—साँस ले रही है, मगर स्तब्ध है। उसके आसपास घिरी हैं गोलियाँ—दोनों तरह की। एक खाए और अपने ही नष्ट-नीड़ में सो जाए, बेख़बर हो जाए। दूसरी लग जाए तो आतंक से हमेशा के लिए छुटकारा पा जाए। छटपटाहट के इसी सन्दर्भ में कविता की जीवनदायी भूमिका है। कवि इसीलिए द्रष्टा और स्रष्टा है।

जिस लेखकीय दृष्टि से फ़िराक़ और निराला अपने समय के परिदृश्य को देख रहे थे, क्या वह उन्हीं तक परिसीमित थी ?

क्या अपने समाज को भेदती उनकी अन्तर्दृष्टि दशकों की आनेवाली दूरी से हमारे आज को देख पा रही थी ? कारण मौजूद हैं, इसे सही करने के कि कविगण अपने ख़्वाबों को बड़ी दुनिया से जोड़ रहे थे और नितान्त अपने दुख, दर्द और विषाद को एक ऐसे मानवीय रसायन में बदल रहे थे जो दूरियों और अलगाव में नहीं, नज़दीकियों के अपनत्व में जन्म लेता है।

हमारे राष्ट्र की स्वाधीनता-प्राप्ति के पहले कुछ दशकों में जो बौद्धिक और भावनात्मक हलचलें थीं, वह अपने 'आज' को, हमारे आज के 'आज' को देखने की सांझी कल्पना को साकार कर रही थीं। यह प्रक्रिया संकुचित नहीं थी—सार्वकालिक थी। उनके व्यक्तिगत सामाजिक सम्बन्ध व्यक्ति के अनुभव से बड़े हो गए थे।

फ़िराक़ और निराला के काव्य-अनुशासन के बाहर फैली लिपियों में झाँकें

तो पाएँगे कि वे सिर्फ अपने आगे के वक़्तों को ही नहीं देख रहे थे, साहित्य और सत्ता के सम्बन्धों और सन्दर्भों पर भी दृष्टिपात कर रहे थे। पिछले पचास वर्षों में हमारे लोकतन्त्र की राजनीतिक संस्कृति और उसके कार्यकारी हवालों ने सिर्फ आर्थिक घोटालों का ही प्रसारण नहीं किया—हमारी बौद्धिक बिरादरी में भी इस अवमूल्यन के बीज बोए हैं। क्या यह भूमंडलीय संस्कृति का परिणाम है ?

एक बात को साफ़ करना ज़रूरी है कि इतिहास की दृष्टियाँ जब अपनी ताक़त के बल पर स्वयं इतिहास में हस्तक्षेप करती हैं—उसे तोड़-मरोड़कर प्रस्तुत करती हैं—दलों को अन्दरूनी कमज़ोरियों के लिए इस्तेमाल करती हैं तो जनशक्ति और लोकतान्त्रिक संहिता का हनन होता है।

दोस्तो, विषयान्तर करने जा रही हूँ। अपना सफ़र खासा रहा। लेखकों की बड़ी बिरादरी से बहुत कुछ हासिल किया, सीखा और सँजोया है। मेरी अपनी तमाम जातीय स्मृतियाँ इसी विशाल बौद्धिक परिवार से जुड़ी हैं। आज की सुबह यह सोचकर अच्छा लग रहा है—सुख हो रहा है कि इस पुरानी तारीख़ ने इन दो महाकवियों को भी इन्हीं आँखों से देखा। तआज्जुब सिर्फ एक ही कि तीन पीढ़ियों के परिवार में फ़िराक़ और निराला को सिर्फ एक बार देख सकी।

एक बहुत पुरानी सुबह की ओर आपको ले जा रही हूँ। चौंकिएगा नहीं। यह इतिहास नहीं, कथा भी नहीं—एक ऐसा दिन जिसने मेरे भविष्य के चुनावों को भी तय कर दिया।

साहिब, तारीख थी 15 या 16 सितम्बर, 1938। यह एक महत्त्वपूर्ण दिन था। शिमला में हिन्दी साहित्य सम्मेलन का अधिवेशन हो रहा था। ख़बर थी कि लेखक, क्रविगण सुबह सैर के लिए माल से गुज़रेंगे। हम कुछ बच्चे मिलकर रिज़ पर से स्कैंडल प्वाइंट से होते हुए तारघर के सामने जा खड़े हुए। हाथों में फूल थे—ख़रीदे हुए नहीं—अपने-अपने घरों से तोड़े हुए। डी.सी. ऑफिसवाले चौराहे के जँगले से लगे खड़े थे। आपको यह बताना ज़रूरी है कि उस वक़्त हमारी टोली अपने लेखकों और कवियों के नामों से वाक़िफ़ थी। बड़ा रौब था हम पर उन दिनों अदीबों का। स्कैंडल प्वाइंट की ओर से खरामा-खरामा टहलते हुए शिमला के खास मेहमान इधर बढ़े चले आ रहे हैं। वे सब जिन पोशाकों में थे, वह आमतौर पर माल पर दिखाई नहीं देती थीं! हमारे दिलों में क्या जज़्बा था ! सरकारी समाज के बच्चे होने के बावजूद इस बात का तीखा अहसास था कि ये सब लोग हमारे हैं, अंग्रेज़ सरकार के नहीं।

जो ऊँचे-लम्बे-भारी, सिर उठाए चल रहे थे, वह निराला थे। सचमुच में

निराला। चाल में कुछ बात थी। साहिबान, उन दिनों माल रोड हिन्दुस्तानियों की नहीं—उनके आक़ाओं की थी। साधारणतया आप मामूली बेढंगे कपड़ों में माल पर नहीं घूम सकते थे। बस, मनाही थी। निराला चलते हुए यूँ निकले ज्यों शिमला अंग्रेज़ों का न हो, निराला के बाप का हो। यह तो बड़े होकर उनके कृतित्व के करीब होकर मालूम हुआ कि उस सुबह वह भंगिमा और डटीली मुद्रा उनकी अपनी थी। ओढ़ी हुई नहीं।

खैर, साहिब, निराला सामने देख रहे थे। हम उनकी आँख के अपरचर के बाहर ही रह गए। जो साहिब उनके साथ चल रहे थे, हमने उन्हें फूल भेंट कर दिए।

मित्रो, अगर हमारे फूल निराला तक पहुँचते तो हम यक़ीनन कवि ही बनते। लेकिन फूल लिए भगवती चरण वर्माजी ने, सो हम बने उपन्यासकार। ख़ैर साहिब, शाम के जलसे में हम बच्चे स्टेज पर पहुँचकर ऑटोग्राफ ले रहे थे। विद्यावती कोकिल अपनी कविता प्रस्तुत कर रही थीं। बहुत ही सुरीली गहरी आवाज़।

प्रस्तुत कर रही हूँ—हिन्दी साहित्य सम्मेलन की उस शाम की कार्यवाही, जिसका विवरण 'विपाशा' ने प्रस्तुत किया था।

'कामायनी' पर मंगलाप्रसाद पारितोषिक लेने के लिए प्रसाद जी के सुपुत्र रत्नशंकरजी सिसकते हुए उठे तो मंच पर आसीन अधिकांश जन व्यथा-विगलित हो उठे। बच्चनजी की हिचकियाँ बँध गईं। संयोग से सिक्ख गुरुजी के शिष्यों में एक पंजाबी के कवि भी थे। शोक-प्रस्ताव की भूमिका न समझ पाने के कारण विषादी स्वर में 'हा प्रसाद' रचना उन्हें बड़ी ठंडी लगी। उन्होंने सभापति से अनुमति लेकर गुरु गोविन्द सिंह की तलवार पर एक ओजपूर्ण कविता बड़े जोश-खरोश से सुनाई। और अन्त में यह भी कह दिया कि कविता ऐसी होनी चाहिए कि भुजाएँ फड़क उठें।

निराला अपने स्थान से उठे और माइक पर आ खड़े हुए। सुनिए—कहकर, 'जागो फिर एक बार' नामक रचना का पाठ प्रारम्भ किया—

जागो फिर एक बार !

समर में अमर कर प्राण,
गान गाये महासिन्धु-से

सिन्धु-नद-तीर वासी !
सैन्धव तुरंगों पर
चतुरंग चमू संग;
सवा-सवा लाख पर
एक को चढ़ाऊँगा
गोविन्द सिंह निज
नाम जब कहाऊँगा।
किसने सुनाया यह
बीर-जन-मोहन अति
दुर्जय संग्राम-राग,
फाग का खेला रण
बारहों महीनों में ?
शेरों की माँद में
आया है आज स्यार—
जागो फिर एक बार !

सत श्री अकाल,
भाल-अनल धक-धक कर जला,
भस्म हो गया था काल—
तीनों गुण—ताप त्रय,
अभय हो गए थे तुम
मृत्युंजय व्योमकेश के समान,
अमृत-सन्तान ! तीव्र
भेदकर सप्तावरण-मरण-लोक,
शोकहारी ! पहुँचे थे वहाँ
जहाँ आसन है सहस्रार—
जागो फिर एक बार !

सिंह की गोद से
छीनता रे शिशु कौन ?
मौन भी क्या रहती वह
रहते प्राण ? रे अजान !

एक मेषमाता ही
रहती है निर्निमेष—
दुर्बल वह—
छिनती सन्तान जब
जन्म पर अपने अभिशप्त
तप्त आँसू बहाती है;—
किन्तु क्या,
योग्य जन जीता है,
पश्चिम की उक्ति नहीं—
गीता है, गीता है—
स्मरण करो बार-बार—
जागो फिर एक बार !

पशु नहीं, वीर तुम,
समर-शूर क्रूर नहीं,
काल-चक्र में हो दबे
आज तुम राजकुँवर !—समर-सरताज !
पर, क्या है,
सब माया है—माया है,
मुक्त हो सदा ही तुम,
बाधाविहीन बन्ध छन्द ज्यों,
डूबे आनन्द में सच्चिदानन्द रूप।
महामन्त्र ऋषियों का
अणुओं-परमाणुओं में फूँका हुआ—
"तुम हो महान्, तुम सदा हो महान्,
है नश्वर यह दीन भाव,
कायरता, कामपरता,
ब्रह्म हो तुम,
पद-रज-भर भी है नहीं
पूरा यह विश्वभार—"
जागो फिर एक बार !

—विपाशा, नवम्बर, 1995

कहना और शब्द को सार्थकता प्रदान करना ही कवि-कर्म है।

जो कुछ भी परम्परा में है—परम्परा के अंकुश से परे भी—अब वह है निराला का अतुकान्त। निराला के स्थापत्य में है वज़नी निषेध और अपनी ही सहमति और आत्मालोचन। यह सिर्फ परिपाटी की अवहेलना नहीं है—अपनी अन्तरभाषा के स्वीकार की व्याख्या है। ध्वनि में रूपायित।

फ़िराक़ से मुलाक़ात हुई ज़िन्दगी में एक बार। फ़िराक़ को ज्ञानपीठ से सम्मानित किया गया तो जैन परिवार ने लंच का आयोजन किया। दुपहर शाम की तरह गुंजान थी। जनाब लक्ष्मीचन्द जैन ने फ़िराक़ से परिचय करवाया। फ़िराक़ साहिब ने पास बिठाया। औपचारिक लगनेवाली अनौपचारिक बातें हो रही थीं कि अचानक कुछ हुआ और फ़िराक़ भड़क उठे। जो कहा गया था, वह रुचिकर नहीं था। उलटे बदमज़गी से संकुचित करनेवाला था। ज़िक्र हिन्दी और उर्दू शैली का था। इस पर जो फ़िराक़ ने कहा—हिन्दी समाज को ज़ख्मी करने को काफ़ी था। अपमान। मैं फ़िराक़ साहिब के पास बैठी थी। सो उनकी ओर झुकी और मुआफी माँगी। शायस्तगी से कहा—क्यों न आज के दिन इस बहस को यहीं रहने दिया जाए। भीड़ जमा है आपको सुनने के लिए—कुछ शुरू करें। शायरी चल निकली—यह शेर वहीं सुना था—

अगर बदल न दिया आदमी ने दुनिया को
तो जान लो फिर आदमी की खैर नहीं।

शाम के मुशायरे में फ़िराक़ स्टेज पर लाए गए। गावतकिए से टेक लगाई कि आँखें मुँदने लगीं। जल्दी ही थकन और .खुमार से फ़िराक़ अपनी हस्ती से बेख़बर हो गए।

जो क़ायदे-करीने से नपी-तुली ज़िन्दगी गुज़ारते हैं—वह न फक्कड़ होते हैं, न पियक्कड़—वह भलेमानस फूँक-फूँककर कदम रखते हैं और कभी दीवान तैयार नहीं करते। उनके पास ऐसे मनमौजी लटके नहीं होते।

और जो जन्मजात कवि और शायर फ़िराक़ और निराला होते हैं, उनकी ज़िन्दगी के हिसाब अमूमन कमज़ोर होते हैं। वह सुरक्षा की हुंडियों के आगे अपने को रहन नहीं रखते। जब तक खुला है पट, सागर से मोती बीन लाते हैं। पिरो-पिरो अगली पीढ़ियों के लिए छोड़ जाते हैं। उनका तार बजता है उनके कलाम से, जो उनकी रूह से बँधा है।

शायरी और शायरी को दोहराने की जुगलबन्दी। इससे बड़ा ख़्वाब, मिस्टीक और लफ्ज़ों के बहाने जीते रहने की ललक—इस दुनिया के अलावा और कहाँ मिलेगी !

कविता सहस्र नेत्रों से झाँकता वह शब्द का विस्तार है या विस्तार का बिन्दु है जो धूप के उजाले में पत्तियों की तरह सरसराता है। तरंगों पर झिलमिलाता है। वह मात्र आकार नहीं, रूपाकार है, असीम का प्रसार है। दोस्तो, कुल मिलाकर कविता अपार है, उसमें से छनकर मनुष्य की विलक्षण अनुभूतियाँ शब्दों को सहलाने लगती हैं। युगों-युगों पुराने चैतन्य को निपट नए से मिलाती हैं। कविता मनुष्य के अँधेरों को आलोकित करती है।

इन्सान के दिल-दिमाग की रहस्यमयी पट्टी यही है, जहाँ से बड़ी से बड़ी उड़ानें शब्दों ने कविता में भरी हैं। जब कविता घटित होती है तो न जाने कैसे रंगों में लहराती है।

निराला की पंक्तियाँ हैं—

एक होता अनेक मैं
देखने के लिए सब
अपने स्वरूपों को
मेरी ही आज्ञा से बहती
इस वेग से है झंझा
इस पृथ्वी पर
गरज उठता है मेघ।

फिराक की पंक्तियाँ हैं—

अभी शराब बाकी है
चाँदनी रात बाकी है
मेरे और तेरे बीच
अभी हिसाब बाकी है।

साहित्यकारों, अदीबों के लम्बे हिसाब कभी नहीं चुकते। खाते चालू रहते हैं। बरसों, दशकों को पार कर समय की चुनौती देते चले जाते हैं।

फिर से पड़ताल करो
जमा और तकसीम करो
कुल जोड़ पर विचार करो

इन शब्दों के साथ आप से इजाज़त लेती हूँ।

भारती को याद कर रही हूँ उस मौसम के साथ जब इलाहाबाद हिन्दी के सभी नए पुराने लेखकों का शहर हुआ करता था।

इलाहाबाद साहित्यिक गतिविधियों से गुंजान रहा करता था और हम दिल्लीवाले हसरतों से इलाहाबाद के लेखकीय पर्यावरण से अपनी-अपनी कलम के लिए कलात्मक ऊर्जा खींचते थे।

'निकष' में अपनी लम्बी कहानी 'डार से बिछुड़ी' के सम्पादक के रूप में भारती मेरे उस रचनात्मक समय के लिए महत्त्वपूर्ण थे। 'डार से बिछुड़ी' को विशेष कृति के रूप में प्रकाशित करना मुझे अपनी पंक्तियों के प्रति एक सादा सुदृढ़ आत्मविश्वास मिलना था। उस दौर में भारती अपने समकालीनों में विलक्षण प्रतिभा के धनी माने जाते थे। हममें से बहुत से भारती में एक़ बड़ी कलम को देखते थे। कथाकार, उपन्यासकार और कवि ! अज्ञेय की अगली पाँत में दीखते थे वह।

कुछ घटनाएँ—कुछ फैसले लेखक के जीवन को भी अजीब मोड़ दे डालते हैं।

भारती का इलाहाबाद छोड़ना और बम्बई की ओर प्रस्थान—कुछ ऐसा ही होकर उभरा। विपरीत दिशाओं से लेखक और सम्पादक के बीच की होड़ ने भारती पर एक साथ दो अंकुश और आतंक खड़े कर दिए। जो गुणा थी, वह भाग हो गई और जो विभाजित हुआ, वह गुणा दीखने लगा।

भारती धर्मयुग के सम्पादक न होते तो लेखक के रूप में बहुत कुछ सँजोते। फिर भी व्यक्ति के रूप में उनकी यात्रा ने बहुत कुछ संचित किया। लिखा और संचारित किया। जो धर्मयुग के पाठक की गुणा थी—वह लेखक के रूप में भारती की आस्थाओं और महत्त्वाकांक्षाओं की भी—समय ने भारती के लिए इसे दर्ज किया।

सरवर,

मैं कुछ व्यस्त हो गई थी। कृष्ण कुमार साहिब से फोन पर बात हुई। कृष्ण 'नर्मदा बचाओ' आन्दोलन से जुड़े हैं। चाह रहे थे कि इस सिलसिले में अपनी प्रतिक्रिया शब्दबद्ध करूँ।

अपना दिमाग बिलकुल ठस्स था। बाँध को लेकर कुछ भाव थे पर सुनिश्चित विचार नहीं। नर्मदा-बाँध से सम्बन्धित कुछ सन्दर्भ उन्होंने भिजवाए तो उन्हें पढ़कर मेरी तरफ कुछ हलचल हुई। राजा डिग्गी के नाम एक खत था—रेड इंडियन सरदार के पत्र की एक प्रतिलिपि और वर्ल्ड बैंक की नर्मदा बाँध पर एक रिपोर्ट। इन्हें पढ़ लेने के बाद कुछ दिन मेरे अन्दर और बाहर खामोशी छाई रही। फिर एकाएक जाने कैसे हुआ कि मैं महामहिम राष्ट्रपतिजी के नाम एक खत लिखने बैठ गई। भारत की आदिवासी प्रजा महामहिम राष्ट्रपतिजी को सम्बोधित कर रही थी जो भारत की राष्ट्रीय मर्यादा के प्रतीक हैं। शब्दों के संयोजन से कुछ उभरता-सा लगा। पंक्तियों को दोहराने से कुछ तरंगित होता था। विस्थापित होना वे शब्द थे जिनकी त्रासदी से मैं अपरिचित नहीं थी। जड़ों से उखड़ना, वह ठंडा कर देनेवाला शोक सन्ताप शब्दों में से उभरने लगा।

सरवर,

इस बीच इस पत्र का पाठ मैंने कई जगह किया। जितनी बार पढ़ा, उतनी बार इसके शब्दों ने मुझे प्रतिरोध की क्षमता से प्रभावित किया।

कोटि-कोटि सन्तानों के पुरोधा जैसी पंक्ति का उच्चारण करते हुए पूरा भारत देश आँखों के सामने साकार हो उठता है। विशाल भारतीय परिवार जिन्दा हो उठता है। तुम्हें बताना चाहती हूँ सरवर कि मैं कवि नहीं हूँ—नर्मदा किनारे के आदिवासी ही इन पंक्तियों में इस भाव को प्रवाहित करते हैं। मेरी ओर

से विभाजन की पिछली त्रासदी मेरे दिल को खटखटाती रही। लगातार! ऐसा निर्दयी निर्णय जो आपकी भौगोलिक और सांस्कृतिक जड़ें, हरियाली, फल-फूल, पेड़, धरती—सब आँखों के सामने से विलीन कर दे। यह भी कुछ उससे कम नहीं। बरसों बाद विभाजन के दर्द को फिर से झेला। फिर से देखा। उसी भयावह स्पन्दन को अपने अन्दर महसूस किया। एक तीखी पीड़ा के साथ। बिना किसी परेशानी के लिखा गया। इसके भी वही तीन ड्राफ्ट। एक-दो दिन मेज़ पर पड़ा रहा। भेजने से पहले मृणाल साहिब को सुनाया तो आश्वस्त हुई। फिर भी लगा, पढ़ने को लेकर मैं कुछ ज़्यादा ही सतर्क हूँ—सो इसकी लिखित में कुछ झोल निकल आना नामुमकिन नहीं। एक दिन और रख लिया। सरवर, मैं बड़ी 'बोर' हूँ। किसी भी टुकड़े को मेज़ से अलग करने से पहले लम्बा खींचे जाती हूँ।

महामहिम,

राष्ट्र की कोटि-कोटि सन्तानों के पुरोधा
हम नर्मदा माई के किनारे के आदिवासी
आपसे इतना ही अर्ज़ करना चाहते हैं कि—
हम माँ नर्मदा के अन्न-जल से पले-बढ़े बच्चे
अपनी धरती से उसकी छाँह से
हमेशा-हमेशा के लिए विस्थापित किए जा रहे हैं
महामहिम, अपनी अन्तिम पुकार लेकर हम आपके सामने खड़े हैं
हमें हमारी पुण्यवती धरती से न उखाड़िए
हम आदिवासियों के प्राण
माँ नर्मदा के हरे-भरे में बसते हैं
इन्हीं घनेरे वनों और वनस्पतियों में
हम जीवों के प्राण रसते हैं
माँ नर्मदा हमारी जननी है
गाढ़े गूँथे प्राचीन जंगल हमारे जनक हैं
महामहिम,
विशाल भारत महादेश के इस भाग में हमने जन्म पाया है
इसी नाते पवित्र नर्मदा की धरती और जल हमारे हिस्से में आया है
जाने हम कब से मोटली माई के किनारे जिए चले आ रहे हैं
इसी के वरदानों की छाँह में पलते चले आ रहे हैं
यहीं की धूप-छाँह में हमारे प्राण बसते हैं
घने बादल और बरखा में हमारे मनभाव खिलते हैं
क्यों हमें हमारी पैतृक निधियों से वंचित किया जा रहा है
महामहिम,
आपकी राज्य सरकारें इतना क्यों नहीं जानतीं कि—

हम भी इसी भारत भूखंड के बेटे-बेटियाँ हैं
यहाँ जन्म लेकर हमने भी कुछ अधिकार पाए हैं
यह जंगल यह धरती और नर्मदा माई
हमारे पुरखों के सत्त बल से हम तक आए हैं
जो जन्मजात सम्पदा पुराने वक्तों से हमारी है
सरकार हमसे वह क्यों छीन लेना चाहती है
महामहिम,
पेट भरने को हमारे कबीलों के हाथों की मेहनत
जंगल की ओर जाती पगडंडियों पर हमारे पैरों की बाटें
इन सबको रौंदकर
सरकार हमें सरदार सरोवर में क्यों ओझल कर देना चाहती है
इतना ऊँचा बाँध बनाया जा रहा है कि
धरती और आकाश की देहरी ही न दीख पाए
क्या इसमें चिनी हर ईंट की कीमत
हम आदिवासियों के बदन से ज्यादा है
हमने इसी घाटी में हल चलाकर बीज बोए हैं
फसलें उगाई हैं
जाने कितने जुगों से हम जंगल पिता
और माता नर्मदा की महिमा के सर्ग लेख जी रहे हैं
हमने खुद्री नालों को काट-काटकर छोटी-छोटी धाराएँ निकाली हैं
सिंचाई के लिए सिंचनियाँ बनाई हैं
हमारी खेती, खेतों की फसलें
और जंगल की बरकतों को हमसे क्यों छीना जा रहा है
जंगल हमारा दाता है
हमारा हर सामान जंगल से बनता है
वहीं से हम दवा के लिए जड़ी-बूटियाँ चुनते हैं
झाड़ियों के पत्ते खाते हैं
हेगवा और मुरवा की भाजी
गोइंदी और फाज़ की भाजी
जंगल की आदि वनस्पतियाँ ही हाड़ी-बीमारी में हमारी रक्षा करती हैं
महामहिम,
आपकी सरकारें इतना क्यों नहीं समझतीं कि

जन्मने के भी कुछ अधिकार होते हैं
जो हर पैदा होनेवाले को जन्म के साथ मिलते हैं
हमें मिल गए यह धरती, यह पानी, यह पेड़, यह जानवर, यह पाखी
इन्हीं के कलरव में हमारे तनमन के फूल खिलते हैं
फिर कौन से जुरमाने और हरजाने के लिए
हमसे हमारे जन्मजात अधिकार छीने जा रहे हैं
यहाँ से उखड़कर हम कहाँ जाएँगे
कहाँ अपने चुप्पे सघाने जंगल देखेंगे
निगौड़ी और हरियाली की झाड़ियों से बनी
अपनी झोपड़ियों को कहाँ से निहारेंगे
कहाँ से देखेंगे हम अपनी टोकनियाँ, खाट, हल, बकखर, चारा
गाय, भैंस, बकरियाँ—
महामहिम,
हमारी सीधी-सादी सोंधी दुनिया हमसे क्यों झपटी जा रही है
हम इसे देखे बिना कैसे जीएँगे—
हमें नगरों में जीने की रीति-नीति नहीं आती
क्या करेंगे हम वहाँ
पत्थर तोड़ेंगे कि बोझ ढोएँगे
कहाँ से पकड़ेंगे मछली
कहाँ मिलेंगी मछलियाँ नर्मदा की धार की
खरही-मोइवी-धाघरा लगन टुकुन
चिवला
लकड़ी की आँच पर भुनी मछली
हाय री मोटली मैया
तुमने अपने बच्चों को क्या-क्या नहीं दिया
पर यह कैसे हो गया—
किसने किया कि हमारा सबकुछ—
आजकल और आनेवाला कल
सरदार सरोवर में डूब जाने को है
महामहिम,
हमारी भूमि को हमेशा के लिए
लोप हो जाने की सजा क्यों सुनाई गई है

सरकारी पुण्य के नाम पर
इतना बड़ा अनर्थ क्यों किया जा रहा है
महामहिम,
यह हमारे होने और जीने को आमूल निगल जाएगा
क्या जीते-जी अपने अधिकार खोना इतना आसान है
क्या अपने घर, जंगल की पहचान खोना इतना ही आसान है
हमसे कहा जा रहा है कि जाओ
और जाकर यहाँ वहाँ बस जाओ
जो भूमि हमारी अपनी है—वहाँ से उखाड़ फेंका जा रहा है
महामहिम,
हमारे पुरखों के कड़े चेहरे, हमारे दिलों पर घात लगाए हमें घूर रहे हैं
हम उनके सामने आँखें नहीं उठा पा रहे
हम उनके गुस्सैला स्वभाव और रोष को जानते हैं
हमारे पुरखों की परछाइयाँ हमारे निकट मात्र स्मृतियाँ नहीं
हमारे पुरखे हमारे लिए जीवित हैं
क्योंकि वह हममें जीवित हैं
महामहिम,
हम भी भारत देश की सन्तानें हैं
हम भी लोकतन्त्र में भागीदार हैं
हमसे, हमारे होने को ही क्यों
समेटा जा रहा है
क्यों हमें अपने प्राचीन ठिकानों से भगाया जा रहा है
क्यों हमें हमारे पितृ और मातृ स्रोतों से बाहर फेंका जा रहा है
हमारा कहा-सुना क्षमा करें महामहिम,
क्या हम आपके गणतन्त्र की सौतेली सन्तानें हैं
हम भले अनपढ़ हैं पर इतना तो जानते हैं कि
मनुष्य देह धारण कर हमें
अपने पूर्वजों की धरती पर खड़े होने का अधिकार है
हमें जल, धरती और जंगल को अपना समझकर
भाव जतलाने का अधिकार है
हमें अपने जानवरों को अपनी भूमि पर चराने का अधिकार है
हमें अपने पेड़ों से तिथि, मास, दिन, वार मिलाने का अधिकार है

सच है हमारी आँखें लिखे अक्खर नहीं पहचानतीं
पर वह जंगलों की जीवित भाषा जानती हैं
जानवर, पाखी, पत्ते, झाड़-झाड़ियाँ, टहनियाँ,
पहाड़, पठार, झरने, नद, नदियों से संवाद करना जानती हैं
हमारी इस सहज सम्पदा को क्यों नष्ट कर रहे हैं
महामहिम,
हमारे सीधे-सादे भोलेपन को शहरी
परायेपन से क्या मसल देना चाहते हैं
हम भी इसी देश के नागरिक हैं
हम न बागी हैं, न विद्रोही और न देशद्रोही
क्यों हमें हमेशा के लिए देश निकाला दिया जा रहा है
सब रास्ते बन्द हुए जान हम
अपने और अपने बच्चों के हक में आपको
राष्ट्र के पितृपक्ष को सम्बोधित कर रहे हैं
देश की जनता जनार्दन ने राष्ट्र की लोकसत्ता
और शक्ति आपमें स्थित की है
आप ही में लोकतन्त्र की तेजस्विता निवास करती है
इसी के प्रकाश में अपनी आदिवासी प्रजा को भी देखिए
हमारे पितामह के पितामह के पितामह के भी पितामह के देखते देखते
हमारी पीढ़ियों की शृंखलाएँ कुनबे सरदार सरोवर में डूब जाने को है
हम सीधी-सादी अनपढ़ जनजातियों की क्या सामर्थ्य
कि हम सरकार के गलत फैसलों को रद्द करवा सकें
हमारी आदिवासी हैसियत भी इतनी कहाँ
कि हम राष्ट्र के उच्चतम न्यायालय के आगे प्रार्थी हो सकें
महामान्य,
हमारे लोकतन्त्र की किसी भी कानूनी धारा में
हमारे विरोध और प्रतिवाद का क्यों कोई इलाज नहीं
आपकी स्वाभिमानी निर्बल प्रजा के साथ घोर अन्याय हो रहा है
हम डूबतों की आवाज़ सुनिए महामहिम,
आपके होते, हमारा आज, हमारा कल, हमारा अतीत,
हमारी निरन्तरता
हमारा भविष्य

सभी कुछ महादानव सरदार सरोवर में डूब जाएँगे
ओझल हो जाएँगे—
हम पहले की तरह क्या कभी नहीं जिएँगे ?
हम जान गए हैं कि हम किसी के कुछ नहीं लगते
हमारे मूल अधिकारों के नाम पर हमें कोई मदद नहीं मिल सकती
देश की कानूनी गाथा हमारे जीने और मरने के बाहर है
सरकारी हुक्मनामे से हम आदिवासियों का अन्त आ गया है
अपनी अराध्य देवी मोटली माई का ध्यान करके
हम आंपको अन्तिम प्रणाम करते हैं
आशीष वचन करें कि जलमग्न होने के बाद हमारी सन्तप्त आत्माएँ
इस अभिशापित सरदार सरोवर पर ही न भटकती रहें
ऐसा हुआ तो यह ईंट और सीमेंट की चिनाई को
लगातार ललकारतीं और पछाड़ती रहेंगी
महामहिम,
कैसे बताएँ कि हमारे पुरखों के पास दम्भ नहीं
देवताओं का दम है, उनकी सत्ता कमजोर नहीं
वे अपनी शक्ति से सरदार सरोवर को ढेर कर देंगे
यहाँ-वहाँ ऊपर-नीचे, चहुँओर प्रलय कर देंगे
महामान्य,
यह घटना होकर रहेगी
हम रहें न रहें
प्रलय के बाद हमारी घाटी
हमारी महतारी नर्मदा
पहले की तरह ही बहने लगेगी
पहले की तरह ही हमारे हरे-भरे सजीले जंगल
मोटली माई के किनारे सज जाएँगे
महामहिम,
हम फिर यहीं जन्म लेंगे—इसी धरती पर
तब तक आप हम पर इतनी तो कृपा करें
कि राष्ट्र की लिखित में इतना तो जरूर लिख जाए
कि अगले जन्म में हमें कोई सरकार इस तरह लावारिस समझकर
हमें हमारे घर से न उखाड़ फेंके

हम हैं आपकी आदिवासी प्रजा...

सरवर, लिख लेने के बाद इसके सस्वर पाठ ने—उच्चारण से, अपने शब्दों से—मुझे एक ऐतिहासिक क्षण का अनुभव दिया—

ऐतिहासिक

विस्थापित

विस्थापन !

सरवर,

पिछले दिनों संस्थान में विभाजन पर संगोष्ठी थी। इतिहासज्ञ प्रो. विश्वनाथ दत्ता विशेष अतिथि वक्ता थे। साहित्यकार के पक्ष को नरेन्द्र मोहन प्रस्तुत कर रहे थे। विभाजन को लेकर इतिहासकार और साहित्यकार ने इसके राजनीतिक और सामाजिक पहलुओं की जाँच-पड़ताल करते हुए विभिन्न विश्लेषण पद्धतियों का अनुसरण किया। मैंने जो कहा, वह संक्षेप में कुछ इस प्रकार था—

अपने देश की विचार-संस्कृति और विचारधाराओं को केन्द्र में रख हम पक्ष-विपक्ष और विसंगतियों का लेखा-जोखा लेना चाहें तो भी—राजनीति की सुयोजित चौखट के बरअक्स अपने साहित्य के सन्दर्भों को टटोलना ज़रूरी होगा। वहीं मानवीय स्मृति का स्रोत संचित है।

ऐतिहासिक दस्तावेज़ों से अलग और आगे साहित्य की साँझी सम्पदा जो व्यापक आयाम प्रस्तुत करती है, वह इतिहास के विश्लेषण में—उसके आर-पार ही नहीं देखती—इतिहास के व्यावसायिक तन्त्र द्वारा निर्देशित मुखौटे को भी चुनौती देती है।

शताब्दी के अन्तिम चरण में 'स्मृति'—जनस्मृति के जिन पहलुओं को हम उघाड़ने जा रहे हैं, क्या सचमुच हम उस पड़ताल की कसौटी पर राजनीतिक निर्णयों की गहराई तक पहुँचेंगे ? शायद यही वह सवाल है जिसके तहत नरेन्द्र मोहन अपनी खोजबीन और व्यापक साहित्य की समग्रता को अंकित करेंगे।

इतिहासकार स्थानीय और राष्ट्रीय स्थितियों-परिस्थितियों, संगठनों और संस्थानों का जायज़ा लेते हैं—शृंखलाओं की चौखटे में कसकर उन घटनाओं को विश्वसनीयता का जामा पहनाते हैं—सामाजिक, राजनीतिक जटिलताएँ—लोक के चेतन और अवचेतन में नैतिक और व्यावहारिक मूल्यों की शिनाख़्त

करते हैं। इस सम्पूर्ण प्रक्रिया की प्रामाणिकता की साक्षी साहित्य में सुरक्षित रहती है।

रचनाकार देशव्यापी घटनाचक्र की ऊपरी परतों को भेदकर, उघाड़कर उन गहरी तहों में प्रवेश करता है जिसे हम जनमानस कहते हैं।

इसी जनमानस के नाम पर इतिहास को फिर-फिर गढ़ना-घड़ना उसकी मनचाही विवेचना करना—उसके रूढ़िगत नए-पुराने स्वरूपों को उलटना-पलटना, राजनीति ने इस क़िस्म की कई योजनाएँ बनाई-फैलाई हैं—हम सभी उससे वाकिफ़ हैं। यह भी सर्वविदित है कि विचारधाराएँ इस घुसपैठ को देशहित में ही प्रचारित और प्रसारित करती है।

साहित्य से जुड़े होने के नाते हम सब ऐसे राजनीतिक तन्त्र के बाहर होते भी—इससे विलग नहीं होते। यही वह बिन्दु है जहाँ से विरोध-हिंसा और राजनीतिक संघर्ष विस्तार पाते हैं। ऊपर उठते हैं। दमन होते हैं। हम कहें, ऐसे ही एक कालखंड में भारत-पाक के लेखकों ने विभाजन की विभीषिका को देखा और अंकित किया है।

अकारण नहीं कि बिना किसी आपसी संवाद के—राजनीतिक शिविरों और ख़ेमों से दूर—दोनों ओर का रचनात्मक समाज इन्हें देखा किया। लेखक जब देखता है तो पहेलियाँ बूझने के लिए नहीं—अपने में समझ जुटाने के लिए।

मंटो टोबाटेक सिंह लिखते हैं—जो किया गया है—जो हो गया है, उसे खोल देते हैं।

राकेश 'मलबे का मालिक'—अज्ञेय 'शरणार्थी'—यशपाल 'झूठा सच'—बलवन्त सिंह 'काले कोस'—भीष्म साहनी 'तमस'।—स्मृति 'जो कभी तत्काल थी'—वह पन्नों पर फैल रही थी। नरेन्द्र मोहन अपने तीन आलेखों में साहित्य की व्यापकता और राजनीति की सीमाओं की पड़ताल करेंगे।

नरेन्द्र मोहन के साहित्यिक संस्कार को ध्यान में रख यह उम्मीद की जा सकती है कि वह साहित्य की सम्भावनाओं की ओर बढ़ेंगे जिन्होंने विभाजन खौफ़नाक हादसों को संयम से प्रस्तुत किया है। इस राजनीति के अतिक्रमण को समझनेवाले बुद्धिजीवी विभाजन काल के साहित्यकारों को अपने करीब समझते हैं जिन्होंने इस त्रासदी को झेलकर भी अपने में वह तालीम, वह समझ जुटाई, जिससे जख़्मों से अलग हटकर मानवीय मूल्यों में अपनी आस्था बरकरार रखी। नागरिक की अस्मिता और राष्ट्रीय निर्णयों में लेखक के बौद्धिक होने की भूमिका निभाई।

विभाजन साहित्य अपने-आपमें उन मानवीय मूल्यों का दस्तावेज़ है जो

सम्मिलित संघर्षों की देन से त्याग और कुर्बानी से लिखा जाता है।

इतिहास से छेड़छाड़ एक गम्भीर मसला है। अगर ऐसा न होता तो 'टोबाटेक सिंह' पढ़ लेने के बाद हममें से हर कोई वह न होता जो वह पहले नहीं था।

'टोबा टेक सिंह' वह कहानी है जो साहित्य में दर्ज होकर राजनीति और व्यवस्था को पछाड़ देती है—अपनी कीमत पर !

सरवर,

इस बीच हमारी बात न हो सकी। मैं भी कुछ ज़्यादा ही मसरूफ़ रही।

आलोक भल्ला संस्थान से हैदराबाद लौट जाने को थे। व्यस्त थे फिर भी वक़्त निकाला। विभाजन पर दो शाम बातचीत होती रही। संवाद में जो उभरकर आया, उसे पढ़कर देखो। जो लोग धर्मनिरपेक्षता को तंगदिली और संकीर्णता से सूडो धर्मनिरपेक्षता का नाम देते हैं, उन्हें इतना तो समझना ही चाहिए कि सदियों-सदियों से भारत का जो सामाजिक-सांस्कृतिक ताना-बाना बुना जा चुका है, उसे देश का विभाजन भी नष्ट नहीं कर पाया। सिर्फ हमारी पीढ़ी ही नहीं, आज का औसत भारतीय भी धर्मनिरपेक्षता में विश्वास रखता है।

स्मृति और इतिहास

[आलोक भल्ला की बातचीत]

विभाजन से जुड़े ज़्यादातर उपन्यास आत्मकथात्मक हैं और निजी स्मृतियों पर आधारित हैं। इससे कुछ दिलचस्प सवाल उठते हैं। उपन्यास महज बीभत्सता का दस्तावेज़ न बन जाए, बल्कि वह अपने-आपको समझने की एक कोशिश हो। इसके लिए लेखक किस तरह की भाषा तथा लहज़े का प्रयोग करता है ? विभाजन पर लिखे गए अधिकांश उपन्यास 1947 के काफ़ी बाद लिखे गए। मसलन, भीष्म साहनी ने 'तमस' करीब 25 वर्षों बाद लिखा। एक काल्पनिक विषय में स्मृतियों को कल्पनाशीलता के साथ कैसे ढाला जाता है ? और सबसे महत्त्वपूर्ण यह कि आपको क्या लगता है, विभाजन आख़िर क्यों हुआ ?

भारत का विभाजन तीन पीढ़ी पुराना है। मेरी पीढ़ी के लेखकों के लिए वह किसी ऐतिहासिक घटना के बजाय जीवन्त इतिहास ज़्यादा है। यह एक तरह से व्यक्ति तथा यथार्थ के बीच मुठभेड़ और राजनीतिक एजेंडा

एवं विविधता की लम्बी परम्परा के बीच टकराव का एक विशाल अनुभव बन गया। दोनों ही तरफ़ के लेखकों ने महसूस किया कि इतनी नफ़रत, हिंसा और हत्याओं के बाद मानवीय मूल्यों को मज़बूत और बहाल किया जाना चाहिए।

बँटवारे के बाद हिन्दू तथा मुस्लिम संस्कृति के बीच भिन्नताओं तथा दूरियों के बारे में बहुत कुछ लिखा गया। परन्तु हममें से कोई भी देख सकता है कि राजनीतिक अन्तर्धाराओं और धार्मिक रंगतों के बावजूद दोनों सम्प्रदाय भाइयों जैसी व्यावहारिक सौहार्दता के साथ सदियों से साथ रहे हैं।

झूठा सच, तमस, आग का दरिया, काले कोस और उदास नस्लें जैसी कृतियों में विभाजन पश्चात् के उपन्यासकारों ने इस सच को जाँचा-परखा है।

समाजशास्त्रियों के वाक्चातुर्य से हम बख़ूबी परिचित हैं। राजनीतिज्ञ भी यथार्थ को कल्पना का रूप दे देते हैं। वैचारिक झुकाव के हिसाब से उस समय की स्मृतियों को हमेशा ही झुठलाया या तोड़ा-मरोड़ा जा सकता है। यही वजह है कि लेखकों ने अपने बड़े उपन्यास तभी लिखे जब उन्होंने खुद को मानसिक तथा शारीरिक अवरोधों से उबार लिया और विभाजन को स्पष्ट दृष्टि से देख सके।

एक रचनाकार को अपने अनुभवों को ऐसे रूप में ढालना होता है जो कि एक छिपा हुआ इतिहास होता है। जब राजनीति, धर्म और मानववाद साहित्य में तबदील होता है तो मानव-आस्था रूपान्तरित होती है। आलोक, मैं अपने अन्दर एक ख़ास तरह की समृद्धि महसूस करती हूँ जो कि हमारी साझा विरासत का हिस्सा है। नानक, बाबा फ़रीद, अमीर खुसरो, जायसी, बुल्लेशाह, वारिसशाह, शाह लतीफ—क्या हम इन कवियों को हमारे-तुम्हारे में बाँट सकते हैं ? इसमें शक नहीं है कि हमने धरती का बँटवारा कर लिया है, लेकिन परम्परा, संगीत, कला और साहित्य भौगोलिक क्षेत्र नहीं हैं—वे अविभाजित रहे और अविभाज्य रहते हैं।

एक उपन्यासकार घटना के कई वर्षों बाद अपने अनुभवों का उपयोग करता है। मैं हैरान हूँ कि हाल-फ़िलहाल तक मैंने इस तथ्य की तरफ ध्यान ही नहीं दिया था। यहाँ तक कि हाल ही में मैंने अपनी कहानी *सिक्का बदल गया* को दोबारा पढ़ते वक़्त भी यह महसूस नहीं किया। मुझे नहीं पता कि अभी भी मैं रचना की प्रक्रिया को समझती हूँ। हो

सकता है, पहले मैं घटनाओं के ज़्यादा निकट थी। मैं उनका हिस्सा थी और उनसे जूझने का हुनर मेरे पास नहीं था। बहरहाल, उस समय भी मुझे यह बोध था कि वर्तमान की बीभत्सता के आगे देखना ज़रूरी है, उसे बचाना ज़रूरी है जो हिंसा से अछूता रह गया है।

भारत और पाकिस्तान में विभाजन पर लिखे गए साहित्य में बीभत्सता के वर्णन तो हैं मगर उसमें मानवीय मूल्यों के संरक्षण के प्रयास किए गए हैं। ये प्रयास उल्लेखनीय हैं, क्योंकि सम्प्रदायों के बीच घृणा पक्की तौर पर मौजूद थी। इसी वजह से जायदाद नष्ट हुई, लोग दर-ब-दर हुए और हज़ारों मारे गए। इसके बावजूद लेखक मानते थे कि मानवीय मूल्यों को पुष्ट करने के लिए मानवता के बोध को संरक्षित करना आवश्यक है।

आपने अभी मूल्यों के संरक्षण की बात कही। इसके आलोक में *सिक्का बदल गया* की पात्र शाहणी के चरित्र की व्याख्या आप किस तरह से करेंगी ?

यह कहानी आत्मकथात्मक है और विभाजन के फौरन बाद 1948 में लिखी थी। कहानी मेरी नानी के बारे में है जिन्होंने पड़ोसी गाँवों में हिन्दुओं और सिखों के मारे जाने की ख़बरों के बावजूद विभाजन के दो महीने बाद तक अपना घर छोड़ने से मना कर दिया था। एक दिन दोपहर में उन्हें संदेश मिला कि शाहजी के दोस्त और जालन्धर में एक पुलिस अधीक्षक चीमा साहब उनसे मिलने आए हैं। उन्होंने तुरन्त नौकरों को तन्दूर सुलगाने और चीमा साहब की पसन्द की चीज़ें बनाने के लिए कहा। लेकिन कुछ पकाने का समय ही नहीं था। चीमा साहब ऊपर आए और उन्होंने नानी से कहा कि जो भी क़ीमती सामान वह ले सकती हैं, ले लें और उनके साथ कैम्प चलें।

जब वह घर से बाहर निकलकर एस.पी. की जीप में बैठीं तो गाँव के तमाम हिन्दू और सिख जो उनकी वजह से अभी तक रुके हुए थे, घर छोड़कर नंगे पाँव कैम्प की तरफ चलने लगे।

कहानी से ऐसा लगता है मानो वह एक भावशून्य शब्दचित्र हो, एक भयानक तटस्थता लिए हो जो सम्भवतः अत्यधिक पीड़ा से उत्पन्न हुई हो। मानवीय भावनाएँ सूख गई नज़र आती हैं। इस विराट ऐतिहासिक विभाजन के अन्तिम निष्कर्ष को गाँव के बुज़ुर्ग मुसलमानों ने दो छोटे वाक्यों में इस तरह से कहा—शाहणी, हम तुम्हारी हिफ़ाज़त नहीं कर सके। *राज पलट गया, सिक्का बदल गया*। इस कहानी के विपरीत मैंने 'ज़िन्दगीनामा' विभाजन के तीस साल बाद लिखा, जबकि इसका पहला

ड्राफ्ट मैंने 1952 में ही तैयार कर लिया था। इस मर्तबा यह शान्ति के बीच स्मृतियों को एकत्र करने जैसा था। समय एक अनूठा रसायन है। पहले हम भूल जाना चाहते हैं और फिर गुज़री हुई ज़िन्दगी को फिर से जीना चाहते हैं।

कहानी की दो चीज़ों ने मेरा ध्यान खींचा। पहली बात तो यह कि जिस पुलिस इंस्पेक्टर ने उन्हें निकालने का फैसला किया, वह मुसलमान था। दूसरी चीज़ यह कि हिंसा के बावजूद शाहणी के दिमाग़ में पहली बात यह नहीं आई कि वह मुसलमान है, बल्कि यह आई कि उसकी आवभगत करनी है। दोनों के ही अन्दर एक गहन मानवीय बोध क़ायम है।

हाँ। उसने शाहणी को गुजरात के नज़दीक एक शरणार्थी शिविर में पहुँचा दिया। एक बार शरणार्थी शिविर में पहुँचने के बाद बिना किसी अपवाद के सभी लोगों के साथ एक ही तरह से गुज़री। यह कोई व्यक्तिगत त्रासदी नहीं थी। किसी के पास कितने ही खौफ़नाक और यन्त्रणादायी अनुभव क्यों न हों, उसे हमदर्दी की दरकार नहीं थी। शाहणी के नौकरों ने दूसरे मुसलमानों के साथ मिलकर उनके ही घर को लूटा था मगर कैम्प में राशन, कपड़े, कम्बल और ज़रूरत की दूसरी चीज़ें भी उन्होंने ही पहुँचाई थीं। जब मेरी नानी का काफ़िला पैदल चलकर अमृतसर पहुँचा और फिर वहाँ से दिल्ली लाया गया तो उनके दिमाग में जो सबसे महत्त्वपूर्ण बातें घुमड़ रही थीं, उन्हें उन्होंने अपने 'घरेलू मददगारों' को पत्र में लिखा। इसमें नानी ने उन्हें निर्देश दिए। इसमें अन्तिम वाक्य इस तरह था, 'प्यारे पुत्तर मोहम्मद दीन, जब चीज़ें ठीक हो जाएँगी और दोनों तरफ अमन कायम हो जाएगा, मैं वापस लौटकर तुमसे मिलूँगी। आखिरकार वो मेरा घर है, शाहजी और उनके पूर्वजों का घर है। मुझे वहीं मरना चाहिए।'

***'सिक्का बदल गया'* उससे थोड़ी अलग है जो ब्यौरा आपने अभी दिया। कहानी में आपने यह नहीं बताया है कि गाँव छोड़ने और शरणार्थी शिविर में पहुँचने के बाद शाहणी के साथ क्या हुआ, न ही आपने पुलिस इंस्पेक्टर के बारे में कोई चर्चा की है। इसके बजाय आपने इसका वर्णन किया है कि नानी ने जिन लोगों पर भरोसा किया और जिन्हें अपना समझा, उन्होंने ही उनका घर लूट लिया।**

हाँ। हवेली और गाँव की ज़मीन की मालकिन में उनकी गहरी दिलचस्पी थी। अब जबकि मैं पीछे मुड़कर देखती हूँ और उन अनुभवों के बारे में सोचती हूँ तो मुझे लगता है कि उन दिनों जो कुछ हुआ या उन्होंने एक-दूसरे के साथ किया, उसमें कुछ भी व्यक्तिगत नहीं था। वे ऐतिहासिक

घटनाएँ इतनी जबर्दस्त थीं कि छोटी-मोटी निजी त्रासदियाँ महत्त्वहीन हो गई थीं। जब मेरी माँ की *चाची* ट्रेन की मुश्किलों-भरी यात्रा करके दिल्ली पहुँची तो अपने बेटे को खो देने की वजह से सदमे की हालत में थी। दिन-भर वह चुपचाप बैठी रही। मेरी माँ ने उसे चाय-खाना दिया और उसे राहत देने के लिए जो कुछ भी किया जा सकता था, किया, मगर उस पर कोई असर नहीं था। आख़िर माँ उसे खींचकर गुसलखाने में ले गई और शॉवर खोल दिया। इसके बाद कड़े स्वर में कहा, ''जो कुछ हुआ, उसे भूल जाओ। सबने दुख झेला है। अब कपड़े बदलो, चाय पियो और कुछ खा-पी आराम करो।'' *चाची* ज़ोर-ज़ोर से रोने लगी।

आलोक, क्या आपने बलवन्त सिंह का उपन्यास *काले कोस* पढ़ा है ? उन्होंने विभाजन की कल्पना कितने निकट से की है और उसे कितने अच्छे ढंग से उतारा है ! उन्होंने ग़ज़ब की अन्तर्दृष्टि और इतिहासबोध का परिचय दिया है।

तिरपाल से ढँके ट्रकों का एक काफ़िला हिन्दू शरणार्थियों को पाकिस्तान से सरहद की ओर ले जा रहा है। एक जगह ड्राइवर ट्रक से उतरकर सड़क किनारे जमा लोगों के पास जाता है। उनसे बात करके जब वह वापस लौटा तो शरणार्थियों ने पूछा कि वह किन लोगों से बात कर रहा था ? वह चुप रहा। शरणार्थियों ने ज़ोर देकर पूछा, ''हमें बताओ कि तुम किन लोगों से बात कर रहे थे ?'' उसने जवाब दिया, ''अजीब बात है, क्या मैं अपने मुसलमान भाइयों से बात नहीं कर सकता ?'' ट्रक पर सवार लोग आतंकित हो गए। ट्रक एक बार फिर रुका। शरणार्थियों को लगा कि सड़क पर जमा लोग उन्हें मार देंगे। जब ड्राइवर वापस लौटा तो उन्होंने उससे फिर पूछा, ''वे लोग पुलिसवाले हैं कि सैनिक ?'' ड्राइवर ने उन्हें टालनेवाला जवाब दिया। बहरहाल, जब ट्रक तीसरी बार रुका तो ड्राइवर ने शरणार्थियों से कहा, ''तुम लोग घबरा क्यों रहे हो, भाड़े की पुलिसिया वर्दियों में वे बदमाश हैं। यार, इससे क्या फ़र्क़ पड़ता है, अगर वे थोड़े-से पैसे बना लेते हैं ?'

हर शरणार्थी ने तीन या चार हज़ार रुपए ड्राइवर को दिए थे। शरणार्थियों को सुरक्षित निकल जाने देने के एवज़ में उन लोगों को भी हिस्सा मिल गया। यह सम्भव था कि असली पुलिस उन्हें इस तरह से जाने नहीं देती। वास्तव में इन लोगों ने सरहद पर शरणार्थियों की मदद की। तो आप देखिए कि एक समानान्तर अर्थव्यवस्था का अस्तित्व उन

दिनों भी था।...ख़ैर, जब ट्रक लाहौर की तरफ बढ़ रहा था तो शरणार्थियों ने ड्राइवर से निवेदन किया कि "शहर के अन्दर मत जाओ। वहाँ पर मुसलमानों की भीड़ होगी और वे हमें मार डालेंगे।" ड्राइवर ने मना कर दिया और ट्रक को शहर के अन्दर ले गया। अचानक उन्होंने अपने सामने एक विशाल भीड़ को देखा। किसी ने कहा, "वहाँ भीड़ है, हम मारे जाएँगे। तुम ट्रक शहर के अन्दर क्यों ले आए ?"

ड्राइवर ने कहा, "चिन्ता मत करो। वे पाकिस्तानी नहीं, हिन्दुस्तानी हैं।"

"वे मुसलमान हैं ?"

"हैं, मगर पंजाबी मुसलमान नहीं, हिन्दुस्तानी मुसलमान हैं।"

"तुम ऐसा क्यों कहते हो ? मुसलमान कहीं भी हो, मुसलमान ही होता है।"

"नहीं, ऐसा नहीं है भाई ! केवल पंजाबी मुसलमान ही अस्ल मुसलमान होता है।"

बलवन्त सिंह तात्कालिक समय तथा घटनाओं के पार देख रहे थे। वे धर्म द्वारा पैदा हुई धार्मिक तथा राजनीतिक जटिलताओं से वाक़िफ़ थे, पर वे जातीय तनाव से भी परिचित थे।

उन लोगों ने खुद को पंजाबियों, मुसलमानों और हिन्दुस्तानियों के रूप में परिभाषित कर रखा था ?

हाँ, पंजाबी पाकिस्तान में सबसे ऊपर हैं और उनमें अक्खड़ता है। उनके पास सैनिक प्रभाव है। उन्होंने अभी तक गैर-पंजाबियों तथा भारत से आए शरणार्थियों को बराबरी का दरज़ा नहीं दिया है।

एक चीज़ मैं आज तक नहीं समझ पाया–कुछ इतिहासकारों के मुताबिक पाकिस्तान बनाने की मुहिम ज़मींदारों और नौकरशाही में जगह पाने को इच्छुक पढ़े-लिखे तबके ने ही मुख्य रूप से चलाई थी। ज़मींदार अपनी ज़मीन पर कब्ज़ा बनाए रखना चाहते थे, जिन्हें लगता था कि अगर कांग्रेस सत्ता में आई तो उनसे ज़मीन छीन लेगी। अतः यह आन्दोलन पैसेवालों और पढ़े-लिखे लोगों का था। आम आदमी या औरत ने इसमें कोई बड़ी भूमिका नहीं निभाई। मसलन, जब मैंने राही मासूम रज़ा का उपन्यास *आधा गाँव* पढ़ा तो मुझे लगा कि अलीगढ़ में पढ़े और उर्दू बोलनेवाले लोगों ने पाकिस्तान बनाने का आन्दोलन चलाया। ग़ाज़ीपुर में बोली जानेवाली भाषा अलग थी और उसे हिन्दू तथा मुसलमान दोनों बोलते थे। इसलिए जब पाकिस्तान का प्रचार करने के लिए अलीगढ़ के छात्र

वहाँ आते हैं तो गाँववाले उन्हें वापस जाने को कहते हैं। वे उसी जगह पर रहना चाहते हैं, जहाँ उनका जन्म हुआ और पले-बढ़े। फिर भी ऐसा नज़र आता है कि पाकिस्तान की माँग तो हो रही थी, मगर इसने आम आदमी को 1946-47 के पहले प्रभावित नहीं किया।

हाँ, यह सही है। पाकिस्तान के विचार के प्रचार के लिए अलीगढ़ एक ज़बर्दस्त केन्द्र बन गया था और मुसलमानों के लिए अलग देश के हो-हल्ले से मुसलमान जनता भी प्रभावित हो गई। निश्चय ही यह सही है कि बहुसंख्यक-अल्पसंख्यक का सवाल और मुसलमानों के लिए अलग देश की माँग बहुत महत्त्वपूर्ण हो गई। फिर भी मैं महसूस करती हूँ कि इससे कहीं ज़्यादा महत्त्वपूर्ण आर्थिक मसले थे जिसने इस माँग को आधार दिया। एक बात मैं आपको बता दूँ कि एक समय ऐसा था जब हिन्दू और मुसलमान दोनों किसी भी दुकान से सामान ख़रीदते थे। लेकिन 1944-45 में यह बात नहीं रही। हिन्दुओं से कहा गया कि वे केवल हिन्दुओं की दुकानों से और मुसलमानों से माँग की गई कि वे मुस्लिमों की दुकानों से ही ख़रीदारी करें। 1944-45 के बाद मुसलमानों की सामूहिक मनोदशा में बहुत बड़ा बदलाव आया और वह हिन्दू विरोधी हो गई ! उथल-पुथल से हिन्दुओं में घबराहट पैदा होने लगी। फिर भी उन्हें यक़ीन नहीं था कि पाकिस्तान सचमुच में बन जाएगा। अतीत की भाँति हिन्दुओं के पास पैसा था। वे बुद्धिमान और पढ़े-लिखे भी थे।

आपको टोडरमल के बारे में पता है जो पंजाब के ही थे ?

उसने हिन्दुओं को सलाह दी थी, "यदि तुम तरक़्क़ी करना चाहते हो तो फ़ारसी सीखो, अरबी सीखो।" हिन्दुओं ने दोनों भाषाएँ सीखीं। उन्हें भरोसा था कि वे किसी भी स्थिति का सामना कर सकते हैं। पर चालीस के दशक में जो कुछ हुआ, वह इतना अलग और महाप्रलय जैसा था कि उनकी राजनीतिक दृष्टि और बौद्धिक क्षमताओं से परे हो गया। मसलन, भूमि सुधार पर बहस के दूरगामी और गहरे प्रभाव थे। हिन्दुओं के पास पैसा था, ज़मीन थी और वे अखबारों के मालिक थे। कुछेक बड़े ज़मींदारों को छोड़कर मुसलमान बुनियादी तौर पर गरीब मज़दूर और किसान थे। उनकी रोज़ की कमाई मात्र चार आना थी। वे हर तरह के काम करते थे, फिर भी कर्ज़ में डूबे रहते थे। लारेंस बन्धुओं में से एक जिसे पंजाब के राजस्व का प्रभारी बनाया गया था, उसने कहा था कि मुस्लिम किसान इस क़दर कर्ज़ में डूबे हैं कि अगर पचास सालों तक भी

काम करें तो भी वे साहूकारों का पैसा नहीं चुका सकते।

आपने अपना बचपन गुजरात में गुज़ारा है। क्या आपके परिवार की वहाँ ज़मीन थी ? उसकी जुताई कौन करता था—मुसलमान या हिन्दू ?

हाँ, वहाँ हमारी ज़मीनें थीं। मुसलमान मज़दूर और किसान उस पर काम करते थे। उन दिनों गाँवों में रिवाज़ था कि किसान ज़मींदारों या शाहजी की मदद से सभी काम करते थे। वे उनसे उधार लेते थे। यदि राजस्व अधिकारी को देने के लिए उनके पास पैसे नहीं होते थे तो उनकी तरफ से शाहजी अदा कर देते। शादियों और दूसरे आयोजनों के खर्चे उठाने में भी वे उनकी मदद करते थे। वास्तव में किसान गुलामों जैसे थे, हालाँकि उन्हें *मुज़ारी* और *कम्मी* कहा जाता था।

क्या पंजाब में किसानों के समर्थन के बल पर ही यूनियनिस्ट पार्टी सत्ता में नहीं आई थी ? उन दिनों पाकिस्तान आन्दोलन को ज़्यादा समर्थन हासिल नहीं था। हिन्दुओं, सिखों और मुसलमानों ने मिलकर यूनियनिस्ट पार्टी को समर्थन दिया था। यह सम्भव है कि यूनियनिस्ट पार्टी ज़मींदारों की पार्टी हो, मगर दिखाया यह गया कि यह किसानों की पार्टी है ?

हाँ, यह सही है। मगर तनाव को बढ़ाने में एक और चीज़ का योगदान था—धार्मिक पुनरुद्धार आन्दोलन जो कि बंगाल से शुरू हुआ। पंजाब के हिन्दुओं ने इसे सकारात्मक रूप में लिया। हिन्दुओं ने जिन पुनरुद्धारवादी कोशिशों को स्वीकार किया, उनमें से एक था आर्यसमाज आन्दोलन। एक समय ऐसा था जब आर्यसमाज तथा मुसलमानों के बीच गहरे संदेह और तनाव थे। पूरा क्षेत्रीय प्रेस जिसमें ज़मींदार और पैसा अख़बार दोनों शामिल थे, ऐसी रिपोर्टिंग से भरा रहता था जिसमें हिन्दुओं और मुसलमानों की पहचान तीखी हुई और इससे दोनों के बीच के मतभेद भी बिलकुल सुस्पष्ट हो गए। धीरे-धीरे उन्होंने यह भी लिखना शुरू कर दिया कि दोनों स्वभाव और चरित्र से कितने अलग हैं। आर्यसमाज प्रेस और मुसलमानों द्वारा नियन्त्रित प्रेस—दोनों ही ऐसा कर रहे थे।

क्या इक़बाल ने पाकिस्तान-आन्दोलन का समर्थन किया था ?

हाँ, बिलकुल। बहुत हद तक यह वह दृष्टि थी, ख़याल था जिसने मुस्लिम सोच को पुख़्ता किया।

यह इतिहास की एक विडम्बना है कि उसी शायर ने जिसने हमें हमारे हिन्दुस्तान का गौरवगान किया, उसी ने बाद में पाकिस्तान की सजीव कल्पना भी की। उनके द्वारा लिखी गई इन ख़ूबसूरत पंक्तियों को गाने

के लिए हमें उस क्षेत्र को भारत से अलग करना पड़ा जो अब पाकिस्तान के नाम से जाना जाता है–

सारे जहाँ से अच्छा
हिन्दोस्ताँ हमारा
हम बुलबुले हैं इसकी
ये गुलसिताँ हमारा !

जैसाकि भीष्म साहनी ने मुझे बताया था, पंजाब में पहला दंगा सम्भवतः रावलपिंडी में 1926 में हुआ था। आप पंजाब में पैदा और बड़ी हुईं। आपने कभी यह महसूस किया कि हिन्दुओं और मुसलमानों के बीच वैर-भाव इतना ज़्यादा है कि वे कभी भी एक साथ नहीं रह सकते ?

नहीं, बिलकुल नहीं। लोग उस समय ऐसा नहीं सोचते थे। *ज़िन्दगीनामा* में मैं यह जानना चाहती थी कि विभाजन क्यों हुआ और इसे क्यों होना था, हालाँकि उपन्यास विभाजन से पहले की पृष्ठभूमि पर है।

उपन्यास में एक मुसलमान किसान दोनों सम्प्रदायों को देखता है और हैरत से कहता है, ''एक बात मेरी समझ में नहीं आती। रब ने सूरज, धूप, हवा सबके लिए बराबर दी है, दौलत के बाँट में यह फर्क क्यों ?'' इस सोच पर जो जवाब शाहजी ने दिया, वह कुछ ऐसे था–हाथ से मेहनत करनेवाले को कम और दिमाग से काम करनेवाले को ज़्यादा। जिन्होंने शाहजी को सुना, उन्हें यह ठीक लगा। बहरहाल, किसान वर्गभेद के आधार पर ही सवालिया निशान लगा रहा था। वह इस तथ्य से वाक़िफ़ था कि हर तरह की मेहनत करने के बावजूद किसान ग़रीब है।

एक बार फसल इकट्ठी हो जाती है तो फिर भोज होता है। ज़मींदार अपने प्रांगण में दरियाँ-खेस बिछाकर मज़दूरों को बेहतरीन बासमती चावल, शक्कर और घी परोसते हैं। ज़मींदार परिवार के लोग मज़दूरों को खाना देते हैं। खाना उदारता के साथ परोसा जाता है। मगर भोज के दौरान भी ज़मींदार और मज़दूरों के रिश्ते स्पष्ट होते हैं। लेकिन धीरे-धीरे जीने की यह पूरी शैली ही पटरी से उतर गई।

अंग्रेज़ी शासन के दौरान हिन्दुओं और मुसलमानों के आपसी नतभेद बहुत ज़्यादा उभरकर नहीं आए थे। जब तक अंग्रेज़ सत्ता में थे, हिन्दू जानते थे कि उनकी स्थिति में कोई बदलाव नहीं आएगा। पाकिस्तान का आन्दोलन शुरू हुआ तो हिन्दुओं ने सोचा कि वे मुग़ल शासन में रह

चुके हैं, इसलिए मुस्लिम शासन से भी तालमेल बैठा लेंगे। वास्तव में उन्हें यक़ीन था कि उन्हें घर से बाहर नहीं निकाला जाएगा।

आपने यह सही कहा कि पंजाब में लड़ाई किसानों और ज़मींदारों के बीच थी। यह टकराव पंजाब तक ही सीमित नहीं थे। यह एक आर्थिक संघर्ष था। लेकिन क्या आपको कभी लगा कि आर्थिक संघर्ष धार्मिक संघर्ष में तबदील हो जाएगा ?

हाँ, अतीत में यह सबसे बड़ा ख़तरा था और आज भी है। याद रखिए कि एक ग़रीब मुसलमान छात्र मेडिकल कॉलेज में सीट चाहता तो उसे मिलनी मुश्किल होती—इंजीनियरिंग कॉलेजों में भी ऐसा ही है। वास्तव में कुलीन मुसलमानों के बच्चे ही शिक्षा प्राप्त कर सकते हैं। गरीबों के बच्चे कभी स्कूल नहीं जा सकते।

क्या यह हिन्दुओं के बारे में भी सही नहीं है ? गरीब हिन्दुओं के बच्चों को भी स्कूल जाने का अवसर कम ही मिलता है !

नहीं, बात वैसी ही नहीं है। गरीब हिन्दुओं के बच्चे स्कूल जा सकते हैं। एक औसत हिन्दू की प्राथमिकता होती है कि उसके बच्चे शिक्षित हों। (हँसकर) वह कड़ी मेहनत करता है और अपना पैसा बरबाद नहीं करता। वह कभी खुद से नहीं कहता कि मुझे आज ही एक बार में अपनी तमाम इच्छाएँ पूरी कर लेनी चाहिए। जो भी मुमकिन हो, वह बचाने की कोशिश करता है। एक आम हिन्दू अपनी ज़िन्दगी को सावधानी और बुद्धिमानी से गढ़ता है।

क्या बचपन में कभी आपके माता-पिता ने कहा, 'उस लड़की के साथ मत खेलो, क्योंकि वह मुसलमान है ? उसके घर मत जाओ या उसके साथ मत खाओ ?'

नहीं, मुझे ऐसा करने के लिए कभी नहीं टोका गया। दिल्ली और शिमला में मेरे घर में किसी तरह का भेदभाव नहीं था। न ही गुजरात में ऐसा कुछ था। घर में काम करनेवाले मुसलमानों को हम लोग मामू कहकर पुकारते थे। गाँवों में वे हिन्दुओं की रसोइयों में कभी भी दाखिल नहीं होते थे। सियासत में जब तक इसे हिन्दू अक्खड़ता के उदाहरण के रूप में पेश नहीं किया गया तब तक किसी ने भी इस पर ध्यान नहीं दिया। हम जब कभी भी अपनी मुसलमान सहेलियों के यहाँ जाते थे तो उनके साथ खाने में हिचकिचाते नहीं थे।

लेकिन 'हिन्दू पानी' और 'मुसलमान पानी' की चर्चा तो होती थी ?

ओह, हाँ ! हालाँकि हिन्दुओं तथा मुसलमानों के लिए अलग-अलग प्लेटें और गिलास होते थे, मगर वही ढाबे दोनों समुदायों के लोगों को खाना

खिला सकते थे। किसी ने भी हमें मुस्लिम इलाकों में जाने से नहीं रोका। केवल यही था कि हमें फ्रॉक तथा स्कर्ट पहनने की इजाज़त नहीं थी। मुझे सन्देह है कि पंजाब के आर्यसमाज के प्रभाव में आने के बाद ही सामाजिक तनाव बढ़ा।

मैं इस बारे में थोड़ा और जानना चाहूँगा कि आप ऐसा क्यों सोचती हैं कि पाकिस्तान का बनना अपरिहार्य था ? पाकिस्तानी इतिहासकार जैसे आई.एच. कुरैशी का भी यही मानना है। वे दावा करते हैं कि ऐतिहासिक रूप से मुसलमान हिन्दुओं से विशिष्ट और अलग हैं, अतः आज़ादी के बाद पाकिस्तान का बनना तय था। क्या यह दावा ठीक है ? क्या यह साबित करने के लिए पर्याप्त ऐतिहासिक सबूत हैं कि भारत के मुसलमान हमेशा से खुद को इतना विशिष्ट मानते थे कि उनका अलग से राष्ट्र राज्य होना चाहिए था ? क्या यहाँ बहुसंख्यक मुसलमान धर्मान्तरित नहीं हैं ? और क्या हमारे पास 1880 से पहले के साम्प्रदायिक दंगों का विश्वसनीय रिकॉर्ड है ? ज़ाहिर है, दोनों समुदायों के बीच हिंसा की घटनाएँ हुई थीं। लेकिन तनाव को कम करने के लिए सामाजिक व्यवस्था भी मौजूद थी। वास्तव में यह भी बहस का मुद्दा है कि 1890 तक भारत में व्यावहारिक साझा संस्कृति थी।

(हँसकर) मैं सोचती हूँ, जब एक इतिहासकार किसी का पक्ष लेता है तो वह कुछ भी सही ठहरा सकता है। उस दौरान की स्मृतियों को गोलमाल किया जा सकता है। विभाजन के इतिहासों में संस्कृति एक ऐसा शब्द है जिसका दुरुपयोग लगातार और निर्दयतापूर्वक किया गया। विभाजन के पहले जिस तरह की जीवन-शैली मौजूद थी, उसे मैं मात्र 'सेक्यूलर' से अभिव्यक्त नहीं करना चाहूँगी। उस साझा संस्कृति के ताने-बाने इतने मजबूत और सघन थे कि एक स्मृति के रूप में नहीं बल्कि अन्दरूनी शक्ति के स्रोत के रूप में आज भी शेष हैं।

राजनीतिक रंगत के बावजूद लोग मिल-जुलकर रहते थे। हर कोई दूसरे के 'दूसरेपन' का सम्मान करता था। दोनों ही उस सूत्र को लेकर आश्वस्त थे जो उन्हें जोड़ता था। यह सूत्र एक भाषा, बोली और जीवन शैली का था और धार्मिक पहचान से उसका कोई सम्बन्ध नहीं लगा।

समुदायों के बीच के सम्बन्ध जटिल थे। यह तथ्य है कि जिन्ना ने कभी नहीं चाहा कि पंजाब और बंगाल का विभाजन हो। उसने कहा था कि वह इन क्षेत्रों के विभाजन की कल्पना भी नहीं कर सकते। हमारे

लोगों ने उन बयानों को अनदेखा कर दिया था। यहाँ तक कि वायसराय तक इससे हैरत में थे।

कुछ साल पहले जब मैंने इन्तिज़ार हुसैन का इंटरव्यू किया था तो उन्होंने इस बारे में दो महत्त्वपूर्ण बातें कही थीं। पहली तो यह कि वे खुद एक ऐसे आदमी हैं जिसका एक पैर अयोध्या में है और दूसरा कर्बला में। दूसरा, उन्होंने हमेशा से महसूस किया है कि एक हिन्दू उनके अन्दर बैठा हुआ है। मुझे लगता है कि ऐसा हिन्दू परम्पराओं में सम्बन्धों की वजह से है, क्योंकि जब वे परम्परा तथा इतिहास के सवाल पर सोचते हैं तो वे ज़ोर देते हैं कि हिन्दू और मुसलमान दोनों ही मीराबाई तथा कबीर, अमीर सुखरो और तुलसीदास की चर्चा एक ही विरासत के हिस्से के रूप में करते हैं। उन्हें अभी भी भरोसा है कि हम अभी भी भारतीय उपमहाद्वीप की हिन्दू और मुस्लिम परम्पराओं से सीख सकते हैं।

यदि उनका यह कहना सही है कि अतीत में हिन्दुओं और मुसलमानों के बीच आदान-प्रदान इतना ज़्यादा हुआ है कि वे गहनतम दार्शनिक स्तर पर विचारों का आदान-प्रदान कर सकते हैं, तब यह कहना बहुत मुश्किल है कि पाकिस्तान का बनना अपरिहार्य था। यहाँ इन्तिज़ार हुसैन के भारत की साझा संस्कृति के नज़रिए और कुरैशी के मुस्लिम अलगाव के इतिहास के बीच विरोधाभास नज़र आता है।

आलोक, मैं इन्तिज़ार हुसैन की शुक्रगुज़ार हूँ कि उन्होंने सांस्कृतिक जटिलता को इतने शानदार तरीके से स्पष्ट किया। हमारी विरासत की चर्चा करते हुए उन्होंने जब कबीर और तुलसीदास, मीराबाई और बुल्लेशाह और बाबा फ़रीद का ज़िक्र किया तो वह सही थे। सखी सरवर को हिन्दू और मुसलमान दोनों ही पवित्र स्थली मानते रहे हैं। लेकिन एक-दूसरे के साथ रहने पर भी उन दोनों ने एक-दूसरे को कोई रियायत नहीं दी।

बहरहाल, आपको यह ध्यान रखना चाहिए कि एक बार लोग यदि अपनी पहचान और जीने के ढंग को लेकर सचेत हो जाते हैं तो उनकी उम्मीदें भी बदल जाती हैं। यदि हम पीछे जाएँ तो पाएँगे कि भारतीय राष्ट्रीय कांग्रेस और मुस्लिम लीग विपरीत दिशाओं में चल रही थीं। मुस्लिम लीग मुसलमानों के लिए अलग देश के लिए काम कर रही थी, जबकि कांग्रेस अपनी रक्षात्मक मानसिकता के साथ अपने कुछ आदर्शों को बचा रही थी। उनकी जो भी रणनीति हो, उनके प्रतीक भी बहुत अलग थे।

राजनीतिक जागृति के साथ-साथ मुसलमानों और हिन्दुओं के सम्बन्धों में भी बहुत बड़ा बदलाव आया। एक समय इन सम्बन्धों को

परिभाषित करने का एक स्वीकृत और पारम्परिक तरीका था। अब राजनीतिक जागृति अपने साथ नई उम्मीदें और नई चुनौतियाँ लाई। इसने हमारी वंशानुगत मान्यताओं को लेकर भी नए सवाल खड़े किए।

आपके घर में क्या प्रतिक्रिया हुई जब यह घोषणा हुई कि भारत का विभाजन होने जा रहा है ? आपने मुझे बताया था कि आपके माता-पिता पाकिस्तान में ही रहना चाहते थे, क्यों ?

मार्च, 1947 में मैं दिल्ली में थी। सभी सरकारी कर्मचारियों को एक फार्म भरने के लिए कहा गया था जिसमें पूछा गया था कि वे कहाँ रहना और काम करना पसन्द करेंगे। मेरे पिता ने पाकिस्तान को चुना। इसके पीछे दो वजहें थीं। वहाँ मेरे परिवार की ज़मीन-जायदाद थी। एक पुरानी हवेली और दूसरी सम्पत्तियों की देखरेख भी ज़रूरी थी। दूसरा कारण यह था कि हमारे परिवार के लोगों को लग रहा था कि पाकिस्तान में उनके लिए बेहतर अवसर होंगे। ज़ाहिर है, बहुत सारे मुसलमानों ने भी भारत में रहने का विकल्प चुना था, खास तौर पर उन्होंने जिनके पास जायदाद या थोड़ी-बहुत ज़मीन थी। मेरे ख़याल में हर कोई इस प्रभाव में था कि वे साथ-साथ रहे हैं और आगे भी रह सकते हैं।

ख़ैर, मेरे पिता के एक मित्र ने उनके विचार बदल दिए। वह मुसलमान थे और गृह मन्त्रालय में एक महत्त्वपूर्ण पद पर थे। उन्होंने सोचा कि मेरे पिता जटिलताओं को अनदेखा कर रहे हैं। इनसे बातचीत के बाद बहुत जल्द यह साफ हो गया कि पहले की तरह साथ-साथ रहना अब सम्भव नहीं है। जिन मुसलमानों ने यहाँ रहना तय किया था, उनमें से भी बहुतों ने कुछ समय बाद पाकिस्तान जाने का फैसला कर लिया।

क्या लोगों को लगा कि नई सरहदें बनने और दो देशों के वजूद में आ जाने के लिए आबादी के आदान-प्रदान की ज़रूरत नहीं है ?

शायद, हाँ। लेकिन पक्की तौर पर मैं नहीं कह सकती कि सभी लोग ऐसा महसूस करते थे। पंजाबी हिन्दू ज़रूर यह चाहते थे। उन्होंने सत्ता के कई परिवर्तन देखे थे। वे उस समय को याद करते थे जब अपनी ताक़त का इज़हार करने के लिए हमलावर एक गाँव में मार-काट मचाते थे। दूसरे को जला देते थे और तीसरे में धर्म परिवर्तन करवा देते थे। उन दिनों में मुसलमान शाही ताक़त थे, जबकि हिन्दू प्रजा। 1857 के बाद ही देश पर से मुसलमानों ने नियन्त्रण खो दिया। अंग्रेज़ों ने उन्हें कुचल डाला था। इसके बाद उनका यह अहसास जाता रहा कि भारत

उनका 'मातृ देश' है। हमारे पास हमारा देश था। हम कह सकते थे कि हम इसी भूमि के हैं। मुसलमानों में राजनीतिक महत्त्वाकांक्षाएँ थीं, मगर वे जानते थे कि वे दोबारा पुरानी सत्ता हासिल नहीं कर सकते।

क्या सभी मुसलमान सोचते थे कि भारत उनकी भूमि नहीं है ? निश्चय ही ऐसे कई राष्ट्रवादी मुसलमान थे जिनके लिए भारत ही घर था ! डॉक्टर अंसारी, मौलाना आज़ाद आदि पर विचार करें ?

हाँ, खिलाफ़त के समर्थकों के लिए यह सही है। खिलाफ़त आन्दोलन ने निश्चय ही हिन्दू तथा मुसलमानों के रिश्तों को जोड़ा मगर कुछ ही समय के लिए। बहुत-से मुसलमान कह सकते थे कि "यदि हिन्दू उनके उद्‌देश्यों का समर्थन कर सकते हैं तो हम भी उनके साथ रह सकते हैं, उनके साथ हो सकते हैं।"

लेकिन मुझे लगता है कि बंगाल के विभाजन को रद्‌द करने के बाद से दोनों समुदायों के सम्बन्ध बिगड़ने लग गए थे। इसने मुसलमानों को अहसास करवा दिया कि बहुसंख्यकों का राष्ट्रवाद ही हिन्दू राष्ट्रवाद है। इससे वे अगला क़दम उठाने यानी भारत के विभाजन की माँग करने के लिए बाध्य हुए।

क्या आप सचमुच मानती हैं कि राष्ट्रीय स्वतन्त्रता-संग्राम हिन्दू राष्ट्रवाद की ही अभिव्यक्ति थी ?

हाँ, काफ़ी हद तक यह हिन्दू राष्ट्रवाद था। 'आनन्दमठ', 'वन्दे मातरम्' जैसे गीतों पर विचार कीजिए। हिन्दू बंगाल के पुनर्गठन से विचलित थे, लेकिन राज्यों का पुनर्गठन कोई नई बात नहीं थी। अंग्रेज़ों ने नॉर्थ वेस्ट फ्रंटियर प्रान्त को पंजाब से काटकर ही बनाया था। निश्चय ही बंगाल के विभाजन में कुछ भी गलत नहीं था। इसको आसानी से मंज़ूर कर लिया जाता, अगर बहुत-सी पार्टियों ने इतनी उग्रता यहाँ तक कि उन्माद के साथ इसका विरोध न किया होता। इसने पक्की तौर पर मुसलमानों को अशान्त कर दिया। उन्हें लगा कि हिन्दू हर उस बात का विरोध करेंगे जो मुसलमानों के पक्ष में होगी। यह सम्भव था कि अगर बंगाल का विभाजन वापस न लिया जाता तो बाद में मुसलमान भारत विभाजन की माँग नहीं करते।

आप निश्चय ही ऐसे कई मुसलमानों को जानती थीं जो महसूस करते थे कि उनका भी इस ज़मीन पर उतना ही हक़ है जितना कि हिन्दुओं का ?

हाँ, ऐसे बहुत-से मुसलमान थे जो हिन्दुओं की ही तरह महसूस करते थे।

मगर एक बार हमने अलग निर्वाचक मंडल आदि की राजनीति शुरू की तो अंग्रेज़ों को दोनों समुदायों के बीच दरार चौड़ी करने का मौक़ा मिल गया।

सामाजिक तथा सांस्कृतिक धरातल पर दोनों समुदाय एक-दूसरे के बेहद क़रीब थे। मैं एक बार फिर दोहराना चाहूँगी कि इस सियासी शोर के बावजूद हिन्दुओं और मुसलमानों, दोनों ने ख्वाज़ा खिज़र, बाबा फ़रीद और दूसरे सन्तों के प्रति आदर दिखाना जारी रखा। ख्वाज़ा खिज़र को *ज़िन्दगी के पीर* समझा जाता था। ऐसा कहा जाता था कि उनकी शाश्वत नाव, हालाँकि वह अदृश्य थी, हमेशा नदी में बहती रहती है और नदी पार करने में लोगों की मदद करती है। हमारा परिवार बाबा फ़रीद पर बहुत ज़्यादा श्रद्धा रखता था और उनके आशीर्वाद के बिना कुछ भी नहीं किया जाता था।

हाल में मैं सन्त सिंह सेखों से मिला था। उन्होंने मुझे हैरत में डालनेवाली एक बात बताई। उन्होंने बताया कि ग्रामीण पंजाब में किसी भी मुसलमान को सार्वजनिक तौर पर अज़ान नहीं देने दी जाती थी। क्या यह सही था ?

बिलकुल नहीं। मेरा उपन्यास 'ज़िन्दगीनामा' अज़ान के साथ ही शुरू होता है। ग्रामीण जीवन का यह एक महत्त्वपूर्ण हिस्सा है। इसको लेकर किसी तरह की नाराज़गी नहीं थी। हम इसका सम्मान करते थे। पूरी तरह से। ध्यान रखिए कि आशीर्वाद लेने के लिए हिन्दू हमेशा ही मुसलमानों के पवित्र स्थलों पर जाते थे। गर्भवती स्त्रियाँ पीरों की मज़ारों पर जाती थीं।

क्या मुसलमान हिन्दुओं के धार्मिक स्थलों पर जाते थे ?

हाँ, मैंने शहरों और गाँवों के गुरुद्वारों में मुसलमानों को लाल तुर्की टोपी लगाए दूसरों के साथ बैठे देखा है। यह कोई असामान्य दृश्य नहीं था, मगर हम बच्चों में इससे उत्सुकता और दिलचस्पी पैदा होती थी। यह उनका 'दूसरापन' था जो मुझे मोहित करता था।

अगस्त, 1947 में आप कहाँ थीं ?

15 अगस्त, 1947 को हमने लालकिला जाने पर ज़ोर दिया। जब हम दरियागंज पहुँचे तो हमने मानवता का समुद्र देखा। उस दिन जामा मस्जिद थोड़ा उदास दिख रही थी। उसकी मीनारों पर कुछ लाइटें जल रही थीं, मगर वह इस तरह से लाइटों से सजी नहीं थीं जैसेकि लालकिला या गुरुद्वारा शीशगंज। हम जब ट्राम की पटरियों के पास खड़े थे तो हमारा

ध्यान एक सिख बच्चे पर गया, जिसका दायाँ हाथ नहीं था। वह किशोरावस्था में था या उससे भी छोटा। वह अपने चारों तरफ खड़े शरणार्थियों के एक समूह के लिए एक गीत गा रहा था। वह गीत मुझे आज भी याद है–

जय-जय जवाहर लाल
तूने कर दिया कमाल
देस फाड़ के दे दिया
हमारे हाथ में रूमाल
जाओ, आँखें पोंछ लो !

जब लोगों ने यह गीत सुना तो उनकी आँखों में आँसू आ गए। यहाँ तक कि हम भी रोए। ज़ाहिर है, यह गीत बच्चे ने खुद बनाया था। सभी ने उसे सिक्के दिए।

विभाजन के नतीजों के बाद सीमा के दोनों ओर असहनीय तनाव था। हम तमाम चीज़ें पीछे छोड़ आए थे और हमने सब कुछ गँवा दिया था। इसके अलावा भारत में हमारे जो मुसलमान दोस्त थे, जिन्हें हम बेहद चाहते थे, वे भी पाकिस्तान जा रहे थे। फिर भी कोई भी हर किसी से स्थिति पर चर्चा नहीं कर सकता था। उन दिनों की घटनाओं ने हम पर भयानक प्रभाव डाला। दिल्ली में जब खून-खराबा शुरू हुआ तो हम दिल्ली और नई दिल्ली में रह रहे अपने मुसलमान दोस्तों के लिए बेहद चिन्तित थे। जब हमने सुना कि करोलबाग में दंगाइयों ने एक प्रसिद्ध मुस्लिम डॉक्टर के परिवार को मार डाला है तो हम अपने मित्रों को लेकर और भी बेचैन हो गए। हमारा घर बाराखम्भा की एक लेन में था और मैंने अपने दोस्तों के घर जाने का फैसला किया।

जब मैं उनके घर पहुँची तो दरवाज़े पर ताला देखकर मुझे धक्का लगा। तालाबन्द दरवाज़े हमेशा ही अजीब-सी भावनाएँ जगाते हैं। लेकिन उन दिनों यह एक अशुभ संकेत था। जब घर लौट रही थी तो रो रही थी। देर शाम को हमें हैदर साहब का छोटा-सा खत मिला कि हम लोग पुराना किला पहुँच गए हैं और सुरक्षित हैं। वे चाहते थे कि हम उनके परिवार के लिए खाना और कपड़े भेजें। हमारे परिवार में इस पर चर्चा हुई कि शरणार्थी कैम्प में उनसे मिलने किसे जाना चाहिए। यहाँ तक कि नई दिल्ली में भी हालत बहुत खराब थी और इतनी खराब थी कि इंडिया

गेट का इलाका भी सुरक्षित नहीं समझा जाता था। लोग शाम को बाहर निकलने से डरते थे। ख़ैर, कुछ खाना और कपड़े पैक करवाकर उन तक पहुँचाने में कामयाब रहे। कैम्प में हालात बेहद खराब थे।

वह बहुत ही डरावना समय था। हर समुदाय बहुत डरा हुआ था। लोगों के पास कुछ बोलने या करने की हिम्मत नहीं थी। दोनों तरफ कड़वाहट लम्बे समय तक बनी रही, खासतौर पर उनमें जो राजनीति में शामिल नहीं थे, मगर फिर भी इस झगड़े में फँस गए थे।

आपने कभी गाँधी को देखा था ?

हाँ, दो बार। पहली बार मैंने उन्हें यहाँ शिमला में देखा था। दिल्ली के बिड़ला हाउस में मैंने उन्हें दोबारा देखा।

जब वे शिमला आए थे तो मैं बच्ची थी। बाकी बच्चों की तरह मैंने भी उनकी तस्वीरें देखी थीं और उनके चेहरे से वाक़िफ़ थी। मेरे पिता उन दिनों शिमला सचिवालय में काम करते थे। जब यह ख़बर आई कि गाँधीजी शिमला की यात्रा करेंगे तो सचिवालय में काम करनेवाले सभी लोगों ने उनकी प्रार्थना सभा में जाने का फैसला किया। अंग्रेज़ सरकार नहीं चाहती थी कि उसका कोई कर्मचारी इसमें जाए। इसलिए इसके लिए मनाहीवाला एक आदेश जारी कर दिया गया। बहरहाल, किसी ने देखा कि शाम पाँच बजे तक इसे घुमाया नहीं गया है ! अतः दफ्तर बन्द होने के पहले इसे किसी ने नहीं 'देखा'। कर्मचारियों ने ब्रिटिश से यह भी कहने का संकल्प किया कि वे कहेंगे कि वे सभी प्रार्थना सभा में गए थे, न कि गाँधीजी को देखने।

गाँधीजी मोहनलाल सूद के घर पर रुके हुए थे, जोकि एक वकील थे और छोटा शिमला के रास्ते पर रहते थे। मैं अपने पिताजी के साथ सूद साहब के घर प्रार्थना सभा में गई और वहीं गाँधीजी को देखा।

आलोक, शायद आपको पता हो कि गाँधीजी की हत्या के बाद पहली अफ़वाह यह उड़ी कि किसी शरणार्थी ने उन पर गोलियाँ चलाई हैं। इसके बाद कानाफूसी हुई कि किसी मुसलमान ने उन्हें मारा है। गाँधीजी की हत्या के कई घंटे बाद उनके हत्यारे के नाम की घोषणा की गई। दिवंगत व्यक्ति को श्रद्धांजलि अर्पित करना हमारी साझी परम्परा का हिस्सा है। गाँधीजी की हत्या पर रेडियो पाकिस्तान ने जो कार्यक्रम प्रसारित किया, उसने लोगों को राहत पहुँचाई और कड़वाहट को कुछ समय के लिए धो दिया। कोई भी उद्घोषक की सिसकियाँ साफ-साफ सुन सकता था। आप

देखें कि पाकिस्तान को भी सदमा पहुँचा था। उनके नागरिक भी गाँधी को अपना समझते थे। रेडियो पाकिस्तान के उद्घोषक की आवाज़ में गुस्सा भरा हुआ था और कोई भी शब्दों के बीच में हिचकियाँ सुन सकता था। मैं सोचती हूँ कि उस समय यह एक ऐसी घटना थी जब आपस में बँट गए लोगों को इसने बिलकुल क़रीब ला दिया। त्रासदी ने उन्हें एक कर दिया। मुझे हैरत है कि उन उद्घोषकों के टेप हिन्दुस्तान में मुहैया क्यों नहीं कराए गए !

आपका मतलब है, पाकिस्तान के लोग भी उन्हें महात्मा मानते थे ?

एक महामानव। मुझे एक और छोटी घटना याद आती है। जब हमारे पड़ोसी पाकिस्तान जा रहे थे तो हम उन्हें विदा देने गए। उनकी बड़ी अम्मी ने रोते हुए कहा, "गाँधी के कहने पर हमने चरखा चलाया और खादी पहनी। कौन यह कल्पना कर सकता था कि एक दिन हमें अपना घर छोड़कर जाना पड़ेगा !" बदक़िस्मती से वे चले गए। कई गए। हमें अपने मित्रों की सुरक्षा की चिन्ता थी।

विभाजन के बाद बहुत-से हिन्दू पाकिस्तान में भी रह गए। ज़िन्दा रहने के लिए उन्होंने इस्लाम ग्रहण कर लिया। लेकिन भारत में मुसलमानों को हिन्दू नहीं बनना पड़ा। क्या आप ऐसे लोगों को जानती हैं जिनके रिश्तेदार पाकिस्तान में ही रह गए ? क्या वे फिर दोबारा कभी मिल पाए ? उस समय उनकी भावनाएँ कैसी थीं, जब वे मिले ?

हाँ, मैं ऐसे कई लोगों को जानती थी जिनके रिश्तेदार पाकिस्तान में ही रुक गए थे। एक औरत थी जिसका परिवार डेरा ग़ाज़ी ख़ान में रहता था। उसके माता-पिता और भाई पीछे छूट गए। कई साल बाद पाकिस्तान की यात्रा करनेवालों से उसे पता चला कि उसकी माँ जीवित है तो उसने उनसे सम्पर्क किया और मिलने गई। उसकी माँ ने अपना नाम बदल लिया था और अगर मैं गलती नहीं कर रही थी तो उसने अपना नाम बदलकर फ़ातिमा रख लिया था। खैर, फ़ातिमा के पड़ोसियों ने उसका स्वागत बेटी की तरह किया। उन्होंने उसे उपहार के रूप में कपड़े और पैसे दिए। वह कुछ समय अपनी माँ के घर पर रही। जब उसके भारत वापस लौटने का वक़्त आया तो उसकी माँ ने पिता की क़ब्र तक जाने को कहा। वह भी मुस्लिम बन गया था। उसने ऐसा करने से मना कर दिया। उसने अपनी माँ से कहा कि जहाँ तक उसका ताल्लुक है तो उसके पिता दंगों में मारे गए थे। वह खुद को पिता की क़ब्र पर जाकर फूल चढ़ाने के

लिए तैयार नहीं कर सकी। जब मैंने उससे इस बारे में पूछा तो उसने कहा कि वह इसे स्वीकार नहीं कर सकी। उसके पिता को मुस्लिम रीति-रिवाज़ों के तहत दफ़नाया गया। "मैंने इसका कारण ढूँढ़ने की कोशिश की। मैंने इस छिपी हुई वजह को तलाशने के लिए आत्मा को टटोला। मैं यही कह सकती हूँ कि मैं यह नहीं कर सकी...।"

मैं एक मुश्किल और कष्टदायी प्रश्न पूछना चाहता हूँ। क्या आप जानती हैं या ऐसी औरतों से आपने बातचीत की है जो विभाजन की शिकार हुई हों ? वे अपनी पीड़ा से कैसे जूझती थीं ? एक उपन्यासकार के रूप में इन पीड़ित महिलाओं के अनुभवों की चर्चा करने के लिए क्या आप भाषा ढूँढ़ पाईं ?

आमतौर पर इसके बारे में मैं बात नहीं करती। ऐसा करना बहुत मुश्किल होता है। शरणार्थियों के परिवार जब मिलते हैं तो वे विभाजन के बारे में बात नहीं करते, क्योंकि यह एक बेहद दुखद विषय है। यह सभी को कष्ट देता है, खासतौर पर महिलाओं को। ज़्यादातर परिवारों ने अतीत को भुलाने के लिए खुद को समय के हवाले कर दिया है। यहाँ तक कि उन्होंने पीछे छूट गई या मारी गई औरतों के नाम तक भुला दिए हैं। मैंने किसी को भी ऐसी लड़की का ज़िक्र करते नहीं सुना जिसने खुदकुशी कर ली या जिसको अगवा कर लिया गया था। यह एक वर्जित विषय है। हमारे परिवार में दो लड़कियाँ पीछे छूट गई थीं। हमें नहीं पता, उनका क्या हुआ ! हम यह मान लेना चाहते हैं कि वे मर गई हैं। विभाजन के दौरान महिलाओं का नसीब हिन्दू मस्तिष्क पर बहुत बड़ा बोझ था। केवल हिन्दुओं के दिमाग पर ही नहीं, बल्कि उन सभी के मानस पर जिन्हें एक जगह से दूसरी जगह जाना पड़ा।

पक्की बात है कि मुसलमानों को भी यही सब भुगतना पड़ा होगा ?

हाँ, बिलकुल। इस पूरे मसले पर सोचना ही भयानक है। दोनों तरफ की औरतों को बहुत ही ज़्यादा क़ीमत चुकानी पड़ी। वे भीड़ की हिंसा की शिकार थीं।

भारत से मुक्त करवाकर पाकिस्तान भेजी गई औरतों को ज़्यादा सहजता से अपना लिया गया। किसी तरह से समाज में उनका पुनर्वास हो गया। हिन्दुओं ने अपनी औरतों को स्वीकार नहीं किया। कुछ ऐसे परिवार थे जो ऐसी औरतों को गहरी चुप्पी के साथ घेरे रहते थे।

मुझे ऐसा नज़र आता है कि जिन लोगों ने अपनी औरतों की हिफाज़त करने की कोशिश की—खासतौर पर सिख—उनमें ऐसा करने के

पीछे पौरुष का दर्प था, वे पीड़ित महिलाओं की देखभाल दूसरों के बनिस्बत बेहतर ढंग से कर पाए। उन्होंने इस सच्चाई के प्रति ज़्यादा संवेदनशीलता दिखाई कि ये बदनसीब औरतें उनके परिवार का हिस्सा हैं, वे उनकी बीवियाँ, बहनें और बेटियाँ हैं।

सामाजिक तौर पर हमने इस पूरे मसले को किस तरह लिया ?

वह असामान्य समय और असामान्य परिस्थितियाँ थीं। लोगों ने उनका सामना अपने तरीकों से किया। भारत और पाकिस्तान की सरकारें पीछे छूट गईं। महिलाओं को भेजने पर सहमत हुईं, पर हमें नहीं पता कि बच्चों के मामलों में क्या किया गया।

मैं बूटासिंह नामक एक आदमी की कहानी सुनाती हूँ। यह सच्ची कहानी है। जहाँ वह रहता था, एक दिन उस कस्बे में दंगे हो गए। पीछा कर रही भीड़ से भागकर एक जवान मुस्लिम लड़की दौड़ती हुई उसके घर में घुस गई और आँगन में लगे भूसे के ढेर के पीछे छिप गई। शाम को जब बूटासिंह घर लौटा तो उसे लगा कि भूसे के ढेर के पीछे कोई छिपा है। उसने देखा कि चुन्नी का कोना बाहर निकला हुआ है। उसने लड़की से बाहर निकल आने को कहा। उसने उसे भरोसा दिलाया, ''डरो मत, तुमको कुछ नहीं होगा। तुम यहाँ सुरक्षित हो। जब तक दंगे नहीं रुक जाते, घर के अन्दर रहो।'' लड़की उसके घर में कई दिन रही। इस दौरान दोनों ने कोई बातचीत नहीं की। बूटासिंह बूढ़ा मगर कुँवारा था। वही लड़की के लिए खाना बनाता था।

कुछ दिनों बाद पड़ोसी की छत पर खेल रहे एक जवान लड़के ने बूटासिंह के घर में लड़की को देख लिया। उसने अपने माँ-बाप को बताया। जल्दी ही पूरे पड़ोसियों को पता चल गया कि बूटासिंह ने एक मुसलमान लड़की को पनाह दी है। जब बूटासिंह घर वापस लौटा तो पड़ोसियों ने लड़की के बारे में पूछताछ की। उसने हिम्मत के साथ लड़की का बचाव किया और पड़ोसियों को चेतावनी दी कि लड़की को किसी तरह का नुकसान नहीं होना चाहिए। लड़की उसकी ईमानदारी और हिम्मत से प्रभावित हुई। वह बूटासिंह के साथ रहती रही। जल्द ही उनमें प्यार हो गया। वैसे भी उसकी स्थिति निराशाजनक थी और ज़्यादा विकल्प उसके पास नहीं थे।

एक पड़ोसी ने बूटासिंह से कहा, ''अब लड़की तुम्हारे घर में ही रहती है, तो शादी क्यों नहीं कर लेते ?''

बूटासिंह ने कहा, "मुझे कोई एतराज़ नहीं है, पर लड़की से भी पूछ लो।"

लड़की ने सोचा कि बूटासिंह अच्छा आदमी है और शादी के लिए तैयार हो गई। गुरुद्वारे में विवाह सम्पन्न हुआ। कुछ समय बाद उनकी लड़की हुई और परिवार पूरा हो गया।

कुछ समय बाद उसके भाई सैनिकों के साथ तलाशते हुए वहाँ पहुँचे। जब उन्होंने उसे ढूँढ़ लिया तो उस पर पाकिस्तान चलने के लिए ज़ोर डाला। भारत तथा पाकिस्तान के बीच हुए समझौते के मुताबिक उसे वापस जाना चाहिए था। बूटासिंह ने अधिकारियों से निवेदन किया कि वे उसे उसके साथ रहने दें। उसने उन्हें बताया कि वह उसकी कानूनी ब्याही बीवी है और उसने स्वेच्छा से शादी की है। लेकिन उसे ज़बरन भाइयों के साथ भेज दिया गया।

कुछ समय बाद उसे वापस लाने की उम्मीद में बूटासिंह पाकिस्तान गया। उसने उसके भाइयों को शादी के सबूत दिखाए। लड़की ने भी कहा कि उसने उससे शादी की थी, क्योंकि उसे बूटासिंह के साथ प्यार हो गया था, पर उसके भाई उसे भेजने के लिए तैयार नहीं हुए। मामला अदालत में गया। लड़की अदालत में आई मगर उसने एक भी शब्द कहने से मना कर दिया। बूटासिंह ने उससे विनती की। उसने उससे कहा कि वह उसकी पत्नी है और उसके बिना वह मर जाएगा। उसकी स्थिति दुखद थी, मगर लड़की ने कुछ नहीं कहा। ज़ाहिर है, उसको उसके भाइयों ने धमकाया था। उसकी मनोदशा को समझना मुश्किल नहीं था। बूटासिंह इससे हिल गया और उसने खुदकुशी कर ली।

उन दिनों इस तरह की कई घटनाएँ हुईं।

भीष्म साहनी के उपन्यास 'तमस' में विभाजन के दौरान महिलाओं की स्थिति और नियति क्या थी, इसको विस्तार से देखा गया है। मैं उस खास दृश्य के बारे में सोच रहा हूँ जिसमें औरतें कुएँ में कूद जाती हैं। यह घटना ऐतिहासिक रूप से सच्ची घटना पर आधारित है।

भीष्मजी का उपन्यास असाधारण है। इससे लोगों को विभाजन को स्पष्टता के साथ देखने में मदद मिलती है। मसलन, यह उपन्यास अहसास कराता है कि घर छोड़कर जानेवाले और तमाम तरह की परेशानियाँ झेलनेवाले साधारण मनुष्य थे और उनकी जड़ें ज़मीन में थीं।

तमस में एक और विशेषता है। उदाहरण के लिए, जिस दृश्य में

औरतें कुएँ में कूदती हैं, उसे बहुत ही संयम के साथ दिखाया गया है, जिससे वह सनसनीखेज़ नहीं बना। यह पाठक को रुला देता है, मगर उसमें बदला लेने की भावना नहीं जगाता। एक कम परिपक्व उपन्यासकार यह ग़लती कर सकता था।

विभाजन अब अतीत की चीज़ है। दोनों ओर की नई पीढ़ियों के लेखकों के लिए अब सम्भव है कि वे इसके बारे में ज़्यादा स्पष्टता के साथ लिख सकें, ख़ासतौर पर इसलिए कि भावनाओं की धुंध छँट गई है। एक दिन कोई मेरे पास आया। उसकी भाषा बहुत शुद्ध थी। निश्चय ही मेरी भाषा से ज़्यादा शुद्ध तो थी ही। मुझे यक़ीन था कि वह लखनऊ या इलाहाबाद का होगा। लेकिन वह पाकिस्तान से आए लोगों की दूसरी पीढ़ी का था। वह मुझसे बात करना चाहता था, क्योंकि *ज़िन्दग़ीनामा* में *गक्खड़ों* के बारे में लिखा था। उसका दावा था कि उसके पूर्वज पाकिस्तान के थे। वह उनके बारे में ज़्यादा जानना चाहता था, क्योंकि वह उनके साथ एक तरह का जुड़ाव महसूस करता था। मैं कहना यह चाहती हूँ कि विभाजन उसके लिए पहले ही इतिहास बन चुका है और वह अब एक ऐसी चीज़ है जिसके बारे में बिना भावुक हुए बात कर सकता है।

विभाजन पर लिखी गई ज़्यादातर रचनाओं में हिंसा पर ज़्यादा ज़ोर है ?

हाँ, यह था। फिर भी अधिकांश इन्सान की मूलभूत मानवीयता पर ज़ोर देने को भूले नहीं। उन्होंने यह बात विस्तार से कही कि विभाजन एक राजनीतिक फ़ैसला था।

क्या यह उपन्यासकार का काम है कि वह लोगों को तसल्ली बख्शे ?

नहीं, लेकिन ऐसा है। शायद उपन्यासकार के लिए यह दिखाना महत्त्वपूर्ण है कि लोगों ने यह समझ नहीं खोई कि सही क्या है।

मंटो ने ऐसा नहीं किया। विभाजन पर लिखी गई उसकी रचनाओं में रोष भरा पड़ा है ?

सच है। लेकिन एक बड़ा लेखक ही इस तरह के गुस्से को व्यक्त करने की क्षमता रखता है। मंटो जानते थे कि जब लोगों को घर से निकालकर शरणार्थी कैम्पों में रहने को विवश कर दिया हो तो उनके अन्दर तार्किक ढंग से सोचने-समझने की ताकत बची नहीं रहती। वे अपने घरों, अपनी मातृभूमि को याद कर सकते हैं, बस...लेकिन कुछ समय बाद यह सम्भव हो जाता है कि वे अतीत के बारे में ज़्यादा जटिल तरीकों से सोचें।

सम्भवतः दोनों समुदायों के बीच के सम्बन्धों पर सबसे महत्त्वपूर्ण और गम्भीर टिप्पणी यह है कि राही मासूम रज़ा ने टेलीविज़न धारावाहिक 'महाभारत' की पटकथा लिखी है। मैं सोचती हूँ, इसे एक बड़ी घटना के रूप में देखा जाना चाहिए। इसने सभी तरह की भिन्नताओं को खत्म कर दिया। यह ग़ौरतलब है कि उन्होंने कितनी गहराई से भारतीय संस्कृति को आत्मसात् किया है और कितनी गहराई से वे इसमें डूब गए हैं।

कुछ साल पहले जब मैं पाकिस्तान गया था तो मुझे नहीं लगा कि मैं किसी दूसरे मुल्क में हूँ। चारों तरफ की हर चीज़ मुझे परिचित लगी। वास्तव में जब मैंने इन्तिज़ार साहब से पूछा कि क्या कोई ऐसी चीज़ मैं भारत से भेज सकता हूँ जो पाकिस्तान में न मिलती हो तो उन्होंने कुछ हिन्दी किताबें भेजने को कहा।

यह जानकर बहुत अच्छा लगा कि इन्तिज़ार साहब ने भारत से हिन्दी किताबें भेजने के लिए कहा। मैं उन्हें *ज़िन्दग़ीनामा* और *दिलो-दानिश* की प्रतियाँ भेजना चाहूँगी। आप अगली बार जब भी लाहौर जाएँ, कुछ उर्दू किताबें लाएँ। लाहौर और इन्तिज़ार को मेरा सलाम कहें। जब मैं लाहौर के बारे में सोचती हूँ तो विभाजन के तुरन्त पहले के जवानी के दिन याद आते हैं। उस समय ज़िन्दगी कितनी रोमांटिक, धीमी, गहरी और ख़ूबसूरत थी ! सचमुच में वह अच्छा वक़्त था, वह महान समय था।

अंग्रेजी से अनुवाद : **मुकेश कुमार**

सूर्यास्त

जीवन की उपलब्धि यहाँ के अनेक सूर्यास्त। भव्य। क्या रंग ! क्या रंगों का सम्मिश्रण ! चिनार के सामने फैली आकाश पर निर्मल नीलाहट और उस पर लहराती सुनहली धूप—और इस विराट विपुल को देखनेवाली ये आँखें ! देख-देखकर भी अघाती नहीं !

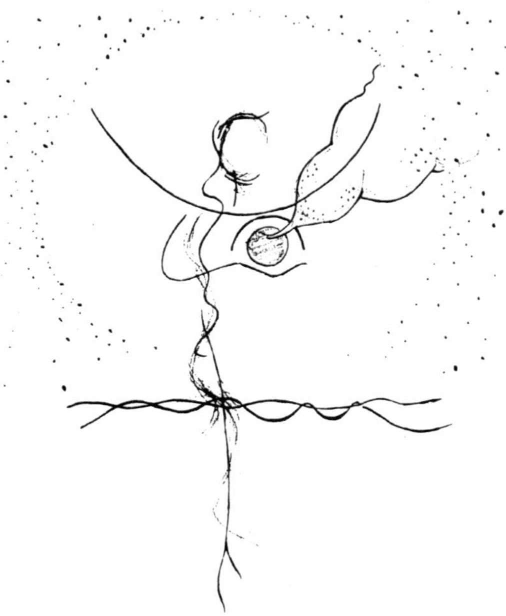

हर मौसम में ग़ज़ल का रंग ही अनोखा। इसके मुक़ाबले शास्त्रीय संगीत बाहर से अन्दर की ओर रूह में प्रवेश करता है और शिराओं में प्रवाहित होकर आत्मा को पल्लवित और पुलकित करता है। बड़े गुलाम अली खाँ साहिब से लेकर किशोरी अमोनकर तक की शास्त्रीय बारीकियों तक पहुँचने का ज्ञान न भी हो, उनके गायन की गहराइयों को महसूस करती रही हूँ। सारंगी मेरी पसन्द का साज़ है। सन्तोष बलराज साहनी साहिबा के घर पंडित रामनारायण को सुना तो मेरे आन्तरिक की लय बदल गई थी। अपनी जगह लौटने में मुझे ख़ासा वक़्त लगा।

मैं एक लम्बे समय का मौसम हूँ। ऐसे में ढिठाई का होना लाज़मी है। अपने पर अनुशासन भी ! जितने संयम की दरकार है, उतनी ही स्वतन्त्रता की

भी। किसी भी अच्छे लेखक को 'विचार' के पनपने के लिए एक बड़ी ज़मीन चाहिए होती है ! उसे अपना व्यक्ति ख़ुद होना होता है। ज़मीन को बड़े अनुभव की खाद चाहिए होती है।

अनुभव जासूसी नहीं—नकल नहीं। दूसरे हाथ का माल नहीं। लेखन का खरापन आप इधर-उधर से नहीं जुटाते। आप उसे अपने चैतन्य से, अपने संवेदन में जगाते हैं !

तब आप रचना की सघनता को बिना अतिरेक और पूर्वग्रह के अंकित करते हैं ! उसे शब्द देते हैं प्रामाणिक और प्रासंगिक बनाने को। यहीं से उभरती है वह प्रतीति भी कि ज़मीन के नीचे कितनी गहराई है, कितनी नमी है। कितनी ख़ाद डाली गई है। मेरे लम्बे वक़्त का खासा बड़ा हिस्सा सिर्फ ख़ाद बनकर रह गया है, पर कोई मलाल नहीं। शब्द का एक अर्थ, एक जिस्म, एक काया—रूह और एक पोशाक। शब्दों के मुखड़े और घराने भी पाठ में मुखरित होते हैं और इन सबकी बन्दिश में बँधी पाठ की रचनात्मकता को स्पन्दित करते हैं

भाषा के साथ किसी भी गम्भीर लेखक के सम्बन्ध मात्र सरसरी और औपचारिक नहीं होते। वे उसके संवेदन में खुबे होते हैं। शब्दों का भाषायी शोर और गठन तथा गूँज केवल हमारी श्रुति को ही नहीं खटखटाती, वह हमारे अन्तर के आज और कल को भी पुकारती है। अतीत, परम्परा और वर्तमान को एक साथ एक पाठ में स्थित करती है। इस लोक के पर्यावरण की हमारे गहन की निगूढ़तम आहटों से साक्षात्कार का जुगाड़ करती है।

किसी भी रचना को जीना और लिखना दो अलग-अलग मौसम हैं, जो पन्नों पर फैलकर एक हो जाते हैं।

मुझ-जैसी में वैराग्य का-सा भाव। कुछ ऐसा कि आप आप नहीं हैं। पात्र पात्र नहीं है। 'विचार' मात्र आपका निज का संवेदन नहीं है और रचना का भाव, अर्थ और विमर्श, सब साझे रूप में लेखक, पात्र, स्थितियाँ, टकराहटें और सम्प्रेषण सब एक-दूसरे के पाठ में गुँथे हैं। एक-दूसरे से जुड़े हैं। भाषा वह है जिसे आप सिर्फ पढ़ते नहीं—भाषा का मर्म वह भी जिसे आप जीते हैं। जीकर शब्दों की गहराई तक पहुँचते हैं। उन पुराने मुखड़ों को नए अर्थ देते हैं। अर्थों को नए रंग देते हैं !

'ऐ लड़की' लिखने से पहले के दिन तुमसे बाँट रही हूँ।

जाने क्या था कि पहलगाँव की सुबह, दुपहर और शाम मेरे लिए बराबर, एकरसता में लिपटे हुए। कहीं कोई हलकी - सी आहट तक नहीं थी कि कुछ बदलने को है। लिद्धर की आवाज़ कानों के बाहर अटकी रहती, धूप बाहर के सब्ज़ों पर पसरी रहती और मेरा लेखक गुम-सुम ख़ामोश।

एक सुबह कॉटेज के चौकीदार साहिब ने पूछा—श्रीनगर जा रहा हूँ। कुछ मँगवाना हो तो कहें।

नहीं, कुछ नहीं ! शुक्रिया !

नाश्ते के बाद सो गई। ख्वाब देखा। हरे सब्ज़े की ढलानों पर संगीत सम्मेलन हो रहा है। बरामदे से झाँकती हूँ। अपने बहुत-से दोस्त इकट्ठा हैं।

नींद टूटी। जाने क्या सोचा ! बाहर गई। अन्दर आई और तैयार हो ताला लगाया और बस-स्टाप की ओर तेज़-तेज़ बढ़ने लगी। वक़्त पर पहुँच गई। चौकीदार साहिब बस में चढ़ने को थे। उन्हें काग़ज़ लाने के लिए पैसे दिए और जाने कैसे मुझमें कोई और-सी बनकर पहलगाँव क्लब की ओर बढ़ गई। बंध पर घोड़ों की कतारें थीं। देखकर अम्मू की याद फिर आने लगी। घोड़ों को क़ाबू करती उनकी छवि। पास ही गुरुद्वारे का ध्वज दीखा। अन्दर जा माथा टेका। आँखें मूँद बैठ गई। वाणी सुनकर लगा, माँ ने कहा हो जैसे—लड़की, अपने से बाहर देखो। बर्फीले शिखर—हरियाली, अठखेलियाँ करता लिद्धर, इन्हें देखो। यह न भूलो, तुम कश्मीर में हो ! वक़्त कभी नहीं लौटता ! गुरुद्वारे से उठी और पहलगाँव की ओर बढ़ गई। क्लब में जा चाय पी।

बच्चों के रंग-बिरंगे गुच्छों को देखती रही। फूलों की क्यारियों में टहलती रही। लोगों को देखा। लिद्धर में पाँव डाले बैठी रही। लौटते में बाज़ार से ताज़ी

लाल सुर्ख चैरी ख़रीदी। ऊपर पहुँची तो कुछ देर के लिए सब शान्त था। देर तक बाहर बरामदे में बैठी रही।

अब मैं यहीं थी—यहीं और यहीं ! पुरानी मेरी माँ थीं। मैं पुरानेपन से निकलकर अब कहीं बाहर आ गई हूँ। मैंने नई आँखों से पहलगाँव देखा।

सरवर, रचना जाने-अनजाने किसी एक मुबारक क्षण में रचनाकार के दिल-दिमाग पर दस्तक देती है।

कभी दबे पाँव एक धीमी-सी, हलकी-सी आहट जैसे कविता का एक टुकड़ा—आधी पंक्ति—फिर एक लम्बा लमहा, कुछ ऐसा जैसे दूसरा बन्द लिखने के लिए एक और ज़िन्दगी गुज़र जाए। एक लौ-सी झिलमिलाए—कोई लपककर पकड़ ले कि कहीं गुम न हो जाए !

'ऐ लड़की' का आरम्भ करते हुए कुछ ऐसा ही भान हुआ था उसके लेखक को !

खाने के बाद फिर बरामदे में बैठी रही। लिद्धर अपनी शोरीली गति से बह रहा था। रात के सुनसान में आवाज़ गूँज रही थी। बादलों की परत में तारे गुम होते चले गए। कुछ ही देर में गरजते बादलों के साथ बिजली चमकने लगी। बौछार बरामदे को भिगोने लगी। कुर्सी तक पहुँच गई तो मैं घड़ी देख अनमनी-सी उठकर अन्दर चली गई। कॉटेज के दरवाज़े चैक किए—मोमबत्ती सिरहाने रखी—फिर पर्स से पेन्सिल-टॉर्च निकाल मेज़ पर रखी और पलँग के साथ लगे टेबललैम्प को जला लिया। पहले खिड़कियाँ बन्द करने को हुई, फिर खोल दीं। कुछ देर खड़े-खड़े बाहर देखती रही। फिर क़लम उठाया—खोला तो एकाएक अम्मू का स्वर सुन पड़ा—

ऐ लड़की !

वही सम्बोधन—दबे पाँव एक धीमी-सी आहट। जैसे कविता का एक अक्षर, एक शब्द, एक पंक्ति, बस यही, और यही वह सीधा-सादा साधारण शब्द मुझसे कुछ कहने लगा—टटोलने लगा।

पहलगाँव से लौटी तो 'ऐ लड़की' का पहला ड्राफ्ट फाइल में था। फाइल सूटकेस में। खोली। पन्नों को हाथ से छुआ। बस, परेशान हो गई। वजह इतनी ही कि चौकीदार साहिब टाइपिंग का सबसे हलकी क्वालिटी का पेपर पैकिट उठा लाए थे। फड़फड़ाता शोर करता कागज़ कहानी के पाठ को हलका-सा करता लगा। अच्छा दमदार कागज़ इस्तेमाल करती रही हूँ पर कागज़ के इस दस्ते को बदलने का मौका ही कहाँ था। सोचा था, दिल्ली लौटते ही इसे अच्छे कागज़ पर उतार लूँगी। इसी बहाने दूसरा ड्राफ्ट भी हो जाएगा। फ़्लाइट में सोचती रही कि इसकी एक फोटोस्टेट करवा लेनी चाहिए थी। अगर विमान दुर्घटनाग्रस्त ही हो जाए तो पंक्तियों की सारी श्रृंखला ही स्वाहा !

सरवर, ऐसा कुछ नहीं हुआ। मैं अपने सामान के साथ ठीक-ठाक वापस दिल्ली लौट आई। वहाँ पहुँचते ही एक दूसरा खेल शुरू हो गया। रिवेरा अपार्टमेंट वाला फ्लैट अब बिकाऊ था। किराए के बहुत मकान देखे पर बात नहीं बनी। और अचानक एक दिन मेरे मित्र राजेन्द्र कौल साहिब ने मुझसे पूछा—क्या खेलगाँव में हाउस-गैस्ट रहना चाहेंगी ?

उत्तरी दिल्ली का दूसरा छोर है। पर वहाँ मुझे ऐसा कौन मिलेगा ?

राजेन्द्र कौल साहिब ने नम्बर मिलाया। अनीता टाकरू। उनसे बात की। फिर फ़ोन मुझे दे दिया—

खेलगाँव से अनीता।

अटैच्ड बाथरूम के साथ एक कमरा दे सकूँगी—क्या रह सकेंगी ?

अनीता, मेरे पास सामान बहुत है।

उसे बेसमेंट में रखा जा सकता है।

इस सबके लिए आपको कैसे तकलीफ दे सकती हूँ !

दोस्त लोग किस काम के अगर एक-दूसरे की मदद न करें ! हाँ, आने का मन हो तो दो दिन पहले फ़ोन करें। ट्रक की एन्ट्री दिन में नहीं। आपको उसे शाम सात के बाद भेजना होगा।

शुक्रिया अनीता, मैं फ़ोन करूँगी।

एक दिन सामान समेटने में लगा। मैंने शनीचर को दोस्तों को निमन्त्रण दे दिया—ओपन हाउस था।

रिवेरा में यह आख़िरी शाम ख़ूब दिलचस्प रही। मैं उस शाम ख़ूब चहकती रही, हालाँकि बहुत थकी थी। अगला दिन और भी भारी व्यस्त होनेवाला था। सभी मित्र जानते थे कि यह घर सदा को हम सबके लिए बन्द होने जा रहा है। फिर भी जाहिरा तौर पर इसका कोई ज़िक्र नहीं था।

काम इतने थे कि सोचने की कोई गुंजाइश ही नहीं थी। सामान ट्रक में रखवाकर मैं टैक्सी से अनीता टाकरू के यहाँ पहुँच गई। अनीता बहुत ही सहज सुसंस्कृत। न उसने कोई परेशानी जताई, न मुझे ही कुछ अटपटा लगा।

एक ठिए से उखड़कर दूसरे ठिए पर।

उस रात ऊपर सोई तो थकी इतनी थी कि एक नई जगह का एहसास ही न हुआ।

सुबह की चाय आई तो भान हुआ कि कुछ बड़ा घटित हो चुका है।

रिवेरा से उठकर रोजमर्रा की ज़िन्दगी नई चाल पर चालू हो गई। बाथरूम साफ-सुथरा। इसी से भविष्यफल उजागर हो गया। मैं यहाँ अपने को सहेज लूँगी। अनीता की छोटी बेटी दिव्या हँसने-रोने और बेहद प्यारी शरारतों से घर को गुंजान रखती। जब तक मैं जगती, अनीता ऑफिस जा चुकी होती।

अनीता ओएनजीएस की सीनियर मैनेजर। अपने काम के अनुरूप दक्ष और प्रवीण।

सरवर, मैंने अनीता से बहुत कुछ सीखा। मैं उम्र में उससे कहीं बड़ी, मगर दोस्ती बनी रही। आज भी है।

कई लम्बे रास्ते और कटावदार ख़तरनाक मोड़ों से होकर जब आनन्दलोक पहुँची तो 'ऐ लड़की' का ड्राफ्ट एक बार फिर मेज़ पर नज़र आया।

एक-दूसरे को चुनौती देती कागज़ की पंक्तियाँ। दोनों ओर से। मेज़ पर पसन्द का कागज़ था मगर 'ऐ लड़की' के पाठ की ओर जाने की कोई रुचि न बनती थी।

इस बीच कहानी के लिए पत्र-पत्रिकाओं का आग्रह था। और मैं जानती थी कि कुछ भी तैयार नहीं था।

'वर्तमान साहित्य' के कहानी विशेषांक के लिए जब रवीन्द्र कालिया की

ओर से आग्रह हुआ तो मैंने उनसे यह कहकर माफी माँग ली कि 'पॉवर ऑफ अटार्नी' के चक्कर में यानी घर बेचने और बदलने में रही हूँ। नया कुछ नहीं लिख पाई। लेकिन रवीन्द्र हर रोज़ इलाहाबाद से फ़ोन पर कुछ नया लिखकर देने का अनुरोध करते रहे। मैं बार-बार उनसे माफी माँगती रही।

"मैं इस विशेषांक के लिए आपकी कहानी का इन्तिज़ार करूँगा,"—उनके ऐसे ही फ़ोन के बाद एक रात मैंने मेज़ पर कहानी का पाठ किया। दूसरी शाम जब रवीन्द्र का फ़ोन आया, तो मैंने बड़े संकोच से कहा—एक लम्बी कहानी का रफ़ ड्राफ्ट मिला पर उसे मेरी मेज़ पर एक महीना तो ज़रूर लगेगा। मैं उसे फिर से लिखूँगी—टाइप करवाऊँगी।

रवीन्द्र ने पैनेपन से पूछा—कितनी बड़ी है ?

बहुत बड़ी नहीं।

आज रात को बैठकर उसे देखिए—हम आपसे कल मँगवा लेंगे।

मैंने हड़बड़ाकर कहा—नहीं-नहीं, मुझे ऐसे दबाव में मत डालिए। मैं काम धीमी रफ्तार से करती हूँ।

कुछ दिनों में ऊँचे कद के सम्पादक के सामने पेशी हो गई। सम्पादक ने इस रफ्तार पर मार्शल लॉ लगा दिया। मुझे वही पन्ने—वही पहलगाँववाला ड्राफ्ट—सौंप देना पड़ा। सम्पादक के सामने इस तरह की अधकचरी पेशी को लेकर मैं खासी झुँझलाती रही, पर तीर हाथ से निकल चुका था। 'ऐ लड़की' कहानी 'वर्तमान साहित्य' में प्रकाशित हुई।

"...तुमने मेरा पिछला वक़्त निभा दिया। अच्छा किया। माँ बनकर मैंने तुम्हें दूध पिलाना था और तुमने बेटी बनकर पीना था।

—लड़की, यह बन्धन निरे हाड़-मांस का नहीं—आत्मा का है। एक-दूसरे से गुँथा हुआ। पर सुन, जाने क्यों तेरा मणका अलग जा रहा है।

—अभी यहीं बैठी रहो।

—मैं सो गई थी। आँखों के आगे तुम्हारी नानी का मुख झिलमिलाता रहा। जाने कितने बरसों बाद माँ सपने में दीखी। वही उसका हरा मूँगिया जोड़ा और ओढ़नी से झाँकता स्तन।

—देख रही हूँ सपना, पर मन में यह कि थोड़ा-सा दूध और क्यों न पी लिया !

—लड़की, मैं अभी छोटी ही थी कि एक और बहन आन पहुँची।

जब-जब माँ को दूध पिलाते देखती, मैं मगन-सी हो जाती। टकटकी लगाए देखती रहती।

—एक दिन माँ ने पूछ ही लिया। क्यों री, ऐसे क्या देखा करती हो ? तुम छोटी थीं तो तुम भी इसी तरह गोद में लेटी दूध पीया करती थीं।

—माँ, एक बार और पी लूँ !

—चुप मुनिया, माँ का दूध एक बार छूट जाता है तो दुबारा मुँह नहीं लगता। इसका अरमान नहीं करते। यह कुदरत का नियम है। बड़ी होकर सब समझ जाओगी।"

नेशनल स्कूल ऑफ़ ड्रामा में देवेन्द्रराज अंकुर द्वारा निर्देशित 'ऐ लड़की' का मंचन देखा तो अहसास हुआ कि मात्र संवाद लिख सकना—नाटक लिखना नहीं। मैं कभी नाटक नहीं लिख सकी।

लेखक को उसकी सीमाएँ और क्षमताएँ दोनों उलझाए रखती हैं। मैं कहाँ बरी हूँ, इससे !

आप शब्दों के मुख में शब्द नहीं, अर्थ डालते हैं क्योंकि शब्द तो अपने भाव-अनुभाव के साथ स्वयं बोलते हैं। संगीत की तरह शब्दों के भी घराने होते हैं। एक अच्छे लेखक के दिल-दिमाग और हाथ से वह मौलिक राग में सुर-ताल नाद और संवाद अर्जित करते हैं। जब आप एक अच्छे पाठ को पढ़ते हैं तो वह दृश्य-श्रव्य और दिल-दिमाग से संचारित होकर लिखी पंक्तियों में धड़कने लगते हैं। इन पंक्तियों के पीछे वह गहरी गुँथी ख़ामोशियाँ भी होती हैं जो पाठ को मुखरित करती हैं।

कहना पसन्द करूँगी कि इन्हीं खामोशियों की अनुभूति अच्छे अनुवाद की गुणा है। मैंने कभी अनुवाद नहीं किया—लेकिन भाषा की मदद से मौलिक लेखन भी एक तरह का अनुवाद ही है। आप भाषा की मदद से आपके आसपास गुँथे उस 'अनुभव' का अनुवाद करते हैं जो आपका निज का है और अपनी निजता से बँधा उस सबका भी जो आपके होने का हिस्सा है।

कृति के कलेवर में उसका आन्तरिक स्वभाव शब्दों के पीछे से तरंगित होता है। कहानी या उपन्यास के लिए स्थानीय सभ्याचार, वर्ग विशेष से उभरे व्यक्ति का संस्कार अनुवाद के कौशल पर भी हावी हो जाता है।

'मित्रो मरजानी' एक ऐसा ही टैक्स्ट है जो कथा के ठेठ को, पंक्तियों को कुछ ऐसे पिरोए है कि उसके भाव के ठाठ को समझने की ग़लती कहानी के अर्थ को घायल कर सकती है। उसमें सांस्कृतिक बेक़ायदगी पैदा कर सकती है।

मिसाल के तौर पर 'मित्रो' में मूल पाठ को देहात के गँवारू रंग से जोड़ना अनुवाद के लिए घातक सिद्ध हो सकता है। यह सही है कि पहनने के रंगों की तरह ही खेतिहर संवाद भी संक्षिप्त, गूढ़ और अपने में भीतरी अर्थों को समाए रहता है। इसकी तुलना में मित्रो का संस्कार और भाषा एक छोटे कस्बे को प्रतिबिम्बित करता है। मुफस्सल-कस्बा जितना गाँव से मुख़तलिफ़ है, उतना ही महानगर से भी। अनुवाद से पहले कृति का भूगोल और उसका सामयिक इतिहास जानना उसके कथ्य को जानने के लिए ज़रूरी है।

टैक्स्ट की भाषा और संस्कार तक पहुँचने के लिए उसके समाज और वर्ग को समझ लेना महत्त्वपूर्ण है।

मित्रो साधारण परिवार की असाधारण बहू है। वह विशेष है। यह विशेषता उसके पीहर और ससुराल के अगले-पिछले वातावरण से उभरी है। दोनों की दूरियों को मापता हुआ पुल स्वयं मित्रो है। जो मापा जा रहा है उसे मित्रो की भाषा में सुना जा सकता है। मानना चाहूँगी कि मित्रो के संवाद लेखक के संवाद नहीं हैं। उन पर एकाधिकार मित्रो का अपना है जिसमें विपरीत दिशाओं से स्थितियाँ अपने अलग-अलग रंगों में एकाकार हो गई हैं। भावनाएँ और नैतिक मूल्य भी। इन दोनों ओर की टकराहट में से उभरा है मित्रो का शोर। उसकी अनुगूँज। लफ्ज़ों में आदिम मांसल खुरदरापन।

इस कहानी के प्रत्यक्ष होने की ओर लौटती हूँ। प्रत्यक्ष और प्रकट। इसके पहले कहानी का मुखड़ा मेरे ज़हन में नहीं था। कहीं स्मृति में कुछ बोल थे। बरसों पहले एक झलक में मित्रो को राजस्थान में देखा था।

डूँगर के पास, सिर पर बोझा उठाए वह जीती-जागती काया हरियाली क्यारी-सी दीखी थी। आँखों में ललक, आँचल तले उभार, लहँगे और ओढ़नी में मढ़ा हुआ गेहुँआ गदराया बदन—हाड़-मांस की अनोखी देह, रुपहले धूपिया पानी में कसी हुई। तनिक गर्दन घूमी। ठेकेदार को आते देखा तो काँकरी मार दी। हँस-हँसकर कहा—इधर तो देखना मति ठेकेदारजी ! लहँगडूँ की माँद में अट गए तो गए काम से।

हँ ! आप ही भरमा रही है कमजात। तेरी महामाया बींध दी तो सारा मरम-भरम धरा रह जाएगा। पगलाई फिरेगी।

जाप कर, जाप कर उस शरबती का ठेकेदार—कच्ची-पक्की हौंस से तुम्हें तभी छुटकारा मिलेगा !

इन शब्दों को सुनकर उनके पार देखने का धीरज मुझमें था। दिमाग़ में कहीं रख दिया। बरसों पड़ा रहा। कहाँ मजूरी-मददवाली वह औरत और ठेकेदार और कहाँ मेरा वातावरण ! उन दिनों गवर्नस बनी महल में रह रही थी। रियासती ताम-झाम। और मैं एक अनुशासनप्रिय शिक्षिका के रूप में अपने काम पर गम्भीरता से तैनात।

इस बीच बरसों गुज़र गए। मैं आबू से दिल्ली लौट आई थी। पुरानी गूँजें-अनुगूँजें सब वहीं छूट गई थीं। ऐसी ही हूँ मैं। लौट-लौटकर पीछे नहीं देखती। आगे।

अब आपको झलक दे रही हूँ उस दुपहर की जब मित्रो मेरे दिमाग में सरसराई। जी-भर आराम के बाद नींद से जगी। आँख खोली तो जाने कैसे और क्यों छत की ऊँचाई से सटा पड़ा एक पुरानी तर्ज़ का रोशनदान नज़र आया। चौखट के कुंडे में रस्सी की डोर लटकी थी। अचरज यह भी कि ऐसे में दीवार पर लटका एक छाता भी दीख गया।

कहीं कुछ नहीं था। सोचा, वह किसका अक्स रहा मन पर ? रोशनदान और छाता ! क्या अचानक मेह बरसने की प्रतीक्षा ? एक छाता—एक रोशनदान और बिना अपने को उकसाए उठी और पहुँच गई अपनी मेज़ तक।

किसका था यह छाता ?

गुरुदास का।

गुरुदास, मगर उनकी घरवाली कौन ?

धनवन्ती।

यही। यही तो। परिवार का मुखड़ा इन दो नामों के साथ छाते के साथ अंकित हो गया। शहर नहीं, कस्बे की गृहस्थी।

नाम महत्त्वपूर्ण हैं—

बनवारी लाल

सरदारी लाल

गुलजारी लाल

तीनों की बीवियाँ—

सुहागवन्ती

समित्रावन्ती

फूलावन्ती।

अब सुनो सरवर, लेखक के जाने और अनजाने में कहानी कैसे बनती है। कैसे उभरती है और कैसे उघड़ती है।

दशकों से मित्रो की हस्ती अपने अर्जित अधिकार से पाठकों के मन में एक ज़िन्दा औरत के रूप में अनोखे सगेपन से मौजूद है। बाँटना चाहती हूँ कि इसकी पहली पंक्ति लिखते हुए कोई आसार लेखक के ज़हन में नहीं थे कि यह क्या लिखा जा रहा है।

मेरा मानना यह भी है कि मित्रो मरजानी की संरचना मात्र लेखकीय सामर्थ्य की ही प्रतीक नहीं। कहानी गुरुदास और धनवन्ती के परिवार के रचाव में से सर्जित हुई है।

कहानी का उघड़ना इन शब्दों के साथ—

''मटमैले आकाश का छोटा-सा टुकड़ा रोशनदान से उतर चौकोर शीशे पर आ झुका तो नींद में बेख़बर सोए गुरुदास सहसा अचकचाकर उठ बैठे। बाँह बढ़ा खिड़की में से चश्मा उठाया। आँखों पर रखा और चौकन्ने हो कमरे की पहचान करने लगे।

''वह रहा कोने में रखा अपना छाता। खूँटी पर लटका लम्बा कोट। अपना ही घर है। घर में सब ठीक-ठिकाने है। भला-चंगा हूँ मैं भी। तनिक दुपहरी सो ही तो गया...कि एकाएक मसूढ़े से उठती पीर से बेबस हो फिर लेट गए। हाय ओ, अभी उस दिन ही तो दूध के दाँत निकले थे। आज एक झटके से उखड़ भी गए। कई ढेर दाँतों के नीम डॉक्टर का चेहरा आँखों के आगे ठिठका रहा, फिर बूँद-बूँद रिसते पानी में ओझल हो गया।

''इतना लम्बा सफ़र इतनी जल्दी कट गया। उसी दिन तो अम्मा को आगे का हिलता दाँत दिखाया था। अम्मा ने ठुड्डी छू समझाया था—मुन्ने बेटे, दाँत गिरे पीछे जिभा से न छूना। बत्तीसी रूठ जाएगी। अम्मा की हल्दी लगी अधमैली ओढ़नी में से झाँकता छोटे घूँघटवाला मुखड़ा। वह जीती-जागती साक्षात् लक्ष्मी-सी माँ किन भूले-बिसरे सपनों में जा लुकी। और कहाँ चले गए वे सुहाने दिन और कहाँ गए अपने अम्मा और बापू !''

मित्रो की भाषा को लेकर बहुत चर्चा हुई। अपनी ओर से इतना ही कि 'लोक' के संवेदन से छनकर यह मुहावरा गुँथा। इसकी स्थानीयता में हरियाणा, राजस्थान और पंजाब का मिलाजुला ध्वनि-संसार संवाद में सुगठित और प्राणवान हुआ। नेशनल स्कूल ऑफ ड्रामा की प्रस्तुति पर मित्रो के संवाद ने मुझे सच में चमत्कृत किया। हैरानी हुई कि लेखक को अहसास तक न हुआ और मित्रो मरजानी में सिर्फ मित्रो का ही प्रवेश नहीं हुआ—कुछ बड़ा घटित हुआ। उसमें

किसी नई औरत की आहट छिपी थी। एक ऐसी आहट जिसमें उसकी संज्ञा ही नहीं थी, उसकी अस्मिता भी। रचना की पहली पंक्ति अपने में दूरगामी परिणाम सँजोए रहती है। पहली पंक्ति पन्ने पर और जैसे कुछ जन्म-सा घटित हो जाता है। उद्घाटित रचना और रचनाकार की सत्ता और स्वायत्तता दो हिस्सों में बँटकर एक में एकाकार होने को चल निकलती हैं। एक ही पन्ने पर दो धाराएँ अपने-अपने निजत्व में उस एक ही बिन्दु की ओर बहती हैं जहाँ रचना का अन्तरंग स्थित है। रचना की अपनी धूपघड़ी होती है जो लेखक के संयोजित समय से अलग होती है।

लेखक अपने समय को जीता है और लिखी जानेवाली कृति अपने अन्तरंग को, बहिरंग को। और इसी में से वह अनोखा मर्म कुछ ऐसे उभरता है कि रचना अपनी गुण-धर्म पुण्य-सम्पदा को स्वयं रेखांकित करती है। लेखक के व्यक्तिगत अस्तित्व के बावजूद।

मित्रो की भाषा इसका प्रमाण है। मित्रो के संवाद में मुझे दो सीमान्तों की मुठभेड़ का अहसास हुआ। एक वह रंग जो गुरुदास और धनवन्ती की गृहस्थी में झिलमिला रहा है—सम्बन्धों की प्राचीन एकरसता में और दूसरा रंग लहरा रहा है मित्रो के पिछवाड़े से। उसकी माँ बालो के खुले दरवाज़े की देहरी से कड़ी धूप और सीलन एक साथ। शायद इन्हीं दो विरोधी तत्त्वों से उभरी होगी मित्रो की भाषा, जिसने उसके संवाद में संवेदन और ऊर्जा से निखार किया। आदिम रस्टिक मगर सम्प्रेषण में जीवन्त धड़कता हुआ और प्रभावशाली।

एक आन्तरिक लुकाछिपी की बात बाँटने जा रही हूँ। लिख रही थी तो कतई अन्दाज़ नहीं था कि एक संयुक्त परिवार के बहाने, आमने-सामने की जो टक्कर कहानी के संवाद के रूप में ख़ुद-ब-ख़ुद तैयार हो गई, उसमें मित्रो की देह-भाषा और उसके नारी-अस्तित्व की आन्तरिकता उभरने की प्रक्रिया में है जिसे देहधर्म से नया स्वरूप लेता औरत का विचार भी कहा जा सकता है, वह विचार जिसे स्त्री के विवेक तक पहुँचना होगा। महत्त्वपूर्ण है यह बात भी कि मित्रो के पास भाषा का परिष्कृत शिक्षित संस्कार लगभग नहीं ही था। विस्मयकारी रहा उसकी बोली में, भाव में, शब्दों के चुनाव में ऊर्जा और ऊष्मा का प्रभाव। करीब-करीब सृजनात्मक स्तर का।

शब्द देह से तरंगित होकर 'वाचन' बन जाते हैं। इतना जोड़ना चाहती हूँ कि यह प्रयोग मेरे—या लेखक के नहीं हैं, उस पात्र के हैं जिसने अपने होने के

सीमान्त से उन विभिन्न स्थितियों को देखा है जो अपने-अपने इकहरेपन में दोहरी हैं और दोहरेपन में इकहरी हैं। इसका चरम क्षण वह बिन्दु है, जहाँ एक सँकरी लीक पर से गुजरकर मित्रो अपनी माँ को पीठ देती है।

मित्रो के इस निर्णय से बहुत-से पाठकों को परेशानी हुई है। मैं स्वीकार करूँगी कि मुझे हैरानी ज़रूर हुई, पर परेशानी क़तई नहीं।

मैं अपने पात्रों को पूरी आज़ादी देती हूँ। उतनी ही, जितनी स्वयं को। मैं उन्हें अपने भावनात्मक या बौद्धिक संस्कार की कठपुतली नहीं मानती। मुझे और मेरे पात्रों को आमने-सामने खड़े होकर एक-दूसरे को चुनौती देनी होती है। और दोनों ओर की चुनौतियों से कृति को उसका हिस्सा देना होता है जो उसने स्वयं अपनी शक्ति से अर्जित किया है।

मैं गहरे तक विश्वास करती हूँ कि लेखक निमित्त होता है उस जीए हुए अनुभव को अंकित करने के लिए जो ज़रूरी तौर पर वह स्वयं नहीं जीता—एक बड़ी दुनिया के पास से गुज़रकर कभी दूसरे से कभी ऐन बीचोबीच से होकर संगत और सोहबत में से कुछ ऐसा उठाता है जो मूल्यवान है।

''अम्मा, जिस दाते का नाम लेती हो, उसे आँख से किसने देखा है ! असल पैगम्बर तो तुम्हारे बेटे ठहरे—जब चाहें पौध रोप दें।'' शिक्षा-ज्ञान-विज्ञान की हदों से बिलकुल बाहर यह मित्रो हमें कुछ कहती है। जो परिवर्तन आज हमारी आधी दुनिया में लक्षित है, वह यकीनन मित्रो की भूमिका को प्रमाणित करता है।

मित्रो को लेकर बहुत कुछ कहा-सुना और लिखा गया है ? 'मित्रो मरजानी' दशकों से साहित्यिक संवाद और वाद-विवाद के केन्द्र में रही है।

''जिठानी, क्या ऐसी छातियाँ तुमने कहीं और भी देखी हैं ?'' शील-अश्लील और नैतिकता को लेकर बहुत-से लोगों में चिन्ताएँ भी जागी हैं। मगर यह भूलना भी क्यों ज़रूरी है कि स्त्री देह-अंश को अपने में धारण करती है और अपनी सम्पूर्णता में उसे विस्तार देती है। धर्म है देह का, देह का अध्यात्म भी और देह और आत्मा से उभरा शास्त्र भी।

''पाहुन के किवाड़ पर पीठ दे हड़बड़ाई मित्रो ने पाँव उठा पहली पैड़ी पर रखा—ओ मित्रो के गोसैयाँ, तूने इस माटी की देह में रस की तलैया क्यों ढरका दी ?''

रस जीने का, जन्म देने का, विस्तार करने का, क्षणभंगुर क्षण को अमर करने का, उसके मातृत्व का, अपनी देह में स्थित गर्भ के रहस्य को जानने का और अपने केन्द्र से मानवीय कड़ी को अमरत्व प्रदान करने का। मित्रो,

हमें बहुत-से नए सन्दर्भों के पास ले जाती है। हमारे आज के पास। उसकी भाव-भंगिमा और मर्म आज की औरत की मनःस्थिति और अपनी संज्ञा की चुनौतियों में सखा भाव जगाते हैं।

अन्त में कुछ लेखकीय तथ्य—'मित्रो मरजानी' के तीन ड्राफ्ट हुए। पहले और तीसरे में ज़्यादा फर्क नहीं था।

इसका शीर्षक स्वयं इसकी अन्तिम पंक्तियों से उछलकर इसके मस्तक पर आ लगा। इन दो शब्दों की जुगलबन्दी ने एक अनोखी लय को तरंगित किया। महत्त्वपूर्ण यह कि एक उद्धत औरत की छवि के रूप में ही नहीं—एक जीते-जागते धड़कते पात्र की हैसियत से।

श्रीनगर से विजया और देवेन्द्र कोहली अपनी मुनिया बेटी के साथ पहलगाँव आए। हम सबने पहलगाँव क्लब में लिद्धर किनारे लंच लिया। सुहानी दुपहर। लगे ही नहीं कि वहाँ से उभना भी ज़रूरी है।

लौटने में मैं भी उनके साथ हो ली ! कवि महाराज कृष्ण सन्तोषी ने मट्टन दिखाने का निमन्त्रण दिया था। कोहली दम्पती ने मुझे उस मोड़ पर उतार दिया जहाँ से मुझे दूसरी बस लेनी थी।

मट्टन पर उतरते ही मैं कोक के स्टॉल की ओर बढ़ी। दुकानदार ने कोक आगे कर कहा—

आपको महाराज कृष्ण के यहाँ जाना है न !

सरवर, ज़रूर मेरे माथे पर तेवर उभर आए होंगे कि अगले फिक्रे में उन्होंने मुझे बताना ज़रूरी समझा कि महाराज कृष्ण सुबह से आपका इन्तज़ार करते रहे हैं। कुछ ही देर पहले घर गए हैं ! अब आप बाएँ से सीधे चली जाइए। दो मंजिला घर उन्हीं का है।

मैं आसानी से वहाँ पहुँच गई। चाय के बाद सन्तोषी और उनके मित्र चमनलाल काटरू के साथ हम घूमने निकले।

याद में सुरक्षित रहेगी वह शाम। शहर-स्थान कोई भी हो, लेखक बिरादरी का मानसिक तापमान एक-सा होता है।

सरवर, आँखों में तैर रही है एक कमीनी नज़्म। भविष्य को पढ़नेवाले थे चमनलाल काटरू। हिन्दी के कवि महाराज कृष्ण सन्तोषी के मित्र। मट्टन निर्जन एकान्त में जब इस नज़्म के शब्द दोहराए जा रहे थे तो उसके साथ-साथ सहम डर और आतंक के साथ खामोश पेड़ों के आगे पीछे नाचने लगे थे।

जिन्दगी इस नाकाबन्दी
उन उभरते हाथों का डर
जो मुझी तक पहुँच पाते हैं

कि मेरा ही कद
दस्तरस से बाहर नहीं
वह जो जर्राफा हुए हैं
इन नारसा हाथों से चल
निकल कर
चाट बैठे चाँद को
लूटकर कुल्फ़ियाँ
ओठों पर ज़ुबाँ हैं फेरते
जैसे सदियों से हो रेगजार।
तरसते ज़िन्दगी की बूँद को
मुझसे उठा जाता नहीं
एक हाथ बस सिर्फ एक हाथ
ताकि हलके गहरी साँस लूँ।
मुझे रहना है
इसी जंगल में जहाँ
ऊँचे तनावर पेड़ अपने बोझ से
मुझको दाबे खड़े हैं
और झाड़ियाँ दामन खेंचती
कशिशें सकल जैसे कम हों।
मुझको लिटाए रखने के लिए
कोई तूफाँ भी नहीं मुमकिन अभी
जो मुझे सबसे तनावर पेड़ पर
रख दे उठाकर
चाहे मैं पैबन्दे न पैवस्ता लगूँ
इसकी शहरग में न गाड़ूँ अपनी जड़ें।

लेखक का तात्कालिक कर्म सिर्फ लिखना नहीं, सोचना है। सोखना है। बहुत कुछ को अपने में ज़ज्ब करना है। बहुत कुछ को अपने बाहर छोड़ना है। रचनात्मक कल्पना और ऐन्द्रिक संसार से समन्वय करना लेखक की वैचारिक पीठ है।

तर्क और विश्लेषण की बेलचक कठोरता अकादमिक लेखन की शर्त हैं पर सर्जनात्मक कृतित्व की नहीं। यहाँ वैचारिक ऊर्जा जिज्ञासा और जागृति में बदलती है और जानकारी और अनुभव शब्दों में। अगर ऐसा न होता तो साहित्य साहित्य न होकर शास्त्र का स्वरूप ही ग्रहण करता।

सरवर, क्या 'पहल' पत्रिका देखती हो कि सिर्फ अंग्रेजी की पत्रिकाएँ ही पढ़ती हो ?

जब मंजूर एहतेशाम को 'पहल' सम्मान से सम्मानित किया गया तो मैं भोपाल गई थी। दिसम्बरी मौसम था। तीखी सर्द हवाएँ और बहुत-से लेखक मित्रों के साथ होने की गरमाहट। गर्मी का यह तापमान सगे-सम्बन्धियों से कहीं ज़्यादा ऊँचा, उनसे कहीं ज़्यादा गहरा, गूढ़ और अपना होकर उभरता है। आपसी नोक-झोंक, मनमुटाव, साहित्यिक झगड़े, सैद्धान्तिक विवाद, विचारधाराओं वाले तरकशी संवाद सब बराबर ट्रैक पर कुदानें भरते रहते हैं, एक-दूसरे पर दोष और लाँछन लगते रहते हैं फिर भी इस अदबी बिरादरी जैसी प्रबुद्धों की कोई दूसरी भीड़ नहीं। जिसे आप पहले कभी मिले नहीं, उसे भी पहचानते हैं। जिसे पहली बार मिल रहे हैं, उसके लेखन द्वारा जाने कब से उसे जानते हैं। ऐसे मौकों पर जब भी बुद्धिजीवी मिलते हैं तो तापमान सगे-सम्बन्धियों से भी कहीं ज़्यादा गहरा और गूढ़। मगर यह कैसेट की पहली तरफ़ है—दूसरी ओर मनमुटाव, नोक-झोंक, बहस-मुबाहसे, सैद्धान्तिक झगड़े, विचारधाराओं की टकराहटें बदस्तूर ट्रैक पर फड़कती रहती हैं। बिरादरी का शिष्टाचार भी अद्भुत। असली, नकली और चालू सब अलग-अलग मुद्राओं में पहचाने जा सकते हैं। हवा में रह-रह कौंधते कहकहे, चुटकियाँ, फ़ब्तियाँ और घायल करनेवाले फिक्रों के तीर-तरकश। हाँ, चुप्पियों का तो पूछो नहीं। झुँझलाहट-भरी उदासीनता की—खफगी की वितृष्णा और प्रतिद्वन्द्विता। भभकी देनेवाली चुप्पी दम-खमवाले कुर्सीखाने से जुड़ी है। खैर, इसके लिए एक और अध्याय चाहिए। सरवर, वहाँ जो मैंने कहा, वह इस प्रकार है—

दोस्तो,

ख़ास है आज का दिन।
क्रिसमस साल का बड़ा दिन।

भोपाल की यह शाम भी कम खूबसूरत नहीं।

विशेष है 'पहल' का यह सम्मान समारोह, जो उपन्यासकार मंज़ूर एहतेशाम के लिए उन्हीं के शहर में आयोजित किया गया है। शहर की दोस्ती लेखक मन की सघनता है। इसलिए ज़रूरी है। शहर की दुश्मनी उगने के लिए और भी ज़रूरी। मंज़ूर के पाठकों और दोस्तों की ओर से उन्हें मुबारकबाद। 'पहल' सम्मान महज सम्मान नहीं। इस सम्मान के मूल से जुड़ी है, लेखक के विचार-गलियारे से नत्थी अच्छी और गम्भीर रचनात्मकता की पहचान। इसके साथ जुड़ा 'अतिरिक्त' कुछ भी हो, मूल साहित्यिक महत्त्व का है। इस प्रतिमान के लिए 'पहल' शंसा की अधिकारी है। हम लोग यानी उपन्यासकार खुश हैं कि कविता वर्ष में 'पहल' चयन समिति ने सम्मान के लिए एक उपन्यासकार को चुना है। गद्य और गद्य को तराशनेवाले कथ्य और शिल्प को पहचाना गया है। कविता के सामने हम लोगों की भी बन आई है। वैसे कविता की अपनी साख है और अपनी ही राजनीति भी। यह राजनीति ऊँचे धरातल की है। ऐसा नहीं कि उपन्यास की बहुत नीची है मगर दोस्तो, कविता दगदगा रही है। झमझमा रही है। इसीलिए यह फ़ब्ती कसी जा रही है ! इसे गम्भीरता से न लें। कहीं योद्धाओं में धर्मयुद्ध न हो जाए। आजकल साहित्य भी धर्म का अखाड़ा बन रहा है। ऐसा कहकर हम न किसी को लशा रहे हैं, न भड़का रहे हैं। भला पूछिए—ऐसी हरकत फिर क्यों की जा रही है ? बहाने से कहना हम यह चाह रहे हैं कि उपन्यास और उपन्यासकार ख़ासे मज़बूत हैं। चाल-ढाल से चुस्त-दुरुस्त। शिल्प, कथ्य और वृत्तान्त के बल डटकर खड़े हैं। तेजी से बदलते हुए समाज के ऐन बीचोबीच। कविगण क्षमा करें, यह बड़बोलापन नहीं, हकीकत है। उपन्यास की विधा में अपने विश्वास को दोहरा-भर रहे हैं। 'मीडिया' की चर्चा इस वक़्त न भी करें तो भी उन दबावों को मद्देनज़र रखकर इतना तो कहा ही जा सकता है कि उपन्यास की गूँथ कई तरह की काँट-छाँट और तराश के बावजूद कायम रहेगी। हाँ; इसे विधाओं में रस्साकशी का खेल न समझ लिया जाए। हम तो उपन्यासकारों की आत्मनिष्ठा को गरमा रहे हैं, ताकि उपन्यासकार दोस्तीपरस्त हों और अगले दशकों तक पहुँचते न पहुँचते इतिहास के विशेष मुखड़े को चुनौती दें और सामर्थ्य मुताबिक अंकित करें। लेखकों की कौम बड़ी ढीठ हुआ करती है। अपने सिवाय किसी को गरदानती भी नहीं लेकिन अगर अपना सम्पादक दानिशमन्द और दूरअन्देश हो तो लेखक उसका सिक्का मान लेता है। सम्पादक लेखक को मुखड़ा देता है। उसके रचनात्मक भविष्य की ओर संकेत करता है।

दोस्तो, 'पहल' के सम्पादन के लिए ज्ञानरंजन को सबकी ओर से आभार।

गुस्ताख़ी न मानी जाए तो एक सुझाव है। इसके पहले कि यार लोग ज्ञानरंजन से कविता लिखने का अनुरोध करें—हम उनसे उपन्यास क्यों न लिखवाएँ ? शताब्दी की खरी-खोटी खनक का शोर और अशोर प्रस्तुत करें ? हम जैसे पाठकों को याद हैं उनकी चर्चित कहानियाँ।

लौटते हैं भोपालियों की ओर। बड़ा अदबी दस्सा रखते हैं—कोई माने न माने, वह अलग बात। सुनने में आता है, साहित्य की मुख्यधारा यहीं से प्रवाहित होती है। मंज़ूर एहतेशाम के ठिए-ठिकाने के भी कुछ मतलब हैं। वतन ठहरा—वतन के पर्यावरण से जुड़े हैं।

जिस भी चौखट से लेखक उभरता है, उसका रचाव और रसाव दोनों उसके लेखन में जज़्ब होते चले जाते हैं। वह जो हवाएँ उसने बचपन में जी होंगी—अनजाने ही अपने में सोखी होंगी—वह सुबह जो शहर की धूप-छाँह में लहराई होगी—शरारतें जो बालिग होने से पहले की होंगी, वे सबकुछ कतरा-कतरा—गुच्छा-गुच्छा लेखकीय पाठ में घुल-मिल जाता है। आप उन्हें लेखक के पाठ में देख सकते हैं। लेकिन उन्हें शब्दों के जमावड़े में से इधर-उधर नहीं कर सकते। लिखता कोई और पढ़ता कोई और है। 'औरों' की एक बड़ी बिरादरी लेखक से जुड़ती है। यह सम्बन्ध और रिश्ते बहुत दूर तक फैलते हैं। अपनी व्यापकता में रफ़्ता-रफ़्ता सीमाओं को लाँघते चले जाते हैं। वे पंक्तियाँ, संवाद, वृत्तान्त जो अकेले कमरे में बैठकर लेखक ने कभी लिखे होंगे, वे पाठकों के हो जाते हैं। सार्वजनिक पाठ से जुड़ जाते हैं।

यह वह सरमाया है जिसे लेखक अपनी कीमत पर अर्जित करता है। यह निधि खरीदी नहीं जा सकती—बेची ज़रूर जा सकती है। बिक रही हो—बेचनी ही हो तो इसे कभी डिस्काउंट पर न बेचिए ! इसे कहते हैं प्राचीन मानसिकता। बाज़ार के विरुद्ध जा रहे हैं। मालूम करने की ख्वाहिश ही नहीं। डिस्काउंट टैग लेखक के कन्धे पर न लगना चाहिए। लेखक होना और लिखना इतना साधारण लगता है कि असाधारण हो उठता है। साधारण की असाधारणता अपने में बहुत बड़ी ताक़त है। ऐसे में सिर्फ एक शख्सियत लेखक पर हावी नहीं होती। उसे अपने ही हक में अपने में, अपने से अलग कई शख्सियतें जगानी-बनानी पड़ती हैं। लेखक, सर्जक, बुद्धिजीवी का सफ़र खासा लम्बा और मुश्किल हुआ करता है। शॉर्टकट कतई नहीं। इस गम्भीर अनुशासन की धाराएँ जितनी साफ-सुथरी और सरल लगती हैं, उतनी हैं नहीं। रचनाकार जिस अन्तर्दृष्टि से अन्तर्द्वन्द्व और विसंगतियों को टटोलता है, कभी-कभी वही उसे पछाड़ भी देती हैं और कभी लेखक के पीछे-पीछे चली आती हैं वे सम्भावनाएँ जो उसके पाठ के मौन में

निहित हैं। लेखन का अपना रोमांस है जो लेखक से अलग-थलग अपने खेल में रत रहता है। लेखक न चाहे तो भी।

पतंग उड़ाने से पहले पतंग पर सही कन्ने। डोर और चर्खी की सँभाल। आँख की सीध ऊपर। कभी ढील, कभी खींच। चढ़ गई तो पेच। कट गई तो वह गई। क्या हुआ—परिन्दे तो लहराते ही रहेंगे ! स्वामी याद आ गए ! हर रचना हर कृति के साथ लेखक की शक्ल-सूरत बदल जाती है। नई हो आती है। लेखक वही होता है लेकिन अपने 'होने' में बदल जाता है। एक अच्छी कृति की सघनता लेखक को एक नया-सा रुआब देती है। पर यह सब घटित होता है कृति के हलके में। लिखनेवाला तो कभी अपने से आँखें चुराता है, कभी दूसरों से। कभी खीजता है, कभी झुँझलाता है। कभी ख़ुद अपना सामना करने से कतराता है। अपने को अपने से बचाता है। कभी भीड़ में से अपने को ढूँढ़ लाता है। कभी ज़िद में आकर फिर गुम हो जाता है। लापता। दास्ताने लापता। लेखक की रौ है—जितना बारीक काते—जितना लम्बा—जितना भी खुरदरा—कोई स्थिति, लम्हा, कोई क्षण बढ़कर दबोच न लिया तो दोस्तो, लेखक की हैसियत में फिर हमने क्या किया !

इसी सवाल का जवाब अपने पुरानेपन से उबरकर हर लेखक ने अपनी नई किताब में दिया। इसका एक पहलू दूसरा भी है। मायूस, मासूम और कुछ उखड़ा-सा, लेखक की यही मुद्रा है। जो शख़्स अपनी पेचीदा चिन्ताओं को सुलझाने के बदले, उन्हें मानसिक और बौद्धिक स्तर पर 'हाई-प्रोटीन' खुराक देता रहे—सेहत के बहाने उन पर वार करता रहे—ऐसे लेखक को 'बिचारा' तो कतई न समझिए—उसमें दो 'ह' इकट्ठा हैं। दो 'ह'। हम सब उन लफ़्जों से वाकिफ़ हैं ! उसका खुलासा मंच से करना ठीक नहीं।

हमें मुगालता न हो, लेखक हाशिए से पन्ने को नहीं झाँकता। वह ऐन समाज और व्यक्ति के बीचोबीच खड़ा मुस्तैदी और चौकन्नेपन से स्थिति और उनसे बनते पर्यावरण पर निगाह रखता है। कभी अपने 'विचार' की उलझनों में खामोश भी हो जाता है, पर उदासीन नहीं। उसकी उदासीनता उसके कार्यकारी पक्ष की ज़रूरत है। सच तो यह है कि लेखक की विशेषता पंक्तियों में शब्दबद्ध करने में नहीं, उस सोच को जीने में है जिसे कोई भी लेखक आत्मकरुणा की बेहोशी में नहीं, धड़कती ज़िन्दगी में से पकड़ता है और अपने खूँटे पर बाँध लेता है। कृति और कृतिकार जुड़ जाते हैं। कृति और पाठक एक-दूसरे में जुट जाते हैं। सच तो यह भी कि लेखक का आधा हिस्सा पाठक में पनपता है। वही जीता है। इन दोनों भागों को धकेल कृति की समग्रता संचित होती चली जाती है।

उसी में लेखक की सर्जना और पाठक की चेतना केन्द्रित होती है।

लेखक की आज़ादी सिरफिरों का मिथ नहीं। अगर यह ऐसा होता तो आज अपनी बौद्धिक बिरादरी को लेकर हमें इतनी चिन्ता न होती। हम चारों ओर से घिर रहे हैं। घिर चुके हैं। फिर भी अपनी लीक पर चल रहे हैं।

व्यापक विस्तृत शब्द संस्कृति आज जिस दबाव के तले है, वह विश्व-भर के लेखकों के लिए चिन्ता का विषय है। प्रचार और प्रसार मीडिया क्या सचमुच 'विचार' को जकड़ लेगा ? क्या राजनीति उत्पादन और व्यवस्था का गठबन्धन लेखन की शक्ति को गौण कर देगा ? क्या बाज़ार और विज्ञान अपनी टकसाली संस्कृति से विचार-सामर्थ्य को सीमित कर देंगे ? क्या भाषा और रचनात्मकता पर इस सबकी रासायनिक प्रक्रिया हमारी सोच में बुनियादी परिवर्तन करेगी ?

साहित्य अगर जानकार ज्ञान से अलग है—अनुकृति मात्र नहीं और बौद्धिक और कलात्मक संयोजन और प्रस्तुति है—इसके पीछे वह दृष्टि है जो तथ्यों, अंकों और सूचनाओं के पार तक बेधती है, और स्थितियों-मनःस्थितियों के खोल के भीतर जाती है, धर्म और नैतिकता से अलग भी संवेदनीय हस्तक्षेप करती है तो ऐसे साहित्य की स्वायत्तता निःसन्देह है और रहेगी।

'सोच' पर हावी हो रही 'हाईवे संस्कृति' का ग्लोबल मॉडल क्या सचमुच हमें अपने होने की शैली से दूर कर देगा ? विचार, दर्शन की परिकल्पना, ईश्वर मनुष्य, धर्म, राजनीति, मार्क्सवाद और आधुनिकता की मृत्यु का ऐलान कर दिया गया है। क्या सचमुच मृत्युबोध और मोह-भंग के अक्स हमारी आत्मा पर भी सेंध लगा देंगे ?

'सत्य' अब चमचमाता मूल्य नहीं है। वह चपेट में है। 'सत्य' की कई किस्में उपलब्ध हैं—अलग-अलग काउंटरों पर। अन्य उपभोक्ता सामग्री की तरह ही यह बेचा जा रहा है। सत्य-सत्याभास सत्यांश-पचास फीसदी का सत्य-सम्पूर्ण सत्य। विराट सत्य। मेरा सत्य। आपका सत्य। सत्य अब एक दुकान है। टुकड़ों-टुकड़ों के सत्य भी कम 'सत्य' नहीं। ऐसा झूठ भी जो विवाद सत्य की तरह आन की आन में स्थापित कर लिया जाए। सरकारी सत्य भी मौजूद है। तुरन्त गढ़ लिया जाता है 24 कैरेट में। ऐसे में दोस्तो, लेखक का सत्य बड़े लम्बे रास्ते से कृति तक आता है और दूसरे शक्तिशाली 'सत्यों' के सामने ज़रा कुछ और सा दीखता हो। कमज़ोर-सा—पर नहीं साहिब, वह लगता है कमज़ोर, पर होता नहीं है। लेखक कमज़ोर लगता है पर होता नहीं। सिरफिरा। ढीठ और मज़बूत। उसे मनमाने ढंग से कौन दबोच सकता है, जब तक वह ख़ुद ही हथियार न डाल दे ! उसकी आत्मिक निष्ठा का इतिहास टकरावों से चुनौतियों का सामना करने की

तौफ़ीक रखता है। जुर्रत रखता है।

लेखक होने के नाते यह साथियों का प्रशस्ति-पाठ नहीं, उनकी जीवित प्राणधारा है। यह उनका जिक्र भर हम पाँच सितारा लेखकों की बात नहीं कर रहे जो दूर-दराज—कस्बों में, गाँवों में अपनी बौद्धिक ऊर्जा से अपनी प्रतिभा और अनुभव की अभिव्यक्ति करते हैं—उन्हीं के लिए हमारा यह विश्वास है जो जनमानस का पक्षधर है, लोकतान्त्रिक मूल्यों का प्रवक्ता है—वह आज की तारीख़ में कुछ तो विशेष है ! उसे लेखक के नाम से याद कर लेने में हर्ज़ नहीं।

दोहरा रही हूँ पहली बात को कि सब परिवर्तनों के होते भी साहित्य और साहित्यकार को ख़ारिज नहीं किया जा सकता। साहित्य की निरन्तरता बरकरार रहेगी।

अब इजाज़त लेती हूँ। शुक्रिया !

सरवर,

जयदेव और शिव जब 'सिक्का बदल गया' का अनुवाद देख रहे थे, मुझे निहायत बारीक अक्षरोंवाली अपनी लिखावट याद हो आई ! इतनी बारीक कि मैं अगर उसकी पांडुलिपि पढ़ना चाहूँ तो आज नहीं पढ़ सकूँगी। हाँ, लिखने का वह ढंग मैंने भगवती चरण वर्माजी से सीखा था।

मुझे 'विचार' पत्रिका के सम्पादक भगवती चरण वर्मा की ओर से पत्र द्वारा कहानी लिखने की माँग की गई तो मैं लिखाई देख चकित हुई। बहुत ही महीन अक्षर और शब्द ऊपर बिना लकीर के। मुझे हमेशा ऊपर लीक डालने में आलस होता था। सो उस पत्र को देखते ही इस तर्ज को अपना लिया।

बरसों बाद जब 'हशमत' उजागर हुए तो मैंने सहज ही एक और नई लिखावट तैयार कर ली। इसी के साथ मेरी लिखित के दो अलग-अलग रंग मेरे लेखन में अंकित हो गए। मैं इन दोनों में से किसी एक की तरफदारी नहीं करती।

सरवर,

एक सुबह दिल्ली में रिवेरा से निकल माल रोड के बस स्टैंड पर जा खड़ी हुई। बस का इन्तज़ार करते-करते अचानक त्रिलोचन दीख गए। सोचा, काश कि मेरे पर्स में बचपन की ऑटोग्राफ बुक होती ! इनके मूल्यवान हस्ताक्षर मेरे पास होते। सबसे पहले ऑटोग्राफ मैंने शिमला में भगवतीचरण वर्मा जी के लिए थे। हाँ, त्रिलोचन का कवि दिन-भर मेरे आसपास बना रहा। और रात मैंने त्रिलोचन को पढ़ा और उन पर कुछ पंक्तियाँ लिखीं।

त्रिलोचन

न विराट पुरुष
न इतिहास पुरुष
न सितारा-ए-हिन्द
न क्रान्ति पुरुष
न विशाल पुरुष
ये विशेषण तो उन लोगों के लिए हैं,
जो भूमण्डलीय संस्कृति की बाज़ार चेतना को
अन्तर्राष्ट्रीय विज्ञापनी मुहावरे को
शब्दों की गहराई में करते हैं
और अध्यात्म की मुद्रा में उसका कलात्मक प्रचार करते हैं
मनुष्य जो अति पुरातन है
मनुष्य जो अति आधुनिक है—इन्हें अपने से जोड़ता है।
मेरी भाषा का विशिष्ट कवि त्रिलोचन जाने अपने दाएँ-बाएँ
कौन-कौन-सी दिशाओं में क्या-क्या ढूँढ़ता है।

कहाँ-कहाँ घूमता है।
एक दिन त्रिलोचन मुझे दिल्ली के एक बस स्टैण्ड पर दीख गया।
किसी पत्रिका में मद्धिम-सा छपा उसका चित्र मैंने देख रखा था।
फिर भी पहली ही नज़र में मैंने उसे पहचान लिया।
मुझे वह नितान्त सादा मगर गूढ़ लगा।
उसने अधमैला खादी का कुरता पहन रखा था।
ऊपर खुरदरी-सी पट्टी की बंडी थी।
चेहरे को भव्य बनाती खिचड़ी बालोंवाली गुँथीली घनी दाढ़ी थी।
उसके चेहरे पर सदियों पुरानी भारतीय जन की छवि उतर रही थी।
प्रागैतिहासिक और आज का भारतीय, दोनों एक साथ।
वह कवि बड़ा है, पर लिखता तो देसी भाषा में है।
इसीलिए त्रिलोचन भारत की विशिष्ट बिरादरी में विदेशी है।
उसकी कविता धड़ल्ले से अंग्रेज़ी में अनूदित नहीं हुई,
सम्भ्रान्त कुलीन सुसंस्कृत गोष्ठियों में पढ़ी-सुनी नहीं गई,
ऐसे में त्रिलोचन जैसा भारतीय
मुख्यधारा का कवि अन्तर्राष्ट्रीय स्वरूप कैसे धारण करे !
यह सोचते हुए एकाएक मुझ पर दिल्ली की दीवानगी सवार हो गई।
अगर त्रिलोचन साफ़-सुथरा हो तो
उसका सजीला सयाना चेहरा लेखकीय भेंट के लिए
किसी भी बढ़िया क्लब में किसी भी शाम प्रस्तुत किया जा सकता है।
सोच-सोचकर दिल में खीज उठने लगी कि
कविता लिखने के लिए
घिसी-घिसाई चप्पल पहननी क्यों ज़रूरी है !
अगर त्रिलोचन डेनिम की पैन्ट पहने तो
एक पूरी पीढ़ी उसके साथ सद्भाव कायम कर सकेगी
पर नहीं
उसके जैसा कवि अपनी पोशाक
और अदा में काफ़ी फक्कड़ होता है।
क्योंकि वह अक्खड़ होता है
वह जल्दी-जल्दी बदलता नहीं
उनकी तरह
जो अपने को तेज़ी से बदलते हैं

हर मौसम में, हर हाल में,
हर मंच पर फड़फड़ाते हैं
पर त्रिलोचन लम्बे दशकों को लादे
अपनी ऊनी पट्टी में—डटोनी
मुद्रा में डटा रहता है
ध्यान से देखें तो लगता है
कि ख़ुद अपने ही सामने
झुका रहता है
कभी बस में चढ़ते हुए
कभी बस से उतरते हुए
जानी-पहचानी-अनजानी
सड़कों पर
ऐसे चलने लगता है ज्यों
ज़िन्दगी का काम आवारागर्दी
हो
उसे अपनी चाल-ढाल बदलने
की कोई ज़रूरत महसूस
नहीं होती
दशकों पुरानी आदत से बसों
के नम्बर सही करता है
चढ़ता है उतरता है और
निरन्तर मुसाफिरी में
सड़कें मापता रहता है
घर पहुँचकर चप्पल उतारता है
आलथी-पालथी मारकर कवि-कर्म में जुट जाता है
वह वही कपड़े पहनेगा जो
हमेशा पहनता रहा है
उन शब्दों के मौसमों की तरह
जो पुराने हैं पर इस्तेमाल
के बाद पहले से कहीं
ज़्यादा नए और सगे हो गए हैं
सहज हो गए हैं

त्रिलोचन इन्हीं से अपने मर्म
को जगाएगा
साधारण जन के लिए असाधारण
गीत गाएगा
बिना शोर के पढ़नेवालों
के मानस में पैठ जाएगा
त्रिलोचन को हम बाज़ार भाषा में
परम पुरुष क्यों बुलाएँ
वह हिन्दी भाषा का मुख्य
प्रबुद्ध कवि है
कविकर्म में रत
त्रिलोचन त्रिलोचन है
वह अपनी नवीनतम पंक्तियों
में अभी भी हमें गोचर है।

***स**रवर, 'वागर्थ' के लिए साक्षात्कार करने के अनुरोध ने न उत्साहित किया, न उत्तेजित। शायद पतझड़। हवाएँ चलती रहीं। पत्ते झरते रहे। चौकसी ने बेरुखी ठान ली थी और आलस्य का पोस्तई नशा दिल-दिमाग़ पर पसरा पड़ा था। दूरभाषी घंटियाँ दिमाग़ के बाहर बजती रहीं।*

आखिर कलकतिया हलचल रंग लाई और कुसुम खेमानी के प्रस्ताव के अनुसार दो छोर आमने-सामने हो गए। एक जाँच-पड़ताल पर और दूसरा अपनी सफाई पर। पढ़कर देखो दो पीढ़ियों का संवाद।

अनामिका की बातचीत

जब मैं कृष्णाजी से मिलने चली, मेरे दिमाग़ में उनकी पंक्तियाँ अलग-अलग दिशाओं से ऐसे टॉर्च जला रही थीं जैसे एक बार अँधेरे तहख़ाने में माँ ने जलाई थीं—नानी की चिट्ठियों का बंडल ढूँढ़ने के बेचैन उपक्रम में। हम सब थे उनके साथ, पर टॉर्च वह खुद थामे थीं! नानी को गुज़रे कुछ दिन ही हुए थे और उनका एक-एक स्मृतिचिह्न समेट लेने की सकदम-सी गुमसुम-सी व्यग्रता माँ के दिलो-दिमाग़ पर हावी थी—इस तरह कि उन्हें कुछ और न दीख रहा था, न सुनाई दे रहा था।

सुख और दुख के अतिरेक का रंग एक ही होता है। एक ही होती है उनकी प्रकृति! सुख-दुख का ऑल्टर इगो ही शायद जैसे कृष्णाजी का ऑल्टर इगो है हशमत साहब। गम्भीर चिन्तन का ऑल्टर इगो होता ही है मलंग लीला-भाव! तभी तो जीवन जगत् की जटिल विडम्बनाओं के सप्राण विश्लेषण में तल्लीन कृष्णादी सिर उठाकर अचानक हँस पड़ती हैं और कट्टर दुश्मनों या 'यारों के यार' की याद में सुन्दर उँगलियोंवाले कोमल हाथ बिदोड़कर कहती हैं—'अरे!' ऐसा लगता है, जैसे एक लहर में सारा राग-द्वेष बह गया! तट पर जो बची है—सृष्टि की पहली सुबह है वह!

जो लोग जीते जी अमर हो जाते हैं, उनसे मिलते डर भी लगता है। कहीं ठंडी निगाह से देख लें तो ? कुछ ऐसा कर गुज़रें कि वर्षों से रच-रचकर बनाई छवि ताशमहल-सी भहरा गिरे ! कितनी चोट लगेगी ! सिद्ध-प्रसिद्ध लोगों के ठोस हाड़-मांस और गन्ध-वृत्त से मिलने के पहले झूठी-सच्ची कहानियों की इतनी मायावी सुरंगों से गुज़रना होता है कि 'क्या भूलूँ क्या याद करूँ' की स्थिति भी घिर आती है। मन-ही-मन मीलों चल लेते हैं हम, और कुल मिलाकर स्थिति यह घिर आती है कि मिलने के पहले ही हम थक जाते हैं और 'कौन जाए' का आलस्य घेर लेता है।

कृष्णाजी से मिलने के क्रम में ऐसा डर-अपडर चित्त पर हावी नहीं हुआ। यह मेरे लिए आश्चर्यजनक था। प्रिय से प्रिय व्यक्ति के दरवाजे जाते समय आज के ज़माने में 'अनचाहा' होने का ख़ौफ़ सताता है और कई बार अपने आहत स्वाभिमान की पीठ सहलाते हुए खुद को समझाना भी पड़ता है—'मैं न आया था तुम्हारे द्वार, पथ ही मुड़ गया था !' कृष्णाजी के दरवाज़े आने से पहले ऐसा जो न लगा, उसके दो कारण हो सकते हैं। एक तो दूरभाष पर हुई बातचीत की निष्कंटक सहजता और दूसरी 'सर्जक की आँख' के शब्द-शब्द की ओस-सी टपकती निस्संग आत्मीयता...

'महज़ जानकारी और सूचनाएँ लेखकीय अनुभव नहीं। अनुभव अतिरिक्त विशिष्ट हैं। इसी से उपजता है रचना को आलोकित करनेवाला आलोक। आप बाट जोहते हैं, आहट सुनते हैं उस पाहुने की जो अपने घर से चल चुका है !'

मैं भी घर से चल चुकी थी ! मैं भी पाहुना ही थी ! मेरी भी बाट जोही जाएगी। आहट सुनी जाएगी। यह सोचकर ही मैं निहाल थी। जो आलोक की बाट जोह सकता है, वह तिमिराच्छन्न के प्रति तो और भी सदय होगा। सो, डरने की कोई बात नहीं। चियर अप ! मैंने खुद से कहा और चल पड़ी। और वहाँ वर्षों बाद घर आई बेटी-सा जो अपनत्व और खुलापन मिला, उससे यही बात नए सिरे से सिद्ध हुई कि सबसे कठिन होता है सरल होना। टेढ़ी लकीर तो बच्चा भी खींच ले, पर सरल रेखा खींच पाना किसी पिकासो के लिए ही सम्भव है। जीवन की सारी जटिलताएँ पी-पचाने के बाद ही कोई ऐसा हो सकता है जैसी कृष्णादी हैं। प्रस्तुत हैं उनसे हुए प्रश्नोत्तर के महत्त्वपूर्ण टुकड़े !

—अनामिका

बचपन किसी भी लेखक का आवर्ती जमा-खाता होता है जिसकी स्मृतियों का ब्याज उसके जीवन-भर का पाथेय जुटा जाता है अकसर। और आपके

'ज़िन्दगीनामा' का जो महाकाव्यात्मक वितान है–उससे यह बात और स्पष्ट हो जाती है कि अनूठी कौंधों से भरा हुआ एक स्पन्दित बचपन था आपका–इतिहास के एक विकट मोड़ (विभाजन) का सजग साक्ष्य, जिसमें एक खास तरह का आलोड़न भी भर गया था। बाद के लेखन में विभाजन आपका केन्द्रीय रूपक बन गया–बँटवारा-दिलो दानिश-दिलो दिमाग, भाव और विचार, आवेग और तर्क, कल्पना और यथार्थ, अन्तःप्रज्ञा और दुनियादारी के बीच का बँटवारा, कालबोध और स्थानबोध के बीच की फाँक, पीढ़ियों के बीच की फाँक, औरत और मर्द के बीच की फाँक और उससे जुड़ी विडम्बनाएँ आपने लगातार टटोलीं–और खासे संवेदनशील ढंग से। आज आँखें मूँद बैठने पर कौन-सी कन्दराएँ, कौन-से रास्ते, कौन-सी पगडंडियाँ, कौन-से लोग सबसे ज़्यादा याद आते हैं ?

अनामिका, तुम्हारे प्रश्नों से उत्तेजित हूँ और उत्साहित भी। अपनी और तुम्हारी पीढ़ी के बीच की दूरी को मापते हुए मैं नितान्त निर्मल-निर्मम आँखों से इन दोनों मुखड़ों का फ़र्क़ देख पा रही हूँ। एक मुझ-सा प्राचीन और दूसरा तुम-सा ताज़ातरीन, फिर भी मेरा समकालीन। इस क्षण अपने में ऐसा अहसास भी कि पिछली शती की ऐतिहासिकता को कुछ तो मैं भी अपने में सँजोए हूँ। क्योंकि इतिहास को घटित होते देखा है। एक नागरिक इकाई के रूप में एक बड़े परिदृश्य को अपने साथ जुड़ते भी देखा है। एक लेखक की हैसियत से अपने में उस कालखंड की गुणा और विभक्ति के दो धुरों को अपने में जज़्ब होते भी देखा है। राष्ट्र के क्रान्तिकारी और कार्यकारी दशकों का ब्यौरा मेरी रचनात्मक दौड़ की मंज़िल रही है।

अनामिका, तुममें अपनी तीसरी पीढ़ी को सम्बोधित करते हुए भी मैं अपने को इतना प्राचीन नहीं समझ रही जितनी उम्र के लिहाज़ से हूँ। इतना विश्वास भी रखती हूँ कि तुम्हारी ताज़ा पौध की आवाज़ को पहचानने की समझ मुझमें अब भी बनी हुई है। यह मात्र आत्ममुग्धता नहीं, लेखकीय अन्तर्दृष्टि है जो व्यक्ति के संघर्ष में किसी बड़े भविष्य का आख्यान देखती है।

मेरी विस्थापित पीढ़ी में अनेक गुणा और विभाजन एक साथ इकट्ठा हुए। 1925 में जन्मी। इस जन्म तारीख ने एक साथ ब्रिटिश साम्राज्य का उत्कर्ष और स्वतन्त्रता के लिए भारतीय जनता का संघर्ष देखा। बच्चे के रूप में मैंने शनिवार को शिमला के गिरजा मैदान में होनेवाले हाई लैंडरस बैंड के भव्य प्रदर्शन देखे और उसी रिज़ पर महात्मा गाँधी को

भी देखा। विपरीत दिशा से सरकारी नौकरशाही और आज़ादी के लिए देसी आन्दोलन की तनातनी का स्वरूप भी देखा। ये दोनों ओर के दबाव बराबर आँखों के सामने बने रहे। दादा साहिब गुजरात से रावलपिंडी और रावलपिंडी से कलकत्ता पहुँचे। राजधानी जब कलकत्ता से दिल्ली हो गई तो दिल्ली से पहुँचे शिमला। शिमला और नई दिल्ली की जीवन-शैली का परिष्कार और गुजरात के तवारीख़ी शहर में अपनी पैतृक हवेली का दबदबा भी हमारे बचपन पर छाया रहा। उसके साथ-साथ शिमला और नई दिल्ली जैसे सफ़ेदपोश शहर, इसके बाहर गाँवों की ज़मीनें, कुएँ, खेत-खलिहान, कच्ची राहें, खुरदरे लोगों की गरमाहट और किसी जोरावर पुरखे की तरह बहता कश्मीर की पहाड़ियों से उतरा मनमौजी दरिया चनाब ! हम बच्चों का बचपन गुंजान रहता नई दिल्ली-शिमला की सफ़ेदपोश स्वच्छता में। गुजरात हवेली की ड्योढ़ियों और तहख़ानों से, गाँव के हरे-भरे खेतों और गाय-भैंसों और घोड़ों से।

हर छः महीने में हम लोग शिमला से दिल्ली और दिल्ली से शिमला आते। राजधानी 'मूव' करती और सेक्रेटेरिएट के अलग-अलग विभागों की तारीखें निकलतीं और घर के सामान बँधने लगते।

दिलचस्प था सामान बाँधनेवाला बॉक्स। सुतली-सूए-गोंद-रीलें-पेन ! मोटी कलमें और टाट पर स्याही से पते लिखनेवाले ब्रश। कैंची-चाकू और दिल्ली-शिमला के पतोंवाले प्रिंटेड कार्ड। हम भाई-बहन चुपके-चुपके बहुत-सा सामान बक्सों और सूटकेसों में डालते रहते जो ताली लगाने के वक़्त बेकार समझकर निकाल लिए जाते। गाड़ी की रिजर्वेशन की तारीख़ मिलती और फिर हम रास्ते के लिए अपनी तैयारी करते। क्या सफ़र की उतावली और क्या उछाह ! बड़ोग पर चाय, कालका पर रात का खाना और सुबह दिल्ली पहुँचने की खुशी। नई दिल्ली कितनी सुन्दर और ख़ूबसूरत ! सड़कें सुबह-शाम टैंकरों से धुलतीं। तारकोल की सड़कें साफ ग्रे रंग में चमचमातीं। पैदल चलने की पटरियाँ, पेड़ों की लम्बी कतारें, हरी-भरी दूब-भरे चौराहे। मगर पहाड़ों में बसा शिमला भूलने में न आता।

इतना मोहक व्यक्तित्व है आपका–ऐसी निश्छल हँसी–इतने लोग चाहते होंगे आपको। सबको कैसे टैकल किया–टाला-निभाया-बहलाया-दहलाया–चाहे जो किया, मगर कैसे ? धीरज से निबटाया-समझाया कि एकदम गोली दागी ? इस प्रश्न का उत्तर नहीं दे सकती हैं–मगर दे दें तो बेहतर–बहुत सारी स्त्रियों को इससे सम्बन्धों का मर्म परखने में मदद मिलेगी। समझिए कि एक बेटी पूछ रही

है–'ऐ लड़की' में जैसे व्यावहारिक परामर्श माँ ने दिए थे, उससे कुछ अलग तरह की दृष्टि आपकी होगी, क्योंकि आपका आधुनिकताबोध जटिलतर है और इसलिए शायद आप हमारे अधिक करीब हैं–माँ बनने के लिए आज द्वैत के प्रश्न पर...

एक आत्मस्वीकृति ज़रूरी है, खासतौर पर जब मुझ पर गोली दागने का गुनाह चस्पाँ किया जा रहा हो।

साफ कर दूँ कि मैं अच्छे-खासे सन्तुलित स्वभाव की हूँ। मेरी निज की दुनिया कभी इतनी छोटी नहीं थी कि प्रतिक्रियाओं और शिकायतों की भरी थैली अपने साथ रखे रहूँ। मैं न आतंकवादी हूँ और न किन्हीं दूसरों की रणनीतियों से आक्रांत हो दागने को तैयार ! मैं अपने स्वभाव और अनुशासन से बँधी हूँ। साहित्य की दुनिया छोटी नहीं। अनेक दोस्त, समकालीन सहयोगी, सम्पादक, आलोचक और अनाम-अनाम पाठक परिवार के सदस्यों जैसे हैं। किसी भी एक के अच्छे गरमाहट-भरे शिष्टाचार को सराहती हूँ। हालाँकि जानती यह भी हूँ कि परिचय की सीमा से आगे बढ़ने के लिए मुझे दिन, मास, बरस नहीं, दशक चाहिए होते हैं। जानने की सीमा को फलाँगकर निकटता का प्रवेश-द्वार अकसर एक-दूसरे को निराशा ही देता है। हम अकारण ही एक-दूसरे से बहुत-कुछ की उम्मीद करने लगते हैं और मन में तकलीफ जुटाते हैं। मित्रताओं की ऐसी पेचीदगियाँ मुझे रास नहीं आतीं। हाँ, परिचितों और मित्रों से अगर किसी गम्भीर बात पर मनमुटाव हो तो मैं किसी भी क़ीमत पर उसे सुलझा देना चाहती हूँ। गुमसुम शिकायतों, उलाहनों को दिल-ही-दिल में पालना मुझमें न समझदारी जगाता है और न सहानुभूति। मैं बहुत जल्दी इससे ऊब जाती हूँ। मैं अपने अधिकारों के प्रति सजग हूँ। दूसरों के अधिकारों के प्रति भी उतनी ही। यह अच्छी बात है, बुरी नहीं। हम या तो दूसरों के मामलों में हस्तक्षेप करते हैं, बाक़ायदा दखलअन्दाज़ी और उसके प्रतिरोध करने पर उसके दृष्टिकोण को समझने की कोशिश करने के बजाय, खिल्ली उड़ाते हैं। इसी पर अपने बौद्धिक संसार का अहंकार टिका रहता है।

गुजरात आपके जन्मस्थान का भी नाम है। गुजरात के दंगे आपके अपने गुजरात की कौन-सी स्मृतियाँ आपमें जगाते हैं ? साम्प्रदायिक सद्भावना और बाहरी-भीतरी शान्ति की छटपटाहट हर संवेदनशील व्यक्ति में होती है, पर किया क्या जाए तानातानी से निबटारे के लिए–इस बात पर कम लोग बोलते हैं। आप कुछ कहें।

आज के गुजरात-परिदृश्य को देखकर मैं विक्षुब्ध हूँ। मार-काट, आगजनी, बलात्कार, ज़िन्दा नागरिकों को आग में भूनना—हमारे पिछले पचास वर्षों पर कलंक है। हम कैसे भूल रहे हैं कि यह अलगाववादी ताकतें जब सिर उठाती हैं तो दंगों की हिंसा हक़ीक़त बनकर न सिर्फ नागरिक जीवन की शान्ति भंग करती है, वह राष्ट्रीय जीवन की नींव में दरार डालकर उसे उस खौफ़नाक मंज़िल की ओर भी धकेलती है जहाँ कोई भी राष्ट्र बिना घायल और जख्मी हुए अपनी पुरानी जगह पर नहीं लौटता। कोई भी राजनीतिक दल हो, सरकार हो, किसी भी विचारधारा और खेमे से जुड़ा हो, उसे नागरिक विरोधी होने का अधिकार नहीं है। भारत जैसे बहुलतावादी धर्मनिरपेक्ष लोकतन्त्र में राजनीतिक विवेक को बलाए-ताक रखकर ऐसे प्रसंगों की पुनरावृत्ति अक्षम्य है। पुराने बँटवारे की स्मृतियों ने अन्दर उथल-पुथल मचा दी है। जाने किस तलघर में पड़े थे वे दृश्य, एक-एक करके पूरी श्रृंखला आँखों के सामने चलचित्र की तरह घूम रही है। इन्हीं दिनों एक छोटा टुकड़ा लिखा है : गुजरात से गुजरात। 'तद्भव' लखनऊ के लिए।

आपकी हर बड़ी रचना में एक नई तरह की भाषा कल-कल, छल-छल करती बढ़ आइ है—अलग-अलग स्रोतों से—बाज़ार, पंचायत, कोठा, कचहरी, लाहौर, उर्दू, कैथी, मरजानिया पंजाबी, नफीस खड़ी बोली, देहलवी, हिन्दुस्तानी, अकादमिक विमर्श, सूफियाना कहावतें, पहेलियाँ, सधुक्कड़ी भाषा, लोकप्रिय गीतों के मुखड़े...सब घुमड़े आते हैं पर एक साथ जैसेपन में नहीं—हर रचना में एक नया भाषिक ठस्सा—यह कैसे सम्भव हुआ ?

भाषिक क्षमता की रचनात्मकता का श्रेय सिर्फ लेखक को ही नहीं जाता। उसका ताना-बाना उन पात्रों से गूँथा जाता है जो अपने आन्तरिक स्थापत्य को शब्दों में रूपान्तरित करते हैं। यह प्रयोग चातुर्य से कहीं ज़्यादा गहरे और बारीक लेखक के रचनात्मक संवेदन को ही तरंगित करता है। हमारे रंग-बिरंगे विविधता भरे संस्कृति-संस्कार का भाषायी वैभव बहुत विस्तृत और रंगीन है। उसमें निहित है हमारे प्रदेशों का भावनात्मक और सांस्कृतिक घनत्व। अनेक-अनेक रंग-रूपवाले भारतीय परिधानों की तरह खुरदरे गाढ़े, मुलायम, सुनहरी, रुपहली, तिल्ले के तारों से चमत्कारी रंगों वाले शब्द हमारे स्वभाव को जाने किन-किन झलकों में प्रस्तुत करते हैं— ध्वनियों से उभरते स्वर-ताल की तरह ! शुष्क-चिकना, पीठदार, घना इन्द्रधनुष के लहरिए-सा जाल, विचार-भाव-अर्थ को सँजोता प्रेम-प्यार,

घृणा, युद्ध-शान्ति का सन्देश देते शब्दों के गुच्छे। पंक्तियाँ। यह सब उन रहस्यमयी तरंगों पर उभरते हैं जिसका आभास लेखक को अपने पर्यावरण से मिलता है।

समय के इस मोड़ तक आते-आते आपको अनेक लोगों का साथ मिला होगा और छूटा भी होगा–आज आप उन सम्बन्धों को किस रूप में देखती हैं ?

अनामिका, तुम्हारी इस बात का जवाब इतना ही कि समय के इस मोड़ पर अपने को एक पात्र की तरह देख कह सकती हूँ कि ताज़िन्दगी छोटी-बड़ी, नई-पुरानी और नितान्त नई मित्रताओं को बड़े सलीके से जीती रही हूँ। परिचितों को मित्र और मित्रों को सगा-सम्बन्धी बना लेने की कोशिश मैंने कभी नहीं की। हलकी-फुलकी या गम्भीर बातचीत में भी किसी को अगले-पिछले अन्तरंग ब्यौरों का विषय नहीं बनाया। कह सकती हूँ कि मैं ऐसे संवाद की ओर पहले नहीं बढ़ती। हो सकता है, मानसिक रूप से मैं ऐसी दिलचस्पियों में हिस्सा नहीं लेती। एक हद तक अपने में इतनी मस्त हूँ कि इस सबको अपने से बाहर रखने की बाक़ायदा क्षमता रखती हूँ। जितना अपने मित्रों के बारे में जानना ज़रूरी है, उतना ही मेरे निकट महत्त्वपूर्ण है। ज़्यादा ज़मीन घेरने की न तो मेरी इच्छा होती है और न भावनात्मक ज़रूरत। इससे अपना कामकाज करने का व्यावहारिक पक्ष भी हिस्सेदार हो जाता है। हर मित्रता का अपने ही ढंग का मैत्री ग्राफ बनता है। इसके उच्च बिन्दु को एक बार छूकर दुबारा दोहराया नहीं जा सकता। उसके बीत-व्यतीत जाने पर आप दोनों ओर की सद्भावना-सुरक्षा सिर्फ कुछ यादों में, मौकों की स्मृति में ही करते हैं। मित्र शब्द की गरिमा को शायद ऐसे ही बचाया भी जा सकता है। एक-दूसरे पर आँखें लगाए एक-दूसरे को पढ़ने की लत मुझमें खीज पैदा करती है।

मैं ऐसी निगरानियों से अपने को दूर रखती हूँ, कर पाती हूँ क्योंकि मैं अपने को अपनी जगह पर स्थित रखती हूँ। न आगे बढ़-बढ़कर सगापन समेटने की ललक और न पीछे हटने की घिसी हुई भंगिमाएँ।

एक दिन, एक शाम, एक शनिवार एक ऊर्जा भरा वैचारिक संवाद। उसी सीध में रखकर उसकी सराहना और फिर अपनी ओर वापसी।

मैं अपने से कभी ऊबती नहीं। अपने को अपने लिए निकटतम समझकर उसे अपनी और परायी आँखों से समझने-बूझने के प्रयास जारी रखती हूँ। दोस्तियों को निभाने की तौफ़ीक़ और तालीम मैंने अपने में

जुटाई है। दोनों ओर के वैचारिक भावनात्मक दोहराव घुलते न दीखें तो उस पर बेकार की लीपा-पोती से हमेशा के लिए छुट्टी।

वैसे मैंने अपने या दूसरों के ऊपर ऐसी ज्यादतियाँ कमतर ही की हैं। 'मेरा तुम्हारा, तुम्हारा मेरा' का मैदान सम्बन्धियों के लिए ही रिज़र्व है। परिवार की सम्मिलित छोटी-बड़ी रण-नीतियाँ और एकजुट होकर उसका मंचन और सही वक़्त पर पर्दा गिराना—एक साथ प्रहसन और ट्रैज़डी का दृश्य प्रस्तुत करता है। कह सकती हूँ, मैं काफी हद तक इसके बाहर हूँ पर अछूती नहीं। मैं संयुक्त परिवार की उपज नहीं हूँ फिर भी गुरुदास और धनवन्ती के पारिवारिक सम्वाद में मैंने दिलचस्पी ली। लिखते हुए नहीं—लिखकर पढ़ते हुए। अगर बात हद से गुज़र जाए तो शान्तिपाठ काम नहीं करता। अपने अनुशासन और संयम के तहत मुझे अपने में गहरी प्रतिहिंसा की कमी बहुत खलती है। उसके बिना कोई 'युद्ध' कारगर तरीके से नहीं लड़ा जा सकता। बार-बार एक ही तरह के हथकंडे देखकर मैं रचनेवालों को 'सरहद के पार' समझ लेती हूँ। बस। फिर मेरा दिल कभी नहीं पसीजता।

लेखकीय व्यक्तित्व को विचार देनेवाला, उसकी आत्मनिष्ठा को परिभाषित करनेवाला उसका साहित्यिक परिवार होता है। इसी की सकारात्मक मैत्रियाँ लेखक की आन्तरिकता और उसकी क्षमताओं को प्रासंगिक बनाती हैं। हिन्दी की बड़ी बिरादरी ने मुझे जितना भाव दिया है, मैं शायद अपने को उसका हकदार नहीं समझती। एक बड़े प्रबुद्ध पाठक वर्ग की सामूहिक सद्भावनाओं से ही मैं, मैं हूँ। मेरी वैचारिक तत्परता और बौद्धिक संलग्नता के कुछ अर्थ न निकलेंगे, अगर उसे ग्रहण कर अर्थ देनेवाली पाठकीय बिरादरी न होगी।

उत्पीड़न की हाय-तौबा और सुबकनेवाली जलवायु का गीला तापमान मुझे रास नहीं आता। इसे मैंने अपने से बाहर ही रखा है। सच यह भी कि सम्बन्धों की गरिमा न भावात्मक विस्फोटकों में है, न रागात्मक मूक बहरेपन में। वह उस ईमानदारी में पनपती है जहाँ दोनों ओर बराबरी और समझदारी का साझापन हो। इसी की नमी उसे लचकीला बनाए रखती है।

बहुत महत्त्वपूर्ण है कि आपने अपने वक़्त को कैसे जिया है। कितना जिया है। यही है जो आपको वह जज़्बा देता है जहाँ अगर आप खुद अपने खिलाफ खड़े हो सकते हैं तो आप दूसरों की तरफ़दारी भी कर सकते हैं।

सृजन-प्रक्रिया एक रूढ़ और पगलेट प्रश्न है। कोई एक सृजन-प्रक्रिया होती नहीं। हर रचना अलग-अलग ढंग से आपके भीतर पकती है—कभी कोई विचार, कभी चरित्र, कभी झुँझलाहट, कभी द्वन्द्व—क्या-क्या अलग तरीके होते हैं इनसे निबटने के ?

अपने मिज़ाज की बात करूँ तो मेरे अन्दर एक गहरी उदासीनता का सोता है। यह मेरी अन्य वृत्तियों को घेरे रहता है। कहीं कोई अपवाद हो सकते हैं, पर स्वभावानुसार बहुत कम मुखड़े ऐसे हैं कि मैं उन्हें इतना चाहूँ कि उनके बिना परेशान हो जाऊँ। अपने स्वभावगत ठहराव से दूर हो जाऊँ। इस पर भी जब कभी लिखने पर हो जाऊँ तो अपने पात्रों को छोड़कर मुझे कम ही दिलचस्पियाँ रहती हैं। इसे भी अपने पर बहुत कड़ेपन से लागू करती हूँ। जितना कुछ, जो कुछ भी कृति में रात को लिखा गया है—मेज़ पर से उठ जाने के बाद उसके बारे में सोचने की इजाज़त मैं अपने को नहीं देती ! अगली शाम दुबारा मेज़ तक पहुँचकर ही वह ख़ाता खुलेगा ! मेरी इन्वॉल्वमैन्ट इतनी गहरी होती है कि उसे अपने से दूर कर उसी के मौसम में बाँधना ज़रूरी होता है। कड़े संयम का अनुशासन है यह। लेखक को गौण कर दिया जाता है। रचना स्वयं अपने बलबूते पर अपनी संज्ञा ग्रहण करती है। ऐसे में लेखक की ओर से कोई भी हस्तक्षेप उसे अपनी सीध से सरका सकता है।

लेखक पाठ में उस प्रतीति को आकार-विचार देता है जो रचनाकार के सोच-संवेदन, उसकी प्रकृति और प्रवृत्ति में निहित है। भाषा का विन्यास जो मात्र लिखित के वैचारिक चिन्तन से नहीं उपजता, जीवन की क्रियात्मक ऊर्जा से गरमाहट उठाता है, उसे शब्द और अर्थ देता है। कृति के नेपथ्य से कृति को झाँकता है। रचना और रचनाकार दोनों के बीच वैचारिक स्तर पर जो भी घटित हुआ है, एक खनक-टकराहट, टटोल, मैत्री, द्वन्द्व, प्यार, घृणा, हिंसा, अपनापन-परायापन, दूरी-नज़दीकी—सभी लेखक के बौद्धिक सहमूल्यन की प्रक्रिया में से छनकर ही शब्द ग्रहण करते हैं।

लेखकीय अभिव्यक्ति मात्र शैली और भाषा-कौशल नहीं। रचना में पाठ का वजूद जो कुछ भी ग्रहण करता है, उसे रूपायित करता है, जाग्रत् करता है—उसमें अनेक सम्भावनाएँ एकत्र होती हैं ! ऐसे में लेखक का अपने को पाठ का रचयिता मानना, मुझे अटपटा लगता है।

कोई भी समझदार लेखक अपनी सीमाओं और सम्भावनाओं का जायज़ा लेकर ही अपनी रचनात्मक ज़मीन पर हदबन्दी करता है। अनुभव

द्वारा अर्जित कच्चा माल समेटता है और अपने मानसिक पर्यावरण के भाषायी तापमान के बल पर अपनी आन्तरिक क्षमताओं का अतिक्रमण करता है।

अब इसी का दूसरा पक्ष देखें। एक स्तर पर रचना और रचनाकार के सम्बन्ध बाक़ायदा प्रतिद्वन्द्वी के तेवरों की तरह तीते होते हैं। और रागात्मक सम्बन्धों की तरह हद तक गहरे भी। इन दोनों की टकराहट और निकटता ही विपरीत दिशाओं से एक-दूसरे को चुनौती देते हैं। अगर सब ठीक-ठीक जुड़ जाए तो परिभाषित होते हैं, और परिभाषित कर लिए जाते हैं। रचना मात्र ऊपर का खोल नहीं होती जिसे शिल्प और शैली से पंक्तियों में बुन लिया जाता है। यह मात्र कौशलपूर्ण अभिव्यक्ति भी नहीं। शब्द और विचार से गुँथी वह वैचारिक कलात्मक प्रस्तुति है जो अपने होने में स्वयं अपनी सत्ता है। परम सत्ता। लेखक द्वारा लिखे जाने के बावजूद। रचना का अस्तित्व और रचनाकार की अन्तर्दृष्टियाँ समानान्तर बहती हैं और दोनों की साझी ज़मीन से ही उभरती-हरियाती हैं पाठ की पंक्तियाँ। दिलचस्प इतना भी कि दोनों अपने-अपने हिस्से की ज़मीन एक-दूसरे की विशेषताओं के लिए छोड़ देती हैं। इसीलिए कि रचना के 'अन्दर' और 'बाहर' की लय न टूटे और एक-दूसरे से दूरी बनी रहे। इनमें से कोई भी एक-दूसरे पर हावी हो तो परिणाम घातक ही होंगे।

रचना की प्रतीति रचनाकार को, अपने बारे में विश्वास के साथ कह सकती हूँ—उस क्रियाहीन अनजाने एकान्त में होती है जहाँ कोई से भी बेमेल टुकड़ों की फन्तासी रहस्य को विस्मयकारी ढंग से अपने को दूसरों के बहाने उद्घाटित कर जाती है। कहना होगा कि हर लेखक के निकट उसकी रचनात्मक प्रक्रिया नितान्त उसकी निज की होती है। भाव-जगत की ये तरंगें एक ओर गूढ़ और उलझी हुई, दूसरी ओर भौचक सपाट। मैं ऐसे दोहरे समय में अपनी लेखकीय सजगता में नितान्त नई ताज़ी मैत्री के कोण से रचना को हलकी-सी आवाज़ देती हूँ—इतने धीमे, जैसे कोई बन्द दरवाज़ा है और रचना का अनजान मुखड़ा उसके अन्दर है। लेखक की ओर से ध्वनि इतनी हलकी कि अगर वह इस संकेत को सुनना न चाहे तो न सुने ! रचना की सुरक्षा की यह पहली शर्त है। लेखक उसे आज्ञा नहीं देता, वह उसका प्रार्थी है।

कितनी ऊर्जस्वी भाषिक परम्पराएँ आत्मसात् किए बैठी हैं आप ! मिल्यू और पात्रों के हिसाब से अलग-अलग तरह का ताबोताव लिए हर बार एक नई तरह

का गद्य। 'ज़िन्दगीनामा' का गद्य 'मित्रो मरजानी' के गद्य से, 'सूरजमुखी अँधेरे के' का गद्य 'दिलो-दानिश' और 'समय सरगम' के गद्य से कितना अलग है ? यह जादू कैसे सम्भव हुआ ?

अतिशयोक्ति न होगी अगर कहूँ कि मेरी स्मृतियों के बही-खाते मेरे साथ बहुत दूर तक नहीं चलते रहे। कुछ है ऐसा मेरे मिज़ाज में कि तत्काल की उपस्थिति पर निगाह रखती हूँ। जो पीछे सरक गया, वह किसी नेपथ्य में गया। उसे आवाज़ देने के लिए वक़्त चाहिए होता है। मेरे पास पिछवाड़ों को पालने-सालने के लिए कोई वक़्त नहीं था। मेरी निज की छोटी दुनिया बड़ी हो गई और एक बड़ी दुनिया छोटी होकर अन्तर्मन में सिमट गई। मर्म को समझती-बूझती हूँ पर पछतावों से दूर रहती हूँ। कोई एक आहट-खटखटाहट, शब्द, इमेज, व्यक्तित्व एक बार स्मृति में अंकित हो जाने पर अमिट हो जाता है। इसका चमत्कार मैंने तब जाना जब 'ज़िन्दगीनामा' की खुरदुरी भीड़ मेरी मेज़ के आसपास आ जुटी थी। सैकड़ों पात्रों के नाम-चेहरों में कोई भुलेखा नहीं था। सब साधारण जन। मेरे निकट हर चेहरे की अलग पहचान थी। मात्र कल्पना और जानकारियों से 'ज़िन्दगीनामा' का वृत्तान्त नहीं बुना जा सकता। 'ज़िन्दगीनामा' के प्रकाशन के बाद नागरजी से भेंट हो गई। उन्होंने बड़े बड़प्पन से मेरा ध्यान उपन्यास की भाषा की ओर दिलाया। यह कहकर कि अगर मैं सिर्फ़ संवाद में पंजाबी शब्द इस्तेमाल करती तो पाठक के लिए सुविधा होती। भाषा में अशुद्धता भी सीमित रहती। बोलियों के अपरिचित शब्द पढ़ने और चीन्हने में अटपटे लगते हैं।

उस शाम हमारी बातचीत कम दिलचस्प न थी। जो वह मुझ तक पहुँचाना चाह रहे थे, मैं उसे एक सजग पाठक और तथाकथित नौसिखिए लेखक की तरह समझ रही थी। उत्तर में जो मैं कह रही थी, उसे नागरजी मुस्कुराते हुए सुन रहे थे—जैसे पंडित लोग खड़ी बोली के लेखकों को सुनते हैं। उन्होंने बता दिया कि वह मुझसे सहमत नहीं हैं।

हमने एक-दूसरे से विदा ली तो मैंने उन्हें हँसकर चुनौती दी—नागरजी, यह न समझिए कि 'ज़िन्दगीनामा' की भाषा के बचाव में कह रही हूँ लेकिन आप देखिएगा, अगले दस-पन्द्रह वर्षों में हमारी बोलियाँ ही हिन्दी को समृद्ध करेंगी, और आप कोई एतराज़ न कर सकेंगे। नागरजी ने हँसकर कहा—'शेखर : एक जीवनी' पढ़ने में हमें कोई दिक़्क़त नहीं हुई।

माफ़ कीजिए नागरजी, खेतिहर लोगों का अपना भाषा-संस्कार, संसार है। पहले तो उन्हें अपनी पाठशालाओं और विद्यालयों में धकेलिए, वह तब जाकर 'अज्ञेय' की भाषा सीखेंगे, चीन्हेंगे। उनके पास अपनी अपार सम्पदा है। शब्द-संस्कार है। प्रबुद्धों को भी उनसे कुछ सीखना होगा। अज्ञेय के अनुभव का इतना विस्तार था कि अगर वह अपनी 'जीवन-भाषा' को नए ढंग से रूपायित करते तो 'लोक' का 'मैला आँचल' उन्हें भी छूता।

नागरजी ने मुँह में पान रखा और मन्द-मन्द मुस्कुराते रहे, जैसे कहते हों—अभी तुम्हें बहुत कुछ सीखना है।

उस रात घर लौटकर मैंने एक बार फिर 'मैला आँचल' के पन्ने पलटे। पंक्तियों में ढूँढ़ने लगी कि 'मैला आँचल' में ऐसा क्या घटित हुआ, जिसने हिन्दी के 'लिखित' पाठ को एक नया स्वरूप दे दिया !

अनामिका, एक शाम शीला सन्धू के यहाँ रेणु से मिलने का मौक़ा मिला था। यही पहली और अन्तिम बार थी। मैं मन-ही-मन 'मैला आँचल' के शोर को दोहराती रही थी। इसके साथ-साथ उस ऐतिहासिक हस्ती को निरखकर यह भी सोचती रही थी कि रेणु जैसे चेहरे पर रिम-लैस फ्रेम बिलकुल नहीं जँचता। उन्हें 'मैला आँचल' के रेणु को प्रस्तुत करने के लिए चश्मे का एक चौड़ा फ्रेम चाहिए। पर, सच यह भी था कि 'मैला आँचल' के शोर में सब गाँव-गँवई, कस्बा-शहर मिलकर एक हो चुके हैं तो यह शहराती अदा लेखक के चेहरे पर भी क्यों नहीं ?

उस रात अपने लिए चाय बनाकर लाई तो 'चित्रलेखा' पर नज़र पड़ी। पढ़ने लगी। अद्‌भुत ! क्या इस उपन्यास को वर्माजी 'भूले-बिसरे चित्र' की भाषा में प्रस्तुत कर सकते थे ? हिन्दी प्रदेश के गद्य की तराश, रवानगी, प्रदेश की व्यावहारिक संस्कृति, शिष्टाचार, वाचन सब मिलाकर चुस्त-दुरुस्त—उन्हें 'ज़िन्दगीनामा' पढ़ जाने में क्यों खास दिक्कत नहीं हुई, जबकि लखनऊ की ही एक विदुषी बहन ने 'ज़िन्दगीनामा' के गद्य को 'फूहड़' के नाम से पुकारा !

ये पुराने किस्से हैं। अब जो 'भाषा' के समक्ष बोलियों की स्थिति है, वह साहित्य में अपनी मौजूदगी से आश्वस्त है। उन्हें परे ठेलने की औक़ात सिवाय 'चिन्तकों' के और किसी के पास नहीं। साहित्य में 'जातिवाद' की राजनीति दूसरी किसी भी राजनीति से जटिल और पेचीदा रही है। 'लोक' ने अपनी सामर्थ्य से उसका अतिक्रमण किया है।

दिलचस्प यह देखना है कि इन दिनों चिन्तन के नाम पर बहुत-सा

'चलताऊ माल' पेश किया जा रहा है। ख़ुदा ख़ैर करे !

गेटे ने कहा था कि दुनिया का ऐसा कोई अपराध नहीं जिसे करते हुए मैं अपनी कल्पना न कर पाऊँ। दुनिया का कौन-सा अपराध आपको सबसे ज़्यादा क्षम्य और प्यारा लगता है, और कौन-सा अक्षम्य और दंडनीय ?

गेटे का कथन बहुत गहरा है, फिर भी कुछ कहना ही है तो यह कि बच्चों को लाड़-प्यार से बिगाड़ना अपने-आपमें बहुत प्यारा और क्षम्य गुनाह है। हालाँकि शिक्षाविद् इसके पक्ष में कभी नहीं होंगे।

हाँ, सबसे अक्षम्य अपराध है किसी भी व्यक्ति, समूह, जाति का मनोविज्ञान बदलना। हम भारतीय इसके विशेषज्ञ हैं। हम पचास वर्ष पुराने लोकतन्त्र में आज भी इसका दर्शन पाल रहे हैं। चित्तपावन बिन्दु को केन्द्र में रखकर बराबर के नागरिकों को विभाजित करने पर तुले हैं। पुरानी वर्ण-व्यवस्था को दुबारा स्थापित करने की कोशिश में। डंके की चोट पर कह रहे हैं कि हम हम हैं, तुम तुम हो। तुम तुम रहोगे—हम हम रहेंगे। लोकतान्त्रिक मूल्यों के ठीक विपरीत। इसका हश्र—फिर और विभाजन। याद रहे, इतिहास को दुबारा लिख-लिखकर, उसके शब्दों में फेर-बदल कर आप जातीय या राष्ट्रीय दुर्बलताओं को उपलब्धियाँ बनाकर गौरव-गान करना चाहें तो आपको कौन रोक सकता है ? याद इतना रहे कि इतिहास का पुनर्लेखन एक ऐसी राजनीति है जो दिलों में घृणा, विक्षोभ और वैमनस्य के अम्बार जुटाती है और मौक़ा देखते ही आग सुलगकर लपलपाने लगती है। गुजरात से गुजरात तक।

जीवन यदि एक रफ़ ड्राफ्ट होता तो दुबारा किस रूप में फेयर करतीं ? **जीवन की यादगार भूलें क्या थीं जिन पर अब हँसी आती है** ? **क्या कोई शिकायत है ज़िन्दगी से** ?

धन्यवाद अनामिका, विशेष अनुभूति का भाव जगाती है तुम्हारी यह पंक्ति—जीवन यदि एक रफ़ ड्राफ्ट होता ! काश, जन्म लेनेवाला हर बच्चा अपनी मेज़ पर बैठकर कम्प्यूटर में से अपने भविष्य का रफ़ पाठ निकालकर परमपिता परमात्मा के सामने प्रस्तुत करे, इस प्रार्थना के साथ कि हे पिता परमात्मा, इस पर अपने हस्ताक्षर कर इसका अनुमोदन करें !

सूक्ष्म और अदृश्य जीवन का राग किसी दूसरे लोक से निर्धारित होता है। उसी की पुनर्रचना को पुराने नोटेशन के अनुरूप उसे अपने स्वर में गाना होता है। हम उसे हर दिन, हर क्षण जीते हैं—गाते हैं और पुरानी धुनों को नए स्वरों में दोहराते हैं और शेष हो जाते हैं।

इस ड्राफ्ट का परिष्कार भला कहाँ कर पाते हैं हम ! भटककर गलतियाँ कर, खोकर-पा:कर उसका सुधार करते हैं अपनी इच्छाशक्ति और आत्मबल से ही।

अपने जीवन-पाठ को मन-ही-मन दोहराऊँ तो कहूँगी कि ताज़िन्दगी दबाव इतने रहे कि ज़िन्दगी का वह क़ीमती वक़्त खाद बन गया, जिसके वृत्तान्त से मुझे अपने वक़्त का सामना करना था। फिर भी खुश हूँ और जीवन के रफ़ पाठ के प्रति कृतज्ञ भी कि उलझनों पर उलझनें समेटते-सुझलाते रोजमर्रा के व्यावहारिक राग अलापने के अभ्यास में से भी कुछ पा लेने का सन्तोष बटोर सकी हूँ। किसी भी काम-काजवाले नागरिक क़ी मुद्रा में ! खुश हूँ कि भड़कीली सुविधाओं के दर्प और अहंकार ने मुझे मेरे क़द में आधा नहीं कर दिया। मेरी सोच को मुझमें बरकरार रखा जो सही, गलत, खालिस और नाखालिस में फ़र्क़ करती रही है।

इन दिनों साहित्य में स्त्री-लेखन को लेकर जो विचार-विमर्श चल रहा है, आप इसे किस रूप में देखती हैं ?

भारतीय समाज में स्त्री-पुरुष सम्बन्धों और पारिवारिक चौखटे को लेकर एक गहरी नैतिक हलचल और दूरगामी परिवर्तन और प्रभाव लक्षित हैं। समाज और साहित्य का वैचारिक पर्यावरण स्त्री-विमर्श के प्रकोप में है। एक ओर स्त्री-आरक्षण की राजनीतिक उत्तेजना और दूसरी ओर राष्ट्रीय स्तर पर नई स्त्री की उपस्थिति अपनी ऊर्जा से नए उत्साह का संचार कर रही है जो राष्ट्र की नागरिक समृद्धि से भी जुड़ी है। ऐसे में विभिन्न सामाजिक और सांस्कृतिक संस्थान इन संभावनाओं को नज़रअन्दाज़ कर पुराना पारम्परिक राग अलापने में भी पीछे नहीं।

सभा-संगोष्ठियों के अकादमिक विचार-विमर्श, साहित्यिक और समाजशास्त्रीय बहसों-मंचों से निपटकर राजनीतिक खेमों और कलाओं की व्यावहारिक कार्य-प्रणाली में धँस रहा है। हर सयाना भारतीय इसे पितृ-पक्ष के लिए एक खतरा समझकर चिन्तित है और इस विषय का विशेषज्ञ होने की वैचारिक भंगिमा अपनाए, इस पर कुछ न कुछ जोड़ने को उत्सुक है। परिवार की नुमाइंदगी करनेवाला हर पुरुष, पत्नी, माँ, बहन, बेटी और पुत्री को नियन्त्रण में रखता आया है। उसे लगता है, समाजशास्त्रियों से कहीं अधिक और गहरा अनुभव उसके पास सुरक्षित है।

नई परिस्थितियों के अनुसार उसमें स्त्री की नई गतिविधियों से चिन्ता जाग रही है कि अब स्त्री का पत्नी और माँ होना ही उसकी नियति नहीं

रह गई। स्त्री की संज्ञा में व्यक्ति नागरिक होने के नाते उन अधिकारों का भी प्रवेश है जो देश का कानून अपने सभी नागरिकों को देता है।

ऐसे में इन परिवर्तनों की गति जैसी भी धीमी या तेज़ हो, भारत की नई स्त्री राष्ट्रीय जीवन में नई ऊर्जा, नए तेवर और आत्मबल से सहभागी होने की भूमिका निभाने का सपना देख रही है। साहित्य में स्त्री-लेखन को लेकर अतिरिक्त विचार-विमर्श उभर रहा है। विपरीत दिशाओं से स्त्री-पाठ को अरखा-परखा और जाँचा जा रहा है। पुरुष लेखक का मानना है कि बौद्धिक समुदाय के रूप में वही रचनात्मक लेखन पर कुछ कहने, उसे ठोंक-पीटकर जाँचने का अधिकारी है। वही शास्त्रीय मानदंडों और गहन ज्ञान-दर्शन में सिद्धहस्त है।

दलित लेखक की तरह ही स्त्री भी अपने अनुभव में सीमित और विशेष प्रकार के स्त्री-संवेदन से ग्रस्त है। लिहाजा उसके लेखन का सांस्कृतिक संस्कारी तथा रचनात्मक प्रस्तुतीकरण साहित्यिक मूल्यों पर हलका बैठता है। इस मानसिकता और मनोवृत्ति के चलते यह भी याद रखना ज़रूरी होगा कि हिन्दी में बंगमहिला द्वारा लिखी 'दुलाईवाली' कहानी अभी सौ साल पुरानी नहीं हुई। यह महिला लेखन के हक़ में नहीं, उससे सम्बन्धित गहरे पूर्वग्रह की ओर ही संकेत के लिए कहा जा रहा है।

आलोचक की नितान्त भारतीय आत्मा अपनी पूरी चौकसी में स्त्री-विमर्श के सभी देशी-विदेशी सिद्धान्तों से लैस होकर हिन्दी में रचित स्त्री-पाठ का विश्लेषण कर रहे हैं। उन्हें लगता है कि हिन्दी में स्त्री लेखन अभी बहुत ही आरम्भिक स्थिति में है। 'कथा लिखती स्त्रियाँ' जैसे शीर्षक भी आलोचकीय अदाओं से इस्तेमाल किए जा रहे हैं। स्त्री को स्त्री के खाँचे में स्थित करने के लिए हिन्दी के दो महत्त्वपूर्ण उपन्यासों के सन्दर्भ भी इसी शीर्षक तले दे दिए गए हैं। उपन्यास है 'पिछले बरस हमारे शहर में' और 'कलिकथा वाया बाईपास'। ये दोनों उपन्यास तराजू में स्त्री के बट्टों से तौल दिए गए हैं।

किन बातों से कभी समझौता नहीं किया ?

गुज़रे हुए बरसों के दरमियान उठते रहे छोटे-बड़े विवादों को ध्यान में रखकर अपनी परिस्थितियों का जायज़ा लूँ तो मेरे ग्राफ़ में समझौतों के नाम पर बहुत कम ही प्रविष्टियाँ मिलेंगी। इसकी वजह मेरा जन्मजात स्वभाव है कि कम दाँव-पेंचवाली बुद्धि को सहज अन्तर्दृष्टि नहीं कह सकती, पर मैं उस पर गहरा भरोसा करती हूँ।

सुयोजित रूप से बिछाए गए हथकंडे और उनसे जुड़ी रणनीतियों वाली धकेल-पट्टी मुझमें एक लेखक की दिलचस्पी जगाती हैं। उन सुरागों को भी उघाड़ती हैं जो अकसर धंधई पोशाकों तले छिपे रहते हैं। मैं इसे देख सकती हूँ क्योंकि मैं बेकार की जोड़-तोड़ में नहीं लगी रहती। एक बात तो भली भाँति जानती हूँ कि इन चालाक बेरहम प्रतिस्पर्धा के समयों में जब किसी भी कारण से कुछ प्रभावी इकट्ठा हों और आपको घेरने पर आमादा हो जाएँ तो आपको कौन बचा सकता है ! मेरे पास तात्कालिक बचाव की सुरक्षा-नीति का नितान्त अभाव है, सो खेल लम्बे चलते रहे हैं। सत्ता, सामर्थ्य और राजनीतिक दलों से जुड़े और पैश्चराइज्ड दूध के धुले लोगों का अहंकार और उसकी ख़ामोश धौंस एक नशीला-सजीला नाटक होता है। आप उनका शिकार हो जांने के बावजूद अपनी क़ीमत पर उस शास्त्रीय सामर्थ्य सुविधाओं से भड़कीले वर्ग का अन्दरूनी ढाँचा बाँच सकते हैं। विवादों की इतनी ही भूमिका हुआ करती है। क़ीमत आपको खुद ही अदा करनी होती है। अपराध करनेवालों की सहायता और सुरक्षा करनेवाली बिरादरी बहुत बड़ी है। उसके जाल का ताना-बाना एक-दूसरे से इतनी गहराई से जुड़ा है कि वहाँ सही और गलत को लेकर कोई धर्मसंकट नहीं, क्योंकि धर्मकाँटा उन्हीं के कब्ज़े में है। सामाजिक माफ़िया के हाई-सर्किट गलियारे से जो आप सीख सकते हैं, वह इतना ही कि उनके सामने दीन-हीन नज़र आओ तो वह तुम्हें कुछ नहीं कहेंगे। बात का सार इतना ही कि तुम्हारी निगाह में यह हमेशा के लिए अंकित हो जाना चाहिए कि ऊँचाई और सच्चाई दोनों उनके 'लॉकर' में बन्द हैं। वह चाहें तो तुम्हें सरोपा दें और न चाहें तो ठेंगा दिखाएँ।

आज की हक़ीक़त है यह। इसे जानने के लिए तथाकथित विवादों में से गुजरना ज़रूरी है, बशर्ते आपकी हड्डी मजबूत हो और आपकी अरज़ी किसी मेज़ पर न रखी हो। यह अध्याय लम्बा है सो इस पर चर्चा फिर कभी।

क्या चीज़ें सबसे ज़्यादा सुकून देती हैं ? इसका पूरक प्रश्न यह भी कि क्या चीज़ें उद्विग्न करती हैं ?

कहूँगी कि मेरी दुनिया बेहद पसन्द और नापसन्द के दायरे में बहुत ज़्यादा कभी नहीं घिरी। मिज़ाज कुछ ऐसा कि वक़्त के साथ रुचि बदलतो जाए और चलने के रास्ते भी बदलते जाएँ। फिर भी यह छोटी-सी मामूली हस्ती अपने असली रंग में महफ़ूज़ रहे।

अपने को ठेठ मध्यवर्ग की पौध मानती हूँ। उसमें गर्व महसूस करती हूँ। मध्यवर्ग भी ऐसा जो ऊँचाई से उतरकर बीच में स्थित हो गया हो। कुछ ऊपर, कुछ नीचे। न ऊपर का वज़नदार लगे और न नीचे का हलका। मेहनत से हर कदम हर सीढ़ी चढ़कर ऊपर पहुँचने की कोशिशों की मैं दिल से इज़्ज़त करती हूँ। इस पर किसी समूह-सम्प्रदाय का हक़ नहीं। यह रास्ता सब नागरिकों के लिए खुला है। किसी को दस-बीस बरस लगते हैं। कहीं एक-दो पीढ़ियाँ इसमें गर्क हो जाती हैं और एक बड़ी संख्या शताब्दी के सफर से गुज़रकर इस मंज़िल तक पहुँचती है। अपनी आँख का पैमाना कुछ ऐसा कि अपने पाँव तले से दोनों बराबर हैं।

सेनाओं की यूनीफॉर्म मुझे बचपन से भाती रही है। चुस्त-दुरुस्त और अनुशासन में रचे-बसे लोग अच्छे लगते हैं। इससे ठीक उलटी, खास किस्म की अधपकी वाचालता और काइयाँपन मेरे उत्साह को सोख लेता है और मैं दृश्य से उदासीन हो जाती हूँ। अब जो भी हो, मेरे बाहर घटित होने लगता है। मैं अनुभव के ज़ोर, बड़े सलीके से अपने को समेट लेती हूँ। जो संवाद नहीं सिर्फ एकालाप करते हैं, उनसे दूर-दूर से ही निभती है। क्योंकि मुझे दिल लगाने की समस्या नहीं, दोस्तों को देर-देर से ही मिलती हूँ; सो मित्रताएँ बिना उलाहनों के सरवाइव कर जाती हैं। बिलकुल कट जाने की नौबत नहीं आती।

पोर्टब्लेयर का ज़िक्र है। कोल्विनकोव में ठहरी हुई थी। डिनर के बाद उठकर अपने कमरे की ओर जाने को थी कि कारनर की मेज़ से उठकर दो युवक पास आए।

माफ़ कीजिए मैम, हम लोग आपको आमन्त्रित कर रहे हैं—हमारे साथ कुछ लें। मैंने दिलचस्पी से देखा और हँसकर कहा—बहुत-बहुत शुक्रिया, मैं खाना खत्म कर चुकी हूँ। फिर कभी सही।

प्लीज़ मैम, हम लोग शाम से आपसे बात करना चाह रहे हैं। हम लोग आई.एन.एस. देहली से हैं। हमारा पोत सुबह चार बजे पोर्टब्लेयर से रवाना हो रहा है। मना न कीजिए। वक़्त ही कहाँ है !

मैं उत्साहित होती हूँ। 'डफरिन' की किताब ज़हन में कौंध जाती है।

मैम...

शामिल होती हूँ पर एक शर्त है। मेज़ आपकी, पर मेज़बान मैं होऊँगी।

मैम, उसकी फिक्र क्यों ! हम जहाजी हैं। उसकी कोई कमी हमें नहीं।

आई.एन.एस. देहली के उन स्मार्ट जल-सैनिकों के साथ जा बैठी तो लगा ही नहीं कि कुछ देर पहले तक मैं उनके साथ शामिल नहीं थी। सहज-स्वाभाविक बातचीत का तापमान एकदम मुनासिब, गर्मजोशी, क़हक़हे और वह ज़िन्दादिली जो सिर्फ सेनाओं के शिष्टाचार में से झाँकती है।

इनकी तुलना में गम्भीर दिखते प्रशासनीय चेहरे और कॉलर के ऊपर उनकी ख़ामोश भंगिमाएँ सत्ता और शक्ति की प्रतीक !

और बिचारा देसी भाषाओं का लेखक, लगभग मज़दूर कलम का। उसकी तुलना में अन्तर्राष्ट्रीय भाषा अंग्रेज़ी की प्रबुद्ध बिरादरी। खालिस उच्च वर्ग। दिल्ली में हुई अन्तर्राष्ट्रीय संगोष्ठी में देसी भाषाएँ बेचारी पिछवाड़े और दमदार राजसी अंग्रेज़ी फाइवस्टार के गलियारों में। देश की भारतीय भाषाओं के लेखक दिल्ली में मौजूद हैं, साहित्य अकादमी सम्मान के लिए मगर उनकी संगोष्ठी और सम्मान समारोह से दूर विश्व के रजिस्टर्ड प्रबुद्ध पर्यटक-स्थल नीमराना में एक साथ बौद्धिक ऊर्जा और विश्राम का मज़ा ले रहे हैं।

जय भारत ! जय भारती ! देसी भाषाओं के लेखक भारतीय परम्परा के अनुसार पकौड़ों और बर्फी के साथ चाय का जलपान कर रहे हैं। काफ़ी है। देसी आत्मा के लिए सादगी में इतना भी काफ़ी है। यही हमारे लेखकों की प्राचीन परम्परा है।

अनामिका, इस प्यारी भारतभूमि में जहाँ करोड़ों के घोटाले हो रहे हैं, वहाँ बाईस भाषाओं के विशिष्ट और उत्कृष्ट लेखकों के लिए एक वर्ष में बाईस लाख की राशि जुटाने में सकुचा रहे हैं। भारतीय भाषाओं के लेखकों की तौफ़ीक बढ़ाने के लिए क्यों शरमा रहे हैं ! क्या सचमुच शब्द-संस्कृति और संस्कार फीके पड़ जाएँगे ?

प्रेम के बारे में कुछ कहें और घृणा के बारे में भी—और राग-विराग के उस विकट समतोल के बारे में तो ज़रूर, जो 'समय सरगम' में लगातार मन्द्रसप्तक में बजता रहता है।

अपने यहाँ प्रभु पक्ष में प्रेम की महिमा बहुत बड़ी है। प्रेम मानवीय मन-तन का महाभाव है। प्रेम इस लोक का अलौकिक वरदान है। मानव के नश्वर अस्तित्व का अमरत्व गान है। प्रेम आत्मा का उदात्त है। देह का ताप है। तन-मन की प्यास है। प्रेम द्वन्द्व है। प्यार है। हिंसा है। इस धड़कती तरंग के अनेक रंग-रूप हैं।

दरअसल प्रेम वह है जो अपने होने में स्वयं आप हैं। आपकी जो

आन्तरिकता है, आपकी जो देह-भाषा है—अनुभूति है, संवेदन है। जिस रूप में आप अपने मनचाहे गन्तव्य तक पहुँचना चाहते हैं—यह सभी कुछ मिलकर उस रहस्य को बुनते हैं जिसे प्रेम का नाम दिया जाता है।

इसे देखने का, इसमें घुल-मिल जाने का एक और भी अन्दाज़ है। इस मोहरे का दूसरा पक्ष। अगर पुनीत पवित्र आत्मा अब व्यापार है तो देह से लगा यथार्थ भी भूमंडलीय बाज़ार है। इससे शरमाने की भी ज़रूरत नहीं। जो भी इस ढाई अक्षर में धड़कता है, वह इस धरती पर ज़िन्दा रहनेवाला मानवीय परिवार है। इसी के सम्बन्धों की निकटता उस ऊर्जा और ऊष्मा को जगाती है जो इस कड़ी को अगला समय बनाती है। फिर वही इसके खोट के बहाने उसके खरेपन को नष्ट करती है। सच तो यह भी कि 'प्रेम' भी उन तत्त्वों से निर्मित है जो साकार और नाकार में गुँथे हैं। जब तक आपको भाए, उसे सगुण मान लो, नहीं तो निर्गुण का लक्ष्य भी बुरा नहीं। कबीर या मीरा कुछ भी चुनें—सिर्फ़ तान अलग होगी।

साहित्यिक संसार में कई तरह के तनावों से किस प्रकार निपटती हैं ?

अनामिका, कभी तनाव बहुत आक्रामक हो जाए तो दिमाग़ भी दिलजोई करने लगता है। कई बार कई बदमगज़ियों में उसका यह शरारती तेवर भी काम आता है। एक दिलचस्प घटना है सुनाने को।

हुआ कुछ यूँ कि अपनी भोली बेख़बरी में ही एक संगीन अदबी दुर्घटना हो गई। वैसे तो होती ही रहती है। इसका रंग कुछ नया ही था। मुझ तक ख़बर पहुँची तो बैठे-बिठाए एक ठंडा दिमाग गर्म होकर खौलने लगा। इस निर्णायक संगोष्ठी से कई नए-पुराने सन्दर्भ जुड़े थे। बाक़ायदा सुरंगें बिछानेवाला खेल था। जो भी था, रात सिर पर थी और तनाव सरहद के पार जाने का नाम न ले। रह-रहकर वह स्वयंसेवी हाई पावर स्वायत्तता कमेटी आँखों के आगे फिरकी की तरह घूमती रही। दो-एक बार आँखों पर छींटे दिए—मलाई का फोहा रखा मगर जलन कम न हो। एक और नुस्खा आज़माया। बड़े लाड़-प्यार से दो-चार बार गाली निकाली—साले ! सरकारी मुहिम की तरह सूची बनाने लगे। इस पर भी मदद न हुई और दिल लगातार खौलता रहा।

विद्वानों का हाई पावर, स्वयंसेवी स्वायत्तता संस्थान। न्यायालयों से ज़्यादा शक्ति। उस पर पुलिस का दबदबा। यह नागरिक लेखक अपील करे तो कहाँ करे ? कोतवाली-कचहरी पहुँचना मुश्किल है। बाक़ायदा माफ़िया बिछा है। हारकर कुछ दोस्तों से जानकारी ली तो रात-भर कानों

में नेताओं के संवाद कुनमुनाते रहे। दस्तक दे-देकर दिल-दिमाग़ को खटखटाते रहे।

देखिए, साहित्य संसार का एक सौ साल का लेखा-जोखा हमारे सामने है। हम कहे देते हैं कि हमारे प्रदेश का कोटा दोगुना होना चाहिए।

ठीक है। अपने नाम दर्ज़ कर दीजिए।

टिक मार्क।

अब हमारी सुनिए—हमें दो सारस्वत चाहिए ही चाहिए ! बन्धु, दोनों का नाम पहले ही मौजूद है।

आगे बढ़ें ? आप कहें—

हमारा विभागीय संगठन भी कम महत्त्वपूर्ण नहीं।

उस प्रस्ताव का तो अनुमोदन हो चुका है न ?

हाँ, तो बस ठीक।

और हम ?

श्रीमान, अपने नाम दीजिए।

लीजिए—यह रहे।

हाँ—इसका प्रावधान तो पहले ही कर रखा था।

अब बाकी क्या है ?

थोड़ा उलझाववाला मामला है, तरकीब से सुलझा लें तो बेहतर।

सहायक अस्तित्व अधिकारी गम्भीरता से बोले—झगड़ालू स्त्रियों का मामला है। बिना शोर-शराबे के सुलझ जाए तो अच्छा।

इस बड़े उपन्यास 'ज़िन्दगीनामा' में बड़ी संख्या में पुरुष पात्र भी मौजूद हैं और शीर्षक भी मरदाना है। उपन्यास और कई दृष्टियों से भी विवादास्पद है। सो इसे तो लिंगगत राजनीति के बहाने बाहर कर दें। दूसरा उपन्यास उतना महत्त्वपूर्ण भले न हो पर उसका शीर्षक तो स्त्रीलिंग में है। कृति स्त्री द्वारा लिखी गई है। नायिका स्त्री है और उसका सन्दर्भ भी सेक्स से जुड़ा है। नारी-विमर्श के आसपास ही इसका कथानक घूमता है। सो हमारी राय में तो इसकी समीक्षा भी आलोचक द्वारा ही की जानी चाहिए।

बन्धु, ऐसा क्यों कर रहे हैं ? देखो, इनके साहित्यिक दड़बे अलग ही रहने दो। इनका साथ घर-गृहस्थी में ही काफ़ी है। इन्हें ज़्यादा मत बिगाड़ो। लेने के देने पड़ेंगे।

दोस्त, अभी से मत घबराइए—इस सदी में तो इन्हें कलपने, बिलखने

दीजिए। इन्हें लेखक बनना सीखना होगा। चौके-चूल्हे से फुरसत पाकर खाली कलम घसीटना नहीं होगा। चीफ स्वायत्तता अधिकारी बड़ी मोहक हँसी हँसे।

लिंगगत भेद एक हक़ीक़त है। पुरुष का समय स्त्री के समय से कैसे मिल सकता है ?

हाँ मित्र, ऐसे प्रबुद्ध आध्यात्मिक गणित का जो भी कलात्मक परिणाम हो, वह स्त्री जाति के लिए ठीक ही बैठेगा।

दूसरे उपन्यास को खारिज करने के लिए टिप्पणी भी तो देनी होगी।

नहीं, यह हाई पावर स्वायत्तता संस्थान ऐसा करने को बाध्य नहीं है; आप इतमीनान से इसे महिला श्रेणी में रख दें। ऐसा करने से एक बात और भी उनके सामने साफ हो जाएगी कि उनके लेखन को हम आलोचनात्मक नैतिक संहिता के अनुसार पुरुष लेखकों के साथ नहीं रख सकते। उन्हें अभी बहुत मशक्कत करनी पड़ेगी। हाँ, पुल्लिग शीर्षकवाली कृति के साथ एक और संस्कारगत सांस्कृतिक विडम्बना पैदा हो सकती है कि यह नीम पढ़ी-लिखी लेखिकाएँ साहित्य में भी आरक्षण की माँग कर दें।

सुनिए-सुनिए, इस पर कुछ कहने की ज़रूरत नहीं। मौन साधे रहिए। यह उपन्यास भी साहित्य अकादमी पुरस्कार-प्राप्त कृति है।

होगी।

आलोचकों ने इसे सराहा था। नवलजी ने इसके बारे में लिखा था—तब और बात थी। तब इसके शीर्षक को लेकर मुकदमा हाईकोर्ट में नहीं था।

हू-हू-हू।

पर सुनिए, यह स्वायत्तता संस्थान है। इसका न्यास जो ठीक समझे, करे। आपका प्रभावशाली संस्थान तो मानवीय बिरादरी में विश्वास करता है।

ज़रूर करता है। उसके ऊपर कोई सन्देह और अविश्वास भी नहीं करता। इसलिए उचित होगा कि इसके लिए साथ एक टिप्पणी दे दें।

लिखवाइए।

हम एक मत से उस पुल्लिग शीर्षक उपन्यास 'ज़िन्दगीनामा' की तुलना में इस स्त्रीलिंग और लघु उपन्यास को इस सूची में स्थान दे रहे हैं, क्योंकि इसके पाठ ने कहीं ज़्यादा लोगों को प्रभावित किया है। स्त्री

द्वारा लिखा यह उपन्यास स्त्री के विषय में है। उसके दमन, आदिम कुंठाओं और इच्छा का ब्यौरा है। फिर नेशनल स्कूल ऑफ ड्रामा द्वारा इसका मंचन भी हो चुका है।

शताब्दी में प्रमुख उपन्यासों का चुनाव सम्पन्न हुआ। हाँ, अब घड़ी की ओर देखिए।

अनामिका, बिस्तर में लेटकर बहुत सोचा। एक ही रास्ता नज़र आया। इस निर्णय के खिलाफ कोर्ट का दरवाज़ा खटखटाया जाए।

क्या सचमुच आप 'ज़िन्दगीनामा' उपन्यास को पदच्युत कर सकते हैं ? पुलिसिया ठोकर के साथ दोनों उपन्यासों की छपीली अस्मिता-ओढ़नियाँ छीनकर उन्हें साहित्य-बाज़ार में नंगा कर सकते हैं ? नहीं-नहीं-नहीं।

इस तरह का दोग़ला अधिकार किसी स्वायत्तता कमेटी को नहीं है। यह अवैध है। गैर-साहित्यिक है और गैर-कानूनी भी। 'ज़िन्दगीनामा' जैसे मामूली उपन्यास को आपने सूची में रखा ही क्यों और फिर उसे यह कहकर बाहर किया भी क्यों, जबकि स्त्री सम्बन्धित उपन्यास शामिल करने की प्राथमिकता आपकी थी ? इसे लँगड़ी देने की तो ज़रूरत ही नहीं थी। इतना ही तो बताना चाहते थे आप लेखक को कि अरी दलित स्त्री लेखक, अपने कपड़ों में रहा कर। तुम्हारे खिलाफ कई शिकायतें हैं।

वाह—सर जी—क्या इंसाफ किया है ! स्त्री-विमर्श के सारे झगड़े को एक ही हल्ले में साफ किया है।

सुबह पहली चाय के लिए आँख खोली तो अपने अन्दर की चैनल पर ठुमरी के बोल सुनाई पड़े।

परदेसी सैंया, बंकर से मारे हथगोले !

इन बोलों को दोहराया—तो हँसी निकल गई। सारा तनाव काफूर।

दूसरी चाय के लिए उठी तो फ्लैश की तरह इस फैसले का एक और पक्ष लहरा गया। सारा मामला साफ हो गया। हाईकोर्ट में अब भी चिपका 'ज़िन्दगीनामा' के शीर्षक का मुकदमा। बौद्धिक माफ़िया ज़िन्दाबाद !

बचपन से अब तक आप बदली कितना हैं ? जीवन-दृष्टि में कब-कब बदलाव घटित हुआ ?

बचपन से अब तक कितना बदली हूँ—आपके लिए सोचकर देखती हूँ। सच तो यह है कि बहुत बदली हूँ और कुछ खास बदली भी नहीं।

तालकटोरा गार्डन में हॉकी खेलती रही। शिमला में पथरीली टीलो-टीलो। बर्फ के गोले बना छिप-छिपकर स्केटिंग रिंग की ओर मारती रही, जहाँ हम हिन्दुस्तानियों को प्रवेश की आज्ञा नहीं थी। घोड़ों की सवारी—पहाड़ों पर पैदल घूमना—ताल-तलैया और दरिया में नहाना, कपास के खेत में से डोडे बीनना। जो मन में आ गया, मन को भा गया और जो कर सकी, वह कर लिया। इस अदा को आज भी सँभाले हुए हूँ, इसने अब तक के सफर को हिस्सों में बाँटा नहीं। पर नहीं, अब और नहीं उभर रही है वह सन्धिरेखा।

फैंसी, ऐड़ीदार जूतों को पूरा विश्राम। घेरदार फर्शी गरारे तिहाकर आँखों से ओझल। मेज़ पर इस्तेमाल होते पुराने पॉकेट शैफ़र माउंटब्लैंक सब डिब्बों में। अब इस्तेमाल हो रहे हैं सिग्नेचर स्टिक। कभी लिखावट निहायत महीन, ठीक पुराने दिनों की तरह और कभी अक्षरों में खासी हलचल। वही बेतरतीबी, मेज़ पर कागज़ों के ढेर और हमेशा की तरह ढूँढ़ना, खोजना, रखना और भूल जाना। दुबारा लिख लेना। पुराना खेल, कुछ भी नया नहीं। जो पुराना है, उसे यह पुराना अभ्यास आदतन साधे हुए है। क्या सचमुच में बदली नहीं हूँ मैं ? इतनी ढीठ हूँ क्या ? हर कोई अपने-अपने ढंग से हर दिन बदलता है, फिर भी वही रहता है। वही बात मुझ पर भी लागू है। बड़े होने का, पुराने पड़ने का अहसास उन आँखों से होता है जो बिना कुछ कहे अपनी उपस्थिति-भर से आपके मुखड़े का हिसाब आप तक पहुँचाते हैं। बच्चे, मैं इस सबसे दूर एक ऐसी सोहबत में हूँ जिसकी निगाह न मुझे छोटा समझती है, न बड़ा—बस, उतना ही जितना बीता हुआ पुराना वक़्त है और उस वक़्त का मुखड़ा जो नया है और थोड़ा-सा बचा है। एक और भी इसकी कसौटी है। सोच-विचार, कागज़-कलम और शब्द ! क्या कुछ बदला ? नहीं। मैं कोशिशों से कुछ भी नहीं करती, सिर्फ मुझे उस क्षण का इन्तज़ार करना होता है जो मुझे चुनौती देता है।

नए-पुराने और पुराने से भी पुराने चेहरे—अनामिका, मैं अपने जीने की दीर्घ-यात्रा देख रही हूँ। कोई भी चेहरा मेरे निकट स्मृति मात्र नहीं है। वह मेरे जिए हुए समय से जुड़ा है। उसी ने मुझे एक ऐसी समझ दी है, एक ऐसी समझदारी जो बहुत-सी समीपताओं और दूरियों से उपजती है। अनुपस्थिति में भी उपस्थित रहती है और घने अनुभव के घनत्व के रूप में आपकी अन्तर-भाषा में घुल-मिल जाती है।

कुछ लोग, कुछ हादसे झमाझम बरसकर अचानक निःशेष हो जाते हैं—कुछ सीली हादसे आपके वजूद पर, आपके भीतर, बूँद-बूँद टपका करते हैं—एक-एक कर और जीवन-भर। हादसों की या चरित्रों की यह दूसरी श्रेणी लेखकों को ज़्यादा प्रिय होती है, क्योंकि उसमें एक खास तरह का मिस्टीक होता है और ज़्यादा गहरे नैतिक ऊहापोहों का सामान जनती है वह। आपकी तो हर कृति एक तरह की नैतिक कशमकश का सिद्धहस्थ मंचन है—और हो भी क्यों नहीं ! जो मनुष्य जितना बड़ा होता है, उतने बड़े होते हैं उसके द्वन्द्व। अपने कुछ बड़े अन्तर्द्वन्द्वों के बारे में बताइए।

लेखक के अन्तर्द्वन्द्व उसके चेतन-अवचेतन और देह-आत्मा से गुँथे रहते हैं। बुद्धि-तर्क और उसका भाव-संवेदन—सभी मिलकर उसे मुखड़ा प्रदान करते हैं। इनमें से किसी भी एक को दूसरे से अलग करके देखना शायद मुश्किल ही होगा। यहीं परिवार का वातावरण और सांस्कृतिक पर्यावरण महत्त्वपूर्ण हो उठता है। यहीं से उभरते हैं उसके सुखद और दुखद आवेग जो अनजाने में ही उसकी जिज्ञासा, रुचि और सरोकारों को तय करते हैं। इन्हीं अनदीखते मिश्रण के रहस्यों में से छनकर रचना अपने अस्तित्व में आती है। रचनाकार की मानसिकता, परिवेश, अतिरेक या तटस्थ विवेक उसकी सीमाओं और क्षमताओं को तय करते हैं। इन दोनों की एक-दूसरे को चुनौती इनकी आपसी टकराहट को एक धड़कते आत्मीय यथार्थ में बदल देती है। सर्द और तटस्थ दिखनेवाली पंक्तियाँ ताप देती हैं और पाठ के पिछवाड़े से धड़कती-खनकती ऊर्जा का स्पर्श। सच तो यह भी कि रचना और रचनाकार के सम्बन्धों के बीच वह सहज कर्म है जो विपरीत दिशा से आत्मीयता और परायापन बनाए रहता है। किसी भी ओर से इसकी अति से लेखक और रचना का व्याकरण बदल जाता है और रचना रचनाकार के पीछे-पीछे चलती नज़र आती है। किसी दूर पार के यथार्थ की कल्पना या कल्पना के विस्मयकारी समृद्ध सुहाने परिदृश्यों की शृंखलाएँ यहाँ भी अंकित होती हैं। उस 'फंतासी' में एक ही तरह का पलायन है चाही-अनचाही स्थितियों में। अपनी बात करूँ तो कहना चाहूँगी, मैं रचना के साथ सहज ही एक शालीनता और परायापन बनाए रखती हूँ और उसे दोनों दिशाओं से लागू करती हूँ। यह संयम और अनुशासन कठिन होता है, क्योंकि इसमें लेखक की रचना की सुरक्षा के लिए अपनी उपस्थिति को गौण करके चलना होता है। आप सिर्फ वही नहीं लिख रहे जो आपकी प्रतिभा का विस्तार है। आप रचना से, संकेतों की मुखामुखी

से उसके भावार्थ की विश्वसनीयता देने को उत्सुक हैं। इस भंगिमा को यदि आप स्वयं भी चीन्ह लें तो रचना का आन्तरिक जादू बिखर जाएगा, क्योंकि आप सोच-समझकर एक लेखकीय गणित बिठाने लगेंगे। रचना के खतरे सिर्फ पात्रों की मनमानी में ही नहीं, रचना में अन्तर्निहित वे जोखिम भी लेखकीय कौशल को तार-तार कर सकते हैं।

मैं इसे निज की उत्तेजना और सुनिश्चितताओं के दायरे से बाहर रखती हूँ। आप अपने या सुने-सुनाए अनुभव को विशेष बनाकर प्रस्तुत करेंगे तो पाठक ही नहीं, रचना भी पाठक को एक आँख मारकर मसखरी कर देगी। प्रतिभा और लेखकीय दम्भ में सामंजस्य होना ज़रूरी है। लेखकीय अधिकार के नाते इतना ही कि मैं गहरी तटस्थता से अपनी कृतियों में उस अर्जित स्पेस को देख सकती हूँ जो एक स्वाधीन स्वतन्त्र व्यक्ति में होती है। उत्पीड़न, दबावों तले से उठता कोई भी स्त्री या पुरुष मात्र लिंग-विभाजन से ही अच्छी और कम अच्छी कृति का रचयिता नहीं हो सकता। अर्द्धनारीश्वर शब्द और उससे जुड़े उस आध्यात्मिक गहन की ओर बढ़ूँगी जो हमारी कलाओं को प्रतिष्ठित करता है। स्त्री और पुरुष दोनों के मिले-जुले गुण एक इकाई में एकत्र हों तो स्त्री की ऊर्जा और पुरुष की गम्भीरता—दोनों उस रचनात्मक ऊष्मा को ग्रस्त करते हैं जो मात्र लेखन में ही नहीं, अन्य सभी कलाओं की पुनर्रचना में अपने श्रेष्ठ को प्रखरता से अभिव्यक्त करते हैं।

आप अपने स्त्री होने को किस रूप में महसूस करती हैं ?

मुझे स्त्री होने का गर्व है। मैंने मात्र इसकी संज्ञा को ही धारण नहीं किया—इच्छाशक्ति, आत्मविश्वास और परिश्रम में अपने को एक सेहतमन्द व्यक्ति के रूप में भी सँवारा है। उस स्पेस में जीया है जो आमतौर पर पुरुष के हिस्से में आता है। मैं साफ निगाह से स्त्री की तथाकथित आत्म-केन्द्रीयता देख सकती हूँ और पुरुष का अनुशासन भी जो उसे तराशता है गृहस्थी के लिए—अर्थ, साधन और सुविधाएँ जुटाने के लिए। पुरुष के पास उसके अपने और घर-गृहस्थी, परिवार के अलावा वह 'बाहर' भी रहा जो उसके पुरुषोचित गुणों के अभ्यास के लिए एक बड़ा क्षेत्र था। ठीक इसके वितरीत बिना शिक्षा और आर्थिक स्वतन्त्रता के स्त्री के पास घर-गृहस्थी और बच्चों की दुनिया थी जो उसकी क्षमताओं को सीमित रखती रही। अक्षर बाँचने से दूर निरक्षर विद्या के बिना अपनी सहज बुद्धि से वह अपने हाथ-कौशल से अपने को चलाती-रिझाती रही है।

अब चैतन्य हो उठी कि वह भी मानवीय जाति का उतना ही महत्त्वपूर्ण अंग है जितना उसका साथी पुरुष। इसे हम स्त्री-क्रान्ति के रूप में भी जान रहे हैं—यह स्त्री नागरिक के अधिकारों का भी तकाज़ा है। आज यह मूलभूत अधिकार भारतीय स्त्री को उपलब्ध है। कोई कारण नहीं कि शिक्षा के बल पर सामाजिक संगठन में, पुरुष की बराबरी में मूल्य-बोध के प्रति जागरूकता न हो और वह लोकतन्त्र में व्यक्तिगत, सामाजिक और राजनीतिक महत्त्वाकांक्षाओं तक न पहुँच सके। पढ़े-लिखे व्यक्ति के रूप में स्त्री की भागीदारी और बराबरी का साझापन एक ऐसी मानवीय भाषा का वैचारिक विकास करेगा जो मानवीय परिवार के लिए कल्याणकारी होगा। साहित्य की विस्तृत सीमाओं से आप स्त्री, दलित आदि जाति और कमज़ोर वर्गों को कब तक दर्प और दम्भ से पछाड़ते रहेंगे ? उसे वक़्त दीजिए और मातृत्व के व्यवसाय के आगे भी दूसरे कार्यकलापों और कार्यक्षेत्रों में अपने को प्रमाणित करने दीजिए। हमें उन्हें वक़्त देना होगा कि वे आपके साथ खड़ी हो सकें।

जयदेव

सरवर, सोचा, तुम्हें फ़ोन कर लूँ। फिर मेज़ पर लिखने बैठ गई। इस बीच ख़ासी व्यस्त हो गई थी।

हाँ, जयदेव पर एक लम्बा टुकड़ा लिखा। तुम भी तो उनसे मिली थीं। लिख लेने के बाद कुछ ऐसा अहसास हुआ कि वह कहीं गए नहीं हैं। यहीं हैं।

[1]

जयदेव, तुम्हें फ़ोन किया था। देर तक बजता रहा। किसी ने उठाया नहीं। क्या शहर में नहीं हो ? शायद चाय के बाद टहलने निकल गए हो ! हो सकता है, किसी को रिसीव करने या छोड़ने स्टेशन तक गए हो ! तुम्हारे यहाँ मेहमान तो आए-दिन...

वहीं चलती हूँ। सैर हो जाएगी और तुमसे मुलाक़ात भी। इस बरसाती मौसम में स्टेशन पर होना अच्छा लगेगा। मालूम है जय, मैं बचपन से लेकर आज तक समरहिल स्टेशन की छबि पर मुग्ध रही हूँ।

यह क्या, प्लेटफार्म पर कोई नज़र नहीं आ रहा ! न कोई मुसाफिर और न तुम ही। इस गीले मौसम में प्लेटफार्म अजीब वीरान-सा लग रहा है। प्लेटफार्म पर मुसाफिर और असबाब नहीं तो स्टेशन कैसा मनहूस, वीरान और सुनसान लगता है ! मालूम होता है, कहीं धरती और आकाश के बीच लटका हुआ है स्टेशन। बरखा की टपकन के अलावा सभी कुछ स्तब्ध सुनसान है। स्टेशन की छत धुँधियाली-सी हुई पड़ी है। रंग मद्धिम। केबिन में बत्ती चमक रही है।

उसके पीछे के ऊँचे पेड़ गहरा गये हैं। बिना आकार के अँधेरों के चेहरे पहरुओं की तरह पूरे स्टेशन पर छा गए हैं !

तुम मिल जाते तो हम इस भीगे मौसम का मज़ा लेते। चाय का स्टाल तो स्टेशन पर है नहीं। रेल अथॉरिटी को इसका सुझाव तो दिया ही जा सकता था। जय, मुझे हँसी आ रही है यह सोचकर कि तुम्हारे यहाँ भी स्टाल की तरह ही चाय बना करती है। और तुम्हीं प्यालों में अपनापन मिलाकर सर्व करते हो। लगता है, गाड़ी जतोग से चल चुकी है। सिगनल डाउन हो गया है। प्लेटफार्म पर मेरे सिवाय और कोई नज़र नहीं आ रहा।

इंजन की भेदती रोशनी धुंध को चीरती हुई ट्रैक पर फैल गई। यह क्या ? तुम ! हाँ, तुम्हीं हो। गाड़ी से उतरे और बिना किसी ओर देखे प्लेटफार्म पार कर खुले में पड़े बेंच पर जा बैठे। क्या अपनी कॉटेज की छत पर बने घोंसलों को पहचानने की कोशिश कर रहे हो ? तुम्हीं ने बताया था कि कव्वे छोटे-छोटे परिन्दों की मेहनत से बने घोंसलों को चोंच मार-मार तहस-नहस कर जाते हैं और तुम सीढ़ी पर चढ़ तिनकों को दुबारा चुन आते हो ! वह छोटी-छोटी कटोरियाँ दीख गई हैं जिनमें तुम उनके लिए चुग्गा भर दिया करते थे। वह छोटी-सी गौरैया जिसके ज़ख़्मी पाँव का तुम इलाज करवा रहे थे—मुझे याद आ गई है। इतनी रहमदिली तुमने कहाँ से समेट ली थी ? उन नन्हे-मुन्ने परिन्दों के लिए तुम कहाँ से वक़्त निकाल लिया करते थे ?

बौछार तेज़ हो गई है और गरज के साथ बिजली चमकने लगी है। ऐसे में जाने क्या-से-क्या देखने लगी हूँ।

स्टेशन को फलाँग तुम अँधेरे के साथ-साथ कहीं नीचे उतरने लगे हो। पीली घाटी की ओर क़दम बढ़ा रहे हो। जयदेव, रुको ! वहाँ अकेले क्या करोगे ? किधर बढ़े जा रहे हो ? तुम्हारे पैरों तले अब ज़मीन नहीं। वहाँ कुछ नहीं, वहाँ न दीवारें हैं, न दरवाज़े और न खिड़कियाँ। कहीं वह सुनसान सन्नाटेवाला घर तुमने अपने लिए पसन्द तो

नहीं कर लिया ! किसी के सुझाव पर मैं गई थी उसे देखने। एशिया-डॉन की बगल से एक उदास मनहूस-सी उतराई खड्ड की ओर गिरती-सी दिखती थी। उसे देखकर मुझे हौल-सा पड़ा था। तुमने उधर रुख कैसे कर लिया ? तुमने तो बरस-दर-बरस धूप में चमकती घाटी को देखते-देखते गुज़ारे हैं।

पीली घाटी रहने की जगह नहीं। न ही दिन-रात कम्प्यूटर पर काम करने की। क्या तुमने कभी दंडकारण्य के पीले प्रभात को देखा है ? किनारे पर खड़े होकर उन भयावह क़ातिल पीत उफानों को जिन्हें देखते-देखते निगाह खिसकने लगती है नीचे की ओर ? पीला निस्तेज पनीला हाहाकार करता—चक्रवात बुनता वह 'फ़ाल' और उसे पाताल की ओर धकेलता। इसका रंग तो देखो—न रक्त की ललाई, न हाड़-मांस की जुड़ाई और न धरती की लुनाई। गिर-गिरकर पटक रहा है लगातार अपने हत्यारे प्रपंच को।

जयदेव, मालूम नहीं, यह पत्र तुम्हें पहले क्यों नहीं लिखा ! तुम पढ़ सकते तो फ़ोन पर अपनी विनम्र खरी आवाज़ में कहते—मुझे आपका पत्र मिल गया है। पिछले दिनों व्यस्त रहा। विदेश से लौटकर ही इसका जवाब दूँगा।

जयदेव, तुम कहाँ जवाब दोगे ! नहीं दोगे। मेरा पत्र तो एकतरफा संवाद है। मैं ही कहती रहूँगी। तुम्हारी ओर का मौन तुम्हारी उपस्थिति होगी। हो सकता है, कोई ऐसा इन्टरनेट हो जिस पर इस पार और उस पार के सन्देशे एक-दूसरे को भेजे जा सकते हों !

तीन बरस क्या कम होते हैं—नहीं, काफ़ी नहीं होते—एक-दूसरे को जानने-बूझने के लिए। तुम्हारी हँसी दीख रही है। उतार-चढ़ाव में, मनमुटाव में खासा वक़्त लग जाता है।

हाँ, ठीक कह रहे हो। तुम्हारे पास तो वक़्त की ही कमी थी, फिर भी बहुत कुछ कर लिया करते थे। शहर में मित्रों के आगमन, उनके प्रस्थान। बहुत-से लोगों के लिए समरहिल का एक नाम जयदेव भी तो रहा है।

मैं आँखों में बरसात का वह दिन उतार लाई हूँ जब मैं शिमला पहुँची थी। जतोग पर अपने को सुव्यवस्थित किया। सामान पर नज़र मारी और खिड़की से अगले मोंड़ का इन्तज़ार करने लगी। वहीं स्थित है समरहिल—मेरे बचपन का मनपसन्द स्टेशन। एक लम्बी सुरंग और, और आप पहुँच जाएँगे शिमला।

बादलों का चँदोवा तना था और वे जमकर बरस रहे थे। प्लेटफ़ार्म सुनसान था। एकाएक एक रेनकोट कहीं से प्रकट हुआ और कम्पार्टमेंट की ओर बढ़ा

आया। हैन्डल घुमाया दरवाज़े का और अन्दर दाख़िल।

मैं जयदेव हूँ...

जयदेव पाँव छूने को नीचे झुके—मैं परेशानी में हड़बड़ाई।

हैलो जयदेव, ऐसे नहीं, हम बराबरी से क्यों न मिलें !

आप मुझसे बड़ी हैं...

जयदेव, तुम्हें निराशा होगी। मुझे बड़ा होना नहीं आता।

यह मुझ पर छोड़िए। मैं निभा लूँगा। हाँ, सामान सब साथ है न ?

साथ ही है, मगर आपने इस मौसम में तकलीफ क्यों की ?

आपको लेने आया हूँ। बरसात तो होती ही रहती है।

समरहिल की सुरंग से बाहर निकल गाड़ी शिमला के प्लेटफ़ार्म पर सरक रही है।

सामान में कितने नग हैं ?

मैं गिनने लगी।

मुझ पर छोड़ दीजिए। आप उतरिए।

प्लेटफ़ार्म से बाहर होते ही जयदेव छतरी खोल मेरे हाथ में पकड़ा देते हैं।

धन्यवाद जयदेव !

राष्ट्रपति निवास, पब्लिक एन्ट्री। सीढ़ियाँ। सामान कमरे में लगवा जयदेव ने अपने बैग में से इलेक्ट्रिक कैटल निकाली—पानी डाला। प्लग लगाकर ऑन कर दिया।

आप जितने में चेंज करें—चाय तैयार हो जाएगी।

वाह ! मैं उत्साहित हुई। ऐसे मौसम में चाय का प्याला। धन्यवाद जयदेव !

केतली में पानी डला था। दो प्यालों में टी बैग्स। चीनी। यह सभी कुछ निकल रहा है जयदेव के बैग में से। बिस्कुट का पैकेट मेज़ पर रखते हुए कहा—

चेंज करना चाहें तो कर लें—चाय तैयार हुई ही समझिए।

मैं उत्साहित हुई—

दूसरे सब काम पीछे—चाय पहले।

जयदेव, उस दुपहर हमारी दोस्ती की वह पहली चाय थी। कितने सुन्दर मग तुमने उपहार में दिये ! तुम्हारी केतली लगातार मेरी किचन को गरमाती रही। शिमला के उन तीन बरसों में तुम्हारी ही केतली मेरे घर में आतिथ्य की लाइफ-लाइन थी। तुम्हारे पास वक़्त की इतनी कमी थी जयदेव, कि कुछ गिनी-चुनी

शामें ही तुम्हारे साथ गुज़रीं। जब कभी तुम घर पर आए भी तो चाय तुम्हीं ने बनाई। मुझे तुम भाते थे, क्योंकि तुम चाय को चाय की तरह चाहते थे।

जय, तुम्हें देख रही हूँ फुर्तीली चाल में कदम भरते। पोस्टमास्टर हाउस से तुम दाईं ओर उतरे हो। मोड़ से बाईं ओर, फिर इस्क्वायर हॉल की ओर जाती सीधी सड़क पर। तुम्हारे कन्धे पर झोला लटक रहा है। यह पूरा पिटारा है। किताबें, पेपर, फ्लॉपी और सरोज के हाथों के बने पकवान। तुमने अभी-अभी वह चेन फलाँगी है जो इस सड़क के मोड़ पर लटकी रहती है।

हम लोग कितने प्यार और सत्कार से समझाते ! जय, इतने तरद्दुद की बिलकुल ज़रूरत नहीं। और तुम—ढीठ सयानों की तरह चुप-चुपीती हँसी हँसते और नटखट भाव से कहते—बस, एकदम बस, मैं कुछ सुनने के मूड में नहीं। मैं ताज़ी चाय ला रहा हूँ।

जयदेव मूड में होते तो सुथरा और सुलझा हुआ कहते। लेकिन तर्क और बहस की विरोधी तनातनी में अपने को ख़ामोशी में सोख लेते। मौन हो जाते। नुक़्ताचीनी, शिकवा-शिकायत का सामना न के बराबर। ऐसे में बहुत बार लगता कि तुम अपने को परेशान रखने में माहिर हो। बोलने पर अंकुश लगानेवाली इतनी चुप्पी भी क्यों भला !

मैं इससे परेशान होती। कभी-कभी खीजती और अपनी ओर इशारा करके कहती—मुझसे सीखो, मैं कूड़ा-कचरा, धूल-मिट्टी सब कुछ बुहार देती हूँ। अन्दरवाला आत्मा का घर बिलकुल साफ रखती हूँ। जयदेव व्यंग्य से मुस्कराते। कभी-कभी रौ में आते तो ऐसा कहते, ज्यों दराँती के माफिक काट करते हो ! पुरअसर कुछ ऐसा कहते कि सुननेवाला चित न हो मगर तिलमिला जाए। ज़ाहिरा तौर पर बौद्धिक खरोंचों को पचा जाए और अन्दर तक घायल हो जाए। दुबले-पतले अनुशासनप्रिय जयदेव अपने विनम्र परिश्रमी स्वभाव की तमाम असंगतियों को उद्यमशीलता से कुछ ऐसा ढाल लेते कि हुनरमन्दों को हतप्रभ कर देते।

[2]

पिछले दो दिनों से लगातार पानी बरसता रहा था।

सम्पादक की अन्तिम मोहलत क़ानूनी तारीख़ की तरह मेरे सिर पर लटकी

थी। यह मोहक जाल और जंजाल एक साथ। वक़्त पर बुन लिया गया तो सुर्खरू होने का गहरा अहसास।

फैक्स पर नहीं जा सकेगा। बिजली नहीं है।

लिखित पर परायी नज़र मारी। इतने पन्ने दुबारा कैसे लिखे जाएँगे !

हाथ से एक साफ ड्राफ्ट तो और भी किया जा सकता है न !

नहीं। अब हिम्मत नहीं।

बाउलूगंज से पूछती हूँ। फ़ोन।

नहीं। यहाँ भी बिजली नहीं।

जयदेव को फ़ोन किया। अपनी परेशानी बताई।

उत्साह से बोले—मुझे पहुँचा दें तो कल सुबह तक निकाल दूँगा।

घंटे-भर में आप तक पहुँच जाएगा।

पन्ने पिन किए। कवर में रखे और मैस में फ़ोन कर कहा—

शाम की सब्ज़ी-दूध ख़रीद करने को केसर बाउलूगंज जाए तो...

साहिब, वह आधा घंटा पहले निकल गया है।

हूँ। अब ?

.ख़ुद ही अपने कान में कहा—मादाम, अब .ख़ुद ही जाना होगा।

चाय।

जूते बदले। बरसाती और छाता निकाले। पन्नों को हिफाज़त से पोलीथीन में रखा और बाहर निकल गई।

समरहिल की ओर जाती झुरमुरी एकान्त की यह सड़क। नीचे से रेल जा रही है। इस छबीली राह की अपनी ही नज़ाकत। बारिश में नहाती विद्या की ख़ूबसूरत लम्बी-लम्बी हरियाली पत्तियाँ। गुच्छा बनाने को तोड़ने लगती हूँ।

जयदेव के यहाँ फूलों और पत्तियों की कमी नहीं, फिर भी ले जाना चाहती हूँ।

एक गुलदान के लिए काफ़ी हैं—

अब और न तोड़िए। हाँ, यह बताइए कि इस मौसम में आप बाहर क्यों ?

जयदेव, आप भी इस बारिश में क्यों ? मुझे तो कागज़ पहुँचाने थे न !

मैस में मैंने फ़ोन किया तो जान गया कि आपको कोई लड़का मिलनेवाला नहीं। सो सोचा, मैं ही ले आता हूँ।

जय, यह तुम्हारी अपने साथ और मेरे साथ ज़्यादती है।

मुझे फाइल दीजिए और घर को लौटिए।

चाय पी लें तो कैसा ?

जयदेव कुछ असमंजस में पड़े।

आपको लौटने में दिक्कत होगी। नीचे से आज टैक्सी नहीं मिल सकेगी।

हँसकर कहा—हम यहीं चाय पीएँगे।

यहाँ !

हाँ, जयदेव, मेरे पास थरमस में चाय है।

वाह !

थरमस खुली और चाय की चुसकियों पर हम दोनों हँसते रहे।

मज़ा आ गया।

पर आपने यह सोचा कैसे ?

तेज़ बारिश में बाहर निकलना हो तो चाय से भरी थरमस कन्धे पर ! जब भी तलब हो, निकाल लो।

चाय की दुकान तक पहुँचने का धीरज आपमें नहीं है।

है भी और नहीं भी। मान लो, यहीं खड़े होकर कुछ गर्म पीना चाहूँ तो—समरहिल का ढाबा तो दूर है न !

वाह ! जवाब नहीं—

ख़ास बात नहीं, जय, मौसम की ख़ातिरदारी में अपने लिए यह छोटा-सा उपहार !

अच्छा जयदेव, कागज़ मैं सुबह मँगवा लूँगी। तुम तकलीफ़ नहीं करोगे। चलो, अब मैं तुम्हें तिब्बत-बॉर्डर फोर्स गेस्ट हाउस तक छोड़कर आती हूँ।

नहीं-नहीं, बिलकुल नहीं। आप वहाँ तक नहीं जाएँगी।

जयदेव, तुम मुझे वहाँ लेने आते हो और छोड़ने भी। मैंने भी शर्त बाँध रखी है। मैं यही करने जा रही हूँ।

मैंने वहीं से तुम्हें उतराई उतरते देखा। तुमने मुड़कर हाथ हिलाया—बाई !

जयदेव, उस अचरज-भरी शाम का कुछ भी धुँधलाया नहीं। इरेज़ नहीं हुआ। वह सुरक्षित है।

धूप निकली थी।

सेमिनार रूम की ओर बढ़ते-बढ़ते मैं लॉन में जा बैठती हूँ। हरी घास पर बिछी है धूप की गरमाहट और क्यारियों को झुलाती-लहराती हवाएँ।

देखा, सामने क़ैफ़े की ओर से जयदेव चले आ रहे हैं।

मैं हाथ हिलाकर हैलो करती हूँ।

जय पास आकर विस्मय से पूछते हैं—

आप बाहर क्यों ?

धूप सेंकने को ! चाय के बाद अन्दर जाने का इरादा है। अप चलें।

जय सेमिनार रूम की ओर बढ़ गए। मैं पीछे से जयदेव की चाल में अजीब तरह की बेहिम्मती देखती हूँ। सेमिनार प्रस्तुतियों की हलचलों में ही इन्हें चीन्हा जा सकता है।

लॉन में मेज़ लग चुकी है। चाय-कॉफी-बिस्कुट और गुलदानों में फूल। जोन हाथ में सफ़ेद दस्ताने पहने प्यालों को तरतीब दे रहे हैं।

धूप में चमकने लगीं रंगीन शॉल और जर्सियाँ।

चाय का प्याला हाथ में ले मैं जयदेव की ओर मुड़ती हूँ।

जयदेव, कैसे हो ?

कलवाले पेपर के लिए मुझे दुःख है...

दुःख क्यों जय, उस पर खासी बहस हुई।

जयदेव ने फीके मगर तीखे कंठ से कहा—जानता हूँ, वक़्त की कमी के कारण इस पर उतना काम नहीं कर सका जितना ज़रूरी था। फिर रही-सही कसर आपने पूरी कर दी।

ऐसा कहना मेरे साथ ज़्यादती होगी, जय !

जय व्यंग्य से हँसे।

आप दूसरों के साथ ज़्यादती करने में माहिर हैं। आखिर आप्ने जो खुलासा किया, वह कमाल था।

इसे ऐसे क्यों देख रहे हो ? आलेख जल्दी में लिखा गया था—इतना तो मानोगे। जो सवाल उठे और पूछे गए, उन्हें स्पष्ट करना मेरा लेखकीय कर्तव्य और अधिकार दोनों ही थे। अध्यक्ष हरीश त्रिवेदी की ओर से मुझे इजाज़त थी और सुझाव भी। ऐसे में सोचा, कुछ हर्ज़ नहीं।

जय सिर्फ़ मुस्कराए।

इस बात को यहीं ख़त्म करते हैं।

नहीं जयदेव ! आप वह पाठक नहीं जो किसी भी पाठ के साथ मनमानी करता है। आप किसी भी पाठ वृत्तान्त की परतों तक पहुँचनेवाले हैं। इसीलिए मुझे 'हशमत' की संरचना को सुस्पष्ट करना ज़रूरी था।

पर जिस ढंग से आपने उसे प्रस्तुत किया—

यह सिर्फ मैं नहीं कह रहा। दूसरे लोगों की बात भी आप तक पहुँची होगी।

अगर सचमुच उचित नहीं था तो माफ़ी माँग लेती हूँ।

जयदेव, तुम व्यंग्य से हँसते रहे थे।

तुम जानते थे, यह औपचारिक था।

मेरी मुद्रा ज़रूर कुछ और कह रही होगी।

दोनों ओर के स्नायु-तन्त्र विपरीत की ओर खिंच रहे थे। उम्र से जिस बड़प्पन की उम्मीद मुझसे की जाती है, वह ऐसे मौकों पर अकसर झटका खा जाता है।

मैं कई हफ्ते, गाहे-बगाहे हशमत की सोहबत में अपना अन्तर टटोलती रही। कहीं अतिरिक्त आग्रह, पक्षधरता या अपने को बढ़ा-चढ़ाकर पेश करने की भंगिमा क्या मेरी ओर से कोई संकेत दे रही थी ? जाने क्यों ऐसे मौक़ों पर अपना तौर-तरीका कुछ ऐसे उघड़ता है कि दूसरों की शिकायत वाजिब लगने लगती है।

कई हफ़्ते दोनों ओर फ़ोन पर के संवाद कुछ सर्द और सपाट हुए रहे ! फिर भी भले-मानस मैत्री-फ़ोन जारी रहे।

[3]

चौकन्ना होना ज़रूरी था।

एक दिन हँसते-हँसते जय ने कहा—कहीं आपकी ख़ूबियों का बखान हो रहा था ! आपने अपने साथियों को खासा आतंकित कर रखा है।

ओह !

दोनों ओर से एक लम्बी हँसी।

न नाम पूछा जाएगा और न ही आतंक की व्याख्या की जाएगी। दोनों ओर से एक-दूसरे के लिए इतना लिहाज़ तो था ही।

पत्रिका के लिए एक लम्बा आलेख समाप्त हुआ। दिल-दिमाग में एक नई चुस्ती और स्फूर्ति।

लिफ़ाफ़ा बन्द किया। पता लिखा। ख़ाली लिफ़ाफ़े के पैकेट में कुछ

भारी-सा महसूस किया। पैकेट खोला। वाह ! हरे सुहावने नोट ! कभी अपने से छिपाकर रखे होंगे।

खिड़की से बाहर देखा। बादल बरसने को था। तुरन्त अपने लिए शाम का प्रोग्राम तय कर लिया। चौड़ा मैदान पोस्ट ऑफिस से स्पीडपोस्ट में भिजवाया जा सकता है और इन रुपयों का भुगतान सिसल में।

अपने को ख़बरदार किया। बहुत महँगा है। यह पाँचसितारा– छोड़ दो उसका ख़याल।

सिसल की चकाचौंधी दुनिया। हमारे मध्यवर्ग की नियति से कुछ-कुछ दूर कुछ-कुछ पास, कुछ सच्चे-झूठे मुलायम सिन्थैटिक मुग़ालतों की दौड़। आज ख़ुश हूँ तो वहीं जाऊँगी। अपने को ख़बरदार किया—बहुत महँगा है।

चलेगा। ये रुपए तो पड़े पाए। फिर जो मैं वहाँ से ढूँढ़ लूँगी—अपनी एक पुरानी छवि जिसे वहाँ ले जाने के लिए नया फ्रॉक और नए जूते दिलवाए गए थे। हम मिल रहे थे अपने सम्बन्धियों से जो लन्दन से आए थे और सिसल में ठहरे थे।

बाहर देखा—पनीली टपकन धार में बदल चुकी थी। छोड़ो। सीधे माल की ओर निकल जाओ। नहीं, नहीं—इरादा बदलने का कोई कारण नहीं।

पीटर-हाफ़ को लगभग फलाँगते हुए ऑडिट अकाउंट के सामनेवाली सड़क से पोस्ट ऑफिस। लिफ़ाफ़े पर टिकट लगा स्पीडपोस्ट रजिस्ट्री करवाई और सामने आँखें गड़ाईं। वह रहा सिसल होटल।

हाँ, वही।

जँगले में खोलकर छाता फैला रखा है और ऊपर तिरपाल। अँगीठी लहक रही है। भुट्टे भूने जा रहे हैं। सामने बाबा साहिब अम्बेडकर की प्रतिमा पथरीली पुख़्तगी से जमी है। होटल के बाहर की कार पार्किंग में बड़ा जमावड़ा। लाल बत्तीवाली गाड़ियाँ भी कम नहीं। हिमाचली नौकरशाही। बाबा साहिब की मौजूदगी मेरे नागरिक को आगाह करती है और कदम खुद-ब-खुद निर्णय लेते हैं। सिसल जो भी हो—अगर आत्मविश्वास और जेब गर्म हो तो क्या परेशानी है, आत्मविश्वास अब जेब की गरमी से प्रकट होता है।

सामने की ओर बढ़ते-बढ़ते सोचा—यह हमारी जगह नहीं। रुपए का ठीक इस्तेमाल करो। मैं इतमीनान से एक रूखी नज़र पाँचसितारा पर डालती हूँ और अपनी आत्मछलना से बचकर सब रुपए बचा लेती हूँ।

बेकरी-कैमिस्ट-हलवाई। दशकों-दशकों पहले यह सजीली सड़क रिक्शा खींचनेवालों की गर्म वर्दियों से चमचमाती थी, आज सजे हैं समोसे, जलेबी,

गुलाब जामुन। अँगीठियाँ लहक रही हैं भक्ख-भक्ख, कड़ाहियाँ चढ़ी हैं और तली जा रही हैं जलेबियाँ।

पूरा हिमाचल हर दिन कितने टन जलेबी हज़म करता होगा ! आँकड़े ज़रूरी हैं। इस पर भी रिसर्च की जा सकती है। चाय ऐसे मौसम में क्यों नहीं ! छाता बन्द कर अन्दर जाने को हूँ कि सामने से आते दिखे जयदेव।

गर्मजोशी में—आप इस मौसम में यहाँ !

और आप इस बरसात में कहाँ से लौट रहे हैं ?

माल से लौट रहा हूँ।

मैं माल जाने की तैयारी में हूँ। क्यों न एक-एक चाय हो जाए !

आप और यहाँ ! आपको अटपटा लगेगा।

भला ऐसे क्यों कह रहे हो जयदेव !

इसलिए कि बाउलूगंज में आपको कभी चाय पीते नहीं देखा। जलेबी-समोसे से आपको इतना परहेज़ क्यों है ?

शिमला में। भीगती शामों का मेवा ही यही है।

हम आमने-सामने सँकरे बेंचों पर विराजमान हो गए। कहाँ यह मिष्टी महक की हलवाई की हट्टी और कहाँ वह फाइवस्टार, सिसल और सरकारी रुतबा—घर पीटर हाफ़ ! हमें उनकी परवाह नहीं। हम लोग जी भर-भरके तो हँसे उस शाम और मज़ा ले-लेकर खाते रहे गर्म जलेबी और देसी गाढ़े शीरेवाले गुलाब जामुन। बंगाली रसगुल्लों के हमज़ुल्फ—एक पनीर का, दूसरा खोये का।

अब नमकीन हो जाए। समोसे। दो प्लेट समोसों का ऑर्डर। खाते-खाते चिन्ता की मिरची लहर उठी और चेहरे पर फैल गई।

जयदेव ने बड़े सलीके से पूछा—कहीं कुछ भूल आई हैं क्या ?

नहीं, समोसे के साथ कुछ याद आ गया है।

क्या पूछ सकता हूँ ?

हाँ। इसे ख़त्म करके बताऊँगी।

गर्म-गर्म चाय का दूसरा गिलास। ख़ूब मीठी चुस्कियाँ ! सिर्फ इस मौसम में ऐसी शीरे भरी दुकानों पर ही ली जा सकती हैं।

हम उठे और कैमिस्ट शॉप पर जा खड़े हुए। समोसों का इलाज।

दवा का पत्ता उठाकर पर्स में रखा।

जय, अब मैं अपनी सेहत के लिए बेफ़िक्र हूँ।

बरसात कुछ थम गई थी। हम मज़े-मज़े चलते हुए इन्स्टीट्यूट के फाटक

पर पहुँच गए। हलकी-सी चढ़ाई पर भी इस पुरानी मशीन को साँस चढ़ने लगा था। जयदेव बोले—कुछ देर रुक सकते हैं !

राष्ट्रपति इस्टेट की यह गहराती शाम ! पेड़ ढलते सूरज को चुनौती दे रहे हैं और वह बच्चों को परचाने के लिए हलकी चमकीली रोशनी फैला रहा है। अपने-अपने वृत्त में बने रहो बच्चो, कल मिलेंगे। तब तक आराम करो।

झींगुर बोलने लगे थे।

आपका मालरोड जाना तो रह गया।

कोई ग़म नहीं।

अचानक ही सोचा कि सिसल में चाय पीऊँगी ! पोस्ट ऑफिस तक जाना ही था।

जयदेव तुनके।

याद होगा, मैंने आपसे कहा था कि कुछ भी पोस्ट करना हो तो मुझे बताया करें। मेरे घर के पास ही तो पोस्ट ऑफिस है। ऐसी बरसात में आपको यह काम करना पड़े—यह ठीक नहीं। ऐसा कोई भी काम हो—एक फ़ोन काफ़ी है !

जयदेव, मुझे अच्छा लगा। इत्तफ़ाक़ था कि इसी बहाने हम मिल गए !

काम कैसा चल रहा है ?

ठीक-सा ! हाँ, आप क्या कर रहे हैं इन दिनों ?

'हशमत' को फिर से देख रहा हूँ। आपको बताना चाहता हूँ कि जब दुबारा पढ़ा तो इस बात को लेकर परेशान हुआ कि उस दिन ठीक से क्यों नहीं कर पाया।

जय, लगता है, हम दोनों अपने-अपने ढंग से उस शाम पर ठिटके हुए हैं। मैं उस शाम की सम्भावनाओं को शायद ऐसे कोण से देख रही थी जहाँ 'हशमत' के पाठ से ज़्यादा अहम हो गया था 'हशमत' का लेखक। उस दिन के लिए माफ़ी माँग रही हूँ, जयदेव !

आगे कुछ और नहीं कहेंगी आप। क्योंकि माफ़ी तो मुझे माँगनो है।

इस्क्वायर हॉल वाली सड़क पर हमने एक दूसरे को बाई-बाई की ! जय नीचे उतर गए और मैं ऊपर की चढ़ाई चढ़ने लगी।

मैं हलका महसूस कर रही थी और .ख़ुश थी। जय जैसे ख़ालिस खरे दोस्त को कौन खोना चाहेगा !

हम उसे ही खो देते हैं जिसे ज़्यादा चाहते हैं।

जयदेव की ग्रे जर्सी और उसमें से ऊपर की ओर निकला शर्ट का कॉलर, उत्तर प्रदेशी लुनाई में कुछ ज़्यादा ही चमक करता।

इस पर बात हुई तो जयदेव संकोच से हँसे। शाबाशी देने के अन्दाज़ में कहा—आपकी कल्पना और उसकी नाटकीयता दोनों क़ाबिले-तारीफ़ हैं।

'हशमत' को लेकर जयदेव फ़ोन पर थे।

कोशिश कर रहा हूँ यह समझने की कि इन टुकड़ों में कौन-से हिस्से स्त्री-पाठ में आते हैं और कौन-से पुरुष-पाठ में !

नटखट होकर कहा—कहीं अपने आलोचकीय विमर्श में यह न कह दो कि यह स्त्री का पाठ है, इसे सिर्फ स्त्री पढ़े। यह पुरुष का पाठ है, इसे केवल पुरुष पढ़े।

मानवीय पाठ कौन प्रस्तुत करेगा ! क्या सिर्फ पुरुष ही ?

त्रस्त और त्रासदी स्त्री है।

चिन्तन और विवेक पुरुष है।

जयदेव की बेरुखी संकोच में ऊपर आई—क्या कुछ ऐसा कहना चाह रही हैं कि यह पुरुष के पुरुष होने के भुजबल से जुड़ा है ?

नहीं, मैं ऐसा नहीं कह रही। आप अपने मापदंडों से पाठ की जाँच करें। मैं क्या कहती हूँ, इसे भूल जाइए।

नहीं। मैं स्त्री राजनीति पर नहीं हूँ। मैं इसे साहित्यिक पाठ की तरह देखना चाहता हूँ।

स्त्री-पुरुष की अलग-अलग सीमाओं-संस्कारों का अतिक्रमण हो रहा है, किया जा रहा है। ऐसे में स्त्री-पुरुष दोनों के अपनत्व और सामूहिक पहचान में भावात्मक ताल-मेल बिठाने को एक नई भाषा ईजाद करनी होगी जो मानवीय सम्बन्धों की फिर से पड़ताल करेगी।

लगता है, भाषण सुन रहा हूँ।

हम दोनों हँसे।

जयदेव, हम लेखकों के पास, अपने-अपने हक़ में कुछ छोटी-बड़ी जानकारियाँ होती हैं जिन्हें हम रचनात्मक सच्चाइयाँ बना लेते हैं। आप अपने आलोचकीय सिद्धान्तों से कुरेदिए ! फिर हमें समझाइए कि देखो भाई, लिखाड़ी, खिलाड़ी ऐसे बना जाता है।

जय अच्छे मूड में थे—इन दोनों के फ़र्क़ पर रोशनी डालिए।

जैसे कोई कहे—हिमाचली हैं सुन्दर-सौम्य, भले और समझदार। मैदानी पंजाबी भाइयों की तरह फितूरी और तन्दूरी नहीं। इन दोनों की देह-भाषा में

फ़र्क़ लगे तो नया दर्शन बनाना होगा। समझ लें कि सिद्धान्त बन गया।

अब मालूम हुआ, आप शब्दों को कैसे मिलाती-जुटाती हैं।

बुरा मत मानना जय, यह इतना सहज और सहल नहीं। राज़ की बात इतनी ही कि ये दोनों शब्द 'हिन्दी दिवस' की देन हैं। ऑडिट एंड अकाउंट्स के हिन्दी समारोह में एक प्रहसन प्रस्तुत किया गया था। पंजाबियों पर इतना सटीक कि वहाँ बैठे-बैठे तन्दूरी और फतूरी का जोश मेरी डिक्शनरी में दाखिल हो गया।

हम देर तक हँसते रहे थे।

हशमतवाले पुराने सब तनाव हवा हो गए।

बाउलूगंज की छोटी-सी दुकान में मोजा लेने गई कि छोटे-छोटे तावलों पर नज़र पड़ी। उनके साथ ही ख़याल में आ गई अपनी छोटी-सी सहेली। कस्तूरी बरुआ। चंचल-चपल चौकन्नी और सुन्दर मुखड़े के साथ नाम है कस्तूरी ! फूलों की कढ़ाईवाले दो हैंड तावल लिए और जैसे ही बाहर निकली, एक साथ दीखे जयदेव और कस्तूरी अपने माता-पिता के साथ। छोटी-सी बचपनी आवाज़ ने नाम से पुकारा—कृष्णा, आप यहाँ क्या कर रही हैं ?

जयदेव बोले—सोबती जी !

मैं चकित हुई।

हैलो जयदेव !

आप पहले सबसे ताज़ा पीढ़ी से बात कीजिए।

वाह, आप दोनों मेरे आगे हैं और ताज़े हैं।

नहीं—इस समय मध्यस्थ हो आप दोनों को मिला रही हैं।

कस्तूरी बोली—आप किसको मिला रही हैं ? अंकल क्या कह रहे हैं ?

जयदेव ने कस्तूरी से हैलो की और प्यार से कहा—यह मुझे आपसे मिला रही हैं।

मैं चकित हुई। जयदेव कुछ कह रहे हैं।

बरुआ युगल खड़े-खड़े मुस्कराते रहे। मैंने लिफ़ाफ़ा आगे किया—यह तुम्हारे लिए कस्तूरी।

थैंक्यू कृष्णा ! मैं तुम्हारे लिए भी एक छोटी-सी भेंट लाऊँगी।

मैंने झुककर कस्तूरी के कान में कहा—मुझे तुम्हारी ड्राइंग चाहिए। अपने घर में लगाने के लिए !

अच्छा।

फ्रैंच बाअलू भाइयों के नामवाला यह पहाड़ी बाज़ार काफ़ी दिलचस्प।

अब किधर ?

कल भीष्म और शीलाजी आ रहे हैं। आपको आना है। हाँ, जयदेव, मैंने आपकी बताई बेकरी में केक ऑर्डर किया था। अब मैं उस पर भीष्म और शीलाजी का नाम लिखवाना चाहती हूँ। उसका फ़ोन नम्बर नहीं है।

जयदेव, मैं आज भी तुम्हारी वह निगाह नहीं भूली। व्यंग्य, मैत्री, विस्मय और खीज एक साथ। कुछ ऐसे, जैसे विश्वास न होता हो कि मैं ही यह कह रही हूँ ! कितनी दिखावटी है यह सोच !

मैंने अनदेखी कर कहा—आपके पास उसका फ़ोन नम्बर होगा ?

जयदेव ने मानो मेरा सरोकारी पाठ पढ़ लिया हो !

जो लिखवाना चाहती हैं, मुझे लिखकर दे दें। उस तक पहुँचा दूँगा।

आपको परेशान कर रही हूँ।

जय ने तीखेपन से एक बार फिर से सरसरी नज़र से देखा, जैसे सोच रहे हों—यह कैसा साँचा है और हँसकर कहा—अब उसकी चिन्ता न कीजिए। आपके मन-मुताबिक ऑर्डर किए केक की सारी बारीकियाँ देख ली जाएँगी।

लगा, जय मन-ही-मन हँस रहे हैं। यह सोच-सोचकर कि इस वर्ग की असलियत आखिर है तो क्या !

याद रखिएगा, जय और सरोज, आप कल शाम आ रहे हैं।

इसके लिए आपसे अभी माफ़ी माँग लेता हूँ। कल सुबह दिल्ली से मेहमान आ रहे हैं।

उन्हें साथ ले आइए, जयदेव ! आपका आना ज़रूरी है।

जयदेव के चेहरे पर गंगा-जमुनी धज उभरी—इन्तज़ार न करें। मौक़ा लगा तो पहुँच जाऊँगा, नहीं तो...

सरोज पास खड़े-खड़े मुस्काती रहीं।

भीष्म और शीला के साथ शाम अच्छी रही। चाहनेवालों से घिरे दोनों खुश थे। मगर भीष्म के करीब होने पर भी जयदेव-सरोज शामिल न हो सके। 'बसन्ती' पर चर्चा होती रही। जय ने अंग्रेज़ी में इसका अनुवाद किया था।

शिव 'डार से बिछुड़ी' के अनुवाद पर थे। जयदेव के सुझावों पर ग़ौर कर रहे थे।

बेशक जयदेव के पास वक़्त की कमी थी पर कंजूसी नहीं। मदद के लिए हमेशा तत्पर।

महीनों बाद एक दिन माल पर घूमते-घूमते जय से मुलाक़ात हो गई। जाने क्यों वह मुझे बहुत अकेले लगे ! कारण लम्बी छुट्टी भी हो सकता है। चेहरे पर भाव कुछ ऐसा कि कुछ भी कुरेदना या टटोलना ख़तरनाक हो सकता है।

आशियाने में लंच के लिए निमन्त्रण दिया तो व्यस्त होकर कहा—मैं जल्दी में हूँ। इस वक़्त नहीं। हाँ, आप आएँ इतवार को घर पर। लौटने में टैक्सी का इन्तज़ाम हो जाएगा।

आपके यहाँ आना तो सदा ही अच्छा लगता है। मैं शनीचर शाम फ़ोन करूँगी। इस वक़्त तो हम कुछ लें। कहीं भी...

नहीं-नहीं—मुझे कहीं पहुँचना है। वक़्त दे रखा है। अच्छा...

जयदेव जल्दी-जल्दी लिफ्ट की ओर बढ़ चले।

यह शिक्षक-गण कितने मसरूफ और हम जैसी मौजमार लेखक बिरादरी हमेशा फुर्सत-ही-फुर्सत में। कभी तो दूसरों को शक होने लगता है हमें देखकर कि कहीं हमने लिखने का काम किसी दूसरे को ठेके पर तो नहीं सौंप रखा !

एक हम हैं, जाने कब लिखते-पढ़ते हैं। एक यह है कि हमेशा व्यस्त। अशिक्षित उपन्यासकारों और शिक्षित आलोचकों के दरमियान का फ़र्क़।

कैसे समझाएँ उनको कि हमारे निकट अध्ययन का अकेला और इकहरापन उस एकान्त को रूपान्तरित नहीं करता जिससे रचना जन्म लेती है। उसके लिए पहले अपने को उन्मुक्त छोड़ना होता है और फिर संयम से अनुशासन से जोड़ना होता है। यह शब्द के प्रति दोहरी ज़िम्मेदारी है।

वक़्त की गिरफ्त में हैं, मगर आज़ाद लगते हैं। सीमाओं-हदों से बाहर होते हैं, क्योंकि संयम की सत्ता से जुड़े रहते हैं।

जय से मुलाक़ात का प्रभाव कुछ ऐसा हुआ कि इस 'न्यूट्रल ज़ोन' में मैंने आशियाना लंच मिस किया। शायद अच्छा ही किया। ताज़े टमाटर का सूप लिया। पलटकर पान की दुकान से 'डनहिल' सिगरेट का एक पैकेट जयदेव के लिए ख़रीद लिया।

उन्हें दिया तो संकोच और रुखाई से कहा—मैं तो आपके सामने सिगरेट

नहीं जलाता। फिर यह महँगा ब्रांड मेरा नहीं। आप मेरी आदत बिगाड़ देंगी।

इसका अन्देशा न रखो जयदेव ! मैं एक ऐसी लीक हूँ जो न किसी को बिगाड़ सकती है और न सँवार सकती है। इसे मुझ जैसे बन्दे की पसन्द समझो जो कभी-कभार तनावों को कम करने के लिए इस ब्रांड को जलाता-बुझाता रहा है। तुम्हें मालूम हो जयदेव, मैं अपनी मेहनत के पैसों की बहुत इज़्ज़त करती हूँ। तुम्हें ग़लतफहमी न होनी चाहिए। मैं न पैसा फूँकती हूँ, न झोंकती हूँ। तमीज़ से ख़र्च करती हूँ। हिसाब सुनो। लंच नहीं लिया—साफ दो सौ बचे। जो टिप देना था, उसका सूप पिया। सिगरेट के लिए एक पत्ता दिया, बाकी चेंज लिया। अब बताओ, कैसा रहा यह करतब !

मुझे माफ़ करें। मुझे नहीं कहना चाहिए था।

क्यों नहीं, व्यक्तिगत नहीं तो अपनी कार्यकारी चिन्ताओं को तो बाँट सकते हैं। लिखने-पढ़ने के दबाव में कभी तो मादक गन्ध भी चाहिए होती है। चाहें तो...

जयदेव की आँखों में शिक्षक का अनुशासन उतर आया। गम्भीरता से कहा—चाय-सिगरेट की लत ही काफ़ी है। इसके आगे मेरी कोई दिलचस्पी नहीं।

मैं मन-ही-मन इस समझदारी पर हँसी।

आपके दोस्त इतने हैं कि एक-एक शाम एक को मिलें तो साल-भर की शामें व्यस्त।

नहीं, मेरे परिचित ज़्यादा हैं, दोस्त कम। दोस्तों से परिचित कहीं अच्छे। न वे दोस्तों की तरह आपके समय को लेकर मनमानियाँ कर सकते हैं, न आप उन पर बोझ डाल सकते हैं।

जयदेव व्यंग्य से हँसे—अच्छा है, आपने यह खुराफ़ातें नहीं पाल रखीं। हाँ, हम जैसे किस श्रेणी में हैं ? परिचित !

नहीं। सब दूरियों के बावजूद आप एक अच्छे दोस्त हैं। दोस्त ! कोई एतराज़ तो नहीं, जय !

जय चौकन्ने हो गए।

कहा—हम न जाने ऐसी बातें क्यों कर रहे हैं !

कहना चाहती रही कि तुम्हें उकसा नहीं रही जयदेव, तुम्हारे तनाव तुम्हारे अन्दर घर कर रहे हैं। उनके लिए बाहर

का रास्ता बनाओ।

न कहीं झुँझलाहट का कारण है, न छटपटाहट का—फिर जयदेव को कौन-सी अनदीखती चिन्ताएँ घेरे रहती हैं, जैसे कहीं जल्दी-जल्दी पहुँचना हो !

[4]

जयदेव ग्यारह बजे आने को थे।

शम्मोजान और कामदार भीखम लाल के अनुवाद को लेकर कुछ प्रश्न और पाठ की जिज्ञासाएँ थीं।

खिड़की से उन्हें आते देखा तो मेज़ पर चाय लगा दी।

ऊपर पहुँचे तो—जय, मैं आपके साथ चाय का मुकाबला कर रही हूँ। सोचा, एक बार तो आपके लिए मैं भी चाय बना सकूँ। बाद में आप मौक़ा नहीं देंगे।

दशकों के बाद इन पुरानी कहानियों का पाठ पड़तालते हुए मुझे अपने कपड़ों से एक खास तरह की पुरानी गन्ध आने लगी थी। मन-ही-मन बहुत कोफ़्त हुई, मगर जयदेव की तालीम में बीच का रास्ता नहीं है।

मौसम सर्द था और .खुशगवार, इसलिए क़ायदे से सब कुछ सम्पन्न हुआ। शम्मोजान के कागज़ समेटकर फाइल में रखे और किचन से ताज़ी चाय बनाकर ले आए।

काम कैसा चल रहा है ?

वही बेढंगी चाल और धीमी रफ़्तार जो पहले थी सो अब भी है।

जयदेव हँसे नहीं।

सुनते हैं, आपकी शामें सार्वजनिक हो उठी हैं।

क्या समारोही परिधान की तरह दूर से नज़र आने लगी हैं ?

क्षमा करें, शायद मुझे पूछना नहीं चाहिए...

क्यों नहीं जय—मित्र होने के नाते तुम्हें अधिकार है।

आपके साथियों का कहना है कि आपको शाम का शुगल भाता है। इसीलिए यार-दोस्त इकट्ठा होते हैं।

देखो जय, इतनी सुन्दर जगह में अपन ने चिन्ताओं की हाट नहीं लगा

रखी। उन्हें तो मैं दिल्ली के गोदाम में बन्द कर आई हूँ। वापस पहुँचकर देखूँगी। मज़े-मज़े काम करती हूँ और खुश रहती हूँ। इस पर भला किसको एतराज़ हो सकता है ! सेमिनार के बाद और डिनर से पहले का वक़्त मेरे यहाँ इसलिए कि मेरा घर डाइनिंग रूम के सबसे निकट पड़ता है। दोस्तों का वहाँ इकट्ठा होना भी क्या बुरा है !

जयदेव ख़ामोश रहे।

प्यालों में चम्मच चलाकर कहा—वक़्त आपका है, किसी और का नहीं और काम भी आपका है, किसी और का नहीं।

मैं हँस दी।

सूक्तियाँ घड़ने लगे हो जयदेव !

जयदेव अपनी चुप्पी को जैसे तरतीब देते हैं। कहाँ तक पहुँच गया है उपन्यास। भीष्म नियमित रूप से काम किया करते थे।

दिग्गजों से मेरा क्या मुक़ाबला ! मैं उनकी पंक्ति में नहीं हूँ।

जयदेव के माथे पर तेवर देखकर कहा—देखो, इतनी बारीक बातें मेरे दिमाग में देर से पैठती हैं और देर से ही सुलझती हैं। यह न भूलो कि मेरे पास एक पंजाबी खोपड़ी है। बात की महीन सुइयाँ देर से प्रकट होती हैं।

जयदेव कुछ ऐसे चकित हुए ज्यों मैंने अनजाने में ही उनके मक़सद को छूने का निर्णय किया हो !

सभी को आपसे बहुत उम्मीदें हैं।

पर जय, मुझे नहीं। मैं अपने को दशकों से जानती हूँ। जो चाल पहले थी, वही अब भी है। मैं उम्मीद को अपने से दूर रखती हूँ। इसे लेकर मुझे कोई हड़बड़ी नहीं।

जयदेव में शिक्षक स्थित हो गया।

तीखी आवाज़ में कहा—

सुनते हैं, आपने क्षेत्रीयता और स्थानीयता को लेकर कोई फ़िकरा कसा है, जो अच्छी रुचि का परिचायक नहीं।

समझ गई।—हैरान होने की क्या बात है ! बातचीत में लोक कथात्मक आस्वाद का पुट भी यदा-कदा उभरता रहना चाहिए।

बदले में जय ने तीखे गले से कहा—जिसने मुझे बताया है, उसने .ख़ुद भी बहुत बुरा मनाया है कि आपने उसे विशेष रूप से धमकाया।

लगा, जयदेव .ख़ुद प्रदेश बनकर मुझसे सफ़ाई माँग रहे हैं।

देखो जय, अगर हिमाचल में बैठकर कोई भी हिन्दी प्रदेशी यह कहे कि

हिमाचल में आकर हम जैसों का हिन्दी का उच्चारण बिगड़ जाता है तो आप कैसा महसूस करेंगे ? जयदेव, तुम भी अब हिमाचली हो—सुनकर कैसा लगेगा ? यह सिर्फ भाषायी हेकड़ी ही नहीं थी, शिष्टाचार के भी विरुद्ध था जो प्रदेश आपका मेज़बान है, उसके उच्चारण के बहाने उसकी अवमानना करना मुझे ग़लत लगा। उच्चारण बिगड़ने और बदलने की बात करें तो इलाहाबाद, बनारस, लखनऊ, कानपुर, पटना, भोपाल, जयपुर के उच्चारणों का क्या हम बारीक फ़र्क़ नहीं समझते ? अपने-अपने स्थानीय रूपों को हम दूसरों पर क्यों लागू करना चाहते हैं ? हिन्दी का स्टैंडर्ड उच्चारण तो सिर्फ इलाहाबादवालों में है। उन्हें ब्रिटिश काउंसिल की तरह इसके कैसेट बनाने होंगे। एक-दूसरे को दीन-हीन समझने की और दूसरों पर छींटाकशी की आदत से अपने को उबारना होगा।

जयदेव जल्दी में पीछे मुड़े। मुझे दुःख है—मुझे आपसे इस प्रसंग पर बात ही नहीं करनी चाहिए थी।

जयदेव, अब तुम ग़लत हो रहे हो। तुम मुझे नहीं बताओगे तो मैं अपने को सुधारूँगी कैसे ?

यूनिवर्सिटी में चर्चा थी कि आप अपने तानाशाही स्वभाव से लोगों को त्रस्त किए रहती हैं।

हक़ीक़त इससे ठीक उलटी है। साफ़गोई से त्रस्त होने की कमज़ोरी हमें छोड़नी होगी। हँस-हँसकर सहमति और ख़ामोशी से असहमति, यह वयस्क होने का तरीका नहीं।

जयदेव ख़ामोश हुए रहे। माथे पर तनाव दीखने लगा था।

क्या ताज़ी चाय हो जाए ?

जयदेव के गंगा-जमुनी मुखड़े पर फिर घटा उभर आई।

इस बार दालचीनी और अदरकवाली चलेगी न ?

हाँ।

दोनों चुपचाप चाय पीते रहे। सैर से लौटकर शिव शामिल हुए तो जयदेव की रुखाई पर कुछ चिकनाहट उभरी।

जय ने इस किचन की गड़बड़ देखकर गैस का कार्ड कवर में डालकर लटका दिया था जो दीखता रहे और गैस-सिलेंडर के आते ही भगदड़ न पड़ जाए।

अच्छा, चलता हूँ। सरोज इन्तज़ार कर रही होगी।

हम बाहर लॉन में खड़े-खड़े जाने के क्षण को टाल रहे हैं

छोटी बातों के लिए अपने को परेशान न किया करो। अन्दर से बाहर बुहार दिया करो। कमरों में गर्द इकट्ठा हो जाती है तो उसे साफ़ करना पड़ता

है। किसी का कहा-सुना, नोक-झोंक, तीर-तरकश दिल के अन्दर धँस जाए तो उसे अविलम्ब अपने से बाहर कर दो। जय, मैं ऐसा ही करती हूँ, करती रही हूँ। अपनी सीमाओं पर आँख रखते हुए मुझे यह अहसास हमेशा बना रहता है कि किसी भी कचरे के लिए मैं अपनी नज़र को क्यों मैला होने दूँ ! अन्दर ही अन्दर खीज और झुँझलाहट से इसकी क़ीमत अदा करनी पड़ती है। अपने निज के खाते से। अपनी दृष्टि में जो निर्मल-निर्मम है, उसे 'आप', मैं या तुम के स्तर पर लाकर गँदला करें तो उस प्रदूषण को निकाल बाहर करने में आपको वक़्त लगेगा। आप उस आन्तरिक स्वच्छता और संयम को कैसे बरकरार रख पाएँगे जिसके बल पर भाव और विचार पकड़ में कुछ ही देर के लिए आते हैं ? वे आपको ज़्यादा वक़्त नहीं देते। जय, तुमने भी महसूस किया होगा कि कभी तरंगों से उभरते हैं कुछ विचार और आपकी लापरवाही या किसी व्यावहारिक हस्तक्षेप से किसी मामूली से साधारण गौण में तिरोहित हो जाते हैं। अपने को बचाती हूँ इस हानि से। जाने तुम इसे कैसे देखते हो !

एकाएक लगा, मैं बचकाना बातें कह रही हूँ। जयदेव सामाजिक व्यवहारों को मुझसे कहीं अच्छा जानते हैं। कहा—

जयदेव, यह मामूली टोटके हैं। हम सभी अपने-अपने ढंग से इन्हें इस्तेमाल करते हैं।

जयदेव के साथ-साथ सीढ़ियों से उतरी। पब्लिक एन्ट्री के सामने हम न जाने फिर रुक गए। कुछ ऐसे लगा, मुझे कुछ और भी कहना है।

मेरे मार्कर फिर खत्म होने को हैं। आपको फिर मँगवाने की तकलीफ दूँगी।

जयदेव हँसे—मैं खुश हूँ कि आप काम कर रही हैं।

एक छोटे उपन्यास का पहला ड्राफ़्ट कर चुकी हूँ। दूसरे पर काम जारी है। और हशमत भी।

सुनकर जय खुश हुए। लगा, चेहरे की रौनक लौट आई।

शहर से जो भी चाहिए हो, मुझे बताना न भूलें। मैं कल माल जा रहा हूँ। लिस्ट बना लीजिएगा, किसी को लेने भेज दूँगा।

मैं जयदेव को उतराई से उतरते देखती रही। पूरी पहाड़ी चाल।

[5]

इस बीच कुछ अच्छा हुआ ऐसा कि हम दोनों खुश हुए।

दूरदर्शन के लिए बनाई जा रही फिल्म में प्रयाग शुक्ल मुझे इंटरव्यू करनेवाले थे। टीम शिमला पहुँची तो प्रयाग साथ नहीं थे। मेरे लिए उनकी अनुपस्थिति किसी संकट से कम नहीं थी। उनको लेकर उम्मीद यह थी कि प्रयाग की सहज-सुथरी शैली से कुछ कहने का आत्मविश्वास जुटा सकूँगी। संस्थान में नज़र दौड़ाई। कोई करें या न करें की सोच में, कोई करना चाहते हुए भी न कर सकने की मजबूरी में ! आख़िर जयदेव से प्रार्थना की गई। वह बहुत उत्सुक नहीं दिखे। फिर दूरदर्शन के आग्रह पर अपनी स्वीकृति दी।

कैमरे के सामने हम दोनों ही अपनी-अपनी झिझक को लेकर आश्वस्त नहीं थे। धूप से उजली रौशन मेरी स्टडी को छोड़कर जब कान्ता पन्त ने हमें बाहर लॉन में बैठने को कहा तो हम दोनों ख़ामोशी से एक-दूसरे तक पहुँचाते रहे कि खुले में आवाज़ बिखर जाएगी। सैलानियों का शोर होगा और शायद धूप की चौंध में आँखों को भी परेशानी हो। खासा अटपटा लगा। खीज हुई, फिर शुरू होते ही सब सहज हो गया।

जय, तुम्हारी ओर से मुझ पर कोई दबाव नहीं था। और, मेरी ओर से किसी प्रभावी जटिलता का आग्रह नहीं था। क्योंकि मुझे तुम्हारी आलोचकीय दृष्टि में विश्वास था। कुछ कह सकने की वजह एक और भी थी कि कैमरे के सामने हम दोनों नौसिखिए थे और एक-दूसरे के रुआब तले नहीं थे।

वक़्त, तिथि, स्थान और समय को लेकर वह दुपहर मेरे ज़ेहन में अंकित है।

राष्ट्रपति निवास की ऐतिहासिक इमारत के सामने बिछा लॉन और हम दो नए-पुराने वक़्तों के दो चेहरे—दो रंग। तुम्हारी ओर से तुमने मुझे पूरी छूट दी कि मैं वह कह सकूँ जो मैं कहना चाहती हूँ, जो कहने की रचनात्मक क्षमता रखती हूँ। यह नहीं कि प्रश्नों के बहाने ऐसा घेराव हो कि अपने तक न पहुँच सको।

याद कर रही हूँ तुम्हारा वह प्रश्न जिसका जवाब देने में मुझे अपने स्वभाव की ही परिक्रमा करनी थी।

आपको गुस्सा क्यों आता है ?

इत्तफ़ाक़ ही था कि वह प्रश्न और उसका उत्तर दोनों इस प्रोग्राम के बाहर रह गए।

कुल मिलाकर वह दुपहर ठीक से गुज़र गई, क्योंकि हम दोनों एक-दूसरे के आत्मविश्वास को जगा रहे थे। एक-दूसरे का मुंडन नहीं कर रहे थे।

तुम हँस रहे हो जयदेव ! तुम कभी-कभार ही हँसते थे।

कैमरे की आँख से बेख़बर वह हरी-भरी धुपैली सुबह मेरे ज़ेहन में अंकित

है हमेशा के लिए। जब तक स्मृति में उसे लौटा सकूँ।

लगभग वर्ष-भर के बाद जब हम लोग लाउंज में फिल्म देखने को बैठे तो तुम भी मौजूद थे।

हम दोनों के संवाद से जो उभरकर आया, वह इतना-भर था कि दुनिया को कौतूहल से देखती हूँ।

मैं तुम्हारी प्रश्नोत्तरी देख चुकी थी। विश्वास करो, तुम्हारी मदद न होती तो मैं ठीक से जवाब न दे पाती ! मैं किसी दूसरे की दौड़ नहीं दौड़ रही थी। दुविधा या अनिश्चय से दूर तुम अपने प्रश्नों में लेख के हिमायती।

जयदेव, तुम अनमने से मुझे चुपचाप देखते रहे थे, फिर झिझक और संकोच से पूछा—

क्या यह सब कुछ आप मेरी जिज्ञासा के उत्तर में कह रही हैं ? कहीं गुस्ताखी तो नहीं हो गई ?

मैंने जयदेव के स्वभाव की चुपीली अदाओं का मज़ा लिया।

नहीं, इसका सम्बन्ध तुमसे नहीं, मुझसे है। बड़बोलापन। अलग-अलग टुकड़ों को जोड़कर मैं अपने को आश्वस्त कर रही हूँ !

इसका कोई कारण भी तो होगा !

मैं गम्भीर हो गई।

हाँ, है। तुम्हारी निगाह की ठंडी बेचैनी। जयदेव, तुम परेशान इसलिए नहीं हो कि तुम्हारे प्रश्न अच्छे नहीं थे—बल्कि इसलिए कि मैं सिर्फ तस्वीरें जुटा रही थी। वह भी तुम्हारे प्रश्नों के सहारे। कामचलाऊ वृत्तान्त और संवाद में काश, हम दोनों मिलकर कुछ नया अर्थ या आयाम जोड़ सकते !

आप सख़्त इम्तिहान ले रही हैं।

जय, तुम आदतन बहुत कुछ कहने से कतराते रहे हो। ऐसा भी लगता रहा कि क्योंकि तुम बोलने के नहीं—काम करने और कम कहने के आदी थे। तो तुलना में हम जैसे ज़्यादा कहते चले जाने के दोषी भी कहे जा सकते हैं।

महाश्वेता के लेखक और लेखन को लेकर तुम्हारे कुछ ही फिकरे मुझे उस गहरी समझ और प्रतिबद्धता के संकेत देते रहे जो तुम-सा व्यक्तित्व अपने में जगाए रहता है। तुम कैसे महाश्वेता के आदिवासी मेले में गए और लौटने में क्या-क्या मुश्किलें पेश आईं, कैसे स्टेशन मास्टर ने मदद की—तुम मात्र उन घटनाओं को नहीं, उन गहरी मानवीय आस्थाओं को प्रकट करते रहे थे, जो तुम्हारी सोच का मुख्यतम हिस्सा थीं।

जयदेव, हमारे दरमियान तकरारें भी कम नहीं हुईं। कहना होगा कि वह

इकतरफा रहीं। तर्क-असहमति-वाद-विवाद-विरोध-नाइत्तफ़ाक़ी कुछ कारगर नहीं हो सकती, अगर भिड़ंत दोनों तरफ से न हो। तुम बहुत कुछ को पी जाने और अपने दिल में रखने के माहिर और हम जैसे जोशीले। लगातार महसूस होता रहा कि जितना कुछ तुम अपने अन्दर रखते हो, उसका ख़ामियाजा भी तुम्हें .ख़ुद ही उठाना पड़ता है।

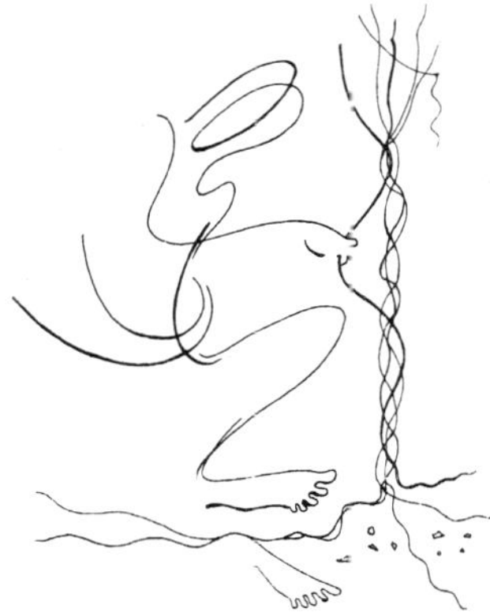

शायद ग़लत कह रही हूँ। तुम्हारे चले जाने के हादसे को भूलने की कोशिश कर रही हूँ, पर इस वक़्त इन पन्नों पर तुम्हें सम्बोधित करते हुए मैं पहले से बेहतर महसूस कर रही हूँ। यह समझकर कि तुम चले गए हो, फिर भी तुम हमारे इस टोले नें मौजूद हो। हमारे ख़यालों की दुनिया में।

[6]

'ज़िन्दगीनामा' के अंग्रेज़ी अनुवाद के बारे में हम लोग कैफे में मिल रहे थे।

तीसरी मंज़िल पर स्टडी की खिड़की से देखा, ग्रास कॉटेज पार कर जयदेव कैफ़े की चढ़ाई चढ़ रहे हैं। चढ़ाई चढ़ने और उतरने में जय की चाल में कोई फ़र्क़ नहीं पड़ता। फुर्तीले कदम और कन्धे पर वही झोला।

मैं लिफ़्ट में नीचे उतर गई।

बाहर धूप में कुर्सियाँ खींचकर बैठे तो आँखों ने सामने बिछी घाटी फलाँगी और जतोग की लाल छतों को पुतलियों में घेर लिया।

ऑर्डर किया। एक चाय। एक कॉफी।

जय ने इधर-उधर देखा—हर रोज़ कैफ़े में घूमती पालतू बिल्ली नहीं दिख रही।

वेटर साहिब प्याले लेकर आए तो पूछा—आज बिल्ली मौसी नहीं दिख रही !

वह कोने में बैठी है। साहिब, सुबह कैफे के लिए दूध भगोने में डाला। अभी गैस पर न रखा था कि आधे से ज़्यादा पी गई।

हम हँसे।

इसका दाँव लग गया।

साहिब, कभी नहीं पीती। नाश्ते का इन्तज़ार करती है। आज जाने क्या हुआ ! डाँट पड़ी तो रूठकर बैठी है।

जयदेव कुर्सी से उठे। बिल्ली मौसी के सिर पर हाथ फेरा। पुचकारा। कटोरी में दूध मँगवाया। लो पीओ–शाबाश, इतना गुस्सा नहीं करते। मौसी उसी तरह सिर डाले बैठी रही। आँख तक न उठाई।

साहिब, गुस्सा मना रही है। नाश्ता रखा था इसके सामने–नहीं खाया।

मालूम नहीं, दूध पीने का पछतावा है कि डाँट पड़ने की रुसवाई ! लगता है, भूख-हड़ताल कर दी है।

लीडर बनने का प्रोग्राम लगता है।

जय ने पूछा–आपने एक्सटेंशन प्रोग्राम में आने को क्यों मना कर दिया ? मैं तो छुट्टी पर हूँ। किसी ने बताया तो जाना।

जयदेव, इसकी वजह इतनी ही थी कि आप आज शाम कहें कि कल लैक्चर के लिए आइए तो आपके ख़याल में इसका जवाब क्या होता ? यही न कि नहीं आ सकूँगी। उनसे यही कहा कि तैयारी के लिए कुछ वक़्त देना चाहिए।

जवाब में आयोजक कहने लगे–आप कुछ न भी बोलें तो भी चलेगा।

आपको लोग देख तो लेंगे।

मुझे, दुःख है, आप अपने प्रोग्राम और वक्ताओं दोनों को बड़े भोलेपन से देखने के आदी हैं। मैं नहीं आ सकूँगी।

जयदेव कुछ बोले नहीं।

मुझे कोफ़्त हुई।

क्या कुछ ग़लत हुआ ?

नहीं, पर कुछ ठीक भी नहीं हुआ।

आप पिछले महीने आर्मी हेडक्वार्टर में गई थीं।

अच्छा रहा। मैंने 'ज़िन्दगीनामा' से पाठ किया।

पहले परिचय दिया, फिर रेजिमेंट्स के विभिन्न टुकड़े पेश किए।

जयदेव, व्यक्तिगत रूप से मेरे लिए यह बहुत क़ीमती था। आर्मी हेडक्वार्टर बिल्डिंग व लम्बे बरामदे मुझे हमारे बचपन की याद दिला रहे थे। सीज़न में एक बार हमें दादा साहिब की ओर से 'ट्रीट' मिला करती थी। हमारी सेनाओं के रेजिमेंटल इतिहास बहुत दिलचस्प हैं। कश्मीर हाउस की डिफेन्स लायब्रेरी में काम कर चुकी हूँ। 'ज़िन्दगीनामा' में फौजियों के प्रसंग उन्हीं की भाषा में लिखना मेरे लिए चैलेन्ज था। फिर महायुद्ध के समय भरती पर अलग-अलग

रेजिमेंटों के साफों का बयान। मैं इस सबको शहराती ज़बान में, मुहावरे में प्रस्तुत करती तो गलती करती। 'ज़िन्दगीनामा' के पाठ का पूरा मिज़ाज और उसकी भाषा किसानी खुरदरापन लिए है ! इसके पंजाब में स्थित होने के बावजूद गुरुदयाल सिंह साहिब को कम मुश्किल नहीं पड़ी।

जयदेव बोले—

इसका अंग्रेज़ी में अनुवाद करने की इच्छा है। मुश्किल होगा, पर कर सकूँगा।

हम एक-दूसरे को अविश्वास से देख रहे थे।

इसका पूरा ध्वनि-संसार किसी भी अनुवादक के लिए चुनौती है।

समरहिल में 'सिक्का बदल गया' का अनुवाद आपको कैसा लगा ?

अनुवाद आसान नहीं था, पर आपने कर दिया।

पंकज द्वारा की गई इन्टरव्यू कैसी लगी आपको ?

कहूँगी, अच्छी आई है।

बेहतर हो सकती थी। वक़्त का होना और कम होना भी इसकी क्वालिटी को तय करते हैं।

लगा, जयदेव कहीं और खोए हैं। गम्भीर।

वही तनाव।

जय, किसी ज़ाहिरा होड़ में नहीं लेकिन निरन्तर बने रहनेवाला यह कैसा दबाव था—जल्दबाज़ी आने की, जाने की ! काम की !

जयदेव, 'समरहिल' की इन्टरव्यू पर एक प्रतिक्रिया ज़रूर तुमसे बाँटूँगी।

नाश्ते पर निर्मलांशु साहिब बोले—आपकी इन्टरव्यू देखी।

लम्बी ख़ामोशी, इतनी लम्बी कि मैं परेशान हुई।

इन्तज़ार।

प्लेट का आमलेट ख़त्म हो गया।

प्लेट उठा ली गई।

नारंगी छील ली गई।

वह भी ख़त्म हो गई।

कुर्सी से उठते-उठते गहरी सोच की मुद्रा में कहा—अच्छा होता अगर कोई महिला आपका इंटरव्यू करती।

उनके चेहरे पर की गम्भीरता देखती रही। फिर खिलखिलाकर हँसी और छेड़खानी के अन्दाज़ में—

आपको मालूम हो कि पंकज सिंह पुरुष नहीं, स्त्री है। और मैं बेचारी

भी स्त्री नहीं, अपुरुष हूँ।

वह पल-भर को कुछ हतप्रभ-से हुए, फ़िर युगों की विचारक मुद्रा को चेहरे पर बिछाए-बिछाए कुर्सी से उठ गए।

जयदेव, मैंने उस सुबह अपने को दलित महसूस किया। फिर जाने कैसे अपने को दिलासा दिया कि इन मुद्राओं और भंगिमाओं को झेलने के लिए हमें सफर लम्बा करना होगा। लिंग-भेद को पाटने के लिए नई भाषा का आविष्कार करना होगा।

जयदेव पहले गम्भीर हुए, फिर हँसे। ऐसी बहुत-सी घटनाएँ आपने इकट्ठा कर रखी होंगी।

ऐसी बातों की सूची से इस समस्या का कोई हल नहीं होगा। अभी कड़वे घूँट पीने पड़ेंगे।

जय व्यंग्य से मुस्कराए। क्या इन रुकावटों को निकालने के लिए अगले दस बरस काफ़ी होंगे ?

नहीं, कम-से-कम अगली शती के पच्चीस बरस !—एक और पहलू मरदाना जो हमारे निकट गम्भीर मसला है, वह अब भी तमाशे की तरह देखा जा रहा है। नहीं, जयदेव, यह तर्क के लिए भी नहीं चलेगा।

इसका जवाब हाँ और ना दोनों। जयदेव सहज दीखनेवाले लेखन-अभ्यास पर कुछ कह रहे हैं। मैं अपने को लिखने के आतंक से कैसे बाहर रखती हूँ !

मुझे लगा, मेरे साथ हमदर्दी की जा रही है।

अपने एक हिस्से को उन्मुक्त खुला छोड़ना होता है और दूसरे को संयम से कसना होता है। अपने को ढँकने से आप पर वह सब हावी हो जाता है, जिससे आप छुटकारा पाना चाहते हैं। हवा के लिए उस छोटे-से झरोखे को खुला रखना होता है जहाँ से हवा का संचार होता रहे।

जयदेव कुछ गम्भीरता से, कुछ बचाव से देखते रहे। फिर कहा—क्या यह ज़रूरत सिर्फ़ स्त्री लेखक की है ?

मैं कुछ सख़्त कहूँगी। वह आपको बुरी लगेगी।

हम लोग क़ैफ़े से उठे और घर जा बैठे। मुझे दुःख है, मैं कुछ ज़्यादा ही कह गया।

एक ताज़ा चाय और हो जाए।

आप नहीं उठेंगी। मैं ताज़ा चाय लेकर आता हूँ।

डाइनिंग टेबल पर रखे थैले में से जय ने सरोज के बनाए ताज़े गुलाब-जामुन बाउल में रखे और चाय के साथ ले आए।

भारतीय जिह्वा का स्वाद—मिठाई देखते ही बैकुंठ धाम। मीठा-मीठा चखते रहो—मीठा-मीठा खाते रहो और तीते-नमकीन मुद्दों से अपने को बचाते रहो।

कौन नहीं जानता कि पीढ़ियों के दरमियान बिछी दूरियाँ और फासले अबूर कर मित्रताएँ कायम रखना आसान काम नहीं। अपने-अपने धंधे और पंक्ति की ख़ूबियाँ और ख़ामियाँ, एक-दूसरे की विशेषताएँ और व्याधियाँ, दोनों ओर हावी सामाजिक संघर्षों की तल्खियाँ किन्हीं भी मैत्री सम्बन्धों को या तो अपने मतलब के लिए बीन लेती हैं या धीरे-धीरे उन्हें कुतर देती हैं।

मित्रों का चुनाव अब एक पेचीदा और उलझा हुआ दर्शन है। सोच-विचारकर सम्पादित-संकलित मित्र चयन। मैं तुम्हें उभार दूँ—तुम मुझे बघार दो। मेरी सुगन्धि महके और तुम्हारी महिमा लहके। दोनों पहियों की गाड़ी पटरी पर दौड़ रही है। एक-दूसरे में कुछ सुन्दर-सुहावना खोज निकालने का तो वक़्त ही कहाँ है ! न पहले-सा रोमांस और न फंतासी ! सामाजिक गलियारों से उभरते कामकाजी व्यावहारिक गुण अपने-अपने बचाव के लिए जो भी कर न गुज़रें।

अमैत्री के इस संक्रमण काल में दोस्ती-मित्रता अब हर दिन ख़तरों में। आज है तो कल नहीं। सुबह है तो शाम नहीं। विरोधी ख़ेमों की टेलीफ़ोनें क्रॉस कर रही हैं। बेहद कोमल मुलायम औज़ारों से एक को दूसरे के खिलाफ भड़काया जा रहा है। कौन किस पर नज़र रखे हैं, यह सब किसी को मालूम है और मालूम नहीं। ज़ाहिरा शिष्टाचारी खेल हैं और लुकी-छिपी रणनीतियाँ। मैत्री और दुश्मनी अब दोनों सामाजिक धन्धे हैं। तेज़ी से उभरनेवाले ग्राफ़। इन्हें हर दिन अंकित करते मित्रता के रखवाले शातिर मित्र। इसे टोक दो। इसे हाँक दो। इसको आँख दिखा दो। उसको गले लगा दो। इसकी फ़ाइल खोल दो। जयदेव, सचमुच हैरानी होती है, यह सोचकर कि हमारी मित्रता का ब्यौरा इन चुस्त-दुरुस्त दायरों के तो बाहर रहा। तुम एक अच्छे दोस्त की तरह मुझ जैसी पुरानी तारीख़ की सुविधा और साहित्यिक छवि की सुरक्षा को लेकर चिन्तित होते रहते।

साहित्यिक छवि।

शहर की साहित्यिक सभाओं के तज़किरे हमने एक-दूसरे के सामने कभी नहीं किए। शिमला निवासी जयदेव कुछ झुँझलाते, फिर कुछ कहते-कहते रुक जाते। हम दोनों वर्तमान स्थितियों को अपने-अपने ही ढंग से पढ़ते। मैं दिल्ली वालों की निगाह से और जयदेव ठेठ शिमलाई संवेदना से। हम दोनों पहचानते थे उस विपरीत को, जो अपने-अपने खेल के मैदान में खेला जाता है। कभी

पिट जाता है और कभी पीट दिया जाता है।

मैंने बहाने से एक दिन कहा—जयदेव, यह निमन्त्रण टैक्सी मीटर से जुड़े हैं। अगर पार्टी ने टैक्सी एंगेज़ कर रखी है तो चलेगी, नहीं तो जहाँ खड़ी है, खड़ी रहेगी।

अनचाहे ग़लत लोगों को समारोह सम्पन्न हो जाने के बाद निमन्त्रण पोस्ट किए जाते हैं। जयदेव, दिल्लीवालों की जिस दिल्लीबाज़ी की तुम उस दिन बात कर रहे थे—वैसे खेल सब जगह चालू हैं। दिल्लीबाज़ी, शिमलाबाज़ी, लखनऊबाज़ी और न जाने क्या-क्या ! हम कहाँ अनजान हैं इन बारीक बौद्धिक हथकंडों से और हार-जीत की बाज़ियों से !

[7]

'ऐ लड़की' पर सुबह का संगोष्ठी सत्र खत्म हुआ। हम लोग संस्कृति केन्द्र आनन्द ग्राम के सुहावने लॉन में एक-दूसरे से बतिया रहे थे। खाना लगने को था।

सामने देखा, के.बी. वैद और जय साथ-साथ खड़े हैं। तसल्ली हुई। 'कल्चर ऑफ पैस्टिच' वाला दुराव कहीं न था। गए बरस जब के.बी. और चम्पा कुछ दिन शिमला बिताकर दिल्ली लौट रहे थे तो उन्हें छोड़ने स्टेशन चली गई। प्लेटफ़ार्म की जगह मैंने समरहिल का टिकट ले लिया था।

के.बी. बोले—गाड़ी के चलने का वक़्त हो गया। अब गाड़ी से उतरिए।

आपके साथ दिल्ली जा रही हूँ। मेरे पास रिजर्वेशन है।

और सामान ?

ज़रूरत पूरी हो जाएगी।

हम हँसते रहे। एक-दूसरे पर कसते रहे। समरहिल पर गाड़ी रुकी। मैंने के.बी. और चम्पा से बिदा ली और नीचे उतरने को हुई। सामने जयदेव खड़े थे।

जयदेव, आप !

हाँ, मैं ही।

जयदेव डिब्बे में चढ़े। पहले के.बी. के पाँव छुए। के.बी. ने बड़े भाई की तरह बाँह से घेर लिया।

चम्पा के पाँव मत छूना जयदेव, वह नाराज़ हो जाएगी। मुझसे बहुत छोटी है।

हम दोनों ने हाथ हिला बिदा दी और जयदेव के घर की ओर चल पड़े।

फिर चाय—फिर सूर्यास्त। फिर लम्बी सड़क से घर को लौटना।

'ऐ लड़की' की संगोष्ठी में दोनों सहभागिता कर सके—इसे लेकर मैं ख़ुश थी। आलोचकीय ऊष्मा को अपने में जज़्ब कर रही थी। लंच के बाद एकाएक जयदेव कहीं गुम हो गए। कुछ ग़लती तो नहीं हो गई ! जयदेव की संकोची तुनकमिज़ाजी से हम सभी वाक़िफ़ रहे हैं !

वह लौटे तो चेहरा दमक रहा था। वह सिगरेट की दौड़धूप में थे। उनकी प्रस्तुति अच्छी रही थी। कार्यक्रम में गुणा हुई थी और मुझमें सन्तुष्टि का संचार।

जय किसी सेमिनार के लिए विदेश जाने की तैयारी में थे। पासपोर्ट पेपर सब सुभीते से मिल चुके हैं। अब मुख़्तसर-सी तैयारी ही बाकी है।

तैयारी।

जयदेव, दिल्ली में इन्द्रदेव के घर पर तुम्हारी इतनी अच्छी देख-रेख होने के बावजूद, धीरज 'तसल्ली' उम्मीदें सब बेकार लगती थीं।

ऐसी छटपटाहट होती कि गुज़रे हुए बरसों को तुम्हारे आगे बिछा दें, ताकि तुम कुछ देर तो उन पर चल सको।

पर...

[8]

उस शाम आकाश निर्मल था। निथरा हुआ। इतना शुभ्र धुला हुआ कि सागर की झलक दे। हम तुम्हारे टैरेस पर से सूर्यास्त देख रहे थे। रंगों की निराली छिड़कन। घाटी पर छाई ढलते सूरज की लालिमा पहाड़ी वैभव में छितरी हुई। स्टेशन की ओर लगे जँगले के साथ-साथ पड़े गमलों में इतराती नन्ही कतरीली पत्तियाँ। किसने इन नुकीली हरी-हरी आकृतियों को सँवारा होगा ! आँखों के आगे कुछ ऐसा अपूर्व घट रहा था जो हम सबके होने से बड़ा था। भव्य था।

तुम अन्दर गए और कैमरा लेकर लौटे। इस शाम को उतार तुम इसे स्मृति की डिबिया में सँजो रहे थे। जाने क्यों यह गम्भीर क्षण हममें से हर किसी को चुपके से कह रहा हो कि ऐसी सँझीली सोंधी शामें घटित होती रहेंगी। आँखें इन्हें देख-देख सुख पाती रहेंगी। पर इस शाम को एक साथ निहारते हुए हम कभी स्मृति की चिलमन के बाहर, कभी अन्दर ! बड़े विशाल लैंडस्केप में समरहिल का स्टेशन एक टिमका-भर ! सामने दीख रही है एक लम्बी सुरंग

की गोलाई। मुख द्वार उन सुरंगी अँधेरों का जो सिर्फ सुरंग में स्थित। जय, उस शाम तुम्हारे अतिथियों ने जो भी सोचा हो—यह आभास तो किसी को नहीं था कि जब हम दुबारा लौटकर शिमला जाएँगे तो तुम्हें वहाँ नहीं पाएँगे।

पर जयदेव, लगता है, तुम कहीं गए नहीं हो।

तुम हो क्योंकि मैं तुम्हें लिख रही हूँ। बहुत कम अरसे में, अपने दूर-पास के सीमित कोणों में से जितना-भर देख सकी तुम्हें—उसे ही दोहराने की यह कोशिश-भर है।

कभी-न-कभी ऐसी कोई सर्विस ज़रूर चालू होगी जिसके द्वारा गए हुओं को लिखित पहुँच सके।

जय, मेरी डायरी में दर्ज़ तुम्हारा फ़ोन नम्बर झाँक रहा है। तुम अपनी जगह मौजूद रहोगे। नम्बर मिलाने पर तुम नहीं, सरोज बोलेंगी या अनु या अतुल ! उनकी आवाज़ों में घुली-मिली आवाज़ कुछ-कुछ तुम्हारी भी होगी ही।

तुम कहीं गुम नहीं हुए...

सरवर, उपन्यास के पन्ने खोले–लिखने को मन नहीं किया। पुरानी बातें याद आने लगीं। ध्यान रामकली की ओर भटक गया। रामकली हममें से किसी की 'नानी' या 'दादी' नहीं–वह है कार्बेट पार्क की हथिनी।

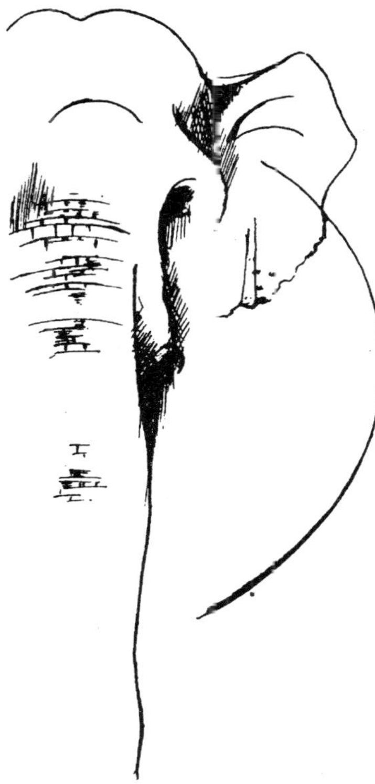

वाह, क्या तो चाल और क्या ठस्सा ! मन तो किया, रामकली को सोने की पाजेबें पहना दूँ।

मगर कहाँ रामकली और कहाँ मैं बेचारी !

अब तुम्हें सुनाने जा रही हूँ कहानी रामकली की। पूछिए, भला रामकली थी कौन ? वह न मेरी सहेली, न पड़ोसिन और न साथिन। वह थी एक लम्बी-चौड़ी विशालकाय नायिका। रामकली को मैंने पहली बार देखा जिम कार्बेट पार्क में।

हम कुछ दोस्त मिलकर गए थे नैनीताल। वहाँ से पहुँचे कालाढूँगी और वहाँ से कार्बेट पार्क। जिम कार्बेट कुमाऊँ के मशहूर शिकारी हो गुज़रे हैं। तुमने ज़रूर उनकी किताब पढ़ी होगी। उन्हीं के नाम से यह राष्ट्रीय वन-विहार दुनिया में जाना जाता है।

हमने जैसे ही कार्बेट की सीमा में प्रवेश किया, जंगल की वनस्पतियों की हरियाली सुगन्ध ने दिल-दिमाग को तरोताज़ा कर दिया। उससे छनी हवाएँ कार

की स्पीड के साथ-साथ दुलराने-सहलाने लगीं।

क्या समय और क्या मौसम !

देखा, सड़क के किनारे एक ओर मोबाइल कारवाँ खड़ा है। उसकी ओट में पड़ी दो कैम्प चेयर्स पर दो विदेशी चेहरे जैसे अंकित किए गए हों। दोनों के हाथ में अपनी-अपनी किताब। उनकी पोशाक से लग रहा था कि सर्द मुल्क से आए हैं और यहाँ गर्मी मना रहे हैं।

हमने गाड़ी रोकी और पास जा उन्हें हैलो की।

उन्होंने बताया, वह लैंड रूट से पाकिस्तान होते हुए आ रहे हैं। हमने जिज्ञासा दिखाई उनके कारवाँ में तो उन्होंने सहर्ष कहा—आप शौक़ से देखिए।

कारवाँ की दोनों ओर की खिड़कियों के साथ-साथ लगी दो लम्बी सीटें। नीचे सामान रखने की जगह। दोनों पर दो कम्बल रखे थे। एक कोने में छोटा-सा किचन और वाश-बेसिन। गाड़ी के बाहर की ओर एक तार तनी थी और उस पर कपड़े सूख रहे थे। छत पर एक टैन्ट रखा था। चाहे तो लगाकर कहीं भी रह सकते हैं।

उन्होंने हमें चॉकलेट ऑफर किए और हमने उन्हें आड़ू और ख़ूबानियाँ भेंट कीं।

बाई-बाई कर हम चल पड़े तो मन-ही-मन एक ऐसा कारवाँ लेने की चाहत दिल में जाग उठी। कितना मज़ा—जहाँ चाहो, वहाँ जाओ। पहियों पर घर!

सामने देखा, सड़क के मोड़ पर लगे बोर्ड पर हिदायत लिखी थी—सावधान, सड़क पर चलने का पहला अधिकार जानवरों का है। कृपया आदेश का उल्लंघन न करें।

एकाएक ड्राइवर साहिब ने ब्रेक लगाई।

खरगोश का जोड़ा ऐन सड़क के बीचोबीच कुदानें भर रहा था।

वाह ! सड़क पर झाड़ियों में ओझल हो गया तो ड्राइवर साहिब बोले—बाहर देखते रहिए, हो सकता है, कुछ और नज़र आ जाए। वह लीजिए हिरण।

हिरण ने चौकन्नी आँखों से इधर-उधर देखा और चौकड़ी भरी यह जा, वह जा !

हॉर्न की मनाही।

अब हमें कैम्प दीखने लगा था। कुछ कॉटेजिस, ऑफिस, लम्बी डोरमैटरी और टैन्टों का झुंड। लगातार गाड़ी के साथ-साथ भागता रामगंगा का शोर।

कैम्प दफ्तर जाकर पूछताछ की। इत्तेफ़ाक से कॉटेज खाली थी। यहाँ देश-विदेश से इतने सैलानी आते हैं कि बिना रिज़र्वेशन के ऐसा होना मुमकिन

नहीं होता। कोई कैनसिलेशन थी और हमने कार पार्क की और अपना भाग्य सराहते कॉटेज में प्रवेश कर लिया।

हाथ-पाँव धो चाय ली। थकन उतरते ही वाकिंग शूज़ पहनकर टहलने निकल पड़े।

पहाड़ी नदी रामगंगा का सुहावना शोर। जंगल की ओर से हवा और धूप की अठखेलियाँ। कैम्प के सामने से बाईं ओर दूर तक फैलती लम्बी सड़क। चलते-चलते ऐसा लगा कि यहाँ इस माहौल में, इस वातावरण में हर कदम क़ीमती है। जंगल से होकर आती सरसराती हवाएँ। सफर की थकन न जाने कहाँ उड़न-छू हो गई !

दूर सामने दीखती मँझोली पहाड़ियों की शृंखलाएँ। दूसरी ओर चाँदी की चमकती किनारी की तरह पहाड़ी नदी रामगंगा। शोर करती।

घूम-घामकर हम शाम को कैम्प की लॉज में पहुँचे। हमारी भेंट हुई वार्डन साहिब से और भारतीय सेना के रिटायर्ड ब्रिगेडियर और उनकी बीवी से जो कार्बेट पार्क पर किताब लिख रही थीं। वे दोनों पूरे इलाके को अच्छी तरह जानते थे।

हम लोग कुछ देर भीमताल में जिम कार्बेट हाउस की बात करते रहे। यह किन्हीं नवाब साहिब के पास था और वह उसे बेचना चाहते थे।

उस शाम बातचीत का सबसे दिलचस्प टुकड़ा तुमको सुनाती हूँ। ब्रिगेडियर साहिब का नाम लम्बा और मुश्किल था। याद नहीं आ रहा। कहीं लिखा होगा और मिल गया तो ज़रूर बताऊँगी। इनकी एक ख़ूबी यह थी कि जिस रेजिमेंट को इनके पिता ने जबलपुर में कमांड किया था, यह भी वहीं से रिटायर्ड हुए थे।

उन्होंने बताया कि दो बरस पहले जब वह यहाँ आए थे तो पिछले वार्डन साहिब की ज़ुबानी उन्होंने यह कहानी सुनी थी।

वार्डन साहिब के दफ्तर से एक दिन यह ऑर्डर निकला कि कैम्प की हथिनियों को रामगंगा में नहाने के लिए ले जाया जाए।

सो तीनों हथिनियों के महावत अपनी-अपनी हथिनी महारानी को लेकर नदी की ओर चल पड़े। कुछ ही दूर गए होंगे कि पीछे से वार्डन साहिब का हुक्म मिला कि रामगुणी और रामभरी को जाने दिया जाए और रामकली को रोक लें। किसी वी.आई.पी. का सन्देश मिला है कि कभी भी पहुँच सकते हैं।

रामगुणी और रामभरी ठुमक-ठस्स, ठुमक-ठस्स चलने लगीं तो पीछे खड़ी रामकली रोने लगी। उसकी दोनों आँखों से आँसू बहने लगे।

महावत ने जाकर वार्डन साहिब को बताया तो वह मौक़े पर पहुँचे। वार्डन साहिब पहले हैरान हुए, फिर रामकली के लिए उनका दिल पसीजा और उन्होंने रामकली को भी स्नान के लिए ले जाने की आज्ञा दे दी।

हम कल्पना-कल्पना में ही देखने लगे, इन तीन जंगल महारानियों को नदी में नहाते। क्या इतना पानी रामगंगा में होगा ? क्यों नहीं !

रामगंगा को भी पता लगेगा कि कैसी भक्तिनियाँ स्नान को आई थीं।

छप-छप-छप...!

एक निहायत दिलचस्प तस्वीर आँखों के सामने आई है। यह बचपन की बात नहीं—कुछ एक साल पुरानी। भोपाल गई तो अपने उपन्यासकार दोस्त सत्येन को ईदगाह हिल्स पर मिलने गई। वहाँ एक और लिखाड़ी मौजूद थे। मंज़ूर एहतेशाम। और एक हमारी कानपुर की दोस्त सुमति अय्यर ! दक्खिनी नमकीन। ख़ूब बड़ी-बड़ी आँखें। सजीली लड़की ऐसी, ज्यों नृत्यांगना हो ! चाय के बाद चिड़ियाघर जाने का प्रोग्राम बना। इधर भोपाल ताल पर ग़ज़ब की चकाचौंध। कुछ सूरज की, कुछ लहरों की और कुछ हवा की परछाइयों की जो लहरों पर झुकतीं और फिर आगे-पीछे सरक जातीं।

बोट क्लब से हम लोग आगे चिड़ियाघर की ओर निकल गए। मँझोली-सी पहाड़ी को घेरे हुए घना-सा जंगल। सड़क के किनारे लगी है लोहे की जाली की ऊँची-सी दीवार ! और उससे सटकर खड़ी है दर्शकों की भीड़ !

इन्तज़ार है कि टेकरी के शेर साहिब तशरीफ़ लाते भी हैं कि नहीं।

प्रतीक्षा करें—प्रतीक्षा करें, अभी नायक साहिब पधारने को हैं।

इतने में देखते क्या हैं—घनी झाड़ियों के झुरमुट से शेर बहादुर ख़रामा-ख़रामा चाल से पब्लिक को दर्शन देने आ रहे हैं।

क्या चाल ! सरवर, शेर की शानदार चाल का कोई जवाब नहीं। नपे-तुले कदम और आत्मविश्वास से दमकती आँखें।

शेर साहिब उधर चले आए जहाँ भीड़ खड़ी थी। विस्मयकारी। क्या जनता

का सम्मान करने में इन्हें कोई नया प्रशिक्षण दिया गया है ?

लगता तो है।

शेर साहिब जाली के सामने आ खड़े हुए। बाहर खड़े बच्चों ने कुछ आवाज़ें कीं—शोरगुल हुआ मगर वह अपनी रॉयल सम्राटी भंगिमा में इतमीनान से खड़े रहे।

भीड़ को दर्शन देकर वह पलटे और जहाँ से आए थे उधर ही चल दिए।

यह क्या ! देखा—शेर साहिब चलते-चलते रुके—क्या कुछ याद आ गया ! रुकने के बाद शेर साहिब फिर जनता की ओर घूमे और कदम भरते-भरते जाली की ऊँची बाड़ के सामने आ खड़े हुए ! बाक़ायदा किसी राजनायक के पोज़ में। जंगल के सम्राट तो वह हैं ही। मन-ही-मन सोचा, हो सकता है, शेर साहिब जंगल से ऊब गए हैं और दिलचस्पी के लिए भीड़ का जायज़ा ले रहे हैं ! हो सकता है, कुछ जँच जाए तो चुनाव लड़ने में क्या हर्ज़ !

सरवर,

मैं हफ्ते-भर के लिए दिल्ली गई थी। राष्ट्रीय नाट्य विद्यालय ने 'श्रुति' कार्यक्रम आरम्भ किया है। उसी का शुभारम्भ मेरे हिस्से में आ गया। क्योंकि शुरुआत मुझे करनी थी, सो मुझ पर ख़ासा तनाव बना। पहले तो राष्ट्रीय विद्यालय का मंच—लोग वाचन में निपुण—फिर नए प्रोग्राम का शुभारम्भ। उस पर एक और दबाव—दिल्ली के प्रबुद्ध श्रोतागण। मैं किसी दूसरे टुकड़े को खत्म करने में लगी थी। सो श्रुति वाला पत्र मेज पर पड़ा मुझे कई दिन घूरता रहा !

एक रात देर गए पत्र को चौकसी से पढ़ा तो इसे कर डालने का मन बना लिया। राष्ट्रीय नाट्य विद्यालय को सूचित किया कि मुझे प्रस्तुत करने में खुशी होगी। वक़्त पर पहुँच जाऊँगी।

अपनी 'लिखित' में से बहुत पन्ने पलटे। कौन-से अंश का चुनाव करूँ। कुछ ऐसा हो जिसका पाठ ढंग से हो। साँस के नियन्त्रण में दिक्कत न हो। जो श्रोतागण सुनने आएँ, वह इतमीनान से बैठे रहें और कार्यक्रम के बाद यह कहते न सुने जाएँ कि वक्त बेकार हुआ। जानती हूँ, दिल्ली में 'वक्त' ज़रा ज़्यादा ही कीमती है। किसी भी कार्यक्रम को करने से पहले इस तरह के नुक़्ते ख़ासे परेशान करनेवाले होते हैं। हाँ—पढ़ने के लिए चुनाव मुश्किल था। आखिर कुछ नया लिखने का मन बना लिया।

तीन बैठकों में उत्तरार्द्ध लिखा गया और एक छोटा टुकड़ा उसकी भूमिका के तौर पर जुड़ गया। हाँ, सम्पन्न हो चुके श्रुति कार्यक्रम की एक बात तुमसे बाँटना चाहूँगी।

रवीन्द्र भवन का स्टूडियो थिएटर ऐसे लेखकीय पाठ के लिए बिलकुल मौजूँ लगा। पढ़ते हुए परेशानी इतनी भर कि थिएटर में लाइट सिर्फ 'वक्ता' पर थी। मेरे लिए मित्रों की उपस्थिति को महसूस करना और उन्हें अपने पाठ में समोना बहुत-बहुत जरूरी होता है !

कार्यक्रम के बाद जब यह बात मैंने अंकुरजी और प्रयाग शुक्ल से कही

तो वह इससे सहमत हुए। हाँ, शिमला पहुँचकर मैंने फिर श्रुतिवाले पन्ने निकाले और उनका सस्वर पाठ किया। यह जानने को कि जो कमियाँ रहीं, उन्हें भविष्य में सुधार लूँ। उच्चारण की भूलें—कम नहीं, पाँच निकलीं।

दोस्तो, लिए चली जा रही हूँ आपको बरसों पीछे, शताब्दी के पिछले दशकों की ओर। इस उम्मीद में कि शताब्दी के अन्त में हम वह देख पाएँ जो हमें देखना ज़रूरी है।

यह पेशकश, यह आग्रह किसी इतिहासकार का नहीं—उपन्यासकार का है। इतिहासकार समय के सिर पर सवार है—उपन्यासकार वक़्त के ऐन बीचोबीच विचरकर उस कालखंड, लोक और समाज को देखता-पड़तालता है जिसे लोग जीते हैं। उपन्यासकार मात्र तिथियों और घटनाओं का ही जायज़ा नहीं लेता, वह जीनेवालों की विवशता, व्यस्तता और व्यर्थता के सूत्रों को इकट्ठा करता है। मानवीय जीवन की डोरों को गूँथने की चेष्टा करता है। अपनी ही सूझ-बूझ से, निगाह से उसकी शिनाख़्त करता है।

एक छोटी-सी जुर्रत यह मेरी भी है।

इस पाठ का पुराना सन्दर्भ देने के लिए आपको, आपकी मूल्यवान पाठकीय स्मृति की ओर लौटा रही हूँ। 'ज़िन्दगीनामा' के खुरदरे मोटे गाढ़े माहौल में धूप-सी गरमाहटवाली राबयाँ एक लगाव की लौ, शब्दों में पंक्तियाँ पिरोती हुई। तुकें मिलाती हुई।

दो चित्त। दो चितवनें। कहीं कुछ बराबर नहीं। जाति, धर्म, मज़हब, कुल, गोत्र, उम्र, वर्ग, राबयाँ लड़की एक ताज़ा मदमाती कँवार और शाहजी लाली जैसे पुत्र के पिता-गृहस्थ—कैसे निभेंगे यह प्रीति, यह प्यार !

कैसे ?

कैसा है यह योग-संयोग, किसके हाथ में ! क्या शाहजी के बस में ? क्या अराइयों की बेटी राबयाँ की आँखड़ियों में ?

राबी, राबयाँ इधर आओ, चली आओ मेरी ओर !

न।

दूरियाँ इतनी कि कोई पाट न सके।

कदम और बाँहें आगे बढ़ें लेकिन निकट न आ सकें। मगर ऐसा क्यों ?

क्या संयोग !

क्या भाग !

क्या हस्तरेखाएँ !

क्या असमानता !

क्या ऊँच-नीच !

क्या राजनीति !

इतना-भर पूछ रहा है लेखक !

दोस्तो, अपनी बात कहूँ तो सीधे-सादे गाँव की डगर का-सा समय अब कहाँ है ! बदल चुका है न ! लेखक समय के दो सीमान्तों को घेरने में कभी आगे, कभी पीछे, कभी दाएँ, कभी बाएँ—दिशाओं के यह भूगोल और इतिहास एक-दूसरे से उलझते हुए चल रहे हैं। क्या यह गुंजल निकल सकेंगे ?

लेखक की छोटी-सी जुर्रत सिर्फ़ इसलिए कि उन शक्तियों की मुठभेड़ से आनेवाले समय को टटोलने की कोशिश-भर हो सके।

मित्रो, इस उपन्यास को लेकर जाने कैसी-कैसी विडम्बनाओं से घिरी रही हूँ। कामना कीजिए कि इसे लिखकर ही आराम कर सकूँ। मैं गहरे तक जानती हूँ कि ये सूत्र मेरे पास नहीं, आपकी शुभकामनाओं में ही निहित है।

प्रसंग है—

राबयाँ छत पर खड़ी बाट जोह रही है। शाहजी की। सूरज ढलने को है। गाँव की कच्ची राह पर कब दिखे शाहजी का घोड़ा गुलखेर !

शाहजी पुराने सवार की तरह घोड़े की चाल को सँभाले हैं। ऊँचे किनारों में से पानी की धार दीख रही है। दूर अपनी हवेली की ओर नज़र उठी। फिर अराइयों के कच्चे कोठे पर ! खड़ी होगी। खड़ी है—काशनी ओढ़नी लहराई कि दिल में कोई लहर उठ आई—

मगर दिल छोटा है—बर्फों से पिघलती बाढ़ के वेग में क्या बचेगा ! बच सकता है। धरती और पानी के पुण्य ! क्या इन्सानों के पुंज !

दोस्तो, एक छोटी-सी जानकारी इस टुकड़े के बारे में—मूल रूप से उपन्यास की तरतीब में इसकी कोई जगह मेरे ज़ेहन में न उभरी थी। अचानक कहीं से कोई संकेत-सा तरंगित हुआ और मैंने बिना किसी दुविधा के इस अंश को लिखा। 'ज़िन्दगीनामा—एक' की समाप्ति, स्वयं इस आरम्भ के साथ नत्थी हो गई।

प्रस्तुत करती हूँ—एक वृत्तान्त कि यह टुकड़ा आपसे और मुझसे कुछ कहे।

आपकी पहचान से ही मैं अपनी पहचान को सही कर सकूँगी !

उत्तरार्द्ध

हे परमेश्वर, यह जो विशाल द्यो दीखता है—अगर इस एक में से सैकड़ों द्यो भी उत्पन्न हो जाएँ तो भी मैं चीतल की छलाँग-भर राबयाँ तक पहुँच जाऊँ। ढूँढ़ लूँ उसे अपने लिए इसी जनम में ! पर अलिए के दीन का क्या होगा ? अपनी बिरादरी और धर्म-संस्कार का क्या होगा ? मेरी धर्म-पत्नी का क्या—उसके आगे तो खाई बिछी है। गहरी और अँधियारी। हे रब्बा, मेरी विधना को सँवार दो। उसे बदल दो।

लड़की छोटी है, पर मेरे अन्दर-बाहर को समेटे हुए है। दिप्प-दिप्प यह मेरी आँखों का भरम है कि मेरे दिल का ! अपनी हवेली के चौबारे पर राबयाँ की ओढ़नी लहराई। माथे पर पड़ते बालों के सुनहरी घूँघर और माथे तले चमकती दो अँखड़ियाँ।

गाँव के दक्खिनादे आलिए के घर की ओर देखा। कहाँ ढूँढ़ रही थीं मेरी आँखें उसे ! खड़ी होगी कच्चे कोठे पर वह मूरत। कहाँ दीखता होऊँगा मैं उसे इतनी दूर से ! लाली से पूछती रहती है, कल कचहरी की तारीख थी। शाहजी ही अँधेरे पड़े लौटे थे !

एकाएक शाहजी की आँखों के आगे भगत की दुकान पर लटका सलमे-सितारेवाला लाल जोड़ा लहराया। जाने क्यों गुलखेर हिनहिनाया ! आकाश की ओर देखा। बादल घिरे थे। घोड़े को थपकी दी। क्या यह मेरे मन का भेद जान रहा है ? शाहजी रेतीले दोत्ताल की पगडंडी से नीचे उतरते थे कि दूर से कोई गर्जन-चिंघाड़ पास आती लगी ! आँख से दूसरे किनारे को चितारा और घोड़े को दौड़ा दिया। ऊपर बिजली की लपलपाती चमक और काली घटाएँ। चोह को जल्दी से माप लेने की फड़क से घोड़े को एड़ी से संकेत किया कि धड़धड़ाती कोई गर्जन गुलखेर के कदमों को उखाड़ ले गई। जल-थल प्रलय हो गई। पानी के उत्ताल अजगरों ने सारी कायनात को झिंझोड़ दिया। अश्व और अश्वारोही

दोनों एक-दूसरे से अलग-विलग। काँग के बरसाती मटमैले हरहराते पानियों पर शाहजी का साफ़ा फड़फड़ाया और पानी के वेग में गुम हो गया !

राबी-राबयाँ-राबी...किसने आवाज़ सुनी थी यह ? उसी ने जिसके लिए थी, छत पर खड़ी राबयाँ बिजली की कड़क में दोत्ताल की ओर दौड़ी। ख्वाजाजी, मेरी किश्ती आपके हाथ !

किसी ने पीछे से लड़की को आवाज़ दी। अरी किधर, तुम कहाँ चलीं ? होश में तो हो ! घरों से निकल सारा ग्राँ किनारों पर आ खड़ा हुआ। अरे अच्चनचेति प्रलय भू पर उतर आई ! उछलते पानी की मार से दोत्ताल के किनारे ढह-ढह पानी के भँवरों से तड़पने लगे, चक्राकार !

किसी सयाने ने हाँक लगाई, 'अरे पूछो, कोई अपने गाँव का तो नहीं फँस गया !'

आवाज़ उठी, 'शाहजी !' यह बुरी वाक्-वाणी किसने की ? किसने नाम लिया शाहजी का ?

टोटो ने आगे बढ़ सफाई दी, 'जनाब, मैंने जैसे ही काँग की चिंघाड़ सुनी, सामने की सीध देखा। शाहजी घोड़ा दौड़ाते नीचे उतरे थे। शाहजी की सफ़ेद गुँथी पगड़ी को मैंने ठीक से पहचाना था। गुलखेर दीखा और तनिक-सी देर में दोनों पानी में गुम हो गए। ओझल !'

काशी शाह को चोह के कंडों की ओर बढ़ते देख किसी ने आवाज़ दी, 'शाह साहिब, सुनिए, यह टोटो क्या कह रहा है !'

'जनाब, मैंने साफ़ देखा, घोड़े पर शाहजी हैं और फिर...'

'फिर क्या ?'

'घोड़ा और सवार दोनों पानी के उफान में बह गए। हाँ, अकेले वही नहीं, गाँव की ओर से राबयाँ बहन दौड़ती आई और पानी में कूद गई।'

छोटे शाह ने कड़ी आवाज़ में कहा, 'किस्से गढ़ रहे हो टोटो...'

'न जी, मैंने अपनी आँखों से देखा।'

काशी शाह ने इस बार मुलायम नज़र से टोटो को देखा और भेदती आवाज़ में कहा, 'ऐसा ही है तो उम्मीद पर दुनिया कायम है। पानी पछाड़ता है तो धरती पकड़ती है अपने बच्चों को।'

भीड़ ख्वाज़ा खिज़र से रहम की भीख माँगने लगी। मौलादाद जी बोले, 'काशी शाह, दोत्ताल के साथ-साथ पत्तन की ओर क्यों न बढ़ें !'

नवाब और मुहम्मदीन हाथों में लालटेनें लिए आन पहुँचे। गाँव के तैराक साथ हो लिए। औरतें, बच्चे पलट शाहों की हवेली की ओर लौट चले। करत्तारा

गले में घी का लोटा लटका खोजियों के साथ हो लिया। जलवाहिनी में भँवरों के उठान के सिवा कुछ न दीखता था। काशी शाह ने ऊपरवाले का नाम लिया।

मानो मन-ही-मन कोई प्रश्न लगाया हो। पत्तन की ओर से पूरब की ओर मुँह किया। ऐसा मानो कि सचमुच किसी इलाही ताकत से संकेत मिला हो ! अन्तरजामी, आप राखनहार हो !

काशी शाह, मौलादादजी और अल्लाहदिता के घोड़े पत्तन की ओर बढ़े। काम्मी साथ-साथ पैदल दौड़ने लगे।

लालटेनों के पीछे-पीछे जाता आलिआ साथ आन मिला। काशी शाह के घोड़े के साथ पग भरता बोला, 'शाह साहिब, राबयाँ फतेह के घर से उतरी तो दोत्ताल की ओर भागी। जाने कब और कैसे पानी ने खींच लिया ! मैं क्या करूँगा ! हाय मेरी बच्ची !'

काशी शाह ने सुथरी आवाज़ में ढाढस दिया, 'ख्वाजा का नाम लो। बड़ा करामाती है।' हाथों में झूलती लालटेनें अँधेरे में ऐसे बढ़ती रहीं ज्यों इन्हें ही बाढ़ के अँधेरों को पछाड़ना हो !

उफनता-बहता-पटकता-पछाड़ता पानी और उस पर अँधेरों का खौफ़नाक साया। साईं सच्चे, तेरी मेहर हो तो हम खाली हाथ न परतें !

मौलादाद जी की आवाज़ गूँजी—

'उत्तरादे थोड़ा ढलवाँ है, पानी उधर ही फैलेगा।'

कोस-भर मापने के बाद पानी में से रेत चमकने लगी। घुटनों-घुटनों पानी में घोड़ों के कदम छपछपाने लगे।

काशी शाह और मौलादादजी दाएँ-बाएँ दोनों दिशाओं में नज़र रखते चले। टोटो नंगे पाँव घोड़ों के साथ-साथ दौड़ रहा था। अपनी खोजी निगाह से कुछ दबोचा और अगले ही पल पानी में तैरने लगा। मौलादाद जी ने टोका, 'उधर कुछ नहीं काका, पानी ऊँचाई पर नहीं पसरता।'

'उधर एक छोटी-सी सिंचाई की नहर है जनाब ! मेरी देखी हुई है। पार के लोग वहीं माल छिपाते हैं।'

पानी की अँधेरी सफ़ेदी पर टोटो को काली सर्पिणी-सी दिखाई दी। क्या पानी में तैरने लगे महादेव ! हाथ बढ़ा छुआ तो सीलभ का चुटला। मौलादाद-जी बोले, 'काशी शाह, लड़का त्रिचक्षु है। ज़रूर कुछ ढूँढ़कर लाएगा।'

टोटो ने आवाज़ दी, 'घोड़े इधर घुमा लें जनाब, जल्दी आएँ।'

घोड़े टोटो की ओर बढ़े तो वह शाहजी की भारी देह को दोनों बाँहों से पकड़ कंडे की ओर खींच रहा था।

काशी शाह और मौलादादजी दोनों फुरती से पानी में उतरे और दोनों ओर से पकड़ शाहजी के शरीर को घोड़े पर औंधा डाला। काशी शाह ने पाँवों को हाथ की टेक दी और मौलादादजी धड़ पर हाथ रखे खुश्की की ओर बढ़ चले।

किनारे पर उलटा लिटा अन्दर का पानी निकाला। सीधा कर साँस की आवाज़ ली। बहुत धीमी। इतनी कि सुनाई पड़ते-पड़ते गुम हो जाए। नब्ज़ पर हाथ रखा। इतनी धीमी कि भासती नहीं। शाहजी की पीठ पर धौल पड़ने लगे। पहले हौले-हौले, फिर सख़्त हाथ। मुँह से पानी बाहर आने लगा। गीले कपड़े उतार काशी शाह ने ऊपर का धुस्सा उतार भाई को ढाँपा, तो छन-भर को लगा कि खेल खत्म होने को है !

चलता-फिरता बन्दा, इस मंज़िल पर। बागे ने फुरती से लोटे में से दारू मिला घी लिया और मालिश से पाँवों के अँगूठों को जगाने लगा। साँस की फुरकन अभी भी इतनी धीमी, आहिस्ता कि पता ही न लगे कि है भी कि नहीं।

फैसला लिया कि भागोवाल वाले बग़दादी हकीम के घर पहुँचने के सिवा और कोई चारा नहीं।

मौलादाद टोटो की पुकार पर पहुँचे और घोड़े पर राबयाँ को डालकर लौटे। काशी शाह की अन्दराली वृत्ति उस ओर भी लगी पड़ी थी। रेती पर उलटा डाल राबयाँ के अन्दर का पानी निकाला। नब्ज़ देखी। बीच-बीच में खो जाती थी और लपककर तेज़ हो जाती थी। काशी शाह के निर्मल हाथों ने गीले कपड़े अलग किए। मौलादादजी ने खेस उतार खेस से ढाँप दिया और राबयाँ के पाँव गरमाने लगे।

ऐसा भासा कि आलिए की बच्ची न हो, अपने बड़े भाई की अमानत हो।

आलिया पास पहुँचा तो देख बेटी को रोने लगा, 'ख्वाजा, मेरी बच्ची तेरी मेहर से खड़ी हो जाए और इस जल-थल की आफ़त में से निकल जाए तो गुड़ की पंजसेरी चढ़ाऊँगा। मौला, भोली है लड़की मेरी। मेहर करना !'

काशी शाह लड़की के हाथ-पाँव गरमाते रहे और रह-रह अपनी रूह खटखटाते रहे। यह प्रलय और अलग-अलग राहों से आते दोनों एक साथ, दोनों अचेत।

टोटो जारी रहा। ज़बान की टकटोकनी चलाता चला, 'शाह साहिब, पानी ने दोनों को एक ही दिशा में उछाला। इत्तफ़ाक़ ही न ! क्या दोनों एक-दूसरे का हाथ पकड़े होंगे ?'

काशी शाह सुनते रहे, कुछ न बोले और इस खेल से निपटने की तरक़ीब सोचने लगे। नवाब की आँखों से हलकी-सी फुहार गिरी—परवरदिगार, इस खेल

का जो भी नाम हो—गुनाह नहीं। किसी कों यह गुनहगारी भी लगे तो बख़्श देना इस लड़की को।

काशी शाह अपने भाई को डाले घोड़ा दौड़ाते-दौड़ाते भागोवाल पहुँचे तो हकीम साहिब के काम्मियों को लगा, छोटा भाई बड़े की लाश उठा लाया है।

पीछे-पीछे मौलादादजी घोड़े पर राबयाँ को डाले आन पहुँचे।

शाहजी को हकीम साहिब की बैठक में और लड़की को अन्दर हकीमनी के पसार में लिटा दिया गया।

पत्तन से यहाँ पहुँचते-पहुँचते मूसलाधार बरसने लगा था। टोटो ने अन्दर जा हकीमनी को सलाम किया और अर्ज़ की, 'हम सब लोग गीले हुए पड़े हैं। कहीं ठंड न पकड़ ले। आप कहें तो कपड़े सुखाने को चूल्हा या तन्दूर तपा लें ! कपड़े भी सूख जाएँगे और कहवा भी बन जाएगा !'

हकीमनी को लड़के पर प्यार आया, 'सो भला पुत्र ! चाय के लिए समावार मैं लगा देती हूँ। पिलाना तुम। मैं यहाँ लड़की को देखूँगी।'

टोटो अपना पुरखा बन गया। आवाज़ धीमी करके कहा, 'अराइयों की राबयाँ है यह। कविता लिखती है और गाती है। आवाज़ ऐसी सुरीली कि रहे नाम रब्ब का। हकीमनीजी, ये दोनों इकट्ठे नहीं थे। शाहजी शहर से लौट रहे थे और यह उनकी राह देख रही थी। उधर भँवर में पड़ा शाहजी का घोड़ा, इधर राबयाँ दौड़ी हुई आई और पानियों में कूद गई। हमें पत्तन पर मिले तो एक-दूसरे से आधे कोस की दूरी पर थे।'

हकीमनी बोली, 'मैं बलिहारी गई पुत्र ! बड़े होकर तो जिन्दा खोजी बनोगे।'

टोटो इतराने लगा, 'हकीमनीजी, वह तो मेरे दादाजी के बाबा थे।'

'एक बात तो बता काका खोजी, दोनों किसी संगत में थे क्या ?'

'कविता कहने-सुनने की। यह कवित्त कहती है और शाह साहिब सुनते हैं। शाहजी इसके उस्ताद हैं।'

झड़ी लगातार लगी रही और चूल्हे के आगे पड़ा कहवादान गर्म रहा, टोटो बरखुरदार बना प्याला सब के आगे घुमाता रहा। किसी ने नहीं पिया तो काशी शाह ने भी नहीं पिया।

हकीम साहिब बोले, 'काशी शाह, आप थके होंगे और अन्दर गरमाई ज़रूरी है। पनीली हवा न बैठ जाए सिर में।'

काशी शाह ने सिर हिलाया, 'चंगा एक डली गुड़ की सही। काफी होगी मेरे लिए।'

टोटो अन्दर से गुड़ और दूध का प्याला ले आया, शाहजी के आगे किया। उनके चेहरे का असमंजस देखकर बोला—

'हकीमनीजी ने कोरा प्याला निकालकर दिया है जनाब, भरम न करें। दूध-गुड़ की क्या छूत !'

काशी शाह ने गुड़ मुँह में डाला और दूध पी गए। रात-भर जागते निकली। दोनों की सूरत न पलटी। एक ओर हकीमजी शाहजी को हिला-डुला शहद चटाते रहे। तलवों पर बादाम-रोगन मलते रहे।

अन्दर हकीमजी की हिदायत के मुताबिक हकीमनी राबयाँ का पिंडा मलती रहीं। मुँह में दूध-हल्दी का चम्मच डाला तो बाहर आ गया। कुछ पता नहीं, लड़की की आँखें खुलें या न !

दिन चढ़ते राबयाँ हाथ-पाँव से छटपटाई। बदन में कँपकँपी छिड़ गई। हकीमजी ने माथा छुआ, हलका-सा ताप लगा। हाथ से ख़मीर चटाकर कहा, 'उम्र है—लड़की उठ खड़ी होगी।'

देह को हिलाया-डुलाया, गालों पर धप्पे मारे, फिर सख्त हाथों बाल खींचे, ज्यों अड़क निकालते हों कि लड़की के गले से महीन-सी आवाज़ निकली—अईं ! हाथ से आँखों की पुतलियाँ जाँचीं, फिर करवट दे कन्धों से पाँवों तक हाथ फिराया। उलटा लिटा पीठ पर हाथ फिराया। रीढ़ की हड्डी पर ज़र्ब नहीं। बदन जवान है, सहार गया। उधर शाहजी के शरीर पर गुम चोटों की मार है। दुपहर ढलते राबयाँ ने अपने-आप करवट ली तो हकीमनी ने हकीमजी को बुलाया। हकीमजी ने सिर पर हाथ रखा, 'आँखें खोलो बेटी ! मेरी ओर देखो।'

राबयाँ की गर्दन में हलकी-सी फुरकन हुई, जैसे वक़्त का कोई पंख फड़फड़ाया हो।

हकीमजी ने काशी शाह को संकेत दिया तो उन्होंने सिर पर हाथ रखा, 'राबी, मेरी आवाज़ सुन रही हो न।' सिर सहलाया। माथे पर हाथ फिराया।

'राबी—राबयाँ !'

कोई हरकत न हुई तो टोटो आगे बढ़ आया, 'हकीम साहिब, मैं जगा सकूँगा राबी बहन को।'

हकीम साहिब ने दिलचस्पी से देखा। कोशिश कर देखो। राबी के कान

के पास मुँह कर ऐसे आवाज़ दी ज्यों दोत्ताल के एक कंडे से दूसरे तक आवाज़ पहुँचानी हो, 'मैंने कहा राबी बहन, तुम्हें शाहजी बुलाते हैं। तुम्हें शाहजी याद कर रहे हैं।'

कोई आवाज़ न पा टोटो ने शाहजी के घोड़े गुलखेर के हिनहिनाने की आवाज़ की। राबयाँ हौले से हिली, ज्यों हवा हिली पर नज़र बन्द रही। सिर्फ ओठ हिले। हकीमजी ने सही किया—इस बार हकीमजी ने केसर चटाया और बाज़ू के सहारे बिठाकर कहा, 'उठ बेटी, आँखें खोल। इधर देख मेरी ओर।'

काशी शाह कन्धे से घेरे रहे, 'राबी जागो।'

राबयाँ ने काशी शाह का मुखड़ा पहचाना कि पहचानते ही आँखें भर आईं, ओठ हिले, पर गले से कोई बोल न निकला।

काशी शाह ने ममता-भरी नज़र से देखा और फुसफुसाया, 'राबी, शाहजी हकीम साहिब की देख-रेख में। फिकर नहीं करना।'

राबयाँ ने आँखें मीच लीं तो आँख से आँसू गाल पर सरक गया।

हकीमनी ने अपनी ओढ़नी के छोर से ऐसे मुखड़ा पोंछा लड़की का ज्यों लाड़ उमड़ा हो !

अगले दिन लड़की ने आँखें खोलीं कुछ ऐसे कि आसमानों से घूमघाम धरती पर लौटी हो। हकीमजी को देखती रही। फिर हाथ उठा उनके हाथ पर रख दिया।

'शाह साहिब कहाँ हैं ?'

'हकीम साहिब की बैठक में !'

'मैं चलूँगी उन्हें देखने !'

'अभी नहीं बेटी, जब हकीम साहिब कहेंगे तभी।'

राबयाँ बिना कुछ कहे हाथ थामे रही और आँखें मीच थकान में खो गई।

काशी शाह के चुपचुपीते मशविरे के मुताबिक अगली सुबह हकीम साहिब अन्दर आए और राबयाँ को चौकस देख खुश हुए। फिर सबको सुनाकर कहा, 'काशी शाह, राबयाँ बेटी अब ठीक है। काढ़े की पुड़िया, ख़मीर और मालिश का तेल दे रहा हूँ। अनुपान बिना नागे के जारी रखना होगा। जब शाह साहिब को देखने आऊँगा तो इसकी दवा भी बदलूँगा।'

काशी शाह ने राबयाँ से पूछा, 'राबी, तुम्हें शाहजी के पास भेजें कि तुम्हारी बहन फतेह के यहाँ ?'

राबयाँ छोटे शाह से नज़र चुराए रही, 'फतेह के घर जाऊँगी।'

छोटे शाह ने अपने सर का साफ़ा छुआ, जैसे राबयाँ ने उसकी पत्त रख

ली हो।

धूप निकलते-निकलते राबयाँ जाने को तैयार हो गई। हकीमनी के खुले-चौड़े कपड़ों में राबयाँ जाने किसका पुतला लग रही थी। हकीमनी ने ड्योढ़ी में सिर पर हाथ फेरा, 'जीती रहो, खुश रहो मेरी बच्ची, दवा-दारू में कोताही न करना।'

मौलादादजी घोड़े पर चढ़े। काशी शाह ने राबी को उठा मौलादादजी के आगे बिठा दिया। उसकी गर्दन नीचे ढुलकते देख मौलादादजी ने सिर अपने कन्धे से लगा आगे से घेर लिया। राबयाँ कूक मूढ़-सी बनी जाने कैसी अँखियों से काशी शाह की ओर देखती चली। किन्हें पीछे छोड़े जा रही है ! छोटे शाह और बड़े शाह ! क्या देखूँगी उन्हें !

हफ़्ते-भर बाद शाहजी को घर ले आया गया। चार जन चारपाई उठा गाँव में दाखिल हुए तो देखनेवालों के दिल दहल गए। पीछे-पीछे घोड़ों पर हकीम साहिब और छोटे शाह को देखा तो लगा, कुछ उम्मीद अभी बाकी है।

हकीम साहिब चार दिन हवेली में टिके। मरीज़ की दवा-दारू, खुराक सब तय किए। गुरदों में ठंड बैठ जाने के लिए माजून, पुट्ठों पर तेल की मालिश। दूध में बादाम-रोगन, मिक़दार और वक़्त लिखकर काशी शाह को समझा दिया। रीढ़ की हड्डी पर ज़र्ब आने से मरीज़ को उठाना-हिलाना नहीं।

बिस्तर में कस्तूरी रख दी गई। सब हिदायतें दे हकीम साहिब काशी शाह से धीमी आवाज़ में बोले, 'राबयाँ चलने-फिरने लायक हो तो उसे शाहजी के आसपास रहने दें। जो कुछ जाँच सका हूँ, शाहजी की शफ़ा उसी के पास है।' छोटे शाह ने जैसे यह सुना ही न हो।

'हकीम साहिब, अभी तक बेहोश कैसे हैं ? बोलना-चालना कुछ नहीं ?'

'शाह साहिब की आवाज़ उनके अपने अन्दर गुम हो रही है। मैंने उन्हें राबयाँ को आवाज़ देते सुना है।'

काशी शाह कुछ कहना चाहते थे, पर हकीम साहिब ने यह कहकर ख़ामोश कर दिया कि दिलों के मामले में किसी की भी दखलअन्दाज़ी ठीक नहीं। ख़ासकर जब मोहलत बहुत कम हो।

'हकीम साहिब,' काशी शाह ने इल्तिजा करनी चाही, पर हकीम साहिब ने सब शक-शुबह साफ़ कर दिए, 'गुलखेर की तगड़ी काठी इस हल्ले को नहीं सहार सकी। ऊपरवाले की निगाह-कर्म से शाह साहिब को जो दिन मिले, वह

आप सबके लिए बरकत है।'

हिदायत के मुताबिक काशी शाह भाई का ताप देखते। माथे को गीला करती त्रेली पोंछते। भूख की कोई सुगबुगाहट मरीज़ में न दीखती। केसरवाले दूध का चम्मच मुँह में डालते तो शाहजी के चेहरे पर जाने कितनी थकन उभर आती। आँखें न झपकतीं। मुँदी रहतीं।

काशी शाह को उदासी घेर लेती। मनुक्ख की सत्या सेहत में। चारपाई पर ऐसे पड़े हैं जैसे कोई उड़ानहीन पक्षी बिना परों के पड़ा हो। कभी खड़े हो सकेंगे क्या ? गुलखेर जख़्मों की बेचैनी में है। डंगर डॉक्टर का कहना है—नहीं बचेगा। इस हालत में इसकी खलासी करवाइए। छावनी से खरीदा था न आपने। वही इसका अन्त सँभाल लेंगे।

छोटे शाह ने फिर भी सिर हिला दिया, 'नहीं डॉक्टर साहिब, जो भी मुमकिन हो वह करें।'

राबयाँ अभी चारपाई से लगी है। गिज़ा-खुराक के लिए छोटे शाह आलिए को रकम पकड़ा आए थे। कमज़ोरी है, पर लड़की होश में है। ऐसी निगाहों से देखती है कि कलेजा मुँह को आता है। एक धर्म-मज़हब नहीं, जात-बिरादरी नहीं। एक-दूसरे के हमउम्र नहीं। रब्ब की रब्ब जाने। देखने-सुननेवाले जाने क्या-क्या क़यास लगाते हैं और प्रारब्ध इनसे जोरावर ! राबयाँ जवान है, उठ खड़ी होगी। जाने इस खेल को कौन क्या समझे ! हकीम साहिब इस ख़ामोश वर्क को कैसे पढ़ गए !

भौजाई बार-बार आँखें पोंछती है। मुख मलिन हुआ पड़ा है। भाई की चिन्ता और पछतावा। कभी गुस्से में आ राबयाँ को घर आने के लिए मना किया था। घड़ी ऐसी खुली कि दोनों एकसाथ दरिया में ! ऊपर का भाना वरतेगा ज़रूर। लाली शाह छोटा है, पर समझ में बड़ा। कल शाम मेरे आसपास घूमता रहा। कभी कलम बना। कभी स्याही रचा। कभी किसी लफ़्ज़ के मायने पूछे ! लगा, कुछ कहना चाहता है।

'क्या बात है लाली शाह, कुछ ढूँढ़ रहे हो क्या ?'

लाली शाह पास आया और मेरे सामने घुटने टेककर बैठ गया। 'चाचा साहिब, गुलखेर की हालत ख़राब है, तबेला में उसे देखने जाता हूँ तो लगता है, रो रहा है। डंगर डॉक्टर कुछ भी कहता रहे, वह बचेगा नहीं !'

'चचा साहिब, पिताजी और राबी बहन तो ठीक हो जाएँगे न ?'

'प्रभु से प्रार्थना किया करो, वही कृपा करेंगे।' लाली देर तक देखता रहा। सोचा, किसी असमंजस में है क्या ?

पूछा—'बेटा, कुछ और कहना चाहते हो ! कहो।'

'चचा साहिब, अगर राबयाँ और पिताजी नज़दीक-नज़दीक हों तो...' छोटे शाह ने गले में मुलायमियत बरक़रार रखी।

'ऐसा क्यों कह रहे हो लाली शाह !'

'अपने लिए कहता हूँ। मुझे बार-बार इधर-से-उधर और उधर-से-इधर दौड़ना पड़ता है। कभी यहाँ, कभी अराइयों के यहाँ। हवेली में पिताजी बेसुध पड़े हैं, वहाँ राबी बहन टकटकी लगाए छत को देखती रहती है। किसको देखती है चचा साहिब, मुझे तो लगता है, उसे कुछ दिखाई ही नहीं देता। कहीं उसकी आँखें ही तो नहीं चली गईं ! मैं उसे हाथ की अँगुलियाँ दिखाता हूँ तो उसे कुछ नहीं भासता।'

काशी शाह सचमुच से बुजुर्ग बन गए, 'कितनी बार जाते हो वहाँ ?'

लाली शाह चौकस हुआ। जान लिया, जवाब तलब किया जा रहा है। 'दो बार। मदरसे जाते हुए और फिर वहाँ से आते हुए। इसके अलावा जब भी माँ भेजे।'

'तो दिन-भर इसी में रूझे रहते हो !'

'चचा साहिब, क्या कर सकता हूँ ! माँ कभी सीरा बनाकर भेजती है। कभी काले चने का शोरबा, कभी घी-चूरी। दूध याद आ गया तो फिर आवाज़—लाली, जा, दूध पिलाकर आ उसे। यह सब काम मैं ही तो कर रहा हूँ चचा साहिब...'

'हूँ।'

इस मुख्तसर-सी 'हूँ' का फ़ायदा उठा लाली ने अपनी मंशा खोल दी, 'चचा साहिब, पसार के साथ लगी छोटी बैठक में न रख लें राबयाँ बहन को ! माँ उसकी आसानी से देख-भाल कर लेगी। दूसरे उसे लगेगा, वह अपने उस्तादजी के पास है। गुलखेर भी तो अपने तबेले में पड़ा है।'

'चचा साहिब, डंगर डॉक्टर इसे वापस क्यों छोड़ गया ? गुलखेर का अन्त तो नहीं आ गया ?'

काशी शाह देर तक लड़के को देखते रहे, फिर कहा, 'पुत्तर जी ! उसका अन्त आ ही गया तो उसे कौन रोक सकता है !'

'राबी बहन के लिए क्या तजवीज़ की जाए ?' छोटे शाह को पहली बार जैसे भतीजे की समझदारी का अहसास हुआ—'बात तो तुम्हारी ठीक है लाली शाह, पर यह न भूलें कि वह अलिये की बेटी है। वह चाहे, न चाहे।'

'चचा साहिब, मैं उनसे पूछ चुका हूँ। बोले—ठीक कहते हो, हवेली में इसकी

तीमारदारी अच्छी होगी। क्या पता, शाहनी के हाथों उठ खड़ी हो !'

एकाएक काशी शाह को लाली की मदद की ज़रूरत आन पड़ी। कहा, 'मौका देख माँ से बात करना। देखें, कैसे समझाते हो ! समझा सकोगे ?'

'कोशिश करूँगा।'

माँ ने कटोरियों सब्ज़ी सलूना परोसा। रोटी सेंककर घी लगाया और कहा, 'लो, गर्म-गर्म खाओ। क्या गुड़-शक्कर चाहिए ?'

'न, यह तो पिताजी की रुचि है। गर्म-गर्म रोटी पर घी-शक्कर। माँ खबरी हम यहाँ बैठकर कब संग-संग खाएँगे।'

शाहनी बेटे की ओर देखती रही। जाने क्या सोच रही थी। तवे पर रोटी जल गई। लाली बोला, 'माँ, पिताजी होश में नहीं। तभी तो बोलते नहीं। हकीमजी की दवा लग जाए तो...

'माँ, गुलखेर तड़प रहा है। भला डंगर डॉक्टर उसकी छुट्टी क्यों नहीं करता ?'

शाहनी झिड़कने लगी, 'क्या अवा-तवा बोलता रहता है ! अरे घर का बेटा है वह। शाहजी के साथ उसके ग्रह बँधे पड़े हैं। काठी है तो सवार है।'

लाली नरम पड़ा, 'ठीक कहती हो माँ ! दारू-घी की मालिश तो की जा रही है। पास जाकर खड़ा होता हूँ तो लगता है, रो रहा है।'

'उसके लिए भी प्रार्थना कर पुत्तर !'

'माँ, मुझे एक और भी चिन्ता है।'

शाहनी ने तेवर चढ़ा लिए, 'पहेलियाँ न बुझाया करो। साफ-साफ कह, क्या बात है ?'

'राबी बहन का क्या करें ?'

'कहाँ से कहाँ बात निकालता है ! खुलासा कर जो दिल में है।'

'माँ, राबयाँ को छोटी बैठक में रख लें तो कैसा ? मैं दिन-भर में कुछ पढ़-लिख लूँगा। इम्तिहान सिर पर हैं। फिर एक बात और है। कहूँ ? गुस्सा तो न करोगी ? चचा साहिब ने बताया होगा, जो हकीम साहिब ने जाते हुए उन्हें कहा।'

'कह रे, किस बात का ज़िक्र है ?'

'माँ, उन्होंने कहा—शाहजी की शफ़ा अब राबयाँ है। तो क्यों न उसे बुला लें ! पिताजी को दीखेगी या पुकारेगी तो उनकी सुरत लौट आएगी।'

शाहनी के हाथ का पेड़ा हथेली में ही अटका रहा। कुछ देर विस्फारित-सी देखती रही, फिर मर्माहत हो भर्राए कंठ से कहा, 'मैं सदके गई लाली, तुमने

माँ को यह सुझाया। अरे मेरी आँख पर तो गर्द छाई हुई है, पर रे, तू अपने पिता का पुत्तर है।'

शाहनी चुपके-चुपके रोने लगी। लाली उठकर पास आ बैठा। ओढ़नी के पल्लू से माँ के आँसू पोंछकर कहा, 'माँ, कहो तो चचा साहिब से राबयाँ को छोटी बैठक में रखने को कहें।' शाहनी ने डबडबाई आँखों से साँस भरा कि गरल नीचे उतार लिया, 'मैं क्यों मना करने लगी। तुम और तुम्हारे चचा वही करो जिसमें पिताजी का हित हो।'

लाली ने बर्तन उठा धुलाई के लिए रखे। चौकी पोंछी। माँ के लिए आसन बिछाया, थाली-कटोरी आगे कर कहा, 'माँ, अब आप खाने को बैठो। मैं अन्दर जा बैठता हूँ। चचा साहिब ज़रा कमर सीधी कर लेंगे।'

शाहनी लाली को उठते देख जाने मन में क्या-क्या सोचती रहीं। वाहगुरु, इसे लम्बी उम्र दें ! अब यही मेरा आसरा है।

'यह क्या सोच रही हूँ'—दिल में हौल पड़ा—'रब्बा, मेरा साईं रहे सलामत !'

पल-छिन, दिन-रात, हफ्ते निकल गए। शाहजी की सूरत न परती, आँखें मूँदे पड़े रहते। समयगत, स्थानगत कोई होश नहीं रोगी को। कभी पुतलियाँ फिरतीं भी तो आँखों में कोई पहचान न उभरती।

त्रिकाल सन्ध्या। हाथ में दीया लिए शाहनी अन्दर आई। आले में दीया रख सिर नवाया। भाई के सिरहाने काशी शाह बैठे थे। चुपचाप शाहनी को निरखा-भर। शाहनी ने पास झुक शाहजी को देखा—कुछ हिले-डुले ?

न !

शाहनी समझी। देवर का राग-रोष उसी पर है। कई दिन हो गए बात हुए, पर उसने अमल नहीं किया। क्या देवरजी जानते नहीं कि बात इतनी सहल नहीं ? हारकर मैंने लड़की को सौंह दे बाहर किया और उसने मुझे क्या जवाब दिया ! शाहजी की राह तकते-तकते दरिया में कूद गई। गुनहगार हुई तो मैं ही न !

शाहनी ने सीधे भंडार में जा चावल-गुड़ झोली में डाले और गुरुद्वारे माथा टेकने चल पड़ी। दिल में अगलियाँ-पिछलियाँ उघड़ती रहीं। बेचैनी। किसका था दोष ! मेरा कि इस अराइयों की कँवार का ! अब गुनाह किसके माथे ! वह चारपाई से लगी है, शाहजी को होश नहीं। जो मेरा पुत्र कहता है, वही मेरा देवरू भी ! मानने के बिना अब और चारा भी क्या है !

जाकर झोली उड़ेली। माथा टेका। भाईजी पाठ कर रहे थे। कान में वाक्

पड़ा तो दिल थिर हुआ। मन के अँधेरे पर ज्यों प्रकाश की किरण चमकी हो। ग्रह आया है तो टलेगा भी। रब्बा, भूलनहार हूँ—इसकी पत्त रखना ! शाहनी ने गुरुद्वारे की दहलीज़ को छू हाथ माथे पर लगाया और अलिये के घर की ओर चल पड़ी।

अपने आँगन में खड़ी हस्सा तन्दूर तपा रही थी। आवाज़ दे पूछा, 'शाहनी, इस वेले कहाँ ? मेरे लायक कोई काम हो तो कहो।'

'न री ! ज़रा मौलू के घर से गऊ का घी लाना है। सोचा, राबयाँ को भी देख आती हूँ।'

'सो भला शाहनीजी ! राबी ठीक। छत की ओर टकटकी लगाए देखती है। गुमसुम—जाने उसे कुछ याद भी है कि नहीं।'

शाहनी आलिए के घर पहुँची तो बाहर खुरली के आगे झोटी खड़ी थी। अन्दर देखा। कोई जवाब न आया तो शाहनी ने बाहर की ताक पर रखा दीवटा उठाया। चूल्हे से आँच ले जला दहलीज़ लाँघी।

राबयाँ-राबयाँ—लड़की की खुली आँखें छत पर टिकी थीं। शाहनी पास जा झुकी, सिर पर हाथ फेरा, 'राबी, मैं हूँ। पहचाना कि भूल गई !'

कोई जवाब नहीं। शाहनी ने पिंडा छुआ—ठंडा-ठार।

'फतेह कहाँ है ? तुम्हें अकेला छोड़ कहाँ गई ?' राबयाँ शाहनी का हाथ पकड़ रोने लगी।

शाहनी का अपना दिल भर आया, 'मैं तुम्हें लेने आई हूँ।'

राबयाँ सिसकियाँ भर-भर रोने लगी।

'मेरी बातों को बिसरा दो। हमें शाहजी की सुधि लौटानी है। यह मेरे अकेले के बस का नहीं है।'

'न, न। शाहनीजी, मेरे गुनाहों की मुझे माफी न दो, सज़ा दो। मैं इसी लायक हूँ।'

शाहनी पुचकारने लगी, 'मेरी बात ध्यान से सुन। कल शाहजी ने छन-भर को आँखें खोलीं पर किसी को पहचाना नहीं। मैं तुम्हें लेने आई हूँ।'

'न। न। शाहनी, यह न होगा मुझसे ! मुझे यहीं पड़े रहने दो।'

'देख राबयाँ, यह हुक्म काशी शाह का है। मैं तो आप अपनी सौगन्ध से बँधी थी। अपना ही नहीं, मेरा भी ख़याल कर री ! अपने पाँव चलकर तुम्हें लेने आई हूँ।'

राबयाँ ने कानों पर हाथ रख लिया, 'न जी, शाहनीजी, यह न होगा मुझसे !'

'राबी, शाहजी भँवर में हैं। उन्हें वहाँ से खींचकर तुम्हीं ला सकती हो। तुम्हारे आगे झोली पसार रही हूँ। अरी यह पुण्य कमा।'

राबयाँ ने हाथ जोड़ दिए, 'मुझे माफी दो शाहनी !'

शाहनी पहले भौंचक्की-सी देखती रही। फिर धीरे से कहा, 'राबयाँ, हकीम साहिब का कहना है, शाहजी बेसुधी में भी तुम्हें ही पुकारते हैं। तुम्हें ही देखकर वह अपने समय की ओर पलटेंगे। मेरी बातों का ध्यान नहीं करना। जो बीत गया, सो गया। चल सकती हो कि घोड़ा भेजूँ ? लाली आकर ले जाएगा। तब तक भाई आलिया भी लौट आएगा।'

शाहनी चलने को हुई कि राबयाँ बोली, 'मैं कख बराबर भी नहीं। मुझे इतना मान क्यों !'

'तेरे पाक-साफ चित्त को कौन नहीं जानती री ! अभी छोटी हो। मेरी बात न समझोगी। मेरा बड़ा कड़ा इम्तिहान है लड़की ! दोनों मिलकर घर के साईं को बचा लें तो सौ बरकतें तुम्हारी और एक-आध मेरी भी।'

राबयाँ बहनेली की तरह शाहनी के कन्धे से जा लगी।

आलिया कुएँ से लौटा तो आसमान पर चाँद की किश्ती तैर रही थी। सुबह छोटे शाह ने उसे सबकुछ बता-समझा दिया था। घर पहुँचा तो साथ-साथ काशी शाह घोड़ा लिए आन पहुँचे। साहब सलामत बुलाकर कहा, 'शाह साहिब, शाहनी का अहसान कैसे उतारूँगा !'

'अहसान तो ऊपरवाले का उतारिए, उसकी नज़र हो सीधी तो दोनों उठ खड़े हों।' राबी ने चारपाई पर लेटे-लेटे सुना—दोनों !

राबयाँ को लोई से लपेट आलिया बेटी को हाथ से घेर बाहर ले आया और दोनों ने सहारा दे घोड़े पर बिठा दिया। छोटे शाह ने घोड़े की लगाम पकड़ी और आलिया बेटी को थामे साथ-साथ चलने लगा। मदरसे के मोड़ पर मियाँदाद खाँ जी आन मिले। छोटे शाह के हाथ से लगाम ले ली। बन्ते हलवाई की छुटकी सँकरी दुकान के आगे से निकले तो उसने अपना चक्र भ्रम उघाड़ा। आवाज़ दी, 'खैर-सुख तो है शाहजी ! इस वक़्त किधर ?'

जवाब जहाँदाद खाँ जी ने दिया—

'घातकी बाढ़ का ही शुरू किया हुआ है यह जंजाल। हकीम बगदादी आनेवाले हैं शाहजी को देखने। बच्ची राबयाँ को भी देख लेंगे।'

राबयाँ की आँखों के सामने पनीले अजगरों की मंडली घूमने लगी।

काशी शाह और जहाँदादजी को घोड़े के साथ चलते देख एकाएक आलिए का दिल भरमा गया। गुर्राता पानी भूल कुछ ऐसा भासा ज्यों लड़की को उसके ससुराल छोड़ने जा रहा हो। हवेली के आगे पहुँच राबयाँ को उतारा तो आलिए का जी जाने क्यों भर आया ! 'शाह साहिब, कहा-सुना माफ करना।' छोटे शाह ने कन्धे पर हाथ रखा, 'राबयाँ का फ़िक्र नहीं करना। वह तुम्हारी ही बेटी नहीं, हमारी भी बहुत-कुछ है। ख़ैर, सुख से खड़ी हो जाए। यही माँगो रब्ब से।'

राबयाँ को सहारा दे छोटे शाह और जहाँदाद खाँ जी ने पौड़ियों पर चढ़ाया तो राबी के दिल में जाने कैसी तीतरपंखी उदासी घिर आई। जैसे आसमान हो और पंख न हों। पंख हों और उड़ान फड़फड़ा जाए।

छोटे शाह ने भतीजे को आवाज़ दी, 'लाली शाह, छोटी बैठक में राबयाँ बहन का बिछौना लगा दिया है ?'

'जी, चचा साहिब !'

हाथ में लालटेन पकड़ लाली ने किवाड़ खोला और जहाँदाद खाँ जी ने लड़की को लिटा दिया।

लाली बोला, 'राबयाँ बहन, माँ बड़ी बैठक में शाहजी के पास है। चचा साहिब वहाँ पहुँचेंगे तो आएँगी।'

राबयाँ थककर बिछाई में पड़ी रही। शाहनी आई तो बड़ी देर लालटेन के उजाले में लड़की को देखती रही। कल तो न दिखा था। चेहरा क्या पीला पड़ा है ! लड़की के माथे को छुआ, फिर पूछा—'घुटने तो ठीक हैं री ! सीधी नहीं हो सकती। गुम चोट है दोनों तरफ़।'

अगली सुबह शाहनी ने हुसैना को बुला भेजा, 'घी में सोंठ डालकर गर्म कर ले और सुबह-शाम इसकी मालिश कर। उसका खड़ा होना तुम्हारे जिम्मे है हुसैना ! मुझे यह घर में चलती-फिरती नज़र आए।'

शाहनी ने ख़सख़स और नारियलवाले दूध का प्याला राबयाँ के हाथ में दिया और सामने पीढ़ी पर बैठ गई, 'गर्म-गर्म पी ले। हफ़्ता भी पी लो तो ताक़त बनेगी अन्दर।'

राबयाँ ने दूध पी प्याला चारपाई के नीचे रखा तो शाहनी छिपी नज़र से लड़की को जाँचने लगी। सुनहरी बालों के घूँघर माथे पर—मुखड़ा ज्यों चाँद हो। थकन से म्लान, पीला। सहसा शाहनी को ऐसा लगा ज्यों लड़की ने उसकी सारी सत्या खींच ली हो !

राबयाँ जाने किन ख़यालों में थी ! पूछा, 'शाहनीजी, शाह साहिब को किस दिन देख सकूँगी !'

शाहनी मर्माहत हो गई। अपने को सँभालकर कहा, 'अरी एक बात तो बता, उस शाम जब बाढ़ें उतरीं तो तुम भला कहाँ थीं ?'

'ऊपर कोठे पर कपड़े उठाने गई थी कि पीछे-पीछे फतेह और शेरू आ गए। शेरू ठिठोली करने लगा। मैं कुछ कहने ही लगी थी कि मेरे कलेजे पर कोई नज़ारा आन गिरा।

'पल-भर पहले मेरी आँखों ने देखा था। गुलखेर पर बैठे शाहजी का साफ़ा दमकता। और अब देखा तो सामने ऊँचे पानियों के थान के थान खुलते चले आ रहे हैं। मैं तो शाहनीजी, काँप गई। बस दौड़ी। पैरों को लगा कि दोत्ताल में मेरी जान बह रही है।

'कंडे पर पहुँची तो लहरें पहाड़ बनी दौड़ी आती थीं। देखा सरसराता साफ़ा शाहजी का, कूद पड़ी।'

शाहनी विस्फारित-सी सिर हिलाती रही, 'राबी, डर नहीं लगा री !'

'शाहजी मेरे उस्ताद हैं शाहनी ! वही मेरी रूह की अमानत हैं। कैसे उन्हें जाने देती !' शाहनी का बदन बेकाबू पानियों में डूब रहा हो जैसे ! शाहनी का ठहरा-पथरीला मुखड़ा देखा तो मासूमियत से कहा, 'शाहनीजी, मैं क्या बोल रही हूँ ! मुझे माफ़ी दो।'

'राबयाँ, उस दिन की बात मुझे खोलकर बता।'

'शाहनीजी, वह तो प्रलय थी। ख्वाजाजी ने हाथ दे रक्खेआ की। कुछ याद नहीं, क्या हुआ मेरे साथ। पत्तन पर शाहजी का पाँव हाथ में आ गया। फिर पानियों ने किसको कहाँ गिराया, रब्ब जाने !'

शाहनी सिर हिलाती चली, 'जीती रहो। अरी मैं तो तुमसे द्वैत करती रही, ज्यों मेरी वैरिन हो ! और तुमने मेरा सुहाग बख़्शवा लिया ख्वाजा से।'

लाली शाह ने दो-एक बार छोटी बैठक में झाँका। राबयाँ आँखें मूँदे पड़ी थी, 'राबी बहन, राबी बहन !'

चौंककर उठ बैठी राबयाँ, 'क्यों लाली शाह, क्या बात है ?'

माँ आज नौशहरेवाले पांधाजी के पास गई है। त्रिकालाँ तक लौटेगी। राबयाँ मन-ही-मन सोचती रही। शाहनी ने कोई पीर-फ़कीर नहीं छोड़ा है। हे रब्बा, तुम्हारी नज़र हो सीधी और शाहजी होश में आएँ। क्या सचमुच शाहजी को अपने आसपास की सुध नहीं ? जब से हवेली में आई है, अभी शाहजी का दीदार नहीं पाया।

रात रोटी-टुक्कर निपटा शाहनी राबयाँ की ओर आई। कुछ पल लड़की को देखती रही फिर धीमे से पूछा, 'तन कुछ ठीक है न ? बड़ी बैठक तक तो चल पाओगी न ?'

'जी, शाहनीजी !'

'हाथ-मुँह धो, आँखों पर छींटे मार तनिक चुस्त हो जा। मैं शाहजी को देखकर लौटती हूँ।' शाहनी ने मिन्नत-समाजत से देवर को उठाया। हफ़्ते से ऊपर हो गया भाई के सिरहाने बैठे। नींद नहीं ली। 'काशी राम, आज अपनी बैठक में आराम करो। ज़रूरत होगी तो बुला लूँगी। मैं और राबयाँ शाहजी के पास हैं।'

काशी शाह ने भरजाई को राबयाँ के लिए मुलायम होते देखा तो निश्चिंत हुए, 'जैसे आप कहें भरजाई ! हाँ, शहद चटाना न भूलना। सौंफ-काज़बान का अर्क भी चौकी पर पड़ा है। बताशा, मिश्री।'

शाहनी ने सिर हिलाया, 'समझी। ऐसे ही करूँगी।' लाली को शाहजी के सिरहाने बिठा शाहनी ने राबी को पुकारा, 'राबयाँ, यह लो बादाम-रोगन। शाहजी के हाथ-पाँव पर झसना है री !'

राबयाँ ने बैठक की ओर कदम उठाया तो ख़ैर माँगी। मेरे मौला, मेरी मदद करना ! बेसुध शाहजी पर झुकी राबयाँ लम्बे छन तक शाहजी को देखती चली कि आँखें डबडबा आईं। शाहजी का माथा छुआ। हथेलियों का ताप देख हिलाया-डुलाया पर कहीं कोई फुरकन न उठी। कोई हरकत-हबलब कुछ नहीं। 'न-न, मेरे मौला, ऐसा ज़ुल्म न करना !' कान की ओर मुँह ले जाकर—'शाह साहिब, मैं हूँ। राबयाँ। राबी, शाहजी, शाहजी !'

शाहनी अन्दर आई तो हाथ में सुच्चे गोटे की चमकती ओढ़नी थी, 'ले री राबयाँ, यह ओढ़ ले।'

राबयाँ झिझकी, 'न-न, शाहनी जी, यह क्यों ?'

'चुप। यह घड़ी तुम्हारे कहने-सुनने की नहीं। जैसे कहती हूँ, वैसे कर। हाँ, पहले यह शहद चटाना। नाखून तो तेज है न। शाहजी की बाँह पर चकोटी भरना। पता तो लगे बदन में हिस भी है कि नहीं !'

'ख्वाजाजी, यह मेरा इम्तिहान है।' शाहनी ने शहद ओठों पर लगाया। अँगुली को जीभ से छुआया। हलकी साँसों से कुछ न उसरा। राबयाँ ने शाहजी के कुरते की आस्तीन उठाई। अपने तीखे नाखूनों से बाजू के मांस को ज़ोर से चकोटा। शाहजी के माथे पर कोई ख़ामोश-सी तल्खी उभरी और मद्धिम श्वास से 'हाय' निकल गई। राबयाँ नाखून को दबाए रही। शाहजी की

अस्फुट-सी आवाज़ आई, 'कौन ?'

'शाह साहिब, मैं हूँ, राबयाँ। राबी। आँखें तो खोलो शाहजी !'

शाहजी के ओठ हिले, 'गुलखेर कहाँ है ?'

'आपकी राह तक रहा है शाहजी !'

खबरे शाहजी ने सुना कि नहीं।

'राबयाँ कहाँ है ?'

शाहनी पास झुकी। माथे पर हाथ फेरा, 'यह रही राबयाँ आपकी।'

शाहजी की आँखें खुलीं और राबी के सगे मुखड़े की झलक पड़ी। ओढ़नी को देखते-देखते आँखें मींच लीं।

शाहनी बोली, 'राबयाँ री, शाह साहिब की पसन्द का कवित्त छू। कोई मंगलकर शबद उचार।'

लाली शाह काशी शाह को बुला लाया। राबयाँ घुटने टेक शाहजी के पैताने बैठी। रजाई उठा पाँव के तलवों को मलने लगी। काशी शाह ने लड़की के सिर पर हाथ फेरा—'गाओ।'

'मैं सूरज अगन जलाऊँगी
मैं प्यारा यार मनाऊँगी
सात समन्दर दिल के अन्दर
मैं दिल से लहर उठाऊँगी
मैं प्यारा यार मनाऊँगी।'

शाह साहिब जाने कैसी आँखों से देखते रहे, फिर काशी शाह से पूछा, 'राबयाँ की आवाज़ लगती है।'

'राबयाँ है। इधर आओ राबी ! शाहजी की खैर-सुख पूछो।'

शाहनी और राबयाँ साथ-साथ खड़ी रोने लगीं। गले रुँध आए। काशी शाह की आँखों में जैसे ओस का टपका पड़ा हो। 'मुँह मीठा करवाओ भरजाई, हलवा बना लाओ। शीरे-सा पतला हो तो अच्छा। भ्राताजी भी मुँह लगा पाएँ।'

चौके की ओर जा शाहनी ने चूल्हे में लकड़ी की आँच लहकाई तो पनीली अँखियों को पोंछ सोचा—होनी ने कैसा खेल रचा दिया ! मैं तो कब से जानती थी कि लड़की शाहजी के अन्दर-बाहर बसी है। नहीं तो कौन जो किसी के पीछे दरिया में कूद पड़े !

कहाड़ी में घी छोड़ा ही था कि देखा, सामने लाली खड़ा है। खीजकर कहा, 'क्यों रे, इस समय तुम यहाँ कैसे ? सोए पड़े थे न !'

‘चचा साहिब के पाँव की आहट सुनकर ही तो उठा हूँ।’

‘वक़्त-बेवक़्त जिरह करने लगता है।’

लाली ने इस बार लाड़ से कहा, ‘पिताजी कुछ बोले तो, किसी को पहचाना तो।’

शाहनी ने दिल से सोचा—मेरा पुत्तर सारी बात समझता है। ऊपर से धमका कर कहा, ‘मचल मारकर पड़ा था। लाली पुत्तर, कनरस की आदत अच्छी नहीं।’

‘हाँ माँ ! पड़छत्ती पर से सात मगज़ोंवाला डिब्बा उतारकर लाता हूँ। ऐसा हलवा बने आज, जैसे पिताजी ने पहले कभी न खाया हो। पिस्ता-बादाम तो हैं न यहाँ ?’

शाहजी को होश-सुरत आई कि काशी शाह ने धर्मशाला में पाठ रखवा दिया। शाहनी ने दिन-रात एक कर दिया। वाणी का एक-एक शब्द रूह तक पहुँचकर अन्दर के खाली स्रोत भरने लगा।

वाहगुरु के दरबार में आँखें मूँदे माया-मोह से अलग-थलग कोई निर्लेप उदासी हिया को घेरने लगी—

हरि इकी नालि मैं दोसती
हरि इस सी नालि मैं रंगु
हरि इसकी मेरा सजणा
हरि इस सो नालि मैं संगु
हरि एक से नालि मैं गोसाई
मुँह मैला करे न भंगु
जाने बिरथा जीअ की
कदे न मोड़े रंगु
हरि इका मेरा मसलती
भनण घड़न समरथु
हरि इको मेरा दातारू है
सिरि दातिआ जग हथु
हरि इक से दो मैं टेक है
जो सिरि असभना समरथु।

शाहनी के वक्ष तले तिल-तिल उभरती क्विूखोभन को ज्यों कोई बूँद-बूँद त्रोंक के शान्त कर दे !

हे जानीजान, मुझे सिदक दे ! ज़रूर मैंने भी कुछ किया होगा। किसी को दुख दिया होगा, जो यह त्रास इस झोली पड़ा।

भोग पड़ने के दिन सारा गाँव धर्मशाला आ ढुका। संगतें सज गईं।

जिठानी-देवरानी गोखरू बाँबड़ी लगी ओढ़नियों में शाहों के घर की देवियाँ-सी दीखने लगीं। कलफ़ लगी मोतियाँ ओढ़नी समेटती राबयाँ माथा टेकने झुकी तो चेहरे पर ऐसा नूर कि साक्खयात अग्नशिखा हो !

औरतें उचक-उचककर देखने लगीं आलिए की धी राबयाँ को। आ फतेह की बहन। अरी अराइयों की कँवार शाहजी के पीछे बाढ़ में कूद गई। राबयाँ ने माथा टेका तो घुटने टिका कई देर सिर नवाए रही। शाहनी का कलेजा धड़कने लगा। इस दरबार से कोई खाली हाथ नहीं जाता। लड़की क्या माँग रही है ? लगती है, कोई साध्वी भगवे में लिपटी हुई हो ! दाते से कुछ तो माँग रही है। मेरा धनी-मेरा घर। छोटी शाहनी ने जिठानी को टकटकी लगाए देखा, तो चिहुँककर जिठानी के कान में कहा, 'होश में आ बहन, सारा ग्राँ हम पर नज़र रखे है। अपने माथे की पत्त रखनी है हमें।'

राबयाँ उठी। बिन पीठ मोड़े चार कदम विभोरी चाल चलकर लाली शाह के साथ जा बैठी।

शाहनी ने अपने एकान्त झुरमुट में से देखा—ऐसी सहज टेक। माँ बनकर बैठ गई है लाली के पास। पुत्र और पति मेरे दोनों। वहाँ मैं कौन हूँ भला !

इस एक पल में शाहनी को भासा जिमि किसी रब्बी हुक्म ने मेरी सत्या का बँटवारा कर डाला हो ! कोई सुच्चा पट फाड़ डाला हो !

कड़ाह प्रसाद ले-ले संगतें बिखरने लगीं तो हर कोई आ-आ बधाइयाँ देने लगा—बधाइयाँ-बधाइयाँ शाहनी, शाह का नया जन्म हुआ है। रब्ब करे अपने घोड़े पर बैठे नज़र आएँ !

फतेह और राबयाँ शाहनी के पास आन खड़ी हुईं। फतेह बोली, 'शाहनीजी, राबयाँ को साथ ले जाऊँ, कोई काम तो न रुकेगा ?'

शाहनी ने सबको सुनाकर कहा, 'दोनों बहनें मिलकर खुशी करो री ! राबी के पैरों का सदका, हमें यह दिन देखने को मिला है। दुपहर तक पलट आना।'

'जी, शाहनीजी !'

दोनों बहनों ने पीठ मोड़ी तो शाहनी देर तक नज़र से पीछा करती रही। देवरानी बोली, 'अराइयों की यह अल्हड़ मनमौजन, क्या रूप घड़ा है ऊपरवाले ने इस वैरिनी का !'

घर लौट शाहजी को प्रसाद मुँह लगवाया तो अपने हिये में बसी शाहजी

की सूरत अडोल सिरहाने पर पड़ी थी। जी भर आया। बालों में हाथ फेरा। शाहजी ने पलक उठा शाहनी को देखा और थकन से आँखें मूँद लीं।

शाहनी अन्दर-ही-अन्दर बिसूरती रही। जाने क्या है इस चित्त-पट्ट, वाहगुरु जाने ! कोई तृष्णा-हिरस, ललक-लालसा। कौन जाने मन में क्या छिपाए पड़े हैं ! ममता-सी उमड़ी तो कन्धे पर हाथ फेरते-फेरते उनके हाथ दबाने लगी। शाहजी ने पड़े-पड़े पूछा, 'सब खैर सुख से हुआ न !'

शाहनी निहाल हो गई। उछाल से कहा, 'कुशल-मंगल से ऐसा समय बँधा कि संगतें तृप्त हुईं।'

लम्बे छन के बाद शाहजी ने पूछा, 'राबयाँ थी वहाँ क्या ?'

'हाँ, गोटेवाली मोतिया ओढ़नी में सोहणी फब रही थी।'

'कहाँ है अब ?'

'तनिक बहन के साथ गई है। क्या बुला भेजूँ ?'

शाहजी ने आँखें न खोलीं।

'हूँ।'

शाहनी का दिल, श्वास ऊपर-थले होने लगा।

शाहजी धीमे से उसे कुछ कह रहे हैं।

साक सम्बन्ध धर्मसेती, नेह सम्बन्ध कर्मसेती। शाहनी किसी का बुरा न चित्तारो। शाहनी के सब लंगर झनझना गए। शाहजी का हाथ पकड़कर कहा, 'आपकी धार्या बनी कहती हूँ—शाहजी, आप वह करें जो आपको ठीक लगे, वह नहीं जो मुझे जँचे।'

शाहजी लम्बे दीर्घ छन तक शाहनी की रुँधी अनमनी-सी सूरत निहारते रहे, जैसे उनकी साथिन कोई ऊँचा घना पेड़ बन गई हो ! इसकी छाँह तले भला कौन-कौन बैठ सकेगा ! शाहनी की उदास भरीली आँख ने शाहजी के चक्षुओं में राबयाँ की छवि देख ली। सोचा, मैं तो अब चौखट के बाहर हूँ। गला काँपा, फिर थिर हो गया।

'देवर ने उत्सव तो आज ऐसा सजाया कि संगतें खुश हो-हो गईं। सिर्फ आपकी ही कमी खलती रही, सब काम शास्त्रविधि से सम्पूर्ण हुआ।'

शाहजी गेहरी चुप्पी में ऐसे लीन हुए ज्यों नींद में हों। अबोले ही शाहनी जैसे मन-ही-मन कहती हो—साइयाँ, मोतिए-मोगरे की गन्ध इस पुरानी छाया के कपड़ों में अब कहाँ ! धुआँ-सा मँडला चेहरे पर फैलने लगा कि काशी शाह अन्दर आए।

समझाकर कहा, 'दिल न छोड़ो भरजाई, मौसम के रंग हैं। किसी के दिल

में कोई क्यारी उग ही आए तो उसे कैसे उखाड़ फेंकना है ! उगे बीज का निरादर अधर्म है। पाप ही समझो।'

'क्या पाप और क्या पुण्य है, काशी शाह, मैं कुछ नहीं जानती। जिसे इसका पता है, उसे समझाओ—मेरे कलेजे के दो टुकड़े हुए पड़े हैं।'

शाहनी की व्यथा काशी शाह के धुर अन्दर जा पहुँची। झुककर भरजाई के पाँव छुए और भारी गले से कहा, 'अब इन दोनों को एक समझ अपने में धारण कर लो। भरजाई, यह मनुक्ख का किया नहीं लगता। ऊपर का भाना वरत गया। खिलानेवाला जो भी खेल खिलाए ! आप अपने में अटल रहो भरजाई ! हम किसी के हाथ के खिलौने हैं।'

शास्त्रसम्मत कौन चला इस छोर से उस छोर ! इस पार से उस पार ! कौन ? क्या शाहनी ? क्या राबयाँ ? और जो पड़ा है बीच मँझधार ? शाहजी ! उनकी ऊँची कद-काठी बेबस हो चारपाई से लगी है।

संझा बेला हाथ में दीया लिये शाहनी अन्दर आई तो बैठक जाने कैसी उदास सुनसान-सी दीखी ! किवड़िया के काँच पर कोई त्रास आ झुका हो ! काशी शाह हाथ में पोथी लिये किसी पंडित-पुरोहित-से लगे। टाँगें सीधी करने को छोटे शाह उठ खड़े हुए, तो हलकी-सी लौ में दीवार पर पड़ती उनकी परछाईं शाहजी को ऐसी जापी ज्यों बिना मुँह-माथे के पुरखे शाहजी की बैठक में आन पहुँचे हों ! दिल दहल गया। अरी, मैं क्या देख रही हूँ ! घबराकर राबयाँ को आवाज़ दी, 'बादाम-रोगन लेती आओ राबयाँ !'

राबयाँ ने दहलीज़ फलाँगी कि शाहनी को लगा, कहीं अडोल शाहजी की पलक झपकी और थिर हो गई। राबयाँ ने रोगन की शीशी उठाई और शाहजी के सिरहाने जा बैठी। राबयाँ पैताने बैठ पाँव दबाने लगी। शाहनी ने सामने बैठी राबयाँ को टकटकी लगाए देखा तो शाहनी ने संकेत से पूछा, 'क्यों, शाह साहिब जगे हैं ?'

शाहनी देखने को झुकी। शाहजी ने पलक झपकी और फिर अपने अन्दर हो गए। शाहनी ने शाहजी के बालों को रोगन से तर किया। माथा सहलाया और धीमे-धीमे चलती कनपटी की नाड़ी को महसूस किया। साइयाँ मेरे, तुम्हारे लिए तो सचमुच प्रलय हो गई। रग-रग में ठंड धँस गई। राबयाँ पर ठिठक गई नज़र। क्या अपने सत्त-बल से बचा लेगी अपने शाह साहिब को ? अकालपुरुख ही करे मेहर। जाने किसका क्या बचेगा ! किसके हाथ क्या

आएगा ! मेरा अपना दिल-मन धुँधलके में है। दीखता है कुछ तो मेरे पुत्तर की अँखियों में। जाने कहाँ से समझ-बुद्धि लेकर जन्मा है ! ऊपर-नीचे कभी तबेले में गुलखेर के पास, कभी अपने पिता के। चाचा-भतीजा ऐसे संकेत कर देते हैं कि हमउम्र हों। इतने में लाली शाह ने अन्दर ताका तो शाहनी ने इशारे से पास बुलाया, 'यहाँ बैठो, मैं चख़नी चढ़ा आती हूँ।'

लाली ने पिता के बालों में हाथ फिराया। माथे से सहला आँखों के नीचे छुआ, फिर ठुड्डी उठा पूछा, 'पिताजी, थोड़ी-सी शहद दूँ ?' शाहजी ने लड़के को देखा और लाली के हाथ का चम्मच लेने को ओठ खोल दिए।

लाली बोला, 'पिताजी, राबयाँ को माँ देती है कोसे पानी में। फिर भी न-न करती है, आप कहें तो चुपचाप गटक जाएगी। ठीक कहता हूँ न पिताजी !' शाहजी ने बेटे की उस छुअन में जाने क्या तौल लिया। दुख-सुख हिरस-सोग सबके ऊपर यह मेरी सन्तान। अपनी। शाहजी का हाथ हिलते देख राबयाँ ने बाजू उठा लाली के सिर पर रख दिया—जीओ पुत्तर जी, जीओ।

आशीर्वाद पा पिता से लाली राबयाँ से बोला, 'राबी, आप इधर मेरी जगह बैठो। मैं पिताजी के पाँव दबाऊँगा।' शाहजी के ओठों पर जाने कितनी दूर से, धुर उनके जन्म की हँसी फैली और दीये की बाती में जा घुली। क्या लाली को आँख का गीलापन दिखा ? 'राबी, कुछ गाओ पिताजी के लिए।'

'जैसे लहर समुद्र की बाहर निकरी आय
सदा आन्ह समुद्र वह समुद्धिहि पैठो जाए
साईं समुद्र अपार अति हम तहै मछलयाँहि
जल में आवहि जल वहै डूबी भी जल माँहि।'

लाली शाह जाने किस काम के लिए चचा साहिब की ओर निकल गया। चुपचाप दबे पाँव चौके में झाँका।

माँ हाथ से चखनी की पोटली छान रही थी। चाचा साहिब नवाब को कोई हिदायत देते थे कि लाली शाह ने मौका देख काशी शाह के कान में कहा—गुलखेर का ज़िक्र पिताजी के साथ न करें तो ही अच्छा है। काशी शाह ने सिर हिलाया, 'हूँ'। शाहजी ने आँखें खोलीं, राबयाँ पैताने बैठी थी। शाहजी ने घनी सुथरी आवाज़ में कहा, 'इधर आओ मेरे पास,' पाटी पर हाथ बढ़ाया, 'यहाँ बैठो।'

'जी, शाह साहिब !'

'राबयाँ, मुझसे कह, कैसे पीछा किया तुमने मेरा—उस जल-थल की प्रलयों में ?'

'कई दिन से आपको देखा न था, दिल में भासा कि दिन ढलते आपका दीदार पाऊँगी। आप कचहरी से लौटनेवाले थे। कोठे पर जा उस सीध देखा तो दूर पेड़ों की ओर आपका साफ़ा दीखा। पलक झपकूँ कि शोर के साथ पानी की दीवार...बस, दौड़ पड़ी।'

'ऐसा क्यों किया राबी ?'

'मेरी जिन्द आपमें अटकी पड़ी थी शाह साहिब ! वह अलग नहीं।'

शाहजी खुली आँखों अपलक छत देखने लगे।

लाली शाह चारपाई के पास आ खड़ा हुआ और झुककर पूछा, 'पिताजी, आपने मुझे आवाज़ दी थी न। तभी आया हूँ। काम बताइए।'

राबयाँ और लाली साँस रोके शाहजी का इन्तज़ार करने लगे। अब कुछ भी बोलें। पुरानी आवाज़ लौटती लगती है—'लाली पुत्तर, पहले माँ को बुलाओ, चचा साहिब और चाची को।'

शाहनी सुनकर देवरानी से बोली, 'रब्बा ख़ैर करे। शाह साहिब न जाने कौन-सा लेखा-जोखा करने को हैं ! मेरा कलेजा डूबता है !'

छोटे शाह अन्दर पहुँचे तो बूढ़े भाई ने सुथरी आवाज़ में लकीर खींच दी। 'काशी, मुहम्मदीन से कहो, घोड़ा लेकर जाए और आलिए को लेता आए। जल्दी। बाहर कुएँ पर होगा।'

शाहनी को हौल-धड़िक्की लग गई। शाहजी की ओर देखा तो जैसे चुपके से उनके कान में कुछ कहते हों—हम दोनों के लिए तुम ही अब इस घर की छाँह हो। शाहनी समझ गई शाहजी के मन की बात। शाहनी रुकी नहीं, देवरानी के साथ जा पसार में सुच्चे कपड़ों की पेटी खोली। शाहों के घर की पुरानी जड़तवाली ओढ़नी निकाली, साथ फुल्कारी। पेटी के तले हाथ पहुँचा गोखरू का डिब्बा लिए हाथ में बैठक की ओर उठ धाई।

जिठानी के साथ जा खड़ी हुई तो छोटे-से घूँघट में से जेठ का चेहरा देखा, चौकस तपता-दमकता जिठानी का हाथ छूकर फुसफुसाई, 'अपनी ओर से जल्दी न करो।' शाहनी ने आँख-ही-आँख में कहा, 'तुम इन भाइयों को नहीं जानतीं री ! जब तक यह नूरचश्म भाइयों को भाती है, ले-देकर सब सुलझा लेंगे री ! शाहों की अल औलाद है।'

काशी शाह ने जाने किस विद्या से बैठक में घिरे समय की रीति-नीति समझ ली। भरजाई से कहा, 'राबयाँ की नाक में कुछ डाल दो।' शिकारपुरी नथ निकाल शाहनी ने आगे की तो राबयाँ सिर हिला-हिला बोली, 'न-न, शाहनीजी ! यह नहीं, मुझे क्यों !'

शाहजी की आवाज़ उभरी, कुछ ऐसी कि घोड़े पर सवार हों, 'राबयाँ, यह रीझ मेरी और साध तुम्हारी। पहनो। शाहनी, पहना दो।'

आलिए ने आकर सलाम किया। पीछे-पीछे जहाँदादजी और मौलादादजी आन पहुँचे। शाहजी बोले, 'आलिए, कितना जिऊँगा कुछ पता नहीं, पर जो राबयाँ ने मेरे हित में किया, मैं उसे रब्ब का हुक्म समझ कबूल करता हूँ। आज से यह इस घर की हुई। राबी, शाहनी के पाँव छुओ, माँ की तरह तुम्हारी बड़ी सयानी है।'

छोटे शाह ने आलिए की ओर देखा। उसने साफे के लड़ से आँखें पोंछीं और रुँधे गले से कहा, 'क्या कहूँ शाह साहिब, दीन-मजहब के झमेले।' शाह साहिब ने जहाँदाद खाँ जी से पूछा, 'दीन-मज़हब के झमेलों को देख लेंगे, ज़रा सहारा रख कि कोई बात हो तो भी कह दो।' जहाँदाद खाँ और काशी शाह ने शाहजी के माथे पर की रोशनी गुल होते देखी तो जहाँदाद खाँ जी बोले, 'न जी, उसका यह कौन-सा सबब है ! उस्ताद और शागिर्द की ही बात हुई न ! काशीराम, चाची महरीवाली हवेली में राबयाँ रहेगी। लाली शाह, पुत्तर, तुम जहाँ भी हो, राबयाँ की हिफ़ाज़त तुम्हारे ज़िम्मे।'

झमझमाती ओढ़नी में राबयाँ शाहजी के पैताने आ खड़ी हुई और गहरे सिदक से बोली, 'शाह साहिब, मैं आपके ज़िम्मे हूँ। आप इस बात को न बिसराना।'

शाहनी ने गलबाँही दे राबयाँ के गोखरू चूमे और शाहजी की पाटी पर बिठाकर कहा, 'राबी, शाहजी थक गए हैं री ! हाथ से माथा सहला।'

दुलहन के वेश में राबयाँ कँवार ने शाहजी को छुआ तो शाहनी की आँखें बरसने लगीं। डबडबाई आँखों से राबयाँ माथे पर झुकी तो छोटे शाह को पुकारकर कहा, 'ज़रा हाथ तो लगाकर देखिए, शाह साहिब त्रेली से भीगे हैं।' काशी शाह ने भाई का मस्तक छुआ। नब्ज़ देखी और भर्राए गले इतना ही कहा, 'भरजाई, गंगाजल लेती आएँ।' भरजाई बैठक से बाहर उठ धाई। अन्दर आई तो हाथ में दीवा था।

राबयाँ लड़की गले से लग शाहजी को पुकारने लगी, 'न-न, शाह साहिब, हिम्मत नहीं हारते ! मुझे देखिए, मुझे ! शाह जी, इधर !'

काशी शाह ने भाई को प्रणाम किया। लाली शाह ने सिर नवाया पिताजी के चरणों में और रो-रोकर शाहनी बोली, 'साइयाँ—जहाँ जाओ, जिधर पहुँचो, वहाँ उजाला-ही-उजाला हो।'

सतनाम-सतनाम, राम-राम शाह साहिब को भू पर उतार लिया गया। 'चचा

साहिब, अभी नहीं। हकीम साहिब को बुलाइए।' राबयाँ ने शाहजी के पाँव पकड़ लिए। चूम-चूम लिए, 'शाह साहिब, मुझे क्यों छोड़ दिया ? मैं न जिऊँगी।' आलिया रोते-रोते बेटी के सिर पर हाथ फेरने लगा, 'परवरदिगार, यह लड़की—मेरी लड़की के क्या भाग निकले !'

नाते-रिश्तों की भीड़ में रोती-कलपती मुकानों के वैण-लाहणियों में दिन बीत गए और तेरहवीं आन पहुँची। बिरादरी के सामने लाली शाह को पगड़ी बाँध दी गई। पुत्र के मुख पर पिता का मुहान्दरा उतर आया। नई तस्वीर पर पुरानी उतर आई और पुरानी नई हो गई। छोटी शाहनी कनखियों से कभी जिठानी को देखती और कभी दूर बैठी राबयाँ को। यह अँधेरा हो गुज़रा, एक लड़की की आँख से एक आँसू नहीं टपका। घुटनों पर सिर झुकाए कँवार जाने किन पानियों में डूबती फड़फड़ाती है, बीच-बीच में औरतें मुड़-मुड़ लड़की की ओर देखती हैं। ज़ुल्म साईं ! अन्धेर साईं का। कौन है री ! राबयाँ। हवन कुंड में घी लपक-लपक शान्त हो गया। पंडितजी के हाथों रीति-रस्म सब सम्पन्न हो गए। काशी शाह और लाली शाह ड्योढ़ी के दरवाज़े के आगे हाथ जोड़ आ खड़े हुए। पिछली समय में विलीन हुई और अगली शाख शुरू हो गई। आना-जाना, जीना-मरना यही इस लोक का जीवन। शाहनी कमर सीधी करना चाहती थी, पर चारपाई पर न लेटी। सगे सम्बन्धियों की भीड़ से ज़रा-सा अलग हट शाहनी परले ओसारे में पोढ़ी पर जा बैठी। सूनी थकान। खाली-खाली मन चरखे की ओर देखा। ज़िन्दगानी की सुखियारी तार ही टूट गई। लाली शाह माँ के पास आ बैठा। शाहनी ने बेटे के सिर पर हाथ फेरा तो माँ के आँसू फिर टपकने लगे। इतनी छोटी उम्र में पिता से बिछोड़ा हो गया। लाली ढाँढस देने लगा, 'माँ, पिताजी चले गए हैं, पर वह हैं यहीं। जो-जो हो रहा है, सब देख रहे हैं।'

शाहनी ने सिर हिलाया, 'हाँ रे, तुम पिता की तरह बनना। वह तो लाखों में एक थे रे !' लाली कुछ देर माँ का हाथ थामे रहा, 'माँ, पिताजी और गुलखेर का सम्बन्ध देखो। क्या था भला, चचा साहिब ने उसे इतने दिन गोली न मारने दी। बिचारा तड़पता रहा। पिताजी को बताया नहीं था किसी ने, पर ऐन वक़्त पर जान गए। उधर उसने दम तोड़ा, इधर पिताजी ऊपर तैयार हो गए जाने को। सवारी और सवार।'

'हाँ पुत्तर, यह भी जन्मों के ही सम्बन्ध। दोनों ने एक दूजे के साथ रिश्ता ही निभाया। पिताजी वक़्त पर सब समझ गए थे। राबयाँ की भी देखी।'

शाहनी जाने क्यों झुँझला गई, 'बस रहने दो, रहने दो !'

लाली न मुड़ा। एक नज़र बैठक की ओर डाली और फुसफुसाकर धीमी आवाज़ में कहा, 'माँ, राबयाँ को अपने पास बुला लो, अभी भी गुमसुमी बैठी है। उस दिन के बाद मैंने उसे रोते नहीं देखा।'

शाहनी लड़के को वर्ज देना चाहती थी कि लड़के की ओर देखकर रुक गई। वही अपने पितावाली सयानफ और वही आरपार देखनेवाली नज़र। 'माँ, राबयाँ को आवाज़ दें, मैं साथ लेकर आता हूँ।'

शाहनी अजीब परायी नज़रों से लड़के को देखती रही। आसन बिछाते देखकर बोली, 'यह क्यों रे ! पड़ी है न पीढ़ी।'

लाली शाह ने माँ का मर्म समझ और अपनी बात रखने को समझाया, 'माँ, आपके सामने पीढ़ी पर कैसे बैठेगी वह ! नहीं बैठेगी।'

शाहनी ने एक साथ विश्वास और भरम से लड़के को निरखा। वही समझ-बूझ अपने पितावाली। इधर भी और उधर भी। जाती बार क्या मन में आया ! ऐसा किया कि कँवार न इधर न उधर। धूप में सुखाने को डाल गए। ज़ुल्म हो गया लड़की के साथ। लाली शाह राबयाँ का हाथ थामे माँ के पास ले आया। माँ बैठक की दहलीज़ पर बैठी थी, 'राबी।' शाहनी ने पीढ़ी पास खींची और जगी आवाज़ में कहा, 'आ, यहाँ बैठ राबयाँ, मेरे पास।'

राबयाँ पीढ़ी पर नहीं, भू पर बैठ गई पैरों के भार। लड़की को देख शाहनी के दिल में हूक-सी उठी। देखो प्रारब्ध के रंग ! कैसी थी प्यास कलेजे में इसकी ! पहले अपनी जान दाँव पर लगाकर उन्हें बचाया और फिर बुरे मुकद्दरवाली उन्हें पी गई। लाली ने खबरे माँ के चेहरे पर क्या भाँपा कि राबयाँ के सामने बैठकर कहा, 'मेरी तरफ तो देखो। साफ़ा बाँधकर मैं लग रहा हूँ पिताजी की तरह !' राबयाँ ने न सुना। अपने पाँव की ओर तकती रही।

शाहनी ने हाथ से हिलाया, 'अरी कुछ तो बोल राबयाँ !' राबयाँ ने पलक तक न परती। लाली शाह भागता हुआ चचा साहिब के पास जा पहुँचा। थके-थकाए चचा साहिब अभी तख्त पर बैठे ही थे, 'क्यों लाली शाह ?'

'चचा साहिब, राबयाँ का क्या करें ?' काशी शाह ने मन-ही-मन कहा—उसका तो अब रब्ब ही वाली है। पूछा, 'क्या बात है लाली ?'

'पिताजी ने जिस रात आँखें मीचीं तब से लेकर आज तक रोई नहीं है। क्यों नहीं रोई चचा साहिब ?'

'उसे गहरा सदमा लगा है बेटे, कई बार ऐसे हो जाता है।'

'अभी देखा तो पिताजी की बैठकवाली दहलीज़ पर बैठी थी। इतने दिन

उसने किसी से बात नहीं की।'

'अब कहाँ है ?'

'मैं माँ के पास बिठाकर आया हूँ। गुमसुम है। माँ कुछ-कुछ कह रही है, पर वह पहले की तरह ही खामोश है।'

काशी शाह लम्बे छन तक कुछ सोचते रहे, फिर उठ खड़े हुए। पास जा भरजाई से पूछा—

'राबयाँ ने कुछ खाया-पीया ?'

'न, मानती ही नहीं।'

'भरजाई, कटोरा-भर दूध ले आओ।'

शाहनी चौके की ओर मुड़ी तो सुना, देवर कहते थे, 'राबयाँ, तुमने कोई कसर नहीं छोड़ी। हरचन्द कोशिश की शाहजी के लिए, पर बीबा, जिसकी आ गई हो, उसे कौन बचा सकता है ! अब हौसला करो।'

राबयाँ कुछ ऐसे देखती रही जैसे छोटे शाह को पहचानती न हो। काशी शाह ने गले में भाई की आवाज़ उतार ली, 'राबयाँ बहुत थक गई है लाली !'

राबयाँ की पलकें उठीं और काशी शाह के चेहरे पर थिर हो गईं।

काशी शाह ने देखा—आँखों के पीछे पसरी है उजाड़ राख रंग की धूनी। सोचा, बुझ जाएगी लड़की इस राख में। शाहनी इन निगाहों के पीछे जाने किन उड़ानों को देखने लगी। मुझे मेरे वैरी की आहट मिल गई, पर लड़की भँवर में फँस गई। निर्दयी ने इस भोली पर राख छिड़की रे ! ऊपर से निगोड़ी के हाथ में शाहों के घर की ओढ़नी और फुल्कारी ! शाहनी ने दूध का कटोरा लड़की के हाथ में थमाया। शाहनी ने ज्योंही बाँह खींची, राबयाँ की हथेली काँपी और कटोरा भू पर जा गिरा। हाय, यह क्या बदसगुणी ! डर से शाहनी और काशी शाह के कलेजे दरक गए। लाली शाह पहले भौचक्का-सा देखता रहा, फिर पोंछने को कपड़ा उठा लाया।

चर्चा की सुनी-अनसुनी जो भी रही हो, काशी शाह के कान तक आ पहुँची कि गाँव में राबयाँ और शाहजी के नाम की खनक तैरने लगी है। बड़ी देर सोच में पड़े रहे। लड़की की हालत नर्म है। उधर से बात ऐसी उघड़ी कि कोई परदा ही न रहा। जानेवालों ने जो चाहा, उसे नवाज़ना भी तो ज़रूरी है। राबयाँ के लिए हवेली की धुलाई-लिपाई होने लगी, खुले दालान, पसार, बैठक, छज्जे-नीचे भंडार सब बुहार दिये गए।

काशी शाह जगह-ब-जगह पलँग-पीढ़ी के जुगाड़-चुनाव की हिदायत को गोदाम की ओर निकले तो उदासी से घिर गए। जुड़ा-जुड़ाया सामान पड़ा है, पर बन्दे की अपनी मियाद ख़त्म।

सूर्यास्त बेले भाई के एकान्त में क्या बात उठी और अपने में ही बेदख़ल हो गई। जहान के वाली ने इस घर के लिए क्या खेल रच दिया।

दरी, जाजम, पलँग-पीढ़ी सब बिना चेहरे के लगते हैं। क्या करेगी लड़की ! बेबस-सी सहारेगी उसे जो होनी करवा रही है।

काशी शाह असमंजस में खड़े रहे। राँगले पाँववाले पलँग की ओर नज़र उठाई तो जी भर आया। न पहुँचे होते ओढ़नी और कंगन राबी तक तो... नहीं जाते मनुक्ख के लेख। रब्ब जाने किसकी ओर से होता है !

उस सुबह भाई पिछले कई दिनों से ज़्यादा चौकस थे। पास जाकर बैठा तो सरसरी-सी आवाज़ में कहा, 'आओ बैठो काशी ! थका दिया है तुम्हें मैंने। पर एक और सुकारज है, कर डालो।'

काशी शाह ने बड़े भाई का हाथ छुआ, 'आप हुक्म करें।'

'यज्ञ-भंडारा करवा डालो, काशी, मौत के मुँह से परता हूँ। वहाँ से लौट आना तो मुश्किल ही था न। गोसाईंजी को बुला भेजो। सब ढंग से कर-करा देंगे। हाँ, एक और बात ध्यान से सुनो। मौके से अपनी भरजाई को समझा दो कि किस्मत बड़ी मनचली है। अपने हाथों खेल खिलाती है। सुन रहे हो न मेरी बात ध्यान से !'

आज्ञाकारी भाई की तरह सिर झुकाकर कहा, 'जी, भ्राताजी !'

शाहजी पीली चमकीली आँखों से भाई को कई पल निहारते रहे, फिर फैसला देने के अन्दाज़ में कहा, 'कुछ करना होगा हमें। काशी, उस लड़की के सिवाय मुझे अब कुछ और नहीं दीख रहा। वह मुझे प्रलय में से खींच लाई है।'

एकाएक शाहजी बात करते-करते थक गए। आँखें मींच लीं। लम्बे छन दोनों भाइयों के बीच फड़फड़ाते रहे। काशी शाह भाई की अगली आज्ञा का इन्तज़ार करने लगे।

'काशी, सही-ग़लत अब कुछ नहीं भास रहा। मेरे लिए अब दोनों बराबर हैं।'

'दिल में जो भी हो कह दें। तामील होगी।'

'इतना ही काशी कि राबयाँ को इस घर की ओट देनी होगी। समझ रहे हो न...वह अब इस घर की है...घर में रहेगी।'

'जो हुक्म।' भाई की साँस छाती को खटखटाने लगी।

बात करते-करते हाँफ गए पर ज़मीनों की मालिकी की कागद पकड़नेवाली नज़र अँखियों में उतर आई। कुछ देर छत की ओर देखते रहे, फिर छोटे भाई से कहा, 'घबड़ा तो नहीं गए ! मैं ठीक हूँ। शाम तक कुशल रहा तो दादी माँ वाले कंगन और सुच्ची ओढ़नी लड़की पर चढ़ा देना।'

काशी शाह का कलेजा धसककर तलघर में जा पहुँचा। वहीं से निकलेंगी ये दोनों निशानियाँ दादी की। भरजाई अपनी न देगी। शाहजी ने एक छोटी-सी झपकी ली और आँखों से छोटे भाई को पक्का करने को पूछा, 'कोई भरम तो नहीं मन में ?'

'ना।'

'तुम भरजाई को समझा लोगे। हाँ, हेलनवाली ज़मीन के कागद मुख़्तार के सामने पड़े हैं। मैंने उसे आलिए के नाम करना ठीक समझा।'

काशी शाह समझ गए। जो होना है सो होगा। गुंजाइश कहाँ बची है। हो गया। न होता तो अच्छा होता, पर जानेवाले की इच्छा को कौन टालता ! काशी शाह पिछवाड़े में खुलती इस हवेली में राबयाँ को चलते-फिरते देखने की सूरत मिलाते, पर इन खाली दालानों में वह न दीखती। अपने को झिंझोड़ा। जो हुक्म बनकर सामने आ गया है, उसे सँभालो।

अगली सुबह मुँह अँधेरे में काशी शाह आलिए के कुएँ पर जा पहुँचे।

'हुक्म शाहजी !'

'बीबीरानी अभी गहरे दुःख में है। उसके पास या तो फतेह को भेज दो या...'

आलिए ने बात पूरी न होने दी और बीच में ही जवाब दिया, 'जी शाहजी, फतेह ही उसके पास रह लेगी।' शाहजी का घोड़ा दूर निकल गया तो आलिया खड़े-खड़े सोचने लगा। एक बार बच्ची ठहर गई उस हवेली तो उसका ठौर पक्का और हमारी जायदाद।

शाहजी ?

मेरी बेटी के भाग। अल्लाह को यही मंजूर था। छोटे शाह मुकर सकते हैं। नहीं, वचन के पक्के हैं। फिर बड़े भाई की आख़िरी मंशा को क्यों न पूरा करें ! जहाँदाद खाँ जी और मौलादाद इस बात के गवाह रहे। बैल जोत गद्दी पर बैठा तो आलिया जाने क्यों रोने लगा ! लड़की के भाग। क्या करेगी ! हवेली के साथ जिएगी। बाप होकर क्यों मान ली तुमने बात रुखसत होते शाह की ! हवेली हाथ लगती है तो लड़की की ज़िन्दगी कब्र में। वहाँ कदम रखा तो कौन करेगा निकाह उससे ! काफ़िर की अमानत। अरे क्या समझ-बूझ है इन शाहों की ! बेटी को

बिन ब्याह ही बेवा समझकर उसे गुजर-बसर का सामान जुटा दिया।

पर लड़की की उम्र ? उसका क्या होगा ?

लाली लुकी-छिपी नज़रों से राबी पर आँख रखता। जहाँ भी होती, किसी-न-किसी बहाने वहाँ झाँकता चक्कर लगाता।

राबयाँ सिर्फ देखती—कुछ न कहती। पलक उठा उसके मुख पर कुछ ढूँढ़ती, फिर अपने में हो जाती। उधर शाहनी ख़यालों में भटकती। क्या कर्म किए थे मैंने ! शाहजी जाते-जाते मुझे ही पराया कर गए। याद आती है पुराने दिनों की तो यह लड़की बाघनी-सी बनी मेरी ओर झपटने लगती है। छुटकारा पाऊँगी कैसे ? इसे तो सदा के लिए मेरी आँखों के आगे जमा गए। देखो मर्दों की बात। बेटी बराबर लड़की। न ब्याह, न निकाह और बिदा होते इस जहान से निभाने को हाथ पकड़ लिया ! लड़की रोने-धोने के बदले गुमसुम हुई पड़ी है। साइयाँ, तुम्हें भला यह क्या सूझी ! दीन-धर्म से अलग यह कँवार और उसे हवेली में रखने का कौल कर दिया। इन भाइयों की अक़्ल पर क्या पानी पड़ गया ! अराइयों की लड़की क्या खाए-पकाएगी नहीं ! म्लेच्छों की गृहस्थी इस हवेली में जुटा ली। शाहनी सोच-सोचकर तिलमिलाती रही थी। त्रिकालाँ देवर दीखे तो फुसफुसाकर कहा, 'काशीजी, जो कर रहे हो, वह ठीक नहीं। तुम्हारे भाई का सोचा हुआ ज़रूर है, पर बात को समझने-बूझने को अब तुम खुद मुख्तयार हो। अकेली लड़की यहाँ रहेगी। सगे-सम्बन्धी, बिरादरी। पकाएँगे-खाएँगे भी। बड़ा मांस भी पकेगा। किन-किन बातों से रोकोगे ! देवर, इसे ले-देकर इसके घर भेजो।'

काशी शाह चुप रहे।

'यह नाता जिसने बनाना चाहा था, वही न रहे, तो मेरी-तुम्हारी क्या बिसात ! भाई को दिए अन्तिम वचन को तोड़ने की बात मैं सोच भी नहीं सकता। मेरे लिए ऐसा सुनना भी पाप है।'

देवरानी बिन्दादई पास आन बैठी तो काशी शाह बिना कुछ कहे अपनी बैठक की ओर चल लिए। इसे कहते हैं भाईचारा, जो शाहजी ने किया सो गलत है और छोटा भाई अब इस पर मोहर लगाने जा रहा है। कोई पूछे इसे कि यह ठीक है, इसे सुलझाने की कोई रीति-नीति तुम्हारे पास नहीं। धर्म भ्रष्ट हो जाएगा परिवार का !

लाली शाह पास से निकला तो कहा, 'इसके सिर पर भी वही फितूर राबयाँ

का। अरी दोनों बाप-बेटे को हाथों पर चढ़ा लिया।'

हाथ में चाकू और कलम पकड़े माँ के पास फिर आ खड़ा हुआ। झुककर धीमे से कहा, 'माँ, राबयाँ बैठक की खिड़की की जाली को पकड़े खड़ी है जाने कब से। कई बार पुकारा है मैंने, पर कोई जवाब नहीं।'

शाहनी के माथे पर बल पड़ गए।

'क्यों, पढ़ने-लिखने में जी नहीं लगता तुम्हारा ? सबकी सोच क्या तुम्हारे ज़िम्मे है ?' लाली कुछ न बोला। पढ़ने जा बैठा। बिन्दादई उठी, 'मैं जाकर देखती हूँ लड़की को।'

छोटी शाहनी दबे पाँव शाहजी की बैठक में पहुँची। खिड़की के सींकचों पर हाथ रखे राबयाँ उसी तरह खड़ी थी, जैसे लाली ने बताया था। इतने में पीछे-पीछे शाहनी आन पहुँची। शाहजी की बैठक वही है। पलँग उठ गया है। बाकी सब वैसा-का-वैसा। माल-असबाब की मियाद बन्दे से ज़्यादा है। राबयाँ के लिए दिल पसीजा। मैं नहीं, यही कँवार कूदी थी शाहजी को बचाने। पास जा कन्धे से घेरा और झिड़ककर कहा, 'लड़की, कुछ होश कर। जहानवालों से टक्कर लेगी, उस्तादजी ने क्या तुम्हें इतना ही सिखाया ! उन्हें बदनाम तो न कर।'

राबयाँ बिना मुँह खोले उसी तरह अड़ी रही। शाहनी ने सख़्ती से खींचा तो वह पौड़ियोंवाले बन्द दरवाजे पर पीठ लगाकर खड़ी हो गई। बिन्दादई ने लड़की को घेरा, 'उम्र-भर बन्द किवाड़ के सामने खड़ी रहेगी तो भी न यह खुलेगा और न ही तुम्हें कुछ मिलेगा।'

राबयाँ की ख़ाली उजाड़ नज़र के सिवाय और कुछ न था उसके पास। देखा, फिर लाली झाँक गया। पिता-पुत्र दोनों बस में कर लिए। काशी शाह सोचते रहे। दोनों औरतें जो गोशे कर रही हैं, उस पर कान धरा तो शाहजी का वचन हाथ से खिसकेगा और काशी, तुम्हारा फ़र्ज़ भी। बड़े भाई पिता बराबर थे। पिछली हवेली में हलचल जान रात शाहनी ने देवर को बुला भेजा।

'काशी, तुम्हारे भाई को होश कहाँ था, नहीं तो अनब्याही लड़की को अपनी हवेली में शरण देते ! यह न सोचते कि लड़की का दीन और हमारा धर्म एक नहीं ! जिन मोहतबिरों ने इस बात की हामी भरी, वे मसीत में पहुँच मुकर जाएँगे। देवर, यह झगड़ा-जंजाल न पालो, तुम बड़े हो इस घर के।'

काशी शाह कुछ न बोले तो देवरानी-जिठानी तिलमिलाकर रह गईं। 'काशी, मेरी बात पर ध्यान दो। सुनकर फेंक न दो। हम औरतों का पक्ख भी समझो।'

काशी शाह नरमाई में और कड़े हो गए, 'भरजाई, आपकी कोई भी आज्ञा मानने को तैयार हूँ। भ्राताजी की अन्तिम इच्छा की अवहेलना करना मेरे बस

में नहीं।'

शाहनी को तनिक लचक दीख पड़ी, 'बिना ब्याह-निकाह के किसी कँवार को राजपाट दिया जाता है क्या ? भुँजे में न रहना, तुम्हारा भाई हिन्दू था और यह लड़की मुसलमान ! काशी शाह, पछताओगे। लड़की को वापस उसके घर भिजवा दो।'

सारी रात न शाहनी सोई, न काशी शाह और न लाली शाह। आधी रात लड़का उठा और बैठक में भुँजे पड़ी राबयाँ पर लिहाफ डाल आया। पिछले पहर सोए-सोए देखा, पिता पास खड़े हैं और उसे कह रहे हैं, 'लाली बेटा, राबयाँ का कोई कसूर नहीं। उसकी देख-रेख तुम्हारे ज़िम्मे है। याद रहेगा न ?'

'जी, पिताजी !'

सुबह उठा। खेत से लौटकर कुएँ पर स्नान किया और नाश्ता करने चौके में आ बैठा। माँ का कड़ा चेहरा देखा तो कुछ न कह रोटी पर मक्खन-गुड़ बूर चुपचाप खाने लगा।

माँ ने देखा और खीजकर कहा, 'क्यों रे, तुम किन चिन्ताओं में... सुबह-सुबह पैरी पौना-प्रणाम कुछ नहीं।'

'किया था माँ, पर आपने सुना नहीं !'

'हाँ, पढ़ना-लिखना सब भूल तो नहीं गया, हिसाब-किताब देखते चचा साहिब के साथ बैठकर ?' लड़का कुछ न बोला। चुपचाप देखता रहा।

'रात को उस पर कम्बल डाल आया था कि रजाई ?'

'रजाई, माँ !'

'मत्त मारी गई है तुम्हारी। और वह तुम्हारी लगती क्या है ?'

लाली ने हाथ का निवाला थाली में रखा और उठ खड़ा हुआ, 'यह तो आप भी जानती हैं।'

शाहनी का कलेजा धुआँ खाने लगा। मैं ही गलत हो गई। ब्याही-परणाई परिवार में रची-बसी और जिसको ओट देने पर तुले हैं, वह अराई म्लेच्छों की धी इनके लिए मेरे से भी ऊपर हो गई !

लाली शाह चुपके से खिसक गया तो शाहनी उठी। झोली में दाने डाले और माथा टेकने को पौड़ियाँ उतर गई।

मौका देख लाली राबयाँ के पास जा बैठा। किताब खोल आगे की, 'इसका मतलब तो समझा दो, न आया तो मार पड़ेगी।'

राबयाँ बिटर-बिटर देखती रही। कुछ न बोली।

'चचा साहिब कामों में मसरूफ...किससे पूछूँ...पिताजी तो अब हैं नहीं।'

राबयाँ अचरज से बोली, 'कहाँ गए वह ? क्या कचहरी में तारीख थी ?'

लाली कुछ देर देखता रहा, फिर बड़ों की सयानी आवाज़ में कहा, 'तुम्हें नहीं पता ? वह तो हैं ही नहीं। पूरे हो गए। रब्ब के पास पहुँच चुके।'

राबयाँ ने जैसे सुना ही नहीं।

'आज रात मुझे सपने में आए थे। तुम्हारा पूछा और कहा, लाली, राबयाँ की देख-भाल अब तुम्हारे ज़िम्मे है। राबी, किसी बात का फिकर नहीं करना।'

राबयाँ ने क्या सुना, क्या समझा, कुछ पता नहीं। बैठी रही। तकती रही। फिर अपना हाथ देखने लगी। क्या अपने हाथ पहचान रही है ? इसकी सुध-बुध कहाँ गई ! क्या सचमुच चली गई ? नहीं-नहीं, राबी। कलाइयों में पड़े अपने घर के कंगन देख-देख न जाने लाली शाह को कैसा लगने लगा ! मन हुआ, राबयाँ को ढाढस बँधाए पर कानों में भनक पड़ी कि कोई चरमराती जूती में बैठक की ओर आता है।

चाचा साहिब थे, 'लाली बेटा, आज फतेह को लिवा लाना। वह राबयाँ के साथ रहेगी हवेली में।'

'जी, चचा साहिब !'

अन्धेर साईं का। उधर गाँव में उठने लगीं तरह-तरह की बातें, चेहमेगोइयाँ। इधर रात देर गए पिछवाड़े की हवेली में राबयाँ और फतेह दाखिल हुईं। फतेह ने बहन का हाथ थाम रखा था। हाथ में चिराग लिए जैना ने रास्ता दिखाया—इधर आओ बीबी ! पसार के आले में हंडेवाला शमादान जल रहा था। पसार की मंजियों पर दो बिछौने बिछे थे। फतेह ने किनारे से उठाकर देखा—दरी, गद्दे, खेस, और मखमली रजाइयाँ। हाय री मेरी बहना राबयाँ, कैसा तेरा मुकद्दर, मुट्ठी में आते-आते हाथ से फिसल गया ! शाहजी के मन में क्या-क्या अरमान थे तेरे लिए और क्या पलटी तुम्हारी तकदीर ! जैना ने राबयाँ को हाथ दे पलँग पर बिठाया और ऊपर रजाई ओढ़ा दी, 'बीवी, आराम करो, कहो तो थोड़ा दबा दूँ ?' राबयाँ कुछ न बोली, सिर्फ पाँव खींचे और मुँह घुटनों

पर टिका दिया।

फतेह ने बहन को सचेत करने को कहा, 'ठीक हो न राबयाँ ?'

न हाँ, न ना। गुमसुम हुई रही राबयाँ। बहन को जतन से लिटा फतेह ने रजाई ओढ़ाई कि नीचे ड्योढ़ी पर बक्खू की आवाज़ आई, 'कौन ?'

'बक्खू चचा, मैं हूँ, लाली।'

'राबी और फतेह बहन के लिए दूध लाया हूँ।' हाथ में चाँदी के कटोरे पकड़े लाली अन्दर आया तो पीछे-पीछे शाहनी, छोटी शाहनी और काशी शाह आन पहुँचे। छोटे शाह ने राबी के सिर पर हाथ रखा, 'डोलना नहीं राबयाँ, धीरज धरना है। तुम लाखों में एक हो। बीबी रानी, पर जो भाग में लिखा है, उसे कौन मिटा सकता है ! जिस पर बन्दे का ज़ोर नहीं, उसे ऊपर का हुक्म समझ मंजूर करना पड़ता है।'

बड़ी शाहनी चुपचाप खड़ी सुनती रही। छोटी शाहनी बोली, 'फतेह, समझाओ इसे। हमारी ओर देखो, घर की सरदारी चली गई। रो-धोकर छाती पर पत्थर रख लेंगे।' शाहनी अन्दर-ही-अन्दर मसोसने लगी। धनी बिछुड़ा और आब उतरी सो अलग। न्याय करनेवाला अन्तर्यामी न होता तो यहीं इसी हवेली में दोनों विराजमान होते और मैं बाँदी बनी इनके हजूर में खड़ी होती। काशी शाह ने भरजाई के अधरों को जैसे पढ़ लिया हो। ठेठ मरदाने लहजे में कहा, 'सारी दलीलें छोड़कर रास्ता निकालो कि किसी तरह इस घर से उदासियाँ निकलें और हमारे बड़ों की याद घर में ऐसे पसरे कि वह बेशक ओझल हुए हों, पर कहीं गए नहीं हैं। यहीं हैं, यहीं। हाँ, पुत्तर लाली, मदरसे से मिला काम यहीं बैठकर कर लिया करो। कुछ न आए तो राबयाँ से पूछ लिया करो।'

शाहनी कुछ कहने को हुई कि देवर का रुख देख चुप लगा गई। हवेलीवाले जाने लगे तो फतेह ने उठकर सलाम किया और राबयाँ की ओर मुड़कर कहा, 'जा रहे हैं, सलाम तो कर।'

राबयाँ न हिली-डुली और न ही नज़र से इधर ताका। छोटी शाहनी बोली, 'फतेह, इसका ध्यान रखना। जैना से कह, सिर में तेल डाल देगी तो नींद आएगी। भरम न करना, ज़रूरत हो तो आवाज़ दे लेना चबारेवाले छज्जों से। एक ही छत है।' बड़ी शाहनी फिर भी कुछ न बोली।

काशी शाह दहलीज़ से बाहर जाते-जाते पलटे, 'थकी-माँदी भरजाई की आँख लगी हो तो भरम न करना, छोटी शाहनी को बुला लेना।'

'जी, शाह साहिब !'

राबयाँ ने सिर उठा इधर-उधर ताका और फिर आँखें घुटनों पर झुका लीं।

ड्योढ़ी तक आ लाली को कुछ याद आ गया, 'अभी आता हूँ।'

बिन्दादई ने जिठानी से कहा, 'हम चलती हैं। लाली शाह आता रहेगा।'

शाहनी बोली, 'देवरानी, राबयाँ के पास इसका ताना-फेरा मुझे पसन्द नहीं।'

सीढ़ियाँ चढ़ते काशी शाह रुके और ठीक अपने बड़े भाई की आवाज़ में बोले, 'ऐसे मामलों में छोटी-छोटी बातों का ज़िक्र ठीक नहीं भरजाई ! राबयाँ की देख-रेख हमारा फर्ज़ है। मैंने ही लाली को यह ताक़ीद की है।'

शाहनी अपने वज़न में हौली हो गई। मन में तिल-तिल खीजो कि उनके जाते ही मेरा तो वजूद ही कुछ न रहा। दोनों ने मालिकी हथिया ली। मैं तो बड़े भाई की ब्याहता थी न। थी। अब तो पति को गँवाकर विधवा हूँ।

शाहनी की आँखें डबडबा आईं। देवरानी ने देखा तो पास आ धीरे से कहा, 'दोनों भाई मनमानियाँ कर रहे हैं। किसी की सुनने की आदत नहीं। हाँ, मुझसे पूछो तो राबयाँ को होश-सुरत कोई नहीं। दिमाग हिल गया लगता है लड़की का।'

'कोई और ऊँच-नीच तो नहीं कर बैठी ?' देवरानी जाने कैसी नीती अँखियों से जिठानी की ओर देखती रही। सोचा, जिठानी के मन तो मैल चढ़ गया है, रात लाली की बैठक में लेटे-लेटे शाहनी सब अगली-पिछलियाँ दोहराती रही। लाली की ओर देखा। सो गया लगता है। सिर पर हाथ फेरा कि लाली ने आँखें खोल लीं।

'माँ, अभी सोई नहीं ?'

'ना रे, नींद तो तुम्हारे पिताजी के साथ चली गई। क्यों रे, जब दुबारा ऊपर गया था तो कुछ बोली राबयाँ ?'

'ना।'

'पत्थर बनी बैठी है। क्या पगला गई है ?'

'नहीं माँ !'

'उसकी उजाड़ आँखें नहीं देखीं तुमने ?'

'नहीं माँ ! उसे सदमा लगा है।'

'तुम्हारी माँ का दुःख कम है क्या ? बाप-बेटा दोनों उसी के हमदर्द ! अरे मैं क्या जानती नहीं इन शाहों को ?'

लाली उठकर बैठ गया, 'माँ, दोष-रोष के सिवा अब आप कुछ नहीं देख रहीं।'

'कौन पढ़ा रहा है तुम्हें ? उसका सगा बना फिरता है !'

'पिताजी राबयाँ को आपके सुपुर्द करके गए हैं। उसकी देख-रेख हमारे ज़िम्मे है।'

शाहनी कलपने लगी, 'मुझे मेरा बेटा समझा रहा है ! सिर से धनी का साया उठ गया तो विधवा की क्या औक़ात !'

लाली ने करवट ली और माँ की ओर सरककर कहा, 'कुछ बतलाऊँ तो डाँटने तो न लगोगी ?'

'नहीं। बोल।'

'पिताजी कोई ज़मीन राबयाँ के नाम कर गए हैं।'

'तुम्हें कैसे मालूम ?'

'पिताजी चचा साहिब को कुछ कह रहे थे। मैंने सुना था।'

शाहनी मानो आसमान से गिरी हो। खन्दक और खाई एकसाथ। इस गृहस्थी में क्या कमाया—एक यह बेटा और वह भी शाहों की गोट्ठ का ! उन्हीं का सगा है। मेरा नहीं।

पूरे चाँद की रात होनी-अनहोनी दोनों ने मिलकर पुराना कथा-प्रसंग रचाया और राठी को घेर उसे वह पुराना खेल खिला दिया जिसकी गन्ध आदम के लहू में बहती आई है। अराइयों की कँवार राबयाँ जाने किस होश-बेहोशी में अडोल पलँग पर से उठी और कच्ची राह मापती दरिया के किनारे जा पहुँची। शाहों के घर की सुच्ची ओढ़नी उतार कंडे पर रखी और उस पर टिका दिये सोने के दो कंगन। ऊपर चाँद की ओर निरख, 'शाहजी, पहुँचती हूँ आपके पास।'

फिर बाँहें फैलाकर कहा, 'आप पकड़िए मेरा हाथ। क्यों डरूँगी, आप हैं मेरे साथ।' रेत से पाँव उखड़े—छप्प और खेल ही ओझल हो गया। ऊपर चाँद ने पलक न झपकी। चमकता रहा। नीचे चनाब बहता रहा और राबयाँ कँवार सब झगड़े-झमेलों से दूर पुराने किस्सों में जा मिली।

सरवर, कलकत्ता से लौटी हूँ।

भारतीय भाषा परिषद् ने गणतन्त्र दिवस पर आमन्त्रित किया था। वहाँ की प्रस्तुति के लिए तैयारी की।

आलेख पढ़ते हुए एक और गणतन्त्र दिवस खयालों में घूमता रहा। बरसों पहले जनवरी में ही इलाहाबाद गई थी और सिविल लाइन के बारनेट होटल में ठहरी हुई थी। शाम चाय पीते हुए गणतन्त्र दिवस की पार्टी पर ध्यान अटका। गणतन्त्र दिवस पर अगर दिल्ली में मिल बैठते हैं तो यहाँ क्यों नहीं ! सबसे मिलना भी हो जाएगा। अश्कजी की मदद से साहित्यकार बन्धुओं को आमन्त्रित कर लिया !

अगली शाम आगे के लॉन और बरामदों में कुर्सियाँ लगा दी गईं। रंगीन बत्तियाँ जगमगाने लगीं। और तिरंगे क्रेप-पेपर हवा में लहराने लगे। यह सारी सजावट होटल ने की। दिलों में था गणतन्त्र दिवस का उत्साह, उछाह। इलाहाबाद के प्रबुद्धों के क्या कहने ! एक से एक वज़नी और एक से एक बढ़कर लेखक। उस शाम बारनेट में लेखकों के गुच्छे की छवि देखने वाली थी।

वाचस्पति पाठक, धर्मवीर भारती, कान्ता भारती, उपेन्द्रनाथ अश्क, कौशल्या अश्क, भैरवप्रसाद गुप्त, बालकृष्ण राव, अमरकान्त, कमलेश्वर और ओमप्रकाशजी—जो अपनी अनुपस्थिति में भी मौजूद थे, वह थे श्रीपतजी। सारी शाम उनका इन्तज़ार होता रहा था।

अगले दिन मालूम हुआ कि मेरी ओर से निमन्त्रण देनेवाले महापुरुष ने श्रीपत को बारनेट की जगह 'रॉयल' बता दिया। विस्मयकारी। क्या सचमुच ऐसी गलती पर यकीन किया जा सकता था ?

श्रीपतजी ने बताया कि गई शाम वह रॉयल पहुँचे थे, वहाँ न कोई पार्टी थी और न ही वहाँ दिल्ली से आई कोई महिला ठहरी थी।

श्रीपतजी ने एक ऊँचा कहकहा लगाया था और शायद गजघर में जा बैठे थे।

कसूर मेरा नहीं था पर मेजबान होने के नाते मन-ही-मन इसकी शर्मिंदगी ज़रूर थी !

सरवर दिल्ली वालों के ओढ़े हुए भोलेपन में मैंने इलाहाबादी प्रबुद्धों के और भी नाटकीय पैंतरे देखे और मन-ही-मन उनकी इतनी प्रशंसा की कि हादसे की कटुता का रंग ही बदल गया।

'मित्रो मरजानी' वाले किस्सों को लेकर श्रीपतजी जैसा कहकहा लगाना तो मुश्किल ही था मगर हैरत यह हुई कि एक दुश्मन को पछाड़ने के लिए अच्छी दोस्ती को भी फलाँगा जा सकता है।

भैरवप्रसाद गुप्त को ढेर करने के लिए क्या-क्या तिकड़म नहीं की गई ! 'मित्रो मरजानी' अश्लील है—ऐसे पत्रों की बौछार लगातार इलाहाबाद से 'सारिका' मैनेजमेंट के हलकों में होती रही। सारिका के नए सम्पादक चन्द्रगुप्त विद्यालंकार अपनी सँभाल में एक ख़ासी पलटी खा गए। भैरवप्रसाद की नई पत्रिका को चलने न देने हेतु !

पूरी कहानी फिर कभी। फिलहाल भारतीय भाषा परिषद् कलकत्ता के सभागार में गणतन्त्र दिवस पर प्रस्तुत किया गया आलेख पढ़कर देखो—

लोक की प्रतिष्ठा में ही लेखक का गणतन्त्र है

गणतन्त्र दिवस, इस महादेश का यह पुण्यमय नागरिक त्योहार हर नागरिक, मेरी, आपकी और हम सबकी शिराओं में देश के लिए प्रतिबद्धता की आशाएँ और महत्त्वाकांक्षाएँ जगाता है, क्योंकि इस शताब्दी ने हमारे लोकतान्त्रिक मूल्यों, आस्थाओं और विश्वासों को आश्वस्त किया है। लोक की महत्ता को स्वीकार किया है। यह स्वीकार मेरा, आपका और हम सबका है। भारत की विशाल, विस्तृत सीमाओं में धड़कती प्रजा के घनत्व का है। उनके स्वभाव, संस्कार और सोच का है। उस रंग-रूप, तासीर का जो हमें इन्कलाब जिन्दाबाद से जयहिन्द तक प्रभावित कर सके। लोकतन्त्र की समानता को सर्वोपरि जनहित में संचारित कर सके। भ्रष्टाचार के अलावा राजनीति के गलियारों से कौन-कौन-सी परियोजनाएँ हम लोक-कल्याण के लिए पूरी कर सके, इनका लेखा-जोखा विशेषज्ञों के लिए छोड़, लौटती हूँ अपनी बिरादरी की ओर, जिन्हें हम प्रबुद्धों के नाम से पुकारते हैं। यही हैं वे लोग जो देश के चैतन्य को प्राणवान करते हैं, उसे मुखर करते हैं और जन-मन में तरंगित करते हैं।

पिछले दशकों पर नज़र डालें—सम्पूर्ण भारतीय भाषा-परिवार में लेखकों ने

अपनी बौद्धिक सम्भावनाओं को आत्मविश्वास और कुशलता से उकेरा है और अपनी रचनात्मक उपलब्धियों से भारतीय मनीषा के संचित स्रोत से जोड़ा है। बौद्धिक सम्पदा निधि के कोष से जोड़ा है। यह शब्द संस्कृति की देन है। हम अपनी रचना और कार्यशीलता को प्रमाणित नहीं कर रहे—साहित्य स्वयं अपना प्रमाण होता है। सुखद है यह सोचना कि भारतीय लेखकों ने जिम्मेदारी से समाज में होते परिवर्तनों पर निर्मम मगर निर्मल निगाह डाली है। आर-पार की स्थितियों को जाँचा-पड़ताला है, ऊपरी खोल की तहों तले पसरे दोहरेपन को उघाड़ा है। उसने राष्ट्र के वृत्तान्त और संवाद को जिस पाठ की बंदिश में बाँधा है, वह घना है। पुख्ता है। ईमानदार है। अन्तर्दृष्टियों की भेदती नुकीली तलाश का विवरण है—तन्त्र के ताने-बाने में उस व्यावसायिक पैंतरे का, जो भ्रष्टाचार के सहारे सफलता के चरम पर पहुँच चुका है। सत्ता का पितृ-पक्ष, इसे हम जो भी पुकारें, अब इससे विलग नहीं हैं। भारतीय लेखक के निकट यह चिन्ता का विषय है। हम लेखक कितनी भी छोटी-बड़ी या साधारण प्रतिभा के धनी हों, इतना तो जानते हैं कि हमारा आचार-विचार और सामाजिक व्यवहार व्यक्तित्व का विस्तार जो भी हो, हमारी चेष्टाएँ हमारी व्यक्तिगत चिन्ताओं और सरोकारों का अतिक्रमण कर उस ओर प्रवाहित होती हैं, जहाँ साधारणता का ठेठ सुरक्षित होता है। व्यक्ति के अन्तरंग से उभरकर समाज और देश-काल की गूँथ में जज़्ब होता रहता है। अपनी शाब्दिक और आत्मिक ऊर्जा में यही प्राणवान तत्त्व साहित्य का सरोकार कहलाता है। जिस 'विचार' को अपने पाठ के लय-ताल में बुनते हैं, वह जीवन्त अमरत्व है जो अपनी नश्वरता को अनश्वरता में बदलता है। विचार, रंग, रूप, स्मृति, अक्स, भावनाएँ, स्थितियाँ, आपसी सम्बन्ध, दूर-पास के मुखड़े जाने-अनजाने-पहचाने पात्र, दिल और दिमाग में गुँथे हुए कागज पर उभरते हुए कभी आमने-सामने, कभी समानान्तर पटरियों पर दौड़ते, कभी एक-दूसरे को आर-पार काटते हुए। लेखकीय व्यक्तित्व और उसके शैली परिधान को क्षण भर के लिए भूल जाएँ तो यह है उसके पिछवाड़े का अवचेतन जो अपनी शर्तों पर उघड़ता है, और सहस्र-सहस्र रंग-रूपों में खुलता है, खिलता है और रूपायित होता है। आपकी इजाज़त से इतना और जोड़ दूँ कि सर्जक की आँख पाना और हाथ में कलम आना मानवीय जन्म का अलौकिक पुरस्कार है, पिछले जन्म का पुण्य है। इन शब्दों का उच्चारण करते हुए मैं अपने कवियों को गहरे भाव से देख रही हूँ। महसूस कर रही हूँ, वे ही हैं—वे ही तो इस कथन के निकटतम हैं। उनके मुकाबले में हम गद्य लेखक अपनी औकात जानते हैं।

लेखक होना जितना सहज दीखता है, वह उतना आसान है नहीं। लेखक

एक बड़ी दुनिया को अपने में समेटे रहता है। अपनी एक सीमित इकाई में एक छोटी अन्तरंग दुनिया को बड़ी के पक्ष में खड़ा करता है। अपने होने के बावजूद अपने से एक ऐसी तालीम जगाता है जो उसे एक बड़ा परिप्रेक्ष्य देती है। उसे अपने से बाहर फैले संसार के यथार्थ से भी जोड़ती है। उसके निज के आत्मिक एकान्त और बाहर के शोर को एक कर देती है। उसे समय और काल से जोड़ देती है। किसी के दबाव में नहीं—स्वेच्छा से। लेखक जो भी है, अपने चाहने से है। अपने करने से है। अपनी समस्याओं, सिद्धान्तों और विश्वासों से है। जिस भी चौखट से लेखक जाग्रत् होता है—उसका रचाव-रसाव दोनों उसके लेखन में जज़्ब होते चले जाते हैं। हवाएँ हलकी-तीखी, सर्द-गर्म जो लेखक ने अपने बचपन में जानी होंगी, महसूस की होंगी, वह अन्दर सोख भी ली होंगी। हर इन्सान का बच्चा इस मौसमों के बीच से गुज़रता है। वह सुबहें जो शहर-कस्बे-गाँव-नगर-महानगर, कहीं भी धूप-छाँह में लहराई होंगी, वह यकीनन उसके वजूद में घुली होंगी। हर दिन घुलनशील है। बचपन का नटखटपन, बालिग होने के पहले की शरारतें अमिट अंकन से सजीव हो स्मृति के तलघर में पड़ी होंगी। वही कतरा-कतरा, बूँद-बूँद लेखक के पाठ में घुल-मिल जाती हैं। एक हो जाती हैं। इनसे जुड़ी वह डोरें, वह ताना-बाना बहुत दूर तक अपने को खींचे लिए चलता है। फिर न जाने कहाँ से मुखड़ा दिखाती हैं लेखक की सम्भावनाएँ अपनी पूरी क्षमता और सीमाओं के साथ ! साहित्य के चिरन्तन द्वार पर खड़ा नौसिखिया लेखक प्रतिभा और सर्जन को कैसे निहारता है, अपने पिछले प्राचीनों को कैसे स्वीकारता है, समकालीनों को सराहता है, नकारता है, नई-पुरानी सोच को कैसे अपनी अन्तर्दृष्टियों में उतारता है, ढालता है—यह सभी कुछ लेखक से लेखक के सम्बन्धों को मर्यादित करता है। संयमित करता है। यह सब कुछ हर लेखक के साथ घटित होता है। कभी-कभार नहीं, बार-बार, हर बार, जब लेखक नई कृति के रूप में 'पुराना' होता है। वह पुराना पड़ता नहीं।

एक अच्छी कृति की गूँथ और उसकी सघनता लेखक को एक नया-सा रुआब देती है। पर यह होता है—कृतिसार की संज्ञा में नहीं, प्रकाशित कृति के हलके में। प्रकाशित हो जाने के बाद कृति का अपना अस्तित्व होता है। अपना ही व्यक्तित्व भी।

लेखक ने उसे आकार दिया है। विचार दिया है। अर्थ और मर्म भी। उसका वजूद लेखक से अलग है, किन्तु लेखक की आत्मा से जुड़ा है। दिलचस्प हैं लेखक और उसके लेखन के ऐन बीचोबीच फैली दूरियाँ और नज़दीकियाँ। एक अपने बाहर को भरपूर जीता है, दूसरा अपने अन्दर के एकान्त को गहनता से

सींचता है। बाहर की गरमाहट को अन्दर खींचता है और अन्दर की नमी को अपने संवेदन में सोख लेता है।

इस प्रक्रिया की साख एकतरफा नहीं। रचना और रचनाकार दोनों अपने-अपने सीमान्तों से, विपरीत दिशाओं से केन्द्रबिन्दु की ओर बढ़े जाते हैं जहाँ रचना की पहली आहट, पहला स्वर धड़कता है और लेखक आधा रह जाता है। यह लेखक के एकाधिकार को कम करता है पर उसके विश्वास को गहराता है। रचना को आश्वस्त करता है, और उस दूरी से, जो रचना और रचनाकार के दरमियान रहना जरूरी है। ग़लतफ़हमी न हो। लेखक हाशिए से लिखी जानेवाली रचना को नहीं झाँकता, वह अपने अधिकारों को बाँटता है रचना के साथ, जिसे वह लिख रहा होता है और वह जो उसके द्वारा लिखी जा रही होती है। स्थितियों और पात्रों पर अपना अनुशासन लागू नहीं करता मगर रचना के स्वभाव, संस्कार और 'विचार' पर अपनी पकड़ बनाए रखता है। रचना और रचनाकार में यह अन्तर्रात्मीय सन्धि है जो पेचीदा ढंग से पाठ के हस्तक्षेप से दोनों की सुरक्षा करती है। दोनों के दावों को नियमित करती है। बहुत कुछ है जो लेखक के साथ चलता है। उसे आप लेखक के पाठ में देख सकते हैं। शब्दों और पंक्तियों को पाठ के जमावड़े में से इधर-उधर नहीं कर सकते। उस पर लेखन का रोमांस और रोमांच यह कि लिखता कोई और है, पढ़ता कोई और है, और उसे जीता कोई और है। यह रिश्ते बहुत दूर-दूर तक फैलते हैं। अपनी व्यापकता में सीमाओं को लाँघते चले जाते हैं। पंक्तियाँ, संवाद वृत्तान्त जो अकेले कमरे में बैठकर लेखक अपने होने से लिखता है, वह सब उसका न रहकर पाठकों का हो जाता है। लेखक कृति की उपलब्धि से बेचारा बना हुआ कभी आलोचक से आँखें चुराता है, कभी अपने को खोजने चला जाता है। फिर ज़िद में आकर अपने से गुम हो जाता है। रौ है जितना बारीक काते, जितना लम्बा बुने, खुरदुरा या मुलायम, उसे कौन रोक सकता है! रचनाकार स्वयं रचना नहीं है, मगर सच यह भी है कि रचना का गर्भ-गृह लेखक में स्थित है। रचना की प्रतीति रचनाकार को उस एकान्त में होती है जहाँ कभी एक शृंखला के तारतम्य में और कभी टुकड़ों के मुखड़े आसपास फैले यथार्थ को, कल्पना और फंतासी को रहस्यमय ढंग से उद्घाटित करते हैं। तब होती है वह पुनर्रचना जिसकी अभिव्यक्ति की बेचैनी लेखक की मैत्रीपूर्ण लचक को पहचानती है। उसके निकट के प्रकाश, प्रयास और प्रभाव को बिना किसी अतिरिक्त के उस अभ्यर्थना को सुखद सुकार्यता में बदल देती है। आप खोलते चले जाते हैं इस लोक के व्यक्त को, अव्यक्त को। सूक्ष्म से सूक्ष्म को, अर्थ को, मर्म को। जीने की स्वरलिपियों को शब्दों में बाँध कर तरंगित करते हैं,

उनके लिए जो इस मर्म की महिमा से परिचित हैं। पाठक, वही है उस पाठ का पारखी जिसे लेखक जोखिम उठाकर प्रस्तुत करता है, लेखकीय दबाव और तनाव के दोहरे आतंक तले, स्वयं अपने चुनाव की, लिखने के निर्णय की कीमत अदा करता है और अपनी रचना को उनके समक्ष खड़ा करता है।

यह कोई पैंतरेबाजी नहीं, आमने-सामने का साक्षात्कार है। लौकिक और अलौकिक का संवाद है जो लिख लिए जाने पर लेखक से अलग हो नया व्यक्तित्व धारण कर लेता है। वह स्वयं में स्थित हो जाता है—दुबारा प्रवाहित हो जाने को। अपनी प्रकाशित कृति को लेखक एक दर्शक की तरह कभी पाठक की निगाह से देखता है, कभी आलोचक की और कभी स्वयं रचना की जिसने लेखकीय सामर्थ्य से छिटक कर, अलग व्यक्तित्व और अधिकार अर्जित कर लिए हैं।

लेखक की स्वतन्त्रता, अनुशासन और रचनात्मक उन्मुक्ता, उस दूरी से जुड़ी रहती है जिसे संयम कहा जाता है। रचनात्मक संयम। अगर लेखक अपने ऊपर आँख रखकर अपने को, पात्रों को, स्थितियों को जीता नहीं तो निश्चय ही उस रसायन को प्रवाहित और तरंगित नहीं कर सकता जिसे उसको अपने पाठ द्वारा अनजान अनाम पाठकों तक पहुँचाना होता है। कौशल से अलग अपने और रचना को पन्ने पर उतारते हुए न मैत्री, न वैर, न सगापन, न परायापन, न आसक्ति, न विरोध—इन सबमें से छनती हुई अनुभव की प्रतीति और गति ही लेखक का लेखकीय संकल्प है। उसे वह दो स्तरों पर उद्भासित करता है। रचना की वैचारिक भाषा और उसे अंकित और गतिमान करनेवाली अक्षर-शब्द पंक्ति-व्याकरण और वर्तनी के नियमों की गूँथ, स्वर-ताल में बँधी भाषा।

दोस्तो, भाषा इस 'लोक' की जीवन्तता का रोमांस है। विचार की उत्तेजना, प्रखरता, गहराई, एकान्त की बेआहट को, प्यार और न प्यार के द्वन्द्व को, घर-परिवार को, शोर और जंगल के मौन को, मन की खिड़की से टकराते तनावों के पंखों से, फड़फड़ाहट की छुअन से, हास और उल्लास से, भला क्या है जो भाषा अंकित नहीं कर सकती ! भाषा में निहित है प्रकृति और समस्त संसार का संवेदन। ऐसा कुछ भी नहीं जिसे शब्द व्यक्त न कर सकें। वे अपने होने के अधिकार से चाल को विराम देते हैं, तेज रफ़्तार को थाम लेते हैं, प्रवाह को बींध देते हैं, चीर देते हैं। जीवन और मरण को शब्दों की सत्ता से माप लेते हैं।

एक कार्यशील लेखक की ओर से इतना तो कहा ही जा सकता है कि भाषा के ही मुखड़े से मौसमों-ऋतुओं के पंखों पर उड़ते समय को हम थाम लेना चाहते हैं, शब्दों और अर्थों की सोहबत में उसे दुबारा जिन्दा करना चाहते हैं एक क्षण, एक लम्हे में एक तस्वीर, छवि, भाव को बाँध लेना चाहते हैं एक पंक्ति में।

विस्मयकारी है विचार तो इसका विस्तार और इसकी गहराई और एक शब्द से एक बूँद को पकड़नेवाली सामर्थ्य भाषा की।

अपनी भारतीय भाषाओं के विशाल परिवार को देखें तो हर भारतीय भाषा अपनी निजता को अनेक रूपों और शैलियों में प्रस्तुत करती है। हमारी भारतीय विविधता का लोकतन्त्र जनमानस में स्थित है। अनेक भाषायी मुखड़े अपनी विविधता में उसे केन्द्रीय इकाई को प्रस्तुत और तरंगित करते हैं जिसे हम भारतीयता के नाम से पुकारते हैं। यही राष्ट्रीय संवेदन-संस्कार भारतीय आत्मा के चैतन्य में धड़कता है। हमारी देशी भाषाएँ अपनी साहित्यिक अभिव्यक्ति से किन्हीं भी दूसरी सम्पन्न और शक्तिशाली कही जानेवाली भाषाओं से कम नहीं। समूचा भारतीय भाषा-परिवार 'विचार' की जिस ऊर्जा से प्रस्फुटित है, वही उन्हें आधुनिक व्यावसायिक वर्चस्व की सामर्थ्य भी देगा।

शर्त इतनी ही कि नए समय की सोच को जज्ब करनेवाली खिड़कियाँ खुली हों। हम किसी भी तुलना में न अपने को कम समझें और न ज्यादा। हम लेखकगण इस बात को भली भाँति जानते हैं कि देखने और सोचने में कुछ भी अतिरिक्त हो, अतिरेक हो, अतिशयोक्ति हो तो 'विचार' स्थितियों और मानवीय संवेदन के अर्थ बदल जाते हैं। सन्दर्भ बदल जाते हैं, मुद्राएँ बदल जाती हैं और बदल जाते हैं महत्त्वपूर्ण निर्णय। यह बात कितनी खरी उतरती है हमारे भाव और प्यार मुहब्बत को लेकर। इसीलिए भाषायी सन्दर्भ में निर्णायक हो उठता है कि हम भाषायी तेवर को, शब्दों के वजन को, माप को, शब्दों के घरानों को कैसे चीन्हते-जानते-पहचानते हैं, उनके अर्थों को अपने अनुभव में और कैसे साहित्यिक और भाषायी समझ से विचार को सही मुखड़े और मुद्रा में प्रस्तुत करते हैं ! लिखित भाषा, भाषायी संस्कार, शैली-अलंकार उसकी गरिमा को सुदृढ़ करते हैं और वाचन-परम्परा में बोलियों की लचक, भाषा के कोलाहल संवाद को समृद्ध करती है। 'लोकमानस' बोलियों की प्राणवान धाराओं को सूखने नहीं देता। उस मीन को नए-नए प्रयोगों से बरकरार रखता है जो उसके पर्यावरण से जुड़ी है।

आज साहित्य की भाषायी सम्पन्नता में, उसकी तेजस्विता में ढूँढ़ें तो पाएँगे कि भाषा के वैचारिक अर्थ विज्ञापन की भाषा में भी घुल-मिल रहे हैं. यह प्रक्रिया छोटी नहीं। इतनी बड़ी कि नई भूमंडलीय व्यावसायिकता को प्रभावित और प्रमाणित करने की भी क्षमता रखती है। यह आज की भाषा का नया सम्प्रेषणीय व्याकरण है। जिसकी शैली और चयन उपभोक्ता बाजार की देन है। इसकी साधन-सम्पन्नता इतनी कि समाज की गम्भीर तात्त्विकता तक को समेटने की सामर्थ्य रखती है। साहित्य और कलाओं को अपने धन्धे में जज्ब करने की ताकत भी। इसके साथ-साथ

यह पेचीदा बाजार-नागरिकता लेखक के अन्दर और बाहर के चिन्तन और 'विचार' तक को तय करने लगती है। संस्कृति के नाम पर व्यावहारिक रिश्तों के अन्तर्विरोध भी हस्तक्षेप करते हैं, कर सकते हैं। न दीखती गुप्त शक्तियाँ एक खास तरह के मौन संवेदन से निरन्तर बौद्धिक और सांस्कृतिक जगत पर अपने पंजे ताने रहती है। यही वह गोलबन्दी है, घेराव है जो लेखक जाति की बौद्धिक स्वतन्त्रता के आड़े आती है।

वैचारिक स्तर पर यदि लोकतन्त्र के सैद्धान्तिक और व्यावहारिक नागरिक मूल्य उसकी अभिव्यक्ति को गतिशील करते हैं, आत्मविश्वास देते हैं तो दूसरी ओर लेखकीय क्षमताओं को सीमित भी करते हैं। सत्ता-संस्थान और संगठन और लेखकों के बीच जो तनाव बना रहता है, वह जितना ऊपर दीखता है उतना ही सतह के नीचे भी पसरा रहता है। हक़ीकत यह भी कि लेखक के सम्बन्ध परस्पर की श्रेणी में नहीं आते क्योंकि होते नहीं हैं। इसीलिए लेखक को स्वायत्तता का प्रश्न परेशान करता रहता है। क्या लेखक के संवेदन और अस्मिता में कोई ताल-मेल है? क्या उसके बाह्य जगत और आन्तरिक में कोई दूरी नहीं व्यापती? क्या अन्दर से बाहर और बाहर से अन्दर प्रवेश करने का एक ही प्रवेश-द्वार है? क्या लेखक तनावों और तुष्टियों का गुणात्मक गठन कर सकता है? लेखकों के वैचारिक वर्ग के राजनीतिक, सामाजिक और व्यक्तिगत विश्वासों और कार्यकारी कलापों से उपजे प्रभावी तत्त्व पड़ताल की अपेक्षा रखते हैं। संस्थान और संगठन तन्त्र से लैस अपनी कार्य-संहिता से पेचीदा और पोशीदा अंकुशों को सहज-सरल बनाकर जब संचारित करते हैं, तो कुछ घटित होता है। दबावी चौखटे में कोई भी क्रम और क्रमांक तय करने के लिए राजनीतिक, सांस्कृतिक पक्ष एक-दूसरे में घुल-मिल जाते हैं। यही दुधारू शक्ति उन्हें साहित्यिक संस्कारों की पहरेदारी पर लगा देती है। दोस्तो, साहित्य कभी नियन्त्रित नहीं होता, क्योंकि किया नहीं जा सकता। लेखक का समूचा अस्तित्व उसकी खबरदारी में है। 'विचार' की तथाकथित सांस्कृतिक मुद्रा राजनीति के इस महीन बुने जाल को फैलाती है और इसे अपनी सूझ-बूझ से अंकित और सुरक्षित करती है। कार्यकारी सम्बन्धों की यही घनिष्ठता और जटिलता लेखक को एक ऐसे मुकाम पर ला खड़ा करती है जहाँ लेखक गौण है। लेखक मध्यस्थता करते दीखता है उन सिद्धान्तों की जो पहले ही खारिज किए जा चुके हैं। इससे बड़ा खतरा लेखक वर्ग को और क्या होगा ! इसी के चलते हम सिकुड़कर अपने अन्तरंग में स्थित होने लगते हैं। एकान्त में स्थित होने लगते हैं। एकान्त की गरिमा में अपने को नए सिरे से पहचानने लगते हैं। यह पलायन का दर्शन बहुत पुराना है। गरिमा देने के लिए इस नीम चिन्तन को

हम गहन चिन्तन के नाम से भी पुकारने लगते हैं। नई परिस्थितियों के उभरते क्या हमारे रचनात्मक मिथक बदल जाते हैं? क्या सामाजिक, सांस्कृतिक और राजनीतिक परिवर्तनों के साथ सर्जनात्मकता के आकार भी बदले हैं? क्या पुरानी परम्परा और नई मर्यादा में समन्वय उभरे हैं? लेखकगण मजमे के रूप में देखे जाते हैं, क्यों? वे विचारशील नागरिक हैं। उनकी सोच में कुछ तो अतिरिक्त है, विशेष है, विशिष्ट है। फिर क्यों संशय और सन्देह के गतिरोध ? हम क्यों न इतना याद रखें कि उनके पास असहमति का अधिकार बराबर बना रहता है! हम क्यों न अपने सामाजिक विवेक के साथ-साथ उस अनिवार्यता को भी स्वीकार करें जो प्रबुद्धों के निकट उनकी मर्यादा है !

आपकी इजाज़त हो तो एक छोटे मगर गम्भीर मसले को भी छू लें! राजनीतिक संस्कृति का पर्यावरण जो भी हो, शब्द-संस्कृति को अपने मानसिक जलवायु की सुरक्षा करना होगी। सियासी राजनीतिक दलों और खेमों में हेर-फेर, उठा-पटक, ऊँच-नीच, जो भी होता रहे; लेखक को अपनी कलम धो-पोंछकर पन्नों पर पाठ की प्रतिष्ठा करनी होगी। शब्द-संस्कृति की सुरक्षा करनी होगी। आसपास के छल और उसके भँवरजाल शब्दों और पंक्तियों को बरगला न दें। लेखक की साधारण, छोटी-सी दिखनेवाली हस्ती जो अपने में न जाने कितनी संज्ञाएँ छिपाए रहती है, वह किस-किससे आक्रान्त नहीं है ! मगर क्यों ?

क्या लेखक इस घेरेबन्दी में 'साधन-सम्पन्नता सहयोग' के चलते, सक्रियता में जमकर अपने रचनात्मक वैभव को बचा सकता है?

खतरा यह भी है कि लेखक अपनी टकसाल में से क्या वही निकालेगा जो राजनीति के एजेंडा और इलेक्ट्रॉनिक भोंपू उगल रहे हैं ?

यह राजनीति के खिलाफ नहीं, लेखकों के हक में कहा जा रहा है। उपभोक्तावाद के इस स्वर्णिम युग में जहाँ साधु-संन्यासी, ज्योतिषी, तान्त्रिक, डॉक्टर, इंजीनियर, वकील मैनेजर बनकर अपने मन्त्र-तन्त्र और कार्यशीलता को प्रवाहित करते हैं, वहाँ लेखक को पुचकारने के लिए, उसे उसके स्थान पर रखने के लिए कुछ ऐसा क्यों किया जाता है कि हमारी प्राचीन आचार-संहिता के अनुरूप लेखक बेचारा बनकर वहीं टिका रहे जहाँ वह पुराने वक्तों में था ? तुलना में आज साहित्य अपने सांस्कृतिक और सामाजिक रूप में एक बहुत बड़ा व्यावसायिक उद्योग भी है। इसे क्या हम याद रखना पसन्द करेंगे?

एक ऐसा बौद्धिक उद्योग जो 'सत्य' की उपभोक्तावादी राजनीति से घिरा है। हम न भूलें कि संस्कृति भी एक विशाल सांस्कृतिक धन्धा है। इसमें वह सब कुछ है जो किसी भी धन्धे में मौजूद होता है।

हम सभी जानते हैं कि लगभग सारी राजनीति, उसका बैनर कुछ भी हो, 'सत्य' के नाम पर ही चलाई-बनाई जाती है। इसका व्यापार किया जाता है। राजनीति की भाषा में सच्चाइयों की कभी कमी नहीं। लोक का सत्य, व्यवस्था का सत्य सरकारी सत्य, कानून का सत्य, उच्च वर्गों का सत्य, निम्न और कमजोर वर्ग का सत्य, आँकड़ों का सत्य, झूठ की मुखालफत का सत्य, झूठ से पसीजने का सत्य और उच्च पवित्र सत्य से फूटते अर्ध-सत्य।

इन छोटे-बड़े 'सत्यों' की सूची में से उभरकर आता है—इतिहास का 'सत्य'। इतिहास की दस्तावेजी प्रामाणिकता से छेड़छाड़ किए बिना भी लेखक-साहित्यकार सीधे जनसाधारण तक पहुँचता है और लगभग 'जन' मन की खोज में ढूँढ़ लाता है जो इतिहास नहीं है और इतिहास है भी।

साहित्य की सीमाओं में इतिहास की प्रामाणिकता और पौराणिकता दोनों एक-दूसरे के विरोध में एक-दूसरे का अतिक्रमण करने की कोशिश करते हैं। इतिहास से छेड़छाड़ करने की कोशिश को हम लेखकगण शक की नजर से देखते हैं। इतिहास सिर्फ वह नहीं जो हुकूमतों के प्रमाणों और दस्तावेजों के साथ व्यवस्था के खातों में दर्ज है। इतिहास वह भी है जो लोकमानस की भागीरथी के साथ-साथ बहता है, बनता है, पनपता है और जनमानस के सांस्कृतिक पुख्तापन में जिन्दा रहता है।

मनमानी दृष्टि का प्रचार और प्रसार, पवित्रता का आग्रह क्या सचमुच अतीत को, इतिहास को बदल सकता है ? हमने इसका हश्र देखा है—विभाजन। क्योंकि इतिहास का एक अपना तर्क होता है। अपने तर्क को उस पर लागू कर मनचाहे नतीजे उगाने के प्रयत्न किसी भी पुरानी दुःखदायी स्मृति को पोंछ नहीं सकते। इन चेष्टाओं में हम इतिहास में जितनी किस्सागोई का सम्मिश्रण करते हैं—यह जानना भी कम जरूरी नहीं। आजकल अपने गौरवमय इतिहास की प्रशस्तियाँ ज़रा ज्यादा ही मुखर हैं।

अपने देश के इतिहास के लम्बे गलियारों में से स्वतन्त्रता-प्राप्ति तक पहुँचते हमने न जाने कितने अँधियारे पार किए। राष्ट्र ने पचास वर्षों में 'सत्य ही स्तुत्य है' के मतदान-शोर को अपने लोकतान्त्रिक मिजाज में सोखकर ऐसा रसायन तैयार किया है कि इधर देखें तो गंगा मैया, उधर देखें तो जमुना जी। अपने-अपने रंगों में दोनों इतनी साफ़-शफ्फ़ाफ़ कि उनके निर्मल जल में भ्रष्टाचार की परछाइयाँ तक न दीख सकें। मुखड़ों और मुखौटों की राजनीति नोट और वोट के पवित्र नाते से बँध गई। कभी वोट की कीमत एक कम्बल थी, धोती थी, बोतल थी, झुग्गी थी, खोखा था, फिर लाइसेन्स था, आवास था, प्लाट था, दुकान थी, ठेका

था, फैक्टरी थी, पेट्रोल पम्प था, होटल था, दाखिला था, संदूकची और बन्दूकची के इस ज़माने में, आज की बात करें तो मुख्य रूप से शिक्षित और निरक्षर बँट गए हैं। उच्च और नीच सीढ़ियाँ बँटी हैं। शक्तिशाली, शक्तिवान और कमजोर-दलित-आदिवासी पहले से कहीं ज्यादा तीखी बाँट से बँटे हैं। धर्मनिरपेक्ष राष्ट्र होने के नाते जो एक-दूसरे के नजदीक थे, वह अब एक-दूसरे के पक्ष के खिलाफ बँटे हैं। वही विरोध अध्यात्म का संकीर्ण आख्यान बार-बार।

हमें सावधान होना होगा। साहित्य में भी इसकी बाँट शुरू है। हिन्दू लेखन, मुस्लिम लेखन, हिन्दुत्व लेखन, महिला लेखन, ब्राह्मण लेखन, ठाकुर लेखन और न जाने कितने-कितने कुल-गोत्रों के लेखन !

कुछ तो हम भी सीखें ! राजनीतिक दलों की नीतियों, कूटनीतियों से अलग अपने में तालीम जगाएँ इस बड़े राष्ट्र भारत की भारतीयता को जीने की। राजनीतिक स्तर पर भारतीय नागरिक मतदान पेटी से आगे बढ़कर अपने को नागरिक के खाँचे में स्थित कर रहा है।

'यादों के जश्न' का क़ीमती वृत्तान्त जिस चौखटे में सिधाया गया है, वह लिखनेवाले की शख्सियत से उभरकर शताब्दी की उघड़न को समेट लेता है। आप पढ़ते-पढ़ते आश्वस्त होते हैं कि जिस ज़माने के गुँथे हुए इतिहास को बँटवारे में दरक जाना था, टूटकर अलग हो जाना था, उसकी शुरुआत ही नहीं, पूरी तफसील यादों में बुनी पड़ी है।

जिस तवारीख़ी वक़्त को हमारी अगली-पिछली पीढ़ियों को दो किनारों के आर-पार से जीना था, तोड़कर दुबारा से बनाना था, उसके आसार इस किताब के पन्नों में उजागर होते हैं।

कुँवर साहिब ज़िक्र कर रहे हैं मुहम्मद नवाज़ ख़ाँ साहिब का। मुहम्मद नवाज़ ख़ाँ मुलतान जिले के रहनेवाले थे। निहायत फ़रबा भारी, भरकम जिस्म के, रंग साँवला। तबियत में ज़राफ़त कूट-कूटकर भरी थी। तैराक इस कद्र अच्छे कि तालाब में कूदकर बगैर हाथ-पाँव हिलाए—तैरते रहते। हम किनारे से उनकी तरफ फल, केक, पेस्ट्री फेंकते और वह वहाँ पड़े-पड़े खाते रहते।

सरवर, दिलचस्प है यह किताब जो कुँवर महेन्द्र सिंह बेदी ने लिखी।

इसी से एक और प्रसंग।

'उस बरस महाराजा सर भूपेन्द्र सिंह हमारे कॉलेज में मेहमान-ए-खसूसी थे। हम सबने उनसे दरख्वास्त की कि आपने ब-फज़्ले खुदा दुनिया देखी है। हमें कुछ नसीहत फरमाएँ। महाराजा भूपेन्द्र सिंह ने मुख्तसर-सी जामे तकरीर फरमाई। कहा—जहाँ आपसे ज़्यादा उम्र वाले बैठे हों, वहाँ कम-से-कम बात करें। जितना कम मुँह खोलेंगे, उतना ही फ़ायदे में रहेंगे।''

सरवर, आज वह पुरानी नसीहत पलटा खा चुकी है। हालात कुछ ऐसे कि हमें जितना भी कम मालूम हो—अंट-शंट इतना बोलें कि सयाना आदमी ज़बान न हिला सके।

पंचनद पर शताब्दी की इतमीनान की सुबह के बारे में लिखते हैं—

'लाहौर में मुझे इल्मी अदबी और समाजी दुनिया की जिन हस्तियों से

मिलने का शर्फ हासिल हुआ, उनमें सर मुहम्मद इक़बाल, शेख़ अब्दुल्लाह क़ादिर, प्रो. ए.एस. बुखारी, डॉक्टर तासीर सैयद, इम्तियाज़ अली, ताज सूफ़ी, गुलाम मुस्तफ़ा, शम्सुल उल्मा, मौलाना ताजवर, मौलाना ज़फर अली खाँ, सर सिकन्दर हयात खाँ, उम्र हयात खाँ टिवाणा, दीवान बहादुर राजा नरेन्द्रनाथ, रायबहादुर राम सरनदास, रायबहादुर सोहनलाल, सर सुन्दर सिंह मजीठिया, सर गोकुलचन्द नारंग।'

सरवर, यह सिर्फ नाम ही नहीं, उस वक़्त के माहौल को समझने के भी इशारे हैं। एक ख़ास वक़्त का समाज, सियासत और उससे जुड़े उसूलों के आशिक और रक़ीब दोनों। जब टक्कर हो जाए तो वह होता है, जो हुआ। विभाजन।

हाँ, इसी किताब में एक और टुकड़ा बहुत दिलचस्प लगा। मैं पढ़कर खूब हँसी।

'शराब के बारे में सिर्फ एक बात और कहना चाहूँगा कि हमारी तमाम मज़हबी किताबों में शराब की तशबीह दी जाती है। मसलन वेद-पुराण में राम-नाम की मदिरा पीने की तलकीन की जाती है। गुरु ग्रन्थ साहिब में भी नाम खुमारी की बात की गई है। क़ुरआने करीम में शराबे-तुहूर का ज़िक्र है। वैसे मज़हवी किताबों में यह भी कहा जा सकता था कि राम-नाम का दूध पिएँ—वाहे गुरु के नाम का कड़ाह प्रसाद खाएँ या यदि अल्लाह की बिरियानी नोश फरमाएँ या मसीही किरदार का शर्बत चखें।

खिदमते ख़लक की इबादत का दर्ज़ा दिया गया है। मैं न कोई पैगम्बर, न वली, न सन्त-महात्मा मगर यह ज़रूर महसूस करता हूँ कि खुदाबन्द तआला बहुत ही कम आदमियों को यह तौफ़ीक अता फ़रमाते हैं कि वह खल्के खुदा की खिदमत कर सकें।'

[कुँवर महेन्द्र सिंह बेदी द्वारा लिखित 'यादों के जश्न' से']

कल मैं इस बेतरतीबी में भी खूबसूरत स्टडी से गायब थी। दिन में सेमिनार था और मेरे यहाँ शाम मेहमानों की आमद थी। गाड़ी के डिब्बे का-सा घर, अच्छा लग रहा था, क्योंकि फायर प्लेस के ऊपर गुलदान में फूल सजे थे। माली साहिब की मेहरबानी से चटख लाल लिली खामोशी से इतरा रही थी ! उसी शाम एक और अचम्भा हुआ। मेरी एक छोटी-सी दोस्त ने मुझे दो ड्राइंग्स भेजीं।

मैंने उन्हें डाइनिंग-रूम के दरवाजे पर लगा दिया। इन्हें अंकित करनेवाली बच्ची का नाभ है कस्तूरी। बड़ी मज़ेदार है। उतनी ही समझदार भी ! एक दिन बाउलूगंज में मैं शॉपिंग के लिए गई, तो किसी ने पीछे से आवाज़ दी—कृष्णा, आप यहाँ—क्या कर रही हैं !

मुड़कर देखा—कस्तूरी।

अगले दिन लंच के बाद छोटा-सा घास का फूल ले आई और कहा—कृष्णा, क्या इस फूल को पसन्द करेंगी ?

क्यों नहीं—शुक्रिया !

हरी घास में पीले-पीले फूल ! सचमुच में सजीले और ऊपर लहराती तितलियाँ। बहुत सुन्दर। आँखों में रच-बस जाएँ। मानो किसी हरियाले उपवन की फबन दीख रही हो !

मैं बहुत खुश हुई। हाँ, शाम ठीक-ठीक ही रही। न कुछ खास, न कुछ आम। मैं ऐसी शामों के लिए बहुत मेहनत नहीं करती। लोगों को इकट्ठा कर दो और बातचीत के लिए छोड़ दो। अपने यहाँ पके पकवान ज़रा कम-सा ही रहते हैं। फिर भी सलीके के बल पर शाम चल निकलती है। दुनिया का सबसे पुराना उल्लास—एक-दूसरे से एक-दूसरे तक पहुँचने का। संवाद का। अगर बीस-बाईस की भीड़ में दो-चार मेहमान भी ऐसे हों जो जुड़ी हुई 'शाम' को शाम की तरह स्वीकारें तो बात बन जाती है। ऐसे लोग कुछ नकचढ़े लोगों को सतही लगते ज़रूर हैं पर वह असलियत में कुछ और ही होते हैं। स्थितियों

को उभारने-उकसाने में दक्ष। पार्टी को असफल नहीं होने देते।

जो समझदारी से अन्दर तक ओतप्रोत हों, वह अकसर अपनी पटरी पर ही रेलगाड़ी चलाए रहते हैं। कुछ प्रबुद्ध दूसरों की उपस्थिति में अपने को प्रखरतम सिद्ध करने में पूरी मजलिस को समेटने के प्राचीन तेवर रखते हैं।

दरअसल हम लेखकों की बिरादरी में यह खेल इतना पकवानों का नहीं, जितना मेहमानों के चुनाव का होना चाहिए। शाम गरमाने के लिए उन्हें खुला छोड़ देने में भी है। कुछ पहुँचे हुए मेज़बान बीवियों की मेहनत की तारीफ़ अपने मेहमानों से ही सुनना पसन्द करते हैं। अपनी तजुरबेकार मुद्रा में शाम से उसकी हर हरकत और स्थिति पर अपना ही नियन्त्रण रखना चाहते हैं। हमारे यहाँ गम्भीर वातावरण के नाम पर हलके-फुलके हँसी-ठट्ठे को भी सन्देह से देखा जाता है।

सच यह भी कि ज़्यादातर पुरानी शामों की चर्चाओं को ही दोहराया जाता है। कई साथी पढ़ी हुई किताबों के निचोड़ को सूक्तियों और सूत्रों में अपना बनाकर प्रस्तुत करते हैं। अकसर पुरानी पंक्तियाँ दोहराई जाती हैं। ऐसी शामों में जो कला नित नई होकर उभरती है—वह है निन्दा रस !

शायद इन्हीं की मदद से शामों को बचाया जा सकता है। तुमने अपने यहाँ भी देखा होगा। कई बार आमन्त्रित मेहमानों में कोई एक तरंगित करनेवाली शख्सियत अगर गायब हो तो ऐसे में मेज़बान को लगता है कि हर किसी का हाथ पकड़कर कोई सड़क पार करवाने का ज़िम्मा उन्हीं के सिर पर है। सरवर, यह हम जैसों की शामों का ज़िक्र है। पर अपने यहाँ सब खुला ऐलान होता है, मगर संयम से नियन्त्रित। करीना और सलीका वाजिब और कभी चीज़ और पनीर गायब—कभी सोडा गायब तो उबला हुआ पानी मिलाइए ! मैं कई-कई बातों से लापरवाह हो जाती हूँ। जो हो गया, सो ठीक ! प्रीतिभोजों की फीकी मुस्कराहटों के बाद अगर दिल में खटास के सन्नाटे छा जाएँ तो मसखरे भी क्या बुरे !

मैं तुम्हें अपने बचपन की ओर ले जाऊँगी।

मैं तुमसे कुछ इतनी बड़ी हूँ कि तुम्हारी दादी भी हो सकती हूँ, तुम्हारी नानी भी। बड़ी बुआ भी—बड़ी मौसी भी। परिवार में मुझे सभी लोग जीजी कहकर ही पुकारते हैं।

हाँ, मैं इन दिनों कुछ बड़ा-बड़ा यानी उम्र में सयाना महसूस करने लगी हूँ। शायद इसलिए कि पिछली शताब्दी में पैदा हुई थी। मेरे पहनने-ओढ़ने में भी काफी बदलाव आए हैं। पहले मैं रंग-बिरंगे कपड़े पहनती रही हूँ। नीला-जामुनी-ग्रे-काला-चॉकलेटी। अब मन कुछ ऐसा करता है कि सफ़ेद पहनो। गहरे नहीं, हलके रंग। मैंने पिछले दशकों में तरह-तरह की पोशाकें पहनी हैं। पहले फ्रॉक, फिर निकर-वॉकर, स्कर्ट। लहँगे। गरारे और अब चूड़ीदार और घेरदार कुर्ते।

बचपन के कुछ फ्रॉक तो मुझे अब तक याद हैं।

हलकी नीली और पीली धारीवाला फ्रॉक। गोल कालर और बाजू पर भी गोल कफ़।

एक हलके गुलाबी रंग का बारीक चुन्नटोंवाला घेरदार फ्रॉक। नीचे गुलाबी रंग की फ्रिल।

उन दिनों फ्रॉक के ऊपर की जेब में रूमाल और बालों में इतराते रंग-बिरंगे रिबन का चलन था।

लैमन कलर का बड़े प्लेटोंवाला गर्म फ्रॉक जिसके नीचे फ़र टँकी थी।

दो ट्यूनिक भी याद हैं। एक चॉकलेट रंग का और अन्दर की कोटी प्याज़ी। दूसरा ग्रे और उसके साथ सफ़ेद कोटी।

मुझे अपने मोज़े और स्टोकिंग भी याद हैं !

बचपन में हमें अपने मोजे खुद धोने पड़ते थे। वह नौकर या नौकरानी को नहीं दिए जा सकते थे। इसकी सख़्त मनाही थी।

हम बच्चे इतवार की सुबह इसी में लगाते। धो लेने के बाद अपने-अपने जूते पॉलिश करके चमकाते। जब जूते कपड़े या ब्रश से रगड़ते तो पॉलिश की चमक उभरने लगती।

सरवर, मुझे आज भी बूट पॉलिश करना अच्छा लगता है। हालाँकि अब नई-नई किस्म के शू आ चुके हैं। कहना होगा कि ये पहले से कहीं ज़्यादा आरामदेह हैं। हमें जब नए जूते मिलते, उसके साथ ही छालों का इलाज शुरू हो जाता।

जब कभी लम्बी सैर पर निकलते, अपने पास रूई ज़रूर रखते। जूता लगा तो रूई मोजे के अन्दर। हाँ; हमारे-तुम्हारे बचपन में तो बहुत फर्क हो चुका है।

हर शनीचर को हमें आलिव आयल या कैस्ट्रोयल पीना पड़ता। यह एक मुश्किल काम था। शनीचर को सुबह से ही नाक में इसकी गन्ध आने लगती !

छोटे शीशे के गिलास जिन पर ठीक खुराक के लिए निशान पड़े रहते, उन्हें देखते ही मितली होने लगती।

मुझे आज भी लग़ता है कि अगर हम न भी पीते वह शनीवारी दवा तो कुछ ज़्यादा बिगड़नेवाला नहीं था। सेहत ठीक ही रहती।

तुम्हें बताऊँगी कि हमारे समय और तुम्हारे समय में कितनी दूरी हो चुकी है। यहाँ तक कि बचपन की दिलचस्पियाँ भी बदल गई हैं।

याद रहे, उन दिनों कुछ घरों में ग्रामोफ़ोन थे, रेडियो और टेलीविज़न नहीं थे।

हमारे बचपन की कुल्फी आइसक्रीम हो गई है। कचौड़ी-समोसा पैटीज़ में बदल गया है। शहतूत और फ़ाल्से और खसखस के शरबत कोक-पेप्सी में।

उन दिनों कोक नहीं, लैम्नेड, विमटो मिलती थी।

शिमला और नई दिल्ली में बड़े हुए बच्चों को वैंगर्स और डेविको रेस्तराँ की चॉकलेट और पेस्ट्री मज़ा देनेवाली होती। हम भाई-बहनों की ड्यूटी लगती शिमला माल से ब्राउन ब्रैड लाने की।

हमारा घर माल से ज़्यादा दूर नहीं था। एक छोटी-सी चढ़ाई और गिरजा मैदान पहुँच जाते। वहाँ से एक उतराई उतरते और माल पर। कन्फैक्शनरी काउंटर पर तरह-तरह की पेस्ट्री और चॉकलेट की खुशबू मनभावनी।

हमें हफ़्ते में एक बार चॉकलेट ख़रीदने की छूट थी। सबसे ज़्यादा मेरे पास ही चॉकलेट-टॉफ़ी का स्टॉक रहता। मैं चॉकलेट लेकर खड़े-खड़े कभी न खाती। घर लौटकर साइडबोर्ड पर रख देती और रात के खाने के बाद बिस्तर में लेटकर मज़े ले-ले खाती।

शिमला के काफ़ल भी बहुत याद आते हैं। खट्टे-मीठे। कुछ एकदम लाल, कुछ गुलाबी। रसभरी। कसमल। सोचकर ही मुँह में पानी भर आए। चैस्टनट एक और गज़ब की चीज़। आग पर भूने जाते और फिर छिलके उतारकर मुँह में।

चने चोर गर्म और अनारदाने का चूर्ण ! हाँ, चने चोर गर्म की पुड़िया जो तब थी, वह अब भी नज़र आती है। पुराने कागज़ों से बनाई हुई इस पुड़िया में निरा हाथ का कमाल है। नीचे से तिरछी लपेटते हुए ऊपर से इतनी चौड़ी कि चने आसानी से हथेली पर पहुँच जाएँ। एक वक़्त था जब फिल्म का गाना—चने चोर गरम लाया मैं बाबू मज़ेदार, चने चोर गरम—यह गाना उन दिनों स्कूल के हर बच्चे को आता था।

कुछ बच्चे पुड़िया पर तेज मसाला बुरकवाते। पूरा गिरिजा मैदान घूमने तक यह पुड़िया चलती। एक-एक चना-पापड़ी मुँह में डालने और कदम उठाने में एक ख़ास ही लय-रफ़्तार थी।

छुटपन में हमने शिमला रिज पर बहुत मज़े किए हैं। घोड़ों की सवारी की है। शिमला के हर बच्चे को कभी-न-कभी यह मौक़ा मिल ही जाता था।

हम जाने क्यों घोड़ों को कुछ कमतर करके समझते। उन पर हँसते थे। ननिहाल के घोड़े ख़ूब हृष्ट-पुष्ट और ख़ूबसूरत। उनकी बात फिर कभी।

शाम को रंग-बिरंगे गुब्बारे। सामने जाखू का पहाड़। ऊँचा चर्च। चर्च की घंटियाँ बजतीं तो दूर-दूर तक उनकी गूँज फैल जाती। लगता, इसके संगीत से प्रभु ईशू स्वयं कुछ कह रहे हैं।

सामने आकाश पर सूर्यास्त हो रहा है। गुलाबी सुनहरी धारियाँ नीले आसमान पर फैल रही हैं। दूर-दूर फैले पहाड़ों के मुखड़े गहराने लगे और देखते-देखते बत्तियाँ टिमटिमाने लगीं। रिज पर की रौनक—और माल की दुकानों की चमक के भी क्या कहने ! स्कैंडल प्वाइंट की भीड़ से उभरता कोलाहल।

सरवर, स्कैंडल प्वाइंट के ठीक सामने उन दिनों एक दुकान हुआ करती

थी, जिसके शोरूम में शिमला-कालका ट्रेन का मॉडल बना हुआ था। इसकी पटरियाँ—उस पर खड़ी छोटे-छोटे डिब्बोंवाली ट्रेन। एक ओर लाल टीन की छतवाला स्टेशन और सामने सिगनल देता खम्बा—थोड़ी-थोड़ी दूर पर बनी सुरंगें !

पिछली सदी में तेज़ रफ़्तारवाली गाड़ी वही थी। कभी-कभी हवाई जहाज़ भी देखने को मिलते ! दिल्ली में जब भी उनकी आवाज़ आती, बच्चे उन्हें देखने बाहर दौड़ते। दीखता एक भारी-भरकम पक्षी उड़ा जा रहा है पंख फैलाकर। यह देखो और वह ग़ायब ! उसकी स्पीड ही इतनी तेज़ लगती। हाँ, गाड़ी के मॉडलवाली दुकान के साथ एक और ऐसी दुकान थी जो मुझे कभी नहीं भूलती। यह वह दुकान थी जहाँ मेरा पहला चश्मा बना था। वहाँ आँखों के डॉक्टर अंग्रेज़ थे।

शुरू-शुरू में चश्मा लगाना बड़ा अटपटा लगा। छोटे-बड़े मेरे चेहरे की ओर देखते और कहते—आँखों में कुछ तकलीफ़ है ! इस उम्र में ऐनक ! दूध पिया करो। मैं डॉक्टर साहिब का कहा दोहरा देती—कुछ देर पहनोगी तो ऐनक उतर जाएगी।

वैसे डॉक्टर साहिब ने पूरा आश्वासन दिया था, लेकिन चश्मा तो अब तक नहीं उतरा। नम्बर बस कम ही होता रहा ! मैं अपने-आप इसकी ज़िम्मेवार हूँ। जब आप दिन की रोशनी को छोड़कर रात में टेबल लैम्प के साम्ने काम करेंगी—तो इसके अलावा और क्या होगा ! हाँ, जब पहली बार मैंने चश्मा लगाया तो मेरे एक चचेरे भाई ने मुझे छेड़ा—देखो, देखो, कैसी लग रही है !

आँख पर चश्मा लगाया
ताकि सूझे दूर की
यह नहीं लड़की को मालूम
सूरत बनी लंगूर की !

मैं खीजी कि मुझ पर यह क्यों दोहराया जा रहा है ! पर शेर बुरा न लगा।

जब वह चाय पीकर चले गए तो मैं अपने कमरे में जाकर आईने के सामने खड़ी हो गई। कई बार अपने को देखा। ऐनक उतारी। फिर पहनी। फिर उतारी। देखती रही—देखती रही।

सूरत बनी लंगूर की—
नहीं—नहीं—नहीं—
हाँ—हाँ—हाँ—

मैंने अपने छोटे भाई का टोपा उठाकर सिर पर रखा। कुछ अजीब लगा।

अच्छा भी और मज़ाकिया भी।

तब की बात थी; अब तो चेहरे के साथ घुल-मिल गया है चश्मा। जब कभी उतरा हुआ होता है तो चेहरा खाली-खाली लगने लगता है।

याद आ गया वह टोपा—काली फ्रेम का चश्मा और लंगूर की सूरत ! हाँ, इन दिनों शिमला में मैं सिर पर टोपी लगाना पसन्द करती हूँ। मैंने कई रंगों की जमा कर ली हैं। कहाँ दुपट्टों का ओढ़ना और कहाँ सहज सहल सुभीते वाली हिमाचली टोपियाँ।

सरवर,

'कृष्ण-अवतार' मेरा पहला नाटक था जो मैंने पिताजी के साथ शिमला के गेयटी थिएटर में देखा।

पर्दा उठा। सूत्रधार प्रकट हुए—

'इधर भक्तों पर संकट है
उधर विद्वान रोते हैं
अचम्भा शेष-शैया पर
अभी भगवान सोते हैं।'

मम्मी के साथ मेरी पहली फिल्म 'महात्मा' थी। दुपहर के शो में। इसे छोटे जगदीश भाई ने पिताजी के साथ देखा।

दूसरी पिक्चर मैंने पिताजी के साथ देखी 'तुलसीदास'। तीसरी थी 'सिकन्दर'! हाँ—सिकन्दर पिक्चर के विज्ञापन में हीरोइन का नाम लिखा रहता था—वनमाला बी.ए.बी.टी.।

'जिन्दगी है प्यार से
प्यार से बिताए जा
हुस्न के हजूर में
अपना सिर झुकाए जा।'

यह गीत उन दिनों हर बच्चे की जबान पर था।

और भी कुछ गीत याद आ रहे हैं—

'नज़र में आन बसो भगवान'

'सुना दे सुना दे सुना दे कृष्णा
तू बाँसुरी की तान सुना दे कृष्णा।'

'सारी दुनिया में दिन
हिन्द में रात है
हिन्द वालो बता दो
यह क्या बात है।'

'छीन सकती है नहीं सरकार
वन्देमातरम्
हम गरीबों के गले का हार
वन्देमातरम् !'

'हरि दर्शन की प्यासी अँखियाँ
दर्शन की अभिलाषी अँखियाँ।'

'लाली मेरे लाल की
जित देखो तित लाल
लाली देखन मैं गई
और मैं भी हो गई लाल।'

और

'मेरा रंग दे बसन्ती चोला—'

'हे प्रभो, तेरी निराली शान है
आँखवालों को तेरी पहचान है।'

'अप अप द गाँधी सच्चा
डाउन डाउन द टोडी बच्चा !'

'मुर मुर मुर्गी अंडा दो
बड़े दिन से हमने अंडा नहीं खाया
साढ़े तीन बजने को है आया
डार्लिंग करता वेट हमारा
मुर मुर मुर्गी अंडा दो।'

'सबसे बड़ा
लाट साहिब
उससे छोटा

जंगी लाट
उससे छोटा
पंजाब लाट
लाटों की तो
भीड़ है
टोडियों की
खीर है
मीठी-मीठी
बन्दर मुँहों
चाट लो
थोड़ी-थोड़ी
बाँट लो।
हिन्दुस्तान जागेगा
तो टोडी बच्चा भागेगा।'

दिलोदानिश !

न ठेठ हिन्दी न खालिस उर्दू
ज़बान गोया मिली-जुली हो
अलग रहे दूध से न मिसरी
डली-डली दूध से घुली हो।

सरवर,

जो इबारत 'ज़िन्दगीनामा' के लिए शुरू हुई, वह 'दो बिछौनों की दो औलादें' से 'दिलोदानिश' तक कैसे पहुँच गई—यह जानना भी तुम्हें दिलचस्प लगेगा।

मुखबिरों की मुखबिरी।

मुखबिरों की मुखबिरी की बदौलत तुग़लकाबाद पुराने किले और हुमायूँ के मकबरे के वीरान अँधेरों में ज़िन्दगीनामा के क्रान्तिकारी इन्कलाबी रेल की पटरी को बिना उखाड़े मुकर्रर वक्त से पहले ही घटनास्थल से दूर हो गए। दबे पाँव रात के अँधेरों की मनहूस मुलायम परतों में लुकते-छिपते दिल्ली दरवाज़े से शहर में दाखिल हुए, जामा मस्जिद के पिछवाड़े से दरीबा की ओर बढ़े और मास्टर अमीचन्द के चौबारे पर न जा, बेगम समरू की कोठी की ओर मुड़ गए। इतनी आसानी से भला यह क्या हुआ ! क्या यहाँ भी अन्दर जाने और बाहर आने के मंसूबों का खेल बरपा हुआ! मुखबिरी और गुप्तचरी। तलवार की मार-काट से भी पुराना यह शतरंजी खेल दौलतमन्दों का!

लेखक अवाक् होकर हवेली के फाटक पर खड़ा कुछ सोचता रहा, गुम हुए क्रान्तिकारी सायों को खोजता रहा। फिर कुछ न पाकर मोर सराय से होता हुआ दिल्ली जंक्शन पर पहुँच गया। प्लेटफ़ार्म से गाड़ी की ओर बढ़ते लोगों की पहचान करने लगा। सोचा—जासूस पैदा भी होते हैं और बाकायदा बनाए और पढ़ाए भी जाते हैं।

लेखक प्लेटफ़ार्म पर खड़ी गाड़ी में जा बैठा। क्या पुराने ठिकाने पर उतर सकेगा ? क्या दो बिछौनों की दो औलादों को पकड़ना मुमकिन होगा ? कहाँ कुदसिया गार्डन और कहाँ धानसिंह हाउस! तहखानों से बाहर निकलते चोर दरवाजे और पुलिस से लुकते-छिपते सिरफिरे इन्कलाबी।

गाड़ी तेज़ रफ़्तार से भागते-भागते झटके से खड़ी हो गई। कोई स्टेशन नहीं, फिर हाल्ट क्यों ? कुछ सिपाही उतरते नजर आए और उनके साथ सादे कपड़ों में खुफिया पुलिस। लाइन के फिश प्लेट देखे जाने लगे। लेखक मौका देख पिछले दरवाजे से उतरा और झाड़ियों को लाँघता-फलाँगता पंजतीर्थी पर पहुँच गया। साध-संगत जुटी थी। पाँच बाबे, पाँच प्यारे, पाँच दुलारे और पाँच प्रकाशक! भक्ति गलियारे के केन्द्र में पठन-पाठन चलता रहा। कभी गीता, कभी योग वशिष्ठ, कभी हनुमान चालीसा, कभी सत्यार्थ प्रकाश। फिर की गई अरदास।

हे सच्चे पादशाह! हम पर आपकी नजर रहे सीधी, और सच्चों की सच्चाइयों का हो सत्यानाश! और हमारा न हो पर्दाफाश।

दीवार के साथ लगी बैठी दो हमवतन बीबियों ने भक्तिभाव से सीस झुकाया, प्रसाद लिया और खँडहर पर चढ़कर गुरुयानी का जयकारा बुलाया—जयमाता की, जय देवराहा बाबा की, जय महरौली बाबा वरयाम सिंह की—और हवा में अपना परचम लहरा दिया। झंडे पर जो शब्द चमके, वे थे तन्त्र-मन्त्र और शक्ति जन्त्र।

लेखक ने अपने से कहा—

होशियार! खबरदार!

आखिर माजरा क्या है ! एक को दूसरे की जरूरत है। दूसरे को पहले की। आज की तारीख में गुनाह गुण है और गुणा है। गड़े मुरदे उखाड़कर, उन्हें धो-पोंछकर साफ किए जा रहे हैं। सब मिलकर गुप्तचरों को देशभक्ति सिखाएँगे। जासूस को क्रान्तिकारी बनाएँगे। और उस क्रान्तिकारी की जीवनी को उपन्यास बनाएँगे। दूसरों के शीर्षक से क्रान्तिकारी की जीवनी को उपन्यास के नाम से विज्ञापित करेंगे। जो आँख में बस गया, उसे लूट-खसोटकर अपना कर लेने का सुबूत पेश करेंगे। वाह, हिम्मत सिंहों की हाकमतानी को और प्रशंसकों की मर्दानगी को। प्यारे भ्राता, तू लेखक को नोंच, उसके अस्तित्व को खरोंच और कॉपीराइट को डफली बजा-बजाकर कह इन्कलाब !

जोरावर सिंह जाने कैसे और कब आकर आँखों के आगे प्रकट हो गए और लेखक को पिस्तौल दिखाकर कहा—मेरी बात सुन, हम जैसे इन्कलाबियों के आख्यान न छूना काकी, जिस बन्दे की कायापलट की जा रही है, उस इन्कलाबी की दस्तारबन्दी होने दो। उसकी गुप्तचरी की सीक्रेट फाइल हमने उड़ा ली है। अब वह क्रान्तिकारी शहीद है।

प्रिय पाठक, संक्षेप में मुझ जैसे छोटे-से लेखक के बड़े उपन्यास *जिन्दगीनामा-ज़िन्दा रुख* और *जिन्दगीनामा-2 इन्कलाब जिन्दाबाद* के वृत्तान्त से उतरकर *दिलोदानिश* तक पहुँचने की इतनी ही कहानी है।

परिवर्तन—आमूल परिवर्तन!

जिन्दगीनामा-2 इन्कलाब ज़िन्दाबाद जो जिन्दगीनामा एक की जिल्द पर विज्ञापित था और *साक्षात्कार* में प्रकाशित अंश *एक चवन्नी जयरामजी की, एक चवन्नी आदाबर्ज* से किसी को भान तो हुआ होगा कि पाठ में किस मोड़ का संकेत है ! इस उथल-पुथल में पाठ का मुखड़ा बदल गया।

एक रात खिड़की से नीचे झाँककर देखा तो वकील कृपानारायण बग्घी से उतर, हवेली की ओर बढ़ रहे थे। ऊपर मंज़िल से खटका हुआ। क्या किसी ने नीचे झाँका ? वक्त-वक्त की बात है। दोनों ओर निगाह कुछ ऐसी कि वकील साहिब से दोस्ती चल निकली!

एक सुबह रजाई पर रखा कम्बल खींचा तो लगा, इस बार दिल्ली में जरूर चिल्ला पड़ेगा। महीन झीनी-सी धूप ने तसदीक की कि चिल्ला शुरू हो गया। शहर को कँपकँपी लग गई। गहराता जाड़ा लालकिले की महराबों को फलाँग जामा मस्जिद की सीढ़ियों पर पसर गया। रजाइयों, दुलाइयों और निहालियों के ढेर। हवा में झिलमिलाती पतली धूप। रंग-बिरंगी रजाइयों में पड़ते डोरे दिल्ली के बाशिन्दों पर आड़ी-तिरछी खींचने लगे। साटनी छींट की चार रजाइयाँ सिलवा-भरवा मुंशीजी हवेली पहुँचाने गए तो उन्हें देख वकीलनी खुश हुई। पुरानी दिल्ली के पुराने संयुक्त परिवार की गृहस्थी। सम्बन्धों के सूत्र एक-दूसरे से गुँथे-बँधे। कोई निकट, कोई निकटतर। कोई कुछ पास-सा, कोई कुछ दूर-सा। कोई ज्यादा सगा, कोई सगे से सरककर दोस्त और कोई इन सबसे आगे अपना खास जिगरी।

नजदीकियों और दूरियों के कई रंग। हर रिश्ता, हर वजूद टुकड़ों-टुकड़ों से मिलकर बना हुआ। एक ही छत तले, एक ही परिवार में कई पैरहन और

कई थिगलियाँ। परिवार के कर्ता के अलावा है कहीं कोई एक साबुत शख्सियत! कोई किसी के दबाव से बरी, कोई किसी के दबाव के शिकंजे में, कोई किसी के हाथों मजबूर, कोई अपनी ही कमज़ोरी से दिक। कोई मद्धिम पड़ चुके चाव-प्यार को दुबारा चमका रहा है, कोई पुरानी दमक पर से धूल हटा रहा है! गूँजते रहते हैं सिर्फ सम्बन्धों के सम्बोधन। शायद यही आवाज़ सम्बन्धों की इस भीड़ को ज़िन्दा रखती है।

वकील साहिब नींद की खुमारी में पड़े-पड़े बिना आवाज़ के अपने से बातें कर रहे हैं—महक बानो, तुम्हें तो अब हमारे पास होना चाहिए। हम इतना भी इकट्ठा नहीं रहे कि तुम हमें उलाहने दे-देकर हमारी बीवी कुटुम्बप्यारी ही बन जाओ। लाइए, अपने हाथ से एक पान तो दे दीजिए हमें। कुटुम्बप्यारी हमारे सिरहाने तले टटोल-टटोलकर जाने क्या ढूँढ़ रही हैं। ताजिन्दगी यही करती रहीं। कभी हमारी अलमारी की चाबी, कभी हमारी तिजोरी की और कभी हमारे दिल की ! बदन में जाने क्यों गर्मी महसूस नहीं हो रही है। पुरानी दारू की गन्ध कमरे में बिछौने के आसपास मँडरा रही है। नहीं, यह माता का प्रसाद नहीं, इत्र है ! मोंगरा कि मोतिया ? लो कृपा, यह छोटी शीशी सूँघो। खस है। और यह रहा मिट्टी का इत्र। आह ! वाह ! मिट्टी की गन्ध सराबोर कर रही है, अपनी सोंधी खुशबू से।

खुशबू ही क्यों ! चाँदनी चौक की चकाचौंध को भर दिया इत्रफरोशों ने इस मुनिया-सी शीशी में!

कौन ? वही जुगल अत्तार दरीबे की नुक्कड़वाला।

लो महक बानो, इसे सूँघो। यह हम दोनों की पुरानी गन्ध है! अरे, तुम्हारी कमर में बउआजी की करधनी कैसे ! यह तो कुटुम्बप्यारी को दी गई थी न!

यह क्या, हमारे कमरे की तालियों का गुच्छा कहाँ गया ! खाँ साहिब के हाथ में! मगर कैसे ? क्यों हुआ ऐसे !

वकील साहिब डूबते-उतरते अलकस में तैरने लगे। बेशुमार पाखियों की चहचही कानों को सुरसुराती रही। ज्यों कोई गिलहरी फुदककर सीने के आर-पार हो जाए। किट-किट-किट, खट-खट...

कौन ?

पैनी नोकवाली कोई मेख रेंगती-रेंगती कनपटियों तक पहुँच गई। कहाँ पहुँचे हैं हम भला ? ऊँचे घने पेड़ों की सीध आसमान की ओर सलेटी धुएँ

की लकीर मँडरा रही है।

घबराकर वकील साहिब ने आँखें खोल दीं। लिहाफ पर उघड़े पड़े दोनों हाथों को देखा। बाकी बदन कहाँ है भला हमारा ! पाँव, धड़, पीठ। हाथ उठाकर गले पर फिराया। सब अपनी-अपनी जगह मौजूद हैं। क़ायम हैं। लगता है, बाहर कोहरा छाया है।

चाहा, कुटुम्बप्यारी को आवाज दें, पर ओठ न हिले।

नई सड़कवाले जगतनारायण साहिब फुसफुसाए, वकील साहिब हरकत-सकनत में नहीं हैं।

डॉक्टर साहिब ने खामोशी से सिर हिला दिया। कई जोड़ी आँखों ने एक साथ एक दूजे तक पहुँचाया—गंगाजल। कृपानारायण ओठों ही ओठों से, 'रज्जो बेटे, नीचे श्याम दादा आए हैं। उन्हें ऊपर लिवा लाओ।' परिवार के कर्ता को रुखसत करने के लिए खड़ा सारा कुनबा मन-ही-मन पुरानी बातों और नामों की फेहरिस्त दोहराने लगा। वकील साहिब की सलहज बोली, 'गीता का पाठ!'

कृपानारायण मुँदी आँखों से श्याम दादा के रू-ब-रू हो गए।

'चले आओ कृपा—आओ, आ जाओ ! डरने की कोई बात ही नहीं। इस इलाके में कोई खलल और खराश नहीं ! अमाँ यार, थोड़ी देर का ही अँधेरा है। बाद में तो खुले आसमान पर खूब जमेगी। बिरादरी के बहुतेरे पहुँच पड़े हैं यहाँ। आओ कृपा, चले आओ !

उपन्यास का अन्तिम पन्ना और अन्तिम पंक्ति! विराम। लेखक के हस्तक्षेप के बिना पाठ अपने-आप, अपनी शर्तों पर समाप्त हो गया!

इतमीनान से कलम रखते हुए सोचा—गैबी ताकत का करिश्मा ही समझो, नहीं तो हाईकोर्ट में तारीख पर तारीख पड़ने से ये पन्ने भी ताश के पत्तों की तरह वक्त द्वारा खेले जाते। प्रिय लेखक, तुमने कचहरी की मिस्लों से कुछ तो हासिल किया। लिख दिया। बाकी तो पाठक और आलोचक की निगाहों के लिए छोड़ दो।

उपन्यास खत्म कर लेने के बाद गहरे आराम में पिरोया हुआ हफ्ता बहुत देरी से हाथ में आया। बेमतलब इधर-उधर चाय-कॉफी ! दिलबहलाव—नहीं, अभी नहीं। अभी तो पात्र यहीं आसपास चलते-फिरते दीख रहे हैं। शाम बालकनी में खड़े-खड़े आसमान को निहारो। धुपैली फेन से नीले की जुगलबन्दी। फिर देखते-देखते ग्रे। ग्रे से काले विस्तार पर खिल आए सितारों की फुलवाड़ी।

उधर आँखों को तरावट पहुँची, इधर अपनी मेज का ध्यान आया। पास जा देखा—बेकार हुए पन्नों के ढेर ! फाड़ने शुरू किए। एकाएक हाथ रुक गया। कैसी आवाज है यह कागज़ फाड़ने की ! कुछ मन को हलकी करती, कुछ उदास करती। हर बार किसी पाठ के खत्म होने पर यही सिलसिला। पाठ में घुल जाते हैं शब्द, भाव और विचार! और विचार की खामोशियाँ। पहले से अन्तिम पन्ने तक एक ही बैठक में सस्वर पाठ करने में दिल्ली शहर का संवाद उभर आया। इस पुरानी राजधानी के वाचन की अपनी ही बानगी और अपनी ही धार और तराश !

ऊपर से खाली लगता दिन, अन्दर के कोलाहल को समेटता हुआ। पाठ पर दिया जानेवाला शीर्षक है लिखित का मुखड़ा। उसकी पहचान। उसकी साहित्यिक अस्मिता। शीर्षक दिया कि पांडुलिपि का वजूद, एक बड़ी दुनिया में, मार्किट में अपने नाम के साथ बाकायदा अपनी हस्ती में खड़ा हो जाए। क्या नाम, क्या शीर्षक दिया जाए ! पहले तुम्हें हाथ लग चुके हैं। उस उपन्यास के शीर्षक के अतिक्रमण को कुछ देर के लिए पीछे ठेल दो ! साफ-सुथरे दिल-दिमाग से मन-ही-मन पाठ पर निगाह डाली! उभर आई जनाब कृपानारायण साहिब की दानिशमन्दी ! फिर से तौलो महक बानो, कि वकील साहिब ! फैसला कल तक मुल्तवी। आधी रात करवट ली तो आँखों के आगे दो शब्द तैर गए—दिल और दिमाग-दिलोदानिश।

अभी लेखक की पीठ पर एक धकेल, एक सदमा और बाकी था।

सुबह, जो अपने लिए पहला पहर था—ख्वाब में देखा कि वकील साहिब अपनी लोहे की सेफ में से कुछ निकाल रहे हैं। ताली बन्द कर किताबों के पीछे बने चोरखाने में रख दी और मेज पर एक लाल बही खोल ली। कुर्सी पर बैठे। बही की डोर खोली और चश्मा चढ़ा, एकाग्रता से कुछ लिखने लगे।

लेखक की आँख खुली तो होश फाख्ता थे। वह क्या ! देखो ! जनाब कृपानारायण साहिब ने चले जाने के बाद सपने में तुम्हें क्या दिखाया ! लाल बही! वसीयत लिख रहे होंगे। सोच-सोचकर खीज उठने लगी। अपने को लेखक समझते हो। उपन्यास खत्म कर दिया, वकील साहिब की वसीयत लिखे बिना ! होगा कोई वकील जो अपनी वसीयत न लिखे और दुनिया से कूच कर ले ! दिमाग के सब जोड़ बन्द सलामत तो हैं। वसीयत लिखना उसी का काम है जो लिख सके। दूसरों के लिए उनके फैसलों को कागज पर उतारना आसान नहीं! वसीयत लिखनी हो और वह भी वकील की और वकील भी दानिशमन्दों के दानिशमन्द—जनाब कृपानारायण साहिब ! सिद्धड़ लेखक ने समझा

था—उपन्यास खत्म हुआ लेकिन अभी यह मुश्किल काम बाकी था। आँखों से अपने लिखे पाठ को एक बार फिर फरोल डाला। कहीं से तो सूत्र मिले। आखिर अपने को भरोसा देने के लिए ताजे कागज़ निकाले और शुरुआत के लिए ख्वाजा का नाम लेकर कलम उठाई : 'ज़िन्दगी शमए-हयात है। दुनिया की महफ़िल में मुकर्रर वक्त तक जलती है और अपने को बच्चों में कायम करके गुल हो जाती है। जा मिलती है उसमें जो खुर्द से खुर्द, बारीक से बारीक, दूर से दूर और नजदीक से नजदीक है।

हम कृपानारायण, वल्द जनाब श्यामनारायण, साकिन कोठी किलामुख उर्फ हवेली चारबुर्जी, होशोहवास में अपने परदादा साहिब के दस्ते मुबारक से शुरू की गई दास्ताने खानदान में अपनी ज़िन्दगी का आखिरी पन्ना जोड़ने जा रहे हैं। अपने ऊपर के सभी दस्तखत देखकर हम अपने और अपने बुजुर्गों के दरमियान बहुत कम फासला महसूस कर रहे हैं...

वसीयत के नीचे कृपानारायण साहिब के दस्तखत किए गए तो बेचारे लेखक ने बेफिक्री की साँस ली। लिखित का पाठ किया तो लगा, संयुक्त परिवार के कर्ता की दानिशमन्दी से किया गया यह निर्णय—हमेशा के लिए चले जाने की आखिरी तैयारी तो नहीं लगती। इस जहाँ की सरहद के पार पहुँचकर भी उनके ख्वाबों की डोर औलाद से बँधी रहेगी। अपने पोतों की आँखों से मनपसंद खोमचों को देखती रहेगी ! दुनिया वक्त के साथ बदलती रहेगी पर इसी तरह कायम भी रहेगी।

जिन्दगी के कमानचे के तार लगातार सारंगी के से सुर निकालते चले जाएँगे। उनके सामने लेखक की क्या बिसात !

निरंजन देव शर्मा की बातचीत

आधी सदी से ऊपर का वक़्त गुज़र गया कृष्णा सोबती को लिखते हुए। आज भी उनके रचनात्मक लेखन में वही धार, वही प्रयोगशीलता, वही संयम मौजूद है। आज भी उनकी रचनाओं पर उसी तरह से शोध हो रहा है, लिखा जा रहा है। उनके पाठकों को इन्तज़ार रहता है उनकी नई रचना का; किन्तु कृष्णा सोबती की कोई भी कृति लम्बे इन्तज़ार के बाद सामने आती है, क्योंकि वह होती है एक लेखक की ऐसी ईमानदार अभिव्यक्ति जिसके हर पक्ष को लेखक के अन्दर का पाठक जाँचता है। 'मित्रो मरजानी' आज भी उतनी ही प्रासंगिक है, जितनी 1967 में थी। 'यारों के यार' की भाषा तथा दफ्तरी बाबुओं की कुंठा एवं भड़ास तब तक वैसी ही रहेगी जब तक व्यवस्था का स्वरूप ही बदल नहीं जाता।

ऐसे लेखक के लेखन को ही नहीं बल्कि लेखक के व्यक्तित्व को भी जानने की आकांक्षा पाठक की रहती ही है। जिज्ञासा रहती है लेखक के अतीत और वर्तमान को जानने की, उनके दौर में लिखे गए साहित्य पर लेखक के विचार जानने की।

इतनी सारी बातें हैं और इन्हें जानने का तरीका एक, जो सबसे ज़्यादा उपयुक्त है लेखक से साक्षात्कार।

प्रस्तुत साक्षात्कार सोबतीजी से तीन मुलाक़ातों में हुई बातचीत पर आधारित है। कृष्णा सोबती जैसे रचनाकार से बात करने की सम्भावना सदा उत्सुकता जगाती है। जितना उन्हें जाना है, वह लेखकीय मुद्रा को भूलकर पाठक से पाठक का संवाद करती हैं।

किसी भी लेखक व्यक्ति का बचपन भावनाओं का संस्कारी बिन्दु होता है, जिसमें झाँकना ही कुछ न कुछ अनोखा पाना है। सोचा कि सोबतीजी के

इस ख़ज़ाने से कुछ मोती मैं भी चुरा लूँ।

सोबतीजी, अपने बचपन के बारे में कुछ बताइए, कुछ ऐसी स्मृतियाँ जो आज भी आपको अपने बचपन में लौटा ले जाती हों।

पीछे लौटूँ तो बचपन छोटी-बड़ी खुशियों से गुँजान रहा। पिछली सदी के ऐन पच्चीसवें साल में जन्म लेने का निर्णय तो भला मेरा कहाँ रहा होगा ! वैसे मुझे अपना जन्म समय निर्धारित करने की छूट होती तो मैं सन् 2025 में पैदा होती और इस सदी की ग्लोबल दुनिया को जी भर-भरकर जीती। अपने काम-धन्धे को किसी विज्ञापन एजेन्सी को सौंप दूसरों को उखाड़ने-पछाड़ने पर लग जाती। इसकी निन्दा, उसकी बदखोई, इसे खदेड़, उसे उधेड़ ! फिर कार्यकारी तमगे इकट्ठा करके ऐसे हल्कों में दाखिल हो जाती जहाँ सिर्फ चिकनी मुस्कराहट कारगर होती है।

अपना सफर बिना तीरअन्दाजियों के कुछ धीमा और रूखा ही रहा। पिछली शती की रफ्तार ही धीमी थी। अपनी चाल भी किसी तेज़-तर्रार घोड़े की सरपट चाल नहीं थी। हाँ, घोड़े की तरह चाल समतल ज़रूर थी। ढीठ सवार ! पाँव तले ज़मीन सपाट हो या ऊबड़-खाबड़, चढ़ाई हो या उतराई, राहें कच्ची हों या पक्की—भलेमानस बिगड़ैल की तरह डट के चलती रही। अपने मस्तमौला स्वभाव की अच्छाई-बुराई, साधारण और विशेष सबको एक साथ पैरों में ढालकर आगे बढ़ती चली। यह गई शताब्दी के बदौलत था कि बचपन भाई-बहनों के लिए नज़ारों पर नज़ारे खोलता चला गया। मुझसे बड़ी बहन राज दीदी और मुझसे छोटे भाई जगदीश, और मैं बीच में। हम तीनों के बीच चार-चार बरस का अन्तर रहा ! सबसे छोटी बहन सुषी को परिवार में पहुँचने को अभी देर थी। मैंने अपने भाई-बहनों को लेकर कभी प्रताड़ित महसूस नहीं किया। मैं मैं थी और वह वह थे।

यह ख़ूबी मेरी नहीं थी। इसके ज़िम्मेदार थे हमारे माता-पिता और घर का अनुशासन। हम बच्चों को अपनी बात कहने की खुली छूट थी। एक बात को बार-बार कहने-मनाने की रीति-नीति नहीं थी। हमें इतना विश्वास था कि जो बात ठीक होगी, वह मान ली जाएगी। अनुशासन न तो इतना कड़ा था कि हम मन-ही-मन कुढ़ते रहें और न ही लाड़-प्यार से बिगड़ जाएँ। बड़ों की ओर से एकल परिवार की चौखट में कुछ ऐसा सिखाया गया कि हममें सही और गलत को जान लेने की तमीज़ हो।

और इसकी तालीम भी कि हर बार सही वही नहीं होगा जो बड़े कहते हैं, सही वह भी होगा जो बच्चे कहते हैं। इसके साथ ही हममें यह पहचान पुख़्ता हुई कि सोच की लचक ही सही फैसलों को ठीक मुखड़ा दे सकती है। निर्णय छोटे हों या बड़े। अपनी-अपनी बात कहने की हमें पूरी आज़ादी थी। इस बराबरी को सन्तुलन से थामे रहता घर का अनुशासन।

गुजरात के ऐतिहासिक शहर के सर्राफे के साथ लगी सोबतियों की पुरानी हवेली। पीतल की कीलों से जड़ा लकड़ी का ऊँचा फाटक। बड़ा-सा सहन और सहन के बने पक्के चबूतरे पर सजी कूईं। कुएँ पर लगी लोहे की चरखड़ी और उस पर लटकती पीतल की बालटी।

सामने खुलती छोटी-बड़ी ड्योढ़ियाँ-पैड़ियाँ-परकोटे-बैठकें और कमरों की लम्बी कतारें, चोर दरवाज़े, तहख़ानों की ओर उतरती सीढ़ियाँ। हवेली के दाहिने पिछवाड़े फैली रसोइयाँ और काम करनेवालों की कोठरियाँ। डाइनिंग-रूम की क्राकरी पर दादा साहिब का नाम खुदा रहता। जाने क्यों था कि उस पुरानी हवेली में हम बच्चों को न कुछ नया लगता और न कुछ पुराना। मुझे अपने को देखने पर भी कुछ ऐसा ही लगता है। हाँ, जितनी बार हम वहाँ छुट्टियों में पहुँचते, धीरे-धीरे कटलरी कम होती जाती। हवेली की एक चोरी का सुराग पुलिस को एक ढाबे पर मिला, जहाँ टरकिश-तौलिये तन्दूर पर इस्तेमाल किए जा रहे थे।

ऐसी घटनाओं को माथे पर के ख़ामोश तेवरों के साथ मंजूर कर लिया जाता—शायद यह सोचकर कि हवेली के बाशिन्दे जब नौकरियों पर रहेंगे तो वहाँ के सामान को चोरी से कैसे बचा सकते हैं। पुरानी हवेलियों की जितनी खूबियाँ और जितनी खामियाँ होती हैं, वह काफ़ी हद तक मैं अपने में देखती हूँ। जो कमरे-बैठकें इस्तेमाल होते थे, वह थे उत्तर खंड के और बन्द पड़े थे दक्खिन खंड के। दोनों के बीच के परकोटों पर हम खेलते कौड़ियाँ-पिट्ठू, गिट्टे-खेनू-कोलड़ा, छपाकी और ऊँची फलाँग !

गाँव में पहुँचते तो नज़ारा बदल जाता। हवेली गुजरात की हवेली से अलग दीखती थी। हवेली से लगा तबेला। घोड़े, गाय, भैंसें। हरे-भरे खेत, अनाज से भरे भंडार—छोटी-बड़ी बैठकें, पसार सर्दखाने। वहाँ हम गोटियाँ खेलते। दरिया में डुबकियाँ मारते, घोड़े दौड़ाते, रहट पर छप्प-छप्प कपड़े धोते। चौके में आसनों पर बैठकर खाना खाते !

दिल्ली-शिमला का रंग और ही निराला। कल्पना करो निरंजन, मैं

तालकटोरा गार्डन में हॉकी खेलती रही हूँ। भोली भटियारिन के तालाब पर पिकनिक का मज़ा उठाए हुए हूँ। शिमला के रिज़ पर हाईलैंडरस बैंड का लुत्फ़ ही निराला होता। गर्म चैक स्कर्ट यूनीफ़ार्म की फबन भी अनोखी। मुझे वहाँ होना बहुत भाता।

शिमला रिज़ की शाम की तो बात ही क्या है ! हर पहाड़ की चोटी की तरुणाई उस पर सूरज ढलने पर। कोई शिखर डूबते सूरज की धूप में चमक रहा है। कोई बादल की छाँव तले गहरा रहा है। कोई बत्तियों से जगमगा रहा है। कोई अपनी उतराई के बल पर सड़क के किनारे रोशनी की झालर टाँक रहा है। और शिमला की ऊँचाइयों को आकार देता है मैदान का गिरजा-घर। आसमान पर सितारे और नीचे झिलमिलाती बत्तियाँ। मैं शिमला के रिज़ पर फिदा हूँ। दूसरे नम्बर पर है दोपहर में दार्जिलिंग का चौरस्ता। जिधर देखो, जहाँ से देखो, बर्फीली महारानी कंचनजंघा। पहाड़ हमारे वजूद पर ही नहीं, आत्मा पर छा जाते हैं। हम कुछ और हो उठते हैं। नीचे मैदानों के मुकाबले कहीं ज़्यादा पारदर्शी, आत्मीय और गरमीले।

आपके लेखन में बचपन के जो चित्र हैं–अनोखे हैं और आपकी ममता और वात्सल्य को दर्शाते हैं ?

निरंजन, मुझे समझदार मगर शरारती बच्चे पसन्द हैं। शरारती-चौकन्ने, मगर बदतमीज़ नहीं। जानती हूँ, यह अनुशासन का पुराना मानदंड है। बच्चे कभी-कभार पन्नों पर नज़र आएँ तो मैं उन्हें बराबरी का भाव देती हूँ और उनसे संवाद करती हूँ।

'टीलो ही टीलो' शिमला के दिनों की कहानी है। बहुत पहले लिखी थी। लगता है, 'टीलो-टीलो' खेल पहाड़ों का खेल है। मैं जब लद्दाख गई तो वहाँ पत्थरों की फसलें देखकर लगा, टीलो खेलने के लिए लद्दाख बिलकुल सही जगह है। टीलो की दोनों टोलियाँ मीलों तक रेखाएँ खींच सकती हैं और एक-दूसरे के करतब ढूँढ़ने के लिए अपनी-अपनी दिशा से खो भी सकती हैं। रास्ता भूल सकती हैं। लद्दाख का विस्तार अपने-आपमें अनोखा। एक ऐसी भूलभुलैया जहाँ आप मीलों चलते जाएँ और आपको सबकुछ एक-सा नज़र आए।

'ज़िन्दगीनामा' का लालीशाह जब पहली बार शाला में पाँव रखने को है तो उसे सात घरों से भिक्षा माँगनी है। ऐसे में उसकी प्रतिक्रियाएँ मुझे बेहद भाईं।

'दिलोदानिश' में जब बदरू और मासूमा रज्जो की सालगिरह पर वकील साहिब के घर जाते हैं और वकील साहिब की बीवी का गाना सुनते हैं, तो अपनी माँ महक बानो की ग़ज़ल पर रीझने लगते हैं। वकील साहिब का छोटा बेटा दम्मो बदरू को गाल पर ज़ोर से एक चपत देता है।

बदरू कैसे गाल पर हाथ रखे अब्बू से इसकी शिकायत करते हैं—और अपनी समझ-बूझ से वकील साहिब की हमदर्दी और प्यार बटोर लेते हैं। मैंने इसका मज़ा लिया—अपने बाप वकील कृपानारायण की तरह की दलीलबाज़ी और अक्लबाज़ी बदरू ने ली। गाल पर चपत के निशान पर हाथ रखे मैंने बदरू को साक्षात् देखा और मन-ही-मन लाड़ से कहा—बदमाश कहीं का।

'दिलोदानिश' में 'रीछ का बच्चा' और सालगिरह का प्रसंग मैं काफ़ी गरमाहट से पढ़ती हूँ। बच्चों में ऐसी दिलचस्पियाँ रखते हुए भी मैं ऐसे प्रसंगों को तटस्थता से समभाव से लिख सकती हूँ, शायद इसलिए कि मेरे पास अपने बच्चों की 'विशेष-श्रेणी' गैरहाज़िर रही है, जिनकी तरफदारी में अकसर माता-पिता दूसरी सन्तति की विशेषताएँ नहीं देख पाते।

उमरावजान और 'डार से बिछुड़ी' के पात्रों का दर-दर भटकना कुछ एक-सा ही लगता है। इस पर कुछ कहें !

निरंजन, इसके पहले कि हम 'उमरावजान' और 'डार से बिछुड़ी' की बात करें—आपको यह बताना ज़रूरी है कि 'डार से बिछुड़ी' जब 'निकष' में विशेष कृति के रूप में छपी तो मुझे लेखन के आरम्भिक दिनों का विशेष चाव नहीं हुआ। इतना ही लगा कि सम्पादक ने जिस निगाह से पाठ को देखा, लगभग वही लिखते हुए मेरी परिधि में थी। फिर भी कहना चाहूँगी कि 'उमरावजान' और 'डार से बिछुड़ी' की तुलना करने से मुझे संकोच होगा। हाल ही में 'डार से बिछुड़ी' को नए संस्करण के लिए प्रेस में भेजने से पहले पढ़ा तो इसकी भाषा को लेकर कुछ कौतूहल हुआ! सोचने लगी, इस उपन्यास के सीधे-सादे कथ्य को उसी की तरह का भाषा मुखड़ा कैसे मिला ! उस वक़्त की ऐतिहासिक और सामाजिक स्थितियों से ही उघड़ी होगी यह सहज संक्षिप्त नुकीली भाषा। हाँ, 'उमरावजान' एक ऐसा सरल दिखनेवाला पाठ है जिससे कोई भी लेखक बहुत कुछ सीख सकता है। उमरावजान और पाशो अलग-अलग दीखते परिवेशों से, परिवारों से बाहर हो जाती हैं। एक को अगवा कर लिया जाता है, दूसरी डरकर ननिहाल की देहरी लाँघकर अपनी माँ और शेखज़ी की हवेली पहुँच जाती है।

दो नाबालिग भारतीय बालिकाएँ बिना किसी शिक्षा और पारिवारिक अधिकार के अर्जित किए असुरक्षा के कगारों पर खड़ी हो जाती हैं। जिस-जिसके हाथ लगती हैं, कभी उसके। वह जो कुछ जोड़ती हैं, स्थितियाँ उसे तोड़ती हैं और नई उलझनों से जूझने के लिए तैयार हो जाती हैं।

कथ्य के विभिन्न तेवर लिए दोनों जैसे भी उघड़ी हों, कपोल-कल्पित नहीं हैं। साहित्यिक आलोचना ही लम्बी कहानी और उपन्यासिका का फर्क निर्धारित कर सकेगी। उसके बाहर खड़े होकर इतना ही कहूँगी कि हर रचना रचनाकार के हाथ का खिलौना नहीं। उसके आरम्भ में ही उसका अन्त निहित रहता है। पन्ने पर उभरते पाठ की स्वतन्त्र सत्ता पहचानने की आँख लेखक के पास होनी चाहिए। अपने तईं मैं पन्नों पर उभरते पाठ में मनमाना हस्तक्षेप नहीं करती। हर लेखक कृति की पहली पंक्ति और अन्तिम के बीच की दूरी और निकटता को साधकर ही कड़ी परीक्षा की तैयारी करता है।

आप क्या कहना चाहते थे और रचना क्या बयान करना चाहती थी—इतना ही खेल है। शिल्प की गुत्थियों के बावजूद रस्सी पर चलते हुए विपरीत दिशा से एक-दूसरे का सामना करते कथ्य और कथानक लेखक के सन्तुलन पर ही टिकते हैं। जब तक स्वयं पाठ में विलीन नहीं हो जाते और कृति की समग्रता में नया स्वरूप धारण नहीं कर लेते।

आप सोबती और हशमत के बीच की दूरी या नज़दीकी को कैसे बयान करेंगी ?

हम और हशमत जब 'हम हशमत' होकर मेरी स्टडी में स्थित हो गए तो मुझे अपने में बौद्धिक विस्तार का अहसास जगा। हशमत मेरे निकट अनजान नहीं थे। उनका लहज़ा और मुहावरा मैं बेआहट अपने में सुनती रही थी। वह मेरी वैचारिक मित्रता के करीब थे और अपने वाचन में एक मनचले दिखनेवाले मगर गम्भीरता के कायल थे। उनकी तीखी छींटाकशी मैं खुद अपने में सुनती रही थी। यह ज़रूर एक ही व्यक्ति में से उठी दो आवाज़ें थीं।

मुझे यह जानना था कि वह एक-दूसरे से कितनी अलग थीं। इसके पेशतर कि मैं हशमत के नाम का खाता खोलूँ, इसकी शिनाख़्त भी ज़रूरी थी कि सोबती की आवाज़ में और हशमत के अन्दाज़ में दो मुख्तलिफ़ रंग ही नहीं, अलग-अलग कोण और नैरेटिव के उठान भी मौजूद हों। इतना फर्क भी हो कि दो शख़्सियतें अपनी-अपनी स्पेस से एक-दूसरे का सामना कर सकें। व्याकरण के अनुसार यह सिर्फ 'ई' और 'आ' का अन्तर

नहीं था। दोनों आवाज़ें मेरी थीं और दोनों अलग-अलग थीं। इसमें से एक को पुरुष का पाठ कहेंगे और दूसरे को अपुरुष या स्त्री पाठ—इस पर मुझे सोचना नहीं था, क्योंकि दोनों के साथ मुझे कोई परेशानो नहीं थी। रचनात्मक स्तर पर कोई दिक्कत नहीं हुई। जिस सहज सहूलियत से यह मुमकिन हुआ, उसने ही हशमत के अस्तित्व को सुरक्षित किया। दोनों अपनी-अपनी जगह पर तैनात हैं, अपने-अपने मुहावरे और निगहबानी के साथ। हशमत की आमद कुछ इस तरह से हुई। हुआ यूँ कि एक शाम किसी पार्टी में शिरकत की। अजब मंज़र था उस भाँति-भाँति की भीड़ का। मेहमान कुछ मुस्करा रहे हैं, कुछ विनम्रता में सराबोर खीसें निपोर रहे हैं, कुछ अपनी रचनात्मक सफलताओं पर इतरा रहे हैं। कई गर्ज़मन्द दूसरों के अहम के खाली पैमाने भर रहे हैं। मील-भर की दूरी से संस्थान की प्रशंसा और बखान की प्रविष्टियाँ भर रहे हैं। ज़िक्र इतना मुलायम कि मानपत्र ठीक जगह जा टँगे। सांस्कृतिक-साहित्यिक दादाजन अनुकम्पा भाव से मंद-मंद मुस्करा रहे हैं।

खिलाई-पिलाई शुरू हुई। भिन्न-भिन्न रुचियों के मिष्ठान्न ! पारम्परिक और शालीन। अतिथि और आतिथ्य का सुमंगल कार्यक्रम सम्पन्न हुआ और साहित्य का सत्कार आगे बढ़ा।

घर लौटकर पहले हँसी, फिर तबीयत उखड़ गई ! इतने सजीले मगर खाली आयोजन में पार्टी का जादू कैसे गायब था ! क्यों लोगों की मौजूदगी में भी सब कुछ खोखला था। कुछ था जो गैरहाज़िर था ! निरंजन, यहाँ इस मौके पर दरवाज़े पर खटखटाहट हुई, देखा, हशमत मियाँ खड़े हैं। इस घटना के घटित होने में उस खाली-सी शाम का जितना भी हाथ हो—इसके वजूद में आने की वजह गैर-मामूली ही होगी।

किसी एक संज्ञा में, व्यक्ति में सिर्फ एक ही नामधारी मौजूद हो, यह स्वाभाविक है, मगर दो भी हों, यह असम्भव नहीं। हम सभी के दिल-दिमाग में कभी इकहरे और कभी दोहरे स्वभावोंवाले टुकड़े भी उगे रहते हैं। ऐसे भी कि व्यवहार में कोमल स्त्री छवि या पुरुषोचित गुणों की अभिव्यक्ति हो। एक-दूसरे के प्रभावों का मिश्रण हो।

बस, चल निकला यह सिलसिला। मेरी स्टडी में तो यह समझना मुश्किल न था कि यह बौद्धिक मुद्राएँ लेखक के लिए एक साथ महत्त्वपूर्ण और खतरनाक हैं। कड़े संयम और खरेपन की माँग करती हैं।

पाठकों और आलोचकों को हशमत ने निराश नहीं किया। इसके

लिए उस शाम का शुक्रिया करना होगा, जहाँ से 'हशमत' की शख़्सियत अदबी हलकों और लेखकों की ट्रांसपेरेंसीज़ उठाने लगीं।

हशमत 'हम हशमत' का तीसरा भाग भी लिखना चाहेंगे ?

निरंजन, हशमत 'हम हशमत' का तीसरा खंड भी क्यों न लिखना चाहेंगे ? चश्मेबद्दूर, अपनी दोस्ती-दुश्मनी बिरादरी में लेखकीय नायक-खलनायक उस्तादों और प्यादों और पिछलग्गुओं की कोई कमी नहीं। सबसे बड़ी बात कि वही हशमत की कलम दोस्ती और दुश्मनी में ज़्यादा फर्क नहीं करती ! दुआ करिए कि हशमत एक और ज़िल्द पेश कर सकें। शर्त सिर्फ वक़्त की है।

सोबतीजी, आप अपनी रचनाओं में किस हद तक आत्मकथ्य और निजी अनुभव को स्वीकारती हैं ?

निरंजन, साहित्यिक विवेक से किसी भी अच्छे टेक्स्ट की, पाठ की आलोचकीय पड़ताल करें तो जानेंगे कि उसमें से झाँकती अभिव्यक्ति का स्रोत न मात्र व्यक्तिगत अनुभव है, न भोगा हुआ यथार्थ और न ही सिर्फ पात्रों की अनुभूत और अकादमिक जानकारियाँ। लेखक का अन्तर्मन जिस आन्तरिकता को विचार और भाषा से रचता है और जिस निकटता से व्यक्ति के रूप में परिवार और समाज के सम्बन्धों को सन्तुलन में देखता है, लगभग वही दृष्टि उसके रचनात्मक धरातल को प्रतिबिम्बित करती है। पात्रों के परिवेश में प्रस्तुत होती है। सतही घटनाओं पर शिल्प के बल पर कथानक का झीना परिधान ही नहीं—पात्रों की मांस-मज्जा, देहभाषा, स्वभाव, संवाद और उनके आन्तरिक की विश्वसनीयता सभी मिलकर एक अच्छे पाठ का रचाव करने में सफल होते हैं। यह घुलनशील मिश्रण एक लम्बी प्रक्रिया से लेखक की मानसिकता से छनता है। स्थूल से सूक्ष्म की ओर बढ़ता है। यही सूक्ष्म अन्तर्दृष्टि लेखक के गहन चिन्तन की अनिवार्यता है। वह बरसों-बरसों इसके घटित होने से अनभिज्ञ रह सकता है और कभी अचानक एक क्षण में उसके किसी एक बिन्दु से, एक कोण से अंश की झलक पा लेता है। उससे साक्षात्कार करने की मानवीय जिज्ञासा से भाव और विचार की गहनता और गोपनीयता को प्रत्यक्ष करने को भाषा की मदद से पाठ को गूँथ लेने का जोखिम उठाता है।

हर नई रचना रचनाकार का इम्तिहान है। विषयवस्तु की अल्पज्ञता और व्यक्ति और समाज के अन्तर्द्वन्द्व, टकराहट अगर लेखक की टटोल से बाहर रह जाते हैं तो शिल्प के दबाव के बावजूद यह असमर्थता सबसे

पहले रचना के 'पाठ' को खटकती है। एक अच्छे पाठ की सर्जना बहुत से संयोगों पर निर्भर होती है। लेखकीय संयम और रचना की मौलिक परिकल्पना रचना का मूलभूत स्वरूप तय करते हैं। मैं गहरे तक विश्वास करती हूँ कि किसी भी अच्छे पाठ की संरचना मात्र लेखक की निजता की ही अभिव्यक्ति नहीं—रचना का कथ्य, कथानक, भाषा उन पात्रों की भी देन होती है जिनके बिना एक सुगठित पाठ की संरचना मुमकिन नहीं। आत्मविमुग्ध, आत्मकेन्द्रित और आत्मविजड़ित रोज़मर्रा लिखे जानेवाले डायरियों का रोमान और रोमांस इनके बाहर पड़ता है।

एक साथ अपने पर नियन्त्रण और पात्रों के कथ्य की ज़रखेज़ ज़मीन में उगने और पनपने देने की छूट के साथ ही लेखक की कलात्मक क्षमताओं का संचार होता है। इसी के द्वारा पाठ की अपनी नैतिकता प्रस्फुटित होती है जो पाठ की विश्वसनीयता बनती है।

सोबतीजी 'यारों के यार' पर आपके इन्टरव्यू का एक वाक्य याद आ रहा है कि भाषायी संस्कार में गालियों की अपनी सत्ता है ! इसको लेकर लम्बा साहित्यिक विवाद भी उठा ?

गालियाँ भी भाषायी संस्कृति और सभ्याचार का एक महत्त्वपूर्ण हिस्सा हैं। मुझे नहीं मालूम कि इसके इस्तेमाल पर हमें इतना नाक-मुँह क्यों सिकोड़ना चाहिए। गालियाँ समाज के विद्रूप और विसंगतियों को ही प्रकट करती हैं। गालियों की अपनी सत्ता है। हिंसा, विरोध, घृणा, धिक्कार, रोष, तिलमिलाहट या उत्पीड़न और शोषण के खिलाफ़ अपने घावों को खोल देने को ही कर्कश सटीक आवाज़ें इन्सानी सहनशक्ति को फाड़कर फूट पड़ी होंगी। हिंसा-प्रतिहिंसा को उभारती छोटी-बड़ी वज़नी गालियाँ अपने भाषायी अधिकार से विश्व की तमाम भाषाओं में अपनी जगह सुरक्षित किए हैं। उन्हें किसी भी संहिता के अनुसार मानवीय शब्दावली से बाहर नहीं किया जा सकता ! यह 'यारों के यार' में गालियाँ इस्तेमाल करने की सफ़ाई नहीं, उनके होने का ही सामाजिक दबाव है। संवाद छोटे-बड़े स्थानीय दफ्तरों में जहाँ नियमों से बँधी कार्यकारी दिनचर्या है, फ़ाइलें हैं—ड्राफ्ट की जाँच-पड़ताल और 'इन्टरप्रेटेशन' के तनाव हैं, वहाँ इस एकरसता को बदलने-तोड़ने का एक हथियार यह भी है। निरंजन, जब कहानी ने पहली बार मेरे ज़हन को खटखटाया तो दफ्तरी संवाद के यह साधारण बोल ही मेरे कानों में गूँजे। जो तकियाकलाम हर दिन, सुबह-दोपहर-शाम इस्तेमाल होता है, उसे उसकी जगह से उठाकर बाहर कर,

दफ्तर को सजीव करना असम्भव ही होनेवाला था। दफ्तर के अनुशासित शोर के साथ भी गालियों के इस तकियाकलाम को एक लय होना है। संवाद के दफ्तरी व्याकरण को इसके बिना पाठ में स्थित करना मुझे मुश्किल लगता था। इस वाचन को पंक्चर करना मेरे भाषायी विवेक के निकट गलत था। गलियों-नुक्कड़ों, टोलियों-बाज़ारों में सुनी जाती हैं। वे लगातार सुन पड़ती हैं और एक घने सामाजिक शोर का हिस्सा हैं।

सो जब 'यारों के यार' की पहली पंक्ति पन्ने पर लिखी गई तो इस मसले को लेकर मुझे कोई दुविधा नहीं थी। कथ्य और संवाद दोनों पटरी पर थे और ये ध्वनियाँ दफ्तर के वातावरण और टेक्स्ट की टोनल स्थिति को गाढ़ा करती थीं। किसी भी दफ्तर का माहौल लगभग एक-सा ही रहता है। हम मंत्रालयों में नहीं, छोटे स्थानीय दफ्तरों की बात कर रहे हैं। शायद यही वजह थी कि ये गालियाँ लगातार फाइलों के ढेर में बेरंग फर्नीचर और लगातार पुराने पड़ते चेहरों से उभरती हैं और दूसरों को छूती हुई ब्रांच में तैर जाती हैं।

इनके हक़ में या इनके खिलाफ कुछ भी कहना कहानी के लेखक का मक़सद नहीं था ! यह उस फाइलों की दुनिया के वातावरण में मौखिक संकेत थे जो दफ्तरी व्यवहार को कभी उकसाते हैं—कभी उभारते हैं और कभी ड्राफ्ट की नुक्ताचीनी में बॉस के बहाने अपने को फटकारते हैं या बुड़बुड़ाकर चुप हो जाते हैं। ब्रांच का परिवार इन संकेतों की भाषा को समझता है। फाइल खुलती है, बन्द होती है और दफ्तरी कार्य-पद्धति से फाइल पर कार्य-क्षमताओं का अच्छा-बुरा सामने आता है।

आपने ठीक कहा निरंजन, कहानी के प्रकाशन के बाद 'यारों के यार' की भाषा को लेकर काफ़ी बहसें हुईं। पाठकों और लेखकों की दुनिया से मुख्य रूप से दो पक्ष उभरे। एक यह कि गालियों का प्रयोग अश्लील है और दूसरा शील और अश्लील का प्रश्न मात्र गालियों में ही नहीं। कहानी की माँग है तो यह लेखक का अपना निर्णय है। विवाद खासा लम्बा चला था। राजकमल की ओर से एक गोष्ठी आयोजित की गई। इसमें उपस्थित थे जाने-माने आलोचक और लेखक : जैनेन्द्रजी, नामवर सिंह, निर्मला जैन, नेमिचन्द्र जैन और जर्मन विद्वान लोठार लुत्से। पत्रिका के अंक में इसका ब्यौरा छपा। परिणामस्वरूप शील और अश्लील की बहस से ख़ासी धुंध छँटी। यह भी साफ हुआ कि साहित्य अपनी रचनात्मक नैतिक संहिता में धर्म शिक्षा नहीं। जीवन में जो कुछ भी है, साहित्य उसका

दर्पण है। लेखक के सन्दर्भ में इतना ही कि उसके रचनात्मक संयम और शिल्प-शैली के विस्तार उसके विवेक से जुड़े हैं। टेक्स्ट की अपनी नैतिकता प्रस्फुटित है। उसी की माँग पर परम्परा में कुछ नया जोड़ते हुए, कुछ तोड़ते हुए ही आगे बढ़ा जा सकता है। बखान के लिए नहीं, वृत्तान्त और संवाद की प्रामाणिकता के लिए लेखक उसे बुनता है। चिकनी मुलायम और शब्दकोश की शील भाषा की तुलना में खुरदरी गालियों को तरज़ीह देने के लिए नहीं दफ़्तर की दिनचर्या में इस हकीकत को दर्ज़ करने के लिए है।

लेखक-प्रकाशक-सम्बन्धों पर कुछ कहना चाहेंगी ?

इतनी पुरानी हूँ कि लेखक की कलम पिटारी के सगुण शास्त्र और धौंसपट्टी को समझती हूँ।

लेखकीय अभिमान, स्वाभिमान को प्रकाशक द्वारा जिन निगाहों से देखा जाता है, उससे हम लेखकगण भली भाँति परिचित हैं। प्रकाशकीय अहंकार की तो बात ही मत कीजिए—सामाजिक स्तर पर लेखक जितना बेचारा हो, उतना ही प्रकाशन गृह के लिए अच्छा साबित होगा ! प्रकाशक भी लैम्प की तेज़ रोशनी में जगमगाता नज़र आना चाहिए ! क्यों, इसे लेकर प्रकाशक अपने तख़्ते-ताऊस वाली मुद्रा में बैठा किसी मुग़ालते का शिकार नहीं ? कॉपी-राइट के किसी झमेले में भला उसे क्यों पड़ना है ! उसे विश्वास है कि मुलायम संस्कृति की साधन-सम्पन्नता किसी भी लेखकीय प्रतिभा को यतीमखाने में भेज सकती है। नैतिक संहिता के अनुसार ऐसा क़दम उठाने के अधिकार का उपयोग सिर्फ प्रकाशक ही कर सकता है। प्रकाशक की नज़र में कॉपी-राइट का उल्लंघन भारी जुर्म नहीं है। मगर लेखक का कचहरी पहुँचना क़त्ल करने से भी बड़ा गुनाह है। हिन्दी प्रकाशक इसे लेखकीय नैतिकता के विरुद्ध मानते हैं !

बेचारा हिन्दी लेखक !

बलहीनों का बलराम कहलानेवाले में दम की कमी नहीं। दम्भ की ज़रूर है।

सोबतीजी, आपके नाम के साथ कुछ विशेषण जोड़ दिए जाते हैं—बोल्ड, विवादास्पद ! पढ़कर आपकी कैसी प्रतिक्रिया होती है ?

निरंजन, इसको लेकर मेरी प्रतिक्रिया करीब-करीब 'न' के ही बराबर। बोल्ड और विवादास्पद यानी—विवादग्रस्त और झगड़ापरस्त ! सच तो यह है, न मैं बोल्ड हूँ और न झगड़ालू ! मैं जितनी सुरक्षा अपने अधिकार की करना

चाहती हूँ, उतनी ही दूसरों के अधिकार में हस्तक्षेप नहीं करना चाहती। न मैं बेवजह किसी को दबाना चाहती हूँ और न अकारण ही दूसरों से दबना चाहती हूँ। वैसे मैं शिकायतें, उलाहने और मनसूबे करने में इतनी आलसी हूँ कि जब तक आँख से न देख लूँ—समझ न लूँ, मैं किसी की भी सुनी-सुनाई पर यक़ीन नहीं करती। जब मुझी पर निशाना साधा जाए तो मेरी ओर से प्रतिक्रिया लाज़मी है। कह सकती हूँ कि मेरे यहाँ 'बोल्ड' नहीं, 'भीरु' गैर-हाज़िर है।

हाँ, विवाद तब उठते हैं जब कहीं न कहीं अनुशासन की चूल ढीली होती है। साहित्यिक मामलों में रीति-नीति-नियम और कायदे-कानून भंग किए जाते हैं। मिसाल के तौर पर अगर लेखक ने किसी कृति को लेकर प्रकाशक से अनुबन्ध न किया हो—उससे कोई एडवांस न लिया हो तो उसकी अधलिखी अप्रकाशित रचना का किसी भी तरह का विज्ञापन करने का अधिकार प्रकाशक को नहीं है। चाहे वह प्रकाशक देश में हो या विदेश में। विदेश में जमे हिन्दी प्रकाशक अगर गलत होते हुए भी हिन्दी लेखकीय हैसियत को अपने अमेरिकी उच्चारण से धराशायी करना चाहें तो आप क्या करेंगे ! विरोध। विरोधहीन असहयोग आन्दोलन नहीं। हमारे साहित्यिक संस्कृति-संस्कार में किसी किस्म के विरोध और असहमति को झगड़े का नाम दिया जाता है। लेखक जिस बात पर एतराज़ कर रहा है, समझने की कोशिश के बिना ही उसे गर्ज़मन्द समझकर बता दिया जाता है कि हम पर उँगली उठाने का मतलब हम ही तुम्हें समझाएँगे !

सोबतीजी, यह भी कहा जाता है कि आप दोस्तों को भी नहीं बख़्शतीं ?

बिलकुल ग़लत है। जानती हूँ, आप किधर इशारा कर रहे हैं !

नरेश मेहता मेरे अच्छे मित्र थे। दिल्ली के साहित्यकारों का यह वह मौसम था जब निर्मल वर्मा, भीष्म साहनी, श्रीकान्त, नरेश मेहता, प्रबोध कुमार, प्रयाग शुक्ल, अशोक सेकसरिया कहीं न कहीं मिलते ही रहते। जो वहाँ न भी मौजूद होते, वह भी बातचीत में उपस्थित रहते।

स्ट्रेटेजिक कारणों से उनमें से किसी को लेकर भी यह कहा जाए कि अमुक न मेरा हमदम है, न दोस्त—वह एक अपरिभाषित बंधु या बांधवी है तो कैसा लगेगा !

अगर मैं आपकी दोस्त नहीं हूँ—हमदम नहीं हूँ—तो अपरिभाषित बांधवी क्या हूँ !

आप मुझे दोस्त बुलाइए या हमदम, मुझे एतराज़ क्यों होने लगा !

नरेश की नितान्त भलेमानस मगर अटपटी भंगिमाओं को ध्यान में रखते हुए भी ऐसे शाब्दिक प्रयोग को सहानुभूति से समझना मेरे लिए मुश्किल था। वाक्य की शुरुआत ही ग़लत थी ! अगर मैं आपकी दोस्त हूँ तो कहिए—दोस्त हूँ, नहीं तो कहिए, परिचिता हूँ। मुझे आज तक न कभी कोई परेशानी हुई, न होती।

'मेरा हमदम मेरा दोस्त' उन दिनों यह फ़िकरा मोहन राकेश, राजेन्द्र यादव और कमलेश्वर-त्रयी के साथ जोड़ा जाता था। 'वह अपरिभाषित बांधवी है', ऐसा जुमला मैंने पहले कहीं कहीं पढ़ा था और न सुना था।

इस तथाकथित बाँग्ला शब्द 'बन्धु' से 'बांधवी' को अपरिभाषित से जोड़ने के लिए नरेश के पास कोई तर्क नहीं था ! मुझे बेहद नागवार गुज़रा। उन्हें मुझसे भी ज़्यादा, क्योंकि ऐसा करने और इसका कारण बताने के लिए मैंने जवाब तलब किया। उन्होंने लिखित में दुख प्रकट किया। उसके बाद जब भी मिलते रहे, कोई कड़वाहट नहीं थी, पर कहीं कुछ था जो सहज होने के आड़े आता था।

अन्तिम बार जब उन्हें इन्दौर एन.बी.टी. के पुस्तक मेले में मिली तो लगा, पुरानी रंजिश छँट-सी गई है। इधर-उधर की बातें होती रहीं। दोस्त, मित्रों के लिखने-पढ़ने की सूचनाएँ ! एकाएक नरेश ने गम्भीरता से कहा—उस प्रसंग पर सोचता रहा हूँ। अपरिभाषित बांधवी आपके लिए शब्द का उचित प्रयोग नहीं था। क्षमा-प्रार्थी हूँ।

मैंने नरेश से भी ज़्यादा गम्भीरता से मगर हँसते हुए कहा—अगर कथन के पहले दो टुकड़े न होते तो भी शायद चल निकलता—मगर ऐसा नहीं था। लम्बी खाँसी के बाद नरेश देर तक हँसते रहे।

इतने बरसों बाद भी आपके मिजाज़ में कोई फर्क नहीं पड़ा।

इसीलिए तो सुमनजी का कहना है कि सोबती विकट महिला है।

नहीं-नहीं, मानिए, वह ऐसा नहीं कह सकते।

अगर वह कहें भी तो भी क्या हर्ज़ है ! मध्यप्रदेशी बौद्धिक दस्ता किसी का भी चालान कर सकता है।

महिमा की इलायचीवाली चाय पर ख़ूब समा बँधा। हम तीनों मिलकर देर तक हँसते रहे।

अगली शाम काव्य समारोह में नरेश मेहता कविता पाठ करनेवाले थे। ख़ासी भीड़ थी। पंडाल खचाखच भरा था ! कविता पाठ शुरू हो चुका था। श्रोता मुग्ध थे। घड़ी देखी। मुझे कहीं और पहुँचना था ! मंच पर

जाकर नरेश से इजाज़त ली—और हाथ मिलाया और दो पुराने दोस्तों ने गर्मजोशी से एक-दूसरे से विदा ली।

हमारी वह आखिरी मुलाक़ात थी। कहीं कुछ भी अपरिभाषित नहीं था! मैं हमदम होने की ग़लतफ़हमी कभी नहीं पालती—अगर दोस्त हूँ तो दोस्त ही रहती हूँ।

नए लेखन के प्रति हिन्दी आलोचकों की उदासीनता को लेकर बहुत कुछ कहा, सुना और लिखा जाता रहा है। क्या सचमुच ऐसा है ?

निरंजन, शिकायत क्या है ? क्या यह कि आलोचक की तेज़ निगाह अच्छी रचना तक पहुँचने में बहुत लम्बा वक़्त लगाती है ? सवाल यह भी कि क्या अच्छी रचना को सिर्फ इसलिए अनदेखा किया जाता है कि वह आलोचकीय मापदण्डों पर खरी नहीं उतरती ? रचना को पढ़ने-परखने और उस पर कुछ लिखने का अधिकार आलोचक का है। लेखक उनके वक़्त के साथ ज़बरदस्ती नहीं कर सकते, उसी तरह जैसे पाठक भी लेखक को पढ़ना या न पढ़ना चाहे—यह उसका चुनाव है। प्रकाशित जिल्दों के ढेर में से आलोचक क्या उठाते हैं, यह उनकी निगाहबानी का मामला है। अंग्रेज़ी प्रकाशनों के रिव्यू और आलोचना-आलेखों की शृंखला व्यापारिक पद्धति के अनुरूप सुव्यवस्थित हो चुकी है। हिन्दी संसार को यह सुविधा मुहैया नहीं। यह भी याद रखना होगा कि हिन्दी संसार इतना छोटा नहीं कि हर कृति फौरन ही आलोचक उठा लें और उसकी आलोचना में लग जाएँ।

फिर भी विश्वास के साथ कहा जा सकता है कि अच्छी रचना हिन्दी आलोचना के बाहर पड़ी नहीं रहती। देर-सबेर उसे पहचान लेने की तौफ़ीक़ और तालीम हिन्दी आलोचना के पास ज़रूर है। निरंजन, आलोचक का महत्त्व और उसके द्वारा कृति के पढ़ लिए जाने की लेखकीय महत्त्वाकांक्षा से हम सभी नए-पुराने लेखक परिचित हैं। लेकिन साहित्यिक संहिता के अनुसार आप आलोचक समाज पर ज़ोर-ज़बरदस्ती नहीं कर सकते और न ही शिकायत-शिकवा। आपको इन्तज़ार करना होता है। कभी कम, कभी ज़्यादा।

धड़ाधड़ औसत दर के उपन्यास और कहानी संग्रह प्रस्तुत कर हम चाहें कि आलोचक विशेषण के रूप में उसे मनचाहा विशिष्ट स्थान दें तो इसकी सम्भावना कम है। व्यावसायिक और धड़ाधड़ी आलोचना का क्षेत्र अलग है। इस ग़लतफ़हमी और खुशफ़हमी से छुटकारा पाना ज़रूरी

होगा। जो तत्त्व रचना में हैं नहीं, उन्हें आलोचकगण कहाँ से ढूँढ़ लाएँगे। आलोचकीय विश्लेषण और आलोचक की व्यक्तिगत पसन्द और सीमा-सन्धियों पर भी गौर करना ज़रूरी होगा।

कुछ ढपोरशंखी आलोचक अपनी एकपक्षीय दृष्टि और तथाकथित 'वैचारिक दृष्टिकोण' से अनजाने में ही अपनी सीमाओं को स्थानीय मानदण्डों से सजा-भिड़ाकर रचनाओं की अरख-परख करते हैं तो यह भूल जाते हैं कि हिन्दी संसार अब इतना छोटा नहीं कि जिसे आप अपने ही भौगोलिक तराजू में तौलते रहें। ऐसी सँकरी दृष्टि का 'अनुमान' निःसन्देह आलोचना के विरुद्ध जाता है। ख़ास तौर पर यह भंगिमा भी कि भाषा का मानक विन्यास सिर्फ उन्हीं के पास है।

जब हिन्दी जैसी कोई भी विकासशील भाषा अपने विस्तार में प्रादेशिक और भौगोलिक सीमाओं का अतिक्रमण कर रही हो तो उसकी दिन-ब-दिन बढ़ती शब्द सम्पदा को रोकने के प्रयत्न उसके हक़ में नहीं।

निरंजन, आप 'ज़िन्दगीनामा' की भाषा पर कुछ कह रहे थे कि हिन्दी पाठक के लिए उसके पाठ में कुछ ऐसे शब्द और ध्वनियाँ हैं जो पठनीयता को लेकर परेशान करनेवाली हैं। कुछ भी कहने से पहले मैं दशकों पहले लिखे गये रेणु के उपन्यास 'मैला आँचल' का ज़िक्र करूँगी।

जब पहली बार पढ़ा तो कुछ ध्वनियों और शब्दों की गति से अनजान रही। दूसरी बार सस्वर पढ़ा तो शब्दों की लय को पकड़ पाई। जो 'मैला आँचल' को दुरूह समझकर नहीं पढ़ पाया, वह कितने मूल्यवान पाठ से वंचित रहा होगा—कहने की ज़रूरत नहीं।

हाँ, 'ज़िन्दगीनामा' की ओर लौटती हूँ। एक विद्वान आलोचक ने उन शब्दों पर टिप्पणी की जो हिन्दी पाठक को समझ नहीं आ सकते।

उनके ख़याल से पढ़ने में उसे कठिनाई होती है।

निरंजन, इन शब्दों पर गौर करें—

शरद पुण्या की रात—पुण्या की जगह पूनम या पूर्णमासी होना चाहिए था।

मनुक्खों के साथ—मनुष्यों के साथ होना चाहिए था।

घोड़े पर कि डाची पर—डाची शब्द से क्या सचमुच हम परिचित नहीं ?

ऊपर थल्ले से—थल्ले-थल। क्या इसे अशुद्ध समझा जाएगा ?

शाहनी ने ठंडा हौका भरा—शाहनी ने आह भरी या निःश्वास लिया।

हौका क्यों ?

पौ फटने से पहले का सुच्चा अँधेरा—क्या सचमुच यह प्रयोग हिन्दी पाठक की समझ के बाहर है ?

पैड़ियों से नीचे उतर गई—क्या पैड़ियों से सीढ़ियों की ध्वनि नहीं आती ?

शाहनी बूझ गई। शाहजी को माँ याद आई है।—'बूझ' शब्द तो अबूझ भी बूझ लेगा।

नवाब ने पैरीपौना बुला दिया।

क्या पैरीपौना की जगह चरण वन्दना होगी ?

कुछ नामों की ओर गौर करें—लंडीकोतल—उसकी पलटन लंडी कोतल में है।

होती मरदान—शहर का नाम है—कैसे अनुवाद होगा इसका ?

जाफ़र, बोस्ताँ, हस्सा-गोमा-शम्सी सुल्तान माच्छी—संज्ञाएँ क्या स्वयं नहीं बतातीं कि यह लोगों के नाम हैं ?

शब्दों की ध्वनियाँ भी उनके अर्थों की ओर संकेत करती हैं।

आलोचक की जानकारियाँ इतनी सीमित हो तो लेखक-पाठक दोनों सिर धुनेंगे ! क्या कहेंगी इसे आप, क्षेत्रीय पूर्वग्रह ?

पराहुनाचारी—इसे क्या ज़रूरी तौर पर अतिथि से ही समझा जा सकता है ?

निक्के नथाने—वाक्य में बाल-गोपाल होना चाहिए क्या ? क्या कहा ठीक जँचता ?

सयानफ—रिज़क—शाहों के यहाँ से लडिक्की आई है।

लडिक्की, लाडो, लड़की का नाम है। क्या सिर्फ 'लाडली' समझ आएगा ?

निरंजन, हमें अंग्रेज़ी जैसी घनत्वमयी भाषा से बहुत कुछ सीखना होगा। हमारे लिए भी अब वह विदेशी भाषा नहीं है। भारतीय भाषा परिवार की एक भाषा है।

अंग्रेज़ी में लिखनेवाले भारतीय उपन्यासकार भारतीय जीवन के संस्कारी और सांस्कृतिक शब्दों के असंख्य मुखड़े अपने पाठ में गूँथ रहे हैं। ध्वनियों को अंकित कर रहे हैं। भारतीय जीवन के कोलाहल को मूल शब्दों से अंकित कर रहे हैं। क्या विश्व-भर के अंग्रेज़ी पाठकों को उस पर नाक-मुँह सिकोड़ना चाहिए ? कोई भी भाषा बोलियों और दूसरी

भाषाओं के आदान-प्रदान से नुकीली बनती है।

'ज़िन्दगीनामा' एक ऐसे कालखण्ड और भू-खण्ड का पाठ है जो विभाजन के फलस्वरूप पीछे छूट गए वतन की, उसके शोर की, कोलाहल की स्मृति मात्र है। कोई भी भाषा आपको विभिन्न-विभिन्न प्रदेशों में कितनी ही कर्कश क्यों न लगे, उसके ऐतिहासिक और भौगोलिक सन्दर्भों को अहंकारी मुद्रा में नकारना अच्छी आलोचना का गुण नहीं।

आलोचक की जानकारियों पर लेखक भरोसा करते हैं।

लेखकों को मूढ़ और अनपढ़ समझना भी विद्वत्ता और बौद्धिक सम्पन्नता की निशानी नहीं। हमारे यहाँ लेखक को लेकर यह भी मुगालता है कि उसके पास वक्त की कोई कमी नहीं। लेखक किसी टैंडर के अन्तर्गत ठेके पर नहीं लिख रहे।

शब्दों को लेकर इस तरह की भाषायी खीज को प्रकट करना स्थानीय गुण हो सकता है। मुख्यधारा जो हिन्दी के सभी क्षेत्रों को समेटती है, उसे इतना संकुचित और सिकुड़ा हुआ मत समझिए।

आप नई पीढ़ी के लेखकों को क्या सन्देश देना चाहेंगी ?

निरंजन, किसी के लिए सन्देश देनेवाली दमक और समझ मैं अपनी रचनात्मक हैसियत में नहीं देखती। अपनी लेखकीय सीमाओं के साथ जो कुछ भी हूँ, आत्ममुग्ध नहीं हूँ। साहित्य का विशाल बौद्धिक परिवार विभिन्न कलात्मक दीर्घाओं में से अलग-अलग चेष्टाओं से प्रवाहित होता रहता है। लेखकों की पीढ़ियाँ बदलती हैं—पाठकों की भी। उनके साथ-साथ शिल्प और शैली के भी मुखड़े बदल जाते हैं। फिर भी साहित्य अपनी बौद्धिक प्रखरता और प्रगाढ़ घनत्व में निरन्तर ऊर्जावान बना रहता है। ऐसे में अपने को विशेष समझना खामख़याली ही है। लेखक को अपने अहम् को लेकर इतना समझना तो ज़रूरी है कि कोई भी प्रतिभा अपने में केन्द्रित होकर सिकुड़ जाती है। अपने से हटकर दूसरों की रचनात्मक सम्पदा को खुले नज़रिए से न देख पाने, उसे ग्रहण न करने में स्वयं अपने से भी पिछड़ जाती है। आप सोचते हैं, आप विशेष हैं और आपका लेखन विशिष्ट है।

इतने में कोई दूसरा प्रतिभावान आपसे बेहतर रचना प्रस्तुत करने में सफल हो जाता है। सच तो यह कि साहित्य ही वह विशाल परिवार है, जहाँ अच्छा लिखकर कोई घमंड से सिर ऊँचा नहीं उठाता और कमतर लिखकर आँखें नहीं चुराता। प्रतिस्पर्धा के इस युग में यही एक ऐसी हक़ीक़त है जो अपनी धुरी पर टिकी रहती है। लेखक के निकट रचना

को पाठ में गूँथ लेना ही उसका पुरस्कार है। अनेको-अनेक रचनाएँ हैं जो किसी न किसी कारण से वजूद धारण नहीं करतीं। लिखी नहीं जातीं। लेखक द्वारा लिखी जाने पर ही रचना सफल नहीं होती। प्रकाशन के साथ ही वह लेखक से अलग व्यक्तित्व ग्रहण करती है। इसी अस्तित्व में उसकी मुखामुखी बेशुमार वृत्तियों से मुकाबला करती है।

अपनी लेखकीय प्रतीति की बात करूँ तो पाठक की उपस्थिति ही मेरे पाठ को निगाह देती है। मेरे शब्दों के अर्थ को विस्तार देती है। इसे ही मैं रचना का विस्तार समझती हूँ। रचना लेखक के लिखे जाने-भर से ही सफल होने का दावा नहीं कर सकती। नई पीढ़ी अपने-अपने समय को जीती है, जीएगी। आख्यान बुनेगी। समय के आर-पार देखेगी। लेखक की जिज्ञासा, समय और संसार को समझने की समझ और जन्मजात प्रतिभा ही उसके लेखन की चतुराई या गहराई को तय करेगी।

रचनात्मक स्तर पर मैं लेखकीय चतुराई को गहराई से अलग करके देखती हूँ। बुद्धि और भावना का सम्मिश्रण ही एक अच्छे पाठ का ताना-बाना बुनने में सफल होता है। एक अच्छे हाथ में टेक्स्ट की अपनी स्थितियाँ-परिस्थितियाँ उभरती हैं। इसके साथ ही उसकी नैतिकता भी। अपने लेखक की बात कर रही हूँ कि मैं इसमें अपनी ओर से भरसक हस्तक्षेप नहीं करती। टेक्स्ट का आन्तरिक स्वभाव समझने के लिए लेखक को अतिरिक्त सजग होना होता है। लेखक और पाठक के बीच की निकटता और दूरी दोनों का स्थापत्य और सक्रियता ही रचना की गुणा है।

निरंजन, यह मैं अपनी स्वभावगत वृत्तियों-गुंजल और सीमाओं और क्षमताओं को ध्यान में रखकर कह रही हूँ। किसी दूसरी सक्षम कलम के लिए यह ज़रूरी तौर पर कारगर नहीं भी हो सकता। लेखक के जाने-अनजाने ही उसकी खूबियाँ, खामियाँ पाठ में घुल जाती हैं। और यहीं महत्त्वपूर्ण हो उठती हैं आलोचक की जाँच-पड़ताल और बौद्धिक सरगर्मियाँ जो लेखक को उसकी अगली कृति के लिए सावधान करती हैं।

जिन्दगी के पुराने ढेर...

बोतलें सुराहीदार-काँच की-लम्बी-चौड़ी-एक ढक्कन में चार खाने-गुड़िया का घर-मुर्गीखाना-पुराने पर्दे-तस्वीरों की चौखटें-चौखटें हैं तो तस्वीरें नहीं-तस्वीरें हैं तो काँच नहीं। पेचकस-नट-बोल्ट-छोटे बड़े देसी पुर्जे-विदेशी मार्का। पत्रिकाएँ। पुरानी किताबें ! कोई कोई नाम झाँक जाता है। उस चेहरे का जो इन पर आँखें गड़ाए रहता होगा। कॉपियाँ। नन्हे-मुन्ने हाथों से लिखे कुछ पन्ने। शायद सफाई के इरादे से घर से बाहर कर दिया हुआ सामान। पुराने सन्दूक-सन्दूकचियाँ। हमाम डोलचियाँ। प्याले। तश्तरियाँ। पुराने कोट। पैंटें। निहायत सस्ते कपड़े। बच्चों के लिए कैनवस के जूते। पेंसिलें। पैन। होल्डर। दवातें। करीब आधी सदी पुरानी। और किसी पढ़ने की मेज़ पर से उखड़कर पटरी पर आन पहुँचा कलमदान। जिसकी कलम इस कलमदान में कभी टिकती होगी—कहाँ है वह ? कौन है ? किसी के स्लीपर जूते। किसी के बावर्चीखाने के छोटे-बड़े पतीले। बदरंग कड़ाहियाँ। किसी पालने के रंग-बिरंगे मोमजामे ! त्रिपालों का ढेर। किस आँगन पर किस बरामदे पर छाँह होती होगी ! जगह-जगह घिसा-फिसा मखमली पलँगपोश। वक्त से मार खा गई सोफे की गद्दियाँ। इनपर टिकी

कुहनियाँ—क्या हुई ! कहाँ गई ! क्या किसी अस्पताल में गुम हो गईं ? जालियाँ। महीन। गोल। चौकोर। नई। पुरानी। पुराने स्टोव। टोपियाँ मखमली। कढ़ी हुई। लुँगियाँ। तहबन्द। झाड़न। मोजे। बनियानें। रिकॉर्डों के ढेर। ग्रामोफोन धूतूवाले। वक्त बहुत देर हवा में रहता है। ठिठका रहता है। छोटे-बड़े तेल के टीन। तारकोल के। बच्चों की रेलें। ट्रकें। जनता बसें। फटे-पुराने पानदान। गुलदान। सबकुछ है मगर बेरंग। काम की हर चीज़ है पर कबाड़ के ढेर में। जो आँख परखती है, उठवा लेती है। और पटरी पर अपने-अपने माल के सिरहाने बैठा चेहरा ऊपर उठता है। सौदा करता है। रेज़गारी जेब में डालता है और पुरानी घिसी आँख से ग्राहक को देख दूसरे पर नज़र जमा लेता है। ज़िन्दगी घरों से निकलकर इन पटरियों पर। और इस बीच चाँदी का कटोरा बजाता माशकी जामा मस्जिद के इस इतवारी बाज़ार वालों की प्यास बुझाता आगे बढ़ जाता है...।

टन...टन...टन...!

काँच की बोतलों के ढेर। खाली बोतलें, पर ग्राहकों की कमी नहीं।

डिब्बे हर साइज़ के छोटे-बड़े। सँकरे चौड़े।

छोटे-बड़े पुरजों से लैस यह इतवारी घड़ीसाज़ वक्त की सुइयाँ मिलाया करते हैं।

हर ताले की खोई ताली बना देने का हुनर इनके पास है।

कटोरा बजाते, पानी पिलाते मियाँ भिश्ती जिनके सिर पर से होकर हज़ारों सूरज निकल गए हैं।

तरावट बिक रही है तरबूज की।

बादाम का ठंडा शरबत।

प्यास, शरबत, पानी, चुस्की।

कभी जामा मस्जिद पर लगते इतवारी बाज़ार के चक्कर लगाना हम लोगों का शुगल था। अधेड़ बूढ़े कबाड़ियों के तजुर्बेकार चेहरे देखनेवाले। उनके सामने फैली बेजार जिन्सें उनकी मौजूदगी से ही धड़कती रहतीं। नज़रें ऐसी कि देखते ही ग्राहक और ग्राहक की औकात को पहचान लें। ऐसी धाकड़ आँखों के सामने उन्हीं से सौदेबाज़ी करने का एक पूरा प्रशिक्षण ही रंग ला सकता था।

इधर आपकी आँख को कुछ सुहाया उधर संकेत हुआ—दाम बढ़ा दो। इधर दाम बढ़े, उधर पाँव उठे। ले जाइए—मेरी तो निकल जाएगी मगर आप याद करते रह जाइएगा। ऐसे मौके हाथ नहीं आते।

सरवर, एक बार मेरी नज़र एक कैलेंडर पर पड़ गई। कपड़े जैसे कागज़ पर रैम्बर्ट की कला कृतियाँ। कागज़ और प्रिंटिंग बढ़िया।

दो-एक बार अलटा-पलटा। बढ़िया है, ले लूँगी।

कहीं और न पाइएगा ऐसी तस्वीरें।

दाम पूछे।

दोनों के दो सौ पर आपसे सौ।

नहीं। मैंने सिर हिला दिया और कदम उठा लिया।

इधर-उधर कई चक्कर लगाए और फिर वहीं पहुँच गई। कोने में रखा लकड़ी का डाल-हाउस। बीच में दो शैल्फ़। अच्छी खूबसूरत। रोजमर्रा की धुलाई रखने के काम आ सकता है।

ले जाइए—सस्ता दे देंगे। सिर्फ पाँच सौ।

क्या कहा, पाँच सौ ? बड़े मियाँ, सिर्फ पचास।

फिर कैलेंडर की ओर बढ़ी। ठीक कीमत बताइए तो लेने का सोचूँ।

देखिए, आपको सौ का हिंसा नहीं जँचता तो 75 लिए।

मैंने सिर हिला दिया, नहीं।

आपकी मर्जी। वैसे जिस आँख से आपने चुना, वह बहुतों के पास नहीं रखी।

कैलेंडर के लिए इतने माँग रहे हैं—

सुनिए हजूर, अब और कितने चक्कर लगाइएगा ! हर किसी के पास वह शै नहीं होती जो आपको चाहिए होती है। पसन्द आ जाती है। कई बार तो इन्तज़ार में ज़िन्दगी गुज़र जाती है।

मैंने फिर से अपना दिल टटोला। इसे छोड़ना ठीक न होगा !

मैंने पर्स से पचास निकाल आगे बढ़ाए—

अब आप मुझे दोनों कैलेंडर दे दीजिए !

कबाड़ी साहिब ने नोट पकड़े और कहा—बोहनी कर रहा हूँ। दस और रख दीजिए।

मैंने दस का नोट आगे कर दिया।

क्या लहज़ा और क्या अन्दाज़ !

फिर दस के लिए सौदा तोड़ने में भी क्या तुक !

शुक्रिया।

क्या लहज़ा और क्या अन्दाज़ !

कबाड़ी बाज़ार में लावारिस पड़े पुराने सन के दो कैलेंडरों को अपन बना लिया। वह भी फ़कत साठ रुपए में।

कमाल अहमद की बातचीत

सोबतीजी, सबसे पहले मैं आपसे यह जानना चाहूँगा कि एक साहित्यकार के नाते आप वतन को कैसे देखती हैं ? चौहद्दी, लोग, सरहद सम्प्रभुता, संश्लिष्ट इतिहास या फिर दिल में हमेशा बैठी हुई माटी से भावसत्तात्मक जुड़ाव ?

कमाल साहिब, वतन के साथ आपने जितने भी विशेषण जोड़े हैं, एक नागरिक के वजूद में इन सबसे उभरते अलग-अलग अहसास एक-दूसरे से जुड़े- गुँथे रहते हैं। जब आप अपने गाँव, कस्बे, नगर, महानगर, क्षेत्र, राज्य, देश और व्यक्तित्व में जीते हैं, तो उसका यह हिस्सा 'वतन' कहलाता है जहाँ आप जन्मे हों। जहाँ आपके परिवार क़ी जड़ें हों ! इसी धरती की गन्ध ज़िन्दगी-भर आपकी रूह को लहकाती-सरसाती है। आपको दिलचस्प लगेगा यह जानना कि बँटवारे से पहले 'वतन' और 'देस' क्षेत्रीय इकाइयों के लिए इस्तेमाल होता था। देस से चिट्ठी आती थी तो लोग छुट्टी पर 'देस' जाते थे। मंगल-मरण, खुशी-ग़मी, शादी-ब्याह को देस—मतलब अपने गाँव, नगर या कस्बों की ओर यात्रा पर ! 'देस' शब्द से 'देश' तक आने में स्वतन्त्रता-संग्राम का बहुत बड़ा हिस्सा रहा है। विभिन्न राज्यों और क्षेत्रों की जनता 'देश' शब्द को भारतीयता की बड़ी इकाई के रूप में स्वीकार कर यह प्रकट करती रही है कि वह जहाँ भी है, वह विशाल देश हिन्दुस्तान का अभिन्न अंग है। अटूट हिस्सा है।

हाँ, सम्प्रभुतापूर्ण राष्ट्र की मुकम्मल तस्वीर बनती है सत्ता, व्यवस्था और प्रजाओं के कर्तव्य और अधिकारों के साथ। राष्ट्र के विभिन्न क्षेत्रीय जातीय और क्षेत्रीय समूह-समुदाय एक ही संविधान के तहत शासित होते हैं। राष्ट्र के विभिन्न क्षेत्र और वहाँ की जनता राष्ट्र के कानून और लोकतान्त्रिक ढाँचे में से उभरी प्रशासनीय संहिता के अनुकूल चलकर एक

बड़े नागरिक परिवार को राष्ट्रीय समाज बनाते हैं। राजनीतिक तन्त्र-व्यवस्था, भौगोलिक सीमाओं की सुरक्षा करती जल-थल और वायु सेनाएँ और राष्ट्र की प्रभुसत्ता के प्रतीक हैं राष्ट्रीय ध्वज और महामहिम राष्ट्र के राष्ट्रपति जनतान्त्रिक मूल्यों के अनुरूप राष्ट्र को संचालित होते देखते हैं।

विभाजन और विस्थापन के बाद दोनों ओर से लाखों-लाखों की विंस्थापित भीड़ को सरकारों ने नए पहचान-पत्र दिए।

विभाजन की बात करें तो मैं पाकिस्तान के गुजरात में पैदा हुई। जहाँ पैदा हुई, वह अब मेरा 'वतन' नहीं, पड़ोसी देश है। मुझे वहाँ जाने के लिए अब पासपोर्ट चाहिए होगा। 'वीज़ा' चाहिए होगा।

अब हिन्दुस्तान-पाकिस्तान दो सम्प्रभुतापूर्ण देश हैं। दो राष्ट्र—दो सरकारें, दो हुकूमतें। दो सत्तातन्त्र। दो झंडे। दो राष्ट्रीय गीत।

इन्तिज़ार हुसैन साहिब हिन्दुस्तान में पैदा हुए थे—वह अब पाकिस्तानी हैं। मैं उधर के गुजरात में पैदा हुई थी—मैं हिन्दुस्तानी हूँ। निःसन्देह विभाजन के बाद नई स्थितियों और परिस्थितियों ने न सिर्फ दोनों मुल्कों को नई सरहदें दीं—दोनों मुल्कों के झगड़ों को सुलझाने के लिए पेचीदा संगतियाँ और विसंगतियाँ भी पैदा कीं। जब दो भौगोलिक सीमाएँ नई सरहदों में बदलती हैं तो मामला सिर्फ राजनीतिक ही नहीं रहता। सीमाओं के अन्दर बसनेवाले लाखों की संख्या में विस्थापित होते हैं तो वह भयावह अध्याय शुरू होता है जो विभाजन के समय हुआ।

विभाजन और विस्थापन के बाद दोनों ओर की विस्थापित भीड़ को नए पहचान-पत्र दे दिए गए। ज़मीन के नए पट्टे की तरह उन्हें अपने-अपने देश का नागरिक मान लिया गया। जो पाकिस्तान से भारत आए, उन्हें भी और जो हिन्दुस्तान से पाकिस्तान पहुँचे, उन्हें भी। यह पहचान-पत्र उन्हीं को मिले जो ज़िन्दा थे। जो खूनी आँधी में ढेर हो गए, वे अपने-अपने देश के लिए बलिदान हो गए।

भारतीय संविधान में इस देश का नाम या तो इंडिया है या भारत। क्या आपने इसी संवैधानिक स्खलन के बरक्स 'ज़िन्दगीनामा' में 'हिन्दुस्तान' तो नहीं उकेरा है ? क्या आपको नहीं लगता कि 'ज़िन्दगीनामा' के रूप में आपने इस वतन को एक ऐसी भावनात्मक चादर दी है जो हिन्दुस्तान के संश्लिष्ट इतिहास की साक्षी है ?

विभाजन एक ऐसे परिवर्तन का तूफ़ान था जो सामूहिक था और किसी

एक की यातना-आक्रोश-रोष-दर्द-पीड़ा न किसी दूसरे से कम थे और न ज़्यादा। हरे-भरे छाँवदार पेड़ उखड़कर ज़मीन पर औंधे पड़े थे। आतंक। लेकिन अब भयभीत होकर पलायन करने का कोई रास्ता न बचा था। आक्रामक हो जाने की नियति या फिर से तिनके इकट्ठा करने की कोशिश। हिंसा में ढेर हो चुके सम्बन्धियों, दोस्तों का गम और उसी के साथ तत्काल यह अहसास भी कि हम तो ज़िन्दा हैं। जीवित होने से जुड़ी सम्भावनाएँ–प्रियजनों को याद करते-करते जाने कहाँ ठिठक जातीं ! अब कहाँ देखेंगे हम ! जिए हुए समय के दो टुकड़े हो चुके थे।

एक विभाजन से पहले का और दूसरा विभाजन के बाद का। पुराना पिछवाड़े और नया आँखों से परे था। जीने के स्तर पर ज़िन्दगी को उकसाने के लिए नहीं, निपटाने के लिए अब क्या और बाकी था, यह किसी को मालूम नहीं था। परिश्रम। जिसे जो कुछ भी करना था–तत्काल करना था। कर लेने की हिम्मत जुटाने के लिए बस यही एक मन्त्र था। विभाजन और आज़ादी के दो-एक वर्षों के बाद ही मैंने 'सिक्का बदल गया' लिखी।

ज़मानों के बाद इन्हीं दिनों 'सिक्का बदल गया' दुबारा पढ़ी तो विस्मय हुआ कि तनाव-भरे दौर में यह कहानी इतने ठंडेपन से कैसे लिखी गई होगी ! तटस्थता की गहरी उदासी, कैसी रही होगी वह मनःस्थिति ! स्वतन्त्रता-विभाजन और विस्थापन जैसे घटनाक्रम में से गुज़र जाने के बाद कोई भी समाज 'समूह' देशवासी वह नहीं रहते जो वह ऐसे ऐतिहासिक निर्णयों के पहले होते हैं। सच यह भी कि कोई भी कौम-धर्म-मज़हब हो, उसकी राजनीतिक महत्त्वाकांक्षाओं को रोकने के लिए कुछ भी करें–कितना भी लम्बा खींचें, उसे उसकी आकांक्षाओं से वंचित नहीं किया जा सकता। इतिहास के हर कालखंड में ऐसी सफल और असफल कोशिशें होती रही हैं। क्रान्तियों के इतिहास इस बात का प्रमाण हैं। हिंसा प्रतिहिंसा का संघर्ष नहीं, स्थितियों और परिस्थितियों को जन्म देता है। साथ ही नए नज़रिए और सोच को भी।

तो आप मानती हैं कि पाकिस्तान बनना सिर्फ एक राजनीतिक मामला है ? भारतीय जनता या पाकिस्तानी अवाम के बीच कोई विभाजन-रेखा नहीं है ? एक ज़िन्दा वतन को 72 दिनों के ऑपरेशन (रैडक्लिफ़ कमीशन) के बाद रैडक्लिफ़ लाइन खींच दी गई। जो पीड़ा सन् 1947 में हम लोगों ने झेली, उसका घाव आज भी रिसता है ?

दोस्तो, दोनों ओर से उखड़े परिवारों ने सिर्फ घर-बाहर और बेटे-बेटियाँ ही नहीं खोई थीं—उनकी पीढ़ियों-दर-पीढ़ियों की दुनिया तबाह हो गई थी। गौर करें—तब भी उन्हीं काफिलों में, कैम्पों में मौजूद थे वे लोग जो इसे राजनीतिक फैसले का परिणाम समझते थे। और इतनी बड़ी त्रासदी में भी गाँधी को समझने की कोशिश करते थे। मैं उन खौफ़नाक वक्तों की पौध हूँ, विभाजन को झेले हुए हूँ फिर भी बाँटना चाहती हूँ आपसे कि मेरी धर्मनिरपेक्षता को पिछले पचास वर्षों में शक-सुबह से किसी साम्प्रदायिकता ने जख़्मी नहीं किया।

यह प्रसंग इसलिए कि नागरिक के रूप में भारतीय मानस की आस्था संकीर्णता में नहीं, अपने देश के विशाल की तरह ही व्यापकता में है। यह विभिन्नता में उभरी मात्र सहनशीलता की परिचायक परिपाटी नहीं। देश के विभिन्न भागों में विभिन्न जाति-धर्म-सम्प्रदायों से जन्मी वह राष्ट्रीय विचार-ऊर्जा है जिसने हमारी सोच और चिन्तन को एक गहन विस्तार दिया है। इसको धर्मनिरपेक्ष विचारधारा का नाम दें न दें। हम भारतीयता की गुणात्मकता को जानते हैं। हमारा प्रबुद्ध वर्ग इस विवेक को नहीं भूलता और राष्ट्रीय चैतन्य को गम्भीरता से लेता है। वह टुकड़ी-टुकड़ी और जाति सम्प्रदाय और धर्म के नाम पर उन राजनीतिक प्रपंचों को सन्देह से देखता है।

रैडक्लिफ़ कमीशन के अनुसार इस महाद्वीप की नदियों और दरियाओं के आरपार जो लाल-काली रेखाएँ खींच दी गईं थीं—उनमें एक ऐसा ठंडा निर्णय था जिसके ताप-संताप ने कई गाँवों, कस्बों और नगरों में रहनेवालों के दिल झुलसा दिए थे।

कयास लगाए जा रहे थे कि लाहौर किधर, कसूर किधर, फिरोज़पुर-गुरदासपुर इधर कि उधर। नई सरहदों की पहचान बहुतों को झुठला रही थी और दोनों ओर के विस्थापित अपनी जड़ों से उखड़कर विपरीत दिशाओं की ओर मुँह कर रहे थे। वह अभी तक ज़िन्दा थे और सियासत की आग में से निकल जाना चाहते थे। जो साम्राज्यवादी सत्ता इस महाद्वीप को अब तक जोड़े हुए थे, वह जाते-जाते भी अपनी कूटनीति में चूकी नहीं थी।

अबकी बात करें तो सरहदों के आरपार दोनों मुल्क लड़ाइयाँ लड़ चुके हैं। समझौते कर चुके हैं। उन्हें जोड़ने के अन्दाज़ में तोड़ चुके हैं। नई मुद्राएँ और पुरानी कटुता से एक-दूसरे के ख़िलाफ़ प्रचार-प्रसार !

फिर भी दोनों ओर की प्रजाएँ-नागरिक-समाज एक-दूसरे को दिलचस्पी से देखते हैं। पाकिस्तानी अवाम हो या भारतीय जनता, कई स्तरों पर एक-दूसरे को खूब समझते हैं। कभी एक ही देश का हिस्सा रह चुके हैं। विभाजन को हम आज किसी भी प्रक्रिया का नाम दें—हक़ीकत यह कि यह निर्णय राजनीति द्वारा संचालित हुए ! विभाजन जैसे निर्णय विभिन्न लोकसमूहों के बीच उभरती तल्खियों और विभिन्न पक्षों के बीच उठे नागरिक विवाद और तनावों का ही परिणाम होते हैं। भारत-पाक विभाजन के समय जातीय दलों और द्वन्द्वों के बीच गरमाता एक नया गणित सिर उठाने में सफल रहा और भौगोलिक और नए ऐतिहासिक रूप में ही प्रकट हुआ। जो भी हुआ, जैसा भी हुआ, इस बन्दर-बाँट में ब्रिटिश सत्ता का एक तीसरा पक्ष भी मौजूद था। उसके हाथ में हमारे देश की व्यवस्था निकली जा रही थी और वह बँटवारे को अब एक विचौलिए की तरह देख रहा था।

कमाल साहिब, कहना चाहती हूँ यह कि बेशक विभाजन अन्ततः धर्म, मजहब और जातीय समीकरणों के नाम पर हुआ, पर इन सबके पीछे संख्या के प्रतिशत का मुख्य तर्क 'आँकड़ा' था। धार्मिक तर्क को ग़लत प्रमाणित करने को एक और विभाजन हुआ। इस बार जातीय और सांस्कृतिक महत्त्वाकांक्षाएँ धर्म, मज़हब और सम्प्रदाय के मुद्दों को भी फलाँग गई। पाकिस्तान से अलग छिटककर बाँग्लादेश अपने नए अस्तित्त्व में प्रकट हुआ। यह उन क्षेत्रीय तनावों और टकराहटों का परिणाम था, जो एक ही धर्म के अनुयायियों के बीच भी सिर उठाती हैं और फिर सिरे से सम्प्रदायिकता को ख़ारिज कर देती हैं। राजनीति की पेचीदगी कुछ भी उलझा सकती है। भुना सकती है।

विभाजन से उपजे असंतोष ने बहुत-से लेखकों को आकृष्ट किया। आपने भी 'सिक्का बदल गया' कहानी लिखी। उसके बाद 'चन्ना' नाम से उपन्यास भी लिखा, जिसे प्रेस में भेजकर वापस मँगा लिया। आखिर यह कौन-सी विवशता या उथल-पुथलवाली मनःस्थिति थी—आप इस विषय पर लगातार सोचती रहीं। मुझे तो लगता है, 'ज़िन्दगीनामा' एक लम्बी उथल-पुथल वाली मनःस्थिति की सृजनात्मक परिणति है ?

लेखक की अन्तर्दृष्टि भीतर से बाहर और बाहर से भीतर को कैसे जाँचती-परखती है—कैसे तथ्यों को जुटाती-मिलाती है, यह भी कम विस्मयकारी नहीं।

विभाजन के बाद उसका सामना करने, उससे बचने, उससे दूर होने की प्रक्रिया में कैसे लौट-लौटकर उसी ओर जाती है, यह लेखक के स्वभावगत संवेदन पर भी मय्यसर करता है। विभाजन जैसे ऐतिहासिक घटनाचक्र को देखने-पढ़ने की समझ उस दौर के बाहर भी है और अन्दर भी।

सिक्का बदल गया, मेरी माँ कहाँ है, डरो मत मैं तुम्हारी रक्षा करूँगा, खून, मिट्टी, सरस्वती जैसी कहानियाँ लिखने के बाद भी अभी मुझे कुछ और कहना था। 'चन्ना' मेरा पहला उपन्यास था। शाहों के सौरगृह से शुरू होकर वह विभाजन पर ख़त्म हुआ।

इलाहाबाद के भारती भंडार, लीडर प्रेस ने इसके प्रकाशन की स्वीकृति दी। उन दिनों भारती भंडार हिन्दी का उत्कृष्ट साहित्य प्रकाशित करनेवाला बड़ा प्रकाशन गृह था। लगभग आधे फार्म छप जाने के बाद मुझे इसे वापस लेना पड़ा। कुछ ऐसे शब्द बदल दिए गए थे, जो पीछे छूट गए भूखंड और काल की आवाज़ों को ज़िन्दा करते थे।

'चन्ना' मेरा पहला उपन्यास था फिर भी भाषा, बोली और स्थानीय वाचन परम्परा को लिखित में सँजोने के लेखक के अपरिभाषित अधिकार को मैंने छोड़ना ठीक नहीं समझा और छप चुके पृष्ठों की छपाई और कागज़ का भुगतान कर उसे वापस ले लिया।

उसके बाद की कहानी लम्बी है। 'चन्ना' की प्रेसकॉपी कमलेश्वर ने बनाई थी। प्रेस से लौटा लेने के बाद वह बरसों-बरसों सन्दूकचे में बन्द पड़ी रही। वह अब भी वहीं रखी है।

एक रात उसे खोला। कुछ पन्ने पढ़े, और दुबारा पहले की तरह उसी सन्दूकचे में बन्द कर दिया। वजह यह कि मैं अब विभाजन से पहले आख्यान को देखने लगी थी। तब साँझा ताने-बाने में बुनी, रसी-बसी भारतीय गाँव की जिन्दगी अंग्रेज के कानून के मुताबिक चल रही थी। ज़मीनों के झगड़े, कत्ल, डाके, फौज़ और पुलिस में भर्ती। पृष्ठभूमि थी चनाब और जेहलम की धरती। वक़्त था पिछली शती का आरम्भ। मेरे जन्म से पहले का वक़्त। साझेपन की नज़दीकियों और दूरियों के बावजूद सतह के नीचे की खटखटाहट-बुदबुदाहट हवा में तैरने लगी थी। सियासी शोर धीमी गति से खेतों की मेड़ों पर मँडराने लगा था। पर ज़िन्दगी बदस्तूर धीमी चाल पर सरक रही थी। किधर का रुख था—मेरे लेखक को यही जानना था। 'ज़िन्दगीनामा' अंग्रेज़ी शासन के लगभग पचास वर्षों में उभरते

उस गाढ़े साझे समाज का आख्यान है जहाँ दिशाओं में बँटता भविष्य दस्तक दे रहा था। 'लोक' की जातीय महत्त्वाकांक्षाएँ विविध रूपों में अपनी-अपनी पहचान दर्ज़ कर रही थीं।

कमाल, हम अतीत में इसलिए भी झाँकते हैं क्योंकि आपमें, आपके वजूद में भी उस ऐतिहासिक शृंखला का तनिक-सा हिस्सा महफूज रहता है। आप जहाँ भी हों, दुनिया के किसी भी कोने में, उस धरती का अंश आपकी सोच में बना रहता है।

अकारण नहीं था कि भारत-पाकिस्तान में बँटी बुद्धिजीवी बिरादरी जो दोनों ओर मानवीय मूल्यों के पक्ष को आँखों से ओझल होने नहीं दिया। विभाजन के फलस्वरूप नए उभरते सन्दर्भों के दरमियान भी इन्सानी कद्रो-कीमतों और मानवीय विवेक को अपनी-अपनी रचनात्मकता में बनाए रखा। उदास नस्लें, आग का दरिया, काले कोस, झूठा-सच, तमस, गुजरा हुआ ज़माना, आधा गाँव और ज़िन्दगीनामा जैसे वृत्तान्त प्रस्तुत किए गए। मंटो की कहानियों को भला कौन भूल सकता है ! विभाजन की खंडित स्मृतियों का लेखा-जोखा मंटो के पाठ के बिना अधूरा है। ऐतिहासिक दस्तावेज़ों के बरक्स मंटो की कहानियाँ लेखकों के मानसिक और बौद्धिक सरमाये को ही प्रमाणित करती हैं। विभाजन पर लिखे सम्पूर्ण साहित्य की सिरमौर कहानी 'टोबा टेक सिंह' उस राजनीतिक पागलपन की तस्वीर है जिसने इस तकसीम द्वारा अब तक की अर्जित की गई एकता पर हाथ डाल उसे नष्ट-भ्रष्ट करने की भूमिका बिछाई। काट-छाँट और बाँट के जख़्मों का रिसना बन्द हुआ हो लेकिन उससे जुड़े रोग-बीमारी नहीं। वह अब भी मौजूद हैं। विभिन्न समाजों के तनाव जातीय मुद्दों की तरफ मोड़ दिए जाते हैं। इसमें राजनीतिक दलों की भूमिकाएँ सन्दिग्धता से परे नहीं। पार्टी के लिए पार्टी के हित में लोककल्याण की कुर्बानी दे दी जाती है। पार्टी स्वार्थ के लिए लोकतन्त्र को दाँव पर लगा दिया जाता है। राजनीतिक सन्दर्भों में विसंगतियों के बल पर ही मूल्यों का ह्रास जारी है। नागरिक समाज द्वारा इस प्रक्रिया को गम्भीरता से लेना चाहिए और न्यायपालिका के सामने इस ख़तरनाक चलन को लेकर गुहार करनी चाहिए। लोकतन्त्र में जितनी अस्मिता नागरिक की व्यक्तिगत स्वतन्त्रता की है, उतनी ही उसके अनुशासन की भी। राजनीतिक पार्टियाँ मनमाने रंग-ढंग से अपने हक में देश के कानून को लागू करेंगी—उसको तोड़ें-मरोड़ेंगी तो समाज उन्हीं का अनुसरण करेगा। राजनीतिक दलों द्वारा

संवैधानिक मूल्यों का उल्लंघन और फिर उन्हें उचित ठहराने की मुहिम हमारे राष्ट्रीय जीवन के लिए आज सबसे बड़ी चुनौती है।

हाँ, यहाँ इस बात को भी याद रखना ज़रूरी है कि विभाजन के बाद विस्थापित पीढ़ियों के प्रबुद्धों और साधारण ने बड़े पैमाने पर हुई हिंसा-प्रतिहिंसा को देख-झेलकर भी मानवीय मूल्यों में अपनी आस्था और विश्वास को बरकरार रखा। दोनों ओर का विभाजन-साहित्य इसका प्रमाण है।

लेखकों ने इकतरफ़ा बयान दर्ज नहीं किए—मानवीय मूल्यों को इन्सानी कद्रो-कीमतों की आँखों के सामने रखा।

मंटो, अब्दुल्ला हुसैन, यशपाल, कुर्तुल ऐन हैदर, भीष्म साहनी, बलवन्त सिंह, कृष्ण बलदेव वैद, अज्ञेय, मोहन राकेश, राही मासूम रज़ा, और भी अनेकों-अनेक लेखक राजनीतिक दलों की युद्धनीतियों को समझते-बूझते हुए भी रचनात्मक वृत्तान्तों, उपन्यासों और कहानियों में अंकित करते रहे हैं। जनमानस को सचेत करते रहे हैं उन विद्रूपों और विसंगतियों से, जो मानव-समाज की प्रगति के आड़े आती हैं। लेखकों ने भारत जैसे ही विशाल फलक पर भारतीय जीवन की छवियाँ जो वृत्तान्त में प्रस्तुत की हैं, वह किसी भी मनघड़ंत इतिहास से कहीं ज़्यादा प्रामाणिक मानी जाएँगी। मैं यहाँ चाहूँगी कि भूमंडलीकरण और मीडिया के इस युग में भी साहित्य को भले हाशिए पर मान लिया गया है—इसी में व्यक्ति, समाज और देश की सांस्कृतिक और रचनात्मक धरोहर सुरक्षित है।

इसका मतलब तो यह हुआ कि 'ज़िन्दगीनामा' में वतन ही वह भावनात्मक पृष्ठभूमि थी जहाँ से आपकी सर्जना प्रवाह पकड़ती है ?

'ज़िन्दगीनामा' ज़िन्दगी का आख्यान है। कहा जाता है, ख्वाज़ा खिज़र ज़िन्दगानी के पीर हैं। दरियाओं में उनकी किश्ती किनारों से लगी रहती है। वही बन्दों को इस पार से उस पार उतारती है।

ग़लत न होगा ऐसा कहना कि 'ज़िन्दगीनामा' का आख्यान किसी एक धर्म समुदाय-जाति की भावनात्मक तस्वीर नहीं है—उसके वृत्तान्त में उस कालखंड के लोक की जीती-जागती उपस्थिति है जिसके संवाद को खेतिहर समाज के खुरदरे शोर ने स्वयं बुना है। धीमी गति से नई शती के दशकों को फलाँगते उस साझी बिरादरी की बुनत का ऐसा प्रतिबिम्ब है जो विस्थापन और विघटन के पहले अपने चरम पर था। खेतिहर समाज में हर पुत्र अपने पिता का अवतार था।

बड़े लालाजी बच्चों को कहानी सुना रहे हैं।

बच्चो, अवतार वह, जिसके दो हाथ हैं। अवतार वह, जिसके दो पाँव हैं। धड़ है। आगा है, पीछा है। मेरे बच्चो, अवतार वह, जो धरती में हल चलाता है, पानी से उसे सींचता है। तृप्त करता है। बीज बोता है। फसलें उगाता है।

गाँव की छोटी-सी इकाई में भी एक दुनिया बसी थी। शाहजी, शाहनी, चाची मेहरी, राबयाँ, जहाँदाद खाँ जी, मैयासिंह और बरकती थे। पंडित, पांदे, गुसाईं, मौलवी, थानेदार, सिपाही, मिरासी, नाइन, लुहार, कुम्हार—सब एक-दूसरे से जुड़े और एक-दूसरे से अलग भी। एक-दूसरे पर निर्भर। संयोग ही समझिए कि इस लिखत के वृत्तान्त को बुननेवाला न इतिहासकार था, न शिक्षक और न ही धर्म-सम्प्रदाय का गुरु। मात्र एक लेखक।

'ज़िन्दगीनामा' को समाप्त कर जो पंक्तियाँ लिखीं, वे कुछ ऐसे थीं—

तौफ़ीक न लेखक की
न कलम की
ज़िन्दगी फैलती चली गई
पन्नों पर कुछ ऐसे
ज्यों धरती में उग आया हो
गहरी जड़ोंवाला ज़िन्दा रुख़।

यह विशाल ज़िन्दा रुख आनेवाले आँधी, अन्धड़ और तूफ़ान में उखड़नेवाला था।

अविभाजित पंजाबी परिवेश और उसकी संस्कृति का यथार्थ 'ज़िन्दगीनामा' में दिखता है। आपने सारी कथा गुजरात के एक गाँव 'डेराजाट' के माध्यम से बुनी है। क्या यह आपका गाँव था ? यह भी बताएँ कि आपने सामाजिक या साम्प्रदायिक सौहार्द को केन्द्र में रखकर 'ज़िन्दगीनामा' की रचना की थी ?

अविभाजित पंजाबी परिवेश और उसके सामाजिक सभ्याचार व्यवहार को प्रस्तुत करने के लिए मैंने सोच-समझकर कोई रूपरेखा नहीं बनाई थी। 'ज़िन्दगीनामा' किसी एक गाँव की कहानी नहीं है। उस कालखंड में भारत का देहात विभिन्न क्षेत्रीय विभिन्ताओं के बावजूद लगभग एक-सा ही रहा होगा। मैं कहना चाहूँगी कि 'ज़िन्दगीनामा' लिखते हुए मैं किसी की पैरवी नहीं कर रही थी। पिछली शती के प्रथम चरण की टकराहटों की सुन

रही थी, देख रही थी। उन टकराहटों की ओर जो अपने में विभिन्नताओं की तल्खियाँ समेटे थीं। 'ज़िन्दगीनामा' जैसा पाठ दूसरे हाथ के माल से नहीं बुना जा सकता था।

सोबतीजी, आपने विभाजन को अपनी आँखों से देखा है। विभाजन के पश्चात् होनेवाले विस्थापन ने लाखों लोगों को सीमा के आर-पार कर दिया। विस्थापित लोगों के पुरुषार्थी बनने की प्रक्रिया को आपने किस रूप में महसूस किया ? कहाँ तक प्रभावित किया ?

कमाल साहिब, विभाजन को भूलना मुश्किल है और याद करना और भी खतरनाक।

'चन्ना' लिख डालने के बाद जब 'विभाजन' की पड़ताल को मुझे दुबारा पुराना पुलिन्दा खोलना था तो ईमानदारी से कह सकती हूँ कि उसका सामना करने में मुझमें एक-साथ हलचल और झिझक तारी हुई। क्या फिर वही आतंकित करते मौसम मेज के इर्द-गिर्द आ फैलेंगे ?

ददियाल और ननिहाल के दोनों परिवारों की जो कैफियत थी, उसके साथ कुनबों के कुनबे जुड़े थे।

गाँव और ज़मीनों को न छोड़ने का इरादा किए नानी को नानाजी के मित्र ने उन्हें वहाँ से जीप में लाकर कैम्प में छोड़ा था। नानी जीप की ओर बढ़ीं कि उनके साथ ही गाँव का गाँव बाहर निकल आया। इलाके में बाढ़ आ जाने से कैम्प में पड़ी रहीं। फिर काफिले के साथ अमृतसर पहुँची थीं।

एमनाबाद के हमारे फार्म को जब भीड़ ने घेर लिया तो खेतों-खेतों भागकर दादी ने रोढ़ी साहिब गुरुद्वारे में शरण ली। चचा बलराज की टाँग में बीमारी की जड़ें काफी गहरी जा चुकी थीं—दौड़ना क्या, पाँव उठा सकना तक मुश्किल था। फार्म पर काम करनेवाले अब्दुल्ला ने पीठ पर उठाकर गुरुद्वारे पहुँचाया।

कड़ियावाला से मौसी-मौसा ने बेटे सत्त और बेटी सषिता को जम्मू भिजवाया फिर आप अपना सबकुछ छोड़कर भागे। उन्हें बचाने में सत्त की कश्मीरन खलाकी का हाथ रहा। उसने बच्चों को अपनी अमानत कहकर अपने बेटे को सौंपा, जो घोड़े पर उन्हें जम्मू ले जा सका। मौसेरे चचेरे भाई-बहन जो बच निकले थे, वह कोई काफ़िलों नें पैदल चलकर सरहद पार कर रहे थे—कोई गाड़ियों की कटनी में गायब ! कोई घर से निकलते ही कत्ल हो गए। लम्बी फेहरिस्त। मरज़ाई चकवालों में से कौन

कहाँ पहुँचा—कहाँ देखा गया—वह भागदौड़ों के, बच निकलने और मरने-मारने के समय थे।

जो भी बचा, वह दिल्ली की ओर। राजधानी कुछ तो सुरक्षित होगी।

आपने एक सीमान्त गाँव से अविभाजित पंजाब को 'ज़िन्दगीनामा' में प्रस्तुत किया है। गाँव में ही सबकुछ दिखाने और सुनाने की जो तकनीक आपने अपनाई है, उसने मजलिसों के माध्यम से पंजाब और पंजाब के ठेठ देहात को अंकित कर दिया है ! यह कौशल आप तक कैसे पहुँचा ?

रचनात्मक संयोग ही कहिए कि 'ज़िन्दगीनामा' के लेखक और लिखित के पास वह भौगोलिक और ऐतिहासिक साधन मौजूद थे जो उस समय और काल को अंकित करने के लिए ज़रूरी थे। इस दुर्लभ आख्यान से लेखक की नज़दीकी और दूरी दोनों ने इसकी सम्भावनाओं को जुटाया। चनाब और जेहलम के बीच बिछी धरती पर उपजाऊ जमीनें सरसों के खेतों की तरह मुस्करातीं और उन्हें सगेपन से देखते ठेठ पंजाब के गाँव, कड़कती धूप में पेड़ों की छाँव। प्राचीन ऐतिहासिक शहर गुजरात में सोबतियों की हवेली और नई दिल्ली और शिमला का परिष्कृत, अनुशासित कार्यवैभव—इन सबने मिलकर दो सीमान्तों से ज़िन्दगी के नाना रूपों को अलग-अलग रंगों में पहचाने की तालीम दी ! राजधानी नई दिल्ली और शिमला के वातावरण ने स्थितियों को समझने-बूझने का व्यापक और सकारात्मक दृष्टिकोण दिया। साथ ही एक ऐसी आँख भी जो बिना पूर्वग्रह के नतीज़ों पर पहुँचने का धीरज जुटा सके। इन्तजार कर सके। गुजरात की पुरानी हवेली को ऐतिहासिक सन्दर्भों से जोड़कर देख सके।

गुजरात के चिल्लियाँवाले मैदान में खड़े होकर हम बच्चों को यह समझा दिया गया कि देश के लिए विजय और पराजय में क्या फर्क होता है। चिल्लियाँवाला की दो पहली लड़ाइयों में हमारी सेनाओं ने फिरंगी को हराया था लेकिन तीसरी लड़ाई में विजय अंग्रेज़ों के हाथ लगी और पंजाब जीत लिया गया।

जब-जब गुजरात जाते, हमें कोई-न-कोई नए प्रसंग सुनने को मिलते। शहर में फिरंगी का पहरा लगा तो हवेली के बाहर भी टोपवाले तैनात कर दिए गए। उस वक़्त जो परिवार की दादी रही होंगी, वह चोर सीढ़ियों से तहखानों की ओर उतरीं और झोली में मोहरें भर सीढ़ियाँ चढ़ आईं। ड्योढ़ी से गुज़रीं तो गारद बदल रही थीं। हाथ में शमादान लेकर वह उन्हें देखती रहीं। डरो नहीं।

कमाल, मैंने भी बचपन में तहखानों को देखने की ठानी। सीढ़ियाँ उतरकर बन्द किवाड़ को छूकर ही लौट आती। आखिरकार एक दिन देख ही लिया। पुराने वक्तों की मानो वहाँ पोटली बँधी मिल गई हो ! अँधेरों में घुट रही पुराने समयों की गन्ध। शहतीर बने टगने पर पट्टू-खेस-रजाइयाँ। मैंने अगर उस तहखाने में न झाँका होता तो मैं 'डार से बिछुड़ी' न लिख पाती। कुछ ऐसा था वहाँ जिसने कल्पना और हक़ीकत को एक कर दिया। दोनों की अलग-अलग पहचान की भी अपनी ही तालीम है।

जब भी हम दिल्ली-शिमला से वहाँ पहुँचते तो कमरों का भारी फर्नीचर न हमें अनोखा लगता और न प्रभावशाली। कुछ कमरे भरे-पूरे और कुछ प्लास्टर उखड़ी दीवारोंवाली बिसूरती बैठकें। ठीक इससे मुख्तलिफ दिल्ली-शिमला का सादा मगर परिष्कृत-सुव्यवस्थित संसार ! इस परिवेश ने मुझे स्थितियों को समझने-बूझने की समझ दी। ख़बर को ख़बर, घटना को घटना और घटित हो चुके को मात्र हक़ीकत नहीं, उसके पिछवाड़े से उभरतीं टीप-टिप्पणियों के तन्तुजाल को भी देखने की समझ और तालीम मिलती रही। यह तब की आबोहवा थी जो आपको चौकस रखती थी। विदेशी सत्ता देश की हुकूमत कैसे चलाती है, ग़लतफ़हमियाँ-अफ़वाहें कैसे फैलाई जाती हैं, उनमें कितनी सरकारी स्वीकृति और कितना जनता का प्रतिरोध होता है; यह भी कि किस विशेष मुद्दे को सरकारी हवा लगानी है, उसे कितना पकानी और दम देनी है और विपरीत दिशाओं से उसे कितना दबानी है—साम्राज्यवादी सरकारी मुखड़ों की कार्य-प्रणाली समझ में बैठने लगती। इस सूझ-बूझ ने ही मेरी लेखकीय अन्तर्दृष्टियों को तराशा। इसके साथ अपनी ज़मीनों का अनुभव, ननिहाल घर का खुरदरा सीधा-सादा खेतिहर वातावरण।

सोबतीजी, एक अन्तिम प्रश्न। अभी हम लोग जिस हिन्दुत्ववादी माहौल में साँस ले रहे हैं और जहाँ प्रयोग और प्रतीक की बात की जा रही है—एक स्वस्थ समाज की कल्पना किन रूपों में सम्भव है ?

लोकतान्त्रिक भारत का नागरिक होने के नाते मैं अपने होने में न सिर्फ हिन्दू हूँ—न मुसलमान, न ईसाई, न सिक्ख और न पारसी। मुझमें, मेरे अस्तित्व और मेरी चेतना से जुड़े हैं लोकतान्त्रिक देश के मूल्य और सिद्धान्त भी जो मुझमें भारतीय होने का एहसास जगाते हैं। एक स्वस्थ समाज की पहचान उसके इतिहास, संस्कृति और साहित्य से होती है। परम्परा और परिवर्तनों के फलस्वरूप उन पुराने की पड़ताल से भी उभरती

है जो रूढ़ियों और परिवर्तनों के फलस्वरूप जनमानस की सोच में लगातार बने रहते हैं और उसके स्वभाव, रुचि और सोच के अटूट अंग हो जाते हैं। भारत जैसे लोकतान्त्रिक धर्मनिरपेक्ष देश में यही मूल्य हमारे राष्ट्रीय जीवन को प्रतिबिम्बित करते हैं।

ऐसे खुले व्यापक दृष्टिकोण में संकीर्णता के हस्तक्षेप से अगर आप उसे साम्प्रदायिक शिकंजे में कस देना चाहते हैं तो जनमानस के राष्ट्रीय मनोबल का क्षरण अवश्यम्भावी है। हम भूमंडलीकरण के दबाव तले दूसरे देशों की तुलना में रखकर अपने वर्तमान को छोड़कर अतीतोन्मुखी इतिहास के बल पर नई कल्पनाएँ गढ़ रहे हैं, उन्हें संचारित कर रहे हैं। पौराणिकता को इतिहास में बदल रहे हैं, इतिहास को विचारधारा में और अतीत में घटी घटनाओं को मनमाने ढंग से पौराणिक सन्दर्भों से मथ रहे हैं—ऐसे में राष्ट्रीय ढाँचे में विषमताओं की दरारें ज़रूर तिड़केंगी। कोई भी तानाशाही जो भारत के शान्तिप्रिय जनमानस में जातीय घृणा और आतंक का प्रचार-प्रसार करती है, वह हमारे संविधान के जनतान्त्रिक सिद्धान्तों को चुनौती देती है—लोकतन्त्र की सुरक्षा के लिए नागरिक समाज को धार्मिक क्रूरता के नाम पर भाँजना किसी राजनीतिक दल और विचारधारा के लिए ख़तरनाक ही साबित होगा।

नागरिक का धर्म उसकी आत्मा का बल है—उसके धर्म से जुड़ा कर्मकांड, उसकी व्यक्तिगत विश्वास और आस्था का धन है। व्यक्ति का धार्मिक-आध्यात्मिक-सांस्कृतिक विकास उसके धन्धे और समाज से वाबस्ता है। देश द्वारा दी गई सुविधाओं से कोई भी भारतीय नागरिक अर्थोपार्जन करता है और राष्ट्र के जलवायु और तापमान में साँस लेता है।

ऐसे में धर्म, सम्प्रदाय, जाति और हिन्दुत्व के नाम पर आक्रामक और हिंसात्मक संस्कार को उभारना, उसे राष्ट्रवाद का नाम देना, धर्म से नत्थी करना देश, समाज और नागरिक संहिता के विरुद्ध है। भारतीय मनीषा और जनमानस देश द्वारा अर्जित खुले माहौल में साँस लेना चाहते हैं। राजनीतिक दलों के दंगल में मर्यादा पुरुषोत्तम राम जैसे मितभाषी नायक को खींचना भी भारतीय सांस्कृतिक संस्कार के विरुद्ध है। भूमंडलीकरण के इस युग में राष्ट्रीय उत्थान के लिए अनेक ऐसे कार्यक्रम और योजनाएँ हैं जो बाबरी मस्जिद के ध्वंस और गुजरात कांड के नाम पर की गई राजनीति से कहीं ज़्यादा ज़रूरी और महत्त्वपूर्ण हैं।

आपकी जिज्ञासा है कि मैं इन दिनों क्या लिख रही हूँ।

कमाल, मेज़ पर लिखने को बहुत कुछ पड़ा है पर मैं इन दिनों 'गुजरात से गुजरात' पर हूँ।

पश्चिमी पंजाब, पाकिस्तान का एक गुजरात जहाँ मैं पैदा हुई और एक गुजरात यहाँ का—जिसकी नरभक्षी हिंसा ने आज की हमारी राजनीति पर कलंक लगा दिया है।

भारत के असंख्य-असंख्य नागरिक, लेखक, कलाकार, संगीतज्ञ, बुद्धिजीवी, प्रबुद्धों ने इस पर जमकर विरोध प्रकट किया है। प्रधानमन्त्रीजी से अपील की कि गुजरात की मोदी सरकार को अविलम्ब बर्खास्त किया जाए लेकिन जनहित को बलाए ताक पर रखकर दलहित में ऐसा नहीं किया गया। अगर प्रधानमन्त्री ऐसा करते—कर सकते और कर देते तो देश की नागरिक संहिता की अवहेलना- अवमानना न होती और साधारण भारतीय की क्रूरता के विरुद्ध निष्ठा बढ़ती और लोकतान्त्रिक महादेश की राष्ट्रीयता चमकती।

भारतीय राष्ट्र की अवधारणा सदा से धर्मनिरपेक्ष और बहुलतावादी रही है। भारतीय समाज एक-रूप नहीं, नाना-रूप है। ऐसे गुँथे हुए लोकतान्त्रिक समाज को उसकी व्यापक एकात्मकता से विभाजित करनेवाली विचारधाराएँ राष्ट्र का भावात्मक क्षरण ही करेंगी। धर्म को राजनीति का तर्क बनाकर हम पुराने जातिवाद की पुनर्स्थापना क्यों करना चाहते हैं ? हम यह भी क्यों भूलें कि भारतीय संविधान ने राष्ट्र की जिस सांस्कृतिक धुरी पर नागरिक समाज का चौखटा खड़ा किया, वही उसकी सुरक्षा के अनुरूप है। उस भावलोक की संवेदना को और विभिन्नता में एक होने के एहसास को हम क्यों ख़ारिज करना चाहते हैं ?

किसी भी देश और राष्ट्र की प्रभुसत्ता अपने संविधान और तन्त्र के अनुसार व्यवस्था करती है। पड़ोसी देशों से अनबन और खींचातानियाँ रहती हैं फिर भी तनावों को कम करना दोनों ओर की जनता को राहत देगा। इसलिए और भी क्योंकि दोनों ओर के अवाम पुरानी रंजिशों को भूलकर मैत्री और आपसदारी से एक-दूसरे की ओर देख रहे हैं—व्यापार, आर्थिक और सांस्कृतिक प्रचार-प्रसार की सम्भावनाओं के लिए दोनों पक्ष तैयार हैं। दोनों पक्षों की नुमाइंदगी करनेवाले अवाम हैं। जनता है। सरकारों को इसके लिए ठोस कदम उठाने चाहिए।

नई शताब्दी के उतरते ही हम विभिन्न समाजों में एक नई

अन्तर्प्रक्रिया देखेंगे। अपने-अपने देश और राष्ट्र की विभिन्नताओं के बावजूद मुख्यधाराएँ भूमंडलीय संस्कृति के पीछे चलेंगी। जातीय इतिहास को लेकर पुराने वैमनस्य और तनाव अन्तर्प्रक्रिया के परस्पर परिवर्तनों के हेतु नए समीकरण खोजेंगे। निःसंदेह भारत में भी ऐसा ही होगा।

सरवर, दिल्ली के 'ताल कटोरा' बाग में हम बच्चों ने हॉकी खेली है। कुछ साथियों के नाम याद आ रहे हैं। मक्खन, पीक्कू, हरजिन्दर। एक बार मैं खेलते-खेलते चोट खा गई। कई दिन हाथ पर पट्टी होती रही।

शिमला में हम खेलते टीलो, कैरम, बैगेटेल, वर्ल्ड-बिल्डिंग, स्टापू और होलाहूप। रस्सी, गिट्टे, कौड़ियाँ, पत्तियाँ और फूल इकट्ठा करते। उनकी एलबम बनाते। तस्वीरें काटकर चिपकाते। स्टाम्प जमा करते। गाँव में चर्खा कातना सीखा, अटेरन पर सूत चढ़ाना, कुएँ में से पानी निकालना, दोनों हाथों से खेत में कपास बीनना। पश्म से बाल निकालना, दूध बिलोना। काफी बड़ी होकर तन्दूर लगाना सीखा और कच्चे फर्श पर लिपाई करना। ऐसा करते हुए मेरी सबसे बड़ी चिन्ता यह कि हाथ से लिपाई के बाद अँगुलियों के निशान बिलकुल नहीं दीखने चाहिए ! मैंने फुल्कारी काढ़ने का तिरोपा, टाँका भी सीखा मगर कभी फुल्कारी बना नहीं पाई। दार्जिलिंग की हैप्पी वैली में पहुँची तो दोनों हाथों से कपास चुनने की याद हो आई।

गुनाह कबूल ?

सिर हिलाकर—जी।

गुनाह कबूल ?

सिर झुका कर—जी।

अरे बड़बोले, तुममें इतनी हलीमी कहाँ से आई ? तुम अपने लेखन तक में उग्र हो। हमें छलना चाहते हो !

जी नहीं—असल बात यह है कि अपनी कमियों, कमज़ोरियों और सीमाओं से बुरी तरह आक्रान्त हूँ। उनसे वाकिफ़ हूँ।

इसीलिए—

तो जो-जो समीक्षाओं में कहा गया, वह तुम्हें ठीक जँचा ?

ठीक ही।

तुम्हारे लेखक की ओर जो इशारे किए गए, उन्हें समझे ?

जी।

जो ग़ल्तियाँ शिल्प की, भाषा की पकड़ी गईं, उन्हें भी समझे ?

जी।

जो अच्छी-बुरी आलोचनाएँ हुईं, उन्हें समझे ?

जी।

तुमपर उनकी कैसी प्रतिक्रिया हुई ?

अच्छी।

जो थोड़ी-बहुत तुम्हारे लेखक की तारीफ़ हुई—उसकी वजह भी समझे ?

जी।

क्या वजह हो सकती है ?

जी, कप्पड़-छान।

कहना क्या चाहते हो ?

तीन ड्रॉफ्ट करने से बेकार का सब छलनी में छन जाता है।

पर 'ज़िन्दगीनामा' में तो ऐसा नहीं हुआ—इसके खिलाफ जो फतवे दिए गए, उसकी वजह भी समझे कि नहीं ?

जी, समझा।

किसी पर कोई एतराज़ ?

जी, बिलकुल नहीं।

क्या इतने ही बड़े तीसमार खाँ हो ! जी हाँ-जी हाँ करते रहते हो। तुम्हारी नीयत पर शक होने लगता है। क्या परनाले वाली बात तो नहीं ?

वही—पंचों की राय सिर-माथे पर, परनाला यहीं बहेगा—तरकीब से अपनी वकालत करना चाहते हो।

जी नहीं—हर किताब के साथ जवाब तल्बी होती ही है—इसीलिए।

तुम पुराने हंगामी मशहूर हो—सुनने-समझने का सब्र ताव है तुममें।

जी।

जी-जी-जी—यह क्या वाहियात टोटका है !

जी—यह तो पुराने पापियों का अदबी लटका है ! नागवार गुज़रा तो माफ़ी।

तो यह बात है—आलोचना की गम्भीर बातों का सामना इन टुटपूँजिया लटकों से करते हो ! तुम्हारा अपना चिन्तन कुछ नहीं !

जो विद्वता की कमी ही इसकी वजह हो सकती है।

आखिर माना तो—तुमसे यही कहलवाना चाहते रहे।

जी।

ध्यान से सुनो। अगर तुमने कोई और उपन्यास लिखा तो कथक्कड़ी और किस्सागोई से परहेज रखना। भविष्य में यह आख्यानबाज़ी नहीं चलेगी।

मगर जनाब, लेखन के अखाड़े में पोंगापंथी भी नहीं चलेगी।

जो भी हो, साहित्य में, कथ्य में केवल घटनाओं का चूर-चार नहीं चलेगा।

जी।

विषयवस्तु में मिस्सी रोटी में मूँगफली, साग-सब्जी के टुकड़े और निम्बौड़ी नहीं चलेगी।

आलोचकजी, रोटी के साथ शोरबा तो चलेगा न !

मोटी खाल के—चुप रहो। साहित्य-सृजन के नाम पर भी रोटी और कोरमा !

जी, माफ़ी, पर जनाब, रोटी की गन्ध से खून लहकता रहता है—

खामोश ! ज़बानतराशी की ज़रूरत नहीं। हाँ, अगर हिन्दी में लिखना चाहते हो तो सबसे पहले अपनी हिन्दी ठीक करोगे।

ख़ादिम की ज़बान क्या इतनी बुरी है !

सावधान, हिन्दी को हिन्दी के शुद्ध-रूप में लिखने की कोशिश करोगे। हिन्दी को हुल्लाड़ी भाषा के खमीर से प्रदूषित कर रहे हो।

लोकभाषाओं के नाम पर भदेस शब्दों की भीड़ इकट्ठा नहीं करोगे और हाँ, तुम हमारी भाषायी गरिमा को बर्बाद कर रहे हो। अगर तुम्हें साहित्य-संसार में रहना है तो पाठकों की रुचि पर अलाय-बलाय कहावतें नहीं थोपोगे—

लेखन की भाषायी कलात्मकता और पवित्रता को खेतिहर-गँवारू शैली से गंदला नहीं करोगे—

साथी लेखकों की आधुनिक सेन्सेबिलिटी को किसानी लद्धड़पन से खदेड़ने की हिमाकत नहीं करोगे।

हिन्दी लेखक होने के नाते दूर-पार की बोलियों से ज्यादा साँठ-गाँठ नहीं रखोगे।

सांस्कृतिक शालीन शब्दावली को बलाए ताक रख फूहड़ मुहावरों का इस्तेमाल नहीं करोगे—

शिल्प के नाम पर सिर्फ संवाद लिखकर थिगली-पैबन्द लगाकर दो कौड़ी का 'प्लाट' पेश नहीं करोगे—

अगड़म-बगड़म फूहड़ लोकगीतों की कड़ियों से बौद्धिक पाठक वर्ग का माथा खराब नहीं करोगे और मुखड़े को बदलने की कोशिश नहीं करोगे—

मनमाने ढंग से अपने व्याकरण से भी ज्यादा छेड़-छाड़ नहीं करोगे—

और सुनो—

अपनी रचनाओं द्वारा बड़बोली हिंसात्मक प्रवृत्तियों का प्रचार नहीं करोगे—

भाषा की इंटेलेक्चुअल गरिमा शायस्तगी को किसी भी कीमत पर बरकरार रखोगे—आइन्दा नाबदानी भाषा और हगने-मूतने की क्रियाओं का लेखन में जिक्र नहीं करोगे—

जन के नाम पर साहित्य के पवित्र सात्त्विक स्थान को अपवित्र नहीं करोगे—

तुम पशु-भाषा का इस्तेमाल नहीं करोगे—

तुम्हारा अंट-शंट लेखन पढ़ जाने पर एक शब्द भी समझ में नहीं आता। सुधार के लिए कुछ धार्मिक सदाचारी पोथियों का मनन करोगे।

तुम्हारे लेखन के भावपक्ष और कलापक्ष दोनों कमजोर हैं। शुद्ध संवाद लिखने के लिए परम्परा के सिलबट्टे पर लगातार पापड़ बेलने होंगे—

याद रहे, पापड़ों को बेलोगे, पर भूनोगे नहीं—

साहित्य के सन्दर्भ में उसकी इजाज़त नहीं—

साहित्य का श्रेय पापड़ बेलना तो माना जाता है पर भूनकर पाठक को

पेश करने में अश्लीलता का भान होता है

पापड़ पर एतराज़ !

यह क्या महाराज ?

तश्तरी में कुरमुरा पापड़ हो तो पाठक शराब शहीद हो जाता है।

वाह साहिब, क्या कहूँ ! आपकी सोच और मेरी सोच के दरमियान बड़ा फासला है—बीच में गंगाजी बह रही हैं—

तुम जैसे अधकचरे कल्चरहीन लेखक को नश्तर लगाने से पहले भारतेन्दु-जन्मघुट्टी पिलानी पड़ेगी—

साहित्य के सन्दर्भ में जन्मघुट्टी का क्या प्रसंग है ?

जानते नहीं, इसे पी-पीकर बड़े-बड़े विद्वान-पंडित अखाड़े में उतरे और—

छोड़िए जन्मघुट्टी की हुट्टी-मुट्टी—

चुप्प रे पैदायशी कल्चरहीन ! कलम की रक्षा के लिए तुम्हें सेवन करना पड़ेगा जन्मघुट्टी का अर्क—

जबरदस्ती लेखक महोदय बड़बड़ाने पर उतर आए। दखलअन्दाज़ी नहीं चलेगी। हिन्दीशाही नहीं चलेगी। दकियानूसी नहीं चलेगी। खाली पंडिताऊ भाषा नहीं चलेगी। बँटवारी साजिश नहीं चलेगी—भाषा में भी वर्ण-व्यवस्था नहीं चलेगी—

चुप बे ख़बीस लेखक—यह मुद्दा दूसरा है—

वही है, वही। हम जरूर बोलेंगे। गला फाड़कर बोलेंगे। ज़ंग लगे मुद्दों को खोलेंगे।

क्या अलाय-बलाय बक रहे हो !

नागरी भाषा किसी की बपौती नहीं। उसका तामझाम सिर्फ कुर्सीनशीनी नहीं। सिर्फ अमलदारी नहीं। सिर्फ पुरोहिती नहीं। हिन्दी-संस्कृत महारानी की पुरानी धोती ही नहीं। वह अपनी जन्मजात सामर्थ्य में जीवन्त भाषा है। इसलिए नहीं कि वह अभिजात की भाषा है। इसलिए कि वह जनभाषा है। एक साथ धनियों की, गरीबों की। खेतिहर किसानों की। मजदूरों की। पिछड़ों की।

रुको, ओ पृथ्वी

–पाब्लो नेरुदा

लौट आओ मेरे पास, ओ सूरज,
मेरी खुरदरी तकदीर के पास,
पुराने जंगल की बारिश,
वापस कर दो मुझे वह खुशबू और वे तीर-तरकश
जो आसमान से गिरे थे,
पत्थर और चरागाह की निर्जन शान्ति,
नदी के छोरों की नमी,
देवदार के पेड़ की गन्ध,
वह जीवन्त हवा जैसे एक दिल
ऊँचे सनोवर* के
बेचैन झुंडों के बीच धड़कता हुआ।

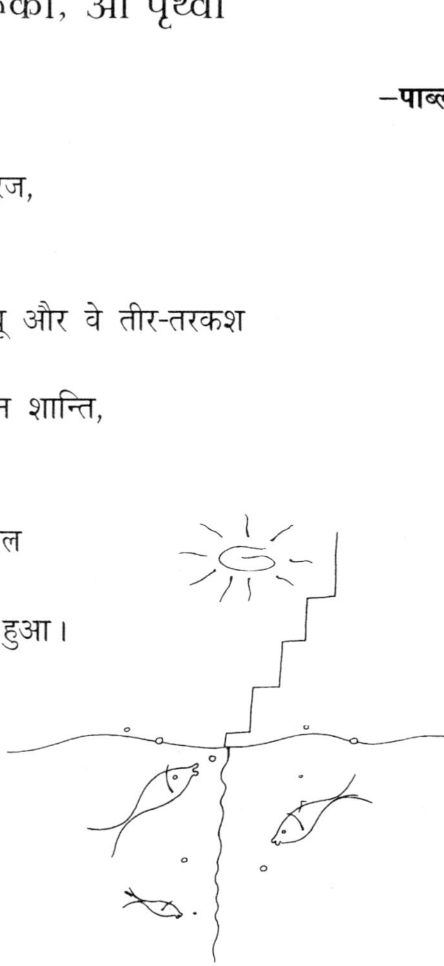

* सनोवर से मिलता-जुलता 'चीले' में पाया जाने वाला एक वृक्ष।

कर्जन रोड

सरवर,

पुरानी कर्जन रोड के बहाने मैं अपने ताजे दिनों को लौटा लाई हूँ। दिल्ली के इसी इलाके से मैंने अपनी साहित्यिक यात्रा शुरू की थी। मुझे इन सड़कों से भाव है।

विभाजन के तत्काल बाद के दिन थे। हमारा घर अतुल ग्रोव टेलीग्राफ लेंन में था और अपनी आवाजाही लगातार इसी के आस-पास। जिन्दगी के इस मोड़ पर सिर्फ मैं ही नहीं—एक पूरी पीढ़ी अपनी सारी चिन्ताओं और तल्खियों के बावजूद अपनी उपस्थिति दर्ज करवाती थी। देख रही थी एक ऐसे भविष्य को जहाँ पुराने को आवाज नहीं दी जा सकती और नए को अभी आँखों से देखा नहीं जा सकता था। मसलों, उलझनों के रहते भी पटरियों पर टहलना, चौराहों के हरे द्वीपों के आर-पार गुजरना। वह मुनासिब शरारतें भी जिनके नजदीक जाए बिना आप बालिग नहीं होते। सोचकर अच्छा लग रहा है कि जो लम्बा अदबी सफर हमारे हिस्से में आनेवाला था, वह हमने कीलिंग रोड के ऊँचे घने पेड़ों पर परिन्दों के चहकने और हेलीरोड के दहकते अमलतासों के साथ भी साझा किया। मुश्किल वक्त थे। गहरे तनावों और दबावों के ऐतिहासिक फैसलों से उभरी चुनौतियों के।

फिर भी इस पीढ़ी के लिए दूर दीखती उम्मीदें थीं। सपने थे। छोटे-मोटे ढाबे थे, कैंटीनें थीं और कनॉट प्लेस के रेस्तराँ थे। बरामदे थे। पेवमेन्ट थे। जवान पीढ़ी एक भीड़ थी। फिर भी हर दिशा में कोशिशें थीं—नाउम्मीदियाँ में से निकलते हैं, मगर सरगर्मियाँ थीं। आपके लिए याद कर सकती हूँ, इसी कर्जन रोड के लबे-सड़क अपने विशिष्ट साहित्यकारों से मुलाकात हुआ करती थी।

उन दिनों 'अज्ञेय' प्रतीक निकालते थे और फिरोज रोड पर रहा करते थे। उनके साथ ही में थे प्रगति प्रकाशन के प्राण नागपाल और बलवन्त सहगल। भगवतीचरण वर्मा कॉन्स्टीट्यूशन क्लब में और बालकृष्ण शर्मा 'नवीन' विंडसर पैलेस में। पुरुषोत्तमदास टंडन पहले टेलीग्राफ लेन में रहा करते थे।

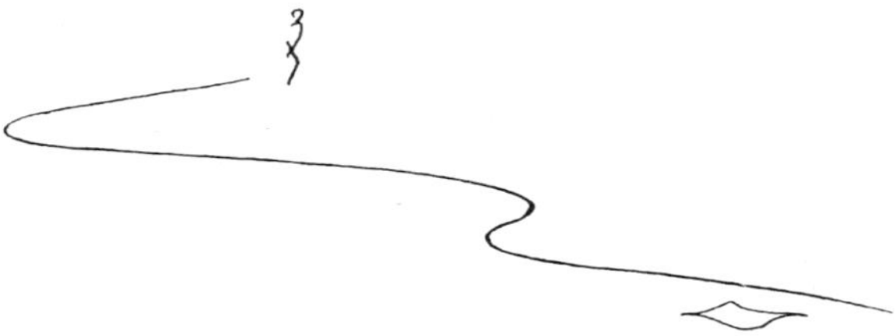

राजकमल प्रकाशन उन दिनों पुरानी हिन्दुस्तान टाइम्स बिल्डिंग में हुआ करता। वहाँ कोई-न-कोई लेखक आपको दीख ही जाते। लेखकों के दाम उन दिनों बहुत ऊँचे न थे। लेकिन इतने कम भी न थे जितने आज हैं। हमारे कई दोस्त अपने में जैनेन्द्रजी को ढूँढ़ा करते थे। परिचय और मैत्रियों में शिकायतें उलाहने और बौद्धिक उठा-पटक की कमी तब भी नहीं थी। सिर्फ तर्ज अब से कहीं धीमी थी। लेखकों का रोमांस और रोमान अभी जिन्दा था। जिस हस्ती ने राजधानी में इस मिथक को बनाए रखा था—वह थे वात्स्यायनजी।

उन दिनों कभी हम भाग रहे थे तो जिन्दगी सरक रही थी, कभी जिन्दगी भाग रही थी तो हम सरक रहे थे। आजादी के बाद नई महत्त्वाकांक्षाओं को तलाश रहे थे लेकिन कुछ सिरफिरों को अपनी 'तराश' की भी जरूरत थी। जरूरत है तो कीमत अदा ही की जाती है। सभी करते हैं। कुछ अपने हक में, कुछ अपने खिलाफ। बहुत टूट जाते हैं, कुछ चलते रहते हैं बैसाखियों के सहारे।

लिखने-सोचनेवालों के लिए इस जमा-खर्च का कोई ब्यौरा नहीं दिया जा सकता। छोटी-छोटी घबराहटों से, छोटी-छोटी कीमतों से रचनात्मकता के बड़े-बड़े खाते नहीं खुलते। खोले ही नहीं जा सकते। बस, इतना ही कि इधर से लो, उधर से दो और खुद से भी आँखें चुराए रहो। जल्दी और देर का फर्क भी भुलाए रहीं। फिर वीरान मैदानों में सब्जे-ही-सब्जे दिखते रहेंगे।

दोस्तो, जो मैं कह रही हूँ, वह न दिल्लगी है—न दिलजली है—वह कलमवालों की बिरादरी की ओर से एक स्वाभिमानी जिक्र भर। उनके जद्दोजहद की याद भर। गौर करें, आज की तारीख में ये लफ्ज भी कितने बेमानी हो चुके हैं ! शब्दों के अर्थ बदल रहे हैं। बाजार उनमें नए अर्थ पैदा करता है। विज्ञापन उसे तरंगित करता है। लेखकों की खरी बिरादरी धीरे-धीरे सिकुड़ रही

है या लचक के बल पर जहाँ-तहाँ फैल रही है। एक दिशा से छोटी और दूसरी से बड़ी। इसलिए कि एक बहुत बड़ी दुनिया हमारे करीब आ रही है और छोटी दुनिया को अपने में समेट लिए जा रही है। तकाज़ा इतना भर कि जितना अपने में जज़्ब कर सको, अपने में सोख लो, जितना सोख लो उतना ही हथेली पर उगा लो।

इस कटाक्ष में बुरा भाव नहीं—अपने बौद्धिक और मानवीय विवेक से अपने देश के देशजों की ओर प्रवाहित करें। अकारण नहीं कि साहित्य की भी बाँट करने के जतन हो रहे हैं। सवाल इतना ही कि हम कितने सामूहिक खाँचों में साहित्य की समग्रता को बाँटना चाहेंगे। भारतीय विविधता को भाषाओं में, धर्म में, क्षेत्र में, जाति और सम्प्रदाय में। विषयान्तर करने जा रही हूँ।

मुश्किल से उतरता है वह मुबारक वक्त जब मैं लिख रही होती हूँ। हलचलों की आपातकालीन धारा खुद-ब-खुद मुझ पर लागू हो जाती है। घेर लेती है। मगर मैं अनुशासन में चुस्त हो जाती हूँ।

इस मेज़ पर आतंक कैसा ! मैं अपने से संवाद करती हूँ। जितना वक्त तुम्हारे पास था—उसमें तुमने कुछ ज्यादा नहीं किया। देखो, क्या कुछ कौंधा ! हलका-सा आलोक, आहट और इस कमरे को किसने खटखटा दिया !

आज जो लिख रहा है, वह पात्र है। जो लिखा जा चुका है, वह भी लेखक है। ये रिश्ते पन्ने तक पहुँचते ही बदल जाते हैं। कभी लेखक का सबकुछ समेट लेते हैं। खाली कर देते हैं। कभी उसे बहुत कुछ दे जाते हैं। एक नई संज्ञा, एक नया तेवर, नया अनुभव, एक नई औकात। रचना की पहली पंक्ति दूरगामी परिणाम सँजोए रहती है। एक बार पन्ने पर लिखी जाने से आगे लिखे जानेवाले पाठ का या वृत्तान्त का मुखड़ा बन जाती है। अब उसे आप चाहने पर भी अनदेखा नहीं कर सकते। उसके पंक्ति बनते ही लेखक अपनी स्वायत्तता में आधा रह जाता है। एक ही पन्ने पर दो अधिकार, दो शक्तियाँ एक-दूसरे का आमना-सामना करती हैं। धारा की तरह अपने-अपने निजत्व में उस बिन्दु की ओर जहाँ रचना की आत्मा स्थित है।

रचना की अपनी धूपघड़ी होती है जो लेखक के संयोजित समय से अलग होती है। रचना और रचनाकार के बीच अदीखता मर्म कुछ ऐसे उभरता है कि विश्वास और संशय की दुविधा में लेखक जितना अपने पर जोर डालता है,

उतना ही अपने को कमजोर महसूस करता है। तनाव में पहले अपने को धुँधला करता है फिर धुँध को छाँटता है।

यूँ तो बात गम्भीर है लेकिन लेखकीय चोंचलेबाजी से भी तआल्लुक रखती है। आलसी लेखकों को अपने को धकियाने के लिए कुछ-न-कुछ बहाना तो करना ही पड़ता है।

मार्फ़त दिल्ली

सरवर,

मौक़ा मिलते ही तुमसे बात करती रही हूँ। काफी कुछ बाँटा है। अब एक गम्भीर पाठक की तरह मेरी मेज़ पर निगाह डालो। यहाँ सबकुछ तितर-बितर। कागज़, नए-पुराने फाइलों पर नाम, नम्बर, कुछ और लिखे पन्ने जाने किस फाइल को झाँकने लगते हैं।

स्टडी में हम सभी को कम्प्यूटर दिए गए हैं पर मैं अभी उस पर काम नहीं कर सकती। हाथ से ही पंक्तियों पर पंक्तियाँ जोड़ी जा रही हैं। सब्र की भी इन्तहा। तीन ड्राफ्ट ! ख़ैर—अब जो कुछ भी लिखा जा रहा है, उसका मज़ा लो। मार्फ़त दिल्ली, पावर ऑफ अटार्नी, हशमत। जाने कब ख़त्म हों और न भी हों। वैसे यह मेरी चिन्ता का विषय नहीं। मार्फत दिल्ली—

चाहती थी यह शाम हशमत मियां को सौंप दूँ मगर साहिब हशमत कहीं से गुम चोट खाकर अपने में खोए हैं। ख़ामोश बैठे हैं। मगर अपने यहाँ ऐसे बहानों की इजाज़त नहीं। अनुशासन के मुताबिक वक़्त का सामना करना और संवाद करना इस छोटी-सी अक्खड़ हस्ती का मामूली-सा बौद्धिक सरमाया है। अब आप ही सोचिए कि हम दोनों के दरमियान असल कौन है और नकल कौन है।

असल की नकल कि नकल की असल कि नकल की नकल ! इसकी पहचान का पैमाना दिल्लीवालों के पास है तो ज़रूर। यह अलग बात है कि इसकी शिनाख़्त करने के लिए आपको कबाड़ी बाज़ार जाना होगा।

सारी हक़ीकत वहीं सही होगी कि असल की नकल कि नकल की नकल, फिर लौट-पलटकर उसी नकल की असल है कि नकल की नकल और उसकी असल कितनी बार नकल का दावा पेश करती है कि असल की नकल खुद

अपने को खारिज़ करती है।

दोस्तो, यह तामीद इसलिए कि किसी ने हाल ही में हशमत को यूँ आवाज़ दी ज्यों उनका प्यादा हो !

अबे ओ हशमत, मेरी बात सुन। इधर देख, तेरा ईश्वर मेरे पास बैठा है। अपना ठिया छोड़कर इस जमात में शामिल हो जा। हर दिन नई सीढ़ी चढ़ेगा। सिर्फ सिर हिलाकर इशारा कर दे। आख़िर तूने इतनी बड़ी हस्ती को ललकारा। दोस्तो, यह सुनकर मैं और हशमत इतना हँसे—इतना हँसे कि मीर साहिब याद हो आए : दोनों हाथों से थामिए दस्तार ज़माना नाजुक है।

दोस्तो, वक़्त ऐसा है कि चमकते-दमकते लोगों की वफ़ा उनके साथ होनी चाहिए जो किसी-न-किसी जुर्म में पकड़े जा चुके हैं और अपने गुनाहों के सबूत दूध से धुलाकर ठस्से से बाहर आ चुके हैं। वही आपको नाचीज़ की तरह आवाज़ दे सकते हैं। अबे ओ हशमत, अपनी हस्ती और हैसियत भी तो देख—

इस सांस्कृतिक-साहित्यिक संवाद को सुनकर हम कनॉट प्लेस की ओर निकल गए। आजकल मामूली लोग वहीं चक्कर लगाते हैं।

बरामदों में कदम रखते ही कुछ हुआ। जैसे किसी क्रान्तिकारी पार्टी का नारा बुलन्द हुआ और कदम तेज़-तेज़ चलने लगे। जी हुई सिर्फ पुरानी यादों की ओर नहीं, उन आवाज़ों की ओर जिन्होंने हमारे उस वक़्त को गुंजान किया था। उन शामों की ओर जिनके लिए कनॉट प्लेस के रेस्तराँ हमारा इन्तज़ार किया करते थे।

दोस्तो, उस वक़्त को छुआ तो कहीं कोई परेशानी नहीं हुई। जी भरकर उस वक़्त को जी चुके हैं। अभी कुछ ही टुकड़े लिखे गए हैं। पेश कर रही हूँ उन्हीं में से छह। हो सकता है, पाठ की तरतीब में से आपको कुछ खटके।

सिर्फ पुरानी रोमानी यादों की ओर नहीं, उन चेहरों और आवाज़ों की ओर जिन्होंने हमें उस वक़्त का धड़कता मुखड़ा दिया था। हमारे उस उलझे हुए वक़्त को गुंजान किया था। कुछ करने के लिए—कुछ बनने के लिए उभार दिया था। उन शामों को अंकित करने जा रही हूँ जिनके लिए कनॉट प्लेस के रेस्तराँ हम लोगों का इन्तज़ार किया करते थे। वह पीढ़ी अपने में काफी दमदार थी।

एक बौद्धिक आबोहवा। एक ऐसा रचनात्मक पर्यावरण जो संस्थानों और संगठनों द्वारा बनाया नहीं जाता। वह शहर के साथ उगता है। उसके वातावरण और उसके मानवीय घनत्व में रचता है। बसता है। मिरजा ग़ालिब के शहर में अदब की, साहित्य की एक लम्बी विरासत रही है।

[1]

वे दिन भी क्या दिन थे ! राजधानी दिल्ली के गुँजान मौसम हर किसी ने आँख मिचौनी खेलते ! कभी यह रहे, कभी वह गए। कभी गर्म कपड़ों में उजागर होते, कभी उन्हें ओझल कर पतले ठंडे हलके कपड़ों से अपनी आमद को प्रकट करते। राष्ट्र की राजधानी के मनचले मौसम समय के पंखों पर उड़ान भरते जा-जा हवाओं से गले मिलते। गुलाबी सर्दी, गहराता जाड़ा, बसन्ती बहार, गर्मी, बरसात, फिर घिर आता सुथरे हरे-भरे शहर पर नीला निथरा आकाश। लुकन-छिपन खेलते-खेलते हवाओं के तापमान बदल जाते। दोपहर के दोरंगे शेड्स सड़कों, पटरियों और हरी घास के टुकड़ों पर पसर जाते। और इन्हीं दिन-रात के अक्सों में बरस-दर-बरस तारीख़ और सन के कैलेंडर बदल जाते। हफ्तों से महीने, महीनों से बरस और बरसों से दशक। हर तारीख के अखबार पढ़े जाते और उनके पुराने ढेर को फलाँग अदृश्य तागों में गुँथे वक़्त के तेवर जाने कहाँ सरक जाते !

पैदल चलनेवाले दोपाए समझते, हम अपने कदमों पर चल रहे हैं। कोई खामोशी से छूकर कहता है—ख़बरदार—तुम नहीं, तुम्हारा वक़्त चल रहा है। महसूस नहीं कर रहे—पाँव तले की ज़मीन तुम्हें पल-पल आगाह कर रही है। बेशक ख़्वाबों के लिए आसमानों की ओर देखो मगर तलवों से लगी इस धरती को न भूलो।

अब इस आज़ाद धरती की कीमत पहले से अब कहीं लाख-करोड़ गुणा है। यह रफ़्तार देश ने ख़ुद अर्जित की है। अब यहीं रोजी-रोटी की बरकतें बढ़ेंगी। गृहस्थियाँ सजेंगी। सम्पन्नता अपने नागरिक को चुनेगी हाँ, राजधानी के परायेपन को दिल से न लगाओ। राजधानियाँ कभी कस्बों और छोटे शहरों की तरह सगी नहीं होतीं। याद रखो, यहाँ पुरज़े के तौर पर जिस मशीन में डाले जाओगे, उसी के साथ चलते जाओगे। अब धीरज से यहाँ के मौसम को

साधो ! इसका जाड़ा तक तारकोली सड़कों को गरमाता है। करीने से बने बँगलों की कतारें और उनकी दीवारों से झाँकती बुगनबेलियाँ की नाजुक जानदार बेलों से लटकते गुच्छे—गुलाबी, लाल, सफ़ेद, पीले—हवाओं से अठखेलियाँ करते। झूल-झूल, झूम-झूम उठते। और इस सबको सगेपन से निहारते ऊँचे घने नीम, जामुन, इमली और गुलमोहर। हर सड़क की अपनी ही छटा है। कब इमली की फलियाँ इतराने लगें, कब जामुन का टपका बौछार कर दे, कब कचनार के पेड़ प्रकट हो जाए, कब पलाश चमकने लगे, कब हेलीरोड के अमलतास दहकने लगें और पंखोंवाली सन्तानें फुर्र-फुर्र उड़ती पेड़ों की घनी छाँव में अपने-अपने बसेरों में जाकर दुबक जाएँ।

ट्रैफिक आइलैंड के किनारे दमकती रंग-बिरंगे फूलों की सजीली क्यारियाँ अपने में इतनी मस्त कि ट्रैफिक शोर को हवाले कर दें पुलिस की वर्दी को। हरी-हरी घास में धूप सेंकती रहें। उड़-उड़ हवाओं से खेलती रहें।

देखो-देखो उन हाथ-पाँववालों को, आँखों के साथ-साथ उभरे नाकवालों को—भला इन्हें क्या जल्दी है कनॉट प्लेस पहुँचने की ! क्या जरूरी है कि हर शाम वहीं पहुँचें और वहाँ की गहमागहमियों को हमारे चुग्गे की तरह चोंच मारें ! एक-दूसरे के सामने बैठें-बतियाएँ ! हाथ-पाँववालों की नस्ल को क्या पता पंखों पर उड़ना क्या होता है ! और क्या होता है हवाओं में फुदकना ! दिन-भर उड़-उड़ पेड़ों पर बने अपने घोंसलों में जा दुबकना !

राजधानी में आ बसे पाखियों के झुंड के झुंड सच ही तो कहते हैं। इन्हें यहाँ रहने की आदत पड़ गई तो भरतपुर की सैंक्चुरी में क्यों जाएँगे ! क्यों न यहीं रहकर नखरेवाले राजधानियाँ पखेरू के दल कहलवाएँ ! राजधानी का ठप्पा इतना सस्ता नहीं। अब तो इनके लिए जंगल नहीं, दिल्ली ही मंगल है। पखेरू कुनबा हाथ-पाँववालों की तरह इतना बेगैरत नहीं कि दिल्ली में रोज़ी-रोटी कमाएँगे मगर गुणगान अपने-अपने गाँव, कस्बे और मुहल्लों का ही करेंगे। मौका मिलते ही इस शहर पर सौ-सौ लाँछन लगाएँगे। यहाँ का रसायन ही कुछ और है। सिवाय कुर्सी के और किसी को पहचानता नहीं। कुर्सीवालों का एक बड़ा कुर्सीवाला है यह शहर।

हम पखेरू तो क्यों शरमाएँ यह कहने में कि हमें तो दिल्ली भा गई ! यहाँ की लगन लग गई ! हम तो यहीं जीएँगे ! दो पायों की यह इन्सानी सन्तान हमारा मुकाबला क्या करेगी ! एक-एक कदम की भरान भरनेवाली ! लम्बे सफ़र में थकनेवाली !

बस। चोंचोंवाले पखेरुओ, ज्यादा मुँह खोलने की ज़रूरत नहीं। तुम वह

नहीं हो, जो हम हैं। तिनकों के घोंसलों के बिना भी क्या कुछ बना सकते हो ! हमने सारी दुनिया में क्या से क्या नहीं बना दिया। आसमानों को मापते और समुद्रों को फलाँगते विमानों तक। समझे, अब ज़्यादा बोलने की ज़रूरत नहीं। तुम अपने पंखों पर हो। हम वह हैं जो हम बनना चाहते हैं। हमने कनॉट प्लेस बना ली, गोलाकार, क्या तुम भी कुछ ऐसा कर सकोगे ?

नहीं न ! गम न करो—पेड़ों की सगी टहनियों पर बनाए रहो अपने घोंसले। तुम्हारी कॉन्स्टीच्यून्सी वही है। यहीं टिके रहोगे तो बाद में बहुत काम आएगी।

पक्षियों की बड़ी अम्मा और बाबा बोले—क्या हमारे भी राशनकार्ड बनेंगे ?

ख़ामोश ! हमारे अधिकारों पर आँख न रखना—यहाँ से खदेड़ दिए जाओगे। पखेरू बिरादरी रात से पहले-पहले अपने सरदारों के अड्डे कोलिंग रोड के पुराने पेड़ों पर जा बैठी।

बौड़म इन्सान कहीं के ! कपड़ों से लदे-फदे। हमें क्या डराएँगे ! हम पर वार किया तो हम तो यूँ फुर्र से उड़ जाएँगे।

दिल्ली का शहरी पुराना सफ़ेदपोश सही शर्ट और सही जूतों में जैसे ही कनॉट प्लेस के बरामदों में दाखिल हुआ—कदमों ने रफ्तार पकड़ ली। दस मिनट अभी और हैं। दिल-दिमाग में कुछ हलकापन महसूस हुआ। शाम में दिन की सिरदर्दियाँ और न रात के साथ उतरनेवाली सरगर्मियाँ।

वोल्गा।

दरबान ने सलाम बजाया और हैंडल घुमाकर साहिब के प्रवेश पर मोहर लगा दी। कीमती कार्पेट। नीचे पाँव को गुदगुदाता रबर। भड़कीले फर्नीचर पर सादे सूफ़ियाना रंग की टैप्स्ट्री। बत्तियों की तीखी जगमगाहट को मद्धिम करते काँच के दूधिया शेड। स्मार्ट वेटर। मेज खींचते ही वेटर ने झुककर विनम्रता का इज़हार किया।

पानी का गिलास सामने।

अब मीनू !

ऑर्डर।

साथ की टेबल पर ठिठका रहा, हवा में खो जानेवाला संवाद !

दो मुखड़े। एक अपने बेटे-सा और दूसरी अपनी बेटी-सी दमकती लड़की। लगा, कहीं कुछ हुआ है इन दोनों के बीच।

शायद कोशिश से सुविधा में ढाल लेने की भरसक कोशिश करता एक अजीब परायापन दोनों ओर से झाँकता।

सो अब मैटकाल्फ़ हाउस की तैयारी है !

हाँ।

उत्साहित हो !

हूँ, पर इतनी नहीं ! तुम साथ होते तो कितना अच्छा होता !

वह देर तक पुरानी निकटता और नई दूरी की मिली-जुली नजर से उसे देखता रहा। गुज़र चुके गहरे रागात्मक लगाव दोनों के चेहरों पर भुनभुनाते रहे। पहलेवाली निकटता और ताज़गी मैटकाल्फ हाउस के नाम से ही क्यों गुम हो गई ! मुझे विश्वास है कि तुम अगली बार ज़रूर क्वालिफाई कर लोगे।

वह अब भी कुछ बोला नहीं।

लड़का ने सोचा, क्या इतना गहरा धक्का है !

पूछा—भुवन, कुछ ऑर्डर करें !

हाँ, क्या लोगी ?

वह हँसी—क्या इतनी जल्दी भूल गए ?

इस बार वह खुलकर हँसा—

याद रखने को बाकी अब क्या रहा ?

वह उठा और टॉयलट की ओर बढ़ गया। लौटा तो चेहरे पर कुछ ताज़गी थी और हाथों में पनीले साबुन की गन्ध।

वह चहकने लगी—

आज मैं तुम्हें ट्रीट दे रही हूँ। देखते हैं, मेरा चुनाव तुम्हें कैसा लगता है ! वह बेवजह हँसने लगी थी और वह सकारण ख़ामोश था !

फ्राइड-फिश और कॉफी चीज़ सैंडविच।

नहीं, नहीं, मेरे लिए फ्राइड फिश नहीं। मैं कॉफी ले रहा हूँ।

उसने दिलासे के लिए कोई पुरानी चहेती आवाज़ दी—भुवन, कैसी बातें कर रहे हो !

देखो, मौसमी, क्या तुम सच में नहीं समझतीं ? हम दोनों का निकटतम अध्याय ख़त्म हो रहा है।

अगली बार तुम जरूर मैटकाल्फ हाउस पहुँचोगे।

उसने रिज़ल्ट निकलने से पहलेवाले प्यार से लड़की की ओर देखा और उसकी प्लेट से उठाकर एक फ्राइड पटेटो का टुकड़ा मुँह में डाल लिया।

उदास दिल को चुपके से उभारा—मेरी दोस्त यह कह रही है। क्या पता, इसका कहना ही सच हो जाए !

बिल के लिए लड़की ने हाथ बढ़ाया।

नहीं। ऐसे क्यों कर रही हो ?

मैं तुम्हें ट्रीट दे रही हूँ।

क्या इसलिए कि आई.ए-एस. में चुन ली गई हो ?

ओह !

वह तमककर उठी—

भुवन, तुम हर बात को ग़लत समझने लगे हो।

भुवन ने खीजकर कहा—तुम अपनी आँखों का गरूर तो नहीं देख पा रही न !

लड़की ने कन्धे को झटका दिया और आज से पहले के कई मौसम खामोशी से उतार परे फेंक दिए।

अपने साथ-साथ तुम दूसरों को भी सता-ऊबा रहे हो !

दोनों के बाहर जाते ही साथ की टेबल पर चौकस कान सुस्ताने लगे और आँखों के सामने बड़ा बेटा आ खड़ा हुआ। मैटकाल्फ हाउस। क्या वहाँ पहुँच सकेगा ! आज राव स्टडी सर्कल से इन्फार्मेशन लेनी होगी, उसे कोचिंग की जरूरत होगी। इसमें तैर जाने के सिवाय बेटे का और क्या भविष्य हो सकता है !

प्रशासनीय सेवाएँ—

वह मन-ही-मन अगले साल के रिज़ल्ट में अपने बेटे का नाम खोजने लगा कि मेज़ पर उसका ऑर्डर आन सजा।

साथ की मेज़ वाली जोड़ी की परछाइयाँ फ़ाटक से बाहर हो चुकी थीं।

उसे लगा, रेस्तराँ सूना हो गया है। नहीं-नहीं—वह दिल में छिपे-लुके किसी पुराने हादसे को देख रहा है। बरसों पहले उसका नाम प्रशासनीय सेवा 'बी' में आया और मंजू का शामिल था प्रशासनीय सेवा की पहले सूची में।

एक साथ जिन्दगी बसर करने के सब ख़्वाब चकनाचूर हो गए थे। टूटे हुए काँच के टुकड़ों को जतन से समेटकर उसने पिछले दिनों के रिकॉर्ड में डाल दिया। और इतने बरसों बाद आज वही शाम याद हो आई। क्या दिन थे !

वह लगाव और तनाव आई.ए.एस. की परीक्षा से कम नहीं थे। वह ताजे दिन हाथ से खिसक गए और वह अलग-अलग नए मौसमों के साथ फिसलने लगे। दोनों एक साथ हाथ से लुढ़क गए। बरसों मन-ही-मन मनाता रहा कि ऐसी पोस्टिंग न मिले कि उसके अंडर काम करना पड़े।

उसने अनजाने ही चाय में चार क्यूब डाल दिए। यह याद ही न रहा कि

उसे 'चीनी' मना है।

उस याद को अब तक सँजोए रखना भी इतना बुरा तो नहीं।

वह एक अच्छी लड़की थी।

शायद कभी कनॉट प्लेस के बरामदों में भेंट हो जाए !

[2]

दिल्ली का वेतनभोगी मध्यवर्ग राजधानी में करीने से बिठाई जिन्दगी को संयम और सुभीते की सुविधाओं के बीच खिंची-सँकरी सी लीक पर चलते कौशल और अनुशासन से स्थितियों में उमगता-सिमटता महीना पार करता।

वह गया और यह आया। कनॉट प्लेस में टहलते-टहलते विंडो-शॉपिंग—खरीदारी को अगले कई महीनों पर फैलाते मज़े-मज़े कीमतों के टैग देखते चलते। पिक्चर। ओडियन। प्लाजा। रिवौली। रीगल।

शनीचर, इतवार या महीने में एक-दो बार मनपसन्द रेस्तराँ या कॉफी हाउस के छोटे-मोटे बिलों का भुगतान करते-करते सर्दी का सामान गर्मी की शुरुआती सेल में और गर्मी का जाड़ों की कटौती में। बजट की खुशफ्हमियाँ गलतफहमियों में बदल जातीं और जिन्दगी नौकरी की चौखट में मज़े-मज़े सरकती चली जाती। दिल्ली में होना भी कुछ कम-सी बात नहीं। सुथरी सड़कें और सुथरा आकाश। कोल्ड कॉफी, कॉफी, जिंजर-बियर, मिडनाइट ब्यूटी-विमटो या सोडा में आइसक्रीम, टूटी-फ्रूटी। चॉकलेट-डस्टी रोड। सैंडविच-पेस्ट्री। ये सब भी शामों को रसीला तो करते ही हैं।

राजधानी का उच्चतम आयवाला प्रबुद्ध समृद्ध-सम्पन्न नौकरशाहों का चरक चढ़ा तबका जिमखाना क्लब में निहायत शायस्तगी और नजाकत से अपनी विशिष्ट

सामाजिकता को जीते और उस छवि को निभाने के लिए तत्पर रहते। नियमों की पाबन्दी सबसे ऊपर ! प्रशासनीय सेवाओं का यही वर्ग, मन्त्रालयों का बौद्धिक समुदाय जिमखाना क्लब के मेम्बरशिप का हकदार हो सकता। सरकारी योजनाओं और ठेकों को अंजाम देनेवालों के लिए चैम्सफोर्ड क्लब और पुरानी दिल्ली के खानदानी चुनिन्दा रौशनआरा क्लब में अपने समय को सँवारते। बार, ब्रिज टेनिस, स्वीमिंगपूल, बैडमिंटन, बिलियर्ड और इनडोर गेम। पानी लगे लॉन की तरावट में परिवार और मित्रों के झुंड सर्दी-गर्मी की शामें लम्बी किए रहते। कलवाले धूप के साये कहाँ ओझल हो गए ! इन्तजार करो। फिर यहीं आएँगे।

तीसहजारी, हिन्दुराव, और पहाड़ी की ढलवाँ उतराई, दूर तक फैला रौशनआरा बाग और बीच में स्थित सिविल लाइंस और शहर के रईसों की यह क्लब। रौशनआरा बेगम की परछाईं जरूर पुराने पेड़ों की भूलभुलैया से छिपकर यह नए नजारे देखती होगी। पकवानों की गन्ध सूँघती होगी।

क्या हुई वह दिल्ली शहजादों और शहजादियों की ! अंग्रेज की नई हुकूमत जमी और उभरकर आई राजधानी नई दिल्ली। दोनों के बीच सदियों का फासला।

एक-दूसरे से सटे गली-मुहल्लों, कूचों और कटरोंवाली पुरानी दिल्ली और खुली चौड़ी सड़कें और हवादार सुहावने बँगलोंवाली नई दिल्ली।

पुरानी दिल्ली में लालकिले के बाहर और जामा मस्जिद के सामने हरे-भरे का मज़ार है और यह अंग्रेज की बनाई-सजाई नई दिल्ली दिशाओं-दिशाओं हरी-भरी। राजधानी अनुशासन में नियमबद्ध, रूटीनबद्ध—ग्रेड प्रमोशन-डीमोशन, तरक्की सब फंडामेंटल रूल्स के अनुसार। प्रशासनीय चौखटे से कसी विशाल देश को नियन्त्रित करती नई दिल्ली। कई कुछ फाइलों से फाइलों के पार भी होता रहता। फिर इन्क्वायरी। अपील। कभी फंडामेंटल रूल्स के मुखड़े धुल-पुँछ जाते। गलत रिकॉर्ड सही हो जाते। कभी सही कर दिए जाते। एक साथ अनुशासन।

प्रशासनीय विधियाँ और नीतियाँ साथ-साथ।

यह दिल्ली है।

हम दिल्ली से बोल रहे हैं। देश-भर को सुप्रभात कहते ऑल इंडिया रेडियो के अनाउंसर। मोहीउद्दीन साहिब, इस्लामुद्दीन साहिब पय्यामी और बच्चों का प्रोग्राम करनेवाली पुरानी दिल्ली की नाजुक समझदारी की आवाज़वाली बाजी

बच्चों की।

हवा में तैरती वह दिल्ली की सगी आवाज़ें क्या हुईं ? कहाँ गईं ? इस मुल्क के पार दूसरे मुल्क में खो गईं।

स्वतन्त्रता। आज़ादी।

पराधीनता के पुराने चंगुल से निकल आई।

सदियों के बाद आजादी और बँटवारा एकसाथ। साथ-साथ।

नया इतिहास। दिल्ली में एक बार फिर भूकम्प। यहाँ-वहाँ जमीन फटने से दरारें। सियासत का जलजला। शहर की सड़कों पर दौड़ती-भागती हिंसा और नफ़रत की परछाइयाँ। अंग्रेज के जाते ही क्या उसका अमन-चैन सब खो जाएगा ? कर्फ्यू-गोलीं-गश्त।

सड़कें, पटरियाँ, बाजार, गली-कूचों में मैले-कुचैले उजड़े-उजड़े पराए गुस्सैल घायल शरणार्थी। इनकी ज़बान की तल्खी दिल्लीवालों के दिलों में कड़वाहट जगाती। राजधानी दिल्ली की शान्ति को भंग करती लगती।

वे लोग।

ये लोग।

वह मुल्क।

यह मुल्क।

कितना फर्क !

कितनी दूरी !

कहाँ है नजदीकी !

तू-तड़ाका हत्थ छुट्ट। बात-बात पर मरने-मारने पर तैयार। शरणार्थी। विस्थापित। रिफ्यूजी। बचे-खुचे कुटुम्ब-कबीलों के साथ नए वतन की सड़कों की धूल छान रहे हैं। औरत-मरदों का झुंड कड़कती गरमी में पी. ब्लॉक से चलता-चलता पहुँचता है कनॉट प्लेस। छबीलों से मिट्टी के घड़ों का ठंडा पानी पीते-पीते।

कड़ी दुपहर। कनॉट प्लेस की बड़ी-बड़ी रोबीली दुकानों के आगे चौड़े छाँहदार बरामदे। शरणार्थी अन्दर हो लिए। कितनी राहत ! कितनी ठंडक ! बाहर की धूप को रोकती नीली परदेदार बड़ी-बड़ी चिकें, औरतें छाँह देखते ही ऊँचे गोल-गोल खम्बों के सहारे सुस्ताने बैठ गईं।

कैम्प से तो यही जगह बैकुण्ठ है, बैकुण्ठ। साफ-सुथरा फर्श और छाँह। हमें और क्या चाहिए ! प्याऊ भी दूर नहीं। प्यास लगे तो उठकर पानी पी लो।

मर्द अपने कपड़ों की रंगत से बेखबर दुकानों के आगे ऐसे सिर उठा घूमने लगे, ज्यों जल्दी ही उन्हें ऐसी दुकानें खोलनी हैं ! सज-धजवाले दुकानों के शो-केस।

बैग, सूटकेस, पैंट-कमीज कपड़ों के थान। कोने में रंग-बिरंगी छतरियाँ और काले छाते। एक सयाने मोहतबर ने पीछे मुड़कर देखा—उजड़ी हुई लच्छमियाँ थककर ऊँघने लगी थीं।

शोकेस के पास जाकर आँख इधर-उधर घुमाईं और वह छतरियों के ढेर पर जा अटकी। वर्दी से लैस गुरखा ने जाने क्या भाँपा होगा कि हाथ से इशारा किया—परे-परे आगे जाओ बाहर। ज़बान कुछ न बोली, सिर्फ आँखें घूरती रहीं।

गुरखा दरबान ने समझाया—इधर घूमने का नहीं है। बरामदों से बाहर जाओ बाहर।

शरणार्थी गेट पर आ जुटे। दरबान की आँखों में अपने कपड़ों की पहचान देखकर दो-चार मैले साफें तमके।

दरबान अली चोप्प ! ये बरामदे किसी के बाप के नहीं—सरकार के हैं। हिन्द सरकार के हैं जो हमें हमारे वतनों से यहाँ खींच लाई है।

आगे बढ़े। इधर शोरूम का रास्ता रुकता है।

बताते हैं तुम्हें रास्ता खोलकर।

किसी ने एकाएक शोकेस के काँच को तोड़ दिया।

काँच के टुकड़े भड़भड़ाकर इधर-उधर फैल गए। अन्दर से मालिक और मैनेजर बाहर आए।

शरणार्थियों की भीड़ देख अपनी आवाज को संयत किया—

बहादुर, यह किसका काम है ? तुम खड़े-खड़े क्या कर रहे थे ?

शाब, हम इनको इतना ही बोला कि बरामदे से बाहर जाओ।

लाला, अपने गुरखे को समझा दो। हम भी वहाँ घर बाहर दुकानें छोड़कर आए हैं। यह गुरखा बरामदे में चलने से रोकता है—चीज देखने से रोकता है। यतीम समझ रखा है क्या, कनॉट प्लेस किसी के बाप की नहीं। सरकारी जमीन पर बनी है लाला।

देखिए, किसी के बाप तक पहुँचना ठीक नहीं—

अधेड़ सयाने ने कहा—महाराज, धूप में चल-चल हमारी हालत खराब हो गई है। छतरियाँ रखी हैं न सामने।

मैनेजर ने सारा खेल रफा-दफा करने को कहा—आपको कितनी चाहिए ?

पूरी उन्नीस। उन्नीस नग निकाल दो।

बहुत महँगी पड़ेंगी आपको। भाई साहिब, उन्नीस खरीदनी हैं तो सदर बाजार से लीजिए।

सदर बाजार तक चलने की हिम्मत नहीं है।

बहादुर, निकालो गिनकर उन्नीस।

साहिब, आपको जमेगी नहीं।

लाला, हम काहे के साहिब हैं ! देख रहे हो न हमारी हालत !

मैनेजर और लाला आँख के इशारों में कुछ कहना चाह रहे हैं।

दिल्लीवाल महाराज मेरी बात ध्यान से सुनो। पुलिस को बुलाने से कुछ हाथ न आएगा। वज़ीरेआज़म तक हमें अन्दर नहीं कर सकते, समझे लाला ? उन्नीस छतरियाँ दे दो और हर महीने हम से फी छाता एक आना किराया ले लो।

खानदानी लाला के कान लाल हो गए। ऐसा सौदा कनॉट प्लेस में !

क्या-क्या कह बक रहे हैं आप—

साफे ने सिर हिलाया—लाओ, इन्हें पकड़ा दो यह छाते, वरना हम खुद उठा लेंगे। आपसे पक्का वायदा रहा अपना। हर महीने फी छाता एक आना किराया आपके पास पहुँचता रहेगा।

एक आना ?

एक आना—क्यों नहीं ! जामा मस्जिद पर आने हफ्ता एक पूरी सालम त्रिपाल या रजाई मिलती है। सारा कुनबा ढाँप देती है और छतरी सिर्फ सिर ढकेगी।

छतरियाँ उठा-उठा शरणार्थी मर्द-औरत बरामदे से सरकने लगे तो साफे ने आगे बढ़कर लाला से कहा—आपने हमारे सिरों पर छाँह दी है—गिनकर पूरे उन्नीस सिरों के लिए। किराए देने का हम वचन निभाएँगे। प्रार्थना करेंगे ऊपरवाले से लाला कि हमारी तरह तुम्हारे वतन के कभी टुकड़े न हों।

कनॉट प्लेस के बरामदों में ही छाते खोल लिए गए थे। लगा, शरणार्थियों ने ज़बरदस्ती कनॉट प्लेस से छाँव नोचकर अपने सिरों पर धर ली है।

[3]

साम्बर-डोसा-इडली और कॉफी की तीखी गन्ध कॉफी हाउस के दमदार शोर पर तैरती, वेटरों के कलफ़ लगे सजीले साफ़ों को लहराती हर टेबल और कतार कोने को लुभाती चली जाती।

एक कॉफ़ी और—

क्रीम कॉफ़ी—

कोल्ड कॉफ़ी—

चार कॉफ़ी—

हर एक कॉफ़ी दीवाना अपने वजूद में न सिर्फ अपना ही नाम-पता बना रहता और न सिर्फ़ दूसरे को ही दूसरा समझे रहता। मेज से उठते और कुर्सी को सरकाकर बैठते दोनों कहीं एक-दूसरे में घुल जाते। जो बैठा था, वही आया। और जो गया, वही फिर लौटकर आएगा। यही यहाँ आती-जाती बिरादरी का दस्तूर है। कॉफ़ी हाउस में दाखिल होते ही बैठे हुओं में आनेवाले ऐसे झलक मारते कि जैसे न वे आए हैं और न यह पलटकर गए हैं। आवाजाही हरी होती रहती। खूबी तो उन तजुरबेकार वेटरों की है जो चेहरों को नहीं, मेज़ों की अलग-अलग पहचान अपनी कमर में खोंसे रहते हैं। यहाँ बैठनेवाले हर कॉफ़ी महबूब को सही बिल पेश करते हैं। छोटे-से-छोटा और बड़े-से-बड़ा टिप एक ही अदा से उठाते हैं।

आवाजें-आवाज़ें हँसती हुई, तमतमाती हुई—कोलाहल को परे धकेलती-सरकाती। बारीकी से बुने हुए इस शोर की भी अपनी ताकत है।

दो कॉफ़ी—

उठते हुओं का इन्तज़ार और मेज़ पर कब्ज़ा। एक कुर्सी तक पहुँचे हैं देवेन्द्र सत्यार्थी बगल में पांडुलिपि का बस्ता दबाए हुए। साथ है कोई नवेला कनरसिया। यही सत्यार्थी को कॉफ़ी पिलाएगा। और कॉफ़ी हाउस की दुनिया

से बेखबर प्रशंसक पन्ने पर पन्ने सुनता जाएगा। पाठ को लेकर कुछ कथ-कथन और टिप्पणी का सिलसिला घंटों चलता जाएगा।

सत्यार्थी कृतज्ञ हैं। अच्छा सुझाव है। मैं इसे सुधार लूँगा ! अपनी लिखी पंक्ति पर एक निशान लगाते हैं। विनम्रता—हुलीमी कमाल की !

सत्यार्थी कलम से निशान लगाए जा रहे हैं, कहीं लेखक भूल न जाए। सामने की टेबल पर से चार चेहरे ओठों ही ओठों में मुस्कराते हैं। हर दिन का यही खेल। सत्यार्थी के हत्थे जो चढ़ जाए, उसे वह घंटों छोड़ते नहीं। इस वायदे के साथ कि कल फिर मिलेंगे—यहीं, इसी वक़्त। छोड़ते हैं तो इस झबले कोटवाले गिद्धड़वाहे का जवाब नहीं।

क्या बात कर रहे हो यार ! ऐसी शख़्सियत को गीदड़ बुला रहे हो ! शक्ल-सूरत से तो पूरा टैगोर है। किसी ने चुटकी ली—लोकगीती टैगोर उर्फ देवेन्द्र सत्यार्थी, अपनी तरह का इकलौता ही समझिए।

महेश कपूर ने बीच में ही टोका—अदब की दुनिया में कोई इकलौता नहीं होता !

छोड़िए—क्या कालिदास इकलौते नहीं थे ? रवीन्द्रनाथ ठाकुर, या निराला—

छुट्टभैये मीडियाकारों की बहुत बड़ी जमात में से कभी-कभार कोई एक ही अर्जित करता है इकलौतापन। कालिदास।

भवभूति !

चौकन्ने निगम बैठे-बैठे इधर-उधर ताक-झाँक करने में माहिर। जोश से कहा—वह देखिए, इलाहाबादी साहित्यकारों का जुलूस चला आ रहा है।

सफेद झक्क खादी में अपने ऊँचे कद और काठी पर गाँधी टोपी पहने कवि बालकृष्ण शर्मा 'नवीन', रिमलेस चश्मे और शेरवानी में उपन्यासकार भगवतीचरण वर्मा, साथ हैं बम्बई के डॉ. मोतीचन्द्र। पीछे चल रहे हैं बनारसी अदावाले भारती भंडार इलाहाबाद के वाचस्पति पाठक और लीडर प्रेस के बिन्दा प्रसाद ठाकुर।

दाईं ओर जमी साहित्यिक गोष्ठी में कुछ हरकत हुई।

दयाल बोले—अमा यार, भगवती बाबू ने 'चित्रलेखा' अपने कॉलेज के दिनों में ही लिख डाला। जीनियस ही समझिए !

चतुरलाल कुछ देर मन-ही-मन कुछ सोचते रहे फिर कुदान भरने का फैसला कर ही लिया।

कहते हैं, 'चित्रलेखा' का मूल घटनाचक्र 'थायस' से उठाया गया है !

आवाज़ को ज़रा धीमा रखो यार—नामी-गिरामी उपन्यासकार हैं। सुन लिया

तो हमारी शामत आ जाएगी। महेश कपूर हँसे।

चतुर के पास इस तरह की सूचनाएँ हजार हैं। इनका शुगल है अदीबों की तिजोरी में सेंध लगाना। महेशजी गम्भीर बने रहे। फिर एक और पारी उठाकर कहा—चतुरसेन शास्त्री की 'दुखवा मैं कैसे कहूँ मेरी सजनी' भी मौलिक नहीं। बाँग्ला कहानी की प्रतिछाया है।

प्रतिछाया कि नकल ?

क्या घटिया बात कर रहे हो !

और 'शेखर : एक जीवनी' ? निगम कुछ जोश में आ गए।

महेश कपूर की लिहाज़दारी में कहा—जियां क्रिस्टाफ की शैली में है—ऐसा कहा जाता है।

सामने पड़ता चाँदनी चौक। दीवान-हॉल की अदबी टेबल गरमाई।

तपेशजी, इन दिनों आप कुछ ज़्यादा ही मसरूफ हैं। हफ्ते के बाद यहाँ तशरीफ़ ला रहे हैं। हम भी तो सुनें, आखिर किस पर काम हो रहा है !

कुछ-न-कुछ चलता ही रहता है मित्र।

निगम ने अपने तपे हुए साँवले चेहरे से एक कुटिल मुस्कान फेंकी। बड़ा लेखक बनने के लिए लेखक को दिन-रात खटना पड़ता है। तपेशजी इन दिनों कुछ ऐसा ही कर रहे हैं। सुमित्रानन्दन पन्त के पीछे भाग रहे हैं।

तपेशजी के चेहरे पर घोर प्रतिभा की आभा घिर आई। चेहरे पर शिष्टाचारी संकोच लाते हुए कहा—काम बड़ा है या छोटा, यह तो नहीं जानता, पर ऐतिहासिक ज़रूर माना जाएगा।

तपेशजी, उत्सुकता बढ़ रही है। हम आपके चाहनेवालों में से हैं। जिज्ञासा को तो शान्त कीजिए।

मैं चेक हंगेरियन कविताओं का अनुवाद कर रहा हूँ।

मतलब कि उनका भारतीयकरण कर रहे हैं बन्धु, शुभ कर रहे हो। बाद में किसे याद रहेगा कि वे विदेशी कविताएँ हैं। फिर आपकी मौलिक ही मानी जाएँगी।

एक साथ कुछ मुस्कराहटें—दबे-दबे कहकहे और खुश्क गले की खाँसियाँ मेज़ पर तैरने लगीं।

उधर हँसोड़ पंजाबी लेखकों का गुच्छा अपनी ही मसखरी में मशगूल !

जाने क्या बात होगी कि भारी-भरकम उप्पल बोले—लाहोल विलाकूवत।

सुनते ही फ़कीरचन्द दिल्लीवाले ने भौंहें सिकोड़ीं, जैसे कोई भोंडा बेमानी मुहावरा सुना हो !

जोर से कहा—पंजाबियों को उर्दू बोलते सुनकर मेरा तो कलेजा फुँकने लगता है। उर्दू ज़बान की निरी तौहीन !

ठेठ लाहोरिया जहाँगीरीमल सुनते ही बड़बड़ाया।

फ़कीरचन्द, तुम इन दिनों बहुत बढ़-बढ़कर बोल रहे हो। ऑल इंडिया रेडियो के दो-चार प्रोग्राम क्या मिल गए कि अपनी औकात भूल गए। दुबारा यह हरकत हुई तो मुझसे बुरा कोई न होगा। माना तुम दिल्लीवाले हो पर पंजाबियों को देखकर इतना कुढ़ना अच्छा नहीं।

वेटर ने पेमेंट क्राइसिस भाँपकर बिल पेश कर दिया।

नहीं, नहीं—हम उठ नहीं रहे। अभी रखे रहो अपने पास। हाँ, चार कॉफ़ी और—

जहाँगीरीमल लाहौरिए ने फ़कीरचन्द को ख़ामोश पशेमानी में देखा—तुम्हारा खीसा हमेशा खाली रहता है। बीवी से बचाकर छोटी-मोटी रकम अपने पास भी रख लिया करो। हर बार दूसरों का मुँह नहीं ताकना पड़े।

फ़कीरचन्द चुपके से मासूम बने रहे फिर मुस्करा दिए।

जहाँगीरीमल फिर भड़क उठे।

फ़कीरचन्द, क्या कहा था तुमने ?

पंजाबी उर्दू

दिल्लीवाल उर्दू

पाकिस्तानी उर्दू

हिन्दुस्तानी उर्दू

सियासत ने पहले कम बाँट की है जो अब ज़ुबानों को भी बाँटने जा रहे हो ! तुम्हें शरणार्थियों के साथ कोई हमदर्दी नहीं।

है भाईजान, मुझे गहरी हमदर्दी है पर मुझे उनकी तू-तड़ाक पसन्द नहीं। जैसे खाने को दौड़ते हों। ऐसे, जैसे भभका फेंकते हों।

हा-हा और तुम्हारी बोली इतनी नफीस है कि ज्यों गुलाब की पँखुड़ियाँ हैं ! लालकिले के अन्दर पकी-रसी !

महेश कपूर सिर हिलाते रहे।

किनारी बाज़ार से लगी है इनकी गली। वहीं दौलतखाना है अपका।

[4]

घड़ी देखी—ओह !

ज़रा माफ़ कीजिए—

तेज़-तेज़ चाल में 'एल्प्स' में पहुँचे। अन्दर झाँका। कोने की टेबल पर अज्ञेय दिखे। पढ़ने में मग्न।

वेटर ने हशमत के हाथ में चिट थमा दिया—6 तक इन्तज़ार करता रहा—अब शनीचर को।

—उपेन्द्र

हशमत एल्प्स से बाहर निकल रहे थे तो अन्दर जा रही थी एक सुन्दर सौम्य और सजीली मूरत—कपिला। प्रतीक्षारत थे वात्स्यायन। हशमत लौटे फिर उसी पुरानी टेबल पर जा शामिल हुए।

मेज पर कुछ चेहरे बदल गए थे पर संवाद अभी भी चालू था। राधामोहनजी की उपस्थिति में। एक कुर्सी हशमत के लिए भी और खींच ली गई थी।

'आधा गाँव' की पैरवी मत कीजिए। लेखकीय यश की इतनी लिप्सा कि उपन्यास को मार गालियों से भर दिया।

कमाल कर रहे हैं आप—भला गालियों से लिप्सा का क्या सम्बन्ध !

जहाँगीरीमल ने पुचकारकर कहा—सब्र से, ज़रा सब्र से—बंसलजी को पूरा कथन तो उच्चारने दो।

सुनिए, साहित्य की मर्यादा भी कुछ है। माँ-बहन की गालियों से साहित्य नहीं बनता।

उपन्यास तो बँटवारे को लेकर लिखा गया है। विभाजन की त्रासदी को न देखकर आप मात्र गलियों पर बरस रहे हैं।

हाँ। साहित्य के क्षेत्र में यह सस्ती राजनीति सहन नहीं की जाएगी। हम इन आँखों से न गालियाँ पढ़ना चाहते हैं, न कानों से गालियाँ सुनना चाहते

हैं। हम इस किस्म के लचर पाठ में क्यों पड़ें ? मासूम रजा को क्या हक है कि वह हमारी संस्कारी भावनाओं को दूषित करे ? राधामोहन, गालियाँ तब मुँह से फूटती हैं जब इन्सान बेबसी में अन्दर ही अन्दर तड़पता है। घायल होता है।

अब क्यों तड़प रहे हैं ये अल्पसंख्यक मुसलमान ? पाकिस्तान उन्होंने माँगा, हमने नहीं। हम तो अपने घर में बैठे हैं।

राधामोहन जी, ज़रा दूरअन्देशी से सोचिए—हम लोग भी उधर से उखाड़कर इस ओर धकेल दिए गए हैं। उन्होंने तो आज़ादी के सिवा कुछ और नहीं माँगा था। अपने देश से कहीं और भेज दिया जाए तो आपको कैसा लगेगा ? हम ऐसा क्यों सोचें ! हाँ, आप अपने घर में बैठे हैं, और हम-जैसों ने आज़ादी की कीमत चुकाई है। अंग्रेज की चालों की वजह से अगर हम इस दंगे-फसाद से बाहर हैं तो हम पर बँटवारे की वजह से रौब-गालिब मत कीजिए।

इसकी जरूरत कहाँ है राधा बाबू। आप लोग सरकार के दामाद बने घूम रहे हैं। डंके की चोट पर कि हमें यह दो, वह दो। घर दो, नौकरी दो। लोन दो—व्यापार के लिए पैसा दो। ज़मीन दो। सरकार सब खर्चा इन पर कर देगी तो बाकी हिन्दुस्तान क्या करेगा ? हमने भी तो स्वाधीनता-संग्राम में योगदान दिया है।

साथवाली टेबल से कुर्सी सरकी। रामलुभाया।

सत्त वचन बंसलजी। ठीक कह रहे हो। आपके माने न कोई विभाजन हुआ और न कोई खून-खराबा। हम तो आपको सरकार के दामाद दीख रहे हैं और आप क्या हैं—सरकारी बेटे। या सरकारी प्यादे ?

बंसल खीज गए। देखिए, आप हमारे बीच में टाँग मत अड़ाइए। आप तो इस टेबल पर नहीं हैं। मेरा आपसे कोई परिचय भी नहीं।

देता हूँ आपको अपना परिचय—मैं हूँ एक शरणार्थी जिसका वतन घर-बार, ज़मीन-जायदाद सब दूसरे मुल्क में रह गए हैं। और आपको हम मँगते नजर आ रहे हैं। दो जवान बेटे गँवाकर आ गया हूँ और फिरोज़शाह कोटला के कैम्प में रह रहा हूँ। मैं हूँ स्वतन्त्रता-सेनानी कि आप—बोलिए ? बताइए, आपने आज़ादी की लड़ाई में क्या योगदान दिया ?

हमने लाठियाँ खाईं, जेल काटी।

बस-बस, रहने दीजिए। उस असलियत को हम अच्छी तरह जानते हैं।

क्या जानते हैं आप ?

शरणार्थी महाशय सिर हिला-हिलाकर हँसने लगे।

न कहलवाइए—इबारत शुरू हो गई तो आप जैसे बहुत-से लोग नंगे हो जाएँगे।

देखिए, शिष्टाचार न भूलिए। अच्छी भाषा का प्रयोग करें। आप नंगई पर क्यों उतर रहे हैं ? मेरी बात सुन रखिए—आपके हक में बहुत बुरा होगा।

भाई, मेरा बुरा तो तब होगा जब मैं इसका राज़ बताऊँगा।

बोलिए-बोलिए, खुलकर बोलिए—

कितनी बड़ी जनता ताम्रपत्र के पीछे पगलाई हुई है। बताइए, क्यों ?

इसलिए कि उन्होंने आज़ादी की लड़ाई में हिस्सा लिया था। जेल गए थे। लाठियाँ खाई थीं।

क्या आप भी कारावास काट आए हैं ?

तो क्या मैं झूठ कह रहा हूँ ?

आपने किससे सर्टीफिकेट लिया है ? किसने आपको सर्टीफिकेट दिया है कि आप इस तारीख से उस तारीख तक फलाँ जेल में फलाँ-फलाँ के साथ थे ?

राधामोहन कुछ खीजकर बोले—आपने यह सूचनाएँ कहाँ से इकट्ठा कर रखी हैं ? पी. ब्लॉक तो शरणार्थी मामलों के लिए है न।

देखिए, आपको ताम्रपत्र के लिए सर्टीफाई करवाना हो, तो मैं सही बन्दे का पता दे सकता हूँ। मुझे लगता है, आपको भी उनसे कुछ काम ज़रूर है।

नहीं, मैं ताम्रपत्री नहीं बनना चाहता। मुझे मेरे वतनवाले से क्लेम के बदले छोटा-मोटा कुछ मिल जाए—वही बहुत।

बताइए—आप, एकाएक राधामोहनजी की आवाज कुछ बदली, सर्टीफिकेट देनेवाले साहिब को कैसे जानते हैं ?

मैं उनके सरवेंट क्वार्टर में रह रहा हूँ। क्यू लगा रहता है उनके बँगले पर। हजरत हज़ारों कागद दस्तखत कर चुके तो किसी ने उठाकर नेहरूजी को शिकायत कर दी !

पंडित जी ने बुलाकर डाँटा—बन्द कीजिए अपना प्रमाण-पत्री धन्धा। जिस जेल के सर्टीफिकेट आप धड़ाधड़ दस्तख़त किए जा रहे हैं वहाँ हज़ारों कैदियों के रहने की जगह नहीं थी। आप वहाँ कुछ दिन रहते तो कम-से-कम आपको इतना पता तो होता ! जाइए, सब फार्म कैंसल कर दिए जाएँगे।

राधामोहनजी, आपां तो तैयार थे आपको मदद को पर आपकी ताम्रपत्री लाइन तो कट गई। किसी और को ढूँढ़िए, नहीं तो ताम्रपत्र के बिना रह जाएँगे। भाप्पाजी, उजड़े हुए शरणार्थियों को भला-चंगा कहना अच्छा नहीं। अपनी

ताम्रपत्री जबान पर लगाम लगाइए।

जहाँगीरीमल ऊँचे-ऊँचे हँसने लगे। फिर राधामोहन को घूरकर कहा—बिचारे मासूम रज़ा की गालियों का ध्यान न करो। ज़माना ऐसा है कि या तो दूसरे की गाली खा लो या उसे गाली दे दो।

वेटर ने बिल पेश किया। सलाम साहिब—और प्लेट पर रखा अपनी कमाई का टिप उठा लिया।

[5]

एक शाम।

कनॉट प्लेस के आसमान पर खासे गहरे बादल घिरे थे। हशमत बारहखम्बा रोड पार कर बरामदों में टहलते हुए हैमिल्टन ब्लाक में क़ांटाज़ के फ्रेट़ काउंटर पर जा पहुँचे। छोटी बहन के जन्मदिन पर मेलबोर्न उपहार भेजना था। पैकेट काउंटर पर दिया। सामान चैक हुआ। वजन किया गया। फ्रेट चार्ज का भुगतान कर दिया गया। कॉलम में नाम, पता, फोन सब दर्ज कर दिया। रसीद ली। पैसे उम्मीद से कम लगे थे। सोचा, ऐसे सुहावने मौसम में वैंगर्स नहीं, वोल्गा ! नया रैनोवेट हुआ है। वहीं।

सड़क पार की। रामकृष्णा और गलगोटिया में झाँका। पत्रिकाओं के कुछ पन्ने पलटे और इतमीनान से वोल्गा की ओर बढ़ गए। अब तक गहरी झड़ी लग चुकी थी।

मनपसन्द टेबल पर कब्जा करने की खुशी। बाहर तेज बारिश। वेटर ने सामने बरामदों की ओर लगे काँच के चौड़े पल्लों पर से पर्दे खींच दिए थे। काँच में से पानी की बौछार दीखने लगी थी। क्या चाहा ! हाथ में मीनू कार्ड पकड़े बाहर देखा। तेज बारिश, बरामदों से बाहर छाते खुल चुके थे। सर्दी के मौसम में झम्मा-झम्म यह पानी। स्मृतियों को उकसानेवाला बरसाती मौसम।

साहिब, चाय कि कॉफी ? हशमत मीनू कार्ड पर नज़र जमाए रहे। सामने रख दिया गया पानी का गिलास। संकेत से कहा—अभी रुकिए।

चन्द मिनटों में वेटर की तजुरबेकार निगाह से सन्देश फ्लैश हुआ।

हशमत की ओर से कोई प्रतिक्रिया नहीं। समझ लिया, कोई न कोई झाँककर गए हैं। ख़ामोशी से इतना ही कि दोस्त का इन्तज़ार कर लेने में कोई हर्ज नहीं। जितने में वेटर दुबारा आए, हशमत ने अपने लिए चुनाव को वक़्त दिया। चीज़ बाल, चॉकलेट पेस्टरी और चाय।

वेटर के कदम उठाने से पहले आँखें प्रवेश द्वार की ओर घूमीं और इसके साथ ही दाखिल हुए हशमत के दोस्त और सहकर्मी माथुर साहिब दोनों ओर से चिरपरिचित मुस्कानें परिचय और निकटता की।

हशमत ने हाथ से संकेत किया—बैठिए।

दस मिनट पहले भी झाँका था। तब आप यहाँ नहीं थे। बो.ओ.ए.सी. और क़ांटाज़ काउंटर पर पूछा—मालूम हुआ, आप पार्सल जमा करवा गए हैं। लौटकर यहाँ देखा—फिर एम्बैसी तक जाकर यहीं लौटना ठीक समझा।

हशमत हँसे—माथुर साहिब, यह अभ्यास कम पुराना नहीं। श्यामली आप ही के बैच में थीं—

आपकी दोस्त के दीदार हशमत को भी हुए थे। भीमताल डाक बँगले में उनकी नई शादी के बाद।

माथुर हँस दिए। अगले को कोई दूसरा पसन्द आ ही जाए तो बताइए, हम क्या करते ? छोड़िए।

आपके लिए जरूरी बात यह कि आपके दोस्त कारणिक इस वक़्त आपके इन्तज़ार में गौरीशंकर के साथ गेलार्ड में बैठे हैं।

क्या मज़ाक है ! बिना पूछे दूसरों का प्रोग्राम तय करते हैं कारणिक।

आपके ऑफिस से निकलने के बाद कारणिक का फोन था। कल वापस बम्बई जा रहे हैं और आपसे मिलने को बेताब थे। इधर-उधर करने की कोशिश की मगर हजरत टस से मस न हुए। कहा, घर का पता दीजिए। समझाया—हशमत कनॉट प्लेस के लिए निकले हैं। उन्हें ढूँढ़ना मुश्किल ही होगा।

माथुर मुस्कराए।

कारणिक ने कुछ ऐसा कहा कि उसकी मदद करनी अपनी मजबूरी हो गई।

मजबूरी !

यही समझिए। कारणिक के चेहरे पर कुछ ऐसी खूबसूरत बेचैनी देखी, जैसे आपमें अपना दामाद ढूँढ़ रहा हो !

हशमत ने वेटर को इशारा किया। अगर ऑर्डर पैंट्री से निकला न हो तो कैन्सल कर दें, प्लीज़ !

जी !

मनपसन्द टेबल से उठते हशमत कुछ उखड़े। अपने साथ क्या खूबसूरत शाम होती ! लिहाज़दारी में छीन ली गई।

बारिश तेज है—किधर।

कारणिक और गौरीशंकर गे-लार्ड में इन्तज़ार कर रहे हैं।

गे-लार्ड !

यार, हम जैसों के लिए गे-लार्ड की महँगी शाम का क्या मतलब ?

आप चाहें तो वहाँ से खींच लाने की कोशिश की जाए। चाइनीज के लिए सुझाव दें।

पर इस मौसम में इधर-उधर भटकने से फ़ायदा !

छोड़िए फिर, निमन्त्रण उनका है। उनकी शाम है। अपनी पसन्दीदा जगह का चुनाव करने का उन्हें हक है।

गे-लार्ड। बेहद कीमती। दौलतमन्दों का आत्मविश्वास और अभिजात एक साथ।

ऑर्डर। टेबल पर चुनिन्दा पकवान।

कारणिक हम लोगों को लेकर क्यों इतने दिल फेंक हो रहे हैं ? आखिर विज्ञान भवन में एक संगोष्ठी में एकसाथ हिस्सा ही तो लिया था।

हशमत अतिथि होकर कारणिक की बातचीत सुन रहे हैं। वह रायसम और जर्मनी के डॉक्टर लोबेक की साक्षरता-प्रणाली पर बात कर रहे हैं। हशमत और माथुर अतिरिक्त ध्यान दे रहे हैं और गौरीशंकर साहिब आँखों और कानों को अलग-अलग बाँटकर शाम का मज़ा ले रहे हैं। उन्हें पहचानकर दो-चार आदाब किए जा चुके हैं। बीच-बीच में मुस्कराहट के साथ हशमत और माथुर संकेत देते हैं—ठीक रास्ते पर चलते जाइए ! आज शाम के इस वक़्त पर बड़ा टैग लगनेवाला है।

कारणिक के लिए हम सभी अच्छे श्रोता हैं। दूसरों को सुनने की तालीम रखते हैं।

डैसर्ट। सूफले—कॉफी, आइसक्रीम, चॉकलेट—

एकाएक कारणिक कुछ और-से हो उठे।

हशमत की ओर झुके।

उस कार्ड के लिए बहुत-बहुत धन्यवाद जो संगोष्ठी में मुझे आपने दिया था।

माथुर शरारत से गौरीशंकर साहिब की ओर देखने लगे।

देखिए, बम्बई लौटकर वह कार्ड मैंने अपनी पत्नी को दिखाया। ड्राइंग में आपने एक लड़के की तस्वीर बनाई थी। बेबी ब्वाय। हमारे यहाँ दस बरस से कोई सन्तान नहीं थी। हम दोनों बड़े चाव से कार्ड को देखते रहे। फिर उदास हो गए। ठीक दस महीनों के बाद हमें पुत्र हुआ।

बजती धुनें हर टेबल को छूकर गे-लार्ड के बड़े हॉल में गूँजती रहीं। ख़ामोशी से चुपके-चुपके हम तीनों से पूछती रहीं—इस शाम का जुड़ना भी विस्मयकारी और सुखद।

टेबल छोड़ने से पहले कारणिक ने कहा—ठीक है। मेरी पत्नी और मेरी ओर से आज का निमन्त्रण इसीलिए।

हम सभी ने गर्मजोशी से बधाई दी।

वाह, क्या शाम है ! और क्या बात ! इस जश्न की ! काश कि मिसिज़ कारणिक और बेबी कारणिक भी हमारे साथ होते !

कारणिक साहिब, मिसिज़ कारणिक और बेबी कारणिक के लिए बहुत-बहुत शुभकामनाएँ। कनॉट प्लेस की मार्केट बन्द हो चुकी है। कारणिक साहिब, उपहार की भी सुविधा नहीं है।

गौरीशंकर साहिब ने अपने ही अंदाज़ में एकसाथ चिकना और सूखा कहकहा लगाया। कुछ ऐसे, ज्यों शाम की मजलिस को आगे बढ़ाते हों !

फिर कहा—अगली खुशी पर दोनों को एकसाथ भेंट कीजिए। कारणिक साहिब, अब तो यह सिलसिला जारी रहेगा न ?

बाहर रोशनी में भीगी सड़कें खूब चमचमा रही थीं। गे-लार्ड के छःफुटिया दरबान ने सलाम किया।

गुडनाइट सर !

गुडनाइट !

पुत्रवान पार्टी !

पुत्रवती पार्टी—पुत्रवान शाम !

उस ड्राइंग को लड़की भी समझा जा सकता था। वह एक बच्चे का अंकन था।

सौभाग्यवान कारणिक दम्पती !

[6]

राजधानी के नामपट्ट और श्यामपट्ट बदलते जा रहे हैं। साहित्य और इतिहास के पुरानें पन्नों से खोजबीन की जा रही है। प्रमाण इकट्ठा किए जा रहे हैं राष्ट्रीय गौरव के। किंग्सवे अब राजपथ है और क्वीन्सवे जनपथ। देश के विभिन्न राज्यों के रंग-रूप यहाँ-वहाँ सब जब देखे जा रहे हैं। राजधानी है हर प्रदेश की शरण-स्थली। फसील के अन्दरवाले शहर पर अपना हक समझनेवाले दिल्लीवाल इसकी धरती, पानी और दूर-पास फैले खँडहरों को अपनी जद्दी जायदाद समझते हैं। बाहर से आए पराये लोगों पर खीजते हैं। इन्कलाबी बरसात के बाद की खुम्बियाँ हैं। धीरे-धीरे ज़मीन में आप ही गुम हो जाएँगी।

अरे गुम। चाँदनी चौक की दुकानों की तरहदारी पर कब्जा—पेशावर कैम्बलपुर डेरागाजी खाँ, जेहलम, गुजरात गुजरांवाला लाहौर—जो कल तक खाली बोरियाँ बेच रहे थे—अब छोटी-मोटी दुकानें लगाए बैठे हैं। पटरी पर झल्ली या चारपाइयाँ धीरे-धीरे गायब हो रही हैं। अरे यह पिछड़े खूँख्वार—

दिल्लीवालों की ख़ास जुबान लालकिले और जामा मस्जिद की ऊँचाइयों से बहती हुई गली-कूचों में गूँजती है। पुराने वक्तों से खिंची चली आती बारीकबीनी। हिन्दी और उर्दू में घुली हुई मुहावरों की तरह—हुकूमत के वाजिब हुकम की इबारतों को सोखे हुए शहरी। रायसीना का संवाद रहा अंग्रेजी। देसी बोली हिन्दी का राजधनियाँ शोर अंग्रेजी के हावभाव से अनूदित। अपने इलाकों की ध्वनियाँ छोड़ निरी खड़ी बोली नई दिल्ली पर काबिज। हाँ, अंग्रेजी अंग्रेजी है, हिन्दी हिन्दी है। पंजाबी कहता है, हिन्दी औरतों की भाषा है। वह उर्दू पढ़ता आया है। बंगाली और दक्षिण वालों के लिए हिन्दी पिछड़ों की भाषा है। भाषाओं में भी एक-दूसरे को पछाड़ने की होड़ लगी है। जनता-जनार्दन अपने नए-नए स्वाभिमान और आत्मविश्वास को प्रकट कर रही है। स्वाधीनता की यह पवित्र ऋतु लम्बी सदियों के बाद अपने देश में लहराई है। इन्कलाबियों की हुब्बलवतनी

क्या यूँ ही भूल जाएँगे ? बापू गाँधी के सत्याग्रह न होते तो इमारतों पर तिरंगे कैसे लहराते ?

भारतमाता की जय !

सिर पर के मोटे गाढ़े पग्गड़, देहाती धोतियाँ और मोचियों के हाथों बनी जूतियाँ—कनॉट प्लेस में ऐसे जोश में, ज्यों उनके गाँवों के आसपास फैले खेतों को स्वराज मिला हो ! देश के अलग-अलग रूप-रंग आजाद आबोहवा में चमकने लगे हैं। गेहुँआ, गोरे, साँवले, श्याम, गहरे पक्के, बड़ी आँखें, छोटी आँखें, चपटी नाक, दूर-दराज की सन्तानें दिल्ली में नजर आने लगीं। गणन्तत्र दिवस की झाँकियों को सजाने लगीं। उद्दंड खुरदरे पंजाबी, चमकती त्वचावाले जलतोरी खानेवाले दिमागी बंगाली। साँवले दक्षिणी अपने मिजाज में ऐसे कि वही हैं अक्लमन्द। सोच-समझकर जरूरी वाली बात पर ही मुँह खोलते हैं। गंगा-जमुनी पूरबिए—हाव-भाव में ऐसे, जैसे पहुँचे हुए सयाने ! लोक-परलोक दोनों की समझदारी। दिमाग चुस्त और जुबान दुरुस्त। मुँह में पान रखे आधा संवाद हावभाव से ही दूसरों तक पहुँचा दे।

पंजाबी ठीक इससे उलटा। एक बार मुँह खोले तो अपने बारे में सब उगल दे।

दक्खिनी—सबको शक्की नजरों से देखना और चुप रहना, जैसे कुछ भी समझ न आ रहा हो।

बंगाली बाबू खड़केदार ! बतियाना और पान खाना। नई दिल्ली के पुराने अंग्रेजों के जमाने के बाशिन्दे पहनने-ओढ़ने और बोलने में वही संक्षिप्त शिष्टाचार। राजधानी की भीड़ में अब वह अपने-आपको खुद ही अलग नजर आते हैं। कुछ ऐसे जैसे कोई गुजरा हुआ ज़माना चला आ रहा है। अकड़े हुए कॉलर पर टाई। कोई पुराने धूपछाँही मस्टर्ड कोट पर गहराते नीले रंग की जर्सी पहने हुए। कोई बड़ा साहिब अन्दाज में थ्री पीस सूट में लैस। इन सब पोशाकों को अंग्रेजी के साथ ही समुद्र पार भिजवा देना चाहिए था। अब शहर में फैल रहे हैं धोती-कुरते—कुरते-पाजामे और जवाहर जैकेट ! गाँधी टोपियाँ।

इनसे ठीक अलग दीखनेवाली नौकरी-धन्धा ढूँढ़नेवालों की नई कौम। कुछ सरकारी नौकरियों के लिए हाथ-पाँव मार रहे हैं। किसी की उम्र-सीमा पार हो जानेवाली है, मगर इम्प्लायमेंट में नाम दर्ज नहीं। किसी को नौकरी मिल गई तो रहने की जगह नहीं। नौकरी पक्की नहीं तो बीवी नहीं। बीवी नहीं तो परिवार नहीं। खाने-पीने का इन्तजाम नहीं। पटरियों पर चलते हुए, बसों के रूट-नम्बर याद करते हुए कभी खोंचा-छाबड़ी, कभी हलवाई की दुकान। पहाड़गंजी ढाबे

सस्ते, पर इतने भी नहीं कि रोज पहुँच जाओ। हाँ, कभी माँ के हाथ का पराँठा याद आए तो पहुँचो चाँदनी चौक की पराँठेवाली गली। मूली, आलू, मेथी, बेसनी और भरवाँ चने की दाल की पीठी का पराँठा। सादा माँगो तो नमक-अजवायन का खस्ता पराँठा। साथ दही और मक्खन। सिर्फ एक पराँठा और घंटों भूख न लगे।

मुँह का जायका घर का-सा करना हो तो शीशगंज के सामनेवाली पटरी पर जलती सिगड़ी पर फुलाई जाती फुल्कियाँ, दाल और लाल मिर्च की चटनी। फुल्के पर लाल फूल देखकर अम्मा याद हो आए। पकवान नहीं फिर भी पंडित दाल अच्छी छौंकते हैं। असली घी।

घर-परिवारों की सुरक्षित छाँव में से निकले लाडलों को इस पराये शहर में क्या-क्या न देखना होगा ! बिकने को क्या नहीं बिक रहा ! मगर पुलाव। गुच्छी पुलाव, सतरंगी पुलाव, मटन पुलाव, पूरी-कचौड़ी, चाट इमली, आलू की टिकिया, लाहौरियों के आलू-छोले और छोले-भठूरे। नौकरी के बिना क्या रास आए ! किफायतशारी करनी जरूरी हो तो गुरुद्वारे शीशगंज। लंगर छकिए। रोटी, उड़द की दाल और ठंडा पानी। तृप्त हो सीस नवाएँ और हलवे का प्रसाद पाएँ। यहाँ नहीं तो फिर इरविन रोड शहरवाले मंगल को कनॉट प्लेस का चक्कर लगाते-लगाते पहुँच जाते रिवौली से आगे हनुमान मन्दिर।

एक शाम हशमत पहुँचे स्टेशनरी के लिए धर्मदास धूमीमल पर। दुकान पर मिल गए सुशील सरकार और उनके साथ गुहा रे सरस्वती प्रेस कलकत्तावाले। गुहा रे और हम लोग एकसाथ रंगून में थे यूनेस्को वर्कशॉप में। गुहा रे साहिब ने गर्मजोशी में चाय के लिए आमन्त्रित किया।

सुशील सरकार का चुनाव था वैंगर्स। सड़क पार कर कवैन्टर का छोटा-सा कोना। तब कवैन्टर का मतलब दूध होता था।। दूध-कॉर्नर साफ-सुथरा। उसके साथ ही वैंगर्स के लिए कार्पेटेड सीढ़ियाँ। माप और रकबे के हिसाब से वैंगर्स एक बड़ा रेस्तराँ था। बहुत बड़ा हाल बैंड और डांस फ्लोर भी। पुराना अंग्रेजीपन देसीपन में बदल गया है। हॉल में दाखिल होते ही मेज पर बैठे दीख गए भवगतीचरण वर्मा। आँखों पर रिमलेस और सिर पर से गाँधी टोपी गायब। टोपी मेज पर रखी थी और मेज पर बीयर जगमगा रही थी।

टोपी क्यों उतार बैठे हैं ?

वर्माजी खुद ही हँसे।

गुहा रे साहिब, शाम का लुत्फ उठाने के लिए नेता लगना बिलकुल भी जरूरी नहीं। हशमत और सुशील सरकार मिलकर खूब हँसे। नेताओं की नई नस्ल।

किसी की मनाही है क्या ? यह संकोच कैसा मोशाय !

वर्माजी अपनी मशहूर तर्ज में बोले—जनता अब गाँधी टोपी पर आँख रखती है। वर्माजी, क्या आप भी कुछ ऐसा कर रहे हैं कि आपकी ओर भी नजर उठे !

पी जो रहा हूँ।

बीयर नशा नहीं—जौ का ठंडा पेय है।

आइए-आइए—यहीं बैठिए।

वेटर ने तपाक से कुर्सियाँ खींचीं।

आप कवि हैं, आपको तो बहुत-सी बातों की छूट है। हशमत ने चुपके से चोर-नज़रों से सुशील सरकार की ओर देखा।

मोशाय पब्लिकेशन डिवीजन में जरूर जोश मलीहाबादी को मिल चुके हैं।

गुहा रे साहिब ने वर्माजी को दोस्ती से खींचा। अब तो देश स्वाधीन है, मौज-मजे करिए।

वर्माजी ठंडे सरूर का मजा लेते रहे। वेटर ने मेज के इर्द-गिर्द अनोखा रुआब महसूस किया। टिप की गुंजाइश कम ही है फिर भी अच्छा है !

साहिब, बीयर ?

नहीं, चाय।

कॉफी।

हशमत ने ऑर्डर किया—टूटी-फ्रूटी। आइसक्रीम।

बैंड की उपस्थिति—शाम को रंगों के इन्द्रधनुष लहरा रहे थे। कुछ पाँव फ्लोर पर थिरकने लगे। क्या जगह है रेस्तराँ भी ! यहाँ तक इस रूप-रंग में पहुँचते हुए न जाने कितनी सदियाँ लगी होंगी ! क्या उतनी ही जितनी हमें आजाद होने में ?

अन्दर दाखिल होते ही एक नई दुनिया—एक छोटा-सा नया अध्याय। बाहर की सब सिरदर्दियाँ गायब। दुःख-सुख, तरक्की, नफा-नुकसान दिल से बाहर। भले कुछ ही देर के लिए हो, मगर राहत। गाहे-बगाहे नौकरी-धंधे में मिलनेवाले मीमो—दूसरों की कृतघ्नता, कृतज्ञता, बेईमानी, चालाकी, ईमानदारी—सब इसके फ्राइड हुए पकवानों में घुल जाते हैं। जेब की जितनी हैसियत—उसी के मुताबिक रेस्तराँ का चुनाव। शालीन, भड़कीले, सस्ते-महँगे अंग्रेजी कदमों के गाहे हुए। कीमती फर्नीचर और मुलायम कार्पेट में ख्वाबों और हकीकत को अपने में सजाए-बसाए हुए। वैंगर्स की साज-सज्जा न बहुत ऊँची और न भड़कीलेपन में सस्ती। हशमत ने पूरे हॉल पर आँखें फिराईं। कम-से-कम दस-पन्द्रह गाँधी

टोपियाँ। अब है यह राष्ट्रीय जनपथ की जनतान्त्रिक शक्ति !

बैंड से कोई फड़कती देसी धुन बजने लगी थी। शोखी से हर टेबल पर लहराने-गूँजने लगी थी।

समय की नई वर्णमाला।

दिल्ली के पुराने नेता ओंकारनाथ साहिब बरामदे की ओर बढ़ते-बढ़ते मेज के पास रुके। वर्माजी से हाथ मिलाया। गुहा रे और सुशील सरकार से परिचय करवाया। ओंकार साहिब हशमत की ओर मुड़े—कैसे हैं आप ? नकुलसेन साहिब की बहन के यहाँ मुलाकात हुई थी।

गुहा रे साहिब, आपके सरस्वती प्रेस से अजन्ता का पोर्टफोलियो बहुत सुन्दर निकलता है। और कीमत दस रुपए। पर पोर्टफोलियो पर तीन सौ के करीब खर्चा बैठा है।

अपनी सरकार है। कुछ तो अनोखा करेगी। नए दृश्य में पुरानी विरासत के रंग भरेगी। उपन्यासकार भवगतीचरण वर्मा अपने अधभरे गिलास में कोई 'भूले-बिसरे चित्र' देखने लगे।

फिर एकाएक अपनी गाँधी टोपी उठा सिर पर रख ली।

सब लोग एकसाथ हँसे। वर्माजी नए नेता की तरह खूब जँच रहे हैं।

पुराने वायसरायों के जाते अब यही हमारा नया इतिहास है।

आप कुछ भूल रहे हैं वर्माजी। एक तो हुई आपकी यह गाँधी टोपी और दूसरी है जवाहर जैकेट।

हशमत ने एक शरारती नजर डाली गुहा रे और सुशील सरकार पर—धोती का जिक्र क्यों नहीं साहिब ? वह कहाँ गई ?

वह कहीं नहीं गई। अब वह दिल्ली पहुँच गई है।

गुहा रे साहिब, आप प्रधानमन्त्री को मिलने चूड़ीदार और शेरवानी में जाएँगे क्या ?

गुहा रे साहिब ने अपनी मूँछों को अजीब-सी फुरकन दी। नहीं, नहीं, वर्मा बाबू—मैं बंगाली हूँ। धोती-कुरता में ही मन्त्री मोशाय को मिलने जाऊँगा।

वर्माजी हँसे।

गुहा रे बाबू, मन्त्री मोशाय नहीं—मन्त्री महोदय कहना होगा। अब तो थोड़ी-थोड़ी हिन्दी सीखनी होगी।

पहले सुनीति कुमार चटर्जी से पूछूँगा भगवती बाबू !

पॉवर ऑफ अटार्नी

उन्हें मेरे बारे में यहाँ तक मालूम है, यह मुझे मालूम न था।

यह तो फ्लैट बिक जाने के दरमियान मुझे मालूम हुआ कि उन्हें वह सबकुछ मालूम था जो किसी आदमी को कड़की में घेरने के लिए दूसरों को मालूम होना चाहिए—कब जागता हूँ, कब सोता हूँ, कब अपने लिए चाय बनाता हूँ, कब ढाबे से चपाती पकड़ लाता हूँ, कब आलू के कबाब और पराँठा खाकर पड़ा रहता हूँ। तआज़्जुब तो यह कि उन्हें यह भी पता है कि मेरा बिजली का बिल कितने का आता है।

मैं किस कैमिस्ट से डिस्प्रिन और ईसबगोल खरीदता हूँ। कब नुक्कड़ की बिखरी-सी दुकान पर चाय के बहाने बैठा रहता हूँ। कब वहाँ से उठते हुए अपनी जेब की रेज़गारी गिनता हूँ। समझता था, फ्लैट का दरवाज़ा बन्द करते ही दुनिया से अलग हो जाता हूँ पर इस नदीदे दलाल ने जाने क्यों तहैया कर रखा है कि मेरे पोतड़ों से वाकिफ़ होगा ! मेरे अगले-पिछले सुराग लेकर ही रहेगा !

आख़िर क्यों ? मैं इसका क्या लगता हूँ ? जाने किस जात-कर्म का है ! कल दूध लेने निकला तो वहीं मिल गया। त्रिखा नहीं, ठिग्गू साला।

साथ चलने लगा।

कितने में बेच दिया स्कूटर ?

मैं जल-भुन गया !

बेच दिया ! वह तो कुछ दिन के लिए अपने दोस्त को दिया है !

वह लापरवाही से हँसा—वापस मिलने से रहा। एक दिन एक्सीडेंट होगा—यार बच जाएगा मगर स्कूटर पार...

मैंने कदम तेज़ कर लिए।

उसने पीछे से आवाज़ दी—अरे भैये, ऐसे भागे जा रहे हो—ज्यों तुम्हारा फ्लैट गायब होने को हो ! अरे इसकी चोरी नहीं होती—खुलेआम लूट होती है !

मैं मन-ही-मन बुदबुदाया—हरामी का पिल्ला !

दिल में ख़ामोश पड़ी मेरी यह गाली जैसे ठिग्गू तक पहुँच गई हो।

उसने मेरे बिलकुल पास होकर हलका-सा झुझका दिया ! ऐसे खँखारा जैसे गले में बलगम अटकी हो। पटरी पर थूक दे मारी और आगे बढ़ गया।

मुझे मेरे कानों में उसकी फूहड़-सी हँसी सुनाई पड़ी ! सोचा, मेरी गाली भी तो उस तक पहुँची थी।

मेरी हर हरकत और प्रोग्राम पर नजर रखे रहता है। बाप बना हुआ है। कोई पूछे, तुम कौन और मैं कौन !

देर तक करवटें बदलता रहा। आँखों के आगे किसी ने चचा का खत चिपका दिया हो जैसे ! भतीजे, जो रकम तुमने फ्लैट ख़रीदने के बहाने मुझसे ली थी उसे लौटाते बनो। जल्दी चाहिए, नहीं तो दोनों घरों के खेत बिक जाएँगे। इस हफ़्ते इन्तज़ाम न हुआ तो मुझे बबुआ को दिल्ली भेजना पड़ेगा।

बबुआ का डीलडौल और पहलवानी मूँछों का खयाल आते ही हौल पड़ने लगा। ठेठ गुंडा। आ ही गया तो क्या करूँगा ! घबराकर बाल्कनी में जा खड़ा हुआ। हवा से राहत मिली कि नीचे से किसी ने हैलो की।

कौन ! अगले ब्लाक के पड़ोसी हैं, पर मैं तो इसे जानता नहीं।

अटककर जवाब दिया ज़रूर, पर अन्दर-ही-अन्दर सहम गया। सोसाइटी ऑफ़िस में देखा था। मेरे खिलाफ़ सबसे ज़्यादा शोर इसी ने मचाया था।

मेरे अन्दर चाय की भड़क उठी। किचन में जा एल्म्यूनियम की पतीली गैस पर रखी तो दिमाग में खटका हुआ—वही है जो एक बैडरूम वाले भानुप्रताप से कह रहा था—सुनते हैं, एक छोटा फ्लैट बिकाऊ है। फिर मेरी ओर देखकर हँसा था—आजकल प्रॉपर्टी के दाम मन्दे हैं।

पड़ोसी ने तेवर चढ़ाकर कहा—'दिल्ली में जायदाद की मन्दी, कौन-से कस्बे का ज़िक्र कर रहे हैं ?'

आज ही क्या बात है कि सुबह-सुबह गुडमॉर्निंग ठोंक दी ! दुआ-सलाम के बहाने कुछ कहना चाह रहा होगा।

हाथ में चाय का प्याला पकड़े-पकड़े अखबार उठाया। ख़ासा भारी था।

इतवारी। चाचा ने बबुआ को भेजा तो ऐसी ही किसी सुबह मुझे दबोच लेगा। अख़बार पढ़ते-पढ़ते न जाने कब किराए के कॉलम पर जा टिका। एकाएक दिल धड़कने लगा। बच नहीं सकता। बिक जाएगा मेरा घर। चाचा ने गीदड़ भभकी नहीं दी। लेकर रहेगा। उचाट हो चप्पल पहनी और चाय की दुकान पर जा बैठा !

काँच की गिलसिया में चम्मच चलने लगा तो सोचा, न चाय की दुकान, न ढाबा, न होटलिया—चाय की अँगीठी है। वैसे यहाँ आकर बैठते ही सारे ग़म-फिकर दिल्ली के दूर हो जाते हैं। लगता है, यहीं कहीं पास ही अपना गाँव है—कस्बा है—गली-मुहल्ला है जो दिल्ली के सारे मुलम्मे से अच्छा है। असली है। दो चाय पीने के बाद उठा तो देखता क्या है, सामने वही खड़ा है। ज़बान अन्दर खींचकर दिल ही दिल दर्ज़ किया—छोटा कद, छोटी पेशानी, असली हरामी की निशानी। वह दूसरी ओर देखने लगा कि ठिग्गू पास आ खड़ा हुआ !

क्यों साहिब बहादुर, आज सुबह-सुबह किधर ?

बचकर दौड़नेवाला पाँव मद्धिम हो गया और दिल की धड़कन तेज़। रुखाई से कहा—घर जा रहा हूँ—कोई एतराज़ है क्या !

ठिग्गू ही-ही करता हुआ कुत्ता बन गया और मुलायम आवाज़ में कहा—थोड़ी कृपा कर यार, ग्राहक को घर दिखाने लाया हूँ पर घरवाले घर नहीं ! चालीस किलोमीटर आना और चालीस जाना। तुम्हारे फ्लैट का ही नक्शा है और उतना ही एरिया है, कहो तो इनको दिखा दूँ। दो-एक दिन में मन बना लेंगे। सिर्फ पाँच मिनट का काम है। तुम्हें ज़्यादा तकलीफ़ नहीं होगी।

वह चुप रहा और उसकी चुप्पी को हामी समझकर वे तीनों उसके पीछे हो लिए, और दरवाज़ा खुलते ही धड़ाधड़ अन्दर जा घुसे। ठिग्गू दलाल टर-टर करने लगा। यह है ड्राइंग-कम-डाइनिंग—यह मास्टर बैडरूम, यह गेस्टरूम—यह टॉयलेट—सीढ़ियों के ऊपर पड़छत्ती-स्टोर बनाओ और चाहे किराए पर दे दो। देखनेवालों में से एक ने पूछा—लकड़ी का काम कुछ नहीं हुआ।

सुनकर उसकी कनपटी जलने लगी। मेरे सामान से इनका क्या मतलब ! दिल हुआ, धक्के मार के बाहर निकाल दे। हैरानी यह कि वे बिना कुछ सुने उसके घर के बाहर हो गए तो एक बार फिर वह अपनी सुरक्षा के लिए सतर्क हो उठा। फटाक से दरवाज़ा बन्द किया और उससे पीठ लगाकर कई देर खड़ा रहा। लगा, अभी कोई आकर किवाड़ तोड़ देगा। हो न हो, यह पंजू दलाल ज़रूर मेरे फ्लैट पर आँख लगाए है। देख ऐसे रहे थे, ज्यों इसे ही खरीदनेवाले हैं !

सोच-सोचकर उसकी छाती में कोई घुम्मड़-सा उठने लगा। कोई सूरत नज़र नहीं आती। चचा बचा सकते थे और उसी ने अड़ंगा लगा दिया। दो स्लाइस उठाकर उन पर पुराने पड़े दालमोठ फैलाए और बालकनी में खड़े-खड़े खाने लगा। क्या नज़ारा है ! चचा को लिखना पड़ेगा। मैं इस फ्लैट को बेचने से रहा।

उसमें हिम्मत और धीरज का संचार हुआ। बचा लूँगा—बचा सकूँगा। इस फ्लैट को, इसके लिए चाहे मुझे गाँव की ज़मीन ही क्यों न बेचनी पड़ी !

रात को नींद में देखा, चचा बबुआ के साथ खड़े हैं। उसको धमका रहे हैं और समझा भी रहे हैं। भतीजे, जितना बन पड़ा मुझसे, वह मैंने किया। दद्‌दा गए तो सब भार मुझ पर आन पड़ा था। तुम्हारी बहनों की शादी किसने की—मैंने ही न ! तुम्हें पढ़ाया-लिखाया-नौकरी पर लगवाया।

सुनकर वह सपने में रोने लगा। चचा, जो आप कहेंगे, मैं वही करूँगा।

सुबह आँख खुली तो लगा कि दलाल ज़रूर उसे दरवाज़े के बाहर मिलेगा ! उसने हौले से दरवाज़ा खोला। वह सचमुच उसके घर के बाहर खड़ा था। उसने कमज़ोर खफ़गी से कहा—इस वक़्त आप यहाँ क्यों !

ठिग्गू मासूम बन गया—कल आपके यहाँ मेरा एक ज़रूरी काग़ज़ गिर गया है। उन्हें फ्लैट दिखाने लाया था तो मेरे हाथ में एक थैला था और थैले में काग़ज़ थे। वकील का पर्चा था भैये—मुझे देख लेने दो।

वह जानता था। यह सरासर झूठ है। उसकी कमज़ोर नज़र देख ठिग्गू अन्दर आ गया, इधर-उधर नज़र फिराकर कहा—मैंने अभी उनसे इस फ्लैट का ज़िक्र नहीं किया, पर चाहो तो कल बिक सकता है।

वह रुआँसा होकर हकलाने लगा, आप—मेरे यहाँ से—मेरे घर से बाहर हो जाइए।

ठिग्गू कुछ देर खड़ा-खड़ा उसे देखता रहा फिर जाते-जाते बोला—मेरा कोई ज़ोर नहीं—पर याद रख लो भैये, पछताओगे।

वह देर तक एकटक दलाल की पीठ पर जैसे अपना भविष्य पढ़ता हो। बिकेगा—नहीं बिकेगा—बिक सकता है। बिक जाएगा तो सौ भला। सारे फिक्रों से निजात पा लूँगा।

दिल में से कोई अंकुर-सा खिला। सँभाल अपने को—सोसाइटी की अगली मीटिंग भी तो होते-होते ही होगी। कुछ इन्तज़ाम तो होगा। कोऑपरेटिव से लोन लेना पड़ेगा। पिछली बार माँ की बीमारी के लिए लिया था। अब किसका भरूँगा ? पिताजी तो सिधार चुके। जाने से पहले यह भी न सोचा कि बेटा

इन सिरदर्दियों का इलाज क्या करेगा !

घड़ी देखी—चार्टर्ड जा चुकी है। वह धीरे-धीरे तैयार होने लगा। अब क्या—आधे दिन की छुट्टी कटेगी। कटने दो। उसने माथे पर आते बालों को छुआ—जो-जो कटता है, कटने दो।

वह दफ़्तर के पहले बस-स्टैंड पर उतर गया और धीरे-धीरे उलटी दिशा की ओर बढ़ चला। अपने ही घर की ओर। चचा का लालची चेहरा आँखों पर चिपका रहा। भीड़ में से निकलते-निकलते सोचा, कैसा भद्दा शहर है ! एक भी चेहरा जान-पहचान का नहीं। इसे राजधानी बुलाते हैं ! दलालों का शहर है साला !

एकाएक अपनी खीज को परे सरकाया। वह देख, क्या सजधज से निकली है काम पर ! इसे कहते हैं, दिल्ली की लड़की !

जाने कहाँ से हसरत उभरी ! क्यों न इसके साथ सिनेमा देखने जाए ! मान जाएगी। बड़ी चालू हैं लड़कियाँ यहाँ की। जितने में उसने कदम बढ़ाए, लड़की ने हाथ का इशारा किया और मोटरसाइकिल के पीछे बैठकर यह जा, और वह जा ! बदन में खिन्नता छा गई।

काश, वह मोटरबाइक मेरे पास होती ! वह जाने कितने घंटे पैदल चलता रहा था। शाम को घर पहुँचा तो बाहर से फ्लैट का बन्द दरवाज़ा देखकर जाने क्यों आँखें गीली हो गईं। हाथ में ताली लिए-लिए दरवाज़े को देखता रहा। क्या मेरा है कि किसी और का लग रहा है ! अभी तो वह नेम प्लेट बनवाने का ख्वाब ही देख रहा था।

उसने अपने को झटका दिया और ताली घुमाने के बजाय चाय की दुकान की ओर बढ़ गया।

एक तेज़ बनाओ, डबल दूध की।

उसने मग्गा हाथ में पकड़ा ही था कि ठिग्गू आता हुआ दिखाई दिया।

इसके पहले कि वह आँख बचा इधर-उधर हो जाए, पंजू दलाल ने कन्धे पर हाथ रख दिया—भैये, हम तुम्हारी ही राह देख रहे थे। बयाना लेकर आए हैं तुम्हारे फ्लैट का !

वह चरचरा गया। चीखकर कहा—मुझसे बात मत करो। चाय पीने दो मुझे। मैं थका हुआ हूँ।

साहिब बहादुर, हम भी खा-पीकर टहलने नहीं निकले। आओ, घर चलकर बात करते हैं।

क्या बकवास है ! क्यों कर रहे हो मेरे साथ ऐसे—

आओ-आओ, हम तुम्हारे दुश्मन नहीं। तुम्हारे भले के लिए कर रहे हैं।

इस बीच ठिग्गू ने उसका हाथ पकड़ लिया और उसके कन्धे की ओर मुँह कर धीमे से कहा—अच्छे पैसे मिल रहे हैं !

उसने ताला खोला तो लगा, वह शायद आखिरी बार इस घर में दाखिल हो रहा है !

अन्दर घुसते ही वह एक कमज़ोर बच्चे की तरह खौलने लगा। क्यों मेरा पीछा कर रहे हो ! मुझे यह फ्लैट नहीं बेचना है।

बेचना पड़ेगा बच्चू—फ्लैट बिका हुआ समझो। ज़्यादा हील-हुज्जत की तो पुलिस आएगी। नौकरी से भी हाथ धोना पड़ेगा और हवा खानी पड़ेगी तिहाड़ जेल की।

वह गुस्से में हकलाया—ऐसा क्यों ? नहीं बेचता मैं यह घर—मैंने ऐसा क्या किया कि मेरे पीछे लगे हो ! तुम लोग गुंडे हो।

ओए ! सुन काका, तुम्हारे इसी घर से अफ़ीम की पोटली मिली है। थाने में पुलिस रिपोर्ट दर्ज है !

क्या ! क्या !

आगे सुन—रिपोर्ट की कॉपी तेरे बॉस की मेज़ तक पहुँच गई है।

वह हकलाने लगा।

तुम, तुम प्रॉपर्टी डीलर नहीं—लुटेरे हो।

हाँ-हाँ, बताते हैं तुम्हें। बैठो कुर्सी पर और हमारी बात ध्यान से सुनो।

काका, हमने तुम्हारी सोसाइटी का नाँवा भर दिया है। यह रही रसीद—सही कर ले—दस्तख़त सेक्रेटरी के हैं न ! अब तुम बेफ़िक्र हो जाओ।

साफ़ेवाले हरियाणवी ने ठिग्गू की ओर देखा।

बता दो इसे कि पुलिस रिपोर्ट हम रफ़ा-दफ़ा करवा देंगे। बाकी रही तुम्हारी नौकरी, सो अफ़सर को सँभाल लेंगे हम।

उसने चीख़कर उन्हें गाली देनी चाही पर गले में घिग्गी बँध गई। सिर्फ़ बेबसी में सिर हिलता रहा—नहीं-नहीं...

इस बार अधेड़ कड़का—सुन ओ काके, महीने के अन्दर-अन्दर नई रिहायश कर ले—

ठिग्गू ने खींसें निपोरीं—जनाब, इतनी सख़्ती न करें ! इसे घर ढूँढ़ने के लिए आपकी मदद चाहिए होगी !

कम-से-कम इसे दस हज़ार तो ऊपर से दें—कोई जगह ढूँढ़ सके।

साफा भभकने लगा।

अक्ल ठिकाने है ! चल, दो और ले लो।

ठिग्गू दलाल ने हाथ जोड़ दिए।

ताऊ, यह ज़ुल्म न कर। इसे पाँच तो ज़रूर देने होंगे !

ताऊ कुछ देर सोच में पड़ा रहा, फिर थैले से गड्डी निकाल नोटों की आगे कर दी। लो, जल्दी से किराए की बरसाती कमरा ढूँढ़ लो। गिनकर पाँच हजार दे रहा हूँ। हाँ, एक बात याद रखना मेरी। बुरी आदतों का हश्र यही होता है।

उसने चिढ़कर कहा—बुरी ?

और नहीं तो क्या ! ऐसी भलमानसी किस काम की ! सोसाइटी का कर्ज न उतार सके। तुम्हारे पास एक छोटी-मोटी नौकरी है। रोज जाकर कुर्सी पर बैठते हो। फिर भी नहीं दे सके, इसलिए तुम्हारा मकान बिक गया।

वह गीली आँखों से बस घूरता रहा।

ठिग्गू हमदर्द बनकर समझाने लगा।

दूर की नहीं हाँक रहा—असली बातें बता रहा हूँ। शुक्र मना, यह फ्लैट तेरे हाथ से निकल गया। इसका ऐसा लफ़ड़ा है प्यारे कि तू सीधा अन्दर जाता।

साफ़ेवाला काइयाँ सिर हिला—खोलकर बता दे इसे, तभी इसकी समझ फिरेगी !

दलाल आवाज़ धीमी करके बोला—बबुआ, तेरे फ्लैट के कागज़ जाली हैं।

उसने लपककर ठिग्गू के कन्धे पर हाथ रखा और तेज़ आवाज़ में कहा—फिर तुम क्यों खरीद रहे हो इसे, अगर इसके कागज़ात ठीक नहीं तो ?

जवाब में दोनों दलाल हँसने लगे—घोंचू है पूरा। बबुआ को खुलासा करके बता दो बेटा कि यह हम इसकी भलाई के लिए कर रहे हैं। हम दुश्मन नहीं हैं, तुम्हारे दोस्त हैं। हमें यह यूँ करना पड़ रहा है कि सिर्फ हम ही इसे खरीद सकते हैं।

ठिग्गू ने आवाज़ धीमी की और राज़दाराना अन्दाज़ में कहा—जिसने तुम्हें यह तीन बार बिका हुआ मकान बेचा था, वह हमारा भाई-भाल था और अब पुलिस की हिरासत में है। समझे, सारे गड़े मुरदे उखड़ेंगे। तुम भलेमानस हो सो हम तुम्हें इस कीचड़ में से निकाल देना चाहते हैं। पुलिस ने तुम्हें भी धर पकड़ा तो अन्दर पड़े सड़ते रहोगे।

वह ताव खाने लगा—मैंने ऐसा क्या किया है ! पैसा देकर फ्लैट लिया था।

पगड़ी ने डपटा—चुप्प ! तेरी आवाज़ की कोई कीमत नहीं। इस फ्लैट का

असली मालिक मैं हूँ। इसकी पहली पॉवर ऑफ अटार्नी मेरे पास है। वकीलों के चक्कर भी लगाएगा तो भी कुछ बननेवाला नहीं। अपने एम.पी. के पास जाकर गिड़गिड़ाएगा तो भी मसला हल होनेवाला नहीं। तुमसे नदीदे दिल्ली में हज़ारों नहीं, लाखों हैं। धन्धा करनेवाले वकीलों और मैजिस्ट्रेटों की कुर्सियों को बाँधे हुए हैं। सो बेटा, तुम कुछ न कर पाओगे। जो करना है सो हमें ही। ध्यान से सुनो, जो हम कर रहे हैं, इससे अच्छा और कुछ हो ही नहीं सकता। सोसाइटी का पैसा भर दिया है और तुम्हें फ्लैट के वाजिब दाम दे रहे हैं। अब जो झगड़ा-जंजाल है सो हमारे लिए !

वह बेबसी में रोने लगा। उसे बिलखते देख पिद्दी दलाल किचन से पानी का गिलास ले आया।

लो, पीओ !

उसने डबडबाई आँखों से दोनों राक्षसों को देखा तो घिन-सी उठने लगी। काश, कोई शक्ति-कवच मेरे पास होता ! मैं इन दोनों को फाड़ डालता।

ठिग्गू ने नोटों की गड्डियाँ और चैक हाथ में पकड़ाया—इसे सँभाल लो। हाँ, सारी कार्यवाही ठीक-ठाक हो गई है। चाहो तो वकील को दिखा लो। हाँ यार, मेरी कमीशन न मारना। बेचने का दुख ज़रूर होता होगा—पर मैं भी धन्धे में मेहनत करता हूँ। मेरी एक पुरानी फीस भी तुम्हारे हिसाब में है।

उसने आँखें पोंछ लीं और चीखकर कहा—तुम जैसा कमीना मैंने आज तक नहीं देखा।

दलाल ने बड़ी नर्मी से कहा—नहीं देखा होगा। इस वक़्त तुम्हें याद नहीं आ रहा। ढाबेवाले से तुमने अपने फ्लैट की कीमत पूछी थी तो वह मुझे ही पूछने आया था।

उसने हैरत से ठिग्गू की ओर देखा—फिर ?

फिर क्या, मैंने तुम्हारा अता-पता सब इकट्ठा किया। दफ़्तर से तुम्हारी जन्म तारीख ली और भृगु-संहिता वाले से ख़रीद-फ़रोख्त वाला प्रश्न लगवा लिया। पैसा तो खर्च हुआ ही न !

वह गुस्से के मारे चख़-चख़ पर उतर आया—यह बताओ, मैंने तुम्हें फ्लैट बिकवाने के लिए कब कहा था ?

चलो, मान लिया, तुमने मुझे साफ़ लफ़्जों में नहीं कहा था, पर हमें तो तुम्हारे अन्दरूनी हालात की इबारत तैयार करनी ही थी।

फ्लैट के नए मालिक ने पुचकारकर कहा—अब अपने को सँभालो। यह लो काग़ज़, पिछला प्रॉपर्टी-टैक्स बकाया है। तुम्हें ही देना होगा।

त्रिखा उसका मसीहा बन गया—ताऊ, अब इस बिचारे को और न सताओ। लाखों की नहीं, यह तो कुछ हज़ारों की ही बात है।

ताऊ उठ खड़ा हुआ।

डुप्लीकेट इनके पास छोड़ दो और शाम को लेकर मुझे पहुँचा देना।

वह उन्हें बाहर जाते देखता रहा। खुले दरवाज़े को बन्द करते उसे बड़ा अजीब ख़याल आया। सोचा—काश कि इस वक़्त इन लुटेरों को चकमा देकर वह यह घर चुराकर भाग जाता ! पर नहीं, घर चुराए नहीं जाते, लूट लिए जाते हैं।

वह थैला ढूँढ़ने लगा था। ब्लैक का नकद और व्हाइट का चैक—दोनों उसकी ओर ताक रहे थे। अख़बार से ढँककर उसने ऊपर किताब रख दी।

क्या वह चचा को कुछ देगा ? नहीं-नहीं, कभी नहीं। उसके पेट में भूख की मरोड़ उठने लगी थी।

किचन में जाकर आखिरी बार चाय बनाई और बाल्कनी में खड़े हो आहिस्ता-आहिस्ता घूँट भरने लगा।

कुछ ऐसा लगा कि उसके दिन पलट गए हैं। वह और घर दोनों खुशहाल हो गए हैं।

हकीकत !

दुपहर-भर हाथ-पाँव गुम हुए रहे। हनुमान चालीसा का नियम से पाठ करते हुए भी वही हुआ जो होना था। बँधा हुआ असबाब—कुल छः नग—उसी की तरह उदास और खुशहाली की ओर मुँह बाए ताक रहे थे।

वह हर रोज़ की तरह जाने क्यों अलमारी के सामने जा खड़ा हुआ। कुछ ऐसे, जैसे कोट टाँगना हो ! चोरदराज़ में जेब का वैलेट रखना हो ! हैंडल पर कई देर हाथ धरे रहा। फिर कपाट खोला और बन्द कर दिया। चलो !

कहाँ !

कहीं हो ! अनमने होने का वक़्त नहीं। आता होगा वह पंजू—साला पंजाबी, ऐसी बुरी नज़र से देखा फ्लैट कि मेरा न रहा।

उसने रज़ाई के गिलाफ़ में से नोटों की पोटली निकाली—कैनवस के बैग में रखी और ऊपर से गुच्छा-मुच्छा कर मैले कपड़े ठूँस दिए। ज़िप बन्द की। किनारे पर लटकते बक्कल में ताली लगाई। फिर खड़े-खड़े अजीब सगी नज़रों से देखता रहा। छोटा-सा ताला लगा ताली अपने अन्दर की ज़ेब में रख ली।

बैग को फिर चतुराई से देखा। नहीं, ताला देख किसी को भी शक पड़ सकता है ! मामूली-से बैग पर यह ताला ! कोई भी धक्का देकर मेरे हाथ से यह बैग खींच सकता है। इतनी बड़ी रकम के लिए यह बैग फटीचर है। हल्द्वानी बाजार से 35 रुपए में खरीदा था। सहसा अखबारों में निकले घोटाला बैगों की तस्वीर आँखों में झिलमिलाई। मौका लगते ही वह ज़रूर खरीदूँगा। हाथ में पकड़ा हो तो लगे कि आदमी का कुछ वज़न है। मगर बिना घोटालों के कोई फूँक मार दे तो घाटी के पार।

अपना ही कान खींचने के अंदाज़ में कहा, अबे घोटाला करने की समझ और अक्लमन्दी भी होनी चाहिए। देखा, दोनों हरामी चाट गए और तू भलेमानस कुत्ता बना रहा—कुत्ता।

यहाँ से बाहर ही निकलकर कहाँ जाऊँगा ! पांडेयजी दौरे पर हैं। एक बार पहुँच सकता वहाँ तो इन दोनों को अन्दर की हवा खिलाता। पांडेयजी पहुँचे हुए सांसद हैं। साउथ एवेन्यू में रह सकता तो—

घंटी बजी। कौन होगा ! वही दलाल !

वह बाथरूम में घुसा। हलका हुआ और आखिरी बार फ्लश खींच वाशबेसिन में हाथ धोए। पूरे फ्लैट में यह बाथरूम ही उसे सबसे ज़्यादा पसन्द था। घंटी दरवाज़े की बजती रही थी। उसकी आवाज़ से उसने अपने में चुस्ती महसूस की। दरवाज़ा खोला। ठिग्गू त्रिखा अन्दर आ गया। उसने इसे ऐसे देखा, जैसे यह भी बँधे असबाब का ही हिस्सा हो !

कुछ सोचा—कहाँ शिफ्ट करना है !

समझ नहीं आ रहा। पांडेयजी तो शहर में नहीं हैं। मैं पता कर चुका हूँ।

वह दलाल को तरेरने लगा।

देखो प्यारे, अब फ्लैट बिक जाने का मलाल न करो। जायदाद बिकनी होती है तभी सौदे होते हैं। तुम्हारे साथ किसी ने ज़बर्दस्ती नहीं की। सिर पर कर्ज़ था सो तुमने बेच दिया।

उसने ठिग्गू को घूरा।

बकवास बन्द करो। मैं सुनने के मूड में नहीं।

दलाल बड़े प्रेम से हँसा, जैसे उसका बाप हो !

मेरे से लिखवा लो। तुम साल-भर के अन्दर तीन बैडरूम का फ्लैट खरीदोगे। उसकी फर्नीशिंग मैं तुम्हें करवा दूँगा। मेरे साले का बहुत बड़ा काम है।

इस शुभ काम में भी मैं ही तुम्हारा प्रॉपर्टी एजेंट बनूँगा।

उसे उबकाई आने लगी। कमीना साला—इस फ्लैट पर ऐसी आँख रखी कि सदा को मेरी घंटी बजा दी।

उसका फीका चेहरा देख दलाल हलीमी से बोला—तुम्हारे पास आज कैश काफ़ी है। सब जानते हैं कि फ्लैट बिक चुका है।

उसने चिढ़कर कहा—तुम्हीं ने बताया होगा।

देखो, बचपना छोड़ो, देनेवाले भी पैसा तो बैंक से ही निकलवाकर लाए होंगे। लोग इसका सुराग़ रखते हैं। तुम्हारे खरीदार ने एक मुच्छड़ पट्ठा रखा हुआ था। उसका समधी नहीं था। पहरेदार था। बॉडीगार्ड।

वह सुनता रहा और अपने पैरों पर नज़र गड़ाए रहा। मानो इशारा ले रहा हो कि किधर जाना है।

रोज़ वारदातें होती हैं। ब्लैक का खोंसने में क्या बेईमानी ! इतना कैश लेकर कहीं दूर जाना ठीक नहीं।

उसके कान खड़े हो गए। कहीं यह ठिग्गू ही हाथ न साफ़ कर दे।

बात पर ध्यान दो। मेरे ख़ास अपने घर में एक कमरा खाली है। 28-32 का कमरा है। अटैच बाथरूम और एक बरामदी भी साथ है।

उसका दिल हुआ, 'बरामदी' लफ़्ज़ पर दलाल का मुँह नोच ले। बाल्कनी को बरामदी—साला पंजू। बोलने का शऊर नहीं। सिर्फ कमाना जानता है।

हूँ।

उसने सोच-सोचकर कहा—तुम कहते हो तो वहीं चलते हैं।

दलाल खीज गया—मेरी छोड़ो। तुम बताओ—तुम क्या चाहते हो ! यह कमरा मैं किराए पर चढ़ाता हूँ। ढाई हज़ार लेता हूँ। तुम्हें दो पर दे दूँगा। सोच लो।

वह असमंजस में पड़ गया।

दलाल ने चेहरे से उसका दिल पढ़ने की कोशिश की।

ठीक लगे—किराया पुगे तो सोचकर मुझे बता देना। हाँ, इस वक़्त तो तुम्हें फ्लैट खाली करना ही करना है। चाबी के लिए उसका आदमी तैनात है। रास्ते में खड़ा था।

उसने सिर हिलाया और कैनवस के बैग पर नज़र टिका ली। ठीक से घर चैक कर लो। मैं पन्द्रह मिनट में लौटता हूँ। इस वक़्त टैम्पू मिलना मुश्किल है—कहो तो स्कूटर-रिक्शा लेता आऊँ !

उसने सिर हिलाया—हाँ।

वह अन्दर आया। बारी-बारी से सब कमरे देखे। देखनेवाली नज़र परायी हो चुकी थी। बैडरूम की दीवार पर मधुबाला अभी भी हँस रही थी। उसने पोस्टर उतारा तो गले में कुछ अटक गया। रूमाल टटोला और किचन के सिंक पर झुक आँखों पर छींटे मार लिए।

अब घर पूरी तरह वीरान नज़र आ रहा था और उसे घड़ी देखने को उकसा रहा था।

ठिग्गू दो रिक्शा ले आया। सामान टिकाया और बाज़ार से होते हुए वह दलाल के घर की ओर बढ़ चले।

मोड़ पर दोनों रिक्शे रुके तो त्रिखा बोला—डुप्लीकेट चाबी निकालो। उसका आदमी खड़ा है।

दोमंजिले मकान के कोठीनुमा फाटक के सामने रिक्शे रुक गए। दलाल ने ख़ुद अपने हाथों से सामान बैठक में रखा। रिक्शा को पैसे दिए और कहा—पहले चाय पीकर कुछ आराम कर लो—फिर ऊपर चलेंगे। तुम्हारी भाभी पकौड़े बना रही है। स्वभाव की तेज़ है पर खिलाती-पिलाती अच्छा है। तुम पर है, जैसे भी निभाओ। देवर की तरह हँसी-ठट्ठा करते रहोगे तो निभ जाएगी। दिल की अच्छी है। किराएदारों से अच्छा निभाती है।

किराएदार ! आखिर नौबत इस पर पहुँच ही गई। चाय की ट्रे और गर्म-गर्म पकौड़े मेज़ पर आ गए। उसने देखा ही नहीं कि कौन रख गया है ! शायद कोई बच्चा !

ठंडे न करो। खाओ।

उसने गर्म-गर्म प्याज़ की पकौड़ी मुँह में डाली तो चची याद आ गई। दलाल ने इस बार बड़े विश्वास से कहा कि तुम्हें कमरा ज़रूर पसन्द आएगा।

वह इसके पैंतरे अच्छे से समझता है, यह सोचकर वह चुप रहा। दिल ही दिल हिसाब लगाया, अभी हफ्ता-भर तो इसी कॉलोनी के चक्कर लगेंगे। तब तक टिके रहने में क्या हर्ज है !

ऊपर पहुँचकर देखा तो ऐसे कमरे की उम्मीद उसे नहीं थी। दो खिड़कियों वाली बरसाती—पंखा लगा हुआ।

बाथरूम—न छोटा, न बड़ा। टॉयलेट देसी स्टाइल पर टाइलों वाला। दीवार में आइना जड़ा हुआ। छोटी-सी वाश-बेसनी।

कमरे में चमकीली रैक्सीन वाला सोफा-कम-बैड। एक पूरी दीवार में शैल्फ़ वाली अलमारी। बीच में आदमक़द शीशा।

उसे लगा, वह बहुत थक गया है। अजीब नज़र से वह ठिग्गू के चेहरे

पर अपनी नींद खोजने लगा—थोड़ा लेटूँगा। बहुत थक गया हूँ।

बिस्तर खोलने में आलस आता हो तो नीचे से ले आता हूँ।

वह चुप रहा। थकन सचमुच उस पर चढ़ गई है।

ठिग्गू दरी-खेस-चद्दर-तकिया और शनील की रजाई लेकर लौटा तो उसने छिपी नज़र से फिर से दलाल को देखा। उसे वह पहले से कहीं ज़्यादा भला और अच्छा इन्सान लगा।

उसने बिस्तर बिछाया और कहा—तुम्हारी भाभी का स्टैंडर्ड अच्छा है। बड़े घर की है।

वह चुप रहा।

त्रिखा जाते-जाते बोला—वही लाएगी खाना तुम्हारा, आज नौकर छुट्टी पर है।

उसके ओझल होते ही उसने दरवाज़ा बन्द कर लिया। सफ़ेद सन्दूक खोल कपड़े निकाले और अलमारी में रख दिए। शैल्फ़ में ताज़े अख़बार बिछे थे।

उसने कैनवस के बैग में से गिलाफ़ में रखी नोटों की पोटली निकाल तकिए के गिलाफ़ में डाली—ऊपर उसके एक स्वेटर डाल दिया और उस पर सिर रखते ही आँखें मुँदने लगीं। रज़ाई खींच उस पर हाथ फिराया। सूँघा तो लगा, किसी औरत की गन्ध आ रही है। उसने लम्बी साँस ली। शादी बिना फ्लैट के भी की जा सकती है। जल्दी ही वह बेघरों के टोले में टहलने निकल गया और सपने देखने लगा।

देखिए साहिब, यह हज़ार गज़ का प्लाट है। कोने का है और तीन तरफ़ से खुला है। सामने डी.डी.ए. का पार्क बनेगा।

दोनों दलाल बारी-बारी से उसे प्लाट के गुण बताते रहे।

साफ़ कटा हुआ है। न तिकोना, न गऊमुखा। ठीक चौरस। सोचिए, जब चार मंजिलें पड़ेंगी तो दुनिया देखने को आएगी।

वह बोला—मुझे यह पसन्द नहीं कि मेरे घर को लोग नज़र लगाएँ।

नहीं साहिब, ऊपर काली हंड़ियाँ टँगी रहेगी साल-दो साल। हाँ, आपको पसन्द है तो जल्दी फैसला करना पड़ेगा। परसों संक्रान्ति है। बयाने के लिए शुभ दिन है।

नहीं, इतनी जल्दी नहीं, वक़्त लगेगा।

फिर दाम चढ़ जाएगा। बात यह है साहिब बहादुर कि इसके मालिक की चार फैक्टरियाँ हैं। अमेरिका से कन्साइनमेंट आई पड़ी है। रोज का 'डैमरेज' पड़ रहा है। इसी के लिए बेच रहा है।

ख्वाब में वह अपने बॉस की तरह ही सिर हिलाकर हूँ-हाँ कर रहा था कि दरवाज़े की खटखट से नींद उखड़ गई।

खाना।

उसने उठकर सिटकनी खोली कि दलाल की बीवी थाली लिए प्रकट हुई। तिपाई खींची—मैं मिसेज त्रिखा हूँ। गर्म-गर्म खाकर आराम करो।

वह बिटर-बिटर तकता रहा। उसकी खाली आँखों में दलाल की दौलत झिलमिलाने लगी। दुबली-पतली खूबसूरत, क्या कपड़े और चूनरी गायब ! आह ! अपने अकेलेपन पर तरस आया। वह उसी की ओर तकता चला।

वह मुस्कराई तो उसे चमकीली सँपिनी की तरह लगी। उसकी छाती में कुछ फरफराने-सा लगा। त्रिखा की बीवी ने छोटे शहर की आँखों में सेंक देखा तो ठेठ दिल्लीवालों की बेलिहाज आवाज़ में कहा—यह कमरा अगर तुम्हें कल तक पसन्द आ गया तो तुम त्रिखाजी के नहीं—मेरे किराएदार बनोगे। दो हज़ार किराया, बिजली-पानी अलग। तीन महीने का एडवांस और तीन महीने की सिक्यूरिटी। यह घर मेरे नाम है सो मैं ही किराया वसूलती हूँ। हाँ, खाकर बर्तन बाहर रख देना। रात को दूध तो नहीं चाहिए ?

सिर हिला दिया—नहीं।

वह चली गई तो उसने पहले राहत महसूस की, फिर सूना लगने लगा। चचा की आँख मेरे नाँवे पर तो है, पर मेरे ब्याह की कोई फ़िक्र नहीं।

आलू-मटर की भुनी रसदार सब्ज़ी-पराँठे-प्याज़ का रायता, अनारदाने और लहसुन की चटनी, और गजरेला। पहला गस्सा लिया—घर का-सा स्वाद आया। असली घी। खाते-पीते तो अच्छा हैं पर लुटेरे ऐसे कि किसी को भी हजम कर जाएँ। यूँ ठौर-ठौर घूमता फिरता है, पर घर देखो, रईसों की तरह रहता है ! वह पड़े-पड़े अपने में चचावाली समझदारी जगाने लगा। उसे ज़रूरत है तो मैं क्या करूँ ! मुझे भी तो जिन्दगी चलानी है। यहाँ किसी दिन पहुँच गया तो कह दूँगा साफ-साफ। ब्लैक को कैसे व्हाइट करूँगा ! कुछ यूनिट ख़रीद लूँगा। कुछ नए अकाउंट खोलने होंगे।

उसने थाली उठाकर बाहर रखी। दरवाज़ा बन्द किया। कुर्ता-पाजामा पहन एक बार फिर सिरहाने को चैक किया। जल्दी ही घोटाला बैग लेना पड़ेगा। घर से बेघर हो गया हूँ। काश कि मैं भी कोई घोटाला कर सकता ! उसने बत्ती बुझा दी और रज़ाई खींचकर आँखें बन्द कीं तो लगा, पास दलाल की बीवी लेटी है।

क्या दरवाज़े पर दस्तक है ? हलकी-हलकी ! शायद बीवी हो। त्रिखा हो।

वह कुछ भी कर सकता है। पिस्तौल दिखाकर नाँवा लूटने का भी इरादा कर सकता है। चुपके से पड़े रहो। तुम सो चुके हो। वह झूठ-मूठ के खर्राटे भरने लगा। कान दरवाज़े पर लगे रहे।

टक-टक—कहीं हवा तो नहीं ! शायद बिल्ली हो ! बर्तन चाट रही हो ! फिर आहट हुई। अपने को ख़बरदार किया—जागते रहो ! सोना मत !

अगले कई दिनों वह अपने से ग़ैर हुआ रहा। कामों पर काम लगे पड़े थे। काम ज़रूरी थे और इतने कि वह ख़ुद को गैरज़रूरी-सा लग रहा था। राशनकार्ड-गैस-पोस्टऑफिस—पते बदले जाएँगे और तरह-तरह के अकाउंट खोलने पड़ेंगे। देवेश पांडेय, देवेश कुमार—आदमी एक ही पर अकाउंट के लिए नाम दो। अदला-बदली ? नहीं, बड़े अक्षरों में अलग-अलग नाम अलग-अलग मुखड़ों से घूर रहे हैं। असली-नकली को एक-दूसरे से भिड़ा रहा हूँ।

क्या सोच रहे हो ? बेफ़ायदा। देवेश कुमार तो कोई भी हो सकता है। बाप के नाम में फर्क होगा। बाप—इन दिनों तो दलाल त्रिखा ही मेरा बाप बना हुआ है। फ्लैट बिकवाया—बकौल उसके पैसे की मुझे ज़रूरत थी सो वह मुहैया करवा दिया। अपने घर में किराएदार बना लिया। अब फिर ठिगू बैंक पहुँच जाएगा। कहाँ तो इसकी बीवी और कहाँ यह मटकैना ! नीचे उतरा नहीं कि साथ हुआ नहीं। रात ही को पट्ठा कह गया था कि नए अकाउंट के लिए मुझे ही तुम्हें रिकमैंड करना पड़ेगा।

मैंने दबी ज़बान से कहा भी कि मेरा दोस्त रुद्रमणि आएगा। उसका अकाउंट भी इसी बैंक में है।

जानता हूँ, उसे, तुम्हारा गाँव-भाई है और जात-भाई भी। पर क्या तुम्हें मुझ पर विश्वास नहीं ? बच्चे, अभी छोटे हो। मैंने इस धन्धे में दुनिया देखी है। अपनी छत्रछाया में ले रहा हूँ, इसलिए कि भलेमानस परदेसी हो। नहीं तो बबुआ, अपना काम तो कमीशन ली और अगले घर।

वह खीज गया। मुँह बिचकाकर कहा—त्रिखाजी, अपनी ही गाथा पर मगज़पच्ची करते रहते हो।

दिल्ली में टिकना हँसी-खेल नहीं काका—इसे सिर्फ दफ्तरों की माँ समझो—पूरा पानीपत का मैदान है। बंदा होता है एक और पीछे लगते हैं भेड़िए सौ, क्या समझे ! पंडित, तुम्हारी पंडिताई काम नहीं आएगी। लाख अपने कदम पर नज़र रखो, किसी का दिल आ ही गया तो पीछे से गर्दन उडा ले जाएगा।

देखो, मैं तुम्हारी तरह का भलामानस नहीं, पर मेरी दयानतदारी में आधे से ज़्यादा खयानत नहीं। जो कुछ है, मुनासिब है। इतना तो बाल-बच्चेदार आदमी को करना ही पड़ता है न !

वह आँखें फाड़कर दलाल को देखता रहा। माथे पर तेवर उभर आया।

बीस परसेंट के लालच में किसी को हाँ मत कर बैठना। आया होगा राठौर तुम्हारे पास, साल का इंटेरेस्ट लेकर। जरूर कह रहा होगा कि एडवांस में चैक ले लो।

वह कुछ न बोला। उसके माथे पर गुस्से का भभका देख दलाल ऐसे लाड़ से हँसा, जैसे उसका छोटा भाई हो—अच्छा मिलते हैं, सुबह बैंक में।

वह उसे वहीं मिला। पहले ही खड़ा था। काउंटर पर बाँह बढ़ा-बढ़ाकर फॉर्म लिए और डेस्क की ओर इशारा कर कहा—कैपीटल में भरना फॉर्म।

उसने जेब में से पेन निकाला—काग़ज़ पर निब टिकाई ही थी कि लगा, पीठ पीछे दलाल और रुद्रमणि उचककर देख रहे हैं। उसने जाने क्यों फॉर्म को हथेली से ढँक लिया ! सोचा, चौकस होकर देख रहे हैं। कभी चाहे तो जाली दस्तख़त भी किए जा सकते हैं। उसने रुद्रमणि को गाँव-भाई वाली नज़र पहुँचाकर कहा—एक नया फॉर्म पकड़ लो। काट-छाँट ठीक नहीं।

दलाल ने बीच में टोका—यह भी चलेगा। ज़रा-सी घुग्गी मार दो।

उसने रुद्रमणि के हाथ से नया फॉर्म खींचा और झिड़कने के अंदाज़ में कहा—हर बात में दख़लअन्दाज़ी अच्छी नहीं लगती।

दलाल त्रिखा बड़े लाड़ से मुस्कराया—यारों को ग़लत नहीं समझा करते। कुछ मन को न भाए तो नज़रअन्दाज़ कर दिया।

रुद्रमणि चुपके से लिहाज़ी हँसी हँसने लगा।

तीनों मैनेजर के कमरे में दाख़िल हुए तो त्रिखा सबसे आगे था। मेज़ पर से बाँह बढ़ा गर्मजोशी से मैनेजर से हाथ मिलाया।

जनाब, यह देवेश कुमार हैं—हमारे जिगरी दोस्त। दो नए अकाउंट खोलना चाहते हैं। रिकमैंड किया है आपके इस ख़ादिम ने। आपके बैंक की सेवा तो करते ही रहते हैं।

मैनेजर ने सिर उठाया—दलाल ने फटाक उसको नज़र से दबोच लिया। छोटा फ्लैट बेचा है, बड़ा लेने के लिए—अमानत अब आपके जिम्मे। साल-भर के एफ.डी.आर. न करवा दें टंडन साहिब !

सुनकर उसका दिल मुसमुस करने लगा। आगे से आगे बढ़ रहा है। आखिर मैं हूँ मालिक।

रुद्रमणि ने उस तक कोई खुफिया पैगाम पहुँचाया। ठीक रहेगा।

काम पूरा कर कमरे से बाहर निकलने को थे कि मैनेजर साहिब बोले–त्रिखाजी, श्रीवास्तव के पास आपकी टेबल डायरी और कैलेंडर पड़े हैं–लेते जाइए।

मेहरबानी साहिब।

दरवाज़े के बाहर से ठिग्गू पलटा–जनाब, एक 'लौकर' का हुकम करें तो अपनी बेफ़िक्री हो–

अगले महीने याद दिलाइए त्रिख़ा साहिब !

दलाल ने खुश हो सैल्यूट मारी–जो हुक्म जनाब।

रुद्रमणि ने देखा तो दोनों ने जैसे एक ही बात सोची। पंजू की मश्क कुछ ज़्यादा ही फूल गई लगती है। 'लौकर' माँग रहा है।

दलाल दोनों की मिलीभगत देखकर जोश में आ गया–दिल रहे साफ़ तो रिज़क में बरकत आती है। दस से कम के खर्चे में हज़ारों उग आते हैं। ऊपर वाले का कोई पता नहीं, कब मेहरबान हो जाए ! बैंक का काम ठीक-ठाक हो गया। तुम्हारी बेफिक्री हुई। चलो–अब एक-एक चाय हो जाए।

रुद्रमणि ने आँख की तरंग उस तक पहुँचा दी। यहीं नुक्कड़ पर पीते हैं। पैसे तुम्हारे ही लगेंगे।

त्रिखा उसी अँगीठी पर पहुँचा–जो भी कहो, बड़ी किस्मतवाली टी-शॉप है। यहाँ से मेरे पाँच सौदे हो चुके हैं। दोनों यारों का दिल जल-भुन गया मगर चुप रहे और चाय की चुस्कियाँ भरने लगे।

टू-व्हीलर पर त्रिखा को माधो नज़र आ गया–अरे इस वक़्त किसे फूँकने जा रहे हो ! सब कुशल-मंगल तो है !

सुमंगल।

माधो ने ज़मीन पर पैर टिका लिए।

नोट कर लो। एक खाली प्लाट बिक रहा है ! पहले सुनते थे, डी.डी.ए. बोली लगाएगी–अब सरकार ने छूट कर दी है। अब रणबीर सिंह एंड कम्पनी नीलाम करेगी। लगा, कुछ नाँवा-मूठ भरनी ही भरनी है।

कितना ! दस-बीस-पचास–हमारी तरफ़ से लाखों लगाओ, दुगना होकर मिलेगा।

रुद्रमणि और दलाल ने करीब-करीब एकसाथ उड़ती नज़र से देखा।

वह आँखें चुराए रहा।

रुद्रमणि बोला–मैंने पाँच लगाया। दलाल ने माधो की ओर देखा और

टुकड़ा देवेश की ओर फेंका—

है कुछ इरादा !

उसने जवाब में मामूली-सा सिर हिला दिया—नहीं।

दलाल मुस्कराया पर आँखों में भभकी थी।

मालिक हो—पैसा तुम्हारा और तुम पैसे के।

माधो की ओर देखा—मैंने बीस लगा दिए—हाँ, कल शाम तो मैं घर में नहीं, पर परसों तक पहुँच जाने चाहिए मेरे पास।

बराबर पहुँचेंगे।

माधो बोला—रुद्रमणि, तुम्हें कब पहुँचे ?

कल ! कल शाम यहीं पर !

देवेश ने चौकन्ने हो पूछा, है क्या यह खेल !

माधो हँसा, ज्यों किसी अनपढ़ गँवार पर हँस रहा हो।

यह स्कूटरी सट्टा है उस्ताद। शर्तिया दुगना ! रकम का हिस्सा उठाने को स्कूटर सारी दिल्ली घूमता है। करिश्मे की तरह कारगर है।

उसने थूक से गले को तर किया और कहा—मेरे दस।

आपको भी कल ?

हाँ, यहीं।

नहीं, यहाँ नहीं, सड़कों पर पैसे को नज़र लग जाती है। और कुछ नहीं तो लड़कियाँ ही साथ चिपट जाती हैं।

माधो ने स्कूटर स्टार्ट कर लिया। त्रिखा की ओर देखा और हँसकर कहा—शक्ल से तो तुम बिलकुल घासखोदू हो पर तुम्हारी फुदकनी बहुत चलती है। बचकर प्यारे ! इधर-उधर मुँह न मारा करो !

हँसते-हँसते चायवाले को ऐसी खाँसी उठी कि अँगीठी की आँच पर ही थूक दिया।

त्रिखा लपककर रिक्शा में बैठ गया। अच्छा, मैं चला, मुझे महारानी बाग पहुँचना है। क्लायंट से मीटिंग है।

दोनों मुस्कराए—जमुनापार का दलाल महारानी बाग में धन्धा करेगा।

रुद्रमणि बोला—यहीं अगले मोड़ पर उतर जाएगा, बीवी ने सब्ज़ी मँगवाई होगी।

देवेश को हँसते देख रुद्रमणि गम्भीर हो गया। हसरत से कहा—तुम्हारे मज़े हैं यार, असली घी का खाना खा रहे हो !

वह चुप रहा और रुद्रमणि चालू रहा—मुझसे लिखवा लो, तुम्हारी

मकान-मालकिन जल्दी ही तुम्हें रबड़ी खिलाएगी।

देवेश भुनभुनाया—तुम पर भी इस पंजू दलाल का असर हो रहा है।

रुद्रमणि और शोख हो गया—तुम्हें नहीं मालूम, दिल्ली में सब खुलेआम होता है। सोचो ज़रा, आज की तारीख में कोई किराएदार को असली घी की रोटी खिलाएगा !

जवाब में, देवेश उसकी ओर देखता रहा। फिर पूछा—तुम कब से त्रिखा को जानते हो ?

रुद्रमणि पहले सकपकाया, फिर लापरवाही से बोला—जब सर्विस ज्वाइन की थी तो इसी ने एक कमरा मुझे दिलवाया था।

देवेश ने भभककर कहा—तो मुझसे पहले तुम भी असली घी की रोटियाँ खा चुके हो ! रबड़ी भी ज़रूर खाई होगी !

रुद्रमणि बेशर्मी से हँसा—खुरचन। त्रिखा पूरा गैंडा है, गैंडा !

देवेश का तमतमाता चेहरा देख रुद्रमणि खिसियानी-सी हँसी हँसा—चलता हूँ। बैंक का काम तो सकुशल हो गया।

हाँ।

देवेश रुद्रमणि को जाते देखता रहा। दलालों की संगत में फँस गया !

रुद्रमणि ने सोचा, देवेश को कैसे समझाऊँ कि यह दिल्ली है प्यारे, बिना जाने हो ही जाते हैं वारे-न्यारे !

उसको बिलकुल उम्मीद नहीं थी कि यह सबकुछ इतनी जल्दी घट जाएगा !

सुबह-सुबह जब त्रिखा ने उसके कमरे का दरवाजा खटखटाया तो कतई मालूम नहीं था कि वह उसे क्या कहनेवाला है।

उसने चोरनज़रों से उसके बिस्तर की ओर देखा और दोस्ताना अन्दाज़ में कहा—यार, तुम्हें तकलीफ़ दे रहा हूँ। घर पर पार्टी रखी है और तुम्हें आना ज़रूर है। कोई टालमटोल चलनेवाली नहीं। हाँ, यह पैसे रखो। लौटते हुए दो दर्जन कबाब, इतनी ही रुमाली रोटी और रसमलाई लेते आना। बाकी पुलाव और मुर्गा तुम्हारी भाभी बना लेगी। कोई दस-एक लोग होंगे। नीचे का बेसमैंट खुलवा दिया है।

फिर धीमी आवाज करके कहा—अभी किसी को बता नहीं रहा। तुम्हें भी नहीं बताऊँगा, पर तुम्हारा काम बनने की पूरी उम्मीद है।

उसने चाहा कि पूछे, किस बात का ज़िक्र कर रहे हो, पर त्रिखा की चालीस

चोरवाली मुद्रा देख कुछ झिझक गया। शेव करते-करते सोचा, दावत दे रहा है, कुछ ख़ास ही बात होगी। जानता हूँ, दोनों मियाँ-बीवी खूब चालू हैं। हाँ, रुद्रमणि से पूछ सकता था। मगर नहीं, वह नहीं बताएगा। दिल्ली में कई जाड़े बिता चुका है, अब रुद्रमणि वह नहीं, जिसे मैं गाँव में जानता था ! पिछले शनिवार दिखा था विकासमार्ग पर—लड़की लिए घूम रहा था ! मुझे देखा ज़रूर होगा, पर कतरा गया। लड़कियों को पटाने में माहिर हो गया है। सहसा उसका दिल धुआँखाय-सा हो गया। किराए का घर और पास न माँ-बहन, न बीवी। किसी दिन चचा रूबरू हो गया तो क्या गुज़रेगी ! वह तो बिना लिए हिलनेवाला नहीं। पर मैं तो घर से बाहर हो चुका हूँ। साफ़ कह दूँगा, पैसा चाहिए तो खेत बेचो। ज़्यादा बकझक करेगा तो ठिग्गू से कहकर कुछ और इन्तज़ाम करवाऊँगा। रकम की अकड़ धीरे-धीरे उसके अन्दर फैलने लगी।

घड़ी देखी। चार्टर्ड बस का वक़्त अभी है। तैयार हो निकलने ही वाला था कि त्रिखा की बीवी ऊपर आई। दरवाज़े पर खड़े-खड़े सौ-सौ के पाँच नोट थमाकर कहा—तुम्हारे भैया को तो आज वक़्त नहीं मिलेगा। सो मेरा यह काम तुम्हीं करोगे। व्हिस्की, रम और बीयर रखी हैं दो बोतलें, पर मँगवाने में कोई हर्ज़ नहीं।

पैसे जेब में रखे, पर गहरे कहीं बड़ा अचरज हुआ। सारा काम उलटा है। जिसे शराब का इन्तजाम करना है वह रुमाली और कबाब का ऑर्डर कर रहा है और जो घर की देवी है वह बोतल की बात कर रही है !

उसकी ओर देखा तो यकायक ऐसा भान हुआ कि उसका अपना मर्दाना कद निकल आया है। वह उसकी पतली-दुबली खूबसूरती का मुआयना करता रहा। ऊपरवाले ने क्या चीज़ घड़ी है ! एक दिन मेरे पास भी होगी। खेलूँगा जी भरकर।

त्रिखा की बीवी नीचे उतर गई तो उसे लगा, वह अपने कपड़े यहीं उतार गई है। वह जल्दी-जल्दी दफ़्तर के लिए तैयार हुआ। ताला लगाया और बेतहाशा बस स्टॉप की ओर भागने लगा। दौड़कर बस का हैंडल पकड़ा और फुट-बोर्ड पर पाँव टिका लिया।

दिल में कुछ खुशी-सी घिर आई। उसने कुछ सोचा था, यही कि चार्टर्ड पकड़ सका तो वह ज़रूर कुछ पा लेगा। मनचाहा।

तमाम दिन उसका ध्यान उस पार्टी की ओर उचक-उचक जाता रहा जिसके लिए सामान खरीदने को उसकी जेब गर्म थी। जाने कौन-कौन आएगा ! त्रिखा की बीवी क्या पहनेगी ! क्या पकाएगी ! शायद किचन में ही रहेगी ! नहीं, ब्यूटी

सैलून जाएगी। कई बार उसे वहाँ से निकलते देखा है। यार, इतना पैसा कहाँ से बन रहा है ? है तो छोटा-मोटा दलाल ही न ! कहाँ त्रिखा भुजंग और कहाँ वह कमसिन ! कुर्सी पर बैठे-बैठे वह उसे साक्षात् मेज़ के पास खड़ी नज़र आई। उसे आँखों से निमन्त्रण दे रही है। छूऊँगा उसे कभी हाथ से।

पाँच को दस थे। वह उठने को ही था कि बॉस का चपरासी बुलाने आ गया।

फ़ोन है आपका, साहिब के कमरे में।

फुर्ती से पहुँचा तो रिसीवर मेज़ पर पड़ा था। उठाया और बड़ी शायस्तगी से कहा—हैलो, देवेश बोल रहा हूँ। जी, मुझे याद है, लिस्ट है, साथ लेता आऊँगा।

रिसीवर फिर साहिब की ओर बढ़ाया—सर, आपके लिए पूछ रही हैं।

कौन हैं ?

मिसेज़ त्रिखा।

सर के चेहरे पर मुस्कान फैल गई—कैसी हैं मधुजी, मुद्दत हो गई आपके हाथ का खाना खाए हुए।

आपको आना है।

नहीं, आज मुश्किल है देवीजी।

मिसेज त्रिखा ने कुछ चटपट कहा होगा कि साहिब खुशी-खुशी हँसते रहे—आज तो माफ़ी मधुजी, अगले हफ़्ते रहा। बात करेंगे। आज ही के दिन।

उसने मन-ही-मन तारीख़ का अंदाज़ लगाया, साहिब की ओर ज़रा-सा सिर झुकाया और कमरे से बाहर हो गया।

वह जल्दी में था। सामान खरीदना है। घर जाकर शर्ट बदलनी होगी। ठिग्गू ने एक सेंट दिया है उसे। कह रहा था कि लड़कियाँ भागी आती हैं। आज़माई हुई है। पुरअसर उसने पहले खाने का सामान लिया। फिर पीने का। ठीक से थैले में टिका स्कूटर में बैठ गया। स्कूटर के शोर में भी उसे मिसेज़ त्रिखा की किचन का नज़ारा दीखता रहा। नाम भी देखो—मधु ! शहद ! मटरवाले चावल बनाएगी, भरे बैंगन और बड़े-बड़े दही भल्ले। सलाद तो ठिग्गू काटेगा। मान लो, आज शाम उसका हाथ कट जाए ! डॉक्टर के पास ले जाएगा कौन ! मैं ही तो ! बाद में तो पटा लूँगा !

एकाएक चौंककर देखा, अपनी मंज़िल करीब ! घर आ गया।

यहीं रोको।

ठिग्गू फाटक पर ही रुका था। तपाक से स्कूटर के पैसे दिए, सामान पकड़ा

और उसे अन्दर लिवा ले गया !

ड्राइंगरूम में चार महानुभाव पहले ही जमे थे। त्रिखा ने तआर्रुफ करवाया।

देवेश, इनसे मिलो, मिस्टर कम्पानी, वकील हैं।

मिस्टर रामसहाय चिउड़ा। हमारे फाइनेंसर।

यह हैं सरकट सिंह, प्रॉपटी डीलर।

और यह हैं, इन्हें तो जानते हो, रमाशंकर, तुम्हारे बॉस।

वह अन्दर ही अन्दर फड़फड़ाया। यह तो मिसेज त्रिखा को इनकार कर रहे थे ! उसके पहले यहाँ पहुँच गए ! वह कुछ सकुचाया-सा बाहर जाने को हुआ कि रमाशंकर साहिब ने सोफे पर सरककर उसके लिए जगह बनाई—आओ देवेश, आओ, यहाँ बैठो।

वह बैठने से पहले इतना ही कह पाया—सर !

'सर' ने सख़्ती से कहा—मैं यहाँ सर नहीं हूँ। इन सबका गेस्ट और एडवाइज़र हूँ।

इतने में दो सज्जन और आन पहुँचे। ठिग्गू हँस-हँसकर बोला—आइए, आइए मेहरबान ! देवेश, यह हैं नरोत्तम-सर्वोत्तम कम्पनी के मालिक, चौधरी जयपाल और जयवन्ती लाल।

उन दोनों हट्टों-कट्टों को देख उसे पहाड़ का जंगल माफ़िया याद आ गया। देखा है चचा के पास ऐसे-ऐसे लोगों को !

त्रिखा ने उसकी घबराहट भाँपकर बीवी को बड़ी मुलायम-सी आवाज़ दी—ज़रा जल्दी से चाय भिजवा दो। बाकी जोरावर सिंह का इन्तज़ार कर लेते हैं।

इस बीच वह साथ बैठे बॉस से बात करना चाह ही रहा था कि मधुरानी अन्दर आन पहुँची। उसे देखकर जैसे सारी बैठक दंग रह गई। क्या रूप और क्या रंग—बिलकुल अप्सरा ! ट्रे मेज़ पर रख वह सोफ़े पर बैठी तो उसे लगा, जैसे वह दलाल की बीवी नहीं, किसी अफ़सर की हो !

उसने कनखियों से देखा, बॉस उसे बड़े लाड़ से देख रहे हैं। वह मुस्कराती रही और बीच-बीच में त्रिखा की ओर देखती रही !

उसने अन्दर-बाहर की घबराहट में यह सोच डाला कि क्या मधुरानी इन सबके साथ पिएगी कि ऐसे ही बैठी रहेगी !

जैसे ही खाली प्याले चाय की ट्रे में पहुँचे, वह ट्रे उठा अन्दर चली गई। दुबारा लौटी तो हाथ में सजा एक थाल था। नारियल-बादाम-छुआरा, मौली और बदाने का प्रसाद। सोचा, मंगल तो नहीं, शायद सन्तोषी माँ का व्रत रखती

हो, पर यहाँ इस वक़्त !

वह बॉस के पास आ खड़ी हुई। मैं उन दोनों को एक बिस्तर में देखने लगा।

लीजिए, आप ही इन्हें गंडा बाँधें। त्रिखा जैसे अपनी जीती-जागती जायदाद को देखकर खुश हुआ। आँखों ही आँखों में कहा हो, यह मेरी गुड़िया किसी उस्ताद से कम नहीं।

उसे यह सब देखकर सन्देह सिहरन हो गई। आखिर यह क्या हो रहा है ! कायस्थ रमाशंकर एक ब्राह्मण कुल के बेटे को मौली बाँध रहा है ! उसके अन्दर का पंडित जाग्रत् हो गया ! तनिक-सा पीछे हटकर कहा—बताइए तो आप क्या कर रहे हैं !

ताज़े लड़के की यह तिलमिलाहट घिस्सी अधेड़ों को बहुत अच्छी लगी। त्रिखा बोला—बरखुरदार, तेरे भले की बात है। तुम्हें पता ही नहीं कि तुम पहुँचोगे कहाँ। तुम बहुत तरक्की करोगे।

नरोत्तम-सर्वोत्तम कम्पनी का सीनियर पार्टनर बोला—मेरी ओर से इस बच्चे के नाम का फ्लैट कल ही बुक करवा दो 'सुख स्वर्ग' अपार्टमेंट में। त्रिखा, पर्ची सुबह मेरे दफ़्तर से ले लेना। हाँ, फ्लैट की पर्ची ! नम्बर लोगे कि नहीं ?

उसके छोटे-से ब्रह्माण्ड पर दोचित्तापन उतरते देख जोरावर सिंह ममता से बोला—यह काका हमें पसन्द आ गया है। पहले तुम्हारा घर, फिर दुलहन, फिर बच्चे, बाद में स्कूलों के दाखिलों का रौला। पहाड़ पुत्र, तुम्हारे पास इतना नाँवा हो जाएगा कि जिस स्कूल में चाहोगे, बच्चे वहीं दाखिल हो सकेंगे। निनिस्टर के छोकरों के साथ बैठकर पढ़ेंगे। लगाओ जी, लगाओ टीका। बॉस ने कलाई पर मौली बाँध दी थी। मधु ने छनकती बाँह से उसका सिर अपनी ओर किया, माथा चूमा और पीछे गर्दन पर केसर का टीका लगा दिया। फिर प्रसाद के पाँच बदाने मुँह में डाल दिए।

जय लक्ष्मी माता ! बधाइयाँ।

वह विस्फारित-सा देखते-देखते दलाल त्रिखा के पास आ खड़ा हुआ। ख़ामोशी से पूछा—यह क्या पाखंड किया जा रहा है !

त्रिखा ने उसके कन्धे पर हाथ रखा—सुन देवेश, मेरे दस गुनाह हों, पर तुमने मुझे झूठ बोलते न सुना होगा। मधु की कसम, यह पाखंड नहीं है।

वह और झुंझलाया—चाहते क्या हो, मुझे करना क्या होगा ! यह भी तो बताओ।

कुछ नहीं। निश्चिन्त हो। हम तुम्हारे इस भलेमानस चेहरे को, जो तुम्हारी

शख़्सियत पर सजा हुआ है, अपने काम के लिए उधार ले रहे हैं और उसके लिए तुम्हें देंगे गिनकर पाँच हज़ार। हर बार क्लायंट के साथ कॉन्फरेंस करने में।

तुम्हारी शक्ल, तुम्हारी समझदारी का इनाम है। इसमें कोई हेर-फेर नहीं। उसका दिल धड़कने लगा था। गर्दन पर चावल के दाने सरसरा रहे थे। हाथ से गर्दन झाड़ी और सख़्त, मगर डरी हुई आवाज़ में कहा—गर्दन पर टीके की बात समझ में नहीं आई ! यह न भूलें कि मैं पंडित हूँ।

काका, वहम न करो। यह जमात वहमों और वहमियों के लिए नहीं। खुले दिमागों के लिए है। रही टीके की बात, तो सुन भैये, दिल्ली गर्दन से पकड़ती है और पीछे से झुलाती रहती है। कभी हिलोरें और कभी सावनी झूले। और एक दिन बंदा सबसे ऊँची मंज़िल पर फ़िट हो जाता है। देवेश कुमार, बड़ों के पाँव छुओ। सबसे पहले तो अफ़सर आला रमाकान्त सहाय के। मालिक हैं। इन्हीं की रिकमैंडेशन पर तुम्हें यह रुतबा हासिल हुआ है।

चिउड़ा साहिब की आवाज़ गूँजी—मधुरानी, अन्दर से भेजो कुछ तन्दूरी पैगाम और शुरू हों कायदे के जाम।

जोरावर बोले—अरे, बंगाली चियर्स को क्या कहते हैं, उल्लाश-उल्लाश !

देवेश कुमार की नई-नई आँखें बिना झपके मधुरानी के चमचमाते ख़जाने पर पूरी शाम टिकी रहीं। जब जयपाल ने पास खड़े हो उसकी आँखों के आगे हाथ झुलाया, वह वैसे ही महबूब बना खड़ा रहा।

नरोत्तम ने हँसकर कहा—आशिक के होश गुम हो चुके—

सर्वोत्तम ने लम्बा घूँट भरा—गुम नहीं, गुल !

मधुरानी भरा गिलास पकड़े उसकी ओर आई और बाँह आगे बढ़ाकर कहा—एक घूँट, सिर्फ एक मेरे गिलास से।

वह उसे देखता रहा और गिलास को होंठों से लगाए रहा। रात देर गए अपने कमरे में पहुँचते ही उस पर आदि स्पर्श हायल हो गया।

बेखबरी से उभरकर करवट ली। गर्दन पर जैसे कोई भिड़ काट गई थी। मधुमक्खी।

दिल्ली ने उसे पीछे से काट लिया था। गर्दन पर तिलक हो चुका था !

सरवर,

इंडियन इंस्टीट्यूट ऑफ एडवांस्ड स्टडीज़ के इस्क्वायर हॉल की शामें न भुलाई जा सकती हैं, न बिसराई। घनीले पेड़ों और पौधों से आच्छादित इस्क्वायर हाउस को जाती सड़क की ख़ामोशी पहाड़ी जंगल की वनस्पतियों की गन्ध और अपने ही क़दमों की आहट—जाने कैसी सजीली स्फूर्ति का जादू पिरोती ! बिना शब्दों के उच्चारण के आपके दिल को गुदगुदाती। गले से लगे मफलर, कन्धों से शॉल और कोट ठंडी सड़क की ठंडी हवाओं में झूमते तेज़-तेज़ चलने को उकसाते।

तेज़ हौले—फिर फुर्तीले क़दम और इस्क्वायर हॉल के फाटक को रोशन करता एकान्त में खड़ा बिजली का खम्भा। फाटक से ऊपर पहुँचने की थोड़ी-सी चढ़ाई और शिमला पर तना तारों का चन्दोवा मख़मली दिशाओं को उजागर और चमकीला करता। सामने दीख रहा है रिज़ के गिरजाघर का क्रॉस। बँगले के आगे जमी हैं फूलों की क्यारियाँ। मालियों के कुशल हाथों की रखवाली में मस्त, मदभरी, अपनी-अपनी सुगन्ध में भींगी।

प्रवेशद्वार पर विनम्र हिमाचली नमस्कार। छाते और पर्स स्टैंड पर तरतीब से।

प्रकट होते हैं मृणाल मीरी—साँवले चेहरे पर पहाड़ों पर चमकनेवाली निश्छल हँसी ! उनका मौन उनकी हँसी में तिरोहित है कि उनकी हँसी उनमें से उभरी है या आपकी ही हँसी का प्रतिबिम्ब है, इसे आप जान नहीं पाते। जो भी है, सहज-सादा और किसी भी आडम्बर से दूर। कोई बोझीली परत नहीं। अहंकारी पोशाक भी नहीं। छदम् विनम्रता की कोई भंगिमा नहीं। अद्‌भुत इतना ही कि मृणाल दम्पती इस्क्वायर हाउस के इतिहास में एक समकालीन मेज़बान हैं। ड्राइंग रूमी व्यापारी गर्वोक्तियों से कतई बरी।

ड्राइंग रूम में चमक रही हैं रंग-बिरंगी जर्सियाँ, शॉल और कोट। दीवारों पर लटके सुजाता मीरी के चित्र। ड्राइंग रूम से लगी गैलरी में हलकी-सी काँच

की खनखनाहट। पेय का माप-मिश्रण बेहद सुसंस्कृत और संस्कारी। न कम, न ज़्यादा। हर किसी के हाथ को सौंपी जा रही है उसकी पसन्द। चिदानन्द बाबू सुनहरी गिलास से गिलास छूते हैं—

उल्लास ! उल्लास !

यह मौसम, यह समय—यह जगह, यह चेहरे—कितनी रूहें इस शुभ में उत्साहित हैं ! हास-परिहास, खिलखिलाहटें और हाथ की पकड़ में डंठी गुनगुनाहटें। उल्लास ! उल्लास !

टिक टिक टिक—घड़ी की सुइयाँ। घूँट का स्पर्श, तरल तरावट और क़बाब-पनीर—हलके से उतरते स्वाद ! यह शाम रहे अंकित इन दिलों में, इन आँखों में—इस्क्वायर हाउस के इस ड्राइंग रूम में।

अपर्णा सेन जैसी बेटी के पिता चिदानन्द बाबू।

समीर जे.एन.यू. से निकले प्रबुद्ध बंगाली और बंगलौर की बड़ी-बड़ी आँखोंवाली उनकी डॉक्टर बीवी। ऊँचे लम्बे शेखर पाठक—खादी के कुरते-पाजामे में अपर पट्टी की जवाहर जैकेट।

आलोक भल्ला—तीखे तराशे नाक-नक्श और अनुशासन के अनुरूप व्यक्तित्व। अंग्रेज़ी साहित्य। न रुखाई, न गैरज़रूरी चिकनाई। काम-काम और किसी एक शाम यात्रा पर जाने की शनीवारी भंगिमा।

राजी सेठ—सुरुचिपूर्ण साड़ियों के चुनाववाली सजीली राजी सेठ में कुछ ऐसी बारीकी कि दर्शन और मनोविज्ञान दोनों पस्त हो जाएँ। सेठ साहिब पूरी अक्लमन्दी से वक़्त का मज़ा लेनेवाले। राजी सेठ को संसद सदस्य होना चाहिए।

दिल्ली से आए मेरे मित्र शिवनाथ जूस का गिलास हाथ में कुछ ऐसे थामे हैं, जैसे तीखी तेज़ वोदका हो ! डोगरा द्विज किसी शाम में लीन नहीं होते, निःसंग भाव से ऐसी सरूर भरी शामों को अपने से बाहर रखते हैं।

रुस्तम सिंह एकटक दीवार पर लगी पेंटिंग को निहार रहे हैं।

इन्दीवर—जे.एन.यू. के अनुशासनप्रिय गम्भीर इतिहासकार। व्यवहार-कुशलता में कोई भंगिमा दिखावटी नहीं। सुसंस्कृत गहन संस्कार। सुरेश शर्मा अपने होने में सख़्ती से अपने-आपसे जुड़े हुए। घनी भारी आवाज़ ऐसी कि दिल-दिमाग में धँस जाए। मगर प्रस्तुति इतनी संश्लिष्ट कि बन्दे को समझने के लिए अकादमिक होना ज़रूरी है। उनकी सलोनी ख़ूबसूरत बीवी, आलोक भल्ला की बहन।

हिमाचल विश्वविद्यालय के इतिहासवेत्ता डॉ. खान साहिब—चमकती आँखें और अकसर इस्क्वायर हाउस पार्टी को लहकानेवालों में अव्वल और आगे।

गुफ्तगू के अन्दाज़ में कुछ है जो शाम के तापमान को बनाए रखता है।

घड़ी को देख डिनर।

डाइनिंग रूम में ख़ूब बड़ी मेज़बानी डाइनिंग टेबल। पकवानी गन्ध से तर-बतर। एक बड़ी प्लेट में सलाद का सिंगार। गाजर, मूली, खीरा, टमाटर, प्याज। सलाद और म्योनेज़। मृणाल द्वारा बनाई गई 'मछली' के सुडौल टुकड़े, मटन और चिकन—हरी मिर्ची, नीबू, आलू। करीने से सब्ज़ियों के डोंगे। इस भरपूर टेबल से बिना प्लेट भरे कौन अपना हाथ खींच सकता है ! डिशिज़ कुछ-कुछ खाली हो रही हैं—खानसामा द्वारा भरती जा रही हैं। बाहर बादल गरजने की आवाज़ है। लीजिए, बरसात शुरू हो गई। एक टुकड़ा मछली का और।

मृणाल और सुजाता सन्तोष से देख रहे हैं। पहाड़ी फुल्कियाँ गुब्बारे की तरह फूली हुई।

लजीज़ खाना ज़ायकेदार।

बाहर बिजली चमक रही है। बादल गरज रहे हैं। मीठा सूफले का बड़ा बाउल। गुलाब जामुन और आइसक्रीम। प्लेटें खाली हो चुकी हैं। ड्राइंगरूम से उठने लगी है कॉफी की तीख़ी गन्ध—छोटे-छोटे प्याले कॉफी के—जितने नाजुक, उतने ही महीन। हलकी आवाज़ झनझनाती है छुटकी-सी प्लेट में प्याला रखने की। मेहमानों की आवाज़ें कुछ धीमी हो गई हैं। बाहर बारिश तेज़ हो गई है। इस्क्वायर हाउस के नीचे से एक रेलगाड़ी निकल गई है।

बाहर खड़े हैं ड्राइवर मेहमानों को इंस्टीट्यूट पहुँचाने के लिए। छातों से लैस कुछ बहादुर बारिश में इस एकान्तिक सड़क पर पैदल टहलना चाहते हैं।

नहीं, नहीं, पैदल नहीं। लक्कड़बग्घे की माँ नोच लेगी। ऐसे मौसम में गूँजने लगते हैं ऊँचे क़हक़हे।

शुक्रिया—

शुक्रिया—

ऐसी शाम के लिए शुक्रिया !

ड्राइवर साहिब गाड़ी स्टार्ट कर देते हैं।

फाटक से बाहर निकलते ही लगा, शाम का हँसता-खेलता रंगीन गुच्छा आसमान के बादलों से जा मिला है। ख़यालों ही ख़यालों में उसकी छवियाँ लौट रही हैं।

काश, कि फिर यही शाम दोहराई जा सके !

नहीं। शामें आनी-जानी हैं। दोहराई नहीं जातीं।

सरवर, इस संगोष्ठी कक्ष में मृणाल मीरी की नपी-तुली गम्भीर सारगर्भित टिप्पणियाँ हम जैसों को बौद्धिक रूप से उत्तेजित करती रही हैं। ओढ़ी हुई विनम्रता और सिर पर लालबत्ती वाले अहंकार के बिना मृणाल के व्यक्तित्व का गहरा रचाव प्रबुद्धों के संस्कार और संस्कृति का प्रतीक लगता है। वह संस्थान की बुद्धिजीवी बिरादरी को नियन्त्रित करने की मुद्रा में नहीं--उनकी रचनात्मक क्षमताओं को गतिशील करने की सम्भावनाओं पर नज़र टिकाए रखते हैं।

इस पर कुछ कहने की ज़रूरत इसलिए कि हमारे बहुत-से अकादमिक भी प्रशासनीय सेवाओं के विशाल कुर्सीखाने के शीर्ष मुखड़ों की ही तरह अपने को मौन हेकड़ी में स्थित किए रहते हैं। कलफ़ और वरक चढ़े व्यक्तित्व की छद्म मुस्कान किसी को भी उपेक्षा से उत्तेजित कर सकती है। यही वह दम्भ है जो दूसरों की सहनशक्ति का इम्तिहान लेता है। सच तो यह है कि हमारी कार्य-संस्कृति और उससे जुड़े अनुशासन में दूसरों को छोटा करके उन्हें उत्पीड़ित होने का अहसास करवाने की क्षमताएँ बेहिसाब हैं। हमारी कार्य-संस्कृति इस रोग से पीड़ित है। इसे इस खींचातानी से निकालकर व्यक्ति और कार्यकारी जीवन के गैरज़रूरी तनावों में भारतीय स्वभाव की गैरज़रूरी विनम्रता और अनुशासनीय शालीनता की खासी हिस्सेदारी है। ऊपर और नीचे के पुरजों में ज़रूरीवाली दूरी और एकसाथ काम करने में एक-दूसरे के हित में पंक्चर लगाने की आदत बरकरार रखना कार्य और कार्य क्षमताओं के हित में नहीं। आज के मैनेजमेंट में किसी भी कार्यरत व्यक्ति का बेकार कुढ़ना, चिढ़ना और खीजना कार्यपद्धति में नुकसान की ओर ही संकेत करते हैं।

सरवर, संस्थान में रहते हुए हम रचनात्मक काम करनेवालों की विचार-ऊर्जा और कार्यक्षमता पहले से लगभग दुगुनी रही। इसका श्रेय हम जैसे लेखक फैलोज़ को नहीं—राष्ट्रपति निवास के एकान्तिक पर्यावरण और उसके सांस्कृतिक परिवेश को ही जाता है।

अंग्रेज़ी और तमिल में विख्यात लेखक-कवि उपन्यासकार लक्ष्मी कण्णन संगोष्ठी में लिखे जा रहे उपन्यास के पन्ने प्रस्तुत कर रही हैं।

पाठ के बाद उपन्यास पर हो रही प्रतिक्रियाओं को वह जिस चौकन्नेपन से सुन रही हैं, उसकी चौकसी ने अनायास रचनात्मक लेखकों और अकादमिक प्रबुद्धों को जाग्रत् कर दिया। इसमें सहयोग दिया पाठ और प्रश्नों के बीच सर्व

हुए चाय के प्यालों ने, जिन्होंने शाम को और गरमा दिया। केसर के अनुभवी हाथों ने जैसे बेआहट प्याले हर एक के सामने रखे थे, वैसे ही उठा भी लिए।

प्रश्न किए जा रहे हैं—

ऐसा क्यों ?

ऐसा ही क्यों ?

दूसरा कुछ क्यों नहीं ?

आपने जिस कोण से पात्र को उठाया—उसे कॉन्वेंट में भरती कराना क्यों ज़रूरी था ?

लक्ष्मी कण्णन द्वारा दिए गए उत्तर कुछ ऐसे कि वह पहले अपने से संवाद पर हैं—फिर अपने पाठ की पड़ताल पर कि किन परिस्थितियों में लेखक ने इस पात्र को उठाया और समय के अनुरूप उसे कैसे ढाला गया ! तब कहीं जाकर लेखक की ओर से रचनात्मक संयम की व्यावहारिक परिपाटी उभर सकी।

सरवर, इस बीच मैंने लक्ष्मी कण्णन की ओर देखा तो अपनी आन्तरिक भित्ति पर एक चेहरा अंकित हो उठा। दक्षिण भारतीय सँवलई और तराशे हुए नैन-नक्श। चेहरा कुछ ऐसा एकाग्र कि देखकर लगे, जैसे कोई दक्षिण भारतीय मूर्ति खुली आँखों में ध्यानस्थ हो !

एक दूसरी शाम—

राजी सेठ सेमिनार रूम में रिल्के का हिन्दी अनुवाद प्रस्तुत कर रही हैं। रिल्के का अनुवाद करना सहज नहीं, पर राजी सेठ का दर्शन-प्रशिक्षण रिल्के के एक सौ पचास पन्नों का अनुवाद करते, उन सृजनात्मक बारीकियों को चुनने में सफल हुआ है। राजी सेठ ने शिमला संस्थान की स्टडी को हर क्षण सार्थक किया। रिल्के के अनुवाद के अलावा लक्ष्मी कण्णन की कविताओं के अनुवाद—तीन लम्बी मौलिक कहानियाँ—राजी नरसिम्हन द्वारा अनुवाद किया गया उनका उपन्यास 'निष्कवच' में योगदान। अनुवाद के लिए लेखक और अनुवादक का निकट होना कितना ज़रूरी है—यह हम सभी जानते हैं।

चिदानन्द बाबू संस्थान में रहकर 'दी प्रिंस' का स्क्रीन प्ले लिख रहे थे। प्रस्तुति अपूर्व और अनोखी थी। उस स्क्रीन प्ले के विभिन्न पात्रों को अलग-अलग टुकड़ों में अलग-अलग फैलोज़ द्वारा प्रस्तुत किए गए। एक रोल मुझे भी दिया गया, मगर मैंने अपनी असमर्थता प्रकट की। मेरे पास अभ्यास के लिए वक़्त नहीं था और मैं इतना जानती थी कि साँस को कंट्रोल करना, शब्द की ध्वनियों पर मुनासिब ज़ोर देना, और संवाद को लचक से ऊपर-नीचे कर पाना कितना ज़रूरी था। मुझे जब भी कुछ बोलना होता है, मैं उसका

अभ्यास कर लेना चाहती हूँ, हो सके तो प्रस्तुति से पहले सस्वर पाठ भी कर लेती हूँ ! यह अपनी सुविधा के लिए तो है ही, मगर उससे ज़्यादा श्रोताओं की उपस्थिति के हित में भी है। जो लोग आपको सुनने आते हैं, अपना वक़्त निकालकर ही उन्हें सुथरी प्रस्तुति को सुनने का अधिकार है।

सरवर, मुझे याद आ रहे हैं कुछ पुराने दिन ! 'ज़िन्दगीनामा' के लिए साहित्य अकादमी पुरस्कार मिला तो लेखक के रूप में मुझे वक्तव्य भी देना था ! मुझ जैसे के लिए लिखना मुश्किल था। फिर बोलना तो और भी। ख़ैर, मैंने लिखा। शीला भाटिया साहिबा से वक़्त लिया और उन्हें अपनी परेशानी बताई। अनुरोध किया कि वह मुझे मेरी पंक्तियों का उच्चारण करना सिखाएँ। शंकर मार्केट में उनके पास आधा-आधा घंटे के लिए चार दिन जाती रही। यह तो नहीं कह सकती कि समारोह में अच्छा बोली पर प्रतिक्रियाओं से लगा कि प्रस्तुति बुरी नहीं थी।

मेरे अतिथि मित्र शिवनाथ उन दिनों 'डार से बिछुड़ी' का अंग्रेज़ी में अनुवाद कर रहे थे। इस उपन्यास की भाषा पढ़ने में जितनी सरल है, उतनी ही गूढ़ भी। प्रोफेसर जयदेव के साथ मिलकर शिवनाथ पहले 'जीवन्त साहित्य' के लिए 'मित्रो मरजानी' के एक अंश का अनुवाद कर चुके थे। दोनों टेक्स्ट की गूँथ और गठन को समानता से समझते थे। पाठ के संस्कारी सांस्कृतिक भाव-संवेदन को पकड़ने के लिए शब्द विशेष पर जिस तरह सोचते और उसको बराबरी से सोचते और उसकी बराबर का शब्द ढूँढ़ते, बारीकी से उसकी परख करते और प्रयोग कर लेने का निर्णय लेते, यह सब मुझे अपने लेखक के प्रति सावधान करता रहा। अनुवाद का पहला ड्राफ्ट हुआ, फिर दूसरा। पंक्तियाँ मूल के सामने सुथरी होकर मौलिक अर्थ पकड़ने लगीं। अनुवाद की यह प्रति लक्ष्मी कण्णन के पास गई और अन्त में जयदेव की टेबल पर, उनकी प्रतिक्रिया के लिए।

इसी बीच विभाजन पर प्रो. विश्वनाथ दत्ता को सुना।

विभाजन का गम्भीर विश्लेषण। विभाजन पर ही नरेन्द्र मोहन साहिब के आलेख पर उपस्थित न हो सकी। बाद में उसे पढ़ सकी। विभाजन पर ही उर्वशी बुटालिया ने प्रकाशित होनेवाली पुस्तक के अंश सुनाए। घटनाओं से उभरी है नई पड़ताल। आज़ादी के पचास वर्ष की संगोष्ठी में कृष्ण कुमार को सुनना एक अनुभव था।

शेखर पाठक के पास उन्हीं के कैमरे से खींची गई हिमालय की दुर्लभ ट्रांसपेरेंसी थी। उनका प्रस्तुतीकरण निहायत सुथरा, मगर दिलचस्प। 'पहाड़' पत्रिका के विषय में भी जानकारी मिली। शेखर का कद छः फ़ीट, पहाड़ी चेहरा-

मोहरा और स्वभाव से सतर्कता।

शेखर पाठक मुझे ईज़ा कहकर पुकारते। मैं मन-ही-मन बहुत हँसती। जिसको ईज़ा कहकर पुकार रहे हो, उसमें कुछ ऐसा हो भी तो, जो ईज़ा-सी लगती हो। ईज़ा की छवि को कहाँ बनाया जा सकता है। कभी फुरसत हुई तो सीधी धोती पहन शॉल ओढ़कर शेखर की स्टडी में प्रकट हो जाऊँगी। मेरे खयालों में बसी थी अनोखी मुस्कराहट और माथे पर बड़ी-सी बिन्दिया वाली मनोहरश्याम जोशी की पत्नी।

श्यामल बागची द्वारा प्रस्तुत किया गया आलेख सुना—'महाभारत और समकालीन भारतीय चित्रकार' भी कम दिलचस्प न था।

शेखर पाठक से ठीक विपरीत तस्वीर वीरभारत तलवार की। अपने नए वैल्वेट कोट में मस्त है। शिमला में अच्छी जर्सियों की कमी नहीं। राष्ट्रपति निवास की लायब्रेरी में इनकी झलक किताबों के कवरों को चुनौती देती है।

जे.एन.यू. के भाषाविद् फ्रांसिस और उनकी पत्नी मनोदीपा बिना शब्दों के एक-दूसरे से संवाद करते हैं। यह दक्षिण-बंगाली दम्पती राष्ट्रपति निवास परिवार के खूबसूरत लैंडस्केप की देन हैं। एक दूसरे के साथ जुड़ने के लिए साहसिकता की ज़रूरत रही होगी—इतना तो तय है।

हैदराबाद से आई अदिति मुकर्जी हैं बेटी कस्तूरी के साथ। एक और चुलबुली कस्तूरी है आई.आई.टी. कानपुर से आए डॉ. और मिसेज बरुआ की सुपुत्री।

फैलोज़ में सचमुच ही सीनियर डॉ. चौधरी और मिसेज चौधरी दोनों एक-दूसरे से अलग-अलग और साथ-साथ भी—एक विशेष प्रकार की सकारात्मक समझदारी से लैस।

रोड्रिक आए हैं गोआ से। राजनीति की खूब गहरी समझ रखनेवाले।

मकरंद परांजपे की प्रस्तुति में कुछ हलचल हुई जब उन्होंने अपने आलेख को इन शब्दों से आरम्भ किया :

'मेरा देश धर्मनिरपेक्ष नहीं, धर्मसापेक्ष है।'

मैंने ही नहीं, काफी लोगों ने इस शुरुआत का विरोध किया। शब्दों का उच्चारण होते ही सेमिनार रूम उन्मुक्त बौद्धिक बहस से अलग एक राजनीतिक मंच लगने लगा।

शब्द विचार को वहन करता है और विचार की इतनी महत्ता कि वातावरण बदल दे।

परांजपे की कविताएँ सुनने का भी सुअवसर मिला, जो सचमुच उनकी राजनीति से कहीं आगे थीं।

भारतीय साहित्य और आलोचना गोष्ठी के दरमियान टी.आर.एस. शर्मा और उदय कुमार के आलेख हम लेखकों को मानसिक स्फूर्ति देनेवाले थे और साथ ही हम रचनात्मक लेखकों के जोश को ठंडा करनेवाले भी। आलोचना के सिद्धान्त और प्रतिमान भी लेखक को परेशान करने के लिए काफी होते हैं।

हमें रचनात्मक लेखकों और अकादमिक बिरादरी के किसी भी प्रस्तुतीकरण का फ़र्क़ साफ दिखाई पड़ता है। अकादमिक प्रबुद्ध रिसर्च और अनुशासनीय विश्लेषण की वीथियों में से गुज़रकर प्रमाणों के सहारे अपने विचार और दृष्टिकोण को प्रस्तुत करते हैं और हम सर्जना के रहस्य से उमगी उजरी अनुभूति और बाहर फैले कच्चे माल में से अनुभवों को समेटते कुछ ऐसा करते हैं कि हर लेखक की लिखित में एक नया पाठ उभरता है। जीवन सत्य यथार्थ-कल्पना और सत्यांश के सम्मिश्रण में नया स्वरूप पाता है। इसका स्रोत लेखक की अन्तर्दृष्टियों की विपुल सम्पदा से भी जुड़ा है। लेखक के लिए साहित्य का मूल पाठ व्यक्ति है। व्यक्ति से जुड़ा है उसका सामाजिक संस्कार और सांस्कृतिक संपदा जो उसके अनुशासन और धन्धे की व्यावहारिक विशेषताओं और सीमाओं ने उसकी निकट जुटाई है। इन सबको छाँटने-छानने के लिए लेखक को अपनी क्षमताओं तक पहुँचना होता है। परिश्रम भी उसके बाहर नहीं होता।

कानून के मुताबिक लेखन बौद्धिक प्रक्रिया है और पारिश्रमिक और रॉयल्टी हेतु परिश्रम भी है। जो कोई भी परिश्रम करता है, उसके परिश्रम की एवज़ में अदायगी होती है।

हमें यह मान लेना होगा कि समाज की भौतिक कल्पनाएँ और उनसे जुड़ी धार्मिक-आध्यात्मिक अवधारणाएँ और विवेचनाएँ रचनात्मक लेखक के मानसिक का हिस्सा होते हुए भी उसके पर्यावरण से कुछ अलग पड़ती हैं। लेखक जीवन के व्यावहारिक, सामाजिक और नैतिक मानवीय मूल्यों से जुड़े हैं। राजनीतिक खेमों की बाज़ार भाव वाली प्रतिद्वन्द्विता से अलग। शायद अब जल्दी ही ऐसा कहना मुश्किल होगा। अब लेखन और प्रकाशन दोनों बाज़ार से जुड़े उत्पाद होंगे।

लेखक की जिज्ञासाएँ-चिन्ताएँ-सरोकार केवल निज के समाधानों के लिए

उसके आन्तरिक से ही जुड़े नहीं रहते—उनकी व्यापक आहट लेखक को लगातार सुनाई देती रहनी चाहिए ! वैसे इस सबसे आँखें मूँद लिखते रहें तो वह हमारा निज का निर्णय होगा। व्यक्ति के आन्तरिक को ही निचोड़ते रहे तो, भला हमें रोक भी कौन सकता है ! आखिर लेखन की प्रस्तुति लेखक का अपना अधिकार है।

उच्च अध्ययन संस्थान का संगोष्ठी कक्ष अब तक सांस्कृतिक प्रदूषण और संस्कारी अलंकारिता से काफी हद तक बरी है। एक ओर अकादमिक प्रबुद्ध और दूसरी ओर रचनात्मक बुद्धिजीवी। अकादमिक विद्वान रिसर्च और विश्लेषण की वीथियों से गुजरकर अपने गन्तव्य की ओर बढ़ता है और ठीक इसके विपरीत सर्जनात्मक प्रबुद्ध विचार पद्धतियों से अलग-थलग होकर आन्तरिक रहस्यात्मकता से उभरने उमगनेवाले क्षणों की प्रतीक्षा करता है जिसमें छिपी रहती है रचना और रचनाकार की मौलिक अनुभूति। वही कभी कविता की पंक्ति बनती है, कभी कहानी का पात्र और कभी उपन्यास या नाटक का कथ्य।

उच्च अध्ययन संस्थान के सेमिनार रूम में अकादमिक मित्रों और रचनाशीलों, दोनों के बीच की समानताओं और विभिन्नताओं को पहचानने और परखने के मौके मिलते रहे। दोनों ही अपने-अपने ढंग से ज्ञान-विज्ञान और अनुशासनों से जुड़ी गहराइयों तक पहुँचने को लालायित रहते हैं पर दोनों की कार्य-पद्धतियाँ और प्रक्रियाएँ अलग-अलग दिशाओं की ओर बढ़ती हैं। दोनों के सामने भले विषय एक ही हो पर तर्क के ताने-बाने और कथ्य के प्रस्तुतीकरण अलग-अलग होंगे।

संगोष्ठी कक्ष से उभरनेवाली बौद्धिक उत्तेजनाएँ, वाद-विवाद के बाद भी संवाद के रूप में देर तक चलती रहती हैं। किसी भी मनपसन्द आलेख के पहले और बाद शैल्फ से उस विषय की किताबें देखने-पढ़ने की आदत बनाए रही हूँ। विवेचना की लिखित प्रक्रिया में कुछ बातें निष्कर्ष रूप में उभरती चली जाती हैं। बहुत-से ऐसे विषय और अनुशासन जो साधारणतया हमारी कार्यकारी दौड़ से बाहर रहे हैं—उनमें भले रचनाधर्मी लेखकों का हस्तक्षेप कमतर ही रहता हो पर उनसे जुड़ी जानकारियाँ और निष्कर्ष हम पर सकारात्मक प्रभाव छोड़ते हैं।

अकादमिक और रचनात्मक स्तर पर एक-दूसरे का विरोध नहीं—जाँचने-पड़तालने की विधियाँ ही विभिन्न होकर उभरती हैं। कहना होगा कि हमने

संगोष्ठी कक्ष में अपने विद्वान मित्रों से बहुत-कुछ सीखा है। हम रचनाकार अपने तईं यह भी जानते हैं कि हम अपनी ओर से अपने अकादमिक विशेषज्ञों से अपने अनुशासन के बारे में बहुत-कुछ नहीं बाँट सकते क्योंकि हम जानते हैं कि लेखन मात्र कौशल नहीं। शब्दों को सँजोने का खेल भी नहीं। विचार-अनुभूति-कल्पना सब मिलकर कथ्य को अर्थ देते हैं। मानवीय जीवन का अनोखा अनुभव प्रस्तुत करने की जुगलबन्दी को अंजाम देते हैं। अकादमिक विद्वानों और रचनाकारों में ज़्यादा अन्तर्विरोध नहीं। दोनों की कार्य-पद्धतियाँ और परम्परा-परिपाटियाँ अपनी-अपनी कार्य-संस्कृति का ही स्वीकार-सत्कार करती हैं।

सेमिनार की सजीली ऊँची खिड़कियाँ जैसे अपने साफ़-शफ्फ़ाफ़ पानी के से काँच में से प्रबुद्धों को चेतावनी देती रहती हैं कि दिल-दिमाग के पट्ट खुले रहने दो। किसी भी विचारधारा के नाम पर उस पर साँकल न चढ़ाओ।

कक्ष से जुड़ी रही है न सिर्फ भारतीय प्रबुद्ध बिरादरी—पूरे विश्व के विद्वान यहाँ एकत्रित होते रहे हैं। पश्चिमी और भारतीय विद्वानों के आलेख दर्शन की आधारभूत व्याख्याएँ और आलोचनात्मक टिप्पणियाँ, गम्भीर और सारगर्भित थीं। धर्म पर हुई संगोष्ठी में वैज्ञानिक श्री सुदर्शन का वक्तव्य सुननेवाला था !

विटगेंस्टाइन, चोम्स्की, देरिदा फूको के विचार-सन्दर्भ भारतीय दार्शनिक प्रकरणों के साथ सम्मिलित रूप से प्रस्तुत किए जाते रहे। 'नारायण शास्त्री द्रविड़' की दर्शन-व्याख्या भी सुन पड़ी कि 'दर्शन केवल विश्व का अध्ययन नहीं करता, अपितु इस विश्व के विभिन्न अनुभवों के संश्लेष से जो मूल्य प्राप्त होता है, उसका आत्म, सम्प्रत्यय के परिप्रेक्ष्य में चिन्तन करता है।'

यह भी कि समय अनुभव में अन्य अनुभवों के साथ-साथ हमारा धार्मिक, मनोवैज्ञानिक, राजनीतिक, वैज्ञानिक, सामाजिक अनुभव सम्मिलित है। दर्शन के मूल सिद्धान्तों की विवेचना के साथ भी वह न बिना परीक्षण के कुछ स्वीकार करता है और न ही किसी भी उत्तर या हल को अन्तिम उत्तर या हल मानता है।

मानवीय जीवन के विशाल पटल पर धर्म के गहन आत्मिक संस्कार और स्वीकार को दाँव-पेंची और उठा-पटकी राजनीति के यथार्थ में घसीटना कहाँ तक उचित है—यह प्रश्न लेखकीय चैतन्य को लगातार खटखटाता रहा है। सोचने की बात यह भी कि धर्म के बाह्य प्रतीक चिन्हों से जुड़ी मान्यताओं और छवियों को राजनीति के स्वार्थ के लिए उपयोग करना कहाँ तक जायज है ! राम जैसे मितभाषी मर्यादा पुरुषोत्तम राम के नाम पर हमने राजनीति के चौराहे पर सबसे ज़्यादा शोर धुनका है। राम अपने स्वभाव के अनुरूप अब भी चुप हैं।

राजनीति के स्वार्थ सन्दर्भों के लिए अब धर्म का विज्ञापनीकरण हो गया है। धर्म के प्रतीक-चिन्हों का अवमूल्यन भी। धर्म और संस्कृति अब हाइटैक बाजारी उत्पाद हैं। राजनीति पर छिड़का जानेवाला व्यापारिक उन्माद है।

एक शाम बद्रीनारायण की कविताएँ संगोष्ठी कक्ष में शब्दों के सीधे-सादे आत्मविश्वास से बतियाती रहीं।

समीर बैनर्जी उत्तरांचल पर फिल्म बना रहे थे—एक शाम उसकी ट्रांसपेरेंसीज़ फैलोज़-लौंज में दिखाई गई।

इतिहासकार इन्दीवर कामटेकर ऑब्जर्वेटरी हिल्स के लॉन में बैठे भीष्म साहनी से बातचीत कर रहे हैं। नोट्स ले रहे हैं। मैं तेज रफ़्तार से घर की ओर बढ़ती हूँ पर कैमरे में रील नहीं। एक घना क्षण हाथ से फिसल गया।

उच्च अध्ययन संस्थान के परिवार की एक और मैत्री उपलब्धि रही—इन्दीवर और अंजली का चिर परिचय।

कात्यायनी, अर्चना वर्मा और निर्मला जैन की उपस्थिति ने संगोष्ठी कक्ष को हिन्दी भंगिमाओं से भर दिया।

मेरी प्रकाशक ने निर्मला जैन के हाथ मृणाल पांडे की एक किताब भेजी जिसके ऊपर अमृता शेरगिल की तीन बहनों वाली कलाकृति का कवर था, जो 'मित्रो मरजानी' के पॉकेट-बुक संस्करण पर भी छपा है। समझ न सकी कि मुझे यह किताब दिखाकर क्या संकेत दिया जा रहा है। क्या अमृता शेरगिल की इस पेंटिंग को मैं कॉपीराइट का मुद्दा मान लूँगी ? दिलचस्प था यह कदम। बिना कुछ कहे—बहुत-कुछ कह जाते हैं।

एकान्त श्रीवास्तव की कविताओं ने कविता के बदले पैमानों की ओर संकेत किया।

स्त्री-विमर्श पर हो रही संगोष्ठी में प्रेम चौधरी, पैट्रीशिया ओबराय मालाश्री और उमा चक्रवर्ती रहीं जो सतही विमर्श से कहीं ज़्यादा गहरी थीं।

आई.आई.सी. के जर्नल की सम्पादक गीति सेन यहाँ पहुँचीं तो रौनक बढ़ी। डाइनिंग रूम में जाने से पहले हम लोग सब पोस्टमास्टर फ्लैट पर मिले तो शाम खूब जमी। मैंने गीति के खूबसूरत चेहरे पर कुछ देखा। एक कैप उसके सिर पर रखी कि चिदानन्द बाबू ने फोटो खींच ली। फोटो देखने से तआल्लुक रखती है।

प्रशासनीय सेवाओं के बद्रीनाथ चतुर्वेदी महाभारत पाठ से लोगों को मुग्ध करते रहे।

एक सभा में हिमाचली दिग्गजों ने निर्मलजी का वक्तव्य शुरू होने से पहले मुझसे पूछा—आपको अहल्या पसन्द है या द्रौपदी ?

यह सवाल क्यों पूछा गया, यह तो समझ में आया और नहीं भी।

मैंने व्यंग्य से कहा—यह शाम निर्मलजी की है—अगर मैंने इस प्रश्न का उत्तर दिया तो शाम का जादू बिखर जाएगा।

निर्मल वर्मा ने अपने उपन्यास के अंश इंस्टीट्यूट में पढ़े तो मैं अस्वस्थ होने के कारण शामिल न हो सकी थी। उनका प्रोग्राम शहर में रखा गया तो मैं उन्हें सुनने गई।

निदेशक महोदय ने अजीब रुखाई से देखा और विनम्रता से कहा—अगर आपको ऐसे कार्यक्रमों में दिलचस्पी हो तो हम भविष्य में आपको सूचना दिया करेंगे। मैं सिर्फ हँसी। हिमाचली साहित्यिक और सांस्कृतिक राजनीति का पुलिन्दा खोलने की मेरी कोई इच्छा नहीं थी।

दिल्ली के मैनन दम्पती ने आलेख की पूर्व प्रति बाँटी तो काफी लोगों को हैरानी हुई। विषय चौंकानेवाला था। उच्चवर्गीय पाठ और निम्नवर्गीय पाठ। डाइनिंग रूम में यह विवाद खासा लम्बा चला ! यह बात तो साफ़ थी कि दलित साहित्य की ज़रूरत है ! तब तक पाठ में भी वर्ग विभाजन होता रहेगा।

हरीश नारंग साहिब लम्बी काव्य-कृति का अनुवाद सुना रहे हैं। कथ्य की विलक्षण रेंज है।

बम्बई से आई शीरीं रत्नाकर की प्रस्तुति निहायत नुकीली।

म्यूज़ियम में सुजाता मीरी के चित्रों की प्रदर्शनी थी। हम सब वहाँ पहुँचे हुए थे।

आँखों में बहुत-से चेहरे और बहुत-से नाम तैर रहे हैं—

आलोक राय
लालबहादुर वर्मा
राजीव भार्गव
जोया हसन
रीला मुकर्जी
प्रो. दामले
अमिता मलिक
रंजना हरीश
नीरजा महेशचन्द
के.एस. ढिल्लो
जी.सी. नायक
तिलोत्तमा
माला पांडुरंग
विनय कृपाल
चेतन सिंह
रुस्तम सिंह
प्रो. दैया
प्रो. तस्लीम
धर्मवीर
महालक्ष्मी
राकेश बटबयाल
रामाश्रय
विजया रामास्वामी
शोभना
हरजीत गिल
ईशा डे
डॉ. खूबचन्दानी
डॉ. सबरवाल

डॉ. तेजवन्त
सुन्दर राजन
ईशा डे
विजया रामास्वामी
हरजीत गिल
कुमकुम
समीर
उमा

सरवर, इस सेमिनार रूम में प्रबुद्धों को विभिन्न विषयों पर सुनना शिमला प्रवास का सबसे बड़ा सुख रहा। डाइनिंग रूम से निकले और वह रहा सेमिनार रूम।

दिल्ली की तरह नहीं कि किसी को सुनना चाहो तो तीन घंटों का प्रावधान करो।

इस ऐतिहासिक सेमिनार रूम की दीवारों ने न जाने क्या-क्या तो सुना है और क्या-क्या इसमें जज़्ब हो चुका है !

यूँ तो वहाँ महत्त्वपूर्ण आलेखों और व्याख्यानों की रिकॉर्डिंग होती ही रहती है। हाँ, याद आया। कृष्ण बलदेव वैद और चम्पा साहिब शिमला आए तो मृणाल मीरी साहिब ने सुझाव दिया—आप दोनों एक संवाद कर लें तो कैसा रहे !

सेमिनार रूम की लम्बी-बड़ी टेबल पर बैठे हम दो-तीन दिन लगातार घंटों बातचीत करते रहे। वह रिकॉर्ड होती रही।

जब ट्रांस्क्रिप्ट की गई तो काफी बड़ा पोथा बन गया। उस पर अभी भी काम करना बाकी है। कह नहीं सकती, इस रिकॉर्डिंग में दोनों ओर से क्या उद्घाटित हुआ। हम दोनों, मैं और कृष्ण बलदेव वैद इस नतीजे पर पहुँचे कि हम दोनों को ही इस पर काम करना होगा।

हाँ—बंगलौर से आए सुन्दर ने आलेख प्रस्तुत किया। सिमिट्री पर। अद्भुत। विशेष इसलिए भी कि इस सेमिनार रूम में यह श्रोता के रूप में मेरी अन्तिम उपस्थिति थी। आखिरी दिन।

मैंने सामने बैठे गिरिराज की ओर देखा। तसल्ली हुई कि गिरि अभी यहाँ एक बरस और रहेंगे। और इस खूबसूरत सेमिनार रूम में साल भर तो नज़र आते ही रहेंगे। गिरिराज हम लोगों के बीच वह लेखक है जो लगातार-लगातार-लगातार लिखते रहे हैं। शिमला में उनकी आमद के साथ ही हाथों में आया

एक बड़ा काम महात्मा गाँधी पर !

लायब्रेरी की किताबें लौटाईं तो उस खूबसूरत लकड़ी की रैक को जी भरके देखा जिस पर हम लायब्रेरी में दाखिल होने से पहले पर्स बगैरा रखते रहे हैं। यह एक सुन्दर फर्नीचर पीस है।

सरवर, आज दिन-भर व्यस्त रही। लायब्रेरी की किताबें वापस कीं। घर पर पैकर किताबों की पेटियाँ बाँध रहे थे। शाम तक साठ बंडल बने थे। अभी कुछ और बाकी हैं। पम्मी मेरा सामान सहेज रही है।

चाय के बाद मैं और शिव घूमने को निकले। इंस्टीट्यूट के फाटक पर सदा की तरह एक मंडली बैठी हमेशा की तरह तीन पत्ती तीन पत्ती खेल रही है। पेड़ों पर पंछी अपने संवाद दोहरा रहे हैं। एक-दूसरे तक पहुँचा रहे हैं। चढ़ाई चढ़कर हम 'पीटर ऑफ' तक गए। 'पीटर ऑफ' के बड़े लॉन से होकर उसके जँगले से 'शिमला' की ग्रे-लाल छतें देखते रहे और निर्मल वर्मा के उपन्यास को याद करते रहे, जिसने पहाड़ों की हरीतिमा में दुबकी लाल टीन की छत को अपने उपन्यास का अमर शीर्षक बना दिया। शिमला को अंकित कर दिया।

कुछ ही दिन पहले मृणाल मीरी को हम सबने 'पटिक ऑफ' में बिदाई दी थी। दिलचस्प थी वह शाम।

विरोध को सिर्फ मानसिक विकृति समझनेवालों को इतना तो जानना ही चाहिए कि हर व्यक्ति एक ही तश्तरी से सदा पान का बीड़ा नहीं उठा सकता। मुँह में डाले खामोश बना सिर्फ इशारों से कुछ कहते हुए सिर-भर नहीं हिला सकता ! यह वक़्त तानाशाहों या दूसरों की गुलामी का नहीं कि हर एक व्यक्ति एक जैसा रक्षा-कवच पहनने को बाध्य हो। लोकतन्त्र में नागरिक संहिता का स्वरूप भी लोकतान्त्रिक ही होना चाहिए।

लोकतन्त्र में हमें लोकतान्त्रिक समाज भी बनाना होगा। इसके लिए अपने में लोकतान्त्रिक स्वभाव भी जगाना होगा।

ऐतिहासिक क्रम से हर पीढ़ी का एक समय और उसमें से बनता नागरिक व्यक्ति का एक साँचा भी होता है। प्रबुद्धों के समाज में सुरक्षा की चाह और चाहत अगर इतनी गहरी हो कि आप प्रतिरोध में पलक तक न झपकना चाहें तो लोकतान्त्रिक समाज का मज़बूत ढाँचा कभी नहीं बन सकता।

अपने को खुद ही आतंकित करतीं, गुपचुप बनी रहनेवाली भंगिमाएँ—हर

तापमान और जलवायु में अपने को खामोशी से स्थित करने की मुद्रा बदलनी चाहिए। ख़ासतौर पर प्रबुद्ध समाज में।

सरवर, कहाँ से कहाँ पहुँच गई ! लौटने को जैसे ही चढ़ाई चढ़ने लगे, झींगुर बोलने लगे। सूर्यास्त हो चुका है। बिना यह सोचे कि कल हम यहाँ नहीं होंगे—हम हमेशा की तरह पोस्टमास्टर हाउस की ओर बढ़ रहे हैं। ढलते सूरज की थोड़ी-सी लालिमा बादल के टुकड़े में घुल गई है।

पम्मी ने दरवाज़ा खोला। छोटी गोल मेज पर चाय लगी है और लकड़ी की ट्रे में एक-दूसरे से लगे सेबों का झुंड जैसे हमें देखकर इतरा रहा है।

चाय के प्याले उठाए तो कहीं कोई उदासी नहीं थी। शिव सेब काटने लगे। सुहावना सम्पूर्ण भाव इस अन्तिम शाम का।

जीए हुए का सघन भाव !

कल हम यहाँ नहीं होंगे तो भी यह घर यहीं बना रहेगा।

यहीं और हमारी स्मृति में भी।

पब्लिक एन्ट्री पर खड़े होकर पोस्टमास्टर फ्लैट को देखें तो कटावदार छत्रवाले पेड़ कतरनोंवाली टहनियों की बारीक बुनत को ऐसे झुलाते हैं, ज्यों हवा नहीं, आसमान ही उन्हें लहरा रहा हो !

सीढ़ियाँ चढ़ जाफ़री में से बाहर झाँकें तो पहाड़ों की शृंखलाएँ, घाटियाँ और इन सब पर सुनहली किरणें बिखेरता अलौकिक सूर्यास्त।

दिन ढल जाते ही अँधेरों में सरकने लगती हैं बत्तियाँ। लगती हैं लौ की दमकती मालाएँ। जैसे ही अँधेरे गहराते हैं, आलोक के गुच्छे झिलमिलाते हैं। नगर की बस्तियाँ, नई-पुरानी, जगमगाने लगती हैं। पोस्टमास्टर फ्लैट को गेस्टहाउस की ओर से देखें तो पोस्टमास्टर फ्लैट की छत से अटा पड़ा है स्वीमिंग पूल जिसमें अब तैरने को पानी नहीं। मैं घंटों इस पर सोचती रही हूँ कि पूल अगर गर्म पानी से भरा होता और हम इस्तेमाल कर रहे होते तो हमारे काम की रफ़्तार दुगुनी होती। ज़रूर होती।

हाँ—पोस्टमास्टर फ्लैट की छत से भी बहुत ऊँची, लोहे के ऊँचे खम्बों पर विराजमान है बहुत बड़ी पानी की टंकी जो सूखी पड़ी है। ऐसी रोबीली जगह पर स्थित है कि रेलगाड़ी में भी जतोग-मोड़ से दीखने लगती है।

सरवर, इसे मैं अपने सफ़र का प्रतीक भी समझ लूँ तो भी कहूँगी कि पोस्टमास्टर फ्लैट राष्ट्रपति निवास की सबसे बढ़िया कॉटेज है। इसमें मुझसे पहले रह चुके लेखकों की रचनात्मक धड़कन हर शाम मुझे सुनाई पड़ती रही है। हम सभी जो यहाँ एकत्र होते रहे हैं—इस बौद्धिक स्थल को भाव देते रहे हैं। संस्थान केवल अकादमिकों के लिए ही नहीं, रचनात्मकों के लिए भी है। संस्थान में लेखकों को आमन्त्रित करने का प्रावधान भी इसीलिए किया गया होगा कि लेखक और अकादमिक के बीच बुनियादी भिन्नता होते हुए भी अकादमिकों में रचनाशीलता की सजगता होती है और रचनाकार में अपने ही ढंग से रिसर्चर भी बना रहता है।

कल दुपहर इंस्टीट्यूट के पैकर पहुँच गए। किताबों की कतारें बंडलों में तबदील होने लगीं। शाम तक चालीस बंडल दीवार के साथ टिका दिए गए। बाकी कल।

नज़र डाली तो मन में लुका-छिपा अहसास तीखा होकर उभरा कि अब तो यहाँ से चले ही जाना है। मैं चाय पर कुछ अनमनी रही होऊँगी। शिव ने भाँपा।

कैसेट लगाने के बदले स्वयं भी कुछ गाया जा सकता है। क्यों न मिलकर कुछ गाएँ !

क्या गा सकते हैं !

आदि शंकराचार्य—

इतनी संस्कृत कहाँ आती है मुझे—

उच्चारण सहल है।

मैं उत्साहित हुई।

1. मनो बुद्धि अहंकार चित्तानि न ऽहम्
न च श्रोत्र जिह्वे न च घ्राणनेत्रे।
न च व्योम भूमि न तेजो न वायु
चिदानन्द रूपः शिवोऽहम् शिवोऽहम् ॥

2. न वै प्राणसंधो न वै पंचवायु
न वा सप्तधातु न वा पंचकोषः।
न पाणि पादम् न चोपस्य वायु
चिदानन्द रूपः शिवोऽहम् शिवोऽहम् ॥

3. न पुण्यं न पापं न सौख्यं न दुःखम्
न मन्त्रो न तीर्थं न वेदः न यज्ञः।
अहम् भोजनं नैव भोज्यं न भोक्ता
चिदानन्द रूपः शिवोऽहम् शिवोऽहम् ॥

4. न मे रागद्वेषो न लोभो भयः
मदो नैव मे नैव मात्सर्य भावः।

न धर्मो न चार्थो न कामो न मोक्षः
चिदानन्द रूपः शिवोऽहम् शिवोऽहम् ॥

5. न मे मृत्युशंका न मे जाति भेदः
पिता नैव मे नैव माता न जन्मः ।
न बन्धु न मित्रम् गुरुर्नैव शिष्यः
चिदानन्द रूपः शिवोऽहम् शिवोऽहम् ॥

6. अहं निर्विकल्पः निराकार रूपः
निहुबध्य सर्वत्र सर्वेन्द्रियानाम् ।
सदा मे समाधिम् न मुक्तः न बंधः
चिदानन्द रूपः शिवोऽहम् शिवोऽहम् ॥

दिवाली की रात

चश्मेबद्दूर, राष्ट्रपति निवास में वह शाम कुछ ऐसी कि धड़कन को अन्दर-बाहर से सरसा उठे। डाइनिंग रूम और लॉज की दीवारों पर चमचमाते कागज़ों की रंगीन बेलें नखरे से लहरा रही हैं।

मौसम सर्द है और लाउंज गर्म है। चारों ओर लगे रंग की टैपस्टरीवाले सादे सोफे कुछ ज़्यादा ही कीमती झलक दे रहे हैं। उनपर सजे अकादमिक शैली में इंस्टीट्यूट के प्रबुद्ध चेहरे और भी सजीले और मुखर। बौद्धिक बिरादरी का अपना ही लालित्य और अपना ही दबदबा। बुद्धिजीवी क्या भी हो—कैसा भी हो—नया-पुराना सबकी आँखों पर परत है दबी-दबी आँच 'विचार' की। लांज उठान पर, गर्म कोट-रंगीन शॉल-जर्सियाँ। बाहर की सर्दी में गरमाहट, हाथों में काँच इतरा रहे हैं। त्यौहार की खुशी में उमगता कोलाहल ओठों को स्पर्श कर रहा है।

यही है, यही है वह शाम जिसका हर किसी को रहता है बरस-भर इंतज़ार।

ज्योंही ओबजर्वेटरी के पिछवाड़े लॉन में बड़े-बड़े अँगीठे अखने लगे, लाउंज के सोफे खामोशी से खाली हो गए।

बाहर।

वाह—क्यारियों से घिरा लॉन ! ऊपर आसमान। निथरे आसमान में बेहिसाब तारे। पहाड़ों के आकारों तले दुबकी हुई शिमला की बस्तियों में जगमग-जगमग करतीं बत्तियाँ। अँगीठी में लकड़ी के मुंड जल रहे हैं। लपकती सुनहरी लपटें हवा से खेल रही हैं। चली आओ, मुझे देखो—कैसे लहराती हूँ ! पलक झपकते घिर आए अँगीठी के इर्द-गिर्द वजूदों के झुंड ख़ामोश खड़े पेड़ों को चुनौती देने लगे। कद-बुत में हमसे कहाँ छोटे हो पर तुमने अपनी गति हमारे कदमों को सौंप रखी है। अँगीठी में जलती यह अग्नि-शिखाएँ तुम्हारी ही देन हैं। तुम्हारे एकाधिकार को भी भला हम क्यों मानें, काँच में भरी गरमाइशें अपनी-अपनी क्षमताएँ लिए

आँखों में तैरती हैं और अमावस की जादुई रात मोहक मौन में मुस्कराती है।

कुछ कुर्सियाँ अँगीठी के पास खींच ली जाती हैं—प्रबुद्धों के कुछ गुच्छे खड़े-खड़े गुफ्तगू में। सर्द हवाएँ गुनगुनी हो गई लगती हैं। भला क्यों !

क्यों नहीं। इस लोक में जीनेवाले अपने तन-मन को अर्क के सरूर से सहला-सहरा रहे हैं। बस, इतना ही। यह भी कम नहीं। यहाँ सरस्वती विराजती हैं ! लक्ष्मी ख़ामोशी से दिलों की आँख मिचौनी में लुकती-छिपती हैं। मौका लगते ही कान में कहती हैं—सरस्वती, तुम्हें एक न एक दिन आना ही पड़ेगा मेरी शरण में।

डाइनिंग रूम का स्टॉफ़ अपने अभ्यस्त हाथों से सर्विस कर रहा है। नमकीन और तरल। ऐसी शाम भी भला कब-कब ! दर्जनों दिमाग एकसाथ जाग्रत् हैं। दिलमन पर लटकती चिलमन के पीछे से अनुशासित 'विचार' और अनुशासन से प्रवाहित चर्चाएँ।

किचन की ओर से गमकती पकवानों की महक। यही है—यही है—वह 'आज' जिसे हम देर तक जीते रहेंगे। स्मृति में सँजोए रहेंगे।

उठने लगी कोई धुन और गुँजाने लगी आग की झम्म-झम्माहट को। यही है रात, यही है लॉन, यही हैं वह चेहरे जो एक और छोटा, एक और बड़ा, फिर 'बस' की ओर सरकते रहेंगी। अपनी ही परछाइयों की तरह ! राष्ट्रपति निवास में देखे जाते रहेंगे। बदलते रहेंगे। आते रहेंगे। जाते रहेंगे। फिर भी यहाँ बने रहेंगे !

डिनर अनाउंस कर दिया गया है। सजावट में निपुण मालियों ने मेजों पर बिछी चादरों पर सचमुच की बेलें और फूलों को बिछा दिया है। डोंगे, प्लेटें, कटलरी, नैपकिन और अब जमा रसोइयों के हाथ का कमाल।

भरी प्लेटें फिर आग के आस-पास जमती हैं।

सरवर,

वह एक पारदर्शी क्षण था।

नाश्ते के बाद किताबों और कागज़ों का झोला उठाए स्टडी में आई और आते ही खिड़की के सामने जा खड़ी हुई। आसमान कितना साफ ! धूप कितनी चमकीली ! कर्जन कॉटेज की ओर बढ़ती उतराई कितनी स्वप्निल और मोहक ! और राष्ट्रपति निवास की चोटी से लगी घाटी जो बादलों के छलावे में धूप-छाँह बनी रहती है—इस वक़्त झम्मा-झम्म इतरा रही है। पेड़-पत्ते-लतरें एक-दूसरे में गुँथी वनस्पतियाँ सब उजास में खिलखिला रही हैं। दूर सामने चमक रही है जतोग की पहाड़ी। ऊँचाई से लाल टीन की छतें चुपके-चुपके अपरिचितों की ओर झाँक रही हैं। खिड़की का बड़ा पट खोल मैं जतोग के पार नज़र गड़ाती हूँ। ऊँची, कम ऊँची और मँझोले पहाड़ों की शृंखलाएँ। गहरी हरी-नीली-ग्रे और फिर दूर आकाश के साथ जा लगतीं मँझोली पहाड़ियों की ढलानें।

और वह क्या !

धूप में चमकती नीली रुपहली लीक-सी सतलुज नदी ! आँखें दूर से लौटकर खिड़की के सामने खड़े दो ऊँचे पेड़ों पर टिक जाती हैं। नीचे गहरी घाटी-ऊपर आकाश और इस लैंडस्कोप में स्थित मैं। कैफे की छत पर का लॉन अपनी घास को धूप सिंकवा रहा है। फूलों की छोटी पतली क्यारियाँ धुपीली हवा में झूम रही हैं। नन्हे-नन्हे फूलों के साथ।

सहसा मुझमें स्थित मेरे एकान्त में आ झुका मेरा जिया हुआ वक़्त ! भारी परदों की ड्रेप के साथ खड़ी हूँ। इस खुली रौशन स्टडी के मंच पर। जो घटित हुआ, वह अभिनीत हुआ। जो जी लिया गया, वह अपने वक़्त में समा गया।

मैं अपने कन्धों में दशकों-दशकों का भार उतारकर खड़ी हूँ। स्टडी में फैली उज्ज्वल धूप को निरखती जो मेरे हिस्से में आ गई। जो मुझे इतनी सुहाई कि मैं इसमें अपने बीते हुए बरसों को सेंकने लगी। यह दीवान, आराम के लिए शुभ्र श्वेत सोफा इतना बड़ा कि आलती-पालथी में बैठा जा सके। जानती हूँ, मैं ऐसा

नहीं करूँगी। यात्रा के इस पड़ाव पर पहुँचने को मैं सिर्फ अपने अन्दर और बाहर देख रही हूँ। सुख-दुःख, हर्ष-विषाद सब इन क्षणों में घुल गए हैं। कुछ ऐसे कि इस उज्ज्वल दुपहर को, दिवस को अन्तिम बार जी रही हूँ।

गहरे लगाव से मेज पर से कोरा कागज़ सरकाया और कुछ लिखने को हुई। लगा कुछ ऐसा कि कहीं जाने को हूँ।

कहाँ ?

वहीं ?

और मैंने कागज़ पर ये पंक्तियाँ लिखना शुरू किया—

अभी मुझे अलविदा मत कहो—थोड़ी देर के लिए जाने दो,
इस आग में से निकल जाने दो। पलक झपकते ओझल हो जाऊँगी
फिर लौटकर यहीं आऊँगी। अलविदा का नाम न लो—
मुझे लौटकर यहीं आना है।
मेरे ढेरों काम यहाँ पड़े हैं जिन्हें मुझे निपटाना है,
मुझे अभी ओस पर चलना है
बरखा में भीगना है
यहाँ की हवाओं को पीना है
धूप की गरमाहट को जीना है
अभी मुझे अलविदा मत कहो।
मैं रातों-रातों जागती रही हूँ
सो रातों को जी-भर सोना है।
कभी सुबह-सवेरे जल्दी नहीं उठी
मुझे मुँह-अँधेरे भोर में उठना है
सैर को जाना है, घूमना है
फूलों, पेड़ों और लतरों को देखना है
उनके नाम जानने हैं
उनके चित्र खींचने हैं
मुझे अभी हरी घास पर दौड़ना है
पौधों को पानी देना है
मेहँदी को तराशने के लिए कैंची चलानी है।
दोस्तो, अभी इस जहाँ में मेरे बहुत-से काम बाकी हैं

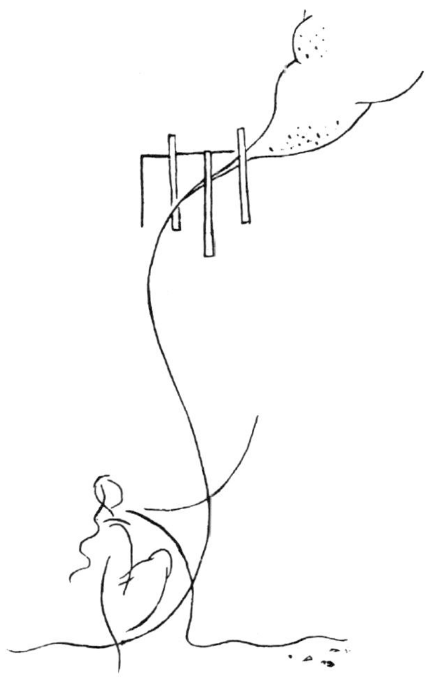

अभी मुझे अलविदा मत कहो।
थोड़ा-सा इन्तज़ार करो—
मैं अभी गई और अभी आई
एक देह उतारकर यहाँ रखी और दूसरी लेकर लौटी
वह कहीं से लेकर ओढ़ी हुई नहीं
इसी आत्मा के साथ घुली-मिली
मेरी पुरानी मिट्टी में रसी हुई
मैं जानती हूँ—मैं जल्दी ही लौटूँगी।
इसलिए मुझे इस आग में से निकल जाने दो
और लौटकर यहीं आने दो
अभी अलविदा मत कहो।
अभी तो मुझे जाने कितने दरिया देखने हैं
कितने समुद्र पार करने हैं
कितने पहाड़ों पर चढ़ना है
कितने शिखरों और चोटियों को मापना है
कितने द्वीपों को देखना है
कितने वृत्तान्त लिखने हैं
कितने पात्रों से मिलना है
अपने खोए हुए वक़्त को दुबारा खोजना है
जाने कौन-कौन से घाट-तट बन्दरगाह देखने हैं।
मेरे लिए पूरी दुनिया मापने को पड़ी है
उत्तर-दक्षिण पूर्व-पश्चिम
मैं तो किसी कड़े मध्य में ठिठकी रही
फिर भी दोस्तो, मेरे दिल में कोई मलाल नहीं
क्योंकि मुझे फिर यहीं लौटना है।
इस धरती पर सूर्योदय देखने हैं
सूर्यास्त देखने हैं
तारों जड़े हर मौसम के आकाश देखने हैं
बरखा बाद के इन्द्रधनुष देखने हैं
बादलों के खिलवाड़ देखने हैं
दोस्तो, मुझे अभी अलविदा न कहो।
अन्तरिक्ष में घूमने की मेरी उत्कट इच्छा है

मगर वहाँ स्थित होकर मैं पृथ्वी से दूर हो जाऊँगी
मैं तो लौट-लौटकर यहीं आऊँगी
कुछ पसन्द न आया तो फिर भिड़ जाऊँगी, वही पुराने झगड़े
वही पुरानी मित्रताएँ
उन्हें क्यों निबटाएँ—वह तो इस दुनिया का नमक है।
टकराहटें, प्रतिबद्धता की आहटें
झूठी-सच्ची मुस्कराहटें
यही इस दुनिया का नमक है
इसी से संवाद होते हैं
सहमति और विरोध से छनकर
विरोध और विवाद होते हैं
सार्थक आस्थाएँ और विश्वास बनते हैं
दोस्तो, मैंने कभी इनसे आँखें नहीं चुराईं
इसीलिए अपने साथ कोई रक्षित भीड़ नहीं जुटाई।
बहुत-सी गुत्थियाँ उलझी पड़ी हैं
उन्हें दानिशमन्दी से सुलझाना है
अभी मुझे अलविदा मत कहो
मुझे लौटकर यहीं आना है
बहुत-से पात्रों का हिसाब चुकाना है।
जिन्हें पता तक नहीं था कि मैं उनके
अगले-पिछले पर सेंध लगाए थी
उनकी आत्मा की बारीकियों को अपना बनाए थी
सच तो यह है कि वे भी लेखक होने के हक़दार थे
उनके सन्दर्भ सिर्फ मेरे ही सरोकार नहीं थे
मैं उन सबकी कृतज्ञ हूँ—यही बताने फिर आऊँगी
सबसे सम्पर्क जुटाऊँगी।
आपके फ़ोन और ई-मेल के नम्बर मेरे यहाँ दर्ज हैं
किसी भी दिन मेरी आवाज़ सुनकर आप चौंक न जाइएगा
जिन मित्रों और पाठकों के पत्रों के जवाब मैंने नहीं दिए—
मैं उन्हीं के पते-नम्बर मिलाऊँगी
ताज़गी से अपने दोस्तों को
प्रिय सम्बोधनों से बुलाऊँगी

मुझे ग़ैरहाज़िर समझ अगर आपने फ़ोन नीचे रख दिया
तो मैं शरारत पर उतर आऊँगी
पुराने वक़्तों की तरह देर गए फ़ोन की घंटी खटखटाऊँगी
यहाँ तक कि मियाँ-बीवी के झगड़े हो उठें—
दोस्तो, ख़बरदार ऐसे में फ़ोन नीचे रख
मेरी आवाज़ को गुम न करना
क्योंकि मैं गुल होनेवाली नहीं
मैं सिर्फ जाने की रीति निभाने जा रही हूँ
सो मुझे इस आग में से निकल जाने दो।
इतने में आवागमन के नाम
हो जाए एक तीखा-सा जाम
उल्लास-उल्लास—
जितने में आपके गिलास टकराएँ,
उतने में मुझ-सा कोई जाए और लौटकर चला आए
आपके मजमे में शामिल हो जाए।
फिर वही बातें—वही मुस्कराहटें—
वही तेवर, वही नोक-झोंक और वही गुस्सैल आँखें
दोस्तो, मुझे अभी अलविदा न कहो—
इस पवित्र आग में से निकल जाने दो
अभी मुझे बहुत कुछ करना है
जंगलों में घूमना है
हवाओं की लहराती ख़ामोशियों में झूमना है
ताल-तलैया और झरनों का पानी पीना है।
मेरी प्यास अभी नहीं बुझी, तुष्टि नहीं हुई
मुझे लौटकर यहीं आना है
पृथ्वी के पुण्यों में समाना है
जो बूँदें घास पर जड़ी हैं उन्हीं में से अमृत पाना है।
मुझे निर्वाण नहीं चाहिए
मैं लौट-लौटकर यहीं आऊँगी
दोस्तो, मुझे अलविदा मत कहो—
मैं अभी गई और अभी आई
मुझे इस पवित्र अग्नि में से निकल जाने दो !

ख्वाबों के भी क्या कहने ! इस लोक में पहुँचते ही शिशु के पलने पर लहराने लगते हैं। नन्ही-नन्ही आँखों में झिलमिलाने लगते हैं। ऐसे-ऐसे नज़ारे पेश करते हैं कि आँखें खुली हों तो चुपके से नींद चली आए और गहरी नींद में खोए हों तो चौंककर उठ जाएँ।

यह सतरंगी शृंखला तो ज़िन्दगी-भर इन्सान की आँखों के आगे झमझमाती है। उसे उकसाती है। लुभाती है। मुश्किलों से कितना भी उलझा हुआ हो, फिर भी इन्द्रधनुष देखने से कभी नहीं कतराता।

इसकी कल्पना कभी झीनी-झीनी तैरती हुई सरोवर पर पानी की तरह, कभी रुपहले धुपैले बादलों में से होकर आकाश की पगडंडियों पर—ख्वाब न होते तो भला कविजन क्या करते !

शिल्पी पत्थर में से मूर्ति कैसे तराशते !

चित्रकार क्या अंकित करते !

लेखक अपने पाठ में क्या बुनते ! क्या प्रत्यक्ष करते !

अपने को लेकर क्या कहूँ ! लम्बे सफर में भी क्या-क्या तो सपने बुने और क्या-क्या समय के साथ भुला दिए, बिसरा दिए या फिर ओझल हो गए।

सपने सच करनेवाली कुछ गिनी-चुनी ट्रांसपेरेंसीज़ ही जुटा पाई हूँ। अपनी निगाह से उन्हें देखना आसान नहीं, फिर भी विश्वास के साथ कहा जा सकता है कि वह अपने होने में खरी हैं और घनी हैं।

ख्वाबों से जब भी उलझी, हक़ीक़त ने इशारा किया कि इससे पहले इसे जाँच तो लो—धुंध का बादल है कि बर्फीला अन्धड़ है या तुम्हारे पाँव तले की उतनी ही धरती है जिस पर खड़ी हो !

जो भी हो, इसकी पड़ताल बुरी नहीं। मालूम तो होगा कि कल्पनाओं के सच और ज़िन्दगी के सच में कितनी दूरी है।

बेशक जाँचो, पड़तालो, अपना शक-शुब्हा दूर करो मगर याद रहे, इस सबकी कीमत तुम्हें ही अदा करनी होगी।

मानना होगा, हक़ीक़त ज़िन्दगी की हर परत से वाक़िफ़ है।

संयोग कहिए—भाग्य कहिए या घटनाचक्र, मेरे यहाँ आकर ख्वाबों और यथार्थ में भिड़ंत होती ही रही। सपनों को तितर-बितर होते देखने की आदी ये आँखें कभी-कभार अपनी रौ में आ गईं तो मनचाहे ख्वाबों को हिम्मत से अपनी हक़ीक़त बनाने में जुट गए।

इस वक़्त बाँटूँगी आपसे एक ऐसा अलौकिक सपना जो दीखा मुझे क्षितिज पर, जहाँ इस दुनिया की धरती और आकाश मिलते हैं, वहीं वह झिलमिलाया।

बात बहुत पुरानी है पर बरस क्यों गिनूँ। गिनती से नींद भंग होगी।

दार्जिलिंग गई तो तेनसिंग नोरके हिमालय की सबसे ऊँची चोटी पर पहुँच चुके थे। यह ऐसी घटना थी, एक ऐसा इन्सानी करतब कि सुनकर ही रोमांच हो। कलकत्ता के स्टेट्समैन अखबार ने सराहना में तेनसिंग नोरके को रहने के लिए दार्जिलिंग में एक बँगला दे दिया था। अब वह सिर्फ शेरपा तेनसिंग नहीं थे, माउंट एवरेस्ट विजेता तेनसिंग नोरके थे।

एक शाम माल पर चलते हुए उन्हें देखा। एक छोटा-सा पप्पी उनके हाथ में था। प्लांटर्स क्लब के सामने मैंने उनसे मिलने का वक़्त माँगा। उन्होंने नाश्ते के बाद समय दिया। मैंने शुक्रिया अदा किया और उनसे ऐसे हाथ मिलाया जैसे वह हमारे समय के पहाड़ों और शिखरों के नायक हों ! उस एक क्षण

कुछ ऐसा महसूस हुआ, जैसे एक बड़ा ख्वाब मेरी मुट्ठी में हो ! कहाँ हिलेरी के साथ एवरेस्ट पर कदम रखनेवाले शेरपा तेनसिंग और कहाँ मैं एक साधारण नागरिक !

सामने देखा तो नीले आकाश तले अपने सिंहासन पर विराजमान धवल उज्ज्वल चमकीली बर्फीली महारानी कंचनजंघा। अगली सुबह तेनसिंग परिवार के साथ मुलाकात हुई।

टाइगर हिल पर सूर्योदय के भव्य ख्वाब की शुरुआत हुई। लगातार तीन दिन वहाँ लैंड रोवर में जाने के बाद वह देखा जो वैदिक ऋचाओं में शब्दबद्ध है।

इत्तफ़ाक़ कि दार्जिलिंग का एक और ख्वाब अभी बाकी था।

दुपहर चौरस्ते पर घूमते मुलाकात हो गई शेरपा पासंग लामा से। वह भी कुशल शेरपा। शाम उन्होंने अपने घर में चाय पर आमन्त्रित किया।

तेनसिंग नोरके और पासंग लामा को एक ही तारीख पर हिलेरी एकस्पडीशन की ओर से खत लिखे गए थे। तेनसिंग को एक दिन पहले खत पहुँचता है। वह फौरन अपनी सहमति भेज देते हैं। पासंग लामा सहमति भेजते हैं अगले से अगले दिन। जब तक पासंग लामा का जवाब विदेश पहुँचता, एवरेस्ट अभियान अन्तिम रूप ले चुका था। जो सपना तेनसिंग का सच हुआ, वह पासंग के हाथ से निकल गया।

पासंग एक अनुभवी शेरपा थे। कई मुश्किल चोटियों तक पहुँचे मगर माउंट एवरेस्ट...उनके भाग्य में नहीं था। अभी एक ख्वाब उनके हाथ में भी आने को था।

वह एक दूसरी कहानी है जहाँ पासंग लामा चाऊमी की चोटी पर पहुँचकर जब वापस कैम्प में पहुँचे तो पहाड़ी युवती उन्हें उस वचन की याद दिलाने को खड़ी थी।

गाँव की अन्तिम सीमा पर उसने वादा किया था कि शिखर को जीतकर आओगे तो तुम्हारे साथ विवाह करूँगी। विवाह हुआ और इस दम्पती को एल्प्स पर चढ़ने के लिए आमन्त्रित किया गया। ज़िन्दगी में अगर एवरेस्ट जैसे सपने भी हैं तो डोरों से बँधी हक़ीक़तें भी हैं। इन दोनों के दो छोर जब तक न मिलें तब तक सपने कैसे हों !

दोनों मिल जाएँ तो नश्वरों के अमर इतिहास बनते हैं। ख्वाब हक़ीक़त बनकर शिखरों को छूते हैं।

दार्जिलिंग में यह उसी रात की बात है, जब मैंने भी एक निहायत खूबसूरत

सपना देखा था।

नींद में देखा, मैंने एक स्विस टैंट खरीदा है और कन्धे पर रखकर टाइगर हिल की ओर चल रही हूँ—इस इरादे से कि वहाँ से लौटना नहीं है। चलती जाऊँगी, चलती जाऊँगी। जहाँ थक गई, वहाँ टैंट लगा ख्वाबों में डूब जाऊँगी। किस्सा-कोताह यह कि नींद में इरादा माउंट एवरेस्ट जैसे शिखर पर ही चढ़ने का था।

नींद में देखा और अपने से संवाद शुरू किया। रामगढ़ से मुक्तेश्वर की खड़ी चढ़ाई नहीं। यह दुनिया की सबसे मुश्किल चढ़ाई है।

फिर ?

फिर क्या ?

कोई प्रशिक्षण भी तुम्हारे पास नहीं।

फिर ?

फिर क्या ! जहाँ तक पहुँच सकी, वहीं तक सही।

अगर बर्फीले अन्धड़ में टैंट उड़ गया तो—तो भी क्या ?

क्या कह रही हो !

ठीक ही तो टैंट ऊपर की ओर उड़ा तो कोई फिकर ही नहीं। ख्वाब देखते-देखते सशरीर माउंट एवरेस्ट पर। और अगर टैंट हवाओं के थपेड़ों से नीचे गिरा तो फिर अपने देश की मिट्टी में जा मिलेगा। एक न एक दिन हम फिर वहीं से उठ खड़े होंगे—नया जन्म लेंगे।

शीर्षक राग के नियंत्रित नोटेशन में एक नया गत तोड़ा

इस कृति के नामकरण को 'हैलो सरवर' से 'शब्दों के आलोक में' तक पहुँचाने में जिन धुरंधरी दादाओं ने हाथ की सफाई दिखाई, उन्हें एक साथ धन्यवाद और बधाई। जो महालेखक अपनी महाकलम से रचित महान कृति का शीर्षक चुनने में असमर्थ हों, और दूसरों के शीर्षक मुखड़ों की नोचा-नाची कर उसे अपनी कृति पर चस्पां करें, ऐसे प्रतिभाशाली लेखक को किस नाम से पुकारा जाए, ये तो आप ही तय करें।

अनुक्रमणिका

ध

न

ब

भ

म

म

य

र

ल

स

●●●

भारतीय उच्चअध्ययन संस्थान
राष्ट्रपति निवास
शिमला

हिमाचल का राजकीय
पक्षी – मोनल

संस्थान के निर्देशक मृणाल मीरी

राष्ट्रपति निवास की पब्लिक एन्ट्री

भारतीय उच्चअध्ययन
संस्थान
राष्ट्रपति निवास
शिमला का
प्रबुद्ध परिवार
और
कुछ विद्वान अतिथिगण
1996-99

चिदानंद दास गुप्ता

कृष्ण कुमार

समीर बैनर्जी

आलोक भल्ला

शीरीं रत्नाकर

सुरेश शर्मा

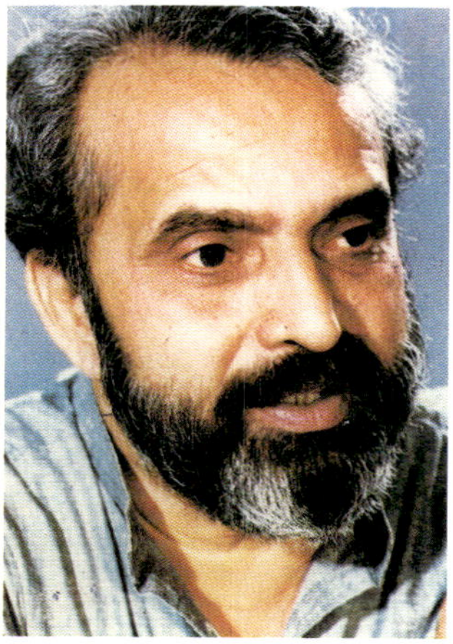

यू. आर. अनंतमूर्ति

हरीश त्रिवेदी

रामचन्द्र गाँधी

अदिति मुखर्जी और अन्य मित्र

अमिता मलिक

विश्वनाथ दत्ता

कृष्ण बलदेव वैद

जीत ओबराय

मीरा सिन्हा

वलेरियन रोडरिक

शेखर पाठक

सुन्दर सराईकी और धनु सराईकी

गीति सेन

कमलजीत चतरथ

प्रेम चौधरी

सोम. पी. रंचन

रुस्तम सिंह

चेतन सिंह

सुजाता मीरी

हरीश नारंग

लीला दुबे

गिरिराज किशोर

तेजवन्त सिंह

नरेन्द्र मोहन

बबीन बरुआ

वीरभारत तलवार

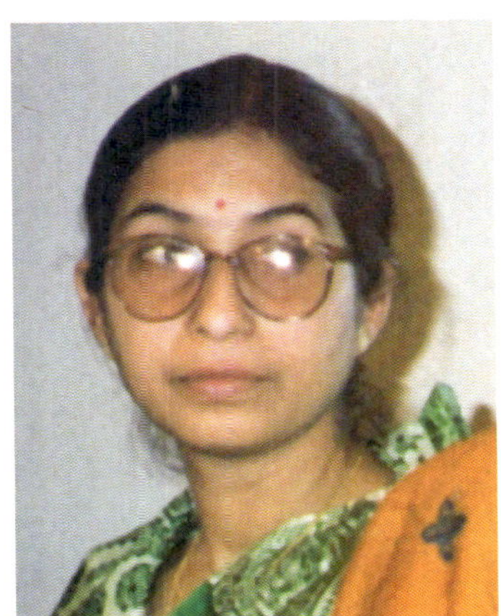
कुमकुम रॉय

भीष्म साहनी के साथ

राजी सेठ और निरंजन सेठ

चम्पा वैद

दलित साहित्य पर संगोष्ठी के बाद

लक्ष्मी कण्णन

ए. आर. खान साहब और मुराद अली

धूप में कॉफी ब्रेक
समीर और टी. आर. एस. शर्मा

कात्यायनी

विजय एच. बरुआ

निर्मलांशु भट्टाचार्य

आदित्य बहल

मैत्री पक्ष

इन्दिवर कामेटकर और अंजली

मणिदीपा और फ्राँसन मंजाली

मालाश्री लाल

रीला

भगवान और शशि जोशी

निर्मलांशु और शोभना

ग्रुज़ालफ़की बार्ट और मारियन बार्ट

शिवनाथ और कृष्णा सोबती

ऐतिहासिक संगोष्ठी कक्ष में

'धर्म' पर अन्तराष्ट्रीय संगोष्ठी के काफी ब्रेक पर

फ़िराक और निराला पर संगोष्ठी के बाद

दिन का आरंभ लाइब्रेरी से

रीडिंग रुम

लाइब्रेरी

स्टडी में

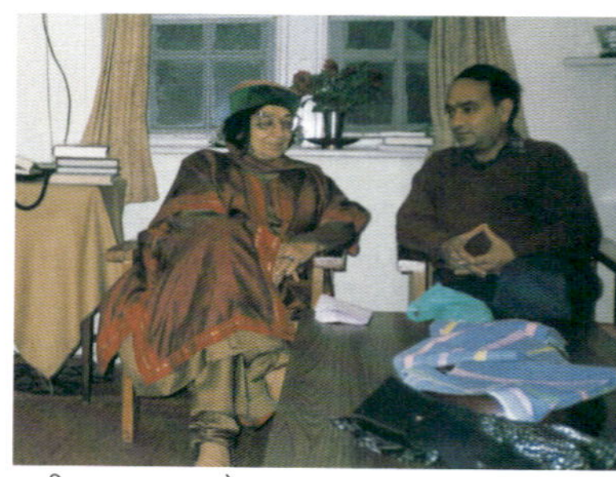

सतीश एकान्त के साथ

चाय का इंतजार

किताबों के साथ लौटना

ऑब्जर्वेटरी हिल्स

नाश्ते पर यू.जी.सी. के एसोसिएट्स के साथ

हेजलनट के सामने

लंच ले बाद धूप सेंकते हुए

राजी सेठ, सोबती, निर्मला जैन व अर्चना वर्मा

यह लम्हा

पोस्ट मास्टर फ्लैट के लैण्डस्केप को स्थित करती पानी की टंकी

कैफे में

जयदेव

राजी नर्सिमन

अनुवाद में व्यस्त

अरुण बाली

शिवनाथ

ऐ लड़की की स्वीडिश अनुवादक अनिका पार्सन, लक्ष्मी और अन्य मित्र

संस्थान में बाल अतिथि

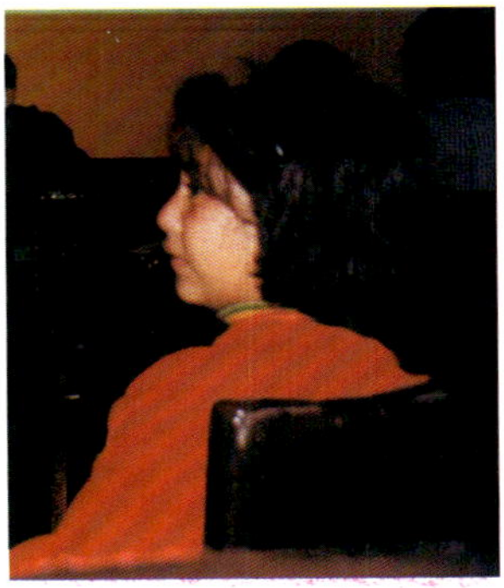

कस्तूरी

पूर्वा और प्राची

अरुण कण्णन और जयदेव

स्वर्ण सेठ

जिनकी स्मृति अब पन्नों में सुरक्षित है।

भारतीय उच्चअध्ययन संस्थान के कुछ अधिकारी और कर्मचारी

डॉ. मीनू अग्रवाल
मेडिकल ऑफिसर

श्री अशोक शर्मा
जनसंपर्क अधिकारी

श्रीमती अलेखा जब्बार
सहायक लाइब्रेरियन

श्री कांशीराम
हेड खानसामा

श्री मेलाराम शर्मा
हेड माली

श्री शामलाल
केन्टीन खानसामा

निर्देशक मृणाल मीरी की विदाई पर भारतीय उच्चअध्ययन संस्थान का कार्यपरिवार

पोस्टमास्टर फ्लैट के बाहर

बहन सुषमा अब्बी

स्टडी में सोबती

समय का पटाक्षेप
मृणाल मीरी के जाने से पहले और पोस्टमास्टर फ्लैट में भट्टाचार्य के आने से पहले

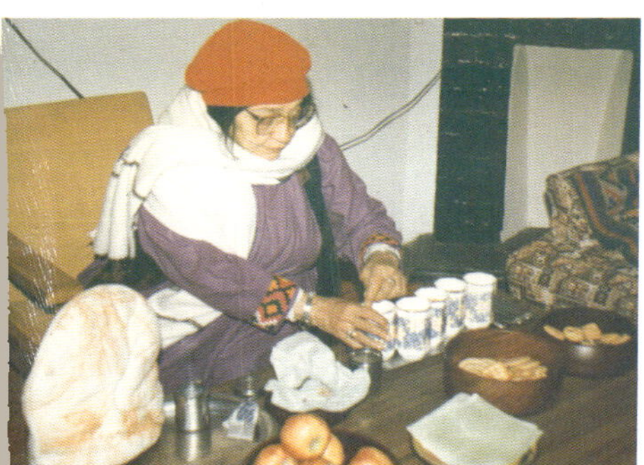

शाम की तैयारी में

कुमुल अब्बी

केक काटते हुए लक्ष्मी कण्णन

कुछ अविस्मरणीय क्षण

बरसात

कुहासा

लॉन में चाय पीते हुए

हरी घास पर

सरवर के साथ

छायांकनः चिदानन्ददास गुप्ता, अदिति मुखर्जी, हरीश नारंग और एम. आर शर्मा। सहयोग : तुलसी रमण ।